江戸初期の四国遍路

澄禅『四国辺路日記』の道再現

柴谷宗叔

法藏館

推薦のことば

四国八十八ヶ所霊場がお大師様によって開かれてより、千二百年という大きな記念の年に本書は発行されました。

題材は、今から三百数十年前の江戸時代前期に、お遍路をした澄禅という僧侶の日記です。当時の様子が克明に記録されており興味深い内容です。お遍路の長い歴史を辿るとき、実態を詳細に記録したものとしては現存最古の史料といっていいでしょう。

著者の柴谷さんは、霊場会の公認大先達として多くのお遍路さんを案内しておられます。新聞記者を辞め僧籍に入られたときも驚きましたが、勉強熱心でお遍路の研究で博士の学位を取られたのには感心いたしました。学者はえてして研究室に籠りがちですが、遍路行を八十周するなど実践を伴っています。まさに名実ともに遍路博士といっていいのではないでしょうか。

澄禅が歩いた道を実地調査で辿り、現在の場所に当てはめ、それを地図の上に再現しています。現代語訳は分かりやすく、細かな註も施されていて、まるで自分が一緒に遍路しているような気分になってしまいます。まさに三百数十年前にワープしたかのような錯覚を覚える本書です。

四国八十八ヶ所霊場会会長
四国霊場第五十二番太山寺住職
吉川　俊宏

はじめに

巡礼ブームといわれる中、筆頭格ともいえる四国遍路は脚光を浴びています。ガイドブックや体験記は多く出版されています。しかしながら研究対象として遍路の歴史を辿る時、必ず行き詰まるのが史料の少なさです。弘法大師空海によって開かれてから千二百年が経つというのに、文献史料は江戸時代以後のものしかないのです。

その中で詳細な遍路記録としては最古ともいえる、澄禅（一六一三―八〇）の『四国辺路日記』（承応二年＝一六五三）を取り上げ、詳細に検証しました。初の現代語訳も付けました。高野山大学大学院ならびに密教文化研究所での十年余りの研究の集大成です。

元新聞記者の行動力と、四国霊場会公認大先達として八十周を超す遍路経験をもとに実地調査を進めました。その結果、澄禅の足取りをほぼつかむことができました。現在の地名と照合し、地図上に落としていきました。キーポイントの写真も付けました。澄禅の辿った遍路道をほぼ再現できたのではないかと自負しています。開発による破壊や、道筋の変化で現在は通行不可能となっているところも少なからずあります。長い時代の流れの中で、仕方のないことと言わざるを得ません。

今年はちょうど四国八十八ヶ所霊場開創千二百年にあたります。記念行事も各地で行われ、遍路をする人が増えました。この記念すべき年に上梓できるご縁に幸せを感じております。本書を読んで現在の遍路道とは異なる古い道を辿ってみようという方が少しでも出てくだされば幸いです。

柴谷宗叔

江戸初期の四国遍路——澄禅『四国辺路日記』の道再現　目次

江戸初期の四国遍路——澄禅『四国辺路日記』の道再現

序章

第一節　研究の目的と方法

四国遍路の本格的史料としては現存最古ともいえる澄禅（一六一三―八〇）の『四國遍路日記（四国辺路日記）』[1]（承応二年＝一六五三）に記載された内容を検証することによって、江戸時代前期の四国遍路の実態を明らかにするとともに、現在との比較を試みた。澄禅の日記に記載された行程をたどり、現地調査をすることで、ルートの確定と現代地名・寺社名への比定をした。[2]その結果、日記に記載されている地名についてはすべて現在の地名に比定することができた。寺社名、所在地についても廃寺を含めほぼ比定できた。

これまで、愛媛県、徳島県教委[3]などの力で古い四国遍路道の調査が試みられてはいるが、それらは、現存する江戸時代以降の標石を元に昭和期まで使われていた道を再現したものである。標石は真念（?―一六九一）が貞享年間（一六八四―八八）以後に建立したものが最古であり[4]、真念の『四國邊路道指南』（一六八七）[5]に記されたルートにほぼ合致する。しかし、それ以前の道は残念ながらわかっていなかった。したがって、真念に先立つ一六五三年当時の遍路道の詳細をたどったのは初めての試みである。

さらに本札所と番外札所の当時と現在の違いなどを明らかにした。阿波、伊予では荒れている札所が多かった。[6]番外札所も栄枯盛衰のあることがわかった。[7]

澄禅の日記にはまだ多くの情報が記されている。江戸時代前期の遍路および取り巻く環境がどのようなものであったかを知るには絶好の史料である。出会った人々や町の様子など、日記から読み取れる諸相をまとめた。

私は四国遍路の先達として二十余年にわたり八十周余の遍路経験がある。その経験を生かし、当初、『遍路と巡礼の研究』として、修士論文では「遍路・巡礼の歴史と現状」「現代巡礼者の実態調査」「遍路の個別事例研究」の三章立てでまとめ、別項として自らの四国八十八ヶ所ならびに西国三十三所の徒歩巡礼体験記、四百七十六におよぶ番外を含めた四国札所の概要、自らが巡礼した全国四十五霊場の概要等をまとめた。その成果は『公認先達が綴った遍路と巡礼の実践学』[8]として出版した。また、全国の写し霊場ならびに新規開設霊場の実態について調査した研究成果を、論文「写し霊場と新規開設の実態について」[9]としてまとめた。

本書のもととなった博士論文作成にあたっては、澄禅の日記の検証に絞り込み、必要に応じて、真念『四國邊路道指南』、細田周英『四國徧禮繪圖』（一七六三）[10]、寂本『四國徧禮霊場記』（一六八九）[11]、九皐主人写『四國徧礼名所図會』（一八〇〇）[12]などの後世の史料と比較した。四国遍路の文献史料としては賢明『空性法親王四國霊場御巡行記』（一六三八）[13]が最古とされるが、具体的記述に欠け寺社名や名所を羅列しただけである。また後世の偽作との指摘[14]もあり、今回は取り上げなかった。

ルートの調査にあたっては、私の得意分野であるフィールドワークを駆使して現地調査を重ね、澄禅の記述を現在の場所に重ね合わせる作業を行った。ルートについては澄禅の記述が飛び飛びであるため一部選択肢が残る部分があるものの、その結果を国土地理院の五万分の一の地図上に重ねた。必要な現地写真も添えた。

第一章では澄禅の遍路道のルートについて考察した。澄禅の日記に一番から八十八番までの番付は記載されていない。詳細は本論で考察するが、現在よく巡られている一番霊山寺からの順打ちではなく、現在の札所番号でいけば十七番井戸寺から十三番まで行き十一―十二―十八番とたどり、以降は順打ちし、八十八番を終えてから十番から一番に逆打ちで結願するコースを取っている[15]。真念以後の道には標石が参考になり先行研究もあるが、澄禅独自のルートには標石のような遺物はなく、日記の記述のみを頼りに現地調査をして確定した。これについてはすでに記したように現在の地名との比定を完全に終えた。特に、十三番から十一番、十二番から十八番へのコースは真念以降現在に至る遍路道とは異なっており、今回の調査で初めて明らかにした道筋である。また、六十五番奥の院から六十六番への尾根道も新たに発見した道である。調査で解明した澄禅の歩いたルートを再現した地図を付す。

第二章では札所の寺社の様子などを考察する。日記には当時荒れていた札所が多かったことが書かれている。戦国・安土桃山時代の兵火から立ち直れていないことなどが原因と思われるが、その背景等を考察した。必要な個所では札所の絵が載せられている寂本の『霊場記』と比較する。寂本の絵では札所の寺観は整っており、澄禅以後に整備されたことが窺える。『名所図会』など他の史料も参照した。また、澄禅の記述では現在と本尊が異なったりしている場合があるので比較検討した。

第三章では各文献に見える番外札所の異同を調べた。各本によって番外の記載は異なるが、これらを並べることによって番外札所がいつごろ成立し遍路が立ち寄るようになったのかを明らかにした。また澄禅の日記には札所番号の記載がない。いわゆる八十八札所と番外をどのように認識していたのかの考察も行った。参考に番外札所一覧表を付けた。

第四章では日記から読み取れる諸相を取り上げた。江戸時代初期の遍路を取り巻く人々として、澄禅の記述に登場する人物を取り上げた。どのような人と出会ったのかを検証することで当時の様子が解明できると考える。日記には遍路衆も何度か登場する。その記述を基に当時の遍路の実態を再現する。また宿泊については、澄禅は一度も野宿をしていない。このほか交通手段としての渡船、城下町の様子、庶民の風俗など、日記から読み取れることをまとめた。さらに現代遍路との比較も試みた。

なお、現代の遍路の実態および巡礼概説については、拙著『実践学』に記載の通りであるので省略するが、四国遍路の歴史について簡単に触れておく。

弘法大師空海（七七四―八三五）は自ら『三教指帰』（七九七）に「阿波大瀧嶽に登りよじ、土佐室戸岬で勤念す[16]」と記しているように、当時、修行の場としての大師の足跡があったことは確かである。そして、四十二歳の厄年にあたる弘仁六年（八一五）、四国霊場を開創したと伝えられている。歴史学的には考えられないとされるが、四国八十八ヶ所霊場会をはじめ、信仰上は定説とされている。四国霊場の開創については、ほかに弘法大師入定後、高弟の真済（八〇〇―八六〇）が、その遺跡を巡拝した。伊予の長者であった衛門三郎が、弘法大師の行乞に応じず、そのたたりで八人の子供を亡くし、自己の非を悟って大師の後を追って巡った、などの伝承があるが、いずれも伝承の域を出ない。

しかし、ほどなく、平安時代末期には、四国辺地《へち》の巡拝が行われたことが『今昔物語集』[17]、『梁塵秘抄』[18]にあり、理源大師聖宝（八三二―九〇九）も四国を遍歴。西行（一一一八―九〇）が、中途で断念したにせよ讃岐の弘法大師の遺跡を巡拝したのは、その行跡からも疑いのない事実である。道範（一一七八―一二五二）も『南海流浪記』に弘法大師の聖蹟巡拝を記している。

「辺路」の初出は、弘安年間（一二七八―八八）の『醍醐寺文書』。頼遍の行跡に「四国邊路、三十三所諸国巡礼」と記されている。時宗の開祖である一遍上人（一二三九―八九）も四国の辺路を回った。今の遍路のような八十八の札所は確立されていなかったとみられるが、その萌芽はこの時代に見られるのである。山野を巡る辺路修行から、弘法大師一尊化による八十八の札所が確立した時期は現在のところ不明である。

当初は僧の修行としての巡拝だったのが、室町時代になると庶民も回るようになる。八十番国分寺には永正十年（一五一三）の「四國中辺路同行二人」の落書が残されている。八十八の数字が出てくる最も古いのは、文明三年（一四七一）。この銘を持つ鰐口が、高知県いの町（旧本川村）の越裏門地蔵堂で確認されている。すでに本四国の八十八があって、村に写し霊場が開かれていた左証である。八十八の札所番付が、いつごろ成立したかは不明だが、このころまでには決まっていたといえる。

江戸時代に入り、本稿で取り上げる澄禅の日記が書かれた。本稿で検証したごとく、現在の八十八につながる札所がすべて含まれ、澄禅は参拝している。文献上現れる札所番付は真念

『道指南』まで待たねばならないが、すでに八十八の札所が確立していたことは確実である。澄禅の遍路に先立つ寛永八年（一六三一）の『せつきやうかるかや（説教苅萱）』には、「四こくへんとは八十八か所とは申なり[19]」と出てくる。

第二節　先行研究の概要

四国遍路や巡礼に関する研究が本格的になされるようになったのは最近のことであり、歴史学・民俗学・宗教学・社会学・文化人類学等々の学際的分野に当たるため、系統立ったものは少ない。複数の学会にまたがるため、すべてを把握するのは困難をきわめる。巡礼研究会（日野西眞定会長）という専門の研究会があるが、学会にはなっていない。したがって本稿所載の論文についても、日本印度学仏教学会、日本宗教学会、日本宗教民俗学会、日本山岳修験学会等、各種学会で発表したものの集成である。

巡礼全般について古典的な先行研究としてよく引き合いに出されるのが、前田卓『巡礼の社会学[20]』、新城常三『社寺参詣の社会経済史的研究[21]』であり、前者は社会学、後者は歴史学的な観点から捉えたもので、巡礼研究の嚆矢ともいえるものである。四国遍路に限ってみれば、宗教学的な観点からは星野英紀『四国遍路の宗教学的研究[22]』、社会学的な観点からは早稲田大学道空間研究所の『現代の四国遍路[23]』、歴史・民俗学的観点から頼富本宏・白木利幸『四国遍路の研究[24]』などがある。私自身も研究の参考にした文献である。

平成に入り、四国遍路がブームになると、地元自治体や郷土史家による研究報告が相次ぐようになる。愛媛県、徳島県教委などによる遍路道調査や、愛媛県新居浜市の喜代吉榮徳、高知市の小松勝記による各種調査報告などである。また、愛媛大学、鳴門教育大学、四国大学等でも研究がなされている。多くは社会学的あるいは民俗学的な観点からの研究であり本格的な研究報告も相次ぐ。浅川泰宏『巡礼の文化人類学的研究[25]』や、愛媛大学を中心とするグループの『四国遍路と世界の巡礼[26]』などが発表された。二〇〇八年には四国地域史研究連絡協議会が結成され、四国四県の行政、大学、研究団体が合同で遍路研究の情報交換、成果報告を行うようになった。

しかしながら、これまでの四国遍路研究は、総括的なものとしては意識調査のような社会学観点か、標石や納札の調査による民俗学的報告がほとんどであり、文献学的なものは史料の不足からあまり行われてこなかったといってよい[27]。

本研究の主文献である澄禅の『四国辺路日記』については、四国遍路の本格的文献史料としては最古ともいえるため、遍路を扱った書物ではほとんどが江戸時代の代表的著作として取り上げ、遍路研究の世界では常識となっている観がある。ところが、内容について深く言及したものといえば、近藤喜博『四国遍路』[28]『四国遍路研究』[29]と宮崎忍勝『澄禅四国遍路日記』[30]が昭和時代に発表されて以後、ほとんど研究論文といえるものはなく、平成になってからはわずかに白木利幸『澄禅大徳の「四国遍路日記」』[31]があるぐらいである。なお、近藤『四国遍路研究』、宮崎『澄禅四国遍路日記』には翻刻が掲載されている。澄禅の日記の翻刻は他に伊予史談会『四国遍路記集』[32]もある。

そもそも澄禅の日記は近藤が宮城県の塩竈神社で写本を発見、公表したもので、近藤の発表前の諸氏の研究には当然のことながら現れない。近藤の二著作は四国遍路の歴史について総括的に論述されているが、肝心の澄禅の日記についての分析が少ない。宮崎本では、日記について詳細な解説がなされているが、事実上ありえない誤りも散見される。たとえば、「サンチ村」[33]を徳島県名西郡神山町左右内とするなどである。私の調査では同県吉野川市鴨島町山路とすべきである。また、白木論文も同様の誤りを踏襲している。文献のみに頼る研究が陥りやすい誤りである。

なお、本論作成中に、小松勝記『四國邊路日記幷四國順拝大繪圖』[34]、武田和昭『四国辺路の形成過程』[35]が発表された。前者は翻刻に注釈を加えたもので、私が『へんろ』で先行発表した成果が追認された部分もある。後者は第三篇第一章「澄禅『四国辺路日記』にみる近世初期の四国辺路」[36]で詳細な検証を行っており、一部拙論と重複する部分もあるが、拙論の主要部分であるルートについては順路を記述するのみで、詳細な地名照合等の検証は拙論が初めてである。

本研究においては、澄禅の日記を徹底的に読み込むことにより、これまで明らかにされてこなかった澄禅の遍路行の実態を探り、日記の記述から窺える札所や遍路巡拝者の様子を詳らかにする。史料としては澄禅の日記を主に使うが、単に文献に頼るのではなく、社会学・民俗学的手法も取り入れながら、総合的に考察する。なぜなら周辺文献や遺物がほとんどないため、文献学・考古学的手法には限界があり、足らざる点はフィールドワークで補い、解明することとした。二〇〇八年度までに前述の通り、澄禅の足取りに記載されている地名はすべて、現在の地名に比定することができた。そのことから、澄禅が歩いたルートをほぼ解明することができた。この点はこれまでの研究では明らかになっていないことである。番外を含む札所の異同と変遷、遍路意識の現在との比較等も、前記近藤、宮崎、白木論文に見られないものである。

取り上げる文献は古典であるけれども、実は本格的研究そのものがなされていない新しいものであるといえる。なぜ研究されなかったかは断言できないが、文献そのものが遍路の世界では有名でありすぎたがために、研究し尽くされているとの誤解があったといえる。また、翻刻本が三種[37]あり、読むのがそう困難ではないにもかかわらず、奥を深めようとすると周辺文献がほとんどなく、文献学的手法のみでは行き詰まってしまうからだといえる。そうした意味で当研究は、私の永年の遍路体験に根ざし、文献学に社会学・民俗学的な手法を取り混ぜたという、手法自体が全く新しいともいえるのである。

また、私は拙著『実践学』において、現代遍路の実態調査を行い、西国三十三所巡礼との比較などをした。活字化された調査報告としては現時点で最新のものであり、内容的にも「自分を見つめなおす平成の哲学遍路」出現を盛り込むなど、現状を最も的確に把握したものとして自信を持っている。さらに交通の発達により遍路の交通手段が徒歩から鉄道、そして自動車へと変化する中で、遍路の仕方が変化してきたことを指摘した。こうした実績を踏まえ、本研究で明らかにする江戸時代前期の遍路の実態と、現在を比較することで、これまでになかった視点での論文ができたものと確信する。

第三節　解題

澄禅『四国辺路日記』は、宮城県塩釜市の塩竈神社の文庫で近藤喜博が昭和三十九年から四十二年までの文化財保護委員会の調査で発見したものである。[38]

日記の奥付に、

右ハ洛東智積院ノ中雪ノ寮、知等庵主悔焉房證禅大徳ノ日記也

正徳四歳甲午十一月十三日

写之

本主　徳田氏

とあることから、承応二年（一六五三）の證禅の日記を、正徳四年（一七一四）に徳田氏が写したものであることがわかる。

宮崎忍勝によると證禅は澄禅の誤りで、智積院[39]の学僧だった澄禅の遍路記録であるとする。天明六年（一七八六）の奉納記朱印があり、村井古巌の蔵書であったものを弟の忠著が塩竈神社に奉納したことがわかる。

『續日本高僧傳』（一八六七）[40]によると、澄禅は肥後国（熊本県）球磨郡の生まれ。悔焉と号す。二十歳で出家、智積院で運敞阿闍梨（一六一四—九三）の門下として仏道に励み、梵字悉曇の大家として知られ、智積院第一座となった。のち肥後に帰り地蔵院に住す。

運敞は智山第七世能化であり、澄禅より一歳年下であるが、僧侶としては師にあたる。運敞は和泉国（大阪府）の生まれ。元春（玄春）と号す。十三歳で神泉苑快我に師事し、十七歳で頼運に伴われ智積院に投じ第三世能化日誉（一五五六—一六四〇）の講席に列した。尾張（愛知県）長久寺を経て、承応二年（一六五三）智山第一座となる。事相教相ともに優れ、寛文元

年（一六六一）智積院第七世能化となる。健筆家で『性霊集鈔』『秘蔵宝鑰纂解』など多くの著書を残した。(41)

澄禅は梵字悉曇の刷毛書きである澄禅流の流祖とされる。古来からの朴筆を研究し、工夫を重ねて刷毛を編み出した。江戸時代は正書として、毛筆より刷毛書きが格式があるとされていたという。(42)『梵書帖』（一六五六）、『諸尊種子集』（一六六六）、『悉曇連声集』（一六六八）、『悉曇愚鈔』（一六六八）、『梵文』（一六六九）、『悉曇字母表』（一六六九）、『種子集』（一六七〇）、『悉曇字記』（一六七〇）、『悉曇初心鈔』（一六七一）という梵字関係の著書を多く残した。(43)『悉曇愚鈔』二巻は、刊記によると澄禅は智積院の寮舎で悉曇の相義を講じ、初学の徒を導くこと十有余年に及んだが、この講義内容を基に刊行したものである。『梵書帖』『諸尊種子集』『種子集』は刷毛書き梵字の作品集である。(44)

澄禅は悉曇灌頂を小嶋流で受けている。師は高野山の学僧である長意（一五一八—九九）とされるが、(45)澄禅生誕前に長意が没していることから、直接受けたのではないであろう。澄禅の弟子に醍醐寺の賢隆（一六四九—？）がいるが伝歴は明らかではない。高野山親王院所蔵の『高井田流悉曇目録』によれば賢隆に『悉曇初心考要』があり、同書の下に「醍醐山賢隆述。澄禅之附法。此之書但似玄談」と記されている。(46)

また、澄禅同様に運敞門下であった覚眼（一六四三—一七三五）も『悉曇摩多体考要』という梵字関係の書を残している。覚眼は薩摩国（鹿児島県）の出身で、醍醐寺、高野山で学び智山竪義を復興、宝永二年（一七〇五）智積院第十一世化主（能化）となる。宝永六年（一七〇九）には江戸・護持院第三世となり智山としては初めての大僧正になった。(47)

澄禅は寛文六年（一六六六）には後水尾上皇（一五九六—一六八〇）の勧請で、高雄山所蔵の木筆十如是を臨書して、一部を奉献し一部を智山に納めた。慈観『泊如僧正瑞林集』巻九（一六九三）に載せられている。(48)その時の様子は、並み居る公卿を感歎させたという。

後水尾院は二代将軍徳川秀忠（一五七九—一六三二）の娘・和子（東福門院、一六〇七—七八）を娶るなど徳川家と関係が深いが、その仲は微妙で、紫衣事件では幕府と対立。譲位後は学問や仏門に励んだ。修学院離宮を造営、茶会に文化人を招くなど風流を好んだことでも知られ、運敞や澄禅との交流もそうした中でできたと思われる。(49)澄禅は延宝八年（一六八〇）六十八歳で寂なので、生年は慶長十八年（一六一三）となる。(50)

江戸時代の四国遍路の文献史料としては、真念『四國邊路道指南』、寂本『四國徧禮霊場記』、真念『四國徧礼功徳記』（一六九〇）(51)の三部作が刊行され、一般に流布された。四国遍路を二十余回重ね、標石も立てた真念と、真念のアドバイザーであったといえる高野山の学侶寂本（一六三一—一七〇一）の共同作業による三部作である。『道指南』は行程ガイド、『霊場記』は札所案内、『功徳記』は霊験談と色分けでき、四国遍路にいざなったのであった。

写本とはいえ、それに先立つこと三十余年の澄禅の日記は史料的価値が高いといえる。三部作以前の四国遍路の実態を知るには現存唯一の史料といえるからである。

日記に一番から八十八番の番付は記されていないものの、現在の八十八ヶ所につながる札所はすべて記されている。明治初年の神仏分離で神社から寺院に変わった札所以外は、現在の札所とも同じである。また、文末に「世間流布ノ日記　札所八十八ケ所　道四百八十八里　河四百八十八瀬　坂四百八十八坂」と記されていることから、八十八ヶ所が成立していたことがわかるのである。なお「世間流布の日記」はまだ発見されていないが、その流れを汲むものとして、『奉納四国中邊路之日記』[52]（一六八八）を内田九州男が発見している。同日記は元禄元年（一六八八）のものであるが、内田は同日記が「世間流布の日記」と内容的に一致しているのではないかという。

江戸時代前期は江戸幕府が寺院統制を確立した時期でもある。徳川家康（一五四二—一六一六）は江戸開幕（一六〇三）に先立ち、慶長六年（一六〇一）に高野山に法度を下した。そして開幕後、慶長十三年（一六〇八）からたびたび寺院法度を下し、寛永十二年（一六三五）には寺社奉行を設けた。当時の高野山は学侶方、行人方、聖方に分かれ、とくに学侶方と行人方の勢力が拮抗、たびたび対立していた。高野聖は全国を遊行していた。慶長十一年（一六〇六）には時宗の聖に対し、真言宗帰入令が出されている。三代家光（一六〇四—五一）の治世になり、慶安二年（一六四九）にも高野山に対して法度が出されている[53]。

澄禅は、四国遍路に先立ち高野山に逗留していたが、ここで学侶である寂本や行人の洪卓、場合によっては聖の真念とも面識を得ていた可能性がある[54]。智積院の学僧であった澄禅も高野山においては客僧にすぎず、おそらく聖扱いであったろう。こうした時代背景の中、澄禅は高野山から四国に向け出立したのである。

註

（1）　正しくは『四國邉路日記』。「邉」は「辺（邊）」の異体字。本論では引用文は「辺路」と表記、地の文は一般的な「遍路」を用いた。「四國」は「四国」と表記した。以下同じ。論題も同様の趣旨から、あえて書名以外は「遍路」を用いた。底本に塩竈神社（宮城県塩釜市）所蔵の正徳四年（一七一四）写本の影印本（高野山大学図書館所蔵）を使い、宮崎忍勝『澄禅四国遍路日記』（大東出版社、一九七七、以下『宮崎本』）、近藤喜博『四国遍路研究』（三弥井書店、一九八二、以下『近藤本』）、伊予史談会『四国遍路記集』増訂三版（愛媛県教科図書、一九九七、以下『史談会本』）を参照し校訂した。

（2）「澄禅『四国辺路日記』の足取りの検証」（『善通寺教学振興会紀要』第十六号、二〇一一）一七九―二一七頁。「澄禅の足跡たどる　江戸前期の遍路道再現」一―二四（『へんろ』三〇六号―三二九号連載、伊予鉄不動産、二〇〇九年九月―二〇一一年八月）。
（3）『伊予の遍路道』（愛媛県生涯学習センター、二〇〇二）、『徳島県歴史の道調査報告書第五集遍路道』（徳島県教育委員会、二〇〇一）、『高知県歴史の道調査報告書第二集へンロ道』（高知県教育委員会、二〇一〇）、『四国遍路道学術調査研究会調査研究報告第一巻特集香川県下の遍路道の実態』（同研究会、二〇〇二）。
（4）喜代吉榮徳『四国の辺路石と道守り』（海王舍、一九九二）一五頁。
（5）底本に『史談会本』を使用。以下『道指南』と記す。
（6）「澄禅著『四国辺路日記』を読み解く―札所の様子を中心に―」（『高野山大学密教文化研究所紀要』第二十四号、二〇一一）四七―七二頁。
（7）「江戸時代の四国番外札所―澄禅『四国辺路日記』を中心に―」（『印度学仏教学研究』第五十八巻第二号、二〇一〇）二七七―二八〇頁。
（8）高野山出版社、二〇〇七。以下『実践学』。
（9）『密教文化』第二二一号（密教研究会、二〇〇九）七三―九七頁。
（10）六番安楽寺複写本を使用。
（11）底本に『史談会本』を使用。以下『霊場記』。
（12）河内屋武兵衛写、久保武雄復刻、一九七二。以下『名所図会』。
（13）『史談会本』に収録。
（14）小松勝記が第一回四国地域史研究大会（二〇〇八年十一月二日、愛媛大学）で、「創作された四国へンロ資料『空性法親王四国霊場御巡行記』」として発表。
（15）澄禅自身は札所番号を記載していないが、便宜上、現在の札番で記した。
（16）序。蹐攀阿國大瀧嶽、勤念土州室戸崎。『弘法大師全集』増補三版第三輯（密教文化研究所、一九六五）三二四頁。
（17）巻第三十一第十四。通四國邊地僧、行不知所被打成馬語。
（18）巻第二、三〇一。我等が修行せしやうは、忍辱袈裟をば肩に掛け、又笈を負ひ、衣は何時となく潮垂れて、四国の邊道をぞ常に踏む。
（19）『説教正本集』第二（角川書店、一九六八）一九頁。
（20）ミネルヴァ書房、一九七一。
（21）塙書房、一九八二。
（22）法藏館、二〇〇一。
（23）長田攻一・坂田正顕・関三雄編、学文社、二〇〇三。
（24）国際日本文化研究センター。二〇〇一。
（25）古今書院、二〇〇八。
（26）四国遍路と世界の巡礼研究会（代表・内田九州男愛媛大学教授）編、法藏館、二〇〇七。
（27）巡礼者が札所寺院に参拝時に納める短冊形の札。
（28）桜楓社、一九七一。
（29）三弥井書店、一九八二。
（30）大東出版社、一九七七。
（31）『善通寺教学振興会紀要』第五号（一九九八）七三―九六頁。
（32）愛媛県教科図書、一九九七増訂三版。
（33）塩竈神社蔵の写本三丁表。高野山大学蔵の影印本による。

(34) 岩本寺、二〇一〇。以下『小松本』。
(35) 岩田書院、二〇一二。
(36) 同書一九五—二四〇頁。
(37) 『小松本』を入れれば四種。
(38) 『近藤本』三六七頁。『宮崎本』八九頁。
(39) 真言宗智山派総本山。京都市東山区東山七条。
(40) 『大日本佛教全書』第一〇四冊(佛書刊行会、一九一七)三五—三六頁。
(41) 『智山全書解題』(智山全書刊行会、一九七一)四六三—四六七頁。
(42) 静慈圓『梵字悉曇』(朱鷺書房、一九九七)三六—三七頁。
(43) 『智山全書解題』四六七頁。
(44) 『梵字事典』(雄山閣、一九七七)九六—九八頁。
(45) 静慈圓『梵字悉曇』三六—三七頁。
(46) 『梵字事典』九八—九九頁。
(47) 『智山全書解題』四七一—四七三頁。
(48) 『智山全書』第十一巻(智山全書刊行会、一九六七)五六七頁。
(49) 熊倉功夫『後水尾天皇』(中央公論新社、二〇一〇)。
(50) 『宮崎本』一〇八—一〇九頁。
(51) 底本に『史談会本』を使用。以下『功徳記』。
(52) 『資料紹介・「奉納四国中辺路之日記」』(「四国遍路と世界の巡礼研究」プロジェクト、二〇一二)。
(53) 宮坂宥勝『改訂新版日本仏教のあゆみ』(大法輪閣、二〇一四)三一九—三二六頁。村上弘子『高野山信仰の成立と展開』(雄山閣、二〇一三)一〇五—一一三頁。
(54) 第四章第一節で検証。

第一章　澄禅の足取りの検証

遍路道を示す地図は80頁以降に示してあります。

第一節　阿波

承応二年（一六五三）七月十八日、高野山（和歌山県高野町高野山）を出発、渋田（同県かつらぎ町渋田）に泊まる[1]【1】。

十九日に和歌山城下（和歌山市中心部）に入り駿河町（和歌山市駿河町）泊。

二十日、湊（和歌山市湊）から船に乗るが波浪のため逗留。

二十四日出船、淡路島（兵庫県淡路島）、武島（沼島）などを見て阿州渭津（徳島県徳島市）に着く。大河（新町川）があり大橋（新町橋）が架かる。西の山（眉山）際に寺町（徳島市寺町）がある。持明院（廃寺、跡に常慶院滝薬師、徳島市眉山町大滝山）（写真1）に泊。願成寺（徳島市寺町に現存）とともに真言の本寺であった。持明院から四国遍路の廻り手形を請け取る。霊山寺（一番、鳴門市大麻町板東）から回るより井土寺（十七番井戸寺、徳島市国府町井戸北屋敷）からの方がよいとの伝授を受ける。

二十五日、持明院を発ち井土寺に行く【2】（地図1）。観音寺（十六番、徳島市国府町観音寺）、国分寺（十五番、徳島市国府町矢野）、常楽寺（十四番、徳島市国府町延命）へ【3】（地図2）。二町ほどの川（鮎喰川）を歩いて渡る【4】。一ノ宮[2]（一宮神社、現在の十三番札所大日寺は道を挟んで北側、同市一宮町西丁）の前に反り橋がある（現存）。

もと来た道を帰り、川（鮎喰川）を渡った。「阿波一国を一目に見る」峠を越えた【5】（写真2―4、地図3）。大道（伊予街道）に出て、一里ほど行ってサンチ村（吉野川市鴨島町山路）の民家に一泊した【6、A】（地図4）。

二十六日、藤井寺（十一番、吉野川市鴨島町飯尾）へ。焼山寺（十二番、神山町下分地中）へは山坂を三里【7】。「阿波無双の難所也」とある。藤井寺の南の山を登り、峠（柳水庵＝神

写真１　持明院址に建つ常慶院滝薬師。

山町阿野松尾＝あたり）の先にさらに高い大坂があり、絶頂（一本杉庵＝浄蓮庵、神山町左右内＝あたり）（写真5）から谷底に下り、清浄潔斎なる谷河（左右内谷川＝垢取川）で手水を使い、三十余町登って焼山寺へ（地図5—7）。奥ノ院禅定（現存、神山町下分地中）が山上にある。寺より山上へ十八町、中腹に大師作三面六臂大黒像、毒蛇を封じた岩屋（現存）がある。求聞持修行の所。前に赤井（閼伽井）という清水。山上に蔵王権現（現存）（写真6）。護摩檀（壇）場あり。昔、毒蛇の棲んだ池も。

二十七日、寺を出て東の尾崎（山の突き出た所。杖杉庵あたり）より真下りに谷底（神山町下分鍋岩）へ。谷川（左右内谷川、鮎喰川）沿いに東へ三里余り行って民家に一宿（神山町鬼《お》籠《ろ》野《の》あたりか）【B】。

二十八日、また谷川（鬼籠野谷川もしくは佐那河内村の園瀬川か）を何度も渡る苦労をして田野（小松島市田野町）の恩山寺（十八番、小松島市田野町恩山寺谷）に【8】（地図8—10）。恩山寺より東南十町ほどの民屋に泊。

写真2　地蔵峠にある石仏を祀った石組みの洞。

写真3　地蔵峠からの眺望（北側）。

写真4　地蔵峠からの眺望（南側）。

二十九日、東南一里で立江（小松島市立江町）の地蔵寺（十九番立江寺）に（地図11）。西へ向かい靍林寺（二十番鶴林寺、勝浦町生名鷲ヶ尾）の麓（同町生名）に出る（地図12・13）。奥院（現在の慈眼寺、上勝町正木）へは二里、滝（灌頂瀧）の記述も。寺家の愛染院（廃寺、鶴林寺山内）に泊まる。

三十日、鶴林寺から下って、大河（那賀川）を舟で渡る。細谷川（若杉谷川）沿いに坂を登り、大龍寺（二十一番太龍寺、阿南市加茂町竜山）（地図14）で泊まる。

八月一日、奥院身捨山（捨身嶽、南舎心）（写真7）へ。巌の突き出た所に不動堂【9】。三十町ほど下り岩屋（太龍窟という鍾乳洞、現存せず）があった【10】。下って、荒田野（阿南市新野町）の平等寺（二十二番、同市新野町秋山）へ（地図

写真5　絶頂と記された一本杉庵に立つ弘法大師像。澄禅の時代にはなかった。

写真6　蔵王権現を祀る焼山寺の奥ノ院。

写真7　捨身嶽の弘法大師修行場跡には現在大師像が立つ。澄禅の時代には岩場だけがあった。

15・16）。平等寺前の大河（桑野川）を渡って河辺の民家（阿南市新野町馬場）に一宿。

二日、山と海の上り下りを繰り返し川を三瀬（木岐川、北河内谷川、日和佐川か）渡って、ヒワサ（美波町の旧日和佐町中心部）の薬王寺（二十三番、美波町奥河内寺前）へ【11】（地図17―19）。薬王寺から右の道（美波町西河内経由の道か）を一里ほど行って貧乏在家（美波町西河内あたりか）に一宿【12】（地図20―22）。

三日、難所を上下して五里ほど行って【13】、浅河（海陽町浅川）の地蔵寺（廃寺）（写真8）に一宿【14】。

四日、寺から一里ほどの海部ノ大師堂（弘法寺、海陽町四方原）(3)（写真9）という辺路屋で納札。『辺路札所ノ日記』を購入した【15】。大河（海部川）に渡守なし。海部（海陽町の旧海部町）の真言寺は観音寺（廃寺、海陽町鞆浦）、薬師院（薬師寺、海陽町奥浦）、唱満院（万照寺＝同町鞆浦＝か）の三か所(4)。浦伝い(5)に廉喰（海陽町の旧宍喰町）に至る（地図23）。辺路屋（円頓寺＝廃寺、海陽町宍喰浦）に宿泊を断られる【16】（写真10）。大河（宍喰川）を渡り、阿波・土佐両国境の関所で

写真8　浅川の地蔵寺の流れをくむ稲の観音堂。

写真9　海部ノ大師堂と記した弘法寺。

写真10　宍喰の駅路寺であった円頓寺を合併した大日寺。

写真11　甲浦の千光寺址にある地蔵を祀る祠。

廻り手形出し通る。坂を越え神浦（高知県東洋町甲浦）へ（地図24）。千光寺（廃寺、東洋町甲浦千光寺谷）（写真11）に泊まる【17】。

第二節　阿波検証

【1】翻刻本ではいずれも「澁田」と記しているが、そのような地名は付近になく、影印本で確認したところ「渋田」と読める。

【2】後に「元来た大道」との記載があるので伊予街道（国道一九二号とほぼ並行）を行ったであろう。当時、鮎喰川に橋はなかったので、現在の上鮎喰橋の少し上流を歩き渡ったと思われる。

【3】井戸寺から常楽寺までは現在の遍路道とほぼ同じと考えられる。

【4】現在の一宮橋の少し上流あたりと思われる。

〈A〉一ノ宮、松竹ノ茂タル中ニ東向ニ立玉ヘリ、前ニ五間斗ノソリ橋在リ、拝殿ハ左右三間宛也。殿閣結講也。本地十一面観音也。札ヲ納メ念誦看経シテ、扨本来ル道エ帰テ件ノ川ヲ渡テ野坂ヲ上ル事廿余町、峠ニ至テ見ハ阿波一国ヲ一目ニ見ル所也。爰ニテ休息シテ又坂ヲ下リテ村里ノ中道ヲ経テ大道ニ出タリ、一里斗往テ日暮ケレハサンチ村ト云所ノ民屋ニ一宿ス。

【5】徳島市入田町月ノ宮と石井町石井を結ぶ山越え、地蔵峠ではないかと思われる。西側にある童学寺越、曲突越は「野坂ヲ上ル事廿余町」の記述から離れすぎるからである。なお、地蔵越は現在北の石井町側に道はあるが、南の月ノ宮側はゴルフ場造成で道がなくなってしまっていて通行不能。峠からは南側・北側とも眺望が開け、特に北側は吉野川流域が一望できる。峠には地蔵を祀る祠がある。地元の古老の話では昭和三十年代までは一宮側から石井の高校（名西高）に通う通学路として地蔵峠越えが利用されていた。また東側にある馬場尾越も検討。こちらは石井町側の道が埋もれてわからない。ゴルフ場のクラブハウスあたりから登り、地蔵越の東側に出る道があった。峠

からは眺望がなく記載にそぐわない。現在は十五番国分寺近くの阿波史跡公園から気延山に上がり、尾根伝いに行くハイキング道で地蔵峠に行き石井に下るのが踏破可能なコースである。

【6】山路の地名は、峠の麓の石井町石井にもあるが、一里の行程から吉野川市鴨島町山路が適当と考える。伊予街道を下浦（石井町浦庄下浦）から分岐する森山街道に取れば街道沿いに鴨島町山路がある。藤井寺へは伊予街道より森山街道の方が近い。『宮崎本』では「サンチ村」を徳島県名西郡神山町左右内ではないかとしている。左右内は山の反対側にある地名で行程上ありえない場所である。また、『近藤本』では「サンケ村」と翻刻している。しかし、付近にサンケに相応する地名は見当たらない。影印本を見ると「ケ」のほうが近いが「チ」とも読める。したがってサンチと読み、山路（サンヂ）に比定するのが妥当と判断した。[6]

【7】現在の歩き遍路道とほぼ同じと考えられる。現在でも阿波一番の難所である。現在の番外札所である長戸庵、柳水庵、一本杉庵の記載はない。

〈B〉廿七日早天ニ寺ヲ出、東ノ尾崎より真下リニ深谷ノ底ニ下ル。此谷河ニ付テ東へ往也。又跡ノ一宮へ往テモ道ノリハ同事也。多分ハ一宮ニ荷俵ヲ置テ藤井焼山ノ札ヲ納テ、焼山寺より一宮エ皈リテ田野ノ恩山寺エ往也。予ハ元ト来シ道へハ無益也ト順道コソ修行ナレト思テ此谷道ヲ通也。此道ノ躰、細谷川ノ一筋流タルニ付テ往道ナレハ此三里ノ間ニハ二三十度モワタラント覚タリ。三里余リ往テ白雨降来ケル間、民家ニ立寄テ一宿ス。此夜ハ庚申トテ一家ノ男女沐浴潔斎シテ作業ヲ休テ遊居タリ。廿八日宿ヲ出テ又谷川ヲ渡リ〳〵テ行程ニ終日苦身シテ田野恩山寺ニ至ル。焼山より是迄八里也。廻リ〳〵テ元ノ猪《ママ》ノ津ノ隣ニ出ル也。

【8】一宮往復を避けたとの記述があることから、鮎喰川沿いに一宮付近に下ったのではなく、鬼籠野から佐那河内村経由の道を辿ったものと思われる。鬼籠野から国道四三八号旧道を二キロほど行ってトンネルの手前に南の神山町鬼籠野小原へ分岐する道がある。一キロほどで佐那河内村との境、府能峠（標高二九〇メートル）に出る。薬師を祀る祠がある（写真12）。ここから佐那河内村中心部へは谷底へ下る感じで降りて行く。根郷越、横峰峠などもあるが、「法印のたお」と呼ばれ主街道だった府能峠が距離も短く標高も低く一番可能性が高い。[7] 佐那河内村下高樋から県道一八号、三三号、一三六号沿いに小松島市田野へ出る。勝浦川（現在の野上橋、徳島市多家良町―小松島市田浦）も歩き渡ったか。

【9】現在は小さな祠があり、弘法大師が『三教指帰』に記した場所で求聞持法を修したとされている。

【10】昭和三十八年ごろにセメント会社の採石場となった。現在は土砂処分場になっており、洞窟の跡を偲ばせるものはない。

【11】澄禅の記述では海辺に出ているので、現在の国道五五号沿いの遍路道でなく由岐町（美波町の旧由岐町）経由のルートをとったと考えられる。阿南市福井町から県道二五号と離合しながら日和佐に至る旧土佐街道。現在でも海辺と山越えが繰り返される難路である。

【12】薬王寺の山門を出て右であれば国道五五号沿いの土佐街道かと思われる。しかし、泊まった場所と距離の関係から見ていくと、進行方向（室戸）に向かって右、つまり日和佐川に沿って行くもうひとつの土佐街道、美波町西河内経由の道とみられる。泊まったのも西河内の集落であろう。両道の合流点である同町山河内には徳島藩の駅路寺である打越寺（現存、美波町山河内）があったのだが、その記述がないことからも、手前で宿泊したことが窺えるからである。山河内からは海にかかるとの記述があることから、国道沿いの辺川経由でなく、海岸の水落へ出る「四国のみち」ルートを辿った可能性が高い。

【13】難所は八坂八浜といい、浜と山の繰り返しが八回ある。途中、鯖大師（海陽町浅川鯖瀬）の記述なし。

【14】地蔵寺は稲の観音堂（廃寺、海陽町浅川稲）に合併された[8]。現在、観音堂は津波避難所に改造されているが、敷地内に地蔵を祀る祠がある。

【15】この記述から澄禅以前にすでに遍路日記があり、ガイド本として販売されていたことがわかる。発見されれば遍路研究が進むことは間違いないが、現在のところどのようなものであったかを知ることはできない。流れをくむものとして内田九州男は『奉納四国中邊路之日記』[9]を指摘している。

【16】円頓寺は昭和二十一年の南海地震で被災し、同地の大日寺に合併された。

【17】甲浦の集落に入って間もなく千光寺谷という場所があ

写真12　神山町と佐那河内村の境にある府能峠の祠。

り、小高い丘の上に寺の址と見える広場と地蔵の祠がある。東寺の末という。東寺とは京都の教王護国寺のことではなく、室戸の最御崎寺を指すと思われる。

第三節　土佐

五日、雨で正午に出、二里ほど行って野根（高知県東洋町野根）に至る（地図25）。大河（野根川か）増水して幡多（高知県幡多郡）の辺路衆らと急ぎ渡る。野根ノ大師堂（東洋大師明徳寺、東洋町野根）（写真13）という辺路屋で泊【18】。

六日、難所の土州飛石ハ子石（飛び石跳ね石ごろごろ石という難所＝東洋町野根から室戸市佐喜浜町に至る海岸）にかかる。三里の間は東は海、西は山で民家もない所。海に七、八里突き出した室戸岬への行道。海辺の岩石を飛び越えながら行く。難所を三里ほど行って佛崎（室戸市佐喜浜町水尻谷）（写真14・15）という奇巌妙石が積み重なった所で札を納めた

写真13　野根ノ大師堂と記された東洋大師明徳寺。

写真14　澄禅が札を納めた番外札所・佛崎と思われる奇岩。

写真15　佛崎にある石仏。

【19】。十余町行って貧しい漁父（夫）の家（室戸市佐喜浜町入木か）があり、ここまで六、七里の間には米穀はないと記している【20】。六里ほど行って漁翁の家に泊（室戸市室戸岬町椎名あたりか）【C】（地図26—29）。

七日は海辺を三里ばかりで土州室戸ノ崎（室戸岬）に至る（地図30・31）。薬王寺より二十一里。

東寺（二十四番最御崎寺、室戸市室戸岬町坂本）の山下の海辺の中央に岩屋（御厨人窟＝御蔵洞、同市室戸岬町岬）（写真16）がある。愛満室満権現という鎮守である【21】。（洞窟から海に向かって）左に地主の神社を祀る小さな岩屋（神明窟）がある。一町ほどで大師修行の求聞持堂（現存せず）。その奥に岩屋（観音窟）【22】（写真17）。山上への登りは八町【D】[10]。

写真16　弘法大師が求聞持法を修したとされる御蔵洞。

写真17　かつて前に求聞持堂があったと思われる観音窟。

写真18　江戸時代の札所であった神峯神社の本殿。元は観音堂であった。

八日、寺から一里で津寺（二十五番津照寺、同市室津）へ。一里で西寺（二十六番金剛頂寺、同市元乙崎山）へ。麓（同市元甲）の民家に泊（地図32）。

九日、宿を出て田野（田野町）の大河（奈半利川）を渡し舟で渡り、田野新町（同町新町）から一里行って安田川（現行）を歩いて渡る。神峯の麓タウノ濱（安田町唐浜）で一泊。クワズ貝（貝の化石）あり。神峯（神峯神社、同町唐浜塩谷ヶ森、現在の二十七番札所神峯寺は少し下った所＝同町唐浜竹林山＝にある）（写真18、地図33―36）に麓の浜より一里上る【23】。寺は麓にある（養心庵、同町唐浜）（写真19）【24】。

十日、アキ（安芸市中心部）、新城（同市穴内新城）、砂浜を歩き赤野（同市赤野）の民屋に宿（地図37―39）。

十一日、小坂を越えテ井（香南市手結《てい》）へ。一里ほど松原を行って赤岡（同市赤岡町）に出る。一里ほどで大日寺（二十八番、香南市野市町母代寺）（地図40・41）。宿泊を断られ麓の菩提寺（母代寺＝廃寺、同市野市町母代寺）の在所で泊【25】。

写真19　神峯麓にある薬師堂。元の養心庵址から移動した。

写真20　眠リ川と書かれた国分川。

写真21　田島寺址に建つ西島観音堂。

十二日、雨の中、言云川（物部川）を渡る。民家（香美市の旧土佐山田町）で雨宿り。国分寺の近所の眠リ川（国分川）（写真20）が大水で渡れないため、近辺の田島寺（廃寺、南国市廿枝西島、跡に観音堂）（写真21）に一宿【26】。

十三日、寺から川下の橋を渡り国分寺（二十九番、南国市国分）へ。大日寺より直行なら一里。一宮（土佐神社、現在の三十番札所善楽寺は東隣、高知市一宮）へ二里（地図42—44、写真22）。一宮の社僧に神宮寺、観音院の両寺【27】。

西一里ばかりの小山に華麗な社（掛川神社、高知市薊野中町）。社僧は天台宗日讃（現在の国清寺）【28】（写真23）。そこから二十余町で高智山（高知市中心部）に至る。常通寺（廃寺、同市大膳町）、永国寺（廃寺、同市永国寺町）は土佐藩の祈願所【29】。常通寺、五台山（竹林寺）、西寺（金剛頂寺）が土佐の真言本寺。蓮池町（同市はりまや町）（写真24）安養院（廃寺）に一宿。雨で五日逗留【30】。

十九日、川舟（江ノ口川か）[11]（写真25）に乗って五臺山（三十一番竹林寺、同市五台山）へ[12]（地図45）。逗留。

二十四日、禅寺峯師（三十二番禅師峰寺、南国市十市）へ二

写真22　土佐一宮である土佐神社。

写真23　高知藩初代藩主山内一豊が勧請した掛川神社。

写真24　安養院のあった蓮池町あたり。住居表示変更で地名から消え、電停のみに名を残す。

写真25　蓮池町近くの江ノ口川船着場があったあたり。

里。一里ほどで浦戸（高知市浦戸）。大河（浦戸湾）渡船で自由に渡れる【31】（写真26）。一里余行って高福寺（三十三番雪蹊寺、同市長浜）。西一里ほどの秋山（高知市春野町秋山）で泊（地図46・47）。間に河二瀬（いずれも新川川）。

二十五日、（雪蹊寺から）種間寺（三十四番、高知市春野町秋山）まで二里。西一里ばかりで新居戸ノ渡（仁淀川）渡船で自由に渡る【32】。新居戸（土佐市高岡町）の宿に荷物を置いて清瀧寺（三十五番、土佐市高岡町丁清滝）往復（地図48・49）。清瀧寺へ一里。麓に八幡宮（松尾八幡宮、同市高岡町乙）（写真27）。新居戸の宿で荷物を受け取り、川（仁淀川）沿いに下り新村（同市新居）で泊。

二十六日、浦伝いに一里ほどで福島（同市宇佐町福島）。井ノ尻瀧ノ渡【33】を舟賃を払って渡る。対岸の井ノ尻（同市宇佐町井尻）の宿に荷物を置き、青龍寺（三十六番、同市宇佐町竜）へ二十五町。七、八町上り七、八町平地へ下る（竜坂）（写真28）。大師作という蓮池（池は現存だが蓮はない）があり奥に

写真26　今も残る浦戸の渡し。後ろに見える浦戸大橋が開通した後も住民運動で残った。

寺がある。清瀧寺より三里（地図50・51）。北東に独鈷杵に似た独鈷嶽があり頂上に石堂（現在の奥の院[13]）（写真29）。寺に泊。

二十七日、雨で井ノ尻の漁父（夫）の小屋に宿。

二十八日、船で三里入江を行く【34】。奥津横波（須崎市浦ノ内東分横浪）で上陸、陸路二十町ほどの大浦（同市浦ノ内西分大浦）の宿で朝食、カトヤ（同市須崎角谷）で休憩し一瀬（新庄川か）渡って、カトヤ坂（角谷坂）を越え谷底（同市安和）へ下って、土佐無双の大坂とされる焼坂（焼坂峠）を越えた。河（久礼川）を渡って久礼（中土佐町久礼）の曹洞宗龍沢山常賢寺（廃寺[14]）（写真30）に泊。

二十九日、南西の一里ほどある焼坂に劣らぬ坂（添蚯蚓坂《そえみみず》[15]）を越え野を行き、新田ノ五社（仁井田五社＝高岡神社、現在の三十七番札所岩本寺の北東一・五キロ、四万十町仕出原）（写真31）へは北の山際道は川（仁井田川）が荒れて渡りにくいという行人の教えに従い、左の大道（幡多道）を行って平節（平櫛＝四万十町平串）の川を歩き渡る。五社の前にある大河（四万十川）は舟も橋もない難所で歩き渡る。洪水時には何日も足止めとなる。青龍寺より十三里。新田ノ五社は南向きに四社並

写真27　清瀧寺の麓にある松尾八幡宮。

写真28　井尻から青龍寺に向かう山越えの遍路道が再現された。

写真29　独鈷嶽山頂近くの断崖絶壁上にある青龍寺奥の院。

写真31　元の三十七番札所であった高岡神社。「福円満寺」と書かれた木標がある。現在、標識は新しいものに替えられている。

び建ち、一社は小高い山上に建つ【35】。納札し読経念誦して川を渡って戻り、窪川（四万十町窪川）で泊【36】（地図52—59）。

三十日、窪川を出、片坂（現行＝四万十町と黒潮町の境）を越え、坂の下より細分（畑分＝幡多郡）。大谷川（伊与木川）を何度も渡り下り四里ほど行きイヨキ土井村（黒潮町伊与喜土居）の真言宗随生寺（随正寺＝廃寺）[16]（写真32、地図60—62）に泊。

九月一日、一里半ほどでサガ（黒潮町佐賀）へ、大坂上下一里半[17]、有井川（現行）を渡る。大道（幡多道）より北十町ほどの小高い所に、後醍醐天皇一ノ宮（尊良親王）遠流配所の籠御

写真30　中土佐町久礼の田園の中に「常賢寺阯」と記された石碑が立つ。

写真32　伊与喜にある「瑞祥寺跡」と記された石碑。

写真33　黒潮町有井川にある籠御所跡の有井庄司の石塔を祀る社。

所跡に世話をした有井庄司の五輪石塔がある（現存、黒潮町有井川）（写真33）。坂を越え川口（黒潮町上川口）、坂を越え武知（黒潮町浮鞭字鞭）の民家に泊。

二日、鞭を出、中居入野（黒潮町入野）の浜は満潮で通れず野坂を越え田浦（黒潮町田野浦）に出る【37】。海辺を行って高島（四万十市竹島）に出る。高嶌ノ渡（竹島の渡し）【38】（写真34、地図63―66）という大河（四万十川）に渡舟なく、通りがかりの舟に頼んで渡る。川上一里ほどに中村（四万十市の旧中村市中心部）の城。川向かいの真崎（同市間崎）の妙心寺流の禅寺、見善寺（廃寺、址に薬師堂[18]）（写真35）に泊。

三日、津倉渕（四万十市津蔵渕）を過ぎイツタ坂（伊豆田坂）という大坂【39】（写真36）越えるが、大雨大風で落石あり苦労する。峠を下り一ノ瀬（土佐清水市下ノ加江市野瀬）に至る。足摺山へ七里。下ノカヤ（土佐清水市下ノ加江）を過ぎ入江の松原の奥のヲ、キ村（土佐清水市大岐）で泊（地図67―70）。寺山（三十九番延光寺、宿毛市平田町中山）に行くのに

写真34　竹島の渡しの船着場があった場所に建つ大師堂。

写真35　四万十市間崎の見善寺址に建つ薬師堂。

写真36　新旧伊豆田トンネルの上を越える伊豆田峠の遍路道。

ヲツキ（月山神社、大月町月山）（写真37）、ヲサ、（篠山神社、愛媛県愛南町正木篠山）（写真38）の番外札所がある【40】。

四日、海辺を上り下りしながらイフリ（土佐清水市以布利）を過ぎ、窪津（土佐清水市窪津）には足摺山末寺の海蔵院（現存）（写真39）がある。一里で津洛（土佐清水市津路）、さらに一里で足摺山（三十八番金剛福寺、土佐清水市足摺岬）に（地図71―72）。七不思議を記す。龍灯、ゆるぎ石、龍の駒、午時の雨、夜中の潮、不増不減、鏡石。さらに宝満・愛満・熊野ノ滝という三滝を記す（写真40）。熊野滝は室戸岬の先に潮岬が見える。愛満滝の上に大師建立の五尺の石鳥居。宝満滝の上に大師作五寸ほどの𑖀《あ》字石。五日、六日逗留。

七日、足摺山ノ崎（足摺岬）を回って、松尾（土佐清水市松尾）、志水（土佐清水市清水）を経て、三崎（土佐清水市三崎）の浜で阿波国を同日に出て逆打ちしていた高野吉野の遍路衆と

写真37　月山神社のご神体である三日月形の奇岩。

写真38　篠山山頂にある篠山神社。日記に記されているが行っていない可能性が高い。

写真39　土佐清水市窪津に現存する海蔵院。

遭う。徳島を同日に出発して逆打ちしている【41】。川口（土佐清水市下川口）の浄土宗正善寺（廃寺、址に大師寺）（写真41）に泊まる【42】。

八日、十町ほど行き大坂二つ越え貝ノ河（土佐清水市貝ノ川）。粟津（土佐清水市大津）、サイツ野（大月町才角）など経由、浜坂を上り下りして御月山（月山神社、大月町月山）に至る【43】（地図73―75）。下の寺に泊まる。

九日、御月を出て西伯（大月町西泊）[19]、コヅクシ（宿毛市小筑紫町小筑紫）に出る【44】。イヨ野（同市小筑紫町伊与野）の真言宗瀧厳寺（現存）（写真42）に泊。御月山より四里。

十日、ミクレ坂（三倉坂）【45】（写真43）を越え宿毛（宿毛市中心部）に。浄土寺（同所）【46】（写真44）に荷物を置き寺山（三十九番延光寺、同市平田町中山）へ往復二里（五十町一里）（地図76―81）。近所に南光院という妻帯山伏【47】。宿毛

写真40　足摺岬から太平洋に流れ落ちる滝。

写真41　下川口の正善寺址に建つ大師寺。

写真42　宿毛市小筑紫町伊与野に現存する澄禅が泊まったと記載した瀧厳寺。

の浄土寺泊。足摺山より寺山まで十三里。御月山を掛ければ十六里。

十一日、寺から一里で小山という所に関所（同市大深浦に松尾坂番所跡）【48】（写真45）。伊与国松尾坂の下り付に関所（愛媛県愛南町小山）。宇和島藩が番所を置く。坂越えヒロミ（愛南町広見）へ。御篠山（篠山神社、愛南町正木）へはここに荷物を置いて二里行く。ヒロミより一里ほどの城辺（愛南町の旧城辺町中心部）の民屋に一宿（地図82・83）。

第四節　土佐検証

【18】野根ノ大師堂の手前で、「大河増水して幡多（同県幡多郡）の辺路衆らと急ぎ渡る」との記述がある。明徳寺の手前であれば相間川ということになるが、大河とはいいがたい川である。明徳寺の先には大河というにふさわしい野根川がある（写真46）。川の先の辺路屋で泊まったとすれば、野根川南岸にあ

写真43　澄禅がミクレ坂と記した宿毛市の三倉坂。

写真44　宿毛市にある浄土宗の浄土寺。澄禅はここに荷物を置き延光寺を往復した。

写真45　宿毛市大深浦にある松尾坂番所跡。土佐側の関所であった。

る庚申堂（地蔵堂＝同町野根）（写真47）が該当するかもしれないが、住持するような堂ではない。もともと野根川南岸に野根の大師堂があり、現在の明徳寺の位置に移転したと考えるのが妥当か。

【19】現在は当該の番外札所はないが、東洋町から室戸市佐喜浜町に入ってすぐの水尻谷あたりに佛崎と思われる場所を見つけた。海に突き出た岩が仏像のように見え、石仏も祀られている。石仏に年号を見つけることはできなかった。仏海上人（？―一七六九）作との説もあるが[20]、澄禅の時代にはなかったこととなる。飛び石跳ね石の難所から三里、十余町で室戸市佐喜浜町入木、六里で泊まった民家のある室戸市室戸岬町椎名、そこから三里で室戸岬の記述から距離的に適合する。

〈C〉六日早天宿ヲ立テ、彼ノ音ニ聞土州飛石ハ子石ト云所ニ掛ル。此道ハ難所ニテ三里カ間ニハ宿モ無シ、陸より南エ七八里サシ出タル室戸ノ崎へ行道ナリ。先東ハ海上漫々タリ、西ハ大山也、京大坂辺ニテ薪ニ成ル車木ト云材木ノ出ル山也。其木ヲ切ル斧ノ音ノ幽ニ聞ユル斗也。其海岸ニ廣サ八九間十間斗ニ川原ノ様ニ鞠ノ勢程成石トモ布キナラヘタル山ヲ飛越ハ子越行也。前々道リシ人跡少見ユル様ナルヲ知ヘニシテ行也。或ハ又上ノ山より大石トモ落重テ幾丈トモ不知所在リ、ケ様ノ所ハ岩角ニトリ付、足ヲ爪

写真46　大河と呼ぶにふさわしい野根川。

写真47　野根川南岸にある地蔵堂。

立テ過行、誠ニ人間ノ可通道ニテハ無シ。此難所ヲ三里斗往テ佛崎トテ奇巌妙石ヲ積重タル所在リ、爰ニテ札ヲ納、各聚砂為仏塔ノ手向ヲナシ読経念仏シテ巡リ、夫より十余町往テ貧キ漁父ノ家在リ。此道六七里ノ間ニハ米穀ノ類カツテ無シ、兼テ一鉢ノ用意無テハ難叶所也。猶海辺ヲ過キ行、其よりハ道筋ヲ見分ル様ナル砂也。彼是六里斗往テ漁翁ニ請テ一宿ス。

【20】現在は国道五五号線が海岸線を走ってはいるが、野根から入木までの区間は民家はおろか自動販売機一つない難所であることは変わりない。

【21】御蔵洞は現在「五所神社」とされ、祭神は大国主命となっているが、かつては愛満権現[21]の表記があった。『南路志』には空海が毒蛇を退散させた跡に愛染明王を祀ったとある。室満権現は不明だが、現在、法満宮（崎山神社、室戸市元崎山）（写真48）が二十六番金剛頂寺近くにあり[22]、祭神大海命はかつて法満大権現とされ、本地は不動明王であった[23]。修験道の行場である宝満山（福岡県太宰府市）との関係も指摘できる。澄禅は宝満と書こうとして室満と誤記した可能性もある。足摺岬の項でも宝満愛満の表現が出てくるが、こちらは宝満と記しているからである。真念『道指南』には愛満権現とある。小さき岩屋とは、現在の神明窟（神明宮）を指すと思われる。

写真48　法満坂の上にある法満宮。

〈D〉東寺、先山下ノ海辺ニ踞虎蟠龍ノ巌石西湖ノ数景、東陸ノ小嶋松島ト云トモ是程ニハ在シト思キ景地在リ。其中央ニ岩屋在リ、只一丈斗ニシテ奥ヘハ廿間モ可在、一段高キ所ニ石ヲ磨結講《ママ》シタル社在リ、愛満《ママ》室満権現トテ當山ノ鎮守也。又岩屋ノ左ノ方ニ小キ岩屋在リ、是モ地主ノ神社也又右ノ方エ壱町斗行、大師修行シ玉イタル求聞持堂在リ、何モ太守より再講《ママ》シ玉フ也。其奥ニ又岩屋在リ、如意輪観音ノ石像在、扉斗有由緒在リ。其左右ニ長三尺斗ノ二王ノ石像在、何モ大師ノ作也ト云、誠ニ人作トハ不見、扨、夫より山上へ登事八町也。

【22】観音窟には現在も如意輪観音の石像が祀られている。求聞持堂は現存しないが、観音窟前には建物跡とみられる広場がある。弘法大師が『三教指帰』に記した室戸岬での修行の霊跡は、現在では御蔵洞とする説が主流だが、澄禅の日記を読む限り、江戸時代前期には前に求聞持堂があった観音窟と考えられていたということであろう。また、澄禅の日記には登場しないが、二十六番金剛頂寺住職の坂井智宏師は金剛頂寺麓の行当岬不動岩（室戸市新村行道）（写真49）が求聞持修行の地であるという説を出している。

写真49　行当岬不動岩の行場。

【23】現在の神峯神社の本殿が江戸時代の観音堂で、本尊十一面観音が祀られていた。

【24】養心庵は『道指南』に見える。安田町薬師に大正年間に再建された薬師堂のみ残る。もとは同町唐浜の麓と神峯寺の間の中腹にあった。同町安田に別当常行寺があったとの記録も[24]。

【25】母代寺址は小高い森の中にある。

【26】田島寺は国分川の南岸にあったらしい。西生寺ともいい、現在の西島観音堂のあたりと考えられる[25]。

【27】現在の土佐神社がもともとの札所。明治維新の神仏分離で廃寺となり、本尊は国分寺に預けられた。明治九年、本尊を安楽寺に遷座、三十番とした。昭和四年、埼玉県の東明院善楽寺（さいたま市中央区本町東）を当地に移転、国分寺から大師像を迎え再興。以来、札所の正当性を巡って争いが絶えず、昭和三十九年に開創霊場善楽寺、本尊奉安安楽寺とし二か寺を札所と定めることで一時決着したが、平成六年から、善楽寺を三十番とし、安楽寺を奥の院とすることで決着した。澄禅の日記には神宮寺、観音寺の名は出てくるが、善楽寺の記載はない。時代は下るが『南路志』[26]には観音院善楽寺とある。無量寿院神宮寺と並立して記載されている。地名について澄禅は一ツ宮（ひとつみや）というと書いているが、現在は一宮と書いて

「いっく」といっている。「いちのみや」以外の読みをするのは珍しいが、当時と読みが変化したというより澄禅が勘違いした可能性がある。

【28】掛川神社は寛永十八年（一六四一）、山内忠義が遠州掛川（静岡県掛川市）から牛頭天王を勧請して高知城東北の鬼門守護のため建立した。陽貴山見龍院国清寺は元和三年（一六一五）、日讃和尚の開基で天台宗だった。寛永十八年、牛頭天王宮の別当寺となった。明治維新の廃仏毀釈で廃寺となり、明治十三年（一八八〇）、京都相国寺の独園大禅師が参禅道場として再興、退耕庵と名付けた。その後、寺号を旧に復して国清寺とした。臨済宗相国寺派[27]。

【29】永国寺は高知城東北にあった。山内忠義の時、栄元を開基として創建。真言宗御室仁和寺末。本尊不動明王。明治初年に廃寺。常通寺は元は岡豊（南国市）にあり行基の開基という。寛永五年（一六二八）、小高坂村（高知市大膳町）に移転、明治三年に廃寺。本尊千手観音[28]。

【30】澄禅は一宮から直接三十一番に行かず高知城下に入って逗留している。今の遍路より余裕を持っていたことがうかがえる。

【31】大河と記すは浦戸湾を川と誤ったか。昭和四十七年に浦戸大橋が架かった現在も、渡しのフェリー（県営渡船）は残っている。

写真50　仁淀川の渡し跡の東岸、春野町弘岡上にある石仏。仁淀川大橋の上流にある。

【32】仁淀の渡しは現在の仁淀川大橋の少し上流、高知市春野町弘岡上と土佐市高岡町丙を結んでいた。渡し跡の東岸には石仏がある[29]（写真50）。大橋の下流にも渡し跡を示す大師堂があり、両方に渡しがあったと思われる。仁居戸の地名に該当する場所は付近になく、場所的には土佐市高岡町が該当する。『道指南』にも「荷物を高おか町にをき[30]」とある。

【33】昭和四十八年に宇佐大橋ができるまで存在した浦ノ内湾にかかる宇佐の渡し。瀧は龍の誤りか。

【34】浦ノ内湾北岸を歩く遍路道と湾内を船で行く方法があり、澄禅は船に頼った。同湾には現在も須崎市営の巡航船がある。

【35】現在も五つの社のうち一つは山上にある。高岡神社の前

に現在は橋が架かっているが、四万十川はかなり深く、当時は記載のような難所であった。

【36】現在の三十七番札所岩本寺は窪川の町中にある。澄禅の記載にはないが、『道指南』には「別当岩本寺」の記載が出てくる。(31)

【37】入野松原の浜の遍路道は現在も満潮時は内陸部を迂回する。

【38】渡しがあったのは現在の四万十大橋のあたりと推測される。橋の少し上流の竹島の渡しの船着場のあったあたりに大師堂がある。平成十七年までは三キロほど下流の同市下田と初崎を結ぶ渡船「下田・初崎渡し」があった。

写真51　土佐清水市市野瀬にある真念庵。

【39】伊豆田坂は現在新伊豆田トンネルで抜けている。旧伊豆田トンネルは埋められ通行不能。旧峠を越える道は荒れてはいるが、発見できた。最近になって遍路道の標識も立てられた。

【40】現在も足摺から市野瀬打戻り三原村経由で行く道（五十・八キロ）と、足摺から月山経由で宿毛に打ち抜けて行く道（七十二・五キロ）とがあり、距離の短い打戻りコースを取る人が多く途中宿に荷物を預けるが、同じ道は面白くないと敢えて月山経由コースを取る人もいる。澄禅も元へ帰るのは無益と月山打ち抜けコースを取った。月山道は海辺を通り難所多しし、打戻りする人は「一ノ瀬に荷を置いて行く」と記している。現在、市野瀬には番外札所真念庵（写真51）があり、江戸時代には遍路宿をしていたのだが、真念は澄禅より後の人であることから、澄禅の時代、すでに市野瀬に荷を置く風習があったとの記述は興味深い。

【41】承応二年（一六五三）は閏年ではないので、通常の年も逆打ちする遍路がいたことがわかる。ちなみに閏年は太陽暦への改暦（明治六年＝一八七三）以前にはなかった。

【42】現在同地に真言宗醍醐派大師寺がある。廃仏毀釈で集落に寺がなくなっていたところへ、近くの大師堂を移転する形で、昭和十八年に真言宗泉涌寺末頭山寺として創建、正善寺の

仏像を移す[32]。のち醍醐派に転派し大師寺に改称。澄禅当時に真言寺があればそこに泊まっていたはずだが、当時は浄土宗の寺しかなかった。澄禅日記では土佐清水から足摺へは往路は東海岸、復路は西海岸経由となっている。同じ道を避けたといえる。

【43】守月庵月光院南照寺という寺があったが明治の廃仏毀釈で廃寺となる。神社境内に残る大師堂が名残りをとどめる[33]。

【44】七日島の記載があるが現在は陸続き。

【45】三倉坂（御鞍坂）は宿毛市大浦から同市坂ノ下に至る山越えの道[34]。現在の遍路道は海岸沿いを歩く。

写真52　土佐・伊予国境の松尾峠に再建された大師堂。

【46】澄禅は「真言・禅・浄土・一向宗四ケ寺すべて浄土寺という」と記しているが、現在は浄土宗の浄土寺のみ現存。浄土寺は現在は市街地北西（宿毛市与市明）にあるが、当時は市街地中心部（同市中央）にあったらしい。松田川の南（同市坂ノ下）という説もある[35]。

【47】現在、延光寺の五百メートル北に奥の院の南光院あり。

【48】宿毛市大深浦に松尾坂番所跡がある[36]。宿毛市には小山という地名はないが、伊予側の関所がある所の地名が小山（愛南町小山）であることから誤記したものと思われる。峠の国境には大師堂（写真52）が再建されている。

第五節　伊予

十二日、城辺の宿を出て観自在寺（四十番、愛南町御荘平城）へ。寺山（三十九番延光寺）より七里。二里ほど行って柏（愛南町柏）へ。上下二里の大坂（柏坂）を越えハタジ（宇和島市津島町上畑地または下畑地）へ（地図84―87）。民家に泊。十三日は雨で宿に逗留。

十四日、宿を出て、津島（宇和島市津島町岩松）へ[37]。野井坂（宇和島市津島町岩渕野井）を越え【49】宇和島（宇和島市中心部）に（地図88―91）。（宇和島城下）追手門外に大師堂（馬目木大師、宇和島市元結掛）（写真53）という辺路家あり。宇和島藩祈願所に地蔵院（地蔵院延命寺＝廃寺、宇和島市大超寺奥の愛宕山麓）【50】（写真54）、龍光院（現存、別格六番、宇和島市天神町）の両寺。宇和島本町三丁目（宇和島市中央町）の今西伝介という人の所に泊まる。

十五日、宿を出て北西へ行き、八幡宮（八幡神社、宇和島市伊吹町）（写真55）に詣で、北西に行って坂を越え稲荷ノ社（四十一番龍光寺、宇和島市三間町戸雁）へ至る【51】。田中に在る小さい社【52】。佛木寺（四十二番、宇和島市三間町則）へ二十五町。大坂（歯長峠）を越え、皆田（西予市宇和町皆田）の慶宝寺（宝満山慶宝院＝廃寺、址に法蔵寺。西予市宇和町皆田稲生[38]）（写真56、地図92—94）という真言寺に泊。

十六日、寺を発って川（肱川）を渡り、北西の谷の奥の明石寺（四十三番、西予市宇和町明石）へ。佛木寺より三里。卯ノ町（西予市宇和町卯之町）を過ぎ、タヾ（西予市宇和町東多田）に至る。関所がある。戸坂（西予市宇和町久保鳥坂）の庄屋清右衛門宅で泊。高野山證菩提院の旦那である【53】。

十七日、宿を出、戸坂峠（鳥坂峠）から一里余下り大津（大洲市大洲）へ。城の東より西に流れる大河（肱川）があり、川

写真53　宇和島市街地の南口にあたる所にある馬目木大師堂。

写真54　宇和島藩祈願所の地蔵院があったと思われる場所。現在は住宅地となっており寺の痕跡は見つけられなかった。

写真55　澄禅が参拝したと記す宇和島市伊吹町の八幡神社。

に渡船があって自由に渡る。川の西に中村（大洲市中村）という侍小路町家があり、堀内若宮（大洲市若宮）を過ぎ新屋（大洲市新谷）に至る（地図95―98）。大道より北五町ほどの山際にある瑞安寺（現存、大洲市新谷甲）という真言寺に泊【54】。十八日は同寺に逗留。

十九日、寺を発って谷川（矢落川）を十一度渡って内ノ子（内子町内子）へ。河（小田川）を渡り坂を越え谷沿いに行く。五百木（内子町五百木）、芦ノ川下田戸（内子町吉野川）に至る【55】。川（田渡川）を渡って東北へ行くのが辺路道。西にまっすぐ行けば、カマカラ（内子町吉野川泉にカマガラという場所がある）[39]という山道。一里ほど行って中田戸（内子町中田渡）の仁兵衛宅に泊。二十日は雨で宿に逗留。

二十一日、上田戸（内子町上田渡）、ウツキミトウ（内子町臼杵）（写真57）を経て、ヒワタノタウ（鵯田峠）に至る【56】。久間（久万高原町久万）の町を通って菅生山（四十四番大宝寺、久万高原町菅生）へ【E】（地図99―104）。本坊に泊まる。

二十二日、寺に荷物を置いて岩屋寺（四十五番、久万高原町七鳥）往復。寺の後ろの坂を越え、畑川（久万高原町下畑野

写真56　西予市皆田の慶法院址に建つ法蔵寺。

写真57　澄禅がウツキミトウと記した下坂場峠。峠から臼杵の集落が望める。

写真58　日尾八幡別当如来院址に残る薬師堂。

川）を経て岩屋山へ。大師は三里としたが、町石は七十五町である。岩屋寺へは、まず山を登りきり山頂から紅葉が錦のように積み重なった坂を下る。途中に仙人ノセリ破り石（奥の院逼《せり》割禅定）がある。六、七丈ある所に二十一の梯子があり、上に鋳鉄製の厨子（白山権現）がある。ここに札を納める。二町ほど下って仁王門。向かいは百丈ほどの石壁で洞があり、中に阿弥陀立像。往生岩屋（現在の穴禅定か）。十七の梯子があり上って札を納めた【57】。菅生山十二坊で輪番。当番は中ノ坊（廃寺）【58】。菅生山に帰り泊まる。

写真59　石手寺仁王門は澄禅もくぐったはず。

二十三日、寺を発ち北西に行き、御坂という大坂（三坂峠）を越え、エノキ（松山市久谷町榎）を経て、浄瑠璃寺（四十六番、松山市浄瑠璃町）へ（大宝寺から）五里。岩屋より八里。八坂寺（四十七番、松山市浄瑠璃町八坂）へ二十五町。十町ほど行って円満寺（廃寺）という真言寺に泊【59】（地図105―109）。

二十四日、寺から二十五町行き西林寺（四十八番、松山市高井町）へ。浄土寺（四十九番、松山市鷹子町）へ二十五町。近くの八幡（日尾八幡神社、松山市南久米町）の別当を如来院（同所に薬師堂のみ現存）（写真58）という。当所久米村（松山市南久米町あたり）の武知仁兵衛宅に泊。

二十五日、宿を出、畑寺（松山市畑寺町）の繁多寺（五十番、松山市畑寺町）へ二十五町。石手寺（五十一番、松山市石手）（写真59）へ二十一町【60】。十余町行って温泉（道後温泉）。近くに河野氏の古城があったが竹林になっている（現在の道後公園、湯築城跡）。さらに十余町行くと道後の松山（松山市中心部）。松山の三木寺（御幸寺、松山市御幸）（写真60）に泊【61】（地図110・111）。二十六日、三木寺に逗留し道後温泉で湯治。

二十七日、柳堤を行き大山寺（五十二番太山寺、松山市太山寺町）へ【62】。石手より二里。大山寺は二十五町下から町石がある。大門から仁王門まで六町、仁王門より山（本堂のある場所）まで六町。和気（松山市和気町）の圓明寺（五十三番、松山市和気町）へ十八町。北へ行って塩焼浜（塩田のある浜。

写真60　澄禅が二泊し三木寺と記した御幸寺。

和気浜塩田を指すか）に出る。宇和島より海を離れて初めて海辺に出た【63】。堀江（松山市堀江町）を経て間ノ坂（粟井坂）（写真61）に。伊予国を二分した道前・道後の間の坂という意味だ【64】。柳原（松山市柳原）、カザハエ（風早郷＝松山市の旧北条市一帯の旧称だが、この場合は旧北条市中央部を指すか）経由。この四、五里の間は宿を貸さない。山坂（鴻ノ坂）を越え浅波（浅海＝松山市の旧北条市浅海地区）の民家に泊まる（地図112―116）。松山より六里。

二十八日、大坂二つ越す【65】。菊間（今治市菊間町浜）、新町（今治市大西町新町）を経て縣（今治市阿方）の円明寺（五十四番延命寺、今治市阿方）に至る。和気の円明寺より十里【66】。別宮の三嶋へ一里。三嶋ノ宮（別宮大山祇神社、現在の五十五番札所南光坊の北に隣接、今治市別宮町）（写真62）。別宮というのは、海を七里北へ行った所に大三島（今治市大三島町）があり、そこに大明神の本社がある（大山祇神社、今治市大三島町宮浦）（写真63）。別宮は仮に御座する場所であり、本式の辺路は大三島に渡る。別宮に札を納めるのは略義である【67】。二、三町行って今治（今治市中心部）の神供寺（現存、今治市本町）[40]（写真64、地図117―120）に泊まる。

二十九日、寺を発って田中の細道を南に直進して泰山寺（五十六番、今治市小泉）へ。別宮より一里。日暮れまで雨は止まず、ここに泊まる。

十月一日、寺を発って南東の方へ行き河（蒼社川）を渡って

写真61　道前・道後の境にある粟井坂。

南の山に登る。山頭に八幡宮（石清水八幡宮、今治市玉川町八幡、現在の五十七番札所栄福寺は山の中腹）。泰山寺より十八町。山を下りてさらに南へ行き、野中の細道を通って佐礼山（五十八番仙遊寺、今治市玉川町別所甲）に登る。坂を北北東の方へ行くと、田舎に歓喜寺（現存、今治市町谷）（写真65）がある。道筋を教えてもらい国分寺（五十九番、今治市国分甲）に。大門の端から南東に流れる小川（大川）があり、川沿いに一里ほど行って醫王山という坂（医王坂、西条市楠の県道一五九号沿いの坂）、少しばかり上るが二十町もあるだろうか。ここを過ぎ楠（西条市楠）という里、次に中村（西条市三芳中村）[41]（地図121―124）という里がある。中村に泊。

二日、ニウ川（壬生川）【68】を渡って南へ行く。田中の畔を伝って一ノ宮（一宮神社、現在の六十二番宝寿寺から予讃線の線路を隔てた北側、西条市小松町新屋敷一本松）（写真66）[42]に。国分寺より四里。川（中山川）を渡って一本松（西条市小松町新屋敷一本松）という村を過ぎて、新屋敷（西条市小松町新屋敷）という所に社僧の天養山保寿寺（六十二番宝寿寺、西条市小松町新屋敷甲）がある。この寺に泊まる。

写真62　元札所であった別宮大山祇神社。

写真63　本来の札所と記された大三島の大山祇神社。

写真64　澄禅が今治で宿泊した神供寺。

三日、寺に荷を置いて横峯に行く。まず十町ほどで香薗寺（六十一番香園寺、西条市小松町南川甲）へ。一ノ宮より十八町。元の道に帰り小松（西条市小松町）という所を経て横峯にかかる。横峯寺（六十番横峰寺、西条市小松町石鎚）は、麓の小松から坂にかかり一里大坂を上る。それから三つの小坂を上下し、また大坂を上って少し平らな所に仁王門【69】。社壇の後薗を通って南西の方の峰を五町登った所に鉄の鳥居（星が森、西条市小松町石鎚星森峠）（写真67）があり、石鎚山を遥拝して札を納めて読経念誦する。元の坂を下って保寿寺に還り泊。上下六里。石槌山太権現（石鎚神社本社、西条市小松町石鎚山頂）。嶽（石鎚山）まで十二里。六月一日以外は山上に登れないので横峰に札を納める。石鎚より吉祥寺までも十二里。

四日、寺主が引き止めるので逗留。

五日、十町ほど行ってヒミ（西条市氷見）の町を過ぎて吉祥寺へ。吉祥寺（六十三番、西条市氷見乙）。一里ほど行って前神寺（六十四番、西条市州之内甲）という札所が在る。石鎚山

写真65　国分寺への道を聞くのに立ち寄った歓喜寺。

写真66　旧来の札所であった小松の一宮神社。

写真67　石鎚山遥拝所である星が森。鉄の鳥居の向こうに石鎚山が望める。

の里坊である。ここにも札を納める【70】。そこから一里ほど行って西條の大町（西条市大町）に至る（地図125―127）。西へ八、九町行った所に西條という城がある（西条市明屋敷、現在の西条高校の場所に城があった）。大町よりカモ川（加茂川）を渡って大道（金毘羅街道＝現在の国道十一号とほぼ並行する旧街道）を行って、五里余りの所にある泉川という川を川下に十町ほど下って浦ノ堂寺という真言寺（隆徳寺、新居浜市外山町）（写真68）に泊まる【71】。

六日、寺を出て件の川を渡って、上野ノ峠（上野峠）という山道を一里半ほど行って上野ノ里（四国中央市土居町上野）に出る。ここからは宇麻ノ郡（宇摩郡＝現在の四国中央市）。野中の大道を行き、左は海である。中ノ庄（四国中央市中之庄町）という所で宿泊を断られた。そこから三島（四国中央市の旧伊予三島市中心部）という所まで行って興願寺（現存、四国中央市三島宮川）（写真69、地図128―134）という真言寺に泊まる。

七日、寺を出て田畔を行って柏寺（善法寺＝同市下柏町）

写真68　浦ノ堂寺の流れを汲む新居浜の隆徳寺。

写真69　澄禅が泊まった伊予三島の興願寺。

写真70　柏寺と記された四国中央市下柏町の善法寺。

（写真70）という寺【72】の前を経て坂にかかる。三角寺は予州第一の大坂大難所である。三十余町上ってようやく着く。三角寺（六十五番、四国中央市金田町三角寺甲）。奥院（仙龍寺、別格十三番、四国中央市新宮町馬立）（写真71）へは大山（法皇山脈）を越えて五十町行く【73】。堂の前を通って坂を登る。辺路修行者の中でも奥院に参詣するのは稀というが、誠に人の通れる道ではない所々に草を結んでいるのを道しるべにして山坂を辿り登る。峠（堀切峠）から、また深谷の底へつるべ落としの急坂、小石交じりの赤土。鳥ですら通うのが困難な岩石の間から枯木が生えているのは絶景である。木の枝伝いに下ること二十余町で谷底に至る。

八日、奥院を発って、足の踏みどころもない細道を二十余町行って、阿波と伊予との境（境目峠、集落は徳島県三好市池田町佐野境目）に出る【74】（写真72）。阿波の北分西の隅に出る。ここから下って谷川（馬路川）がある。この川は阿波の猪ノ津（渭津＝徳島市）まで二十里流れている（吉野川）。佐野

写真71　澄禅が奥院と記した仙龍寺。山中の崖に張り付くように建っている。

写真72　伊予・阿波国境の境目峠。

写真73　三好市佐野に現存する青色寺。澄禅は辺路屋と記している。

ノ里（三好市池田町佐野）に関所がある。北の山際に辺路屋がある（青色寺＝三好市池田町佐野初作）（写真73）。ここから雲辺寺（六十六番、三好市池田町白地）の坂にかかる。五十町というが三角寺の坂を三倍したような大坂がある。登り切って山上（雲辺寺山）に出る。三角寺からも奥院からも五里である【F】（地図135―138）。雲辺寺泊。

第六節　伊予検証

【49】国道五六号沿いの松尾峠越えでなく、県道四六号沿いの野井坂を越えている。真念以後盛んになる満願寺（宇和島市津島町岩渕）経由の遍路道であるが、日記には満願寺の記載はない。野井坂遍路道は通行困難であったが近年整備された。

【50】『宇和旧記』には祈願所の地蔵院延命寺が城下の愛宕山麓にあると記されている。[43]現在、愛宕山麓に大超寺（宇和島市大超寺奥、浄土宗）があり、ここと一宮神社の間あたりに地蔵院があったようだ。宇和島藩祈願所の由緒を残す寺としては神宮寺（宇和島市笹町、天台宗）があるが、別と思われる。西予市明浜町俵津に地蔵院という寺が現存するが、城下にあった地蔵院とは別の寺。また、現在の馬目木大師の所に対岸の九島の鯨大師（宇和島市九島蛤）にあった願成寺が寛永七年（一六三〇）に移築された。明治初年に龍光院に吸収合併されたが、澄禅の時代には存在していたはずで、辺路屋をやっていたのであろう。

【51】現在八幡神社は宇和島市街地の北東にあり、龍光寺のある三間町はさらに北東の方角になる。城の北方と記された鬼カ城（現状は市域の南西に鬼が城山＝標高一一五一メートル、宇和島市丸穂＝がある）の記述といい、方角が現状とは異なる。

【52】現在の社は丘の中腹、稲荷社をはさんで左右に本堂と大師堂。稲荷社、本堂とも南向き、大師堂は西向き。稲荷社は元禄元年（一六八八）に現在地に遷座した。[44]澄禅の時代はまだ田中にあったことがわかる。

【53】高野山の小田原から金剛三昧院へ入る道のあたりが湯屋谷で、かつて證菩提院があった。證菩提院は現在、親王院に合併されている。

【54】十夜ヶ橋（別格七番、大洲市十夜ヶ橋）の記載なし。

【55】吉野川はもと下田渡村といい、天保九年（一八三八）に吉野川村に変更した。『大洲旧記』によると「慶長（一五九六―一六一五）の頃迄吉野川と云う」とあり、また元和（一六一五―二四）の頃に上田渡・中田渡・下田渡に分かれたとされる。[45]芦ノ川は「悪し」に通ずるから、「善し」の吉野川に改称したと思われるが確証はない。

〈E〉十九日寺ヲ立テ谷川ヲ上ニ行、此川ヲ十一度渡テ内ノ子ト云所ノ町ニ至。此町ノ下ニ川在、河ヲ渡テ又坂ヲ越テ此谷ニ付テ往ク、五百木ト云所ヲ往テ芦ノ川、下田戸ト云所ニ至ル。爰ニテ川ヲ渡リテ東北ノ地ヲ行、是辺路道也。西ノ地ヲ直ニ往ケハ、カマカラト云山道ニ往也。夫より壱里斗往テ中田戸ノ仁兵衛ト云人ノ所ニ一宿ス。新屋より五里ナリ。廿日雨天ニテ宿ニ留ル。廿一日宿ヲ立テ上田戸ウツキミトウナト云所ヲヘテ坂ヲ上リテ、ヒワタノタウト云所峠ニ至。是迄出羽守殿領分ナリ。此坂ノ下久間ト云所より北十五万石ハ當国道後松山ノ城主松平隠岐守殿領分也。扨、久間ノ町ヲ通テ菅生山ニ至。明石より是迄廿一里也。

【56】臼杵の集落から下坂場峠を越えて久万高原町二名宮成、さらに鴇田峠を越え久万の中心部に至る遍路道を行ったと思われる。ウツキミトウは現在の下坂場峠を指すと思われ、澄禅の当時は薄木見乢《たお》といっていたのか。現在の臼杵は江戸時代は薄木と書いていた。実際、下坂場峠の途中から臼杵の集落が一望できる。鴇田の乢については鴇田峠に比定して問題ないだろう。

【57】現在、堂はないが、堂跡として梯子で上って洞の中に入れる（写真74）。

【58】岩屋寺は大宝寺の奥の院とされ、輪番で管理していた。

【59】松山市道後湯月町に浄土宗の円満寺が現存する。しかし八坂寺から十三キロ離れており宗派も違うことから、澄禅の記載とは別の寺と思われる。八坂寺から一キロ内外に円満寺という寺は現存しない。八坂寺はかつては四十八坊の塔頭・末寺寺院を有する大寺だった。円満寺が塔頭の一つであった可能性もあるが、現在確認できる史料は八坂寺に残っていない。同市窪野町には円福寺という真言宗の寺があるが、二キロほど打戻ることになる。

写真74　岩屋寺本堂脇の梯子を上った所に法華仙人堂があった。

【60】衛門三郎伝説が記されているが文殊院徳盛寺（別格九番、松山市恵原町）の記載はない。番外札所の縁起とするため後世に作り変えられた可能性がある。

【61】時代は下るが、種田山頭火（一八八二―一九四〇）が終焉を迎えた一草庵は御幸寺境内隣接地にある。

【62】現状は御幸寺から大山寺への途中には、柳堤は失われているが大川沿いを行く遍路道がある。

【63】宇和島からここまでは現在も山の中を通る遍路道である。

【64】明治に海岸べりの旧国道が開通するまでは難所とされた坂越え。現在は国道一九六号の粟井坂トンネルで抜ける。合併前の旧松山市側が道後、旧北条市側が道前。旧北条市側に下った所に大師堂（松山市小川）がある。

【65】『道指南』には「まど坂、ひろいあげ坂」の記載がある。(46) 窓坂は松山市の旧北条市と今治市の旧菊間町の境に現存。ひろいあげ坂のあったあたり（今治市菊間町田之尻と同町長坂の境）は現在、松山シーサイドカントリークラブになっており当時の坂の跡はわからない。

【66】江戸時代までは五十三番、五十四番ともに圓明寺と書き、五十三番は「えんみょうじ」、五十四番は「えんめいじ」と呼んで区別していた。しかし字面からは判別できないので地名を取って、和気の円明寺、阿方の円明寺と言っていた。澄禅の日記もこれに倣った。いずれにせよ隣り合う札所が同名では紛らわしく遍路泣かせであった。そこで、五十四番の方が明治初年に延命寺と改称した。

【67】本来の札所は大三島にある大山祇神社であり、今治の別宮への参拝は略義であると記している。現在は南光坊への納経のみで、大山祇神社に参拝する人はほとんどいない。

【68】字面からいけば壬生川であるが、実際は現在の境川であると推測される。

【69】小松の街中から横峰への道を辿っていることから、現在の石鎚山ハイウェイオアシスの裏から上がる遍路道を行ったと思われる。現在は湯浪道あるいは香園寺奥の院滝道が主流であるが、当時は小松から直に上がる道が主流であったか。次に記載されているように大坂そして三つの小坂上下の記述に一致する道である。ただ、仁王門の位置は現在ここにはなく、寺域の逆側から入る湯浪道から登り切った所にあるので、確認は取れていない。

【70】当時は石鎚山が札所であって、現在の札所である前神寺は里坊と記している。澄禅は石鎚山の納札を横峰寺の遥拝所と里前神寺の両方でしている。明治の神仏分離までは、山上に本寺があり神仏習合の霊地であった。明治初年の神仏分離で石鎚神社だけとなり前神寺は廃寺となる。前神寺は明治十一年に里坊の位置に移転し再建。現在はロープウェーの山頂成就駅から少し上った所に奥前神寺（西条市小松町石鎚成就）があり、七月一―十日の山開き期間のみ開扉される。

【71】隆徳寺は旧浦堂寺と正光寺を明治四十三年に合併してできた寺である。現在の寺地は旧浦堂寺があった境内という。(47) 泉川は隆徳寺前の小川を指すと思われるが、すぐ東に国領川もある。

【72】善法寺は江戸前期は現在地より南の山寄りの四国中央市

上柏町の戸川公園のあたりにあったというから、ここから三角寺の坂にかかるという表現と一致する。(48) 柏寺とは柏にある寺という意味か。

【73】辺路修行者の中でも奥院に参詣するのは稀と記している。大山（法皇山脈）の峠（堀切峠）を越えて行く難所である。

〈F〉八日奥院ヲ立テ、扨、件ノ坂ヲ山ノ半腹より東ニ向キテ恐シキ山ノカケヲ傳イ往ク。所々霜消テ足ノ蹈所モ無細道ヲ廿余町往テ少シ平成野中ニ出ツ。夫より阿波ト伊与トノ境ナリ。阿波之北分西ノ隅爰ニ指出ツ。夫より下テ又谷川在リ此川ハ阿波ノ猪ノ津迄《ママ》廿里流出タリ、川舟自由ニ上下ス。此佐野ノ里ニ関所在リ、阿波守殿ヨリ番衆ヲ置テ往還ノ者ヲ改テ通ス。又北ノ山キワニ辺路屋在リ爰より雲辺寺ノ坂ニカカル、五十町ト云トモ三角寺ノ坂ヲ三続タル程ノ大坂アリ。登リ〻テ嶽ニ至テ見ハ誠ニ雲ノ辺ニテ浮雲ハ皆山より下ニ在也。寒風ハケシクシテ閼伽モ手水モ皆氷タリ。此嶽より見ハ四国中ハ目ノ前也。先伊与ノ道前分、讃岐一国阿波ノ北分土州ノ山分只一目ニ見ル也。三角寺よりモ奥院よりモ五里也。

【74】行程五里の距離からいって、堀切峠（県道五号の旧道の旧川之江市と旧新宮村の境）から北へ四国中央市金田町半田平山に下り三角寺からの道と合流して椿堂（四国中央市川滝町下山）を経由する現在の遍路道ではなく、堀切峠から東進し呉石高原（四国中央市新宮町上山呉石）を経由して愛媛・徳島県境沿いに境目峠に至る尾根道を辿ったと思われる。調査の結果、堀切峠から境目峠の尾根道があることを確認した。澄禅当時の道とは異なるかもしれないが、尾根道は現存する。実際踏破することができた。水が峯で土佐往還（現在の高知自動車道の近くを通る高知から旧川之江に至る参勤交代路）と交わる近世の主要道である（写真75）。奥の院道は澄禅の時代も行く人少なく、日記の記載のように山の崖を伝い行く厳しい道であったのだろう。現在は境目峠から雲辺寺に県境沿いの尾根道を辿る

写真75　堀切峠から境目峠に至る尾根道。確かに現存することを確認した。

が、澄禅は佐野に降りている。阿波の番所跡は駅路寺であった青色寺境内隣接地にある。佐野から俗に「遍路ころがし」と呼ばれる坂を上がった雲辺寺山の尾根道は標高九百メートル近く寒風吹きすさぶのは現在も同じである。

第七節　讃岐

九日、雲辺寺山を出て北の尾崎を下る。ここから讃岐である。この山坂五十町は荒れていたのを土佐・神峯の麓（高知県安田町）出身の在家遍路が勤労奉仕で切り開いたので、今は自由に通れる。麓（香川県観音寺市粟井町）から野中を行き小松尾寺（六十七番大興寺、香川県三豊市山本町辻小松尾）へ三里。西へ向かって野を行って観音寺（六十九番、観音寺市八幡町）へ二里。庫裏は神恵寺で六坊あり。二町ほどの坂を上って琴引八幡宮（琴弾八幡宮、観音寺市八幡町）。現在の六十八番神恵院は観音寺境内。八幡宮は観音寺の西二百メートル（写真76）。東

写真76　元札所である琴弾八幡宮。

写真77　弥谷の麓の辺路屋と思われる八丁目大師堂。

写真78　澄禅が三角寺と記した仏母院。

写真79　大師の氏神を祀るとされる熊手八幡宮。

北に一里行って、本山寺（七十番本山寺、三豊市豊中町本山甲）で泊（地図139—141）。

十日、寺を発って北へ三里行き、弥谷の麓の辺路屋（八丁目大師堂＝三豊市三野町大見＝か）（写真77、地図142・143）に泊まる。

十一日、弥谷寺（七十一番、三豊市三野町大見乙）へ。まず坂口に仁王門、自然石に階段を切り付けて寺庭に上る（現在の大師堂）。庭より一段上って鐘楼、また一段上って護摩堂。また一段上って石面に阿弥陀三尊。また一段上って本堂。近くに鎮守蔵王権現の社がある。護摩堂へ戻り、北へ行って北峯（天霧山）に登る。峠より真下に岩組みの谷間を下る。谷底より小さい山（小高い丘のある白方小学校＝多度津町奥白方＝のあたりか）を越えて白方屏風ヵ浦（屏風浦＝多度津町西白方）に出る【75】。白砂に松原の浦の中に御影堂がある。寺は海岸寺（別格十八番、多度津町西白方）という。五町ほど行って藤新大夫の住んでいた三角屋敷（八幡山仏母院、多度津町西白方）（写真78）。大師御誕生所で御影堂がある。北西に五町ほど行って八幡ノ社（熊手八幡宮、多度津町西白方）（写真79、地図144）、ここで泊まる。

十二日、寺を発って東へ行き弥谷の麓を通る。二十余町行って万荼羅寺（七十二番曼荼羅寺、善通寺市吉原町）へ。寺に荷を置いて出釈迦山（我拝師山、善通寺市吉原町、七十三番出釈迦寺＝善通寺市吉原町＝から南東二キロの山上）に登る。寺から十八町。小さな平らな所に昔の堂の跡がある（七十三番奥

写真80　我拝師山の断崖絶壁に祀られた石仏。

院・捨身ヶ嶽禅定、善通寺市吉原町)。釈迦如来・文殊・弥勒の石仏などがある。曼荼羅寺の奥院というべき山である【76】(写真80)。元の坂を下りて曼荼羅寺へ【G】。八町行って甲山寺(七十四番、善通寺市弘田町)。五岳の一つ【77】。八町行って善通寺(七十五番、善通寺市善通寺町)へ。

北東(実際は南東)へ一里行って金毘羅(金刀比羅宮、琴平町琴平山)(写真81、地図145・146)に至る。本坊を金光院(廃寺)という。山は馬の臥した形に見えるから馬頭山という【78】。十三日、十四日は逗留。

十五日に寺を出て善通寺に帰る。道具を取って東へ十八町、金蔵寺(七十六番金倉寺、善通寺市金蔵寺町)に至る。北東に一里行って道隆寺(七十七番、多度津町北鴨)へ(地図147)。

十六日、寺を発って北東に行き、円亀(丸亀=丸亀市中心部)に至る。道隆寺より二里で道場寺(七十八番郷照寺、宇多津町西町東)へ。所はウタス(宇多津)といい、ここからなお野道を行って坂瀬(坂出)という塩屋の浜を通って大道(讃岐

写真81　江戸時代の遍路の多くが参拝した金刀比羅宮。

写真82　崇徳天皇の玉体を浸したとされる八十場の水。

写真83　澄禅が本来の札所と記した金山薬師・瑠璃光寺。

浜街道、県道三三号沿い）から右の山際に行く道を上って野沢ノ井（八十場の水、坂出市西庄町八十場）（写真82）という泉がある。金山薬師（金山奥の院・瑠璃光寺、坂出市江尻町）（写真83）から流れる水で霊験がある。二町ほどで崇徳天皇（白峯宮、坂出市西庄町天皇、現在の七十九番高照院天皇寺は神社をはさんで右に本坊、左に本堂大師堂等）【79、H】。（道場寺から）二里。東へ行って綾川（現存）を渡って坂を越えて、国分寺（八十番、高松市国分寺町国分）まで五十町（地図148―150）。国分寺泊。

十七日、寺を発って白峯に。屛風を立てたような山坂の九折（つづらおれ）【80】（写真84）を五、六町上る。白峯寺（八十一番、坂出市青海町）まで五十町。鷲峯（八十二番奥の院・鷲峰寺、高松市国分寺町柏原）（写真85）が府中（旧国分寺町から国府のあった坂出市府中町につながる一帯）にある。青峯山根香寺（八十二番）、赤峯吉水寺（廃寺、高松市国分寺町国分台）、黒峯馬頭院（廃寺、坂出市青海町北峰）に、当寺を

写真84　讃岐国分寺から白峯寺に至るへんろころがしと呼ばれる遍路道。

写真85　五岳の中央と記された鷲峰寺。

写真86　澄禅の時代には札所であった讃岐一宮・田村神社。

加えて五岳である。小屋山頓證寺崇徳院と号す【81】。根香寺に行く途中に吉水という薬水【82】。白峯より五十町で根香寺（八十二番、高松市中山町）に至る。根香寺泊。

十八日、東の浜に下ってカウザイ（高松市香西地区）から南へ向かって、大道（金毘羅高松街道）を横切り三里行って一ノ宮（田村神社、高松市一宮町、現在の八十三番一宮寺の東隣）（写真86）に至る【83】。北へ二里ほどで高松（高松市中心部）に至る（地図151—155）。祈願所は天台宗喜楽院（克軍寺＝高松市西宝町＝か）【84】。高松城は昔はムレ高松（牟礼高松＝高松市高松町）【85】で、八島（屋島）の南東にあった。高松の寺町（高松市番町）にある實相坊（実相寺、高松市三谷町、もと三番町にあったのが移転[49]）（写真87）。

十九日、寺を発って東の浜に出る。干潮だったので汀を直に行って屋島寺（八十四番屋島寺、高松市屋島東町）の麓へ。寺まで十八町の石がある。松原の坂を登って山上へ。東の屛風を立てたような坂を五町ほど下って壇ノ浦（現存、現在海はかな

写真87　かつては番町にあった実相寺。現在は三谷町に移転している。

写真88　源平合戦の旧跡に建つ安徳天皇社。

写真89　相引浜は細い川となって名残りをとどめる。

り埋め立てられている）に至る。安徳天皇内裏の旧跡がある（安徳天皇社、高松市屋島東町）（写真88）。奥州佐藤次信（継信）の石塔（現存）。波打際に洲崎の堂の跡【86】。八栗へは海面六、七町ほど。浦伝いに南に行けば相引という所【87】（写真89）。これを渡ってムレ高松（高松市高松町）に至る。惣門の跡（現存、高松市牟礼町牟礼）、射落（現存、同）、駒立石（現存、同）。次信を火葬した墓所（現存、同）。浜から二十余町上って八栗寺（八十五番、高松市牟礼町牟礼落合）に至る。頂上は磐石の五鈷形へ上る恐ろしい所である。上には当山権現・天照太神・愛岩（宕）権現・弁財天女の社壇あり【88】（写真90）。これを拝んでまた本堂の前に下る。八栗寺泊。二十日、雨天なので逗留。

二十一日、南東に二十町ほど行って六万寺という寺の跡（高松市牟礼町田井）【89】（写真91）。細道を行って高松より東へ通じる大道（東讃浜街道）に出て浜を行って志度ノ浦（志度浦、さぬき市志度）に出る。志度寺（八十六番、さぬき市志

写真90　八栗寺の行場である五剣山上。

写真91　現在は再建されている六万寺。澄禅当時は址だけだった。

写真92　陸続きになった真珠島にある弁天社。

度）まで五十町（地図156・157）。薗ノ尼が木像を造り堂を建立した様子を描いた図一幅がある【90】。房崎（房前。高松市牟礼町原の琴電房前駅周辺からさぬき市志度にかけての地域）は物名。新珠嶋（真珠島、さぬき市志度弁天）【91】（写真92）という場所がある。寺の東南東には海士野ノ里（さぬき市志度天野、弁天川の東から天野峠にかけての一帯）。南二里で長尾寺（八十七番、さぬき市長尾西）へ。七観音は、国分寺・白峯寺・屋島寺・八栗寺・根香寺・志度寺・長尾寺。寒川《さんがわ》古市（さぬき市の旧長尾町中心部あたりか）で宿泊【92】。

二十二日、宿を出て山路を越え行く。元暦（二年＝一一八五）に義経が矢島（屋島）に進軍した時に夜中に通ったという山路である【93】（写真93）。長尾より三里で大窪寺（八十八番、さぬき市多和兼割）へ（地図158－160）。大窪寺泊。

写真93　大窪寺に至るさぬき市前山の旧遍路道。

二十三日、寺を発って谷河（日開谷川《ひがいだにがわ》）沿いに下る。一里ほど行って長野（東かがわ市五名長野）に至る、ここまでが讃岐。尾隠（おおかげ＝徳島県阿波市市場町大影）という所より阿州（徳島県）である。一里行って関所（阿波市市場町大影南谷）あり、また一里行って山中から広い所に出る（阿波市市場町犬墓平地）。（大窪寺から）切畑（十番、阿波市市場町切幡観

写真94　六院家と記された東かがわ市中筋の番外札所・興田寺。

音）まで五里（地図161―163）。讃岐に六院家として法燈を守る六か所がある。東より夜田（与田）の虚空蔵院（與田寺、東かがわ市中筋）（写真94）、長尾の法蔵院（極楽寺、さぬき市長尾東）、鴨の明王院（七十七番道隆寺）、善通寺誕生院（七十五番善通寺）、勝間の威徳院（威徳院、三豊市高瀬町下勝間）、萩原の地蔵院（萩原寺、観音寺市大野原町萩原）である。切幡寺から二十五町で法輪寺（九番、阿波市土成町土成田中）。近所の民屋で泊。二十四日、雨で逗留。

二十五日、宿を出て法輪寺へ。熊谷寺（八番、阿波市土成町土成前田）へ十八町。十楽寺（七番、阿波市土成町高尾法教田）へ一里。安楽寺（六番、上板町引野）【94】へ二十一町。地蔵寺（五番、板野町羅漢）【95】へ一里。庫裏は二町ほど東。黒谷寺（四番大日寺、板野町黒谷）には十八町。黒谷参詣往復一里打戻り。地蔵寺に還って泊。

二十六日、地蔵寺を発って東に一里行って金泉寺（三番、板野町亀山下）へ。黒谷からも一里。東二十五町で極楽寺（二番、鳴門市大麻町桧段の上）へ。霊山寺（一番、鳴門市大麻町板東）へ十八町（地図164―166）。霊山寺より南に行って大河（吉野川）あり。河は雲辺寺麓より流れ出て渭津（徳島市）まで二十里。島瀬【96】を舟で渡る。それから井戸寺の近所に出て大道（伊予街道）を行って渭津に至る（地図167・168）。船場の源左衛門という船頭の舟に乗って二十八日に和歌山に着く。

第八節　讃岐検証

【75】弥谷寺には現在も仏像や梵字、名号を彫った磨崖仏が数多く現存する（写真95）。澄禅は当時の磨崖仏の様子を詳しく記している。梵字の筆法にまで触れているのはさすがである。澄禅は本堂から仁王門に下りて七十二番を目指す遍路道を選ばず、護摩堂から分岐する天霧山への山道を辿り白方の海岸寺付近に下りる道を行っている。実際、岩場の急坂である。

【76】現在の出釈迦寺本堂は我拝師山の麓にあるが、元は現在の奥院の堂がある山上にあった。なお釈迦石像等は堂からさらに岩をよじ登った上にある。距離や描写からいって、澄禅は山上に参拝したとみられる。

〈G〉出釈迦山、先五町斗野中ノ細道ヲ往テ坂ニカ、ル。少キ谷アイノ誠ニ屛風ヲ立タル様ナルニ、焼石ノ如ニ細成カ崩カ、リタル上ヲ蹈テハ上リ〳〵恐キ事云斗無シ。漸峯ニ上リ付、馬ノ頭ノ様成所ヲ十間斗往テ小キ平成所在、是昔ノ堂ノ跡ナリ。釈迦如来石像文殊弥勒ノ石像ナト在、近年堂ヲ造立シタレハ一夜ノ中ニ魔風起テ吹崩ナルト也。今見ニ板ノワレタルト瓦ナト多シ、爰只曼荼羅寺ノ奥院ト可云山也。夫より元ノ坂ヲ下テ曼荼羅寺ニ至ル。

【77】現在の五岳は香色山、筆ノ山、我拝師山、中山、火上山であり、甲山は数えられていない。

【78】現在は象頭山。山容が象の頭の形に見えることから江戸時代も象頭山と呼ばれていたはずである。暁鐘成『金毘羅参詣名所図会』（一八四七）にも象頭山とある。(50) 澄禅の時代には馬頭山だったのが変化したのか、誤記か、興味深い記述である。金刀比羅宮は四国札所ではないけれど、番外として江戸時代はよく参られた。澄禅もこれに従ったといえる。真念『道指南』、寂本『四国徧禮霊場記』（一六八九）などの記述にもあることから、(51) 明治初年の神仏分離前は遍路必参の場所であったといえる。ただ、西行（一一一八―九〇）、道範（一一七八―一二五二）は金毘羅のことに一言も触れていないことから、鎌倉時代までは参詣する習慣はなかったといえる。金毘羅権現自体がなかったか、あってもごく小さなものであった可能性がある。(52) 金毘羅参詣が全国的に広まるのは江戸時代のことであって、澄禅はその早い時期に参詣していることになる。(53) 以前の文献にはほとんど出てこないのである。澄禅の記述にある堂寺等は神仏分離でなくなった。観音堂が本堂という記述があるが、神仏分離後独立した松尾寺（琴平町琴平、金刀比羅宮の麓にある）の本尊は釈迦如来で、観音ではない。

写真95　弥谷寺境内の梵字の阿字を彫り付けた場所。

〈H〉崇徳天皇、世間流布ノ日記ニハ如此ナレトモ大師御定ノ札所ハ彼金山ノ薬師也。實モ天皇ハ人皇七十五代ニテ渡セ玉ヘハ大師ニハ三百余年後也。天皇崩御ノ後、子細在テ王躰《ママ》ヲ此八十蕪《ママ》ノ水ニ三七日ヒタシ奉ケル也。其跡ナレハ此所ニ宮殿ヲ立テ神ト奉崇、門客人ニハ源為義同為朝カ影像ヲ造シテ守護神トス。御本堂ニハ十一面観音ヲ安置ス。其外七堂伽藍ノ数ケ寺立、三千貫ノ領地ヲ寄。此寺繁昌シテ金山薬師ハ在テ無カ如ニ成シ時、子細由緒ヲモ不知辺路修行ノ者トモカ此寺ヲ札所ト思ヒ巡礼シタルカ初ト成、今アヤマリテ来ト也。當寺ハ金花山悉地成就寺摩尼珠院ト云、今寺ハ退転シテ俗家ノ屋敷ト成リ。

【79】澄禅は崇徳天皇（白峯宮あるいは天皇寺）が本来の札所ではなく金山薬師が正当な札所であると記している。現在の七十九番天皇寺は明治の廃仏毀釈で廃された寺を近くの末寺で

あった高照院を持ってきて再興した。摩尼珠院（写真96）は天皇寺の奥の院とされ、天皇寺の南一・五キロ、坂出市西庄町城山の城山山上近くの滝の脇にある。本尊不動明王。八十場の水のくだりで出てくる佐留礼親王（讃留霊王）[54]を祀る讃留霊王神社（丸亀市飯山町下法軍寺）は現存する。

【80】俗に遍路ころがしといわれる急坂。

【81】白峯寺の境内・崇徳天皇陵の前に頓証寺殿が現存する。現在は堂の前脇に相模坊の石像がある。

【82】足尾大明神（高松市中山町）が吉水寺の跡の地蔵堂があった所という説も[55]（写真97）。

【83】讃岐一宮の神仏分離は、松平頼常（一六五二―一七〇四）の命により延宝七年（一六七九）に行われており明治の神仏分離より二百年早い。だが、澄禅遍路時には分離されていなかった。

【84】松平家の菩提寺は仏生山法然寺（高松市仏生山町、浄土宗）である。『英公実録』によると頼重がよく参詣したのは他に浄願寺（高松市番町、浄土宗）、克軍寺（巌松山本門寿院、高松市西宝町、天台宗）（写真98）、広昌寺（もと神智院、高松

写真96　天皇寺奥の院である摩尼珠院。

写真97　吉水寺のあったあたりに建つとされる足尾大明神。

写真98　松平家の祈願所だった高松市西宝町の克軍寺。

市天神前、日蓮宗）との記録がある。天台宗に該当するのは克軍寺であるが、頼重再建時は巌松山延命院、その後の改称で蓮門院。また円珍開基時は延命院、生駒藩時代は閑松院である。喜楽院はわからないが、たびたび院号を変えていることから喜楽院と称していた時期があったのか[56]。

【85】俗に古高松という地域で琴電古高松駅の南側一帯。

【86】現在、洲崎寺は高松市牟礼町牟礼にある。

【87】相引川沿いにあった浜。屋島が地続きになった現在は埋め立てられて住宅地になっている。高松市屋島東町・屋島中町・屋島西町・高松町。屋島を中にして両側から潮が一度にさし引く時も一度に引くので相引という。澄禅は「源平合戦の時分までは干潮時も人馬が歩き渡れなかったが、近年浅くなったので干潮時は白砂の上を歩行できる」と記す。

【88】伽藍は八栗山の中腹標高二三〇メートルの所にある。本尊は千手観音であるが、歓喜天を祀っていることから聖天信仰の寺として有名。頂上は奥院とされ、最高地点は三六六メートル、澄禅の記載のほかに不動明王なども祀る。伽藍から上には鎖場伝いの行場があり、実際恐ろしいと感ずる所である。五岳縦走すると三時間以上かかる。宝永三年（一七〇六）の地震で一峰が崩れ四峰しかない。危険なので寺では現在、入山禁止にしている。

【89】六万寺は現存。天正十一年（一五八三）に焼失、延宝七年（一六七九）の再建なので澄禅当時は跡だけだった。

【90】謡曲「海人」で有名な海人の珠取伝説の元となった話が志度寺縁起絵（重文、同寺に現存）に書かれている。澄禅はこのことを記している。現在、寺には海女の墓という五輪塔がある。

【91】現在島は陸続きになっており、弁天社がある。

【92】一帯は旧寒川郷であり、その中心である長尾のあたりには市が立っていた。古市というのは当時の市（さぬき市長尾西）に対し昔の市があった場所という意味か。七観音に関しては、松平頼重（一六二二―九五）が天和三年（一六八三）に国分寺、白峯寺、根香寺、屋島寺、八栗寺、志度寺、長尾寺を讃岐七観音に指定したとされる[57]。澄禅日記の記述からは、それ以前から七観音が普及していたことをうかがわせる。根香寺山門脇には七観音を示す石標が現存。

【93】義経進軍の道は大坂越とされる（徳島県板野町から香川県東かがわ市に至る道）。長尾寺から大窪寺への遍路道とは異なるルートである。

【94】駅路寺として瑞雲寺と称していた時期もあったが、澄禅の日記の記載では現在と同じ安楽寺となっている。

【95】五百羅漢の記載なし。

【96】大阪の淀川のように大きな川という意味で「淀川のような川だ」と記す。嶋瀬とは、四国三郎橋東側にあった大麻街道

の隅瀬渡し（徳島市応神町東貞方—同市不動東町地先）（写真99）かと推定する。[58] 現在の吉野川本流にあたる別宮新川の開削が寛永十年（一六三三）であるから、渡しは旧吉野川でなく新吉野川のものと考えたほうがいいだろう。原文からは「嶋瀬」を「鳴瀬[59]」とも読めるが、そうであるならば旧吉野川の成瀬（藍住町乙瀬成瀬）に渡しがあったとする考えもある。

写真99　澄禅が書いた嶋瀬渡と思われる吉野川の隅瀬渡し跡。

第九節　まとめ

澄禅の足取りについてであるが、井戸寺（十七番）から打ち始め、一宮（十三番）まで逆打ちし、藤井寺（十一番）から焼山寺（十二番）に行き、恩山寺（十八番）へという経路を取っている。恩山寺以降はほぼ現在の行程と同様である。そして大窪寺（八十八番）を打ち終えた後、切幡寺（十番）から霊山寺（一番）に至り打ち終えている。

澄禅は井戸寺から巡拝を始めることについて「大師は阿波の北分十里十ケ所霊山寺を最初にして」とし、霊山寺から回り始めないことの言い訳をしている。このことから、当時すでに霊山寺を一番にして巡拝することが一般的であったことがわかる。参拝した札所に番号をつけてはいないけれど、最後に世間流布の日記として札所八十八ヶ所と記していることからも、現在に通ずる番付がなされていたことは想像に難くない。一方、同時に井戸寺から回るのを「中古より以来云々」として持明院から伝授を受けているので、そのような回り方もされていた、つまり必ずしも一番から回らなければならないということではないことがわかる。

他に、現在の徒歩遍路の順打ちの基本コースと異なるところを挙げる。まず、現在と番次を違えている箇所であるが、伊予国分寺（五十九番）―一ノ宮（六十二番）―香園寺（六十一番）―横峰寺（六十番）―吉祥寺（六十三番）の順に回っている。六十一番から六十四番は近くに並んでおり、六十番のみ距離が離れている所へ登山するので、現在も六十番を後回しにする行程が組まれることがある。六十一番より六十二番を先に打っているのは今治街道（現在の国道一九六号沿い）を行った場合、その方が近かったと思われる。六十一、六十二番の間は一キロ強しかなく、打ち戻っても大したことではない。

次に三角寺（六十五番）の奥院に参詣している。ここは現在も難所とされ訪れる人が少ないが、あえて行っている。奥院から雲辺寺（六十六番）に至る経路は前述の通り尾根道が現存することを確認した。

琴弾八幡宮（六十八番）、観音寺（六十九番）の打ち順も日記では逆となっているが、琴弾八幡と観音寺は隣接する境内であり、どちらを先にという意識はあまりなかったようだ。明治の神仏分離以後は観音寺境内に二札所が併存することとなってしまったので、まったく番次の意味はなくなってしまった。日記に番付の記載がないことと合わせ澄禅自身が番付を重要視していなかったことがわかる。

弥谷寺（七十一番）からは曼荼羅寺（七十二番）に直行せず、大師ゆかりの海岸寺、三角寺（現仏母院）、熊手八幡などの番外札所を巡ってから曼荼羅寺に至る。また善通寺（七十五番）から金毘羅を往復している。金毘羅は現在は四国の札所ではないが、当時の遍路は参詣していたことを裏付けるものといえる。

澄禅の日記は和歌山で終わっている。その後、高野山に参ったのか、京都・智積院に直に帰ったかは判然としない。ともあれ四国の札所を回り終えたことで完結しているという意識があることは記載から確かである。このことから高野山にお礼参りする風習はまだ確立していなかったことがうかがえる。十月二十六日に霊山寺を打ち終え、和歌山には二十八日着だから、徳島城下で二十六、二十七日と泊まったと思われるが、記録上からはわからない。巡拝日数は九十一日間と記している。これも四国内のみの勘定である。現在の四国徒歩遍路の平均的日数四十―五十日[60]の二倍ほどかかっている。雨の日は逗留しているし、城下ではゆっくりするなど、現在よりは余裕を持って巡っていたことがわかる。

以上、澄禅が歩いたルートについて、文献と現地調査を交えてほぼ確定するとともに、現在との違いを明らかにした。遍路をしたルートを辿れる現存最古の史料を元にしたルートの再現であり、現在地名との整合性を図った研究は他にない初めての試みである。これについてほぼ確定できたのは、先行研究にない成果であると思う。

註

（1）【数字】は次節で検証。以下同じ。（ ）内に示した現住所は、原則「大字」「字」を省略。場所を特定するため、旧字名を付記した箇所がある。

（2）「一宮」「一ノ宮」「奥院」「奥ノ院」等は固有名詞扱いとして原文を尊重。あえて統一しない。「邉」は「邊」の異体字で「辺」と表記。「𦬇」は「菩提」の略字であるが、一部を除き「𦬇」と見なして「菩薩」とした。このほか「圡」を「土」にするなど読み易さを考え標準字体とした。原文は307頁以降を参照。引用中の「ゟ」は「より」、「𪜈」は「トモ」とした。

（3）『海南町史上巻』（一九九五）一二二七―一二二八頁。

（4）『徳島県の地名』（平凡社、二〇〇〇）七一六―七一八頁。

（5）浦伝いとあることから、馬路越でなく海岸沿いを行ったことになる。

（6）小松勝記『四國邊路日記幷四國順拝大繪圖』（岩本寺、二〇一〇、以下『小松本』）も同様の見解であるが、拙論が『へんろ』で発表したほうが早い（二〇〇九年十月）。

（7）『神山町史上巻』（二〇〇五）六二七頁。『ふるさと佐那河内』（佐那河内村、一九九二）三三頁。『鬼籠野村誌』（一九九五）四五一頁。

（8）『海南町史上巻』四八一―四八二頁。

（9）『資料紹介・「奉納四国中辺路之日記」』（「四国遍路と世界の巡礼研究」プロジェクト、二〇一二）。

（10）金剛頂寺坂井智宏師は、現在の行当岬不動岩（金剛頂寺麓、室戸市新村行道）が空海求聞持の遺跡であるとの見解を出しておられる。

（11）江ノ口川の現在の山田橋あたりに船着場があった。写真25。

（12）五台山側には、現在の文殊通のあたりに「御船着場」があった。大野康雄『五台山誌』（土佐史談会、一九八七復刻）一一五頁。

（13）奥の院のある方角は実際は南東。

（14）『中土佐町史』（一九八六）によれば、佐竹氏の菩提寺であったが、明治四年に廃寺。七〇、九四五―九四七頁。

（15）国道五五号の久礼坂を中央にして、北西に添蚯蚓坂、南東に大坂という三つの遍路道がある。泊まった常賢寺から順道となることなどから、当時の主要街道だった添蚯蚓坂を通った可能性が高い。

（16）大塚政重『佐賀町郷土史』（佐賀町教育委員会、一九六五）五九頁。『南路志』（高知県立図書館蔵）には「随正寺」とある。址に「瑞祥寺跡」と記された石碑が立つ。

（17）大坂を上下という表現から、白浜、灘経由の海岸べりの遍路道を行かず、馬地から黒瀬を経由して有井川に至る山越えの道を取ったか。

（18）『中村市誌続編』（一九八四）六八六頁。現在、跡地に薬師堂がある。

（19）月山から赤泊経由姫ノ井に出る現在の遍路道とは異なる道筋。西泊から、周防形、不動滝の道をとったか。

（20）『佐喜浜郷土史』（佐喜浜郷土史編集委員会、一九七七）二四九―二五一頁。

（21）高野山奥の院にも愛満権現が祀られている。

（22）崎山の台地の崎にあたる所に神社がある。不動岩に下る遍路道の入口である。

（23）『室戸町誌』（一九六二）四六、七二―七三頁。

（24）安岡大六『安田文化史』（安田町役場、一九五二）二一九―二二四頁。『高知県の地名』（平凡社、一九八三）八〇頁。『史談会本』八七頁。

(25) 小松勝記『土佐西国観音巡り』（毎日新聞高知支局、二〇〇一）三六―三七頁。
(26)『土佐国史料集成南路志』第八巻（高知県立図書館、一九九五）二三七頁。
(27)『高知県の地名』三六九頁。
(28)『高知県の地名』三三六、三五四頁。
(29) 清瀧寺伊東聖隆師からの聞き取り。
(30)『史談会本』九〇頁。
(31)『史談会本』九二頁。
(32)『土佐清水市史下巻』（一九八〇）六六二頁。
(33)『大月町史』（一九九五）一〇八七―一〇九七頁。
(34) 山本弘光「月山道について（上）」（『西南四国歴史文化論叢よど第十号』四一―五三頁、西南四国歴史文化研究会、二〇〇九）。
(35)『宿毛市史』（一九七七）七九一―七九二頁。『小松本』八四頁。『南路志』に「昔ハ坂ノ下ニ有」とある。
(36)『宿毛市史』七四九頁。『一本松町史』（一九七九）三八三―三八四頁。
(37) 畑地に下りていることから津島の中心部である岩松への遍路道を辿ったのは確かであろう。野井に行くには岩渕経由であると推測される。
(38)『宇和町誌』（一九七六）一〇四二頁。現在、跡地に法蔵寺がある。
(39) 旧小田町役場での聞き取り。
(40)『今治郷土史　現代の今治地誌　近・現代四』（今治市役所、一九九〇）八三二頁。
(41) 明治九年に東中村、西中村、黒本村が合併して三芳村に。その後の合併で東予市、さらに西条市に。『東予市誌』（一九八七）一四四四頁。
(42) 一宮は当時は中山川の北（西条市小松町新屋敷白坪）にあったか。
(43)『宇和舊記上巻』（愛媛県青年處女協会、一九二八）一七六―一七七頁。
(44)『三間町誌』（一九九四）八〇〇―八〇一頁。
(45)『小田町史』（一九八五）一九二―一九三頁。『愛媛県の地名』（平凡社、一九八〇）四四三頁。
(46)『史談会本』一〇二頁。
(47)『新居浜市史』（一九六二）八二二頁。
(48)『伊予三島市史』（一九八四）一〇五〇頁。
(49)『高松市史』（一九八六復刻）二九八―二九九頁。市史には桜町と書かれているが、現在は三谷町に移転。もともとあった番町の場所には東福寺が建っている。
(50) 臨川書店。一九九八復刻。一三六―一四二頁。
(51)『史談会本』一一〇、一三一―一三三頁。
(52)『角川日本地名大辞典　三七　香川県』（角川書店、二〇〇九）三七頁。
(53) 新城常三『新稿社寺参詣の社会経済史的研究』（塙書房、一九八二）九三三頁。
(54) 日本武尊の息子の武卵王。景行天皇に大魚退治を認められた武卵王は、褒美として、讃岐の土地を与えられ、城山に館を構え、讃留霊王となった（讃留霊王神社縁起）。
(55)『下笠居村史』（一九五六）四三〇―四三一頁。
(56)『香川県史第三巻』（一九八九）五六六―五六九頁。『新修高松市史Ⅱ』（一九六六）二七七頁。『高松市史』（一九八六復刻）二九一―二九二頁。『松平頼重伝』（松平公益会、二〇〇二改訂）三一九頁。
(57)『香川県史第三巻』五六九―五七三頁。
(58)『吉野川の渡しガイドブック』(国土交通省四国地方整備局徳島河川国道事務所、二〇〇六)七四頁。
(59)『小松本』一六二頁。
(60)拙著『公認先達が綴った遍路と巡礼の実践学』(高野山出版社、二〇〇七)二八頁。
※　県史・市町村史誌については、当該自治体・教育委員会・編集委員会等の編になるものは著者名・発行所名を省略した。

■以下に使用する地図は、国土地理院発行の五万分の一地形図を用いて作成し、50％に縮小したものである。したがって本稿では十万分の一となっている。

【凡　例】

黒色の実線は澄禅が辿ったと推定される経路。

黒色の点線は複数の経路が推定されるもの。または現在通行不能な経路・航路等、実線で示すのが適当でないと考えられる経路。

灰色の実線は現在の多く使われる徒歩遍路道。澄禅の道と異なる個所を表示した。宮崎建樹『四国遍路ひとり歩き同行二人』を参照した。複数経路のある場合もある。

灰色の点線はそれ以外の遍路道。現在の遍路道のトンネルも点線で示した個所がある。

⊙　ポイントとなる寺社、地点。

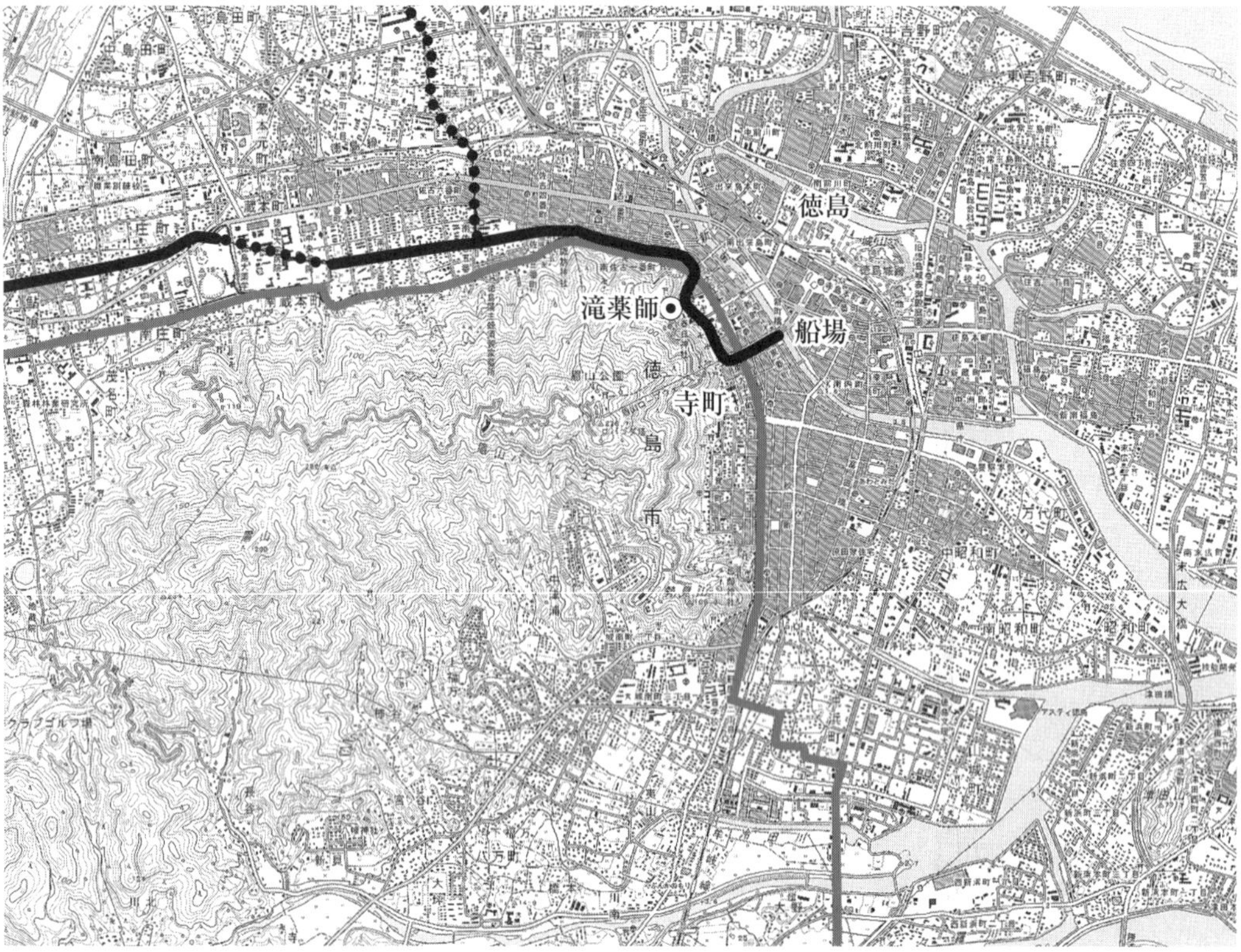

地図１　徳島市中心部から鮎喰川

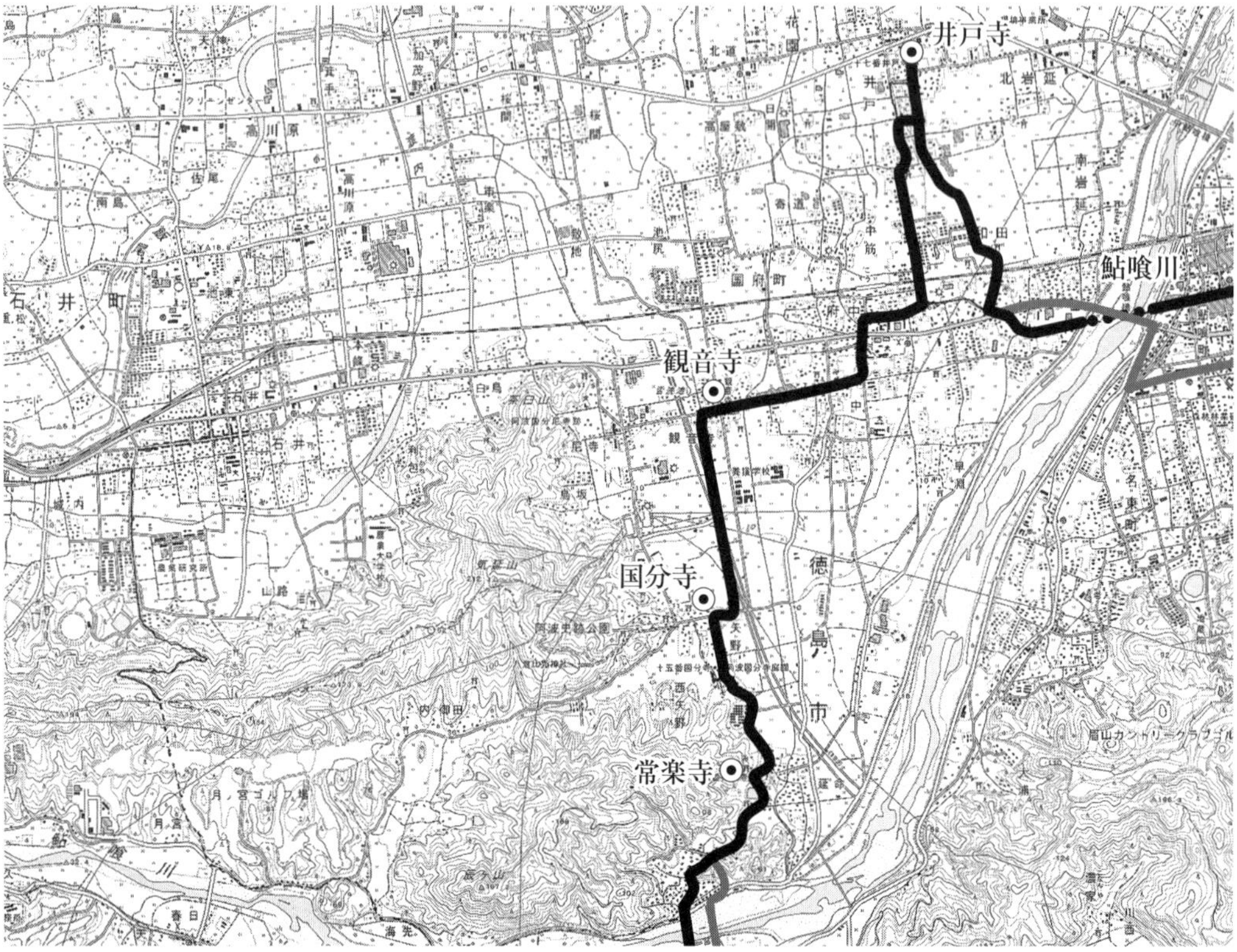

地図２　鮎喰川から常楽寺

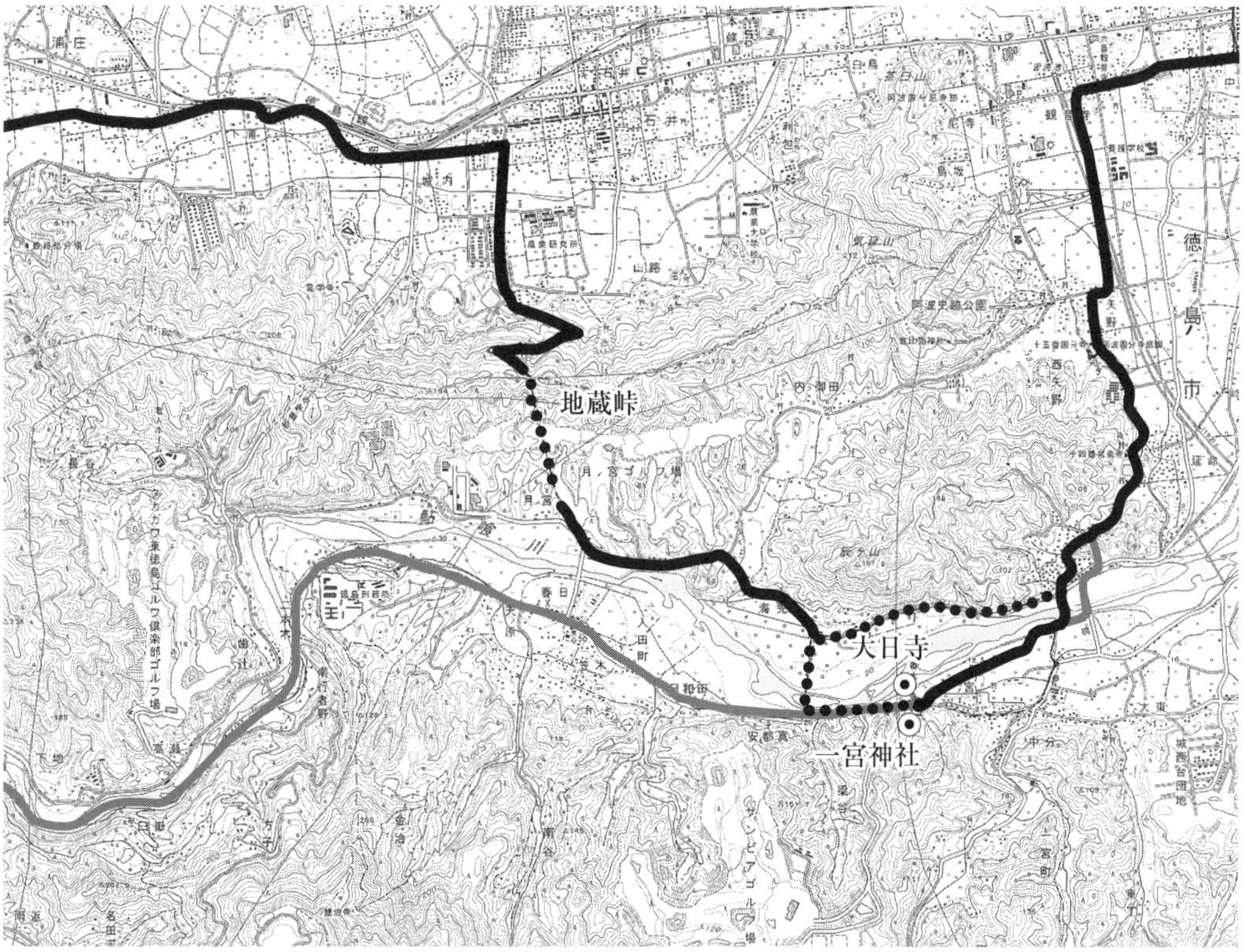

地図３　一宮から地蔵峠

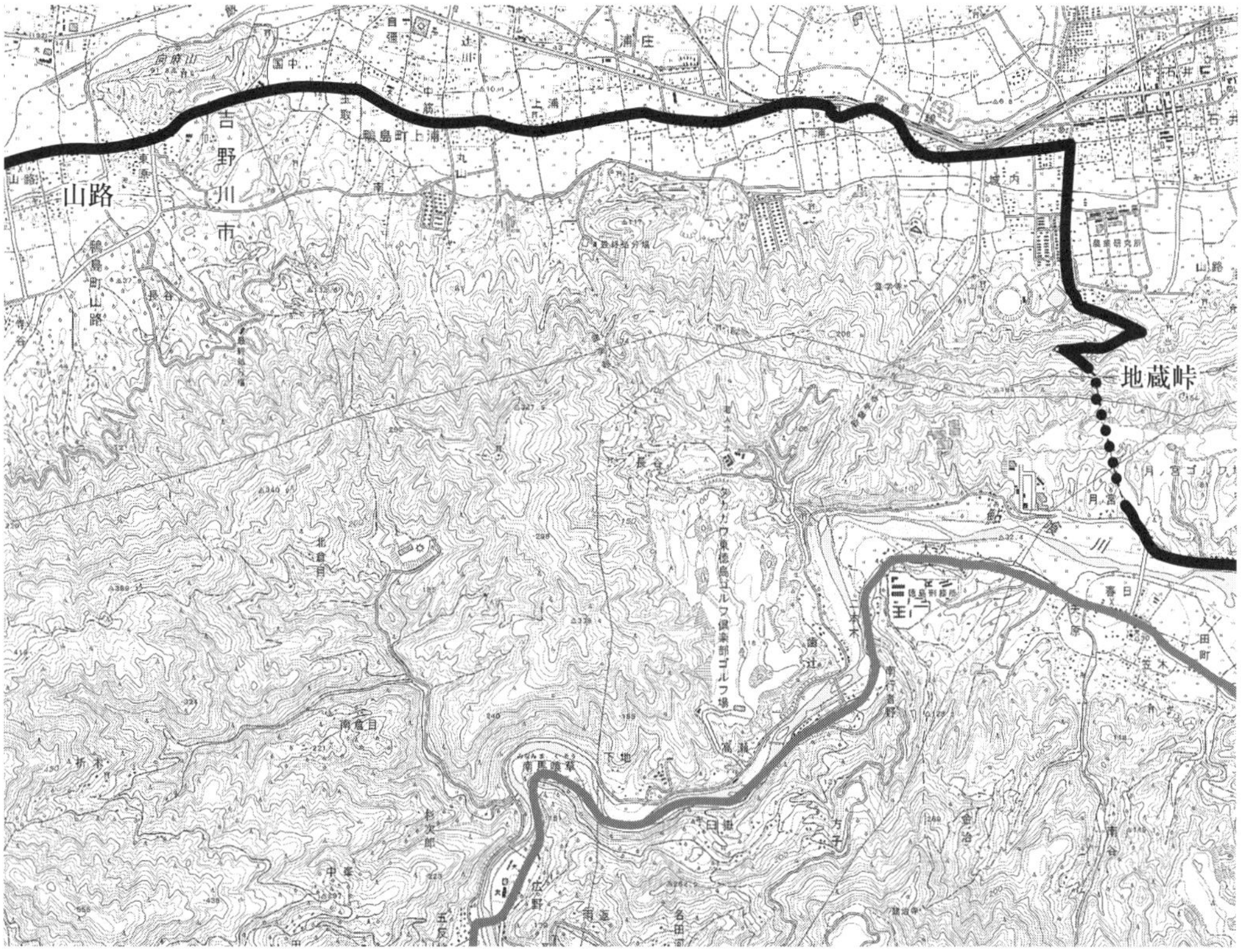

地図４　地蔵峠から山路

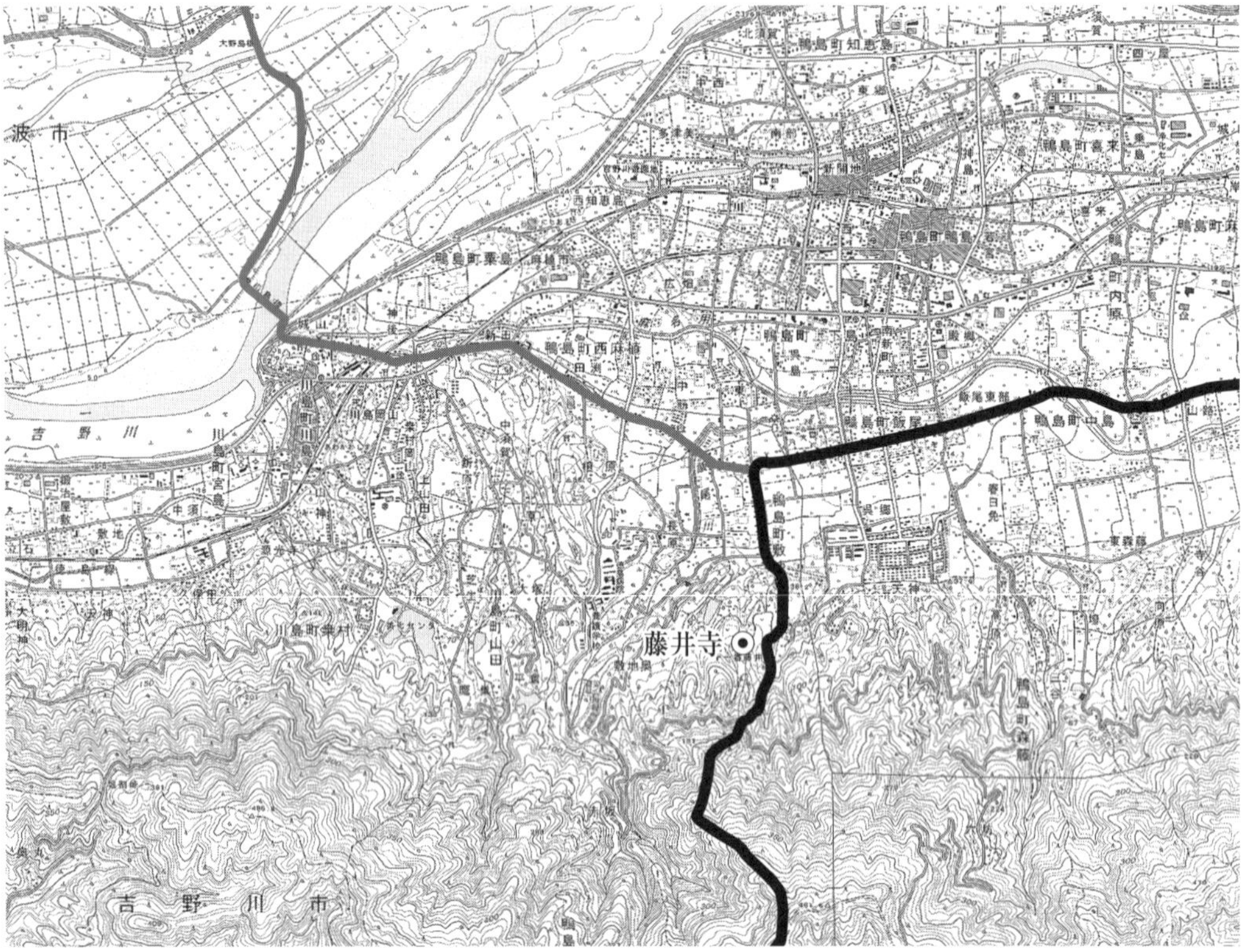

地図５　山路から藤井寺

地図６　藤井寺から柳水庵

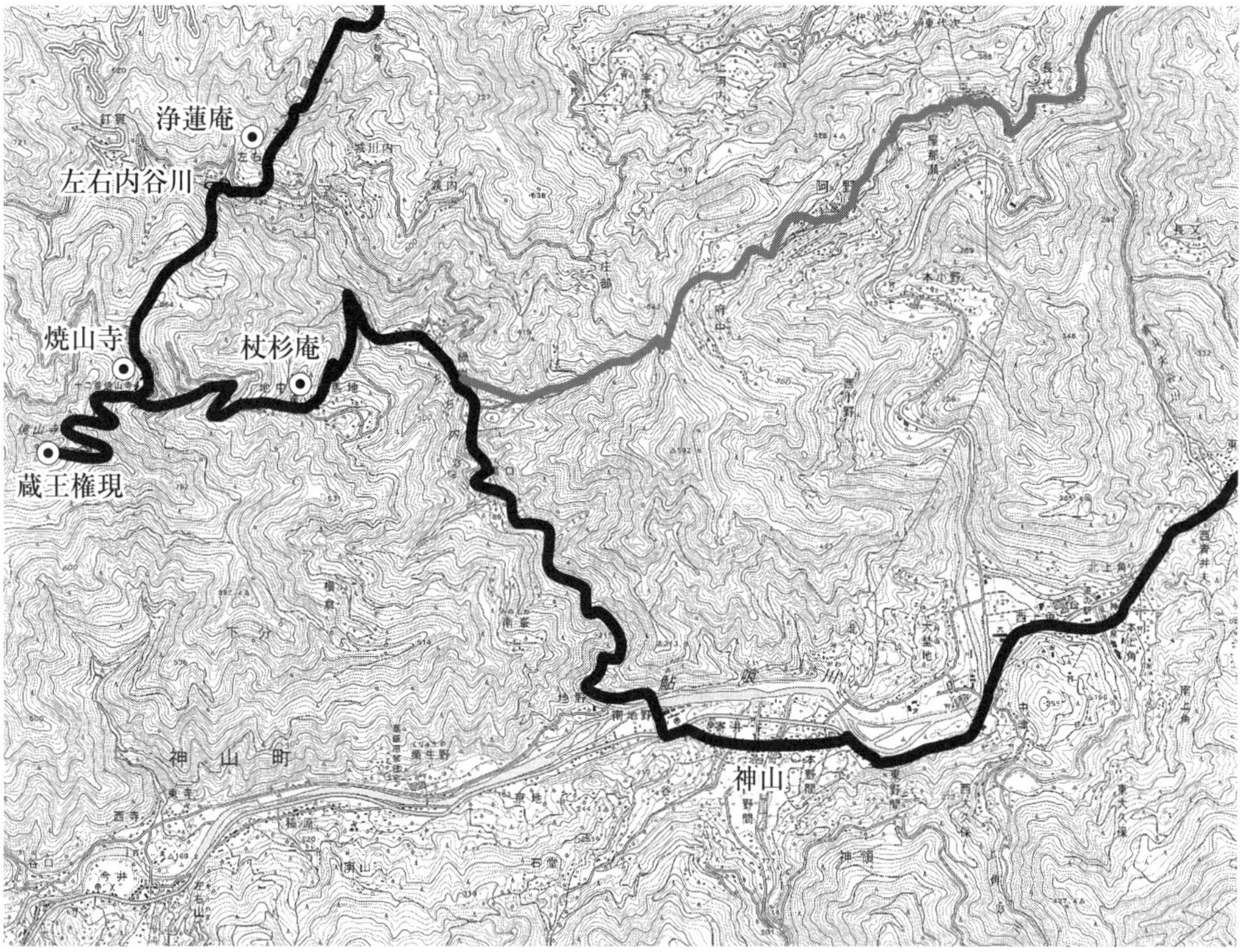

地図７　焼山寺から神山

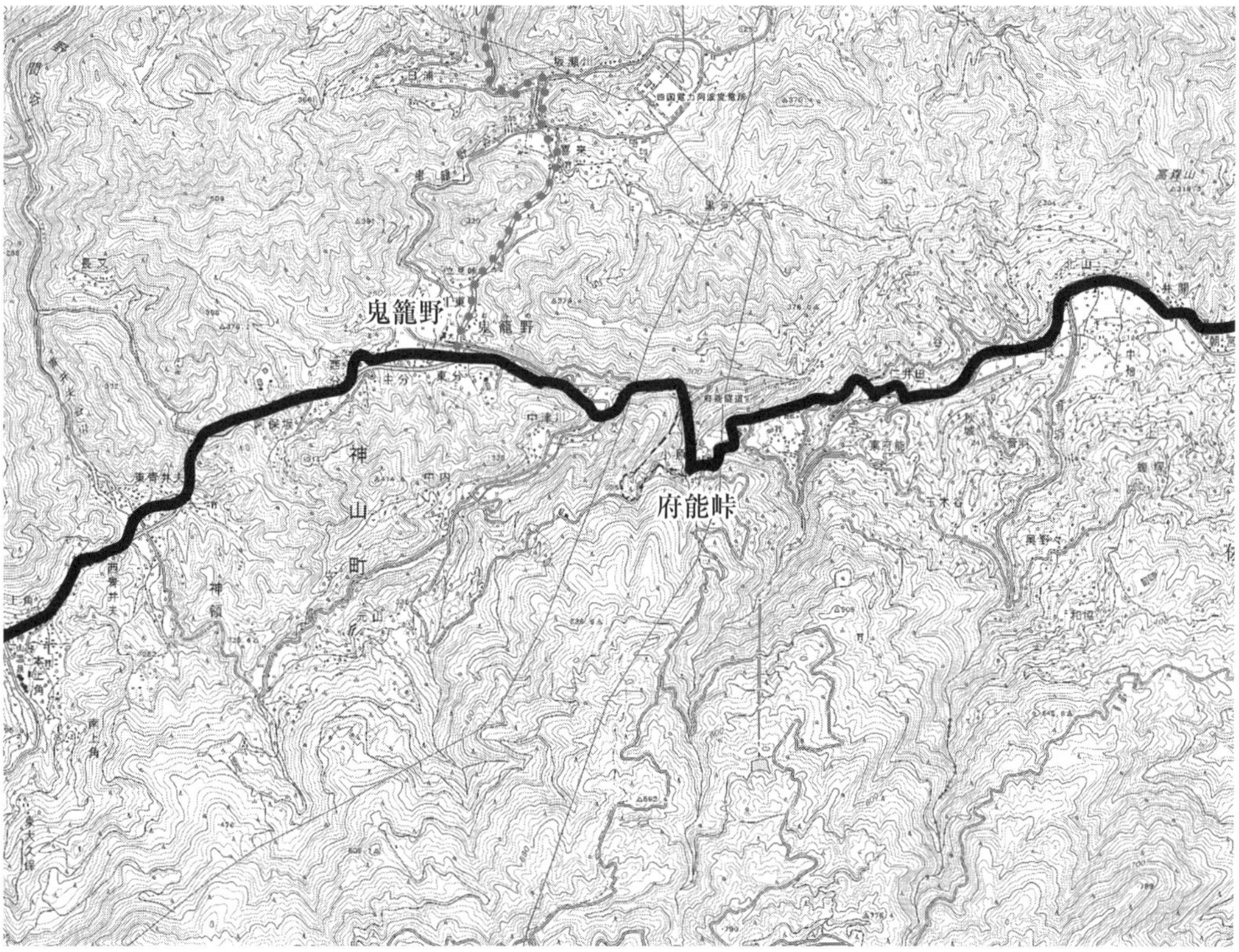

地図８　神山から佐那河内

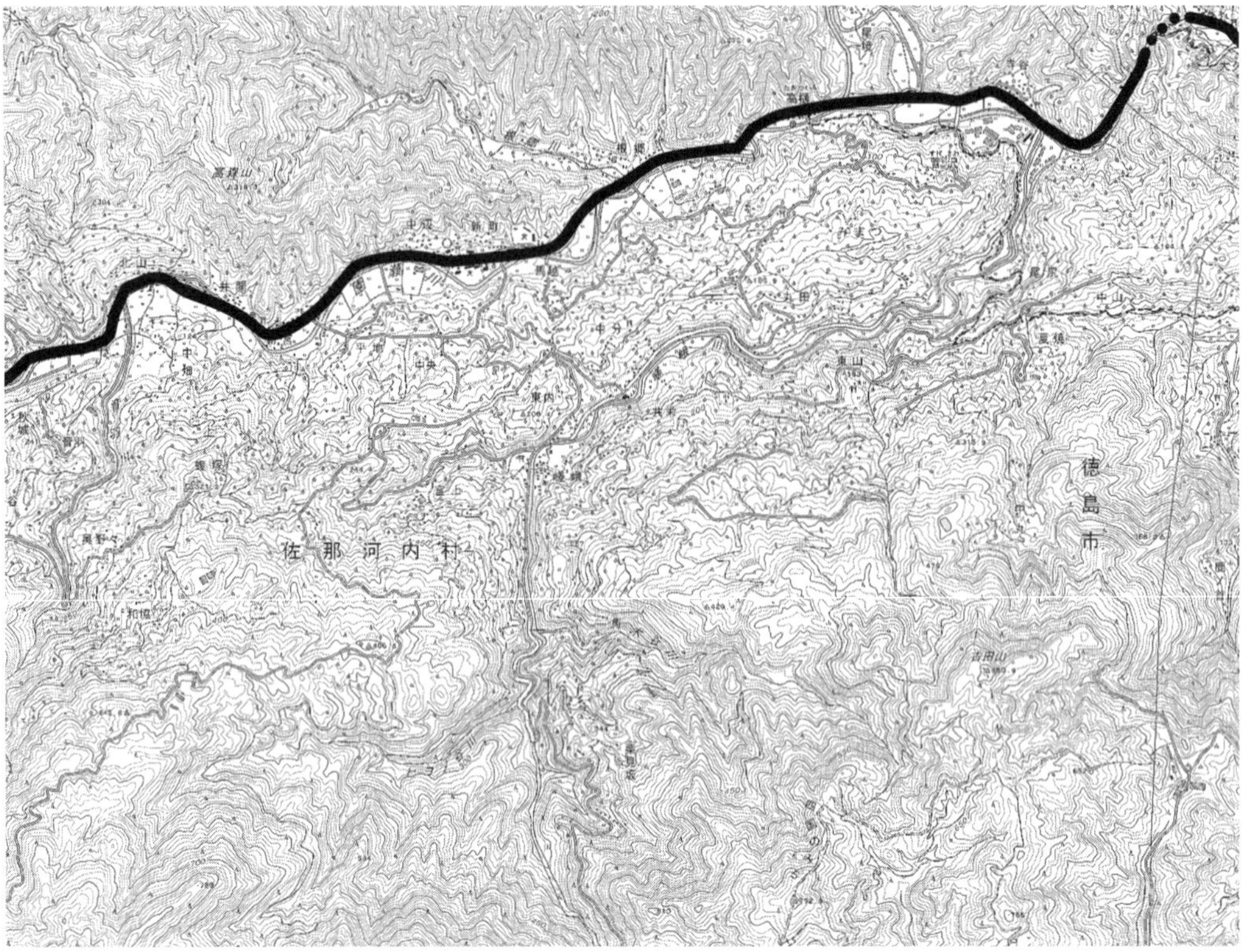

地図 9　佐那河内から八多

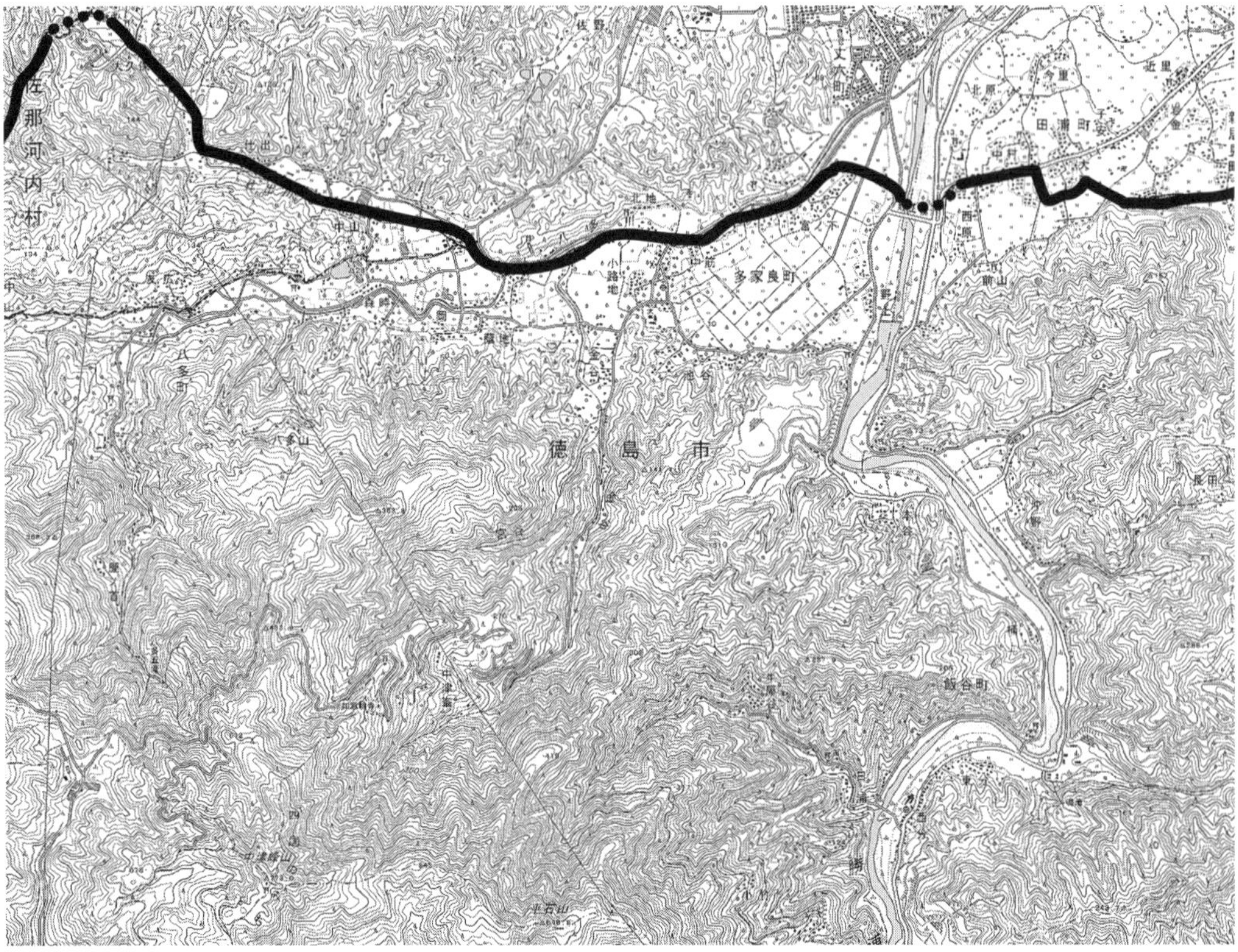

地図10　八多から恩山寺

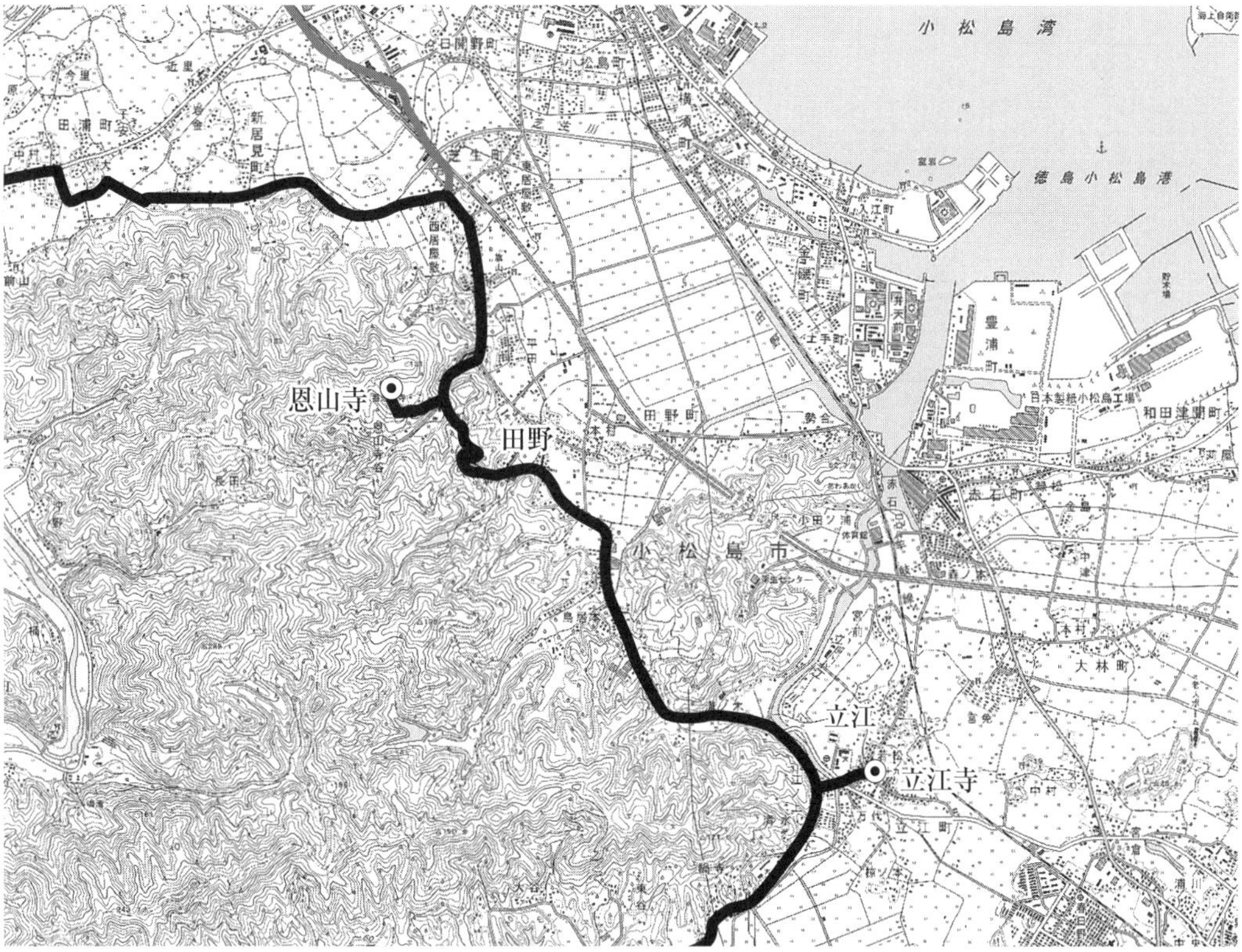

地図11　恩山寺から立江寺

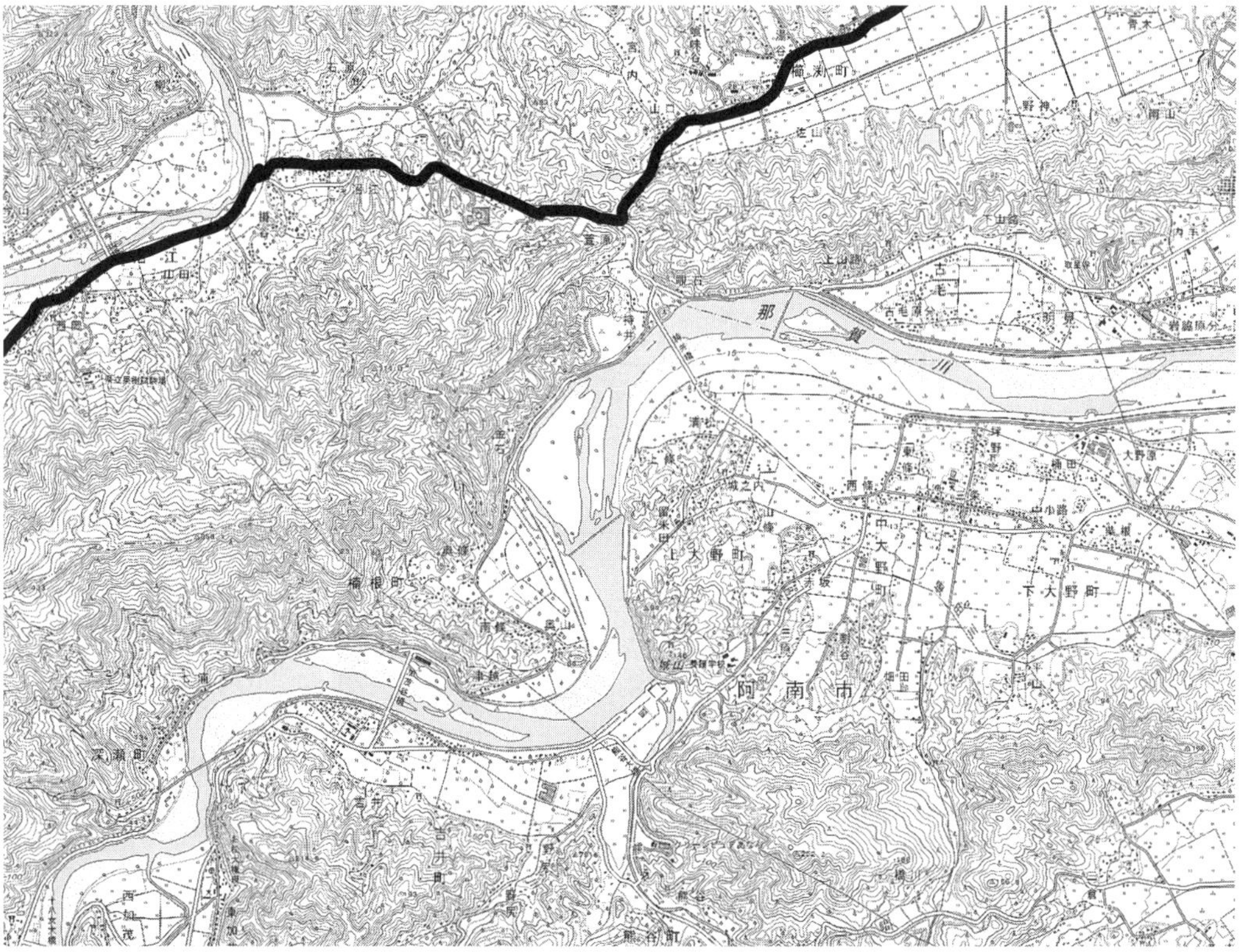

地図12　立江寺から沼江

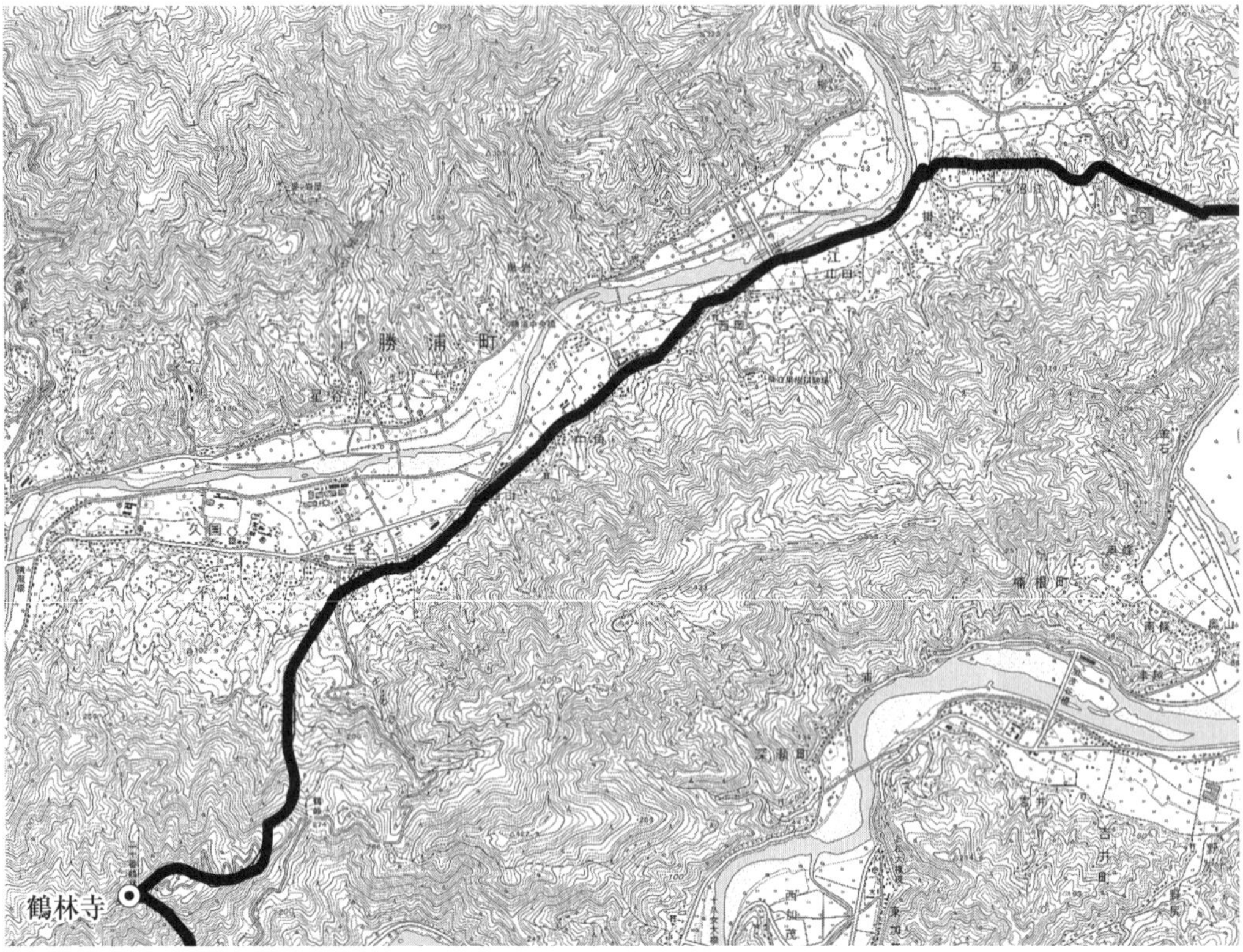

地図13　沼江から鶴林寺

地図14　鶴林寺から太龍寺

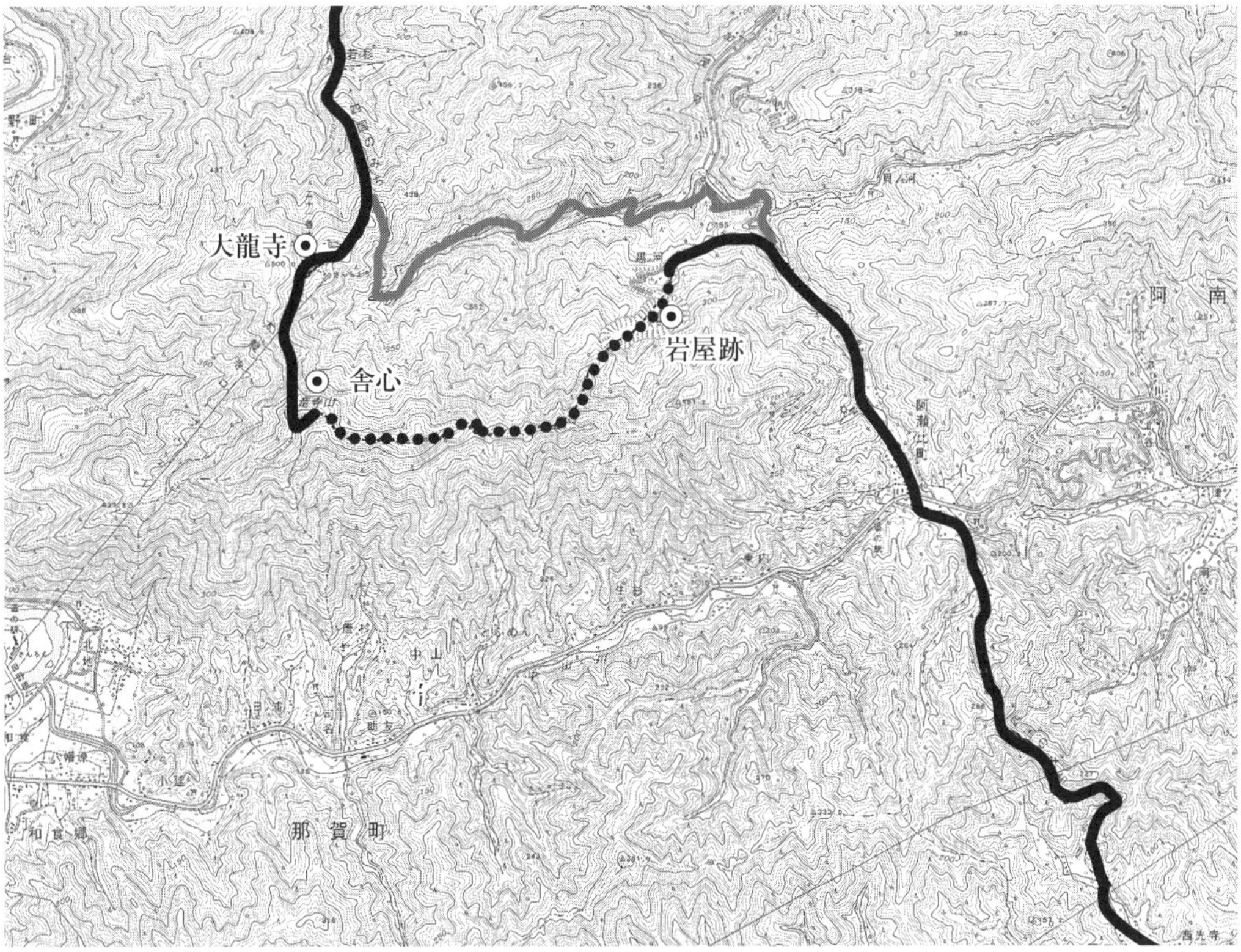

地図15　太龍寺から大根峠

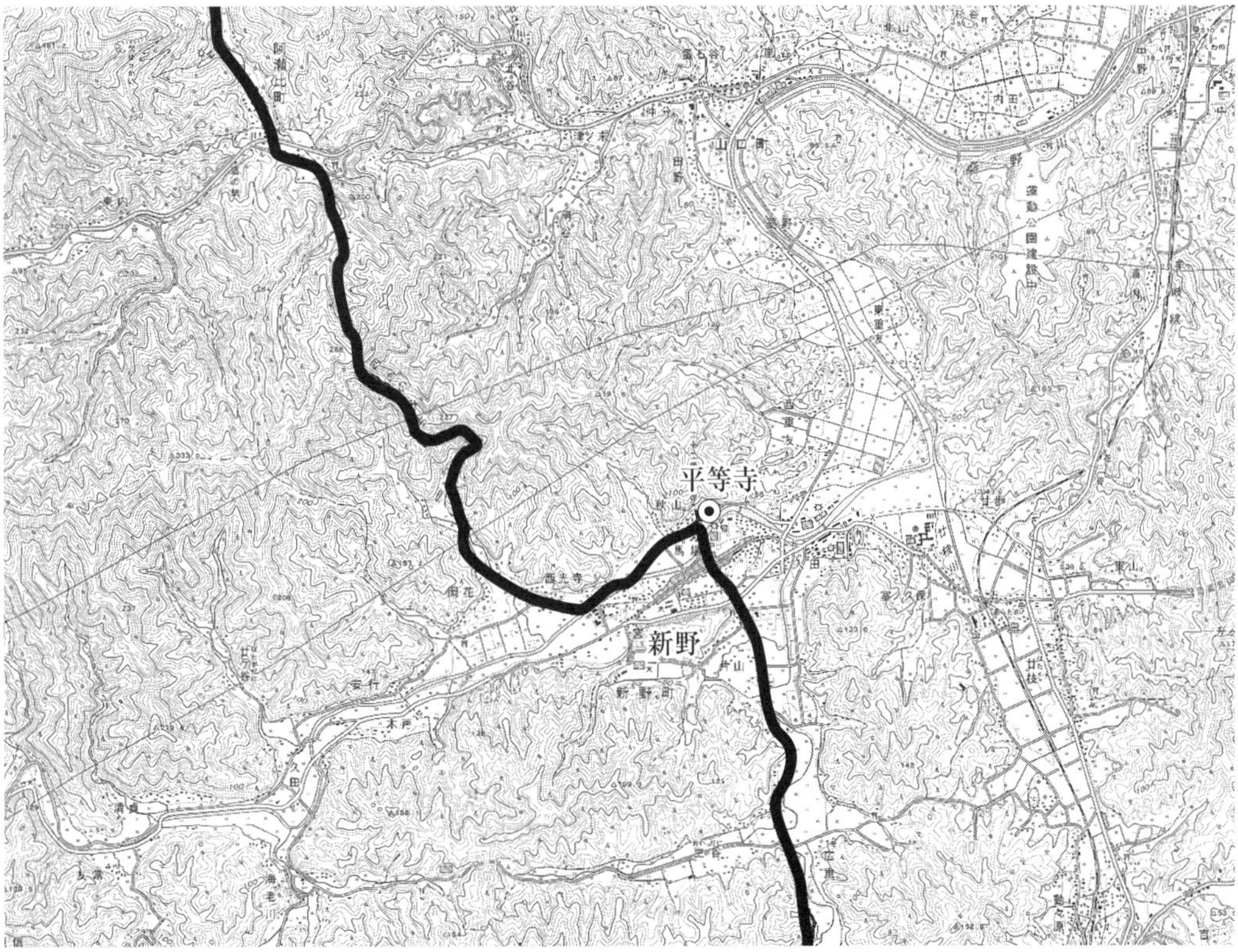

地図16　大根峠から月夜

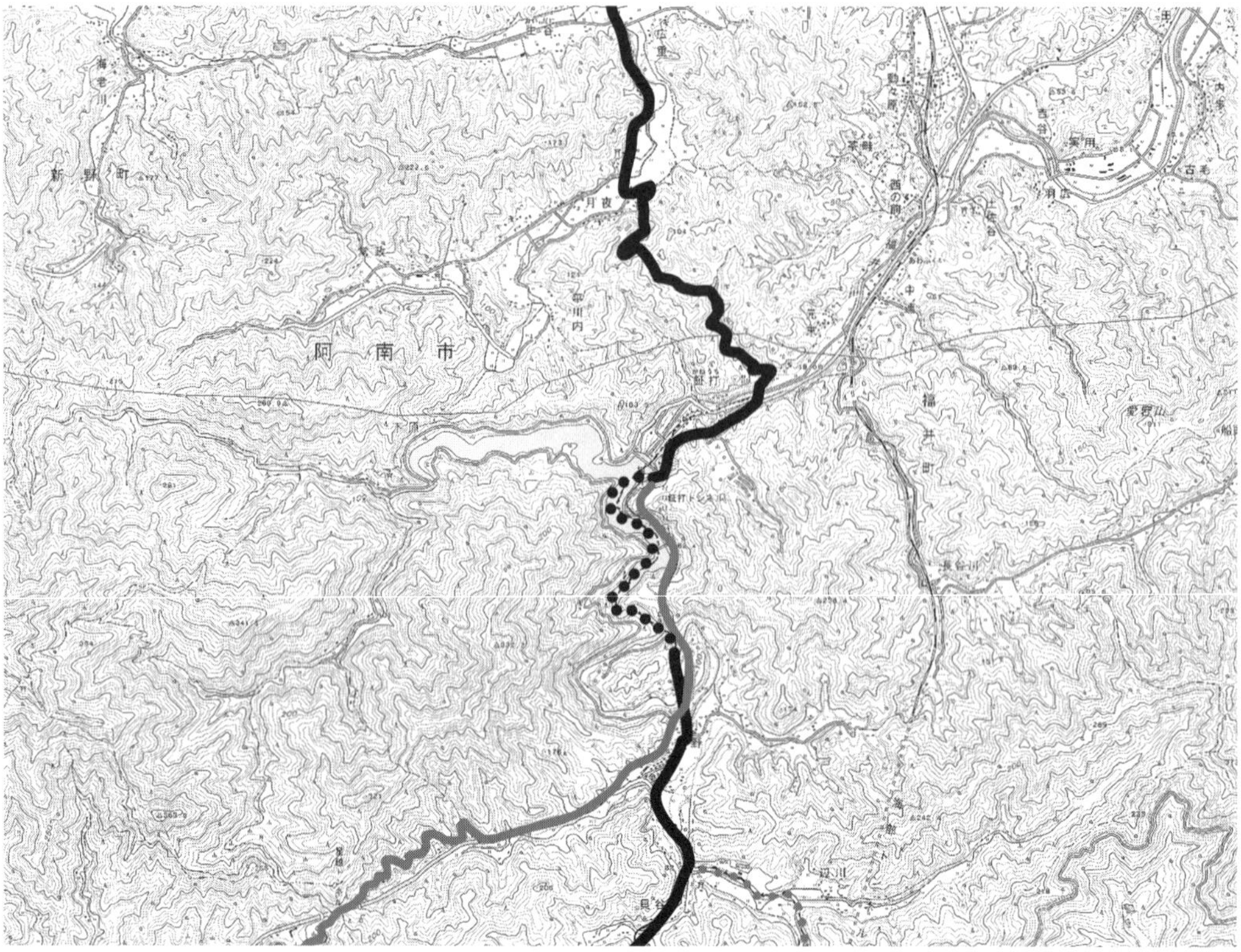

地図17　月夜から福井

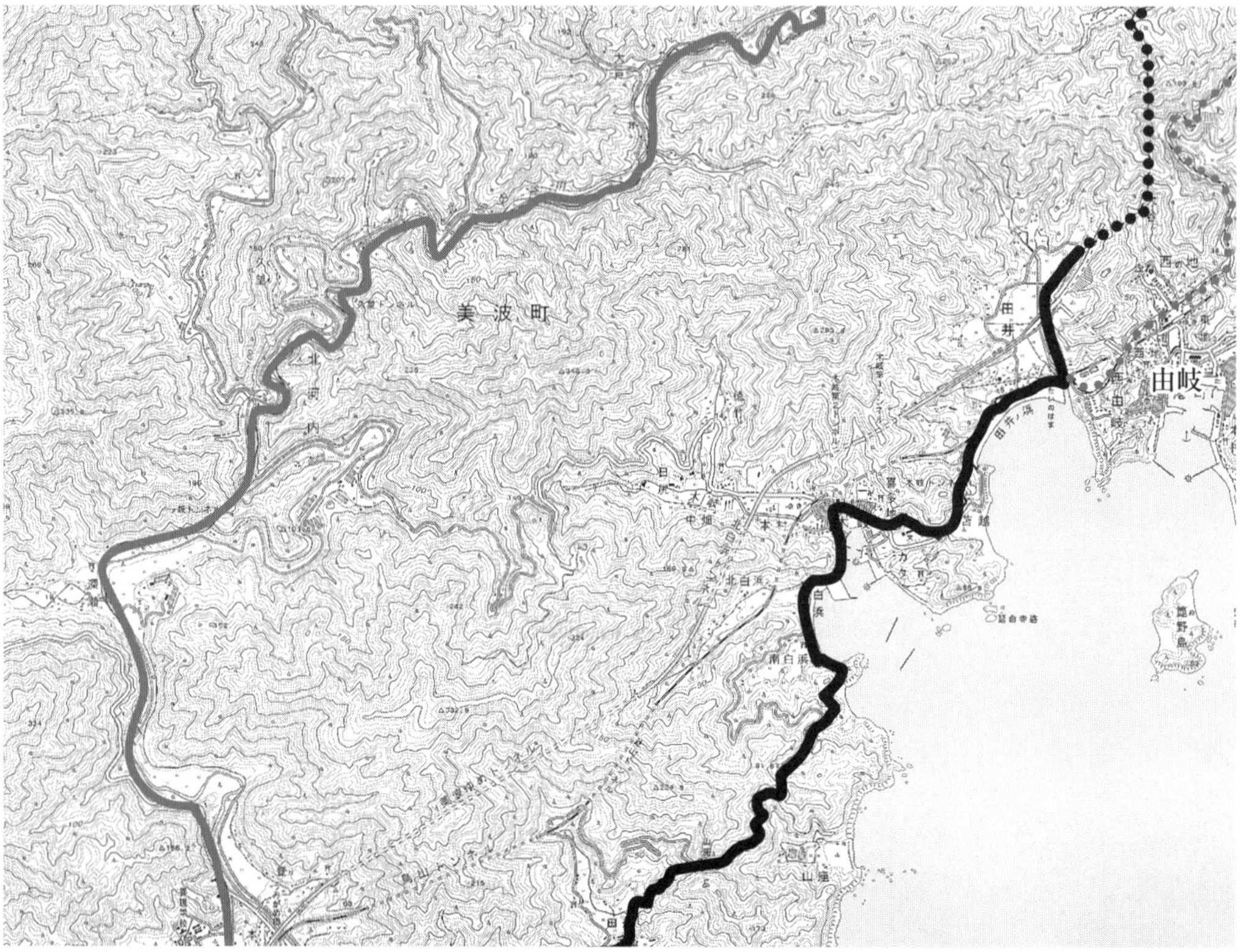

地図18　福井から木岐

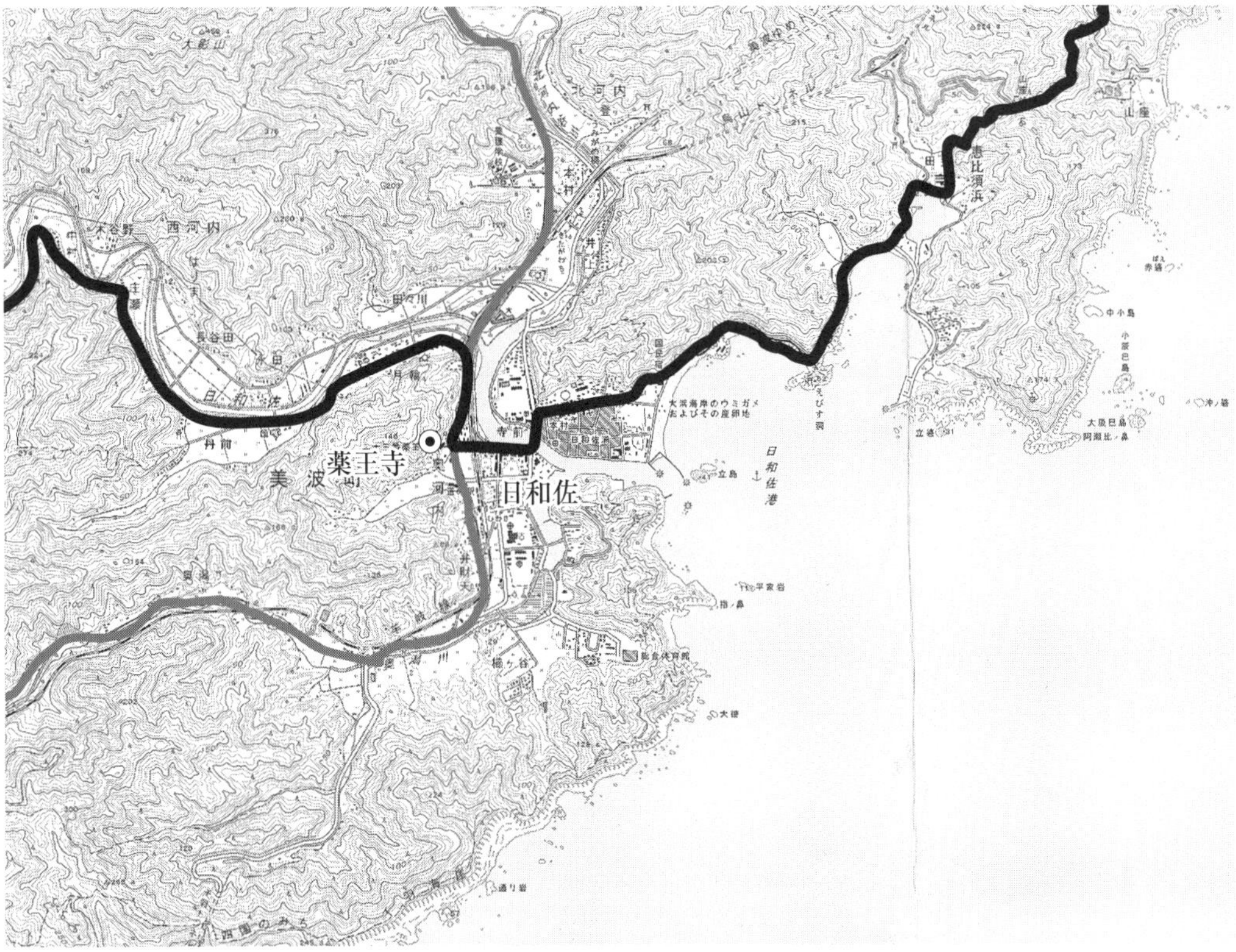

地図19　木岐から日和佐

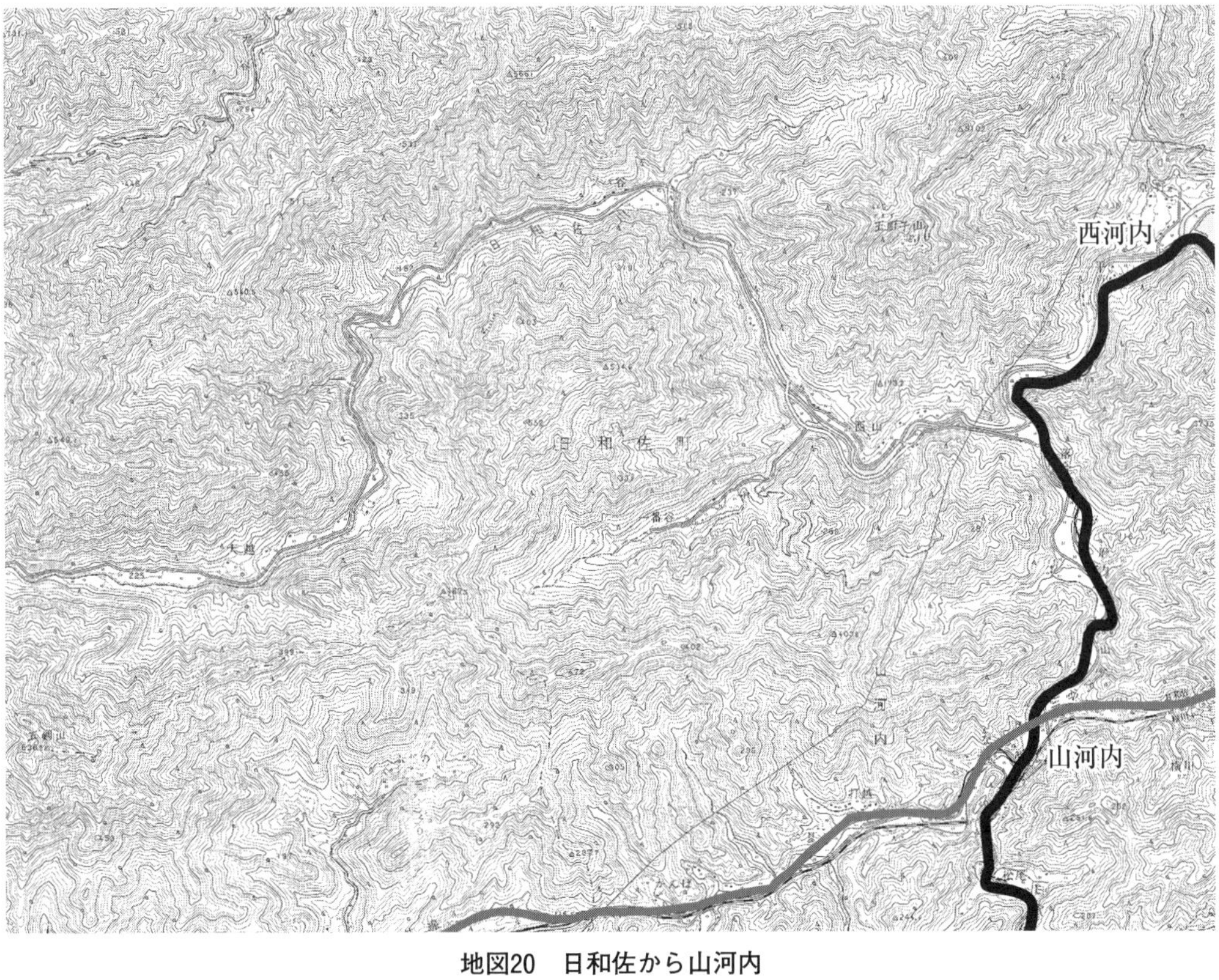

地図20　日和佐から山河内

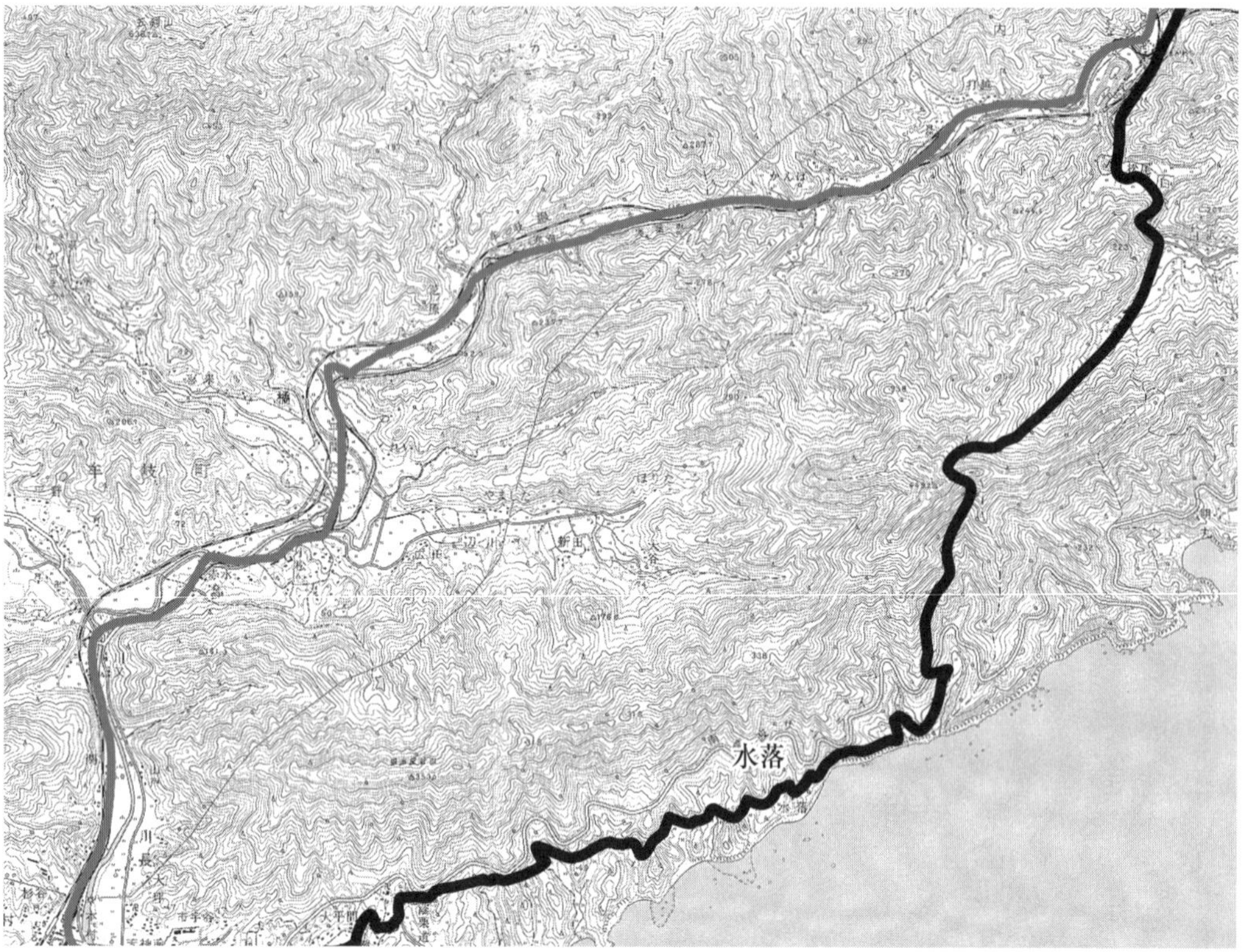

地図21　山河内から牟岐

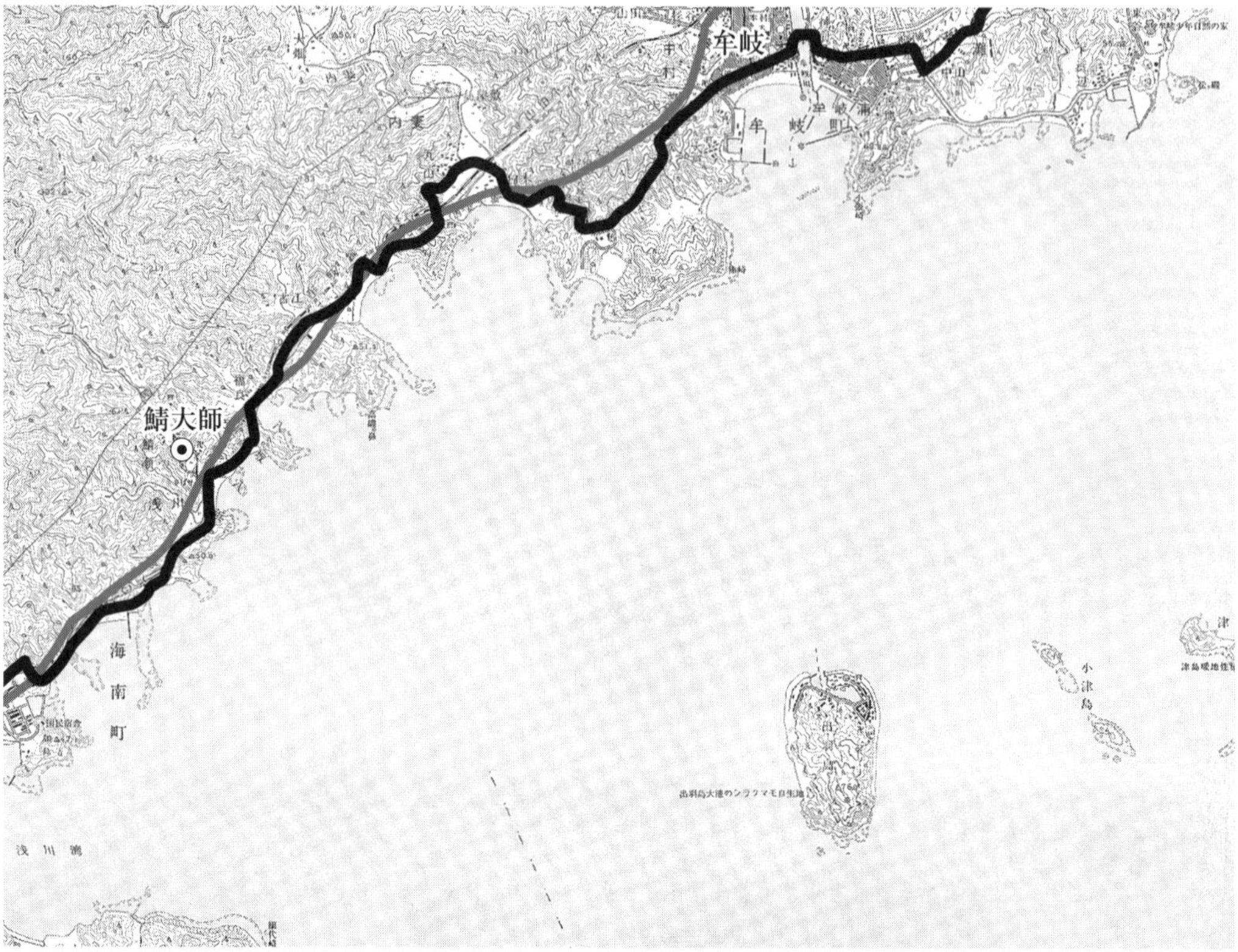

地図22　牟岐から海南

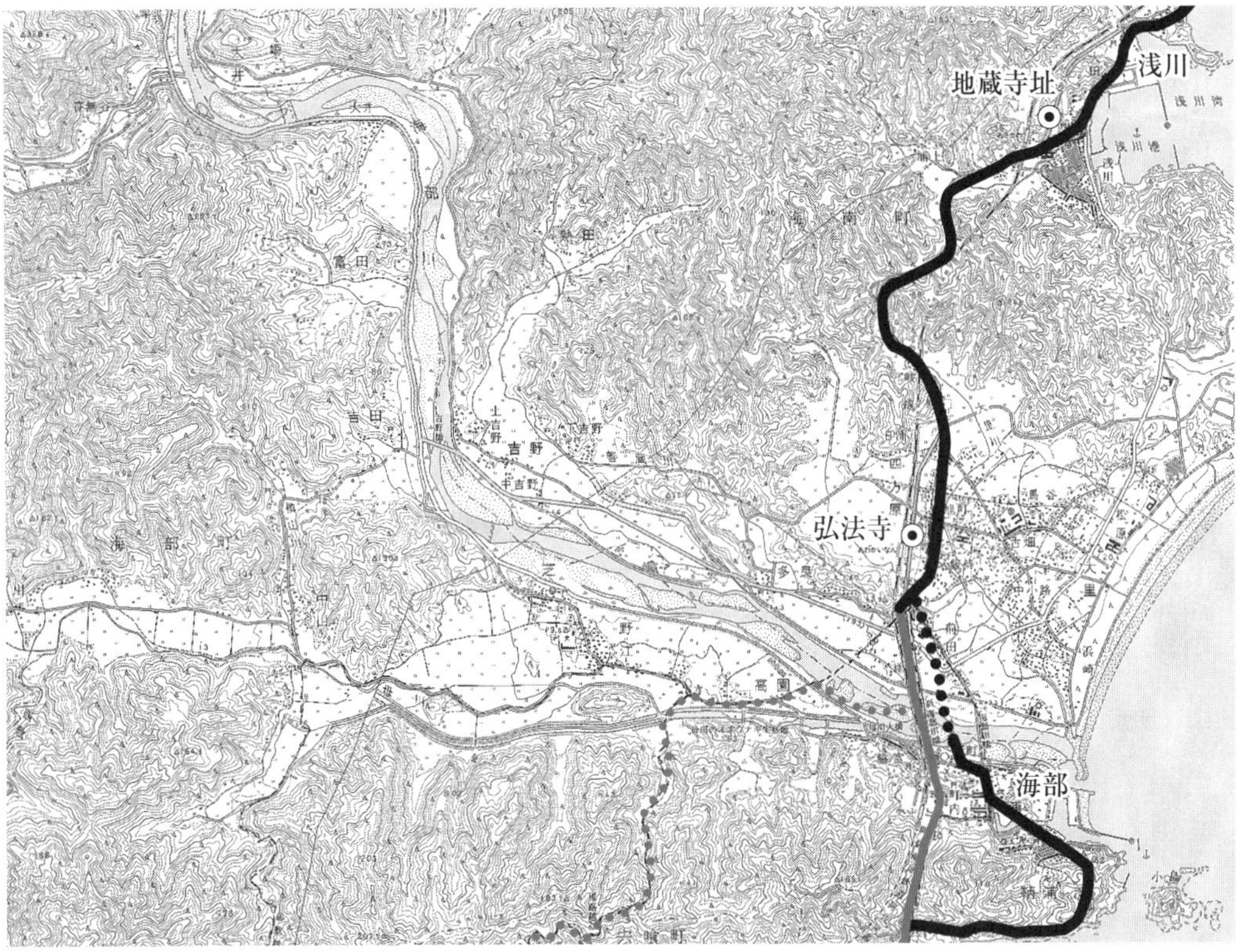

地図23　海南から海部

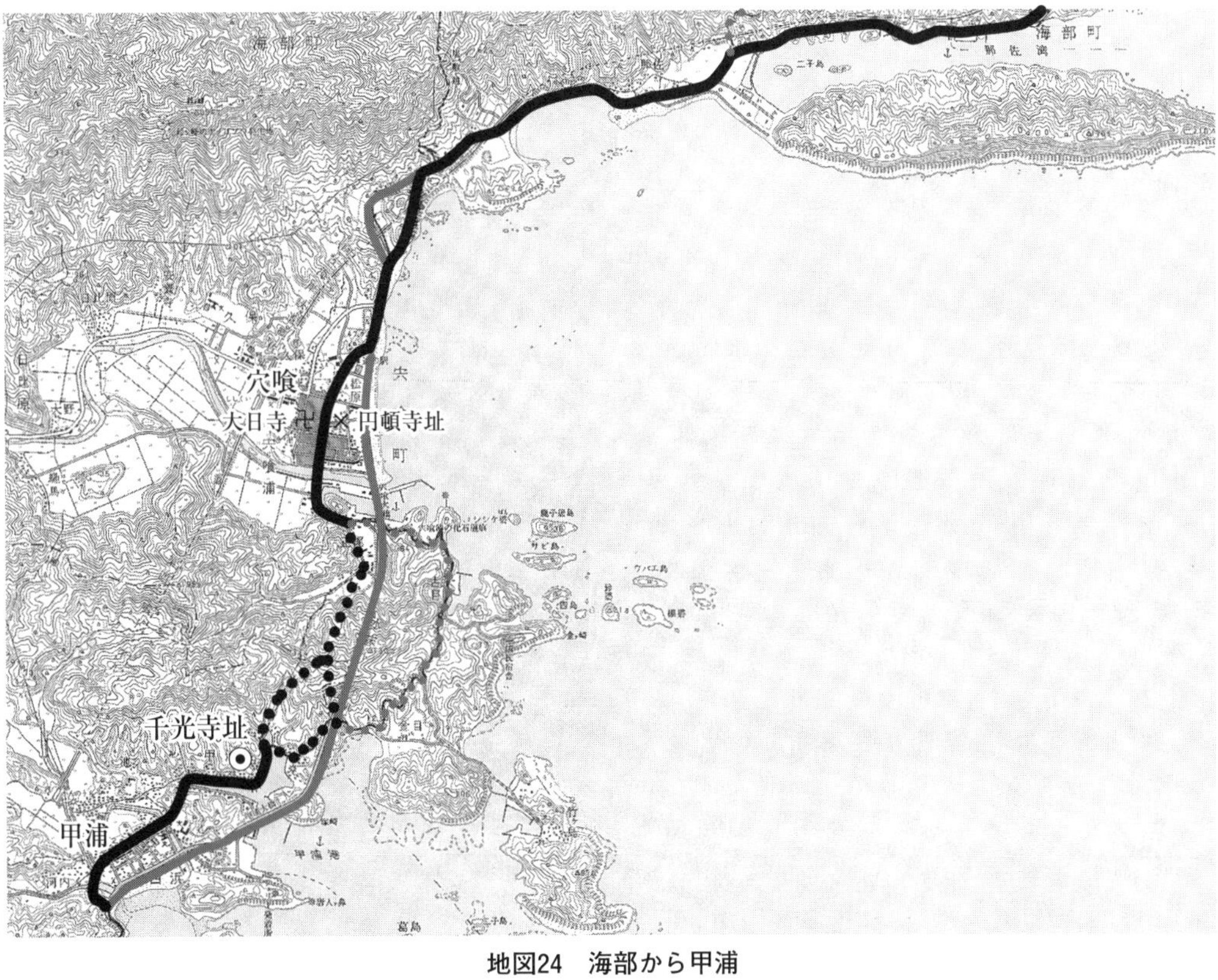

地図24　海部から甲浦

地図25　甲浦から野根

地図26　野根から淀ヶ磯

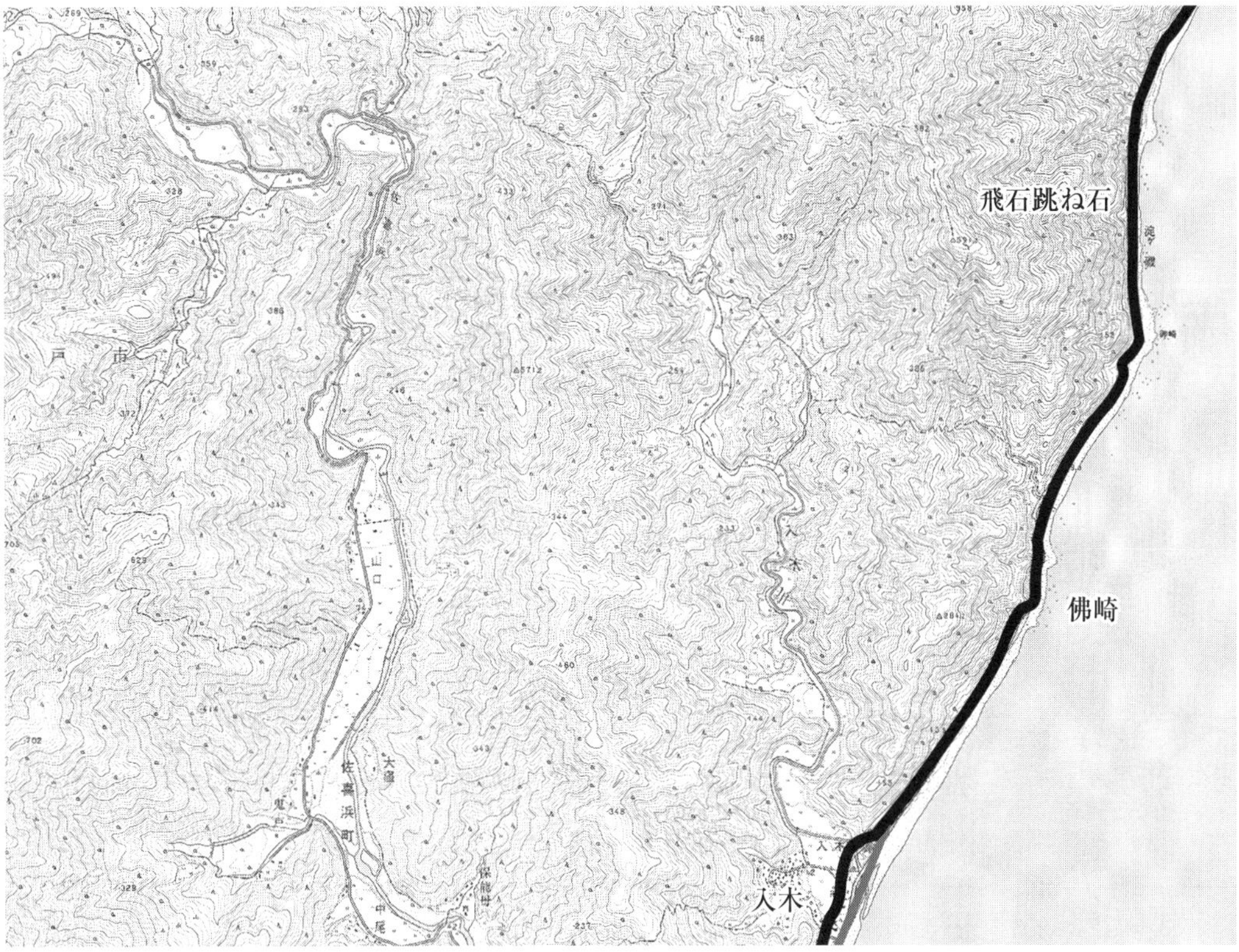

地図27　淀ヶ磯から入木

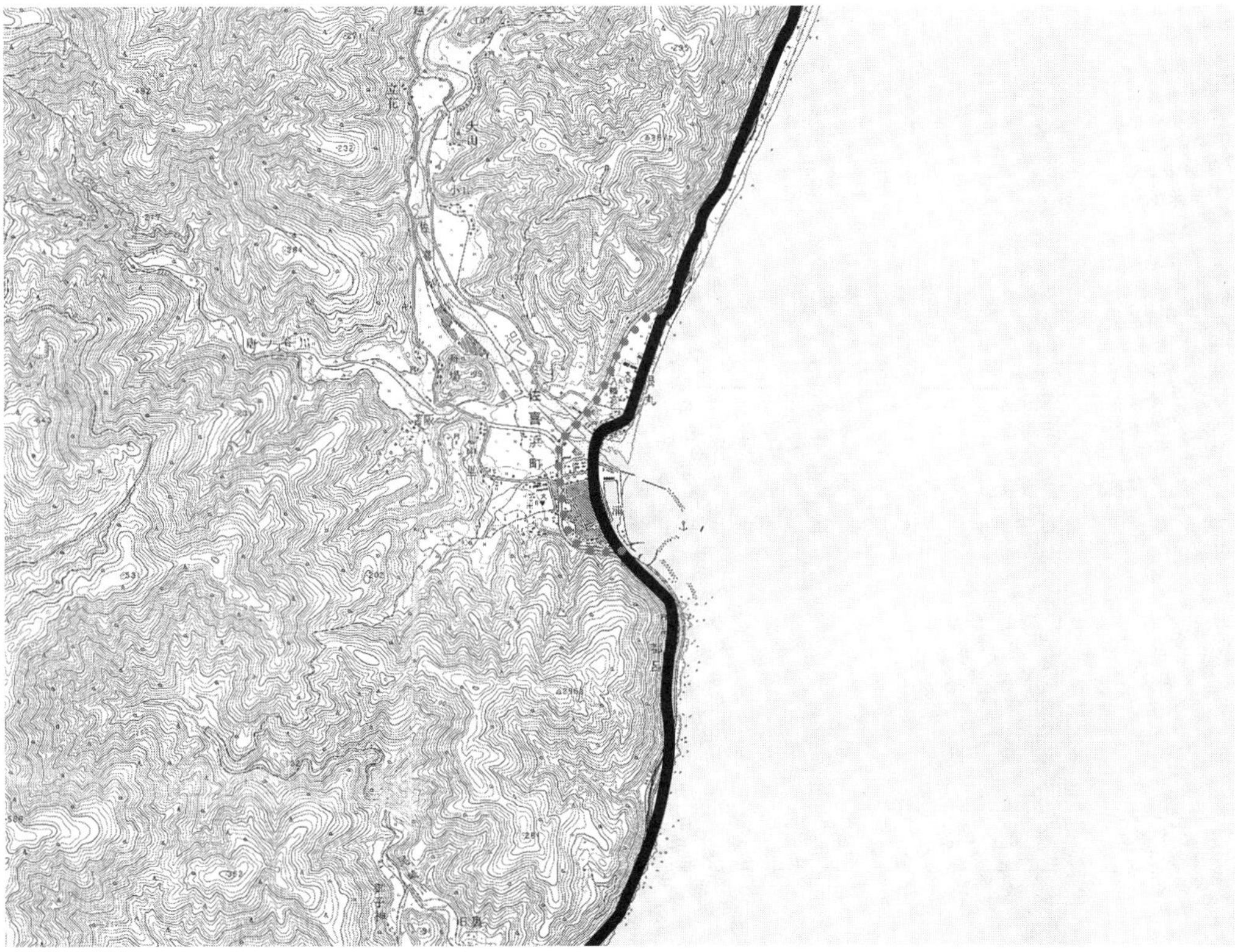
地図28　入木から佐喜浜

地図29　佐喜浜から椎名

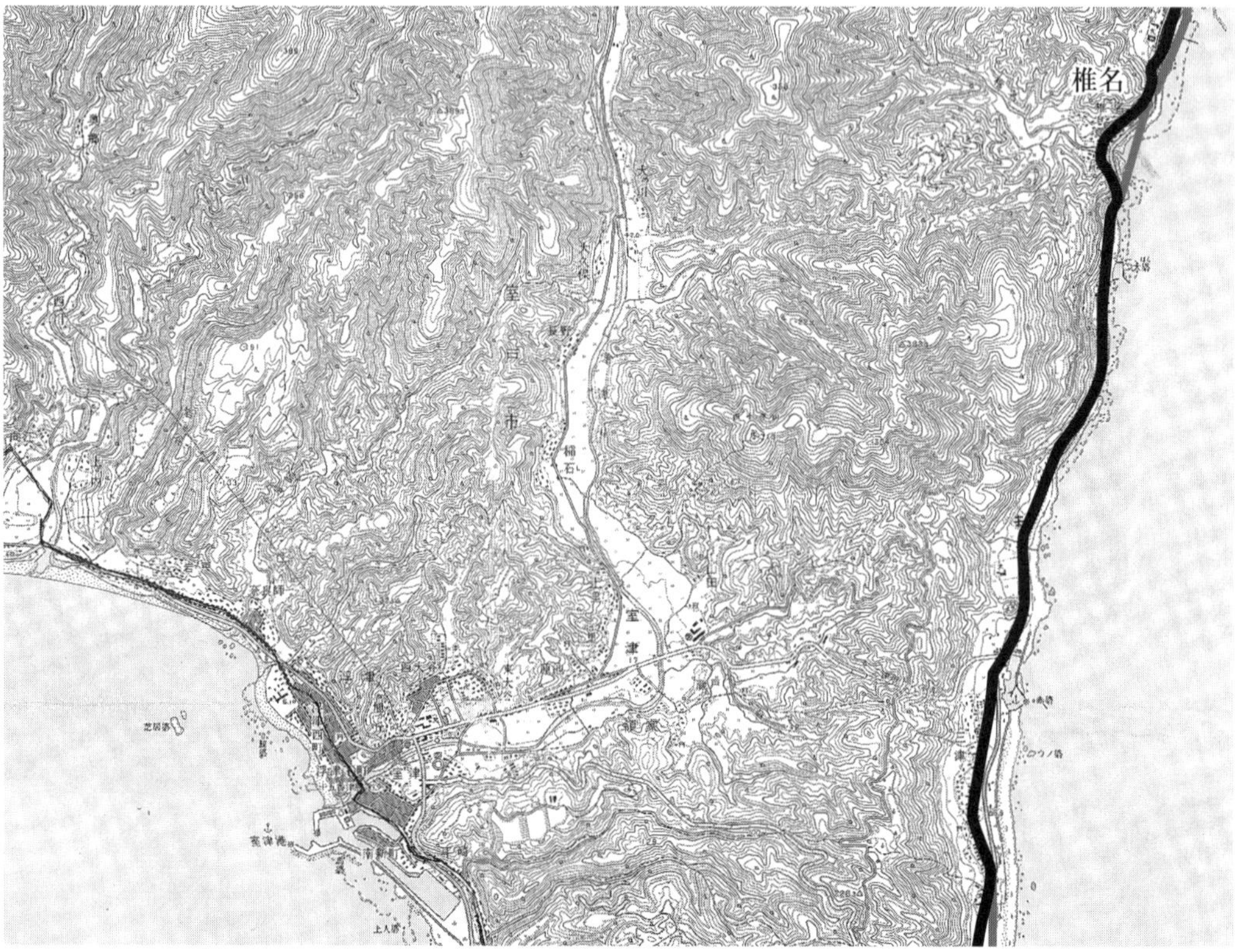

地図30　椎名から三津

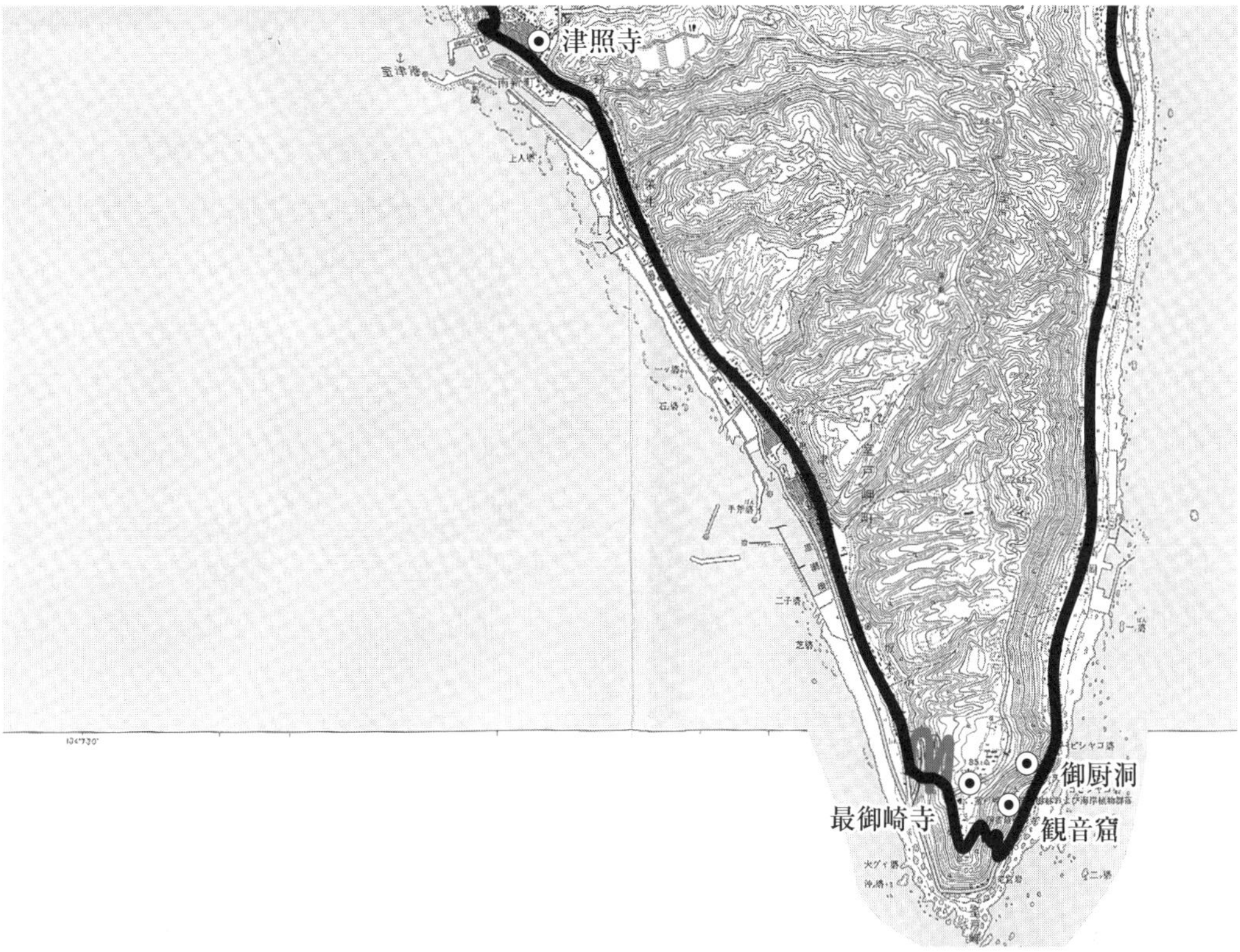

地図31　室戸岬

地図32　室戸から吉良川

地図33　吉良川から羽根

地図34　羽根から奈半利

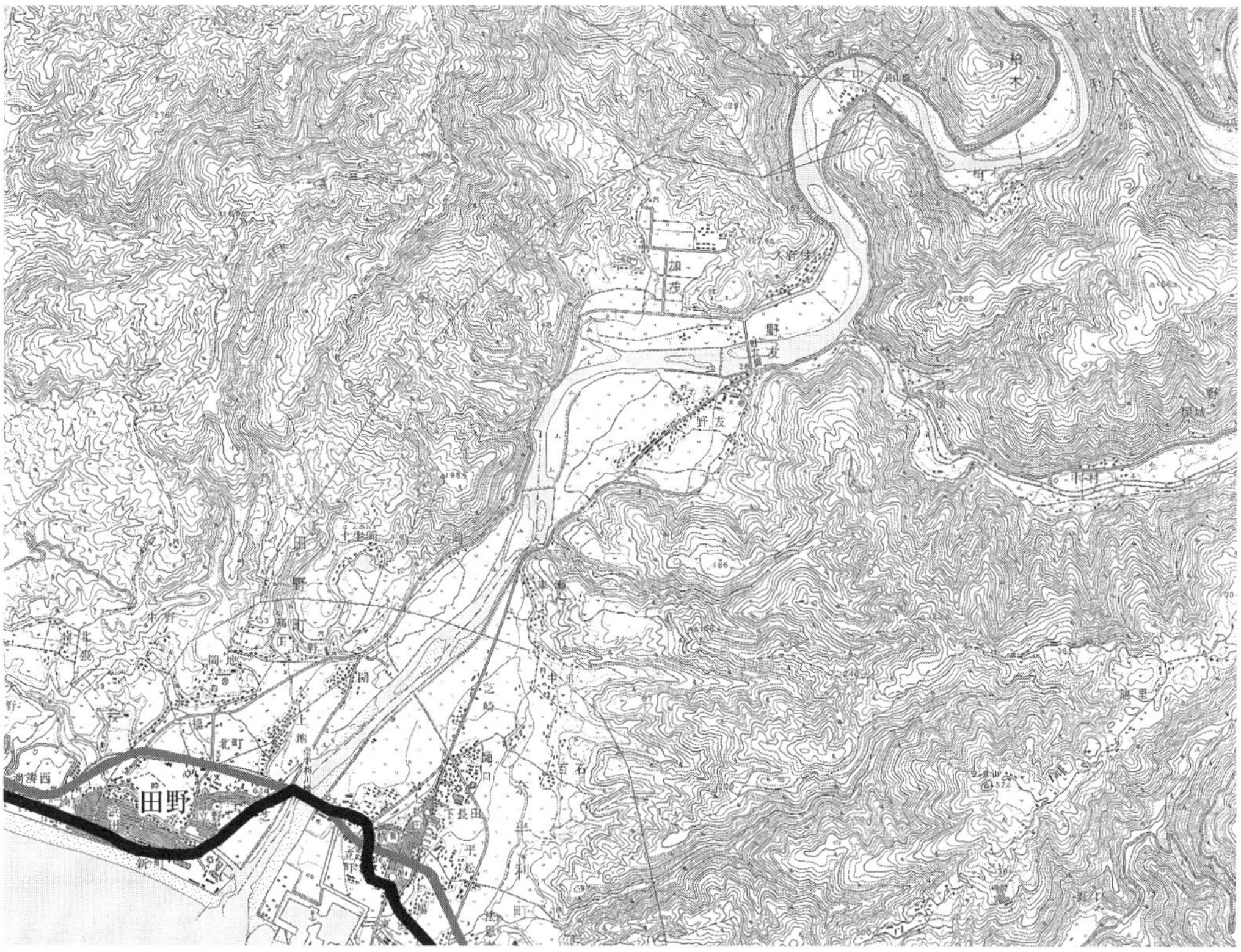

地図35　奈半利から田野

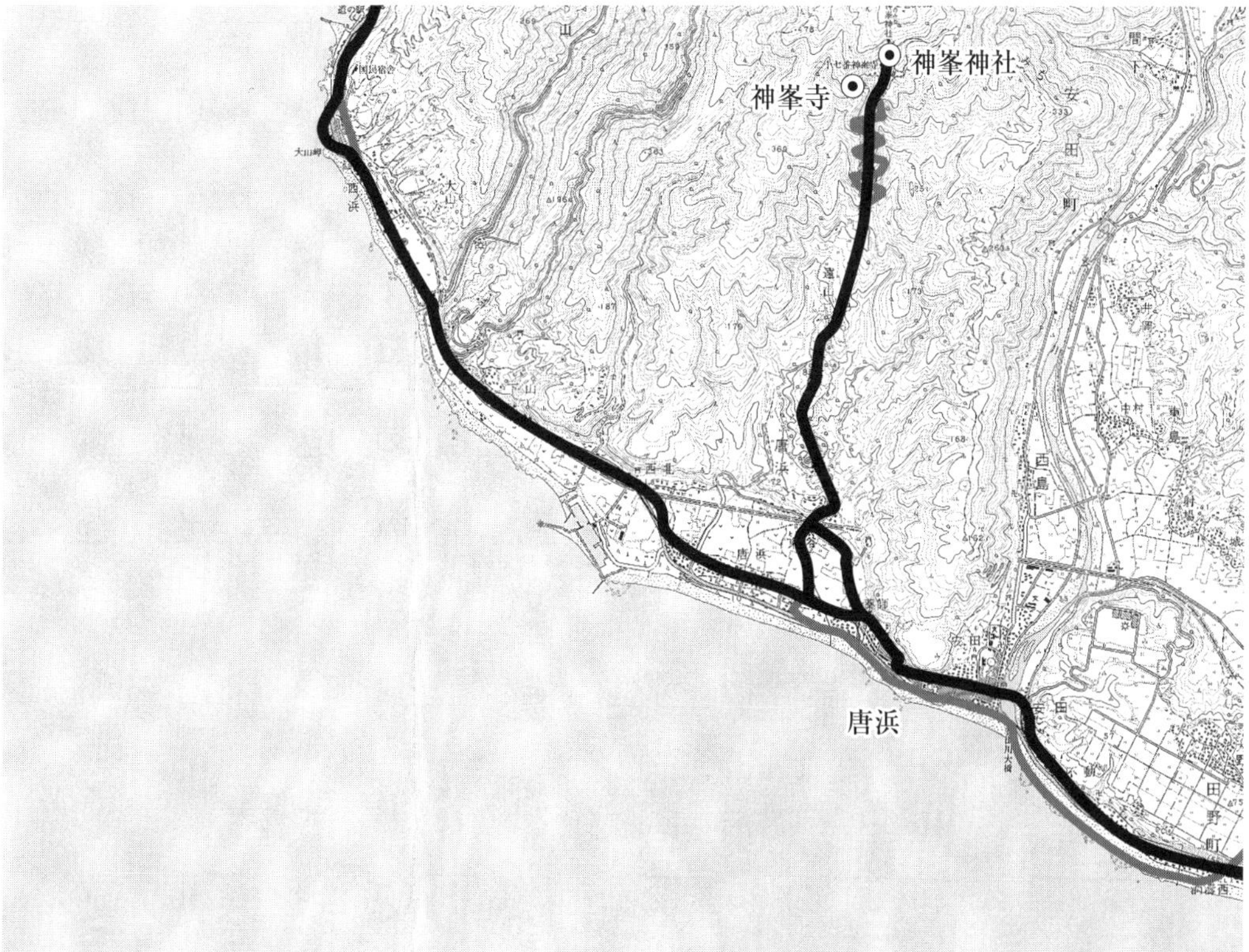

地図36　神峯から大山岬

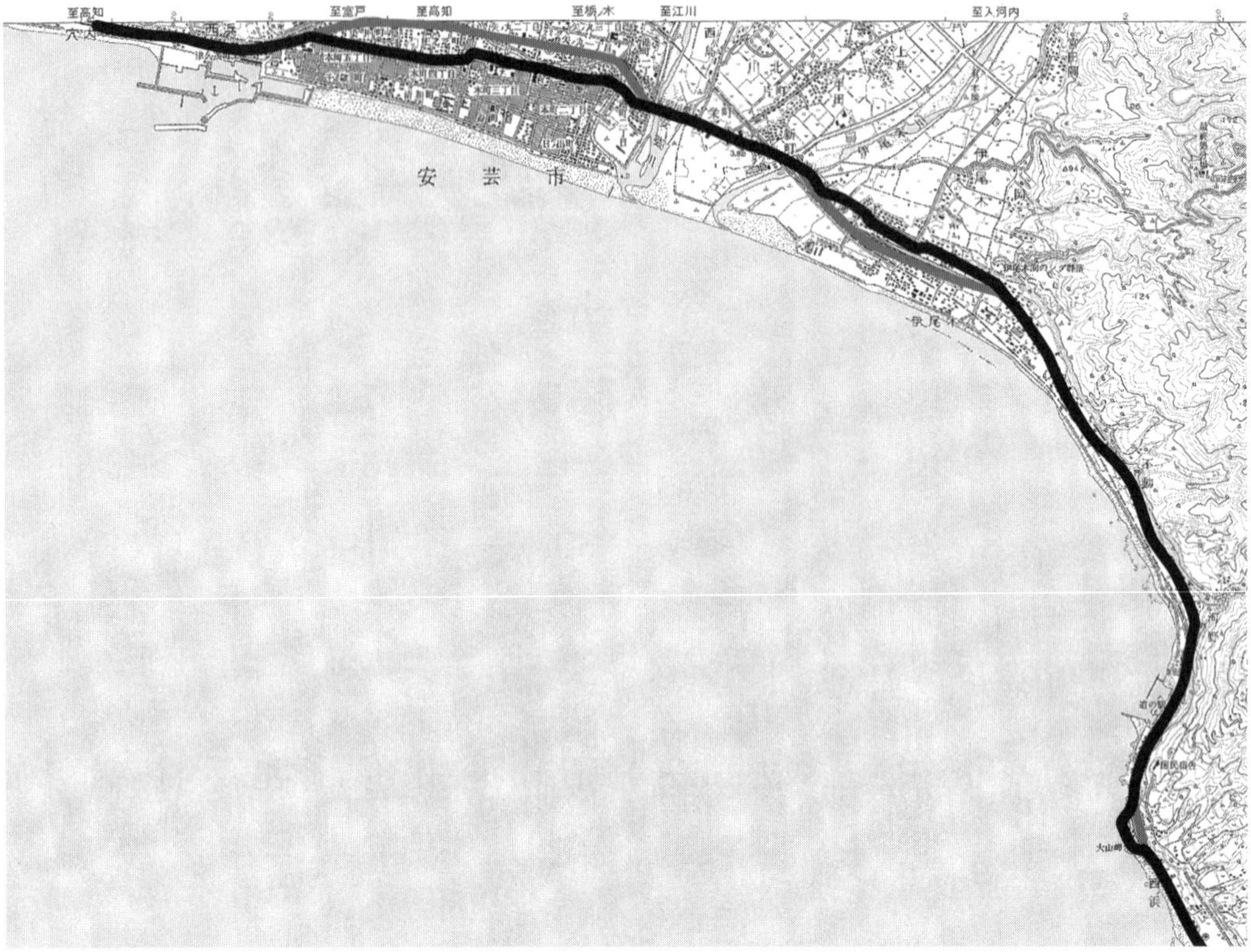

地図37　大山岬から安芸

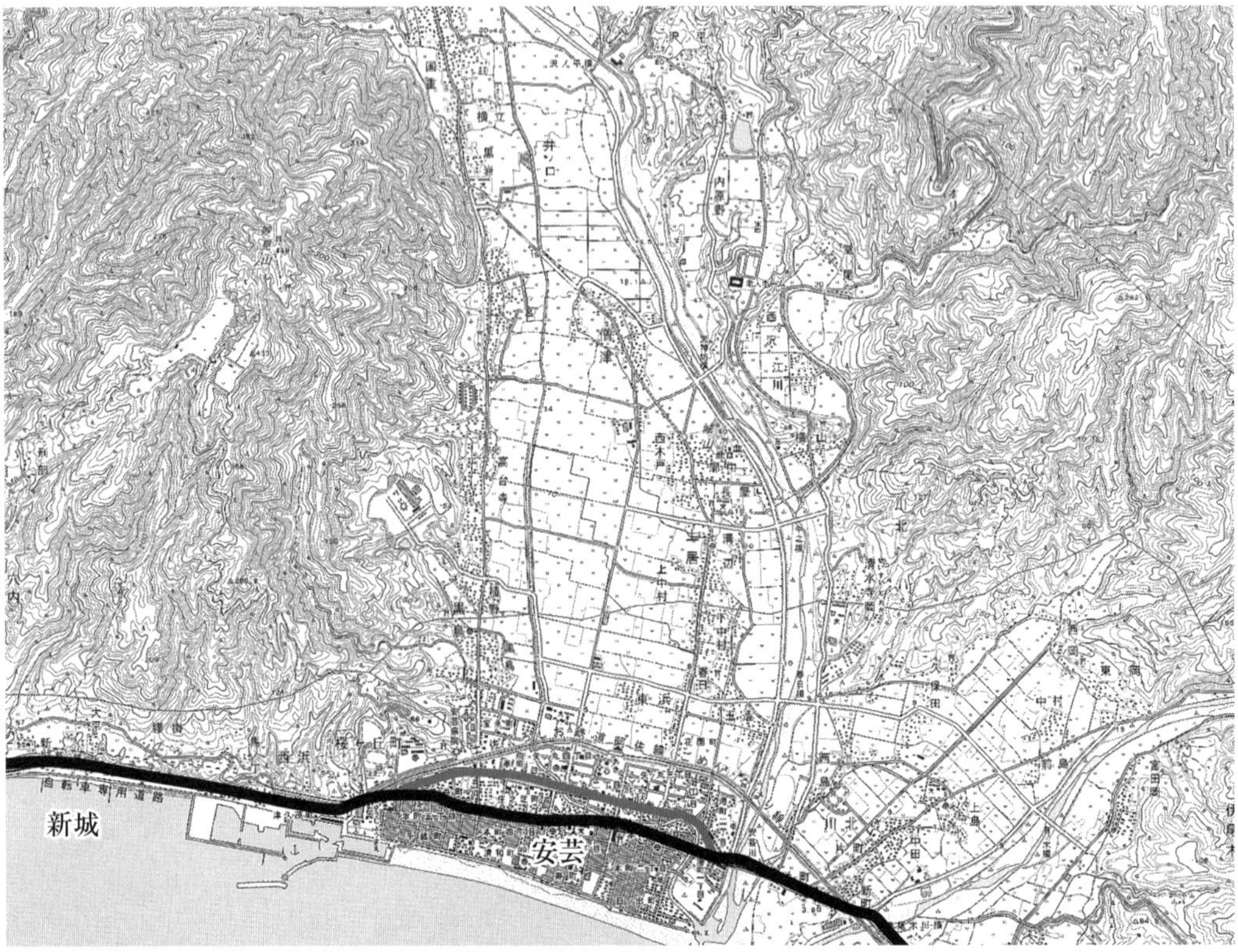

地図38　安芸市中心部

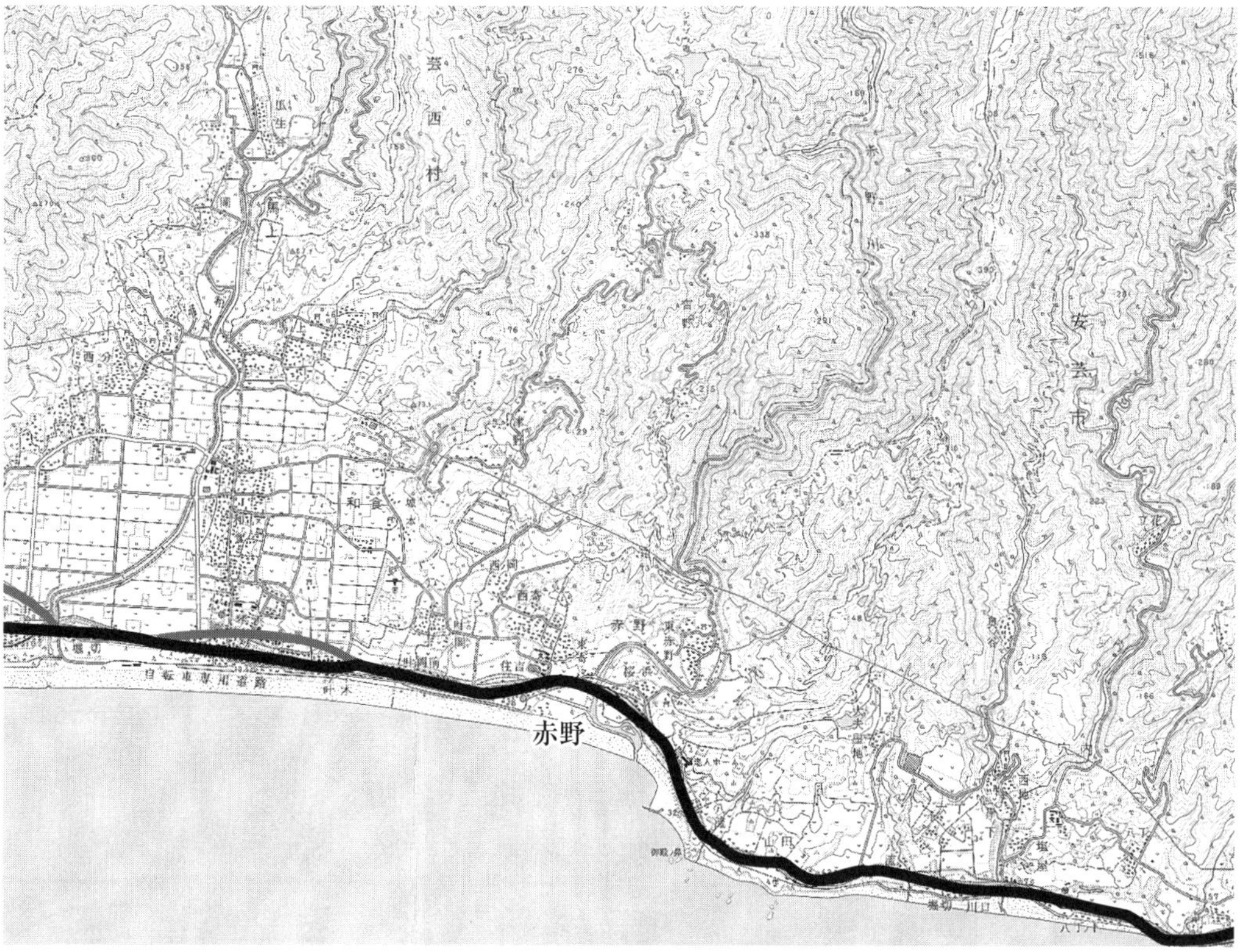

地図39　穴内から芸西

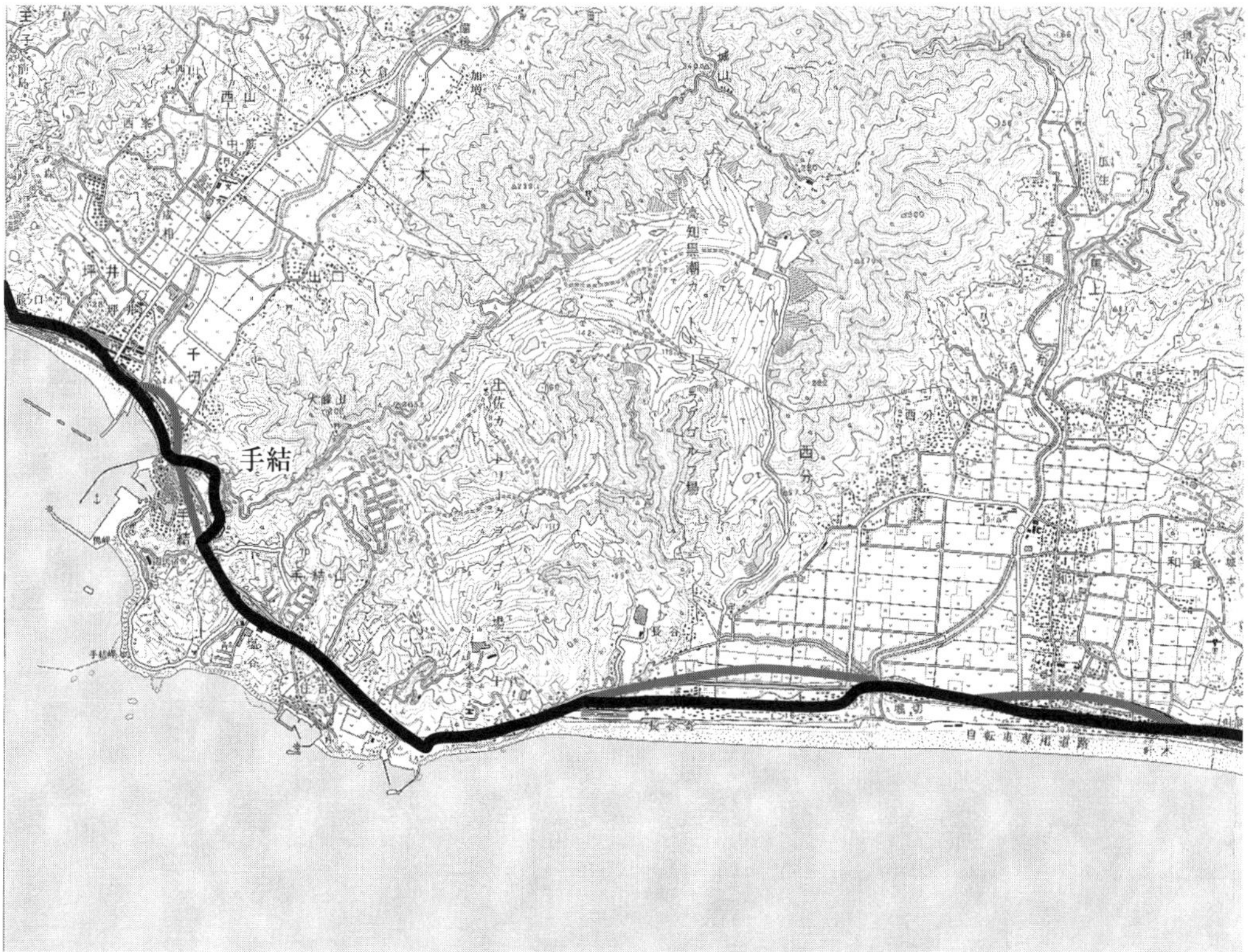

地図40　芸西から夜須

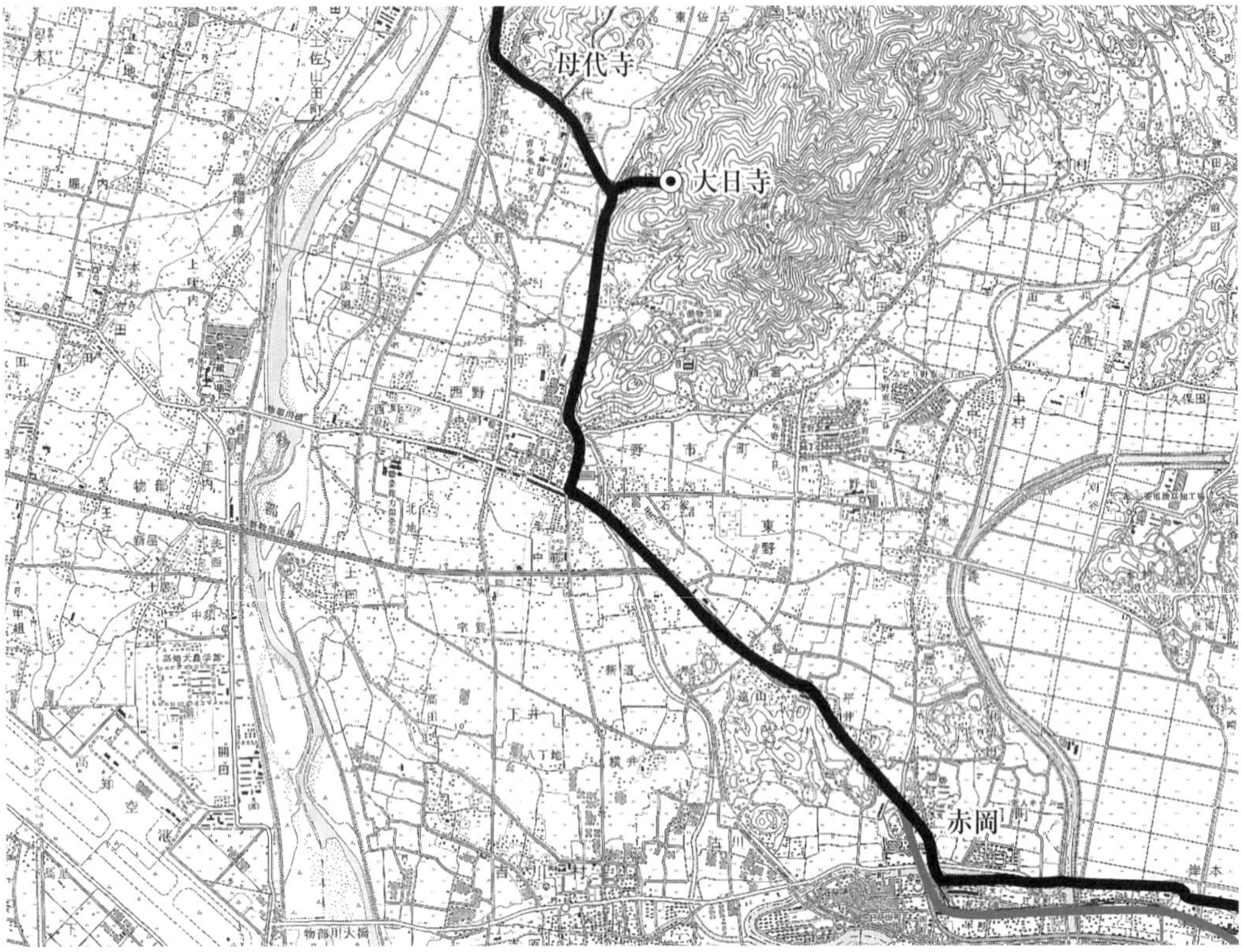

地図41　夜須から大日寺

地図42　大日寺から土佐長岡

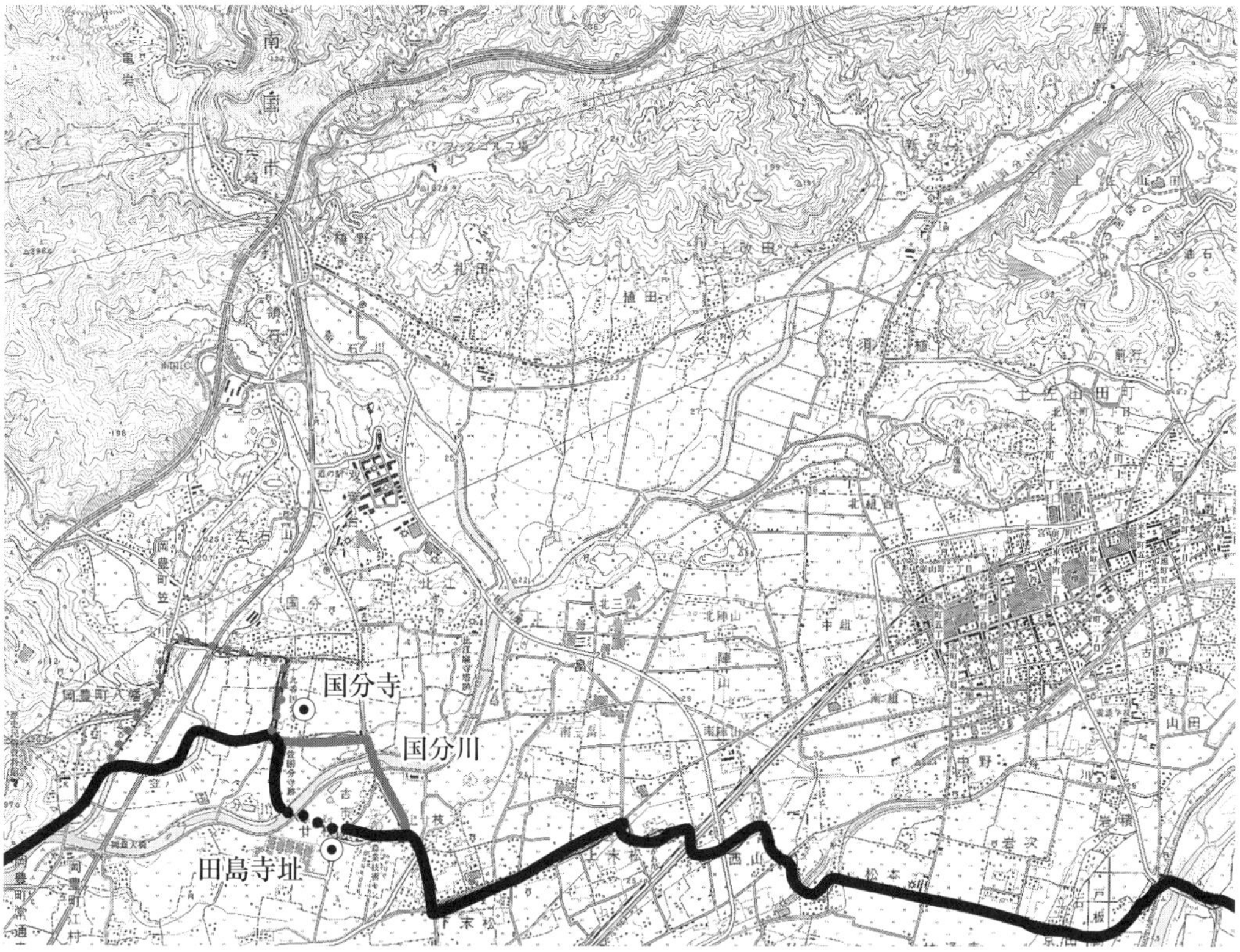

地図43　土佐長岡から土佐国分寺

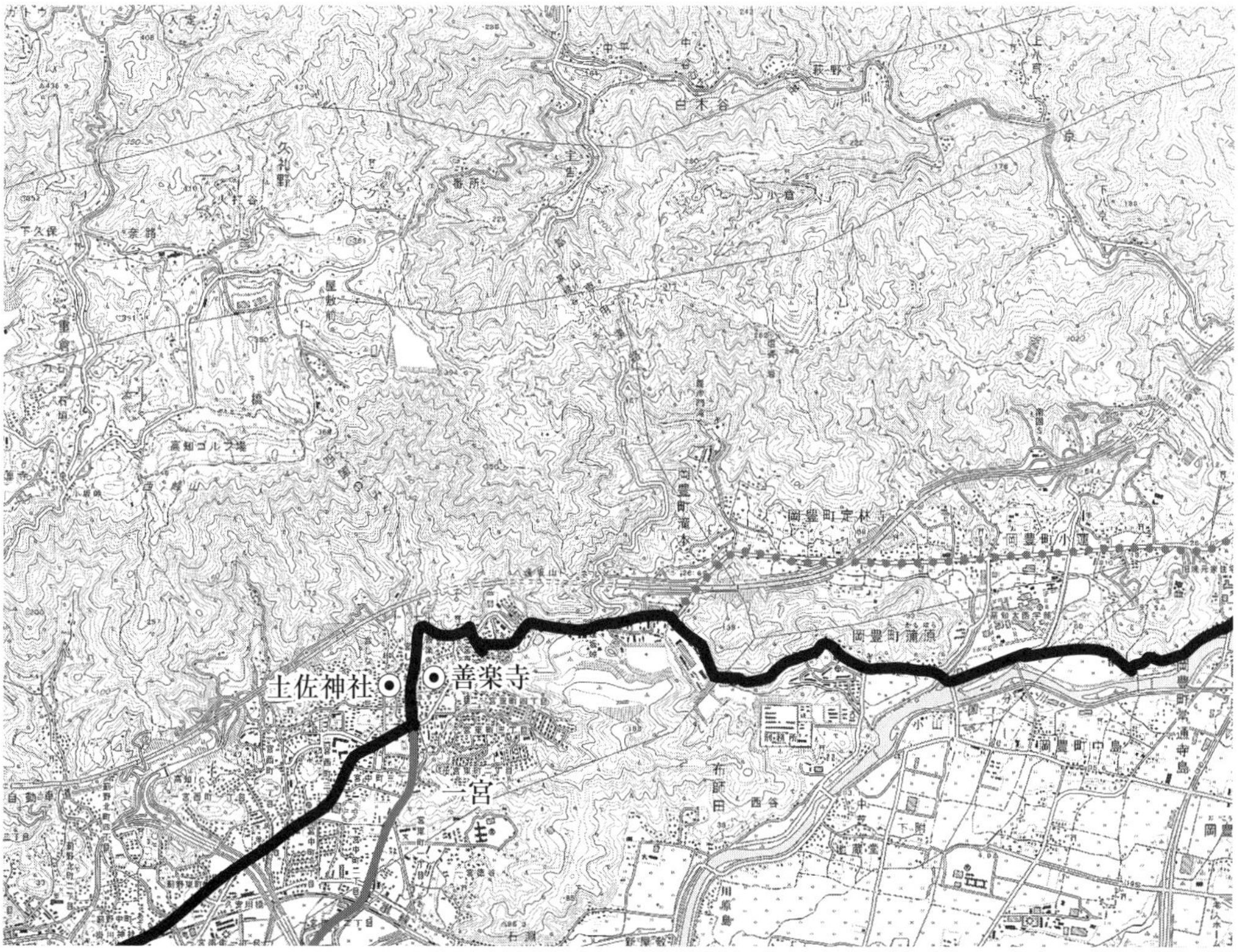

地図44　岡豊から土佐一宮

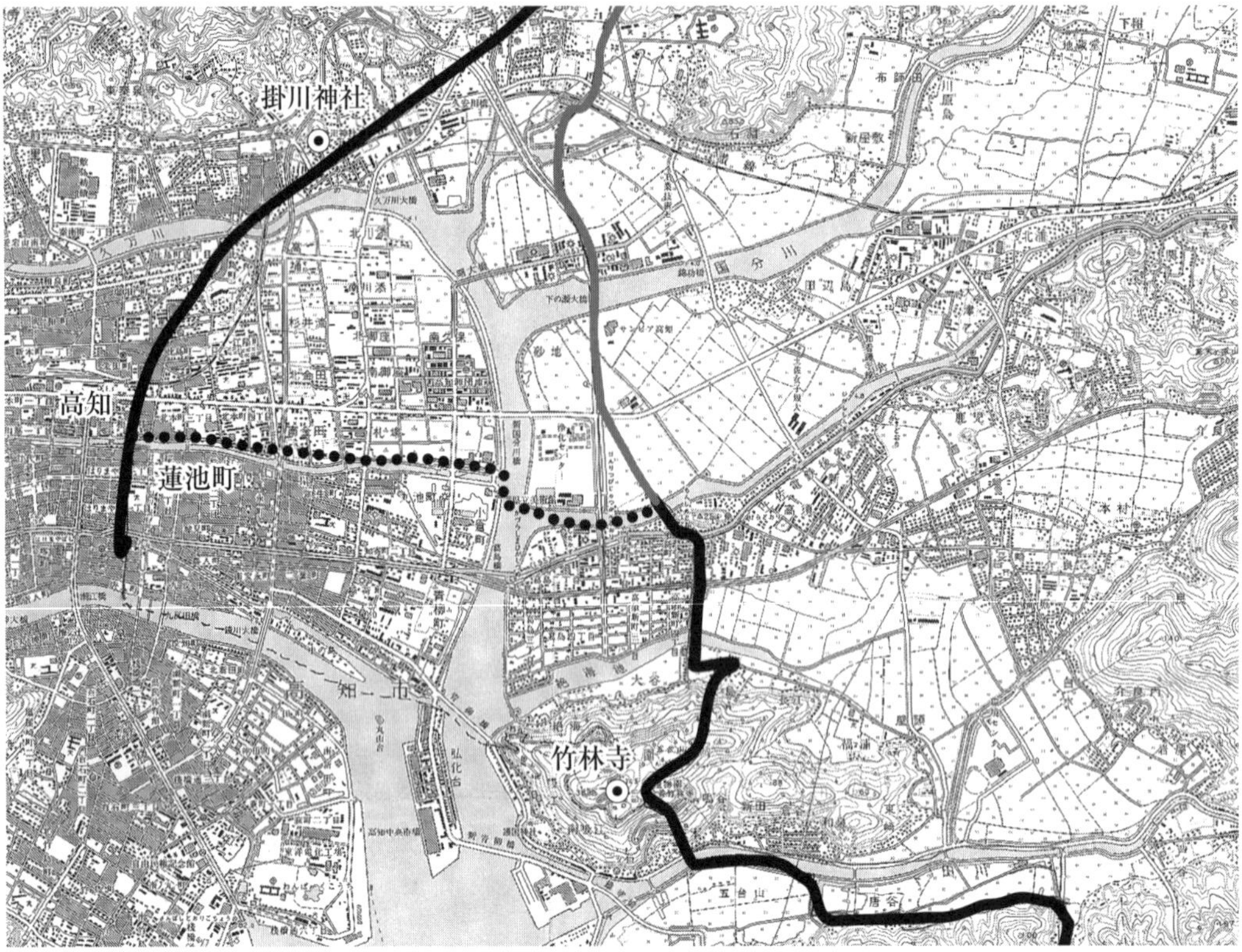

地図45　高知市中心部から五台山

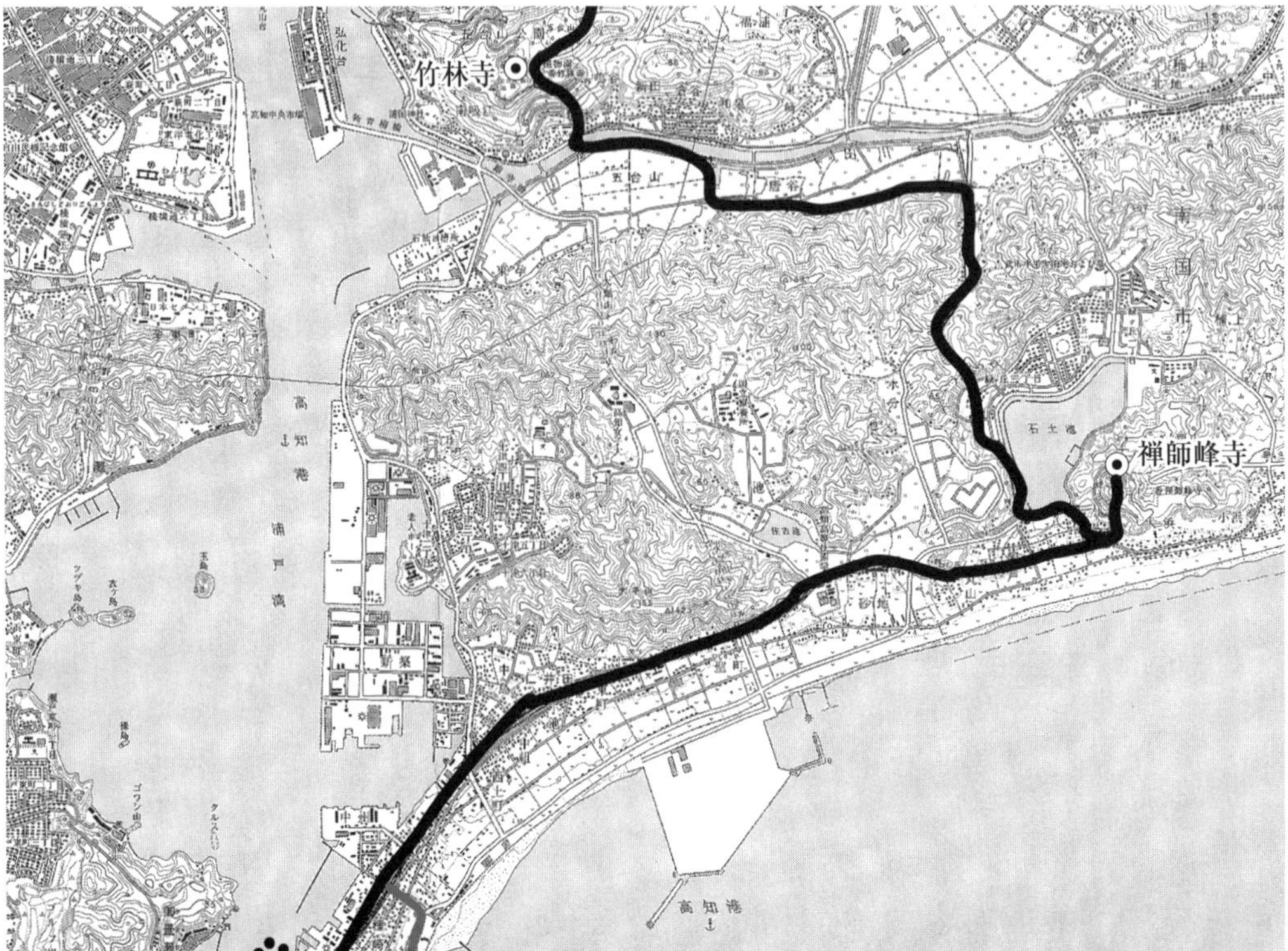

地図46　五台山から禅師峰寺

地図47　浦戸から春野

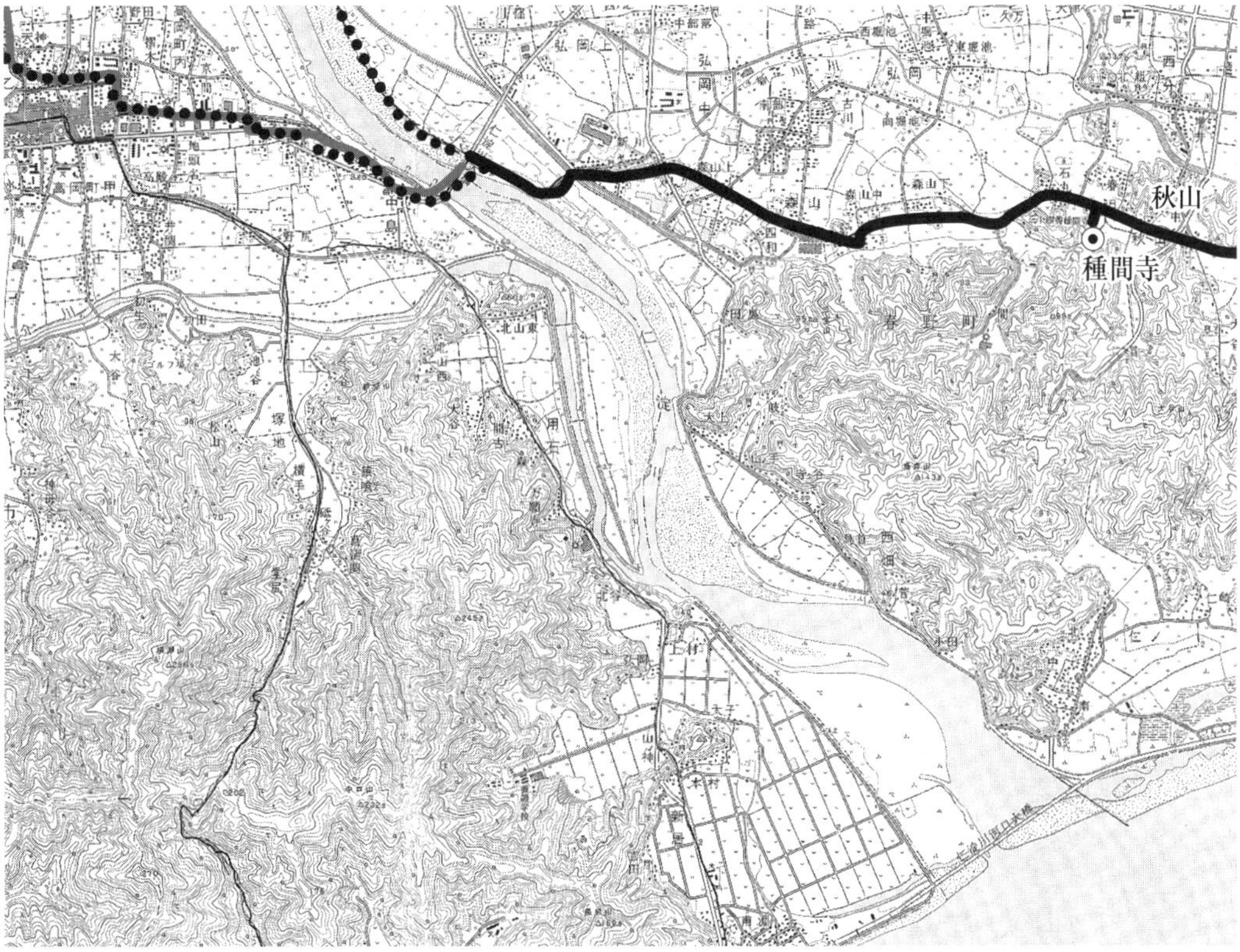

地図48　春野から土佐市

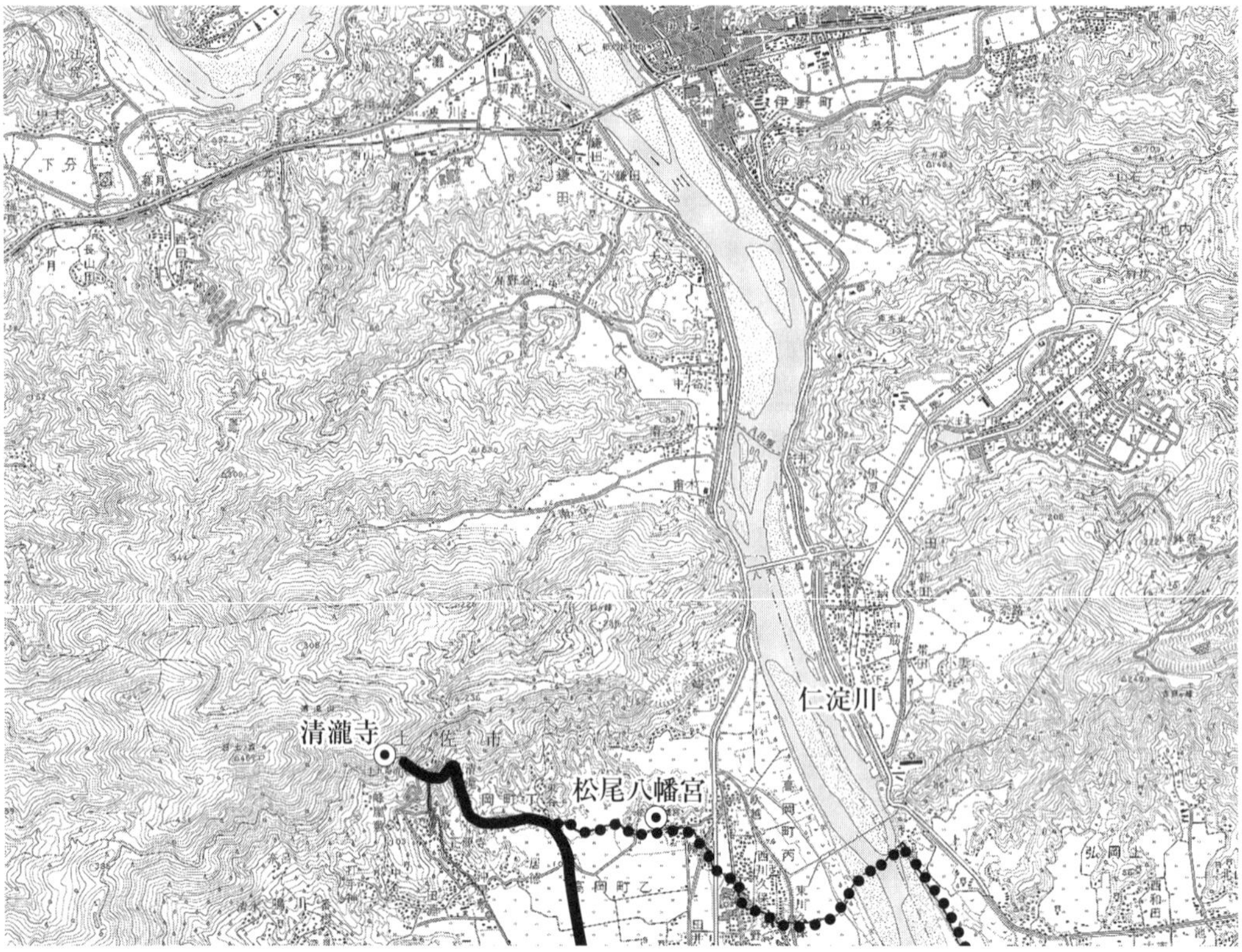

地図49　清滝寺

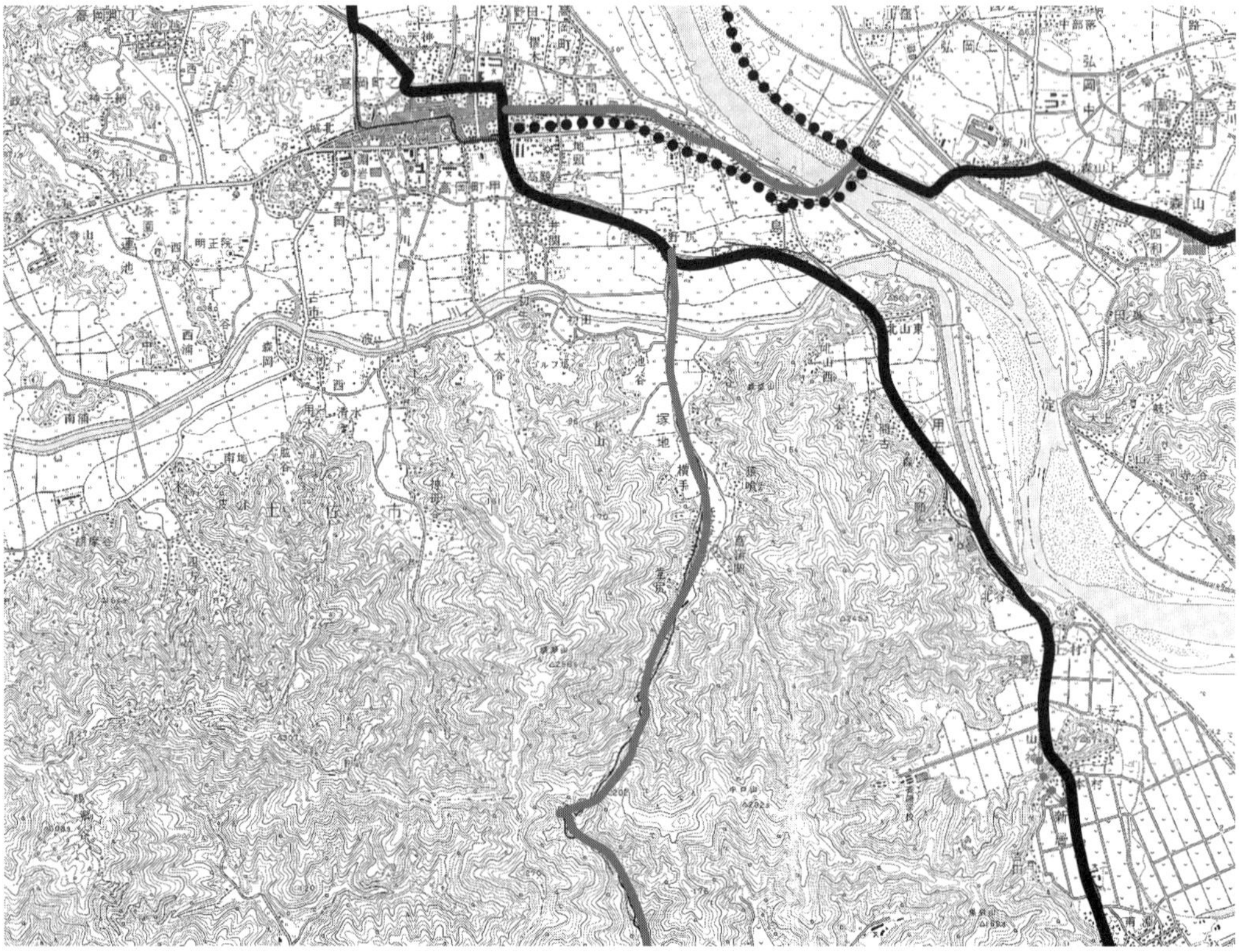

地図50　土佐高岡から塚地峠

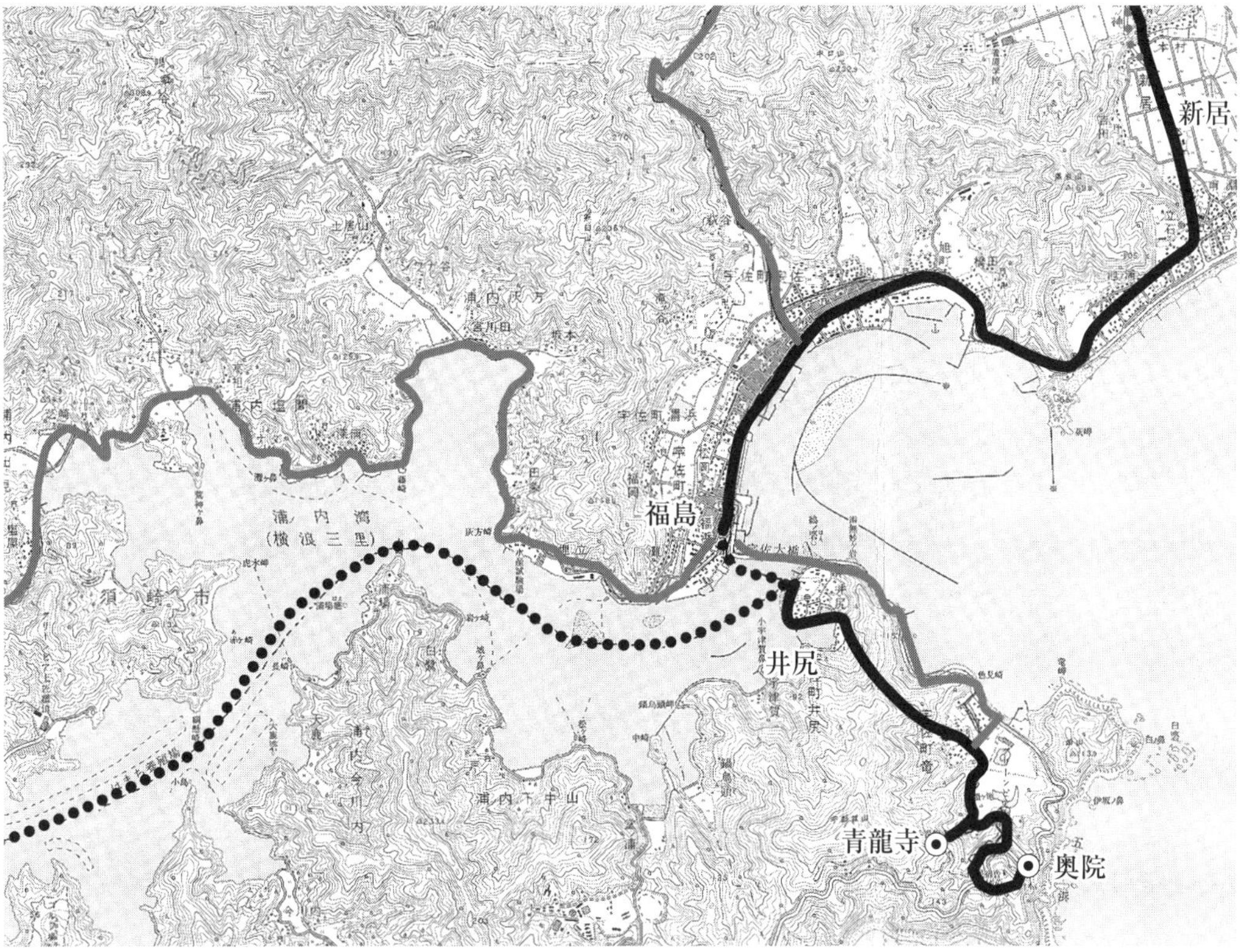

地図51　塚地峠から青龍寺

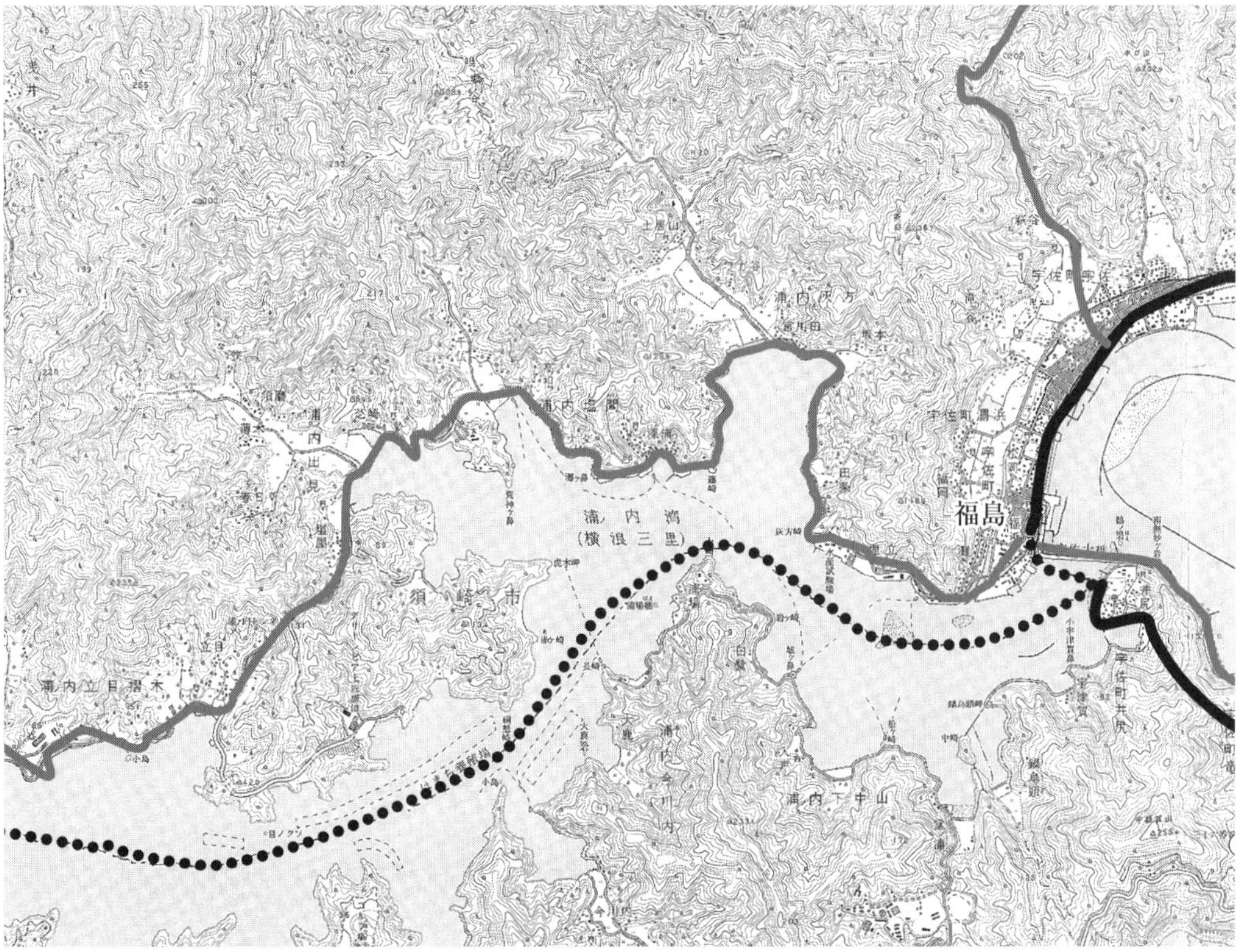

地図52　横浪三里

地図53　浦ノ内

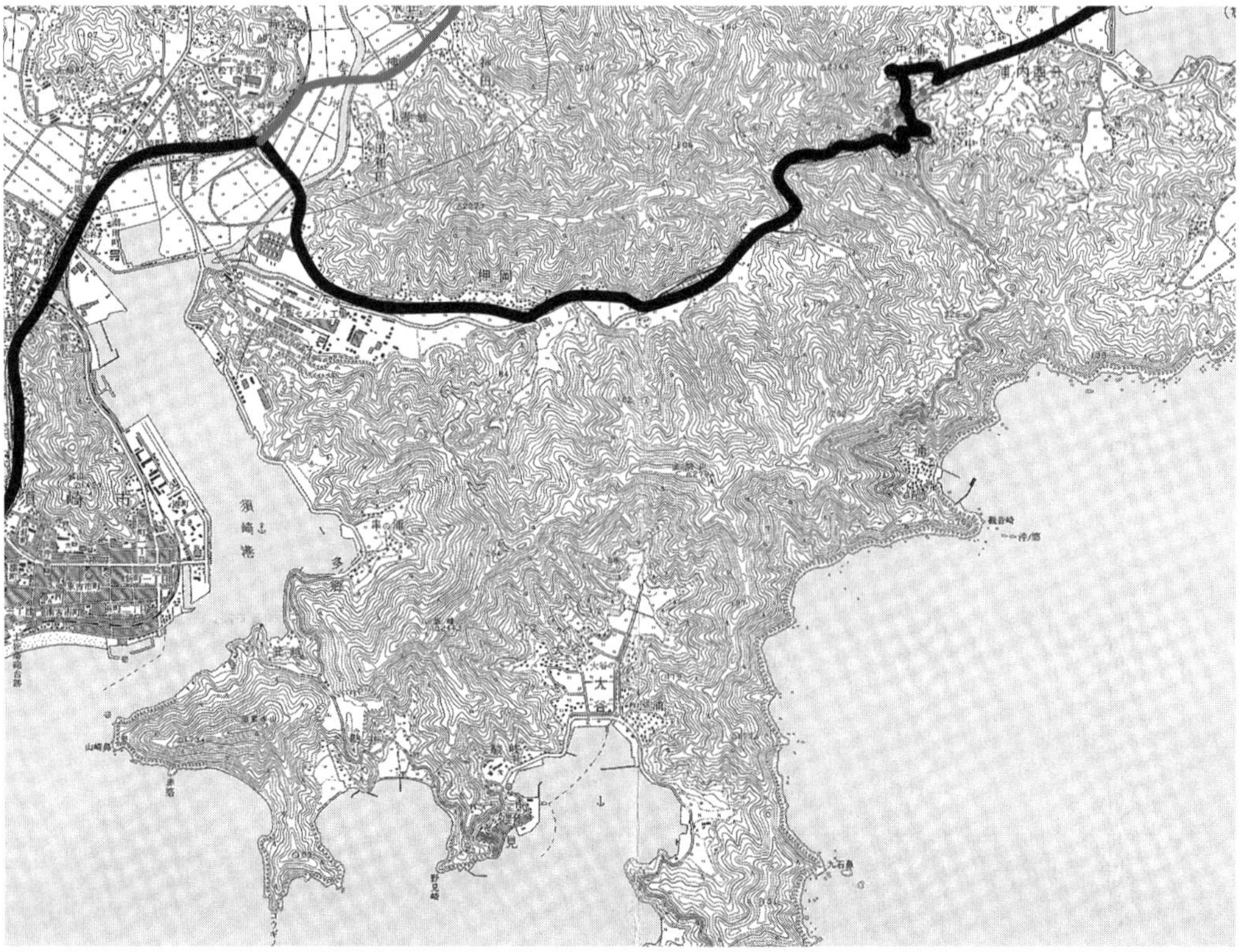

地図54　浦ノ内から須崎

地図55　須崎から土佐安和

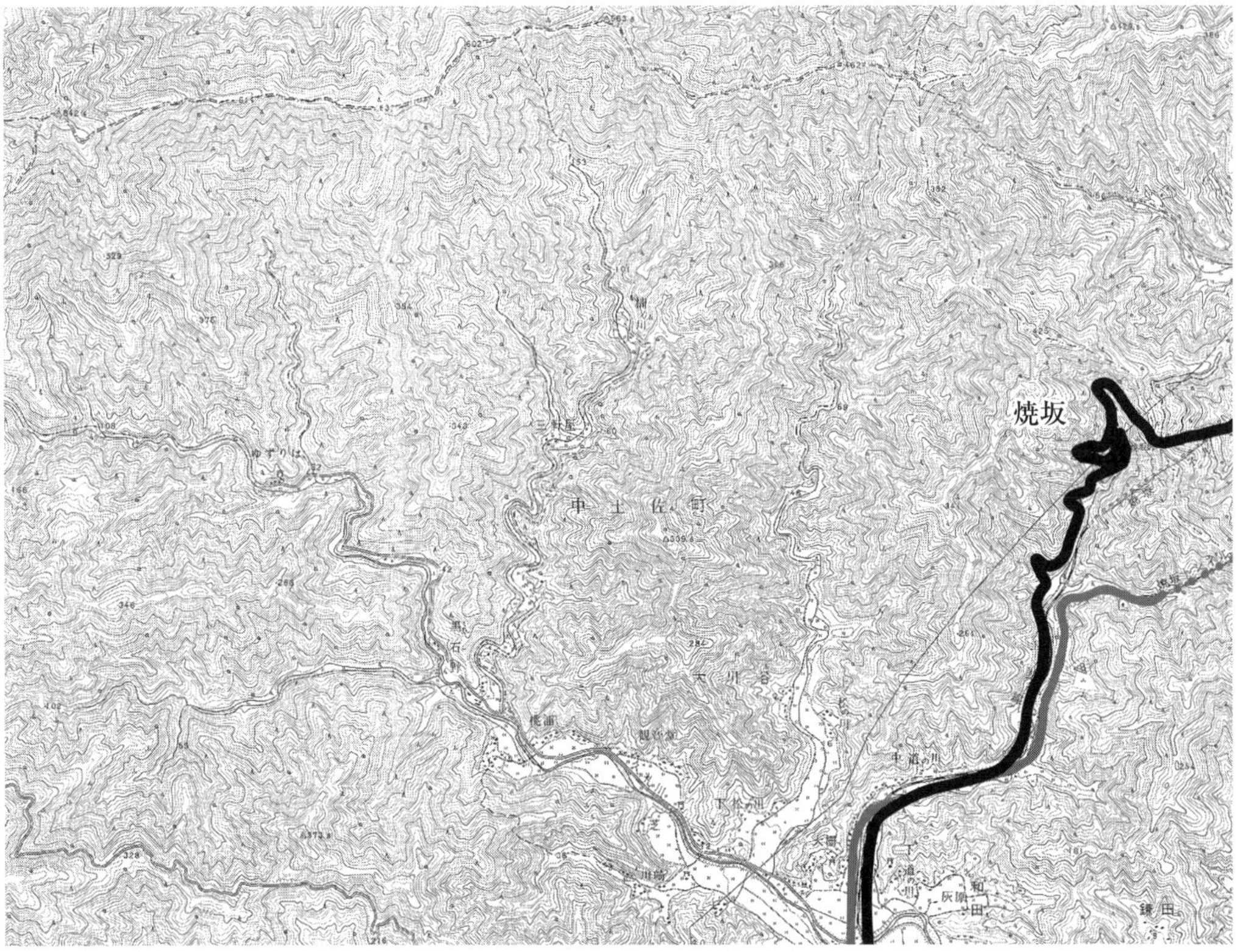

地図56　焼坂峠

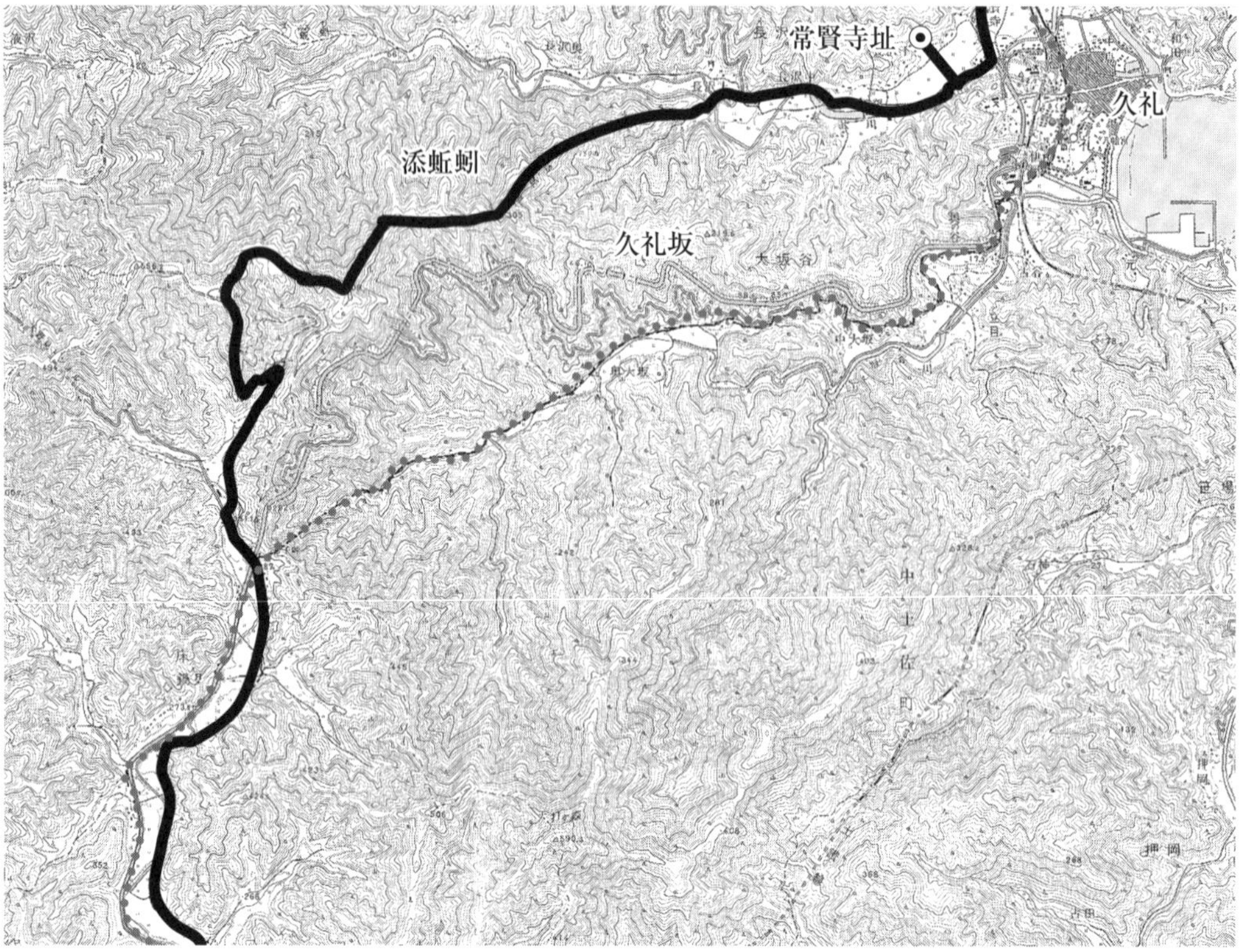

地図57　土佐久礼から七子峠

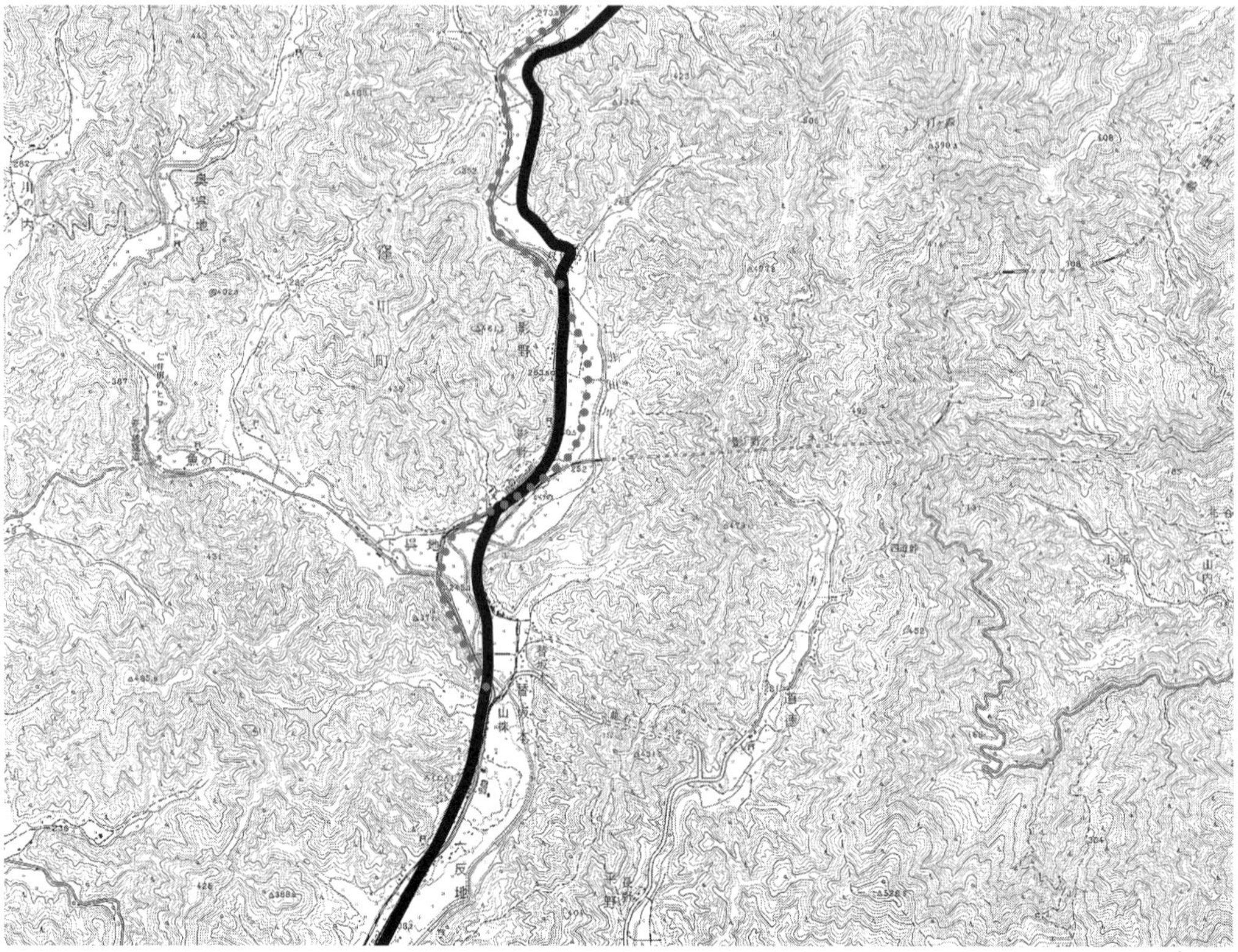

地図58　影野

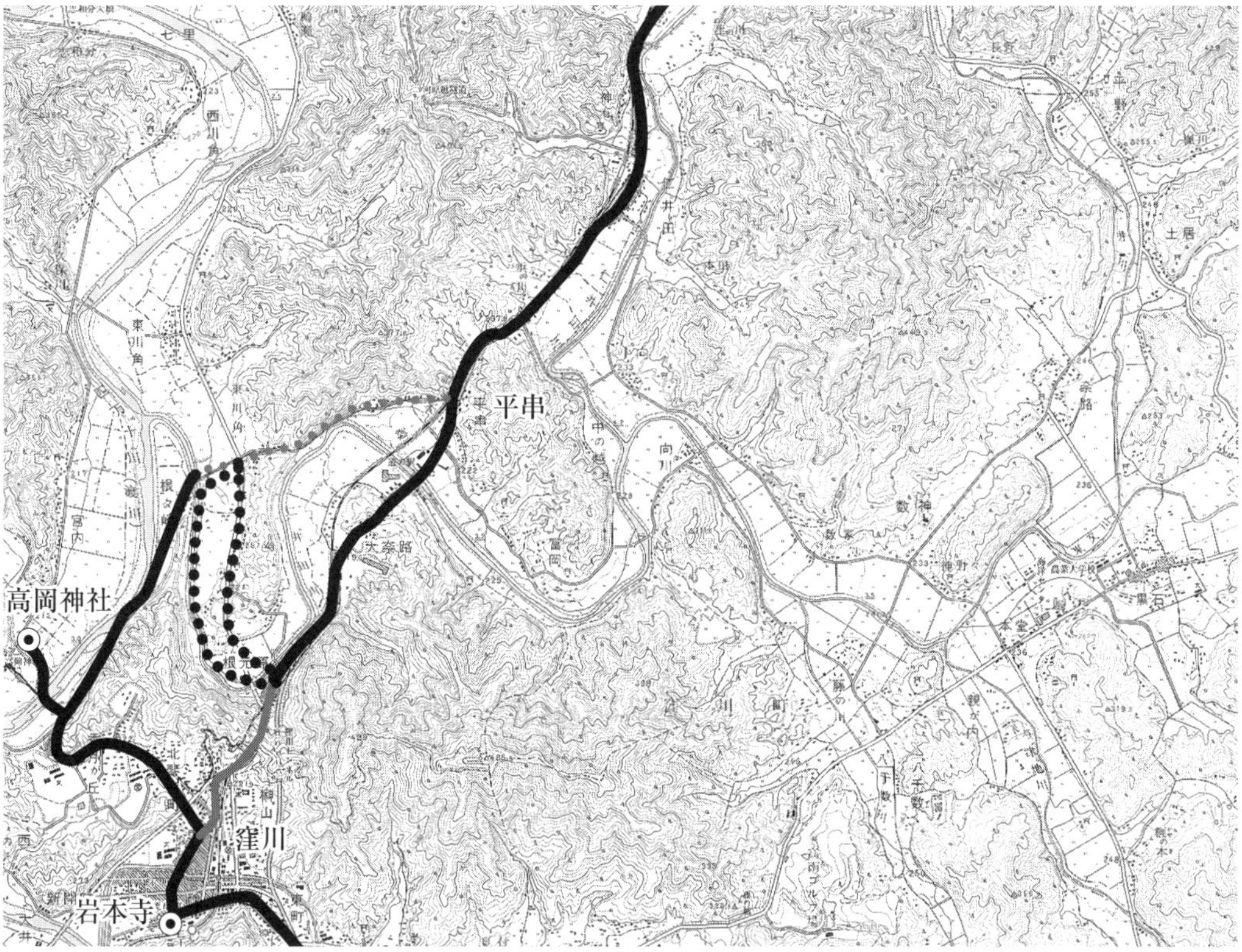

地図59　仁井田から窪川

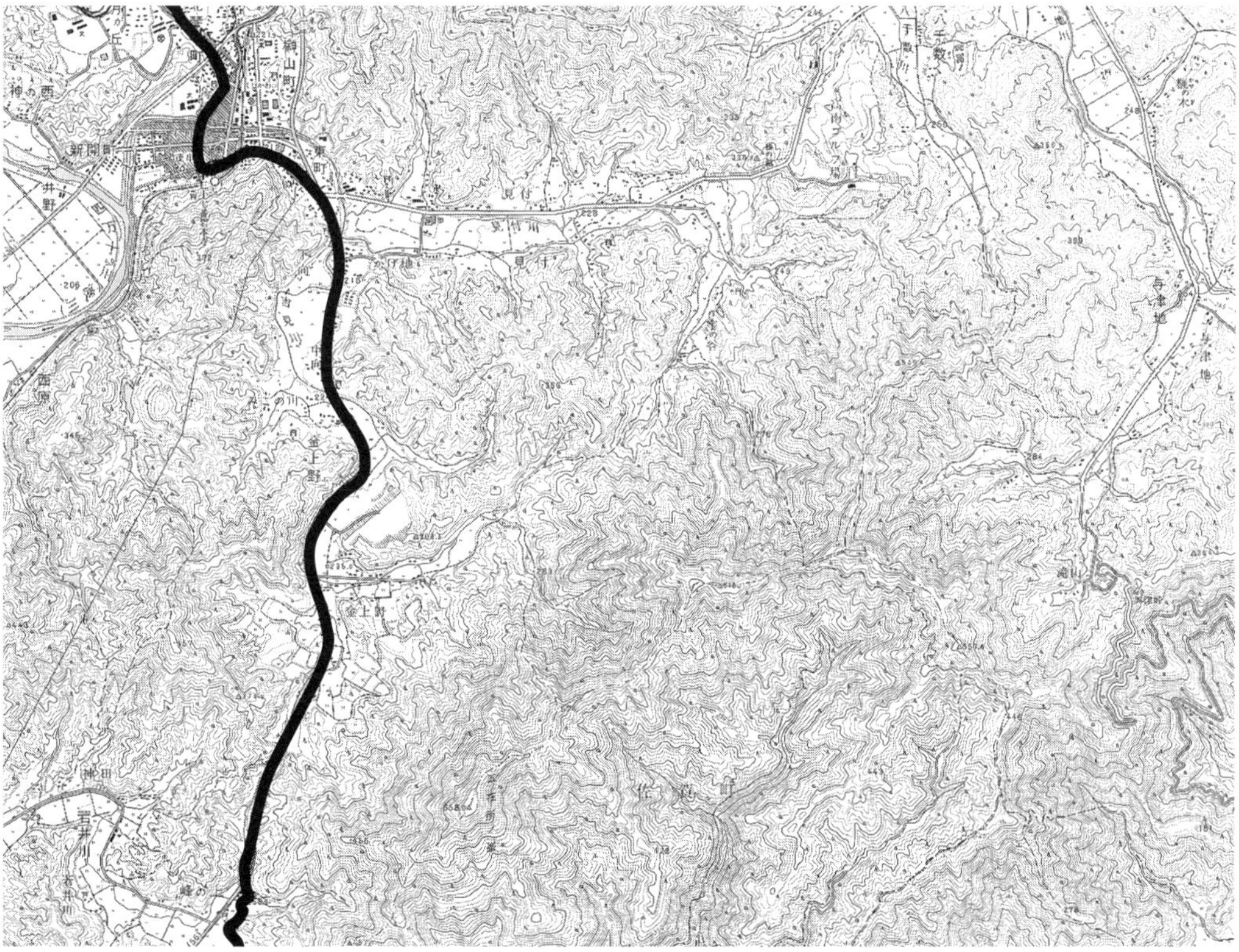

地図60　窪川から片坂

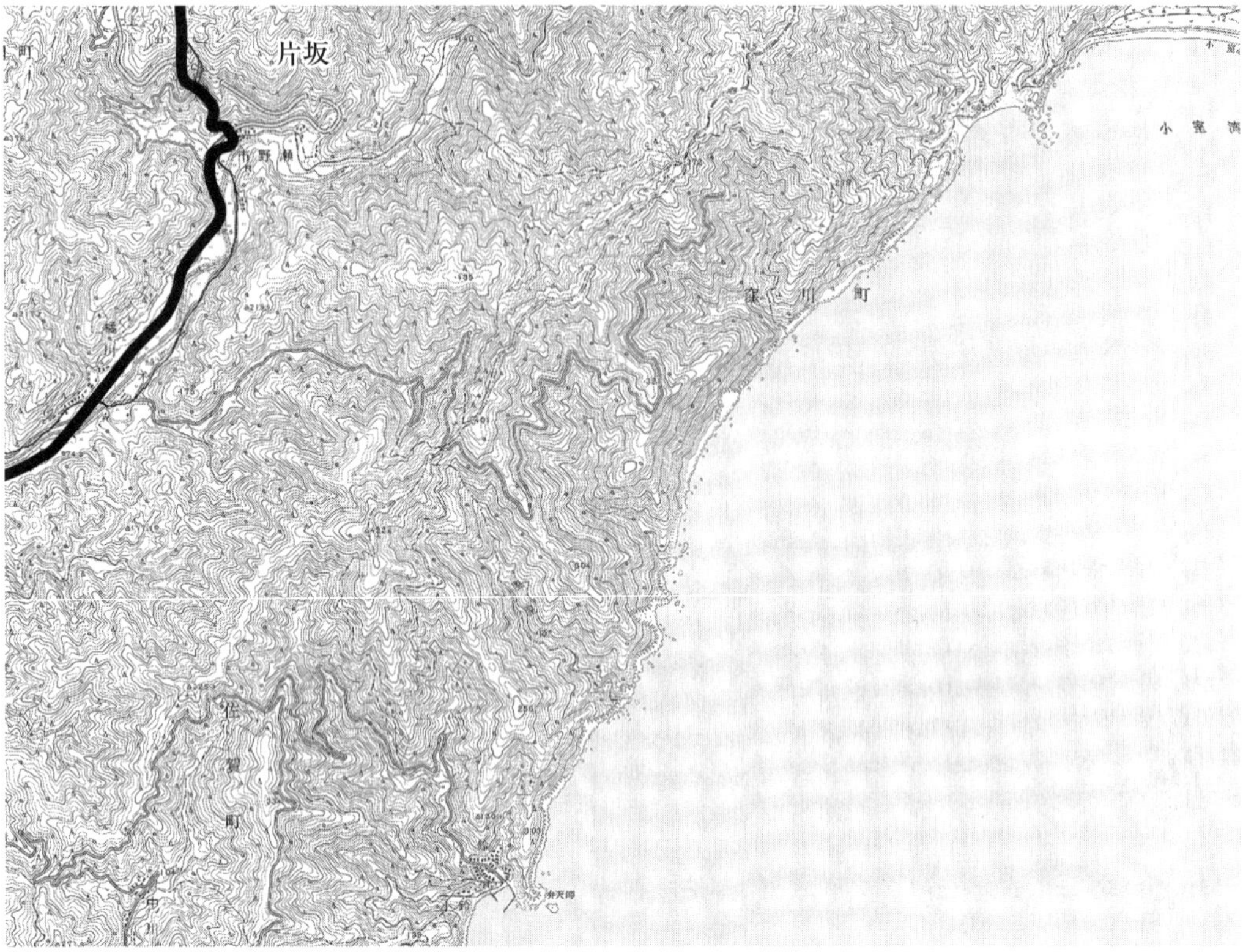

地図61　片坂から拳ノ川

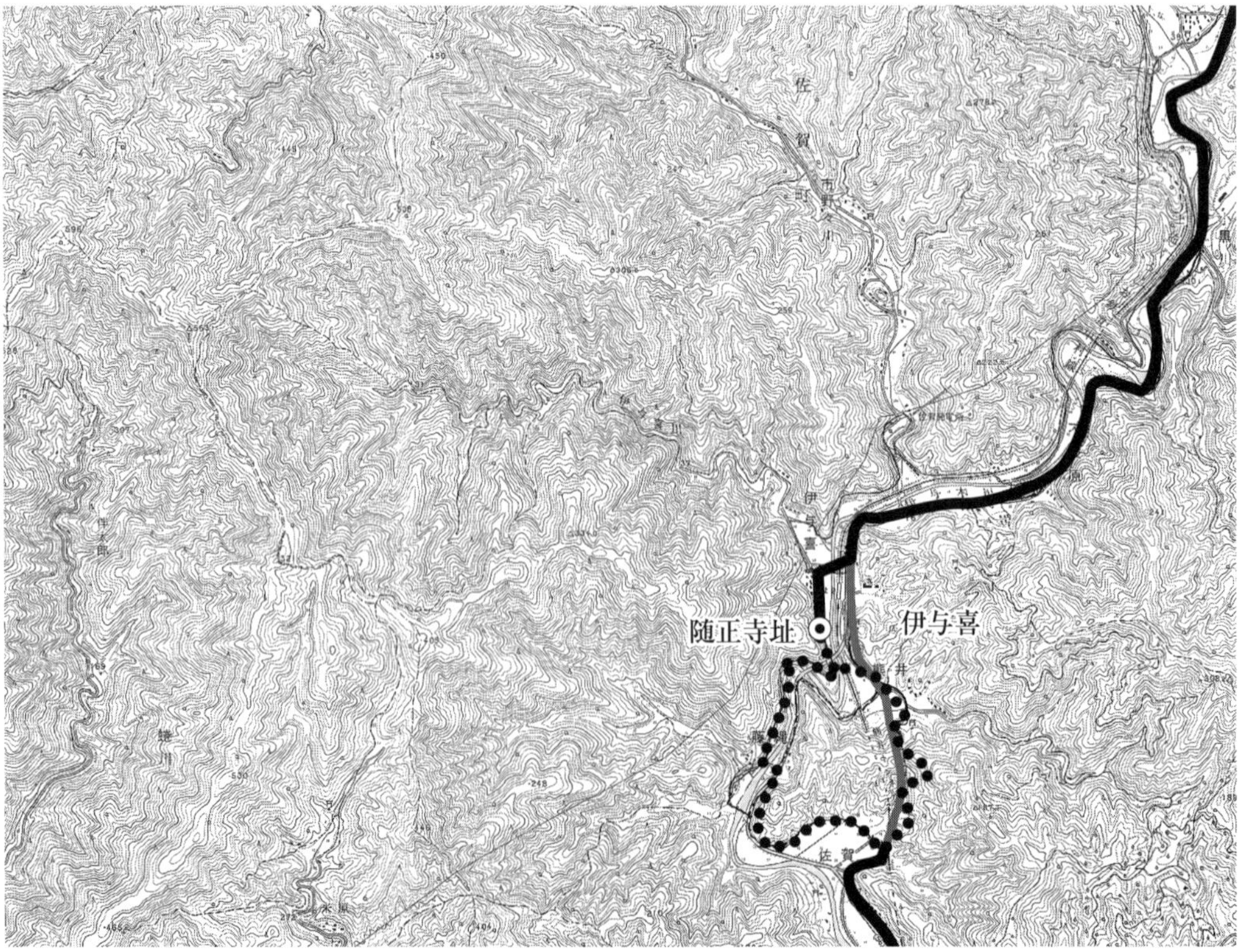

地図62　伊与喜

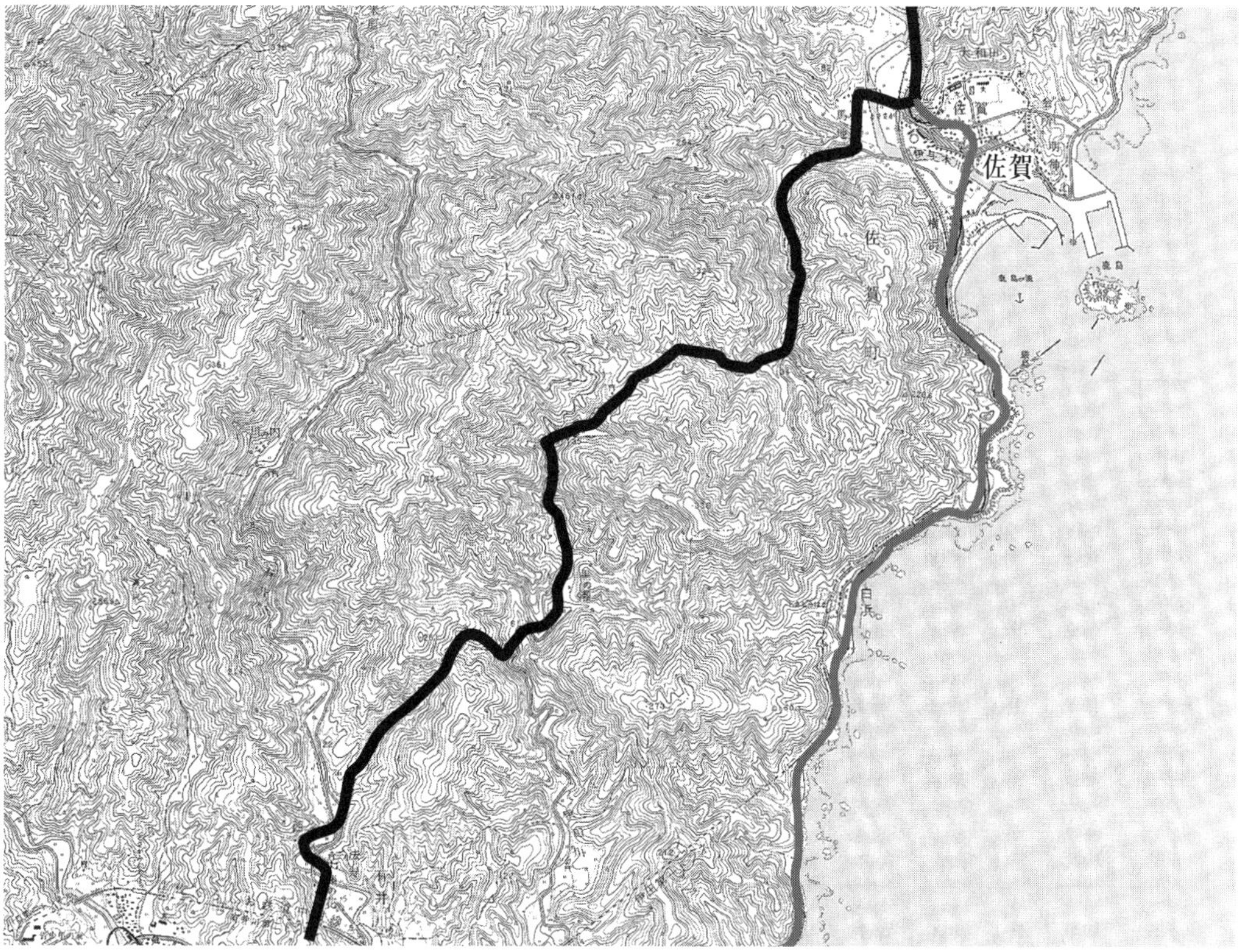

地図63　土佐佐賀から白浜

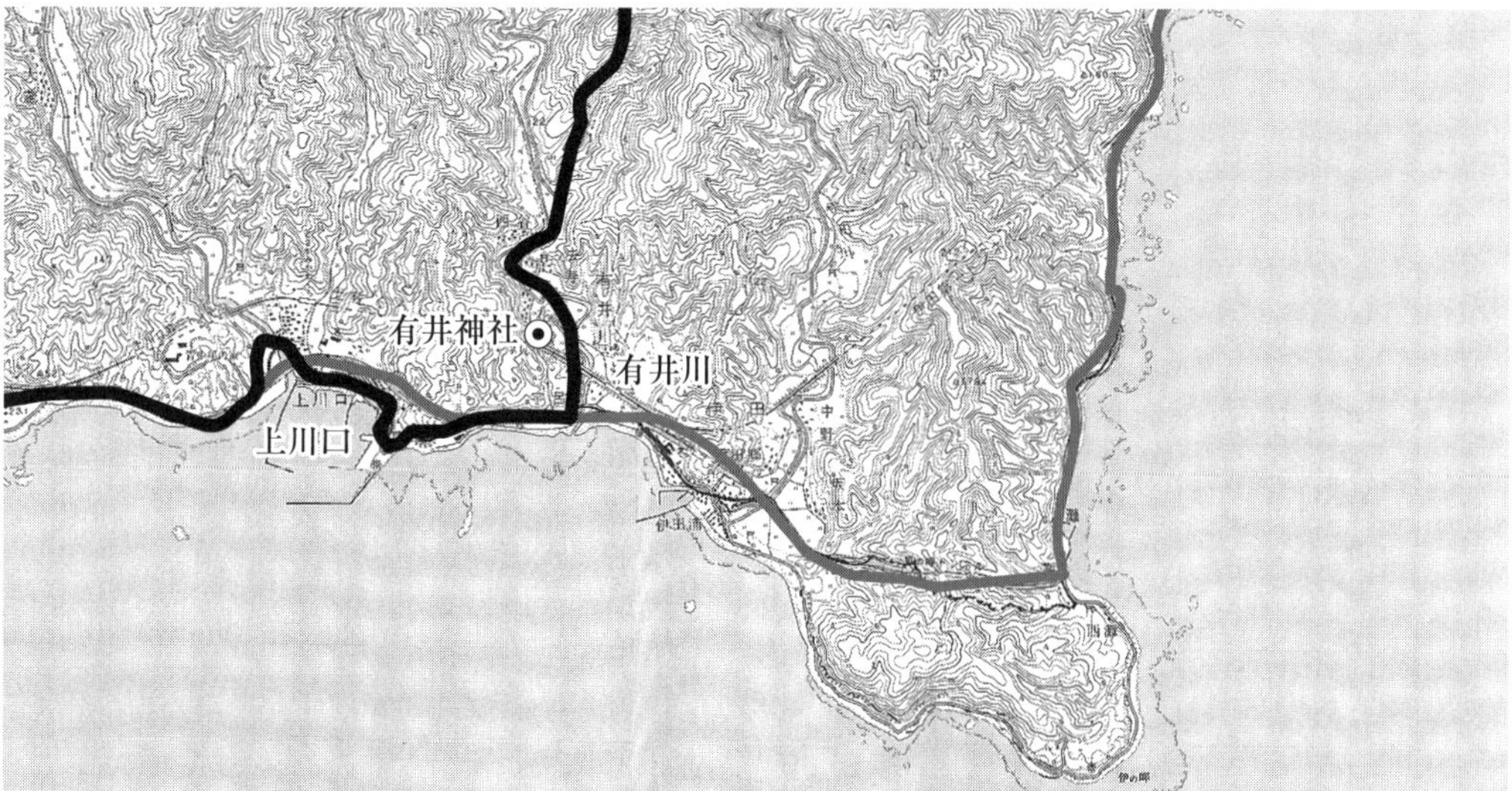

地図64　井の岬から上川口

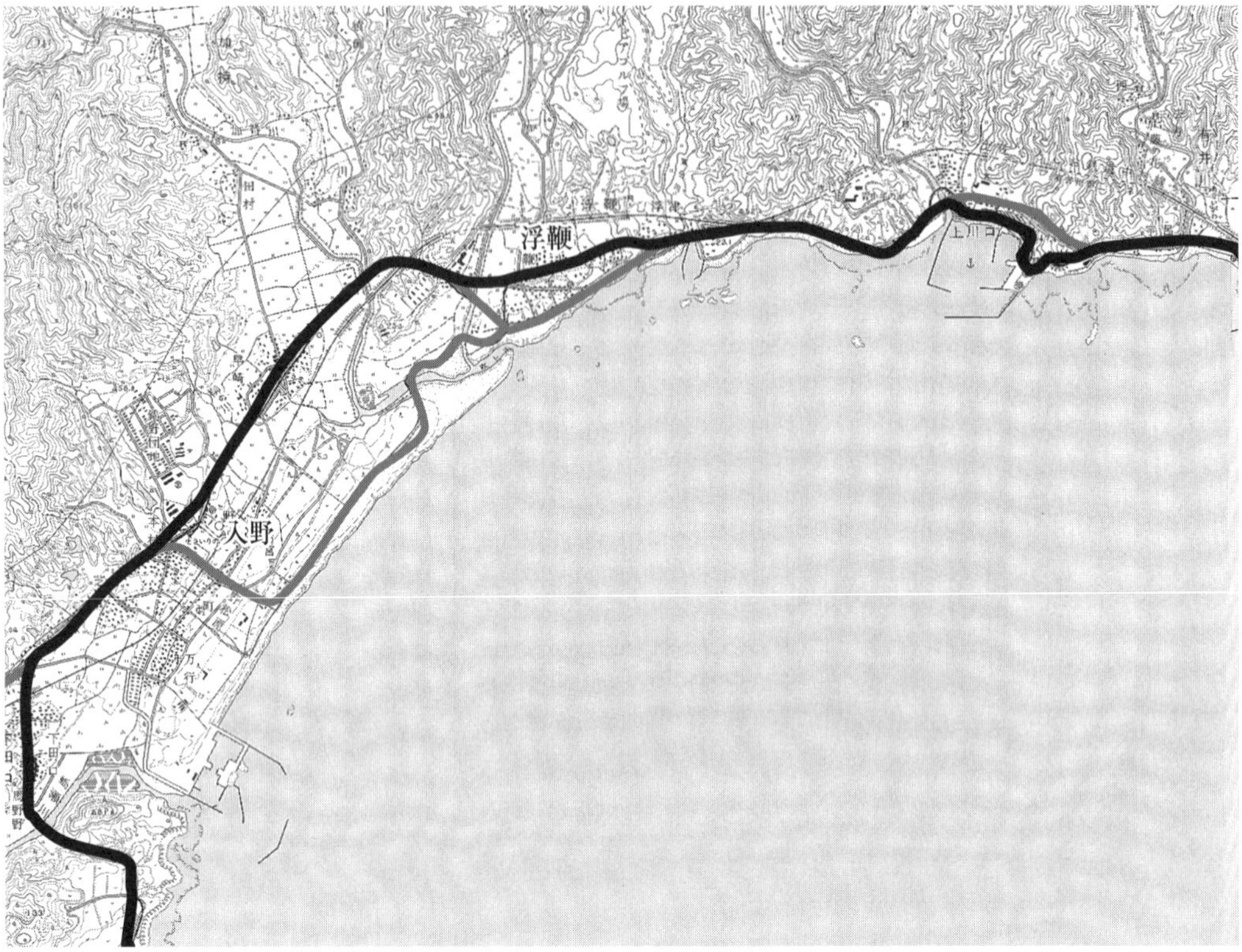

地図65　上川口から入野

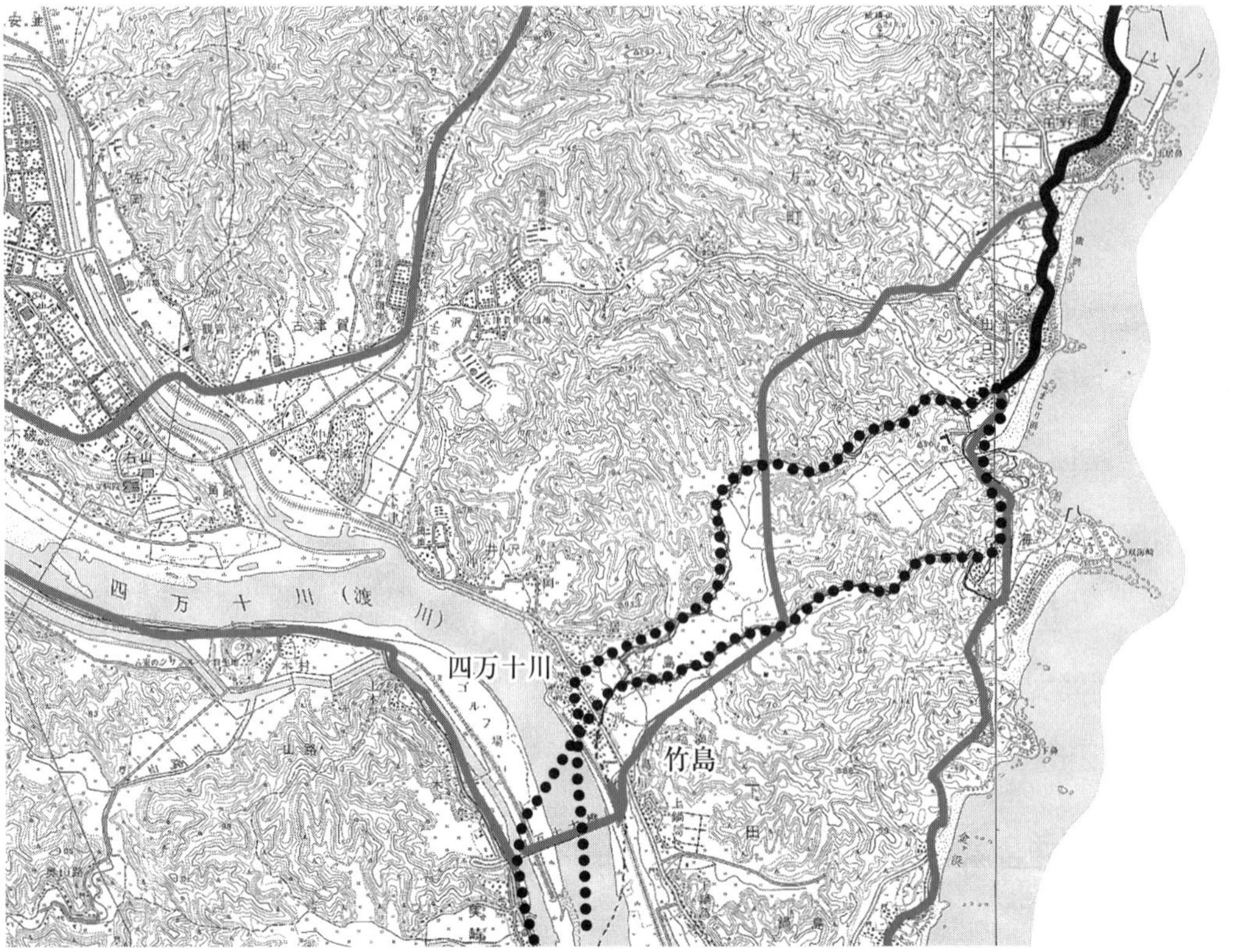

地図66　入野から竹島

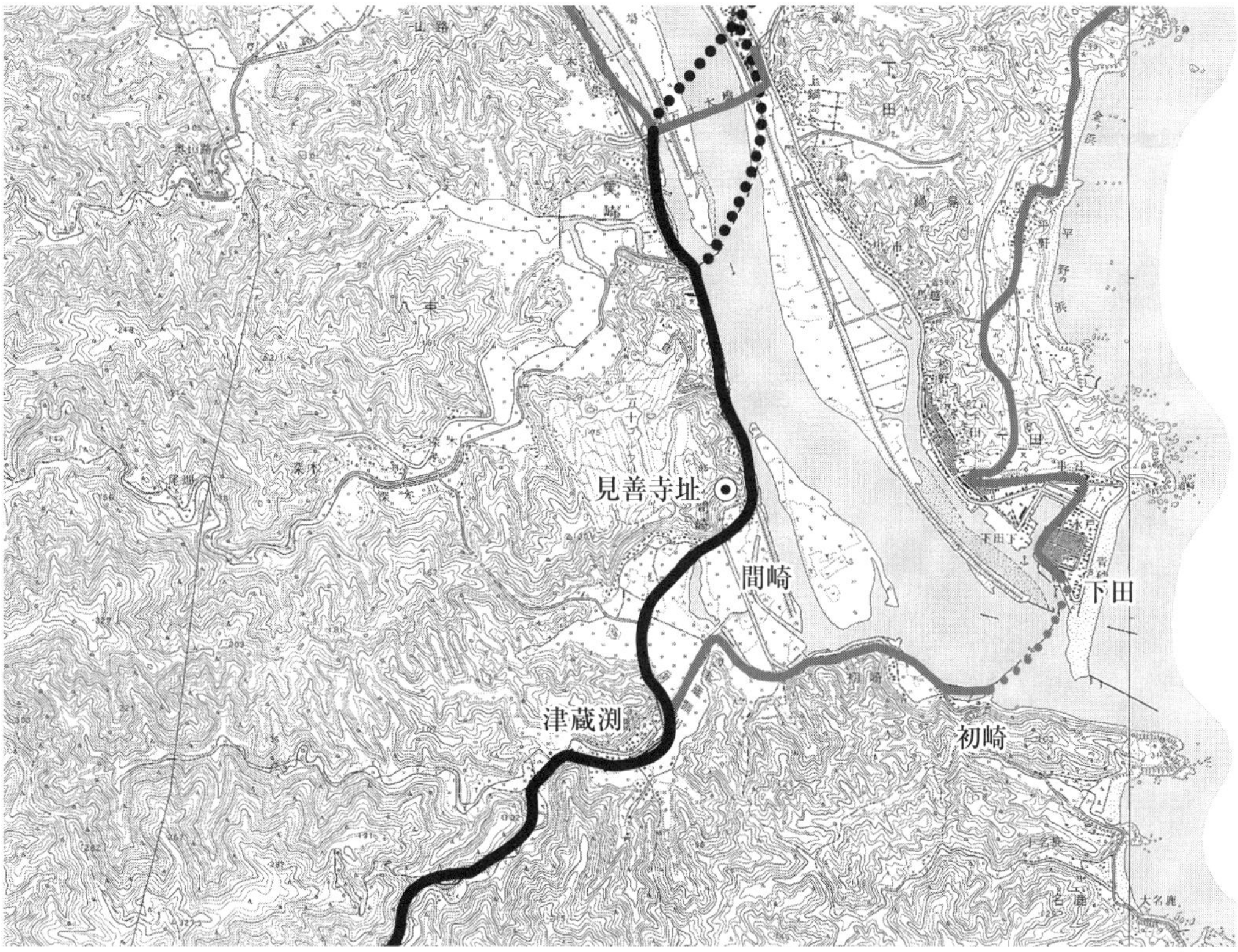

地図67　竹島から津蔵渕

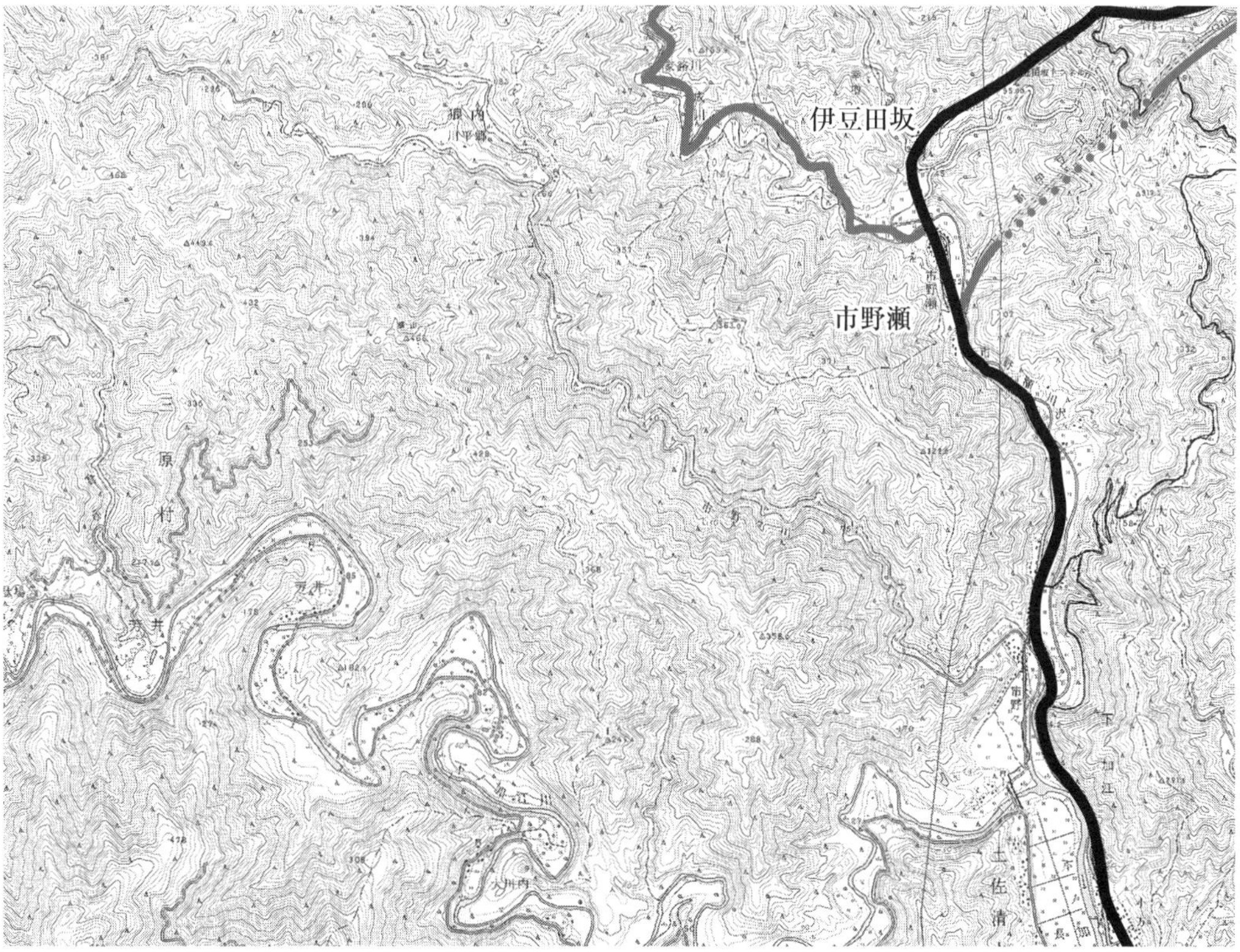

地図68　伊豆田から市野瀬

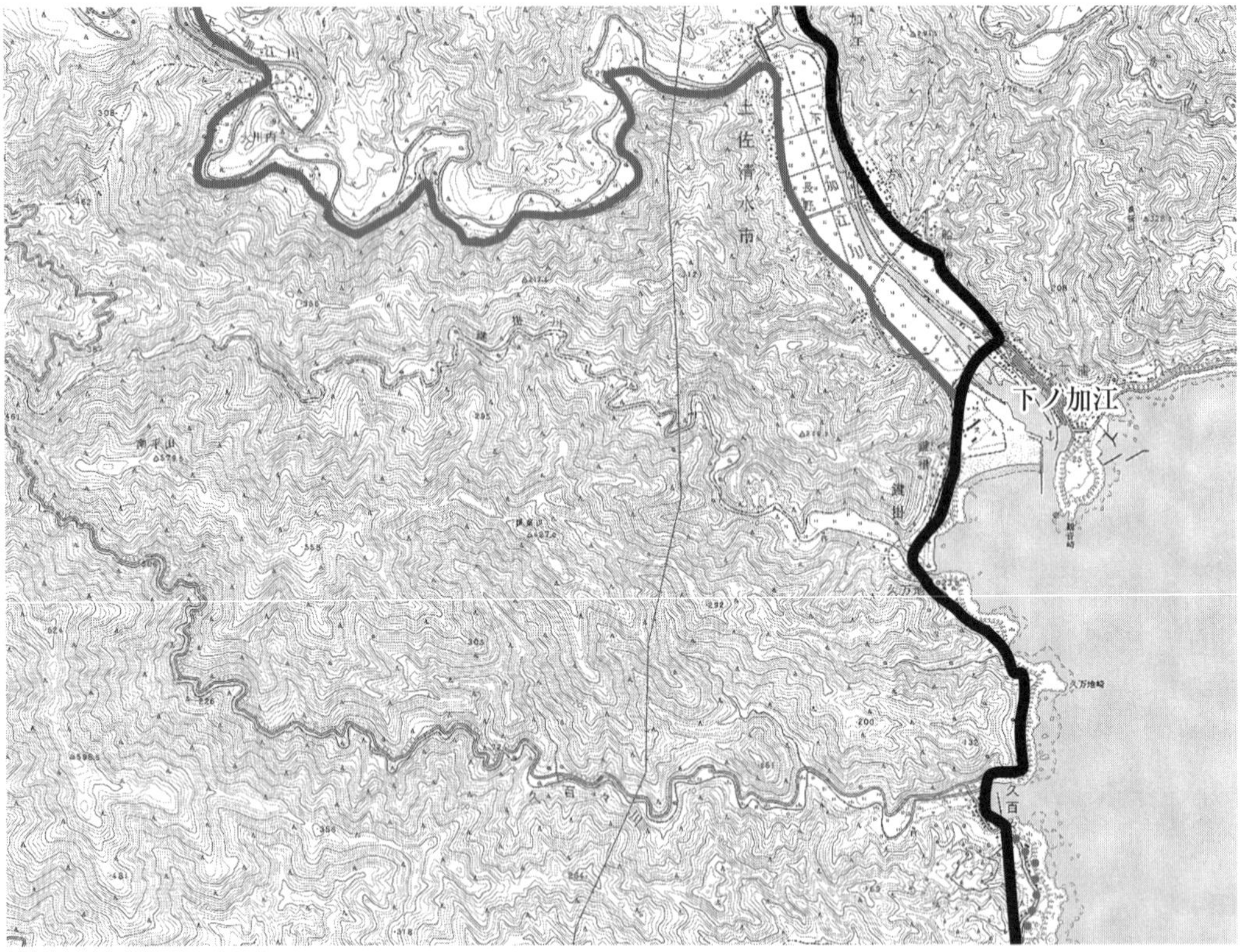

地図69　下ノ加江から久百々

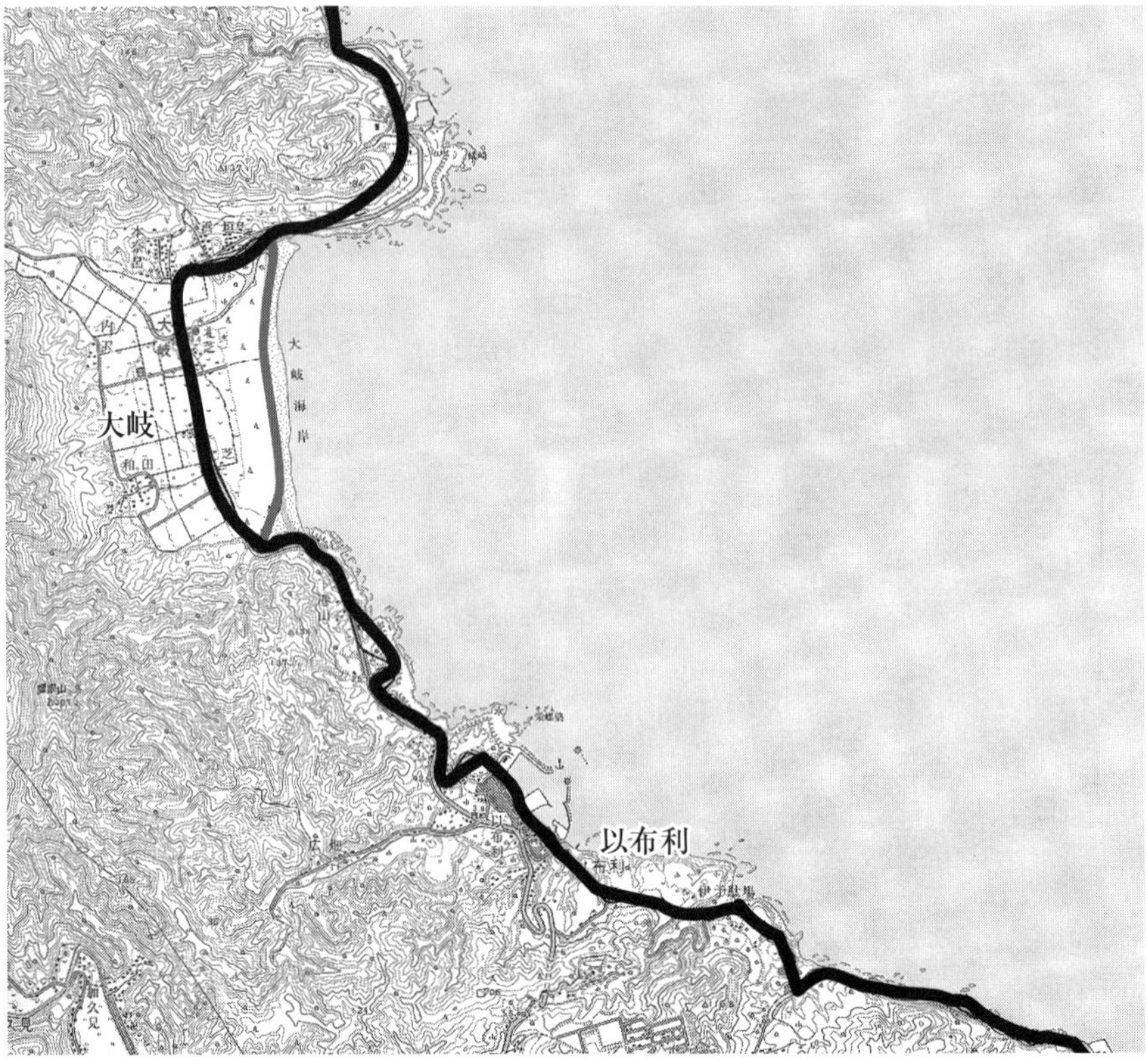

地図70　大岐から以布利

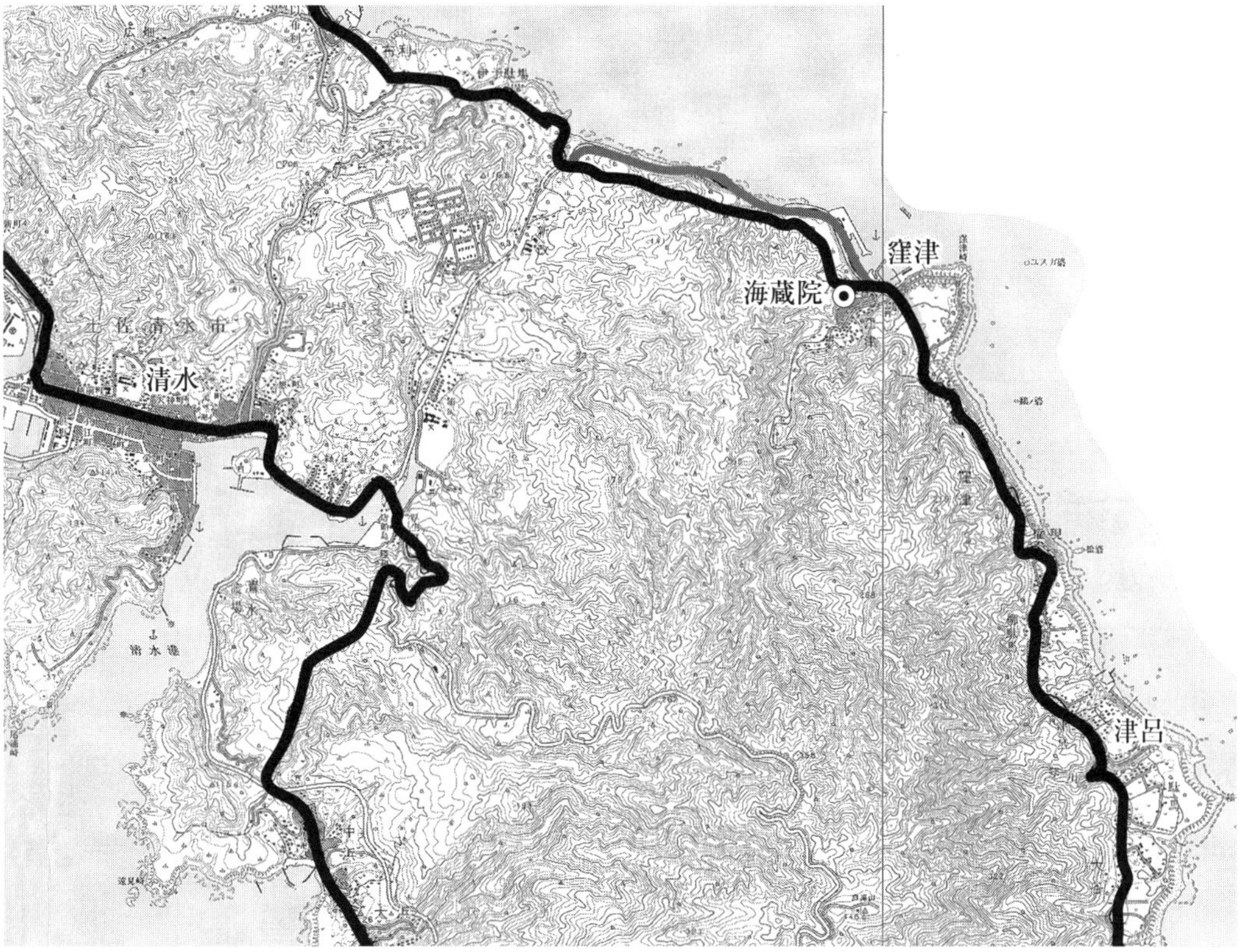

地図71　土佐清水

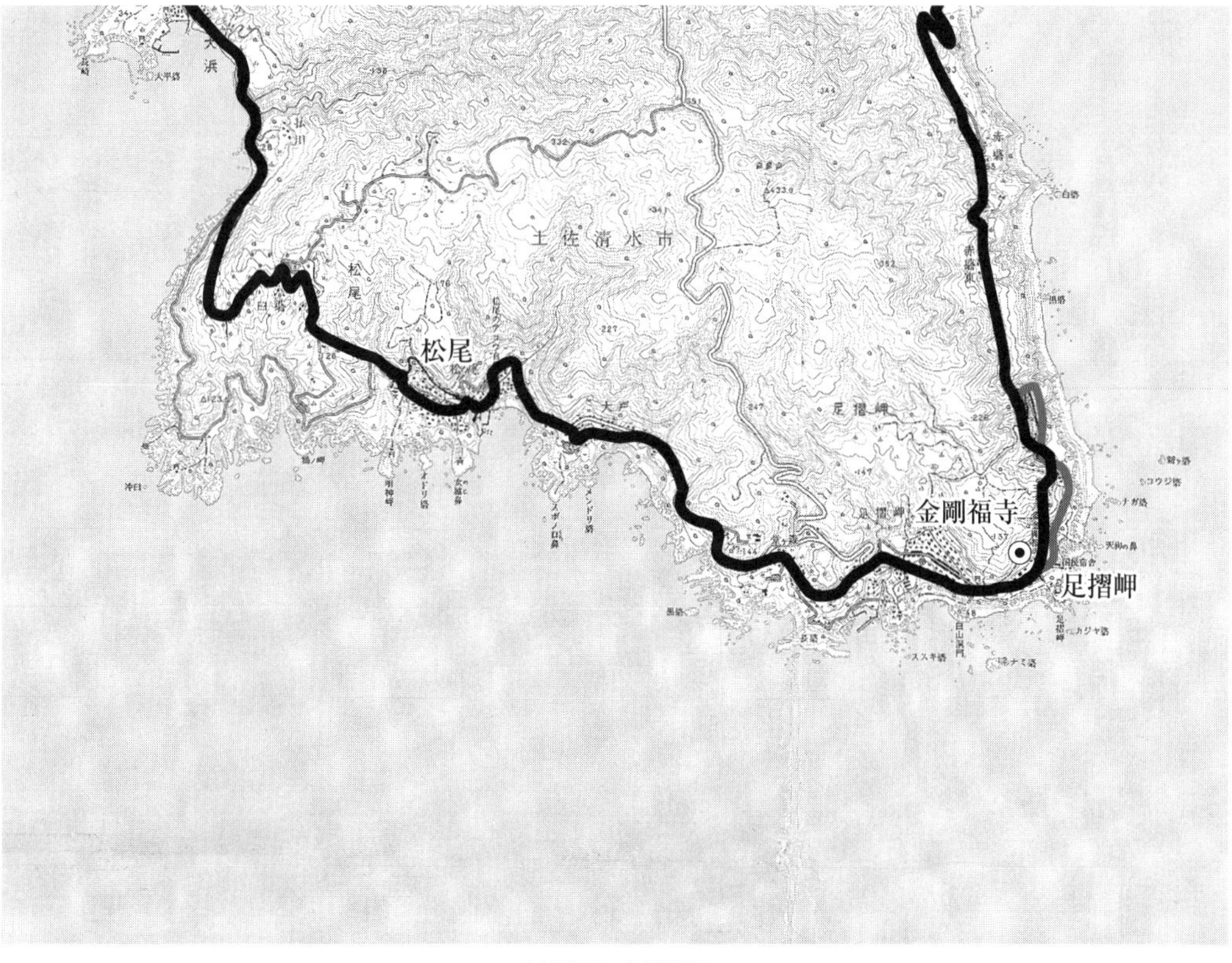

地図72　足摺岬

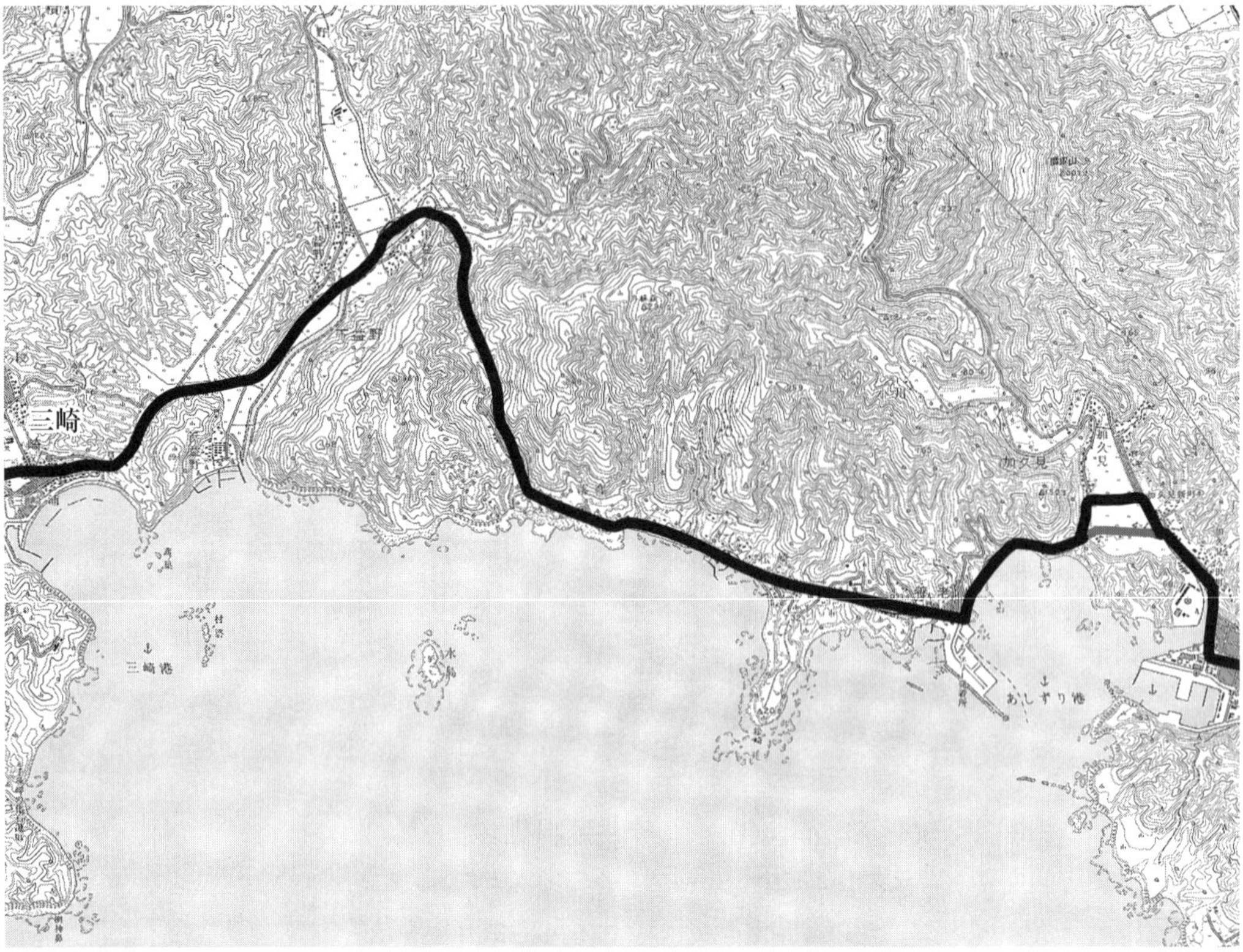

地図73　清水から三崎

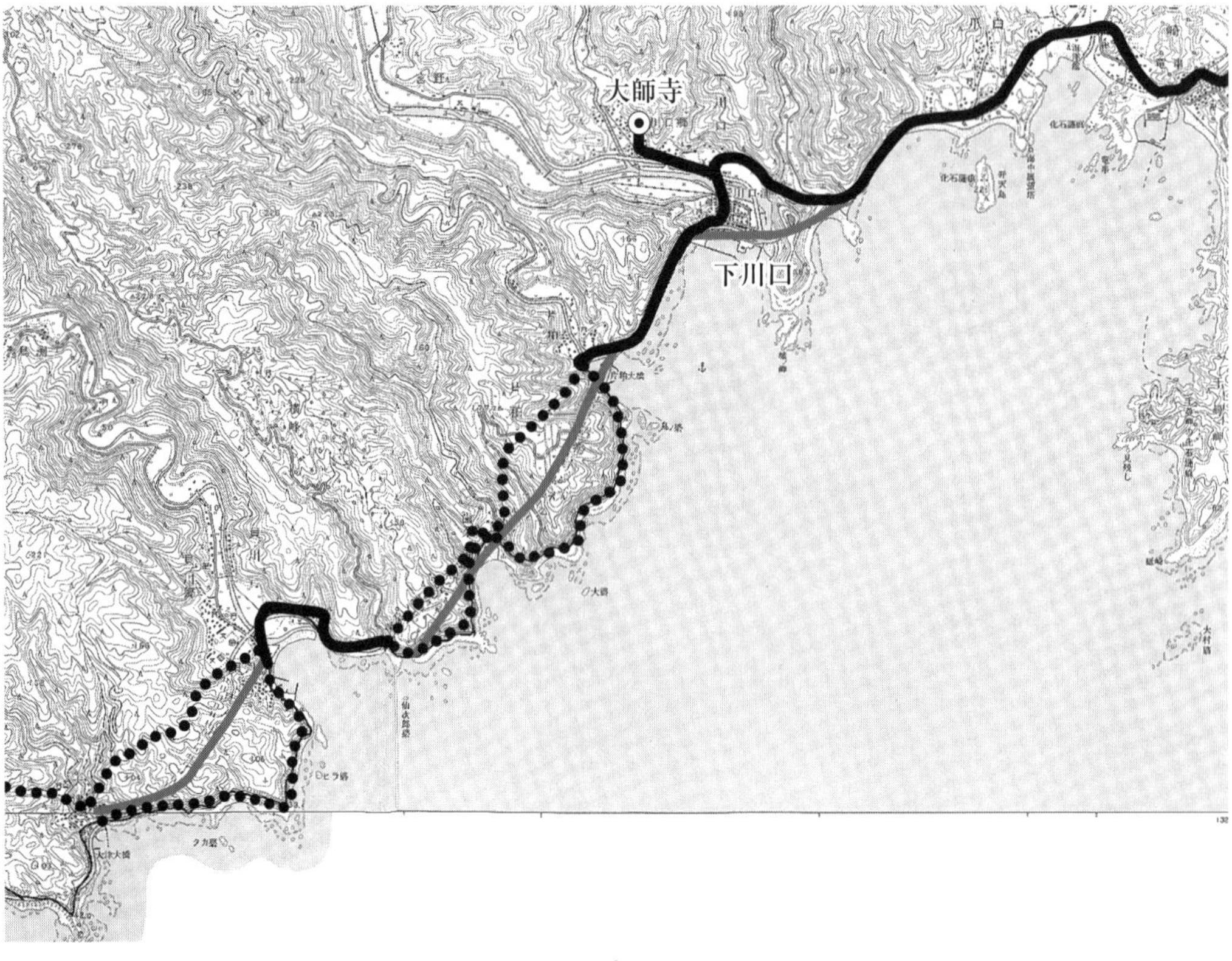

地図74　三崎から貝ノ川

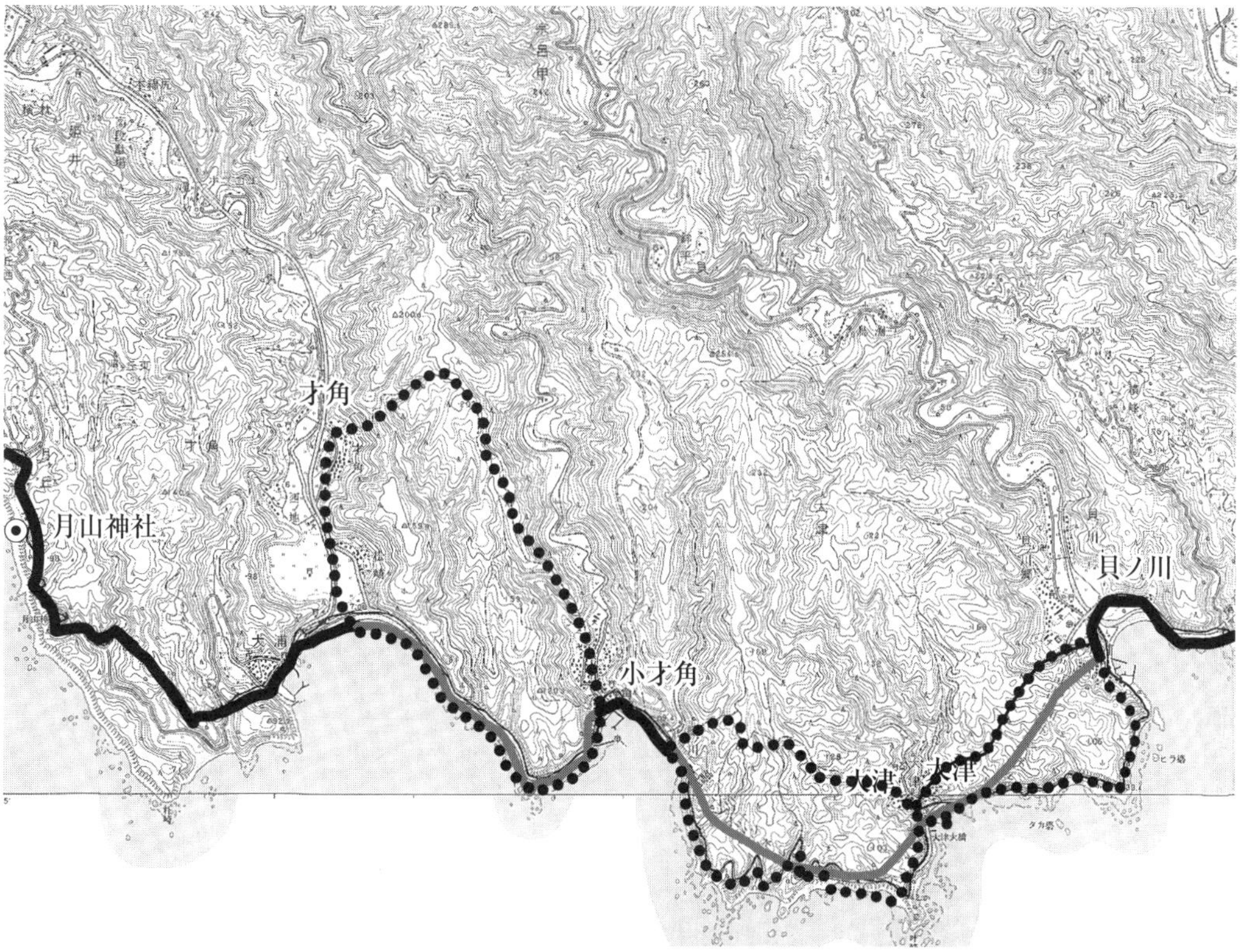

地図75　貝ノ川から月山

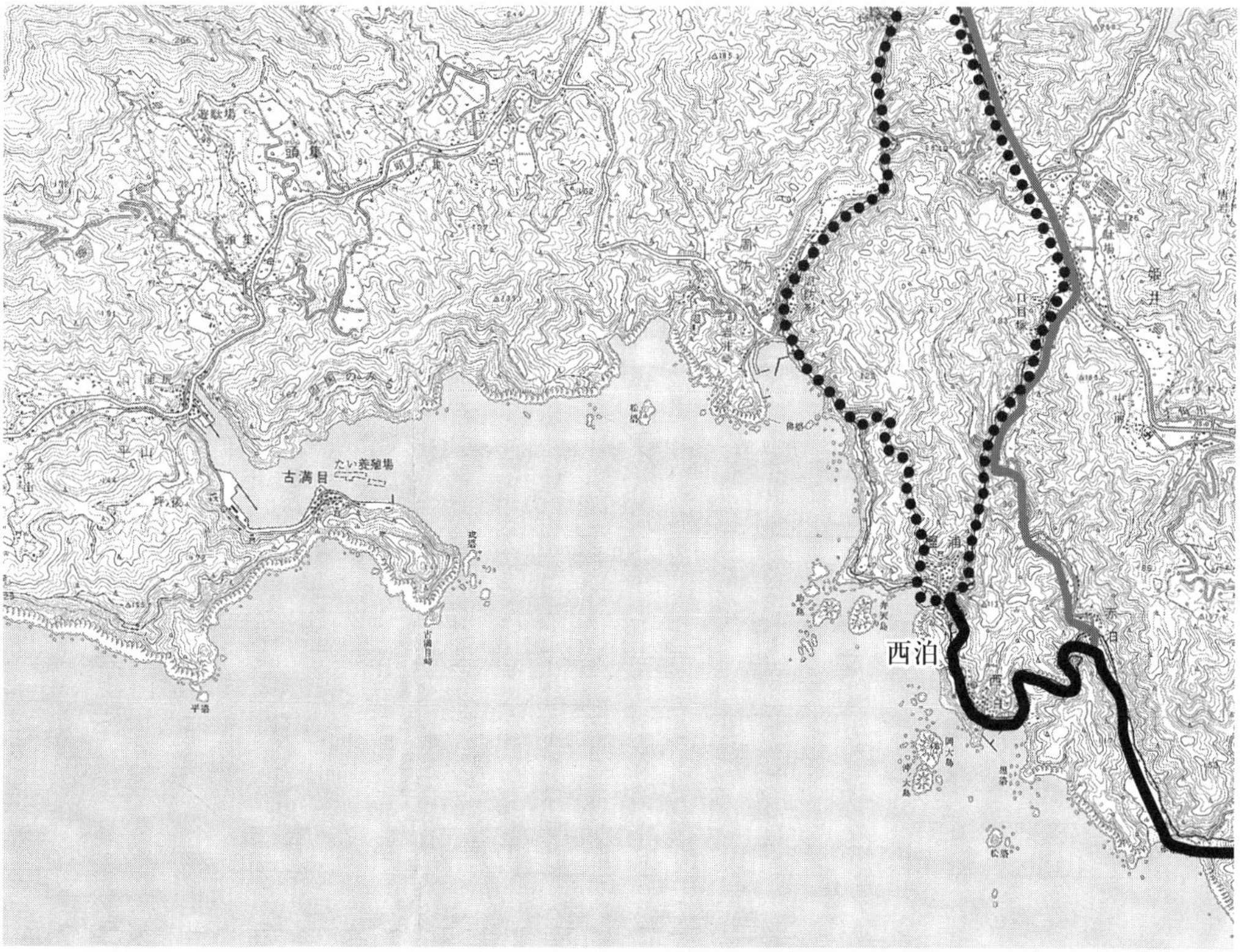

地図76　月山から姫ノ井

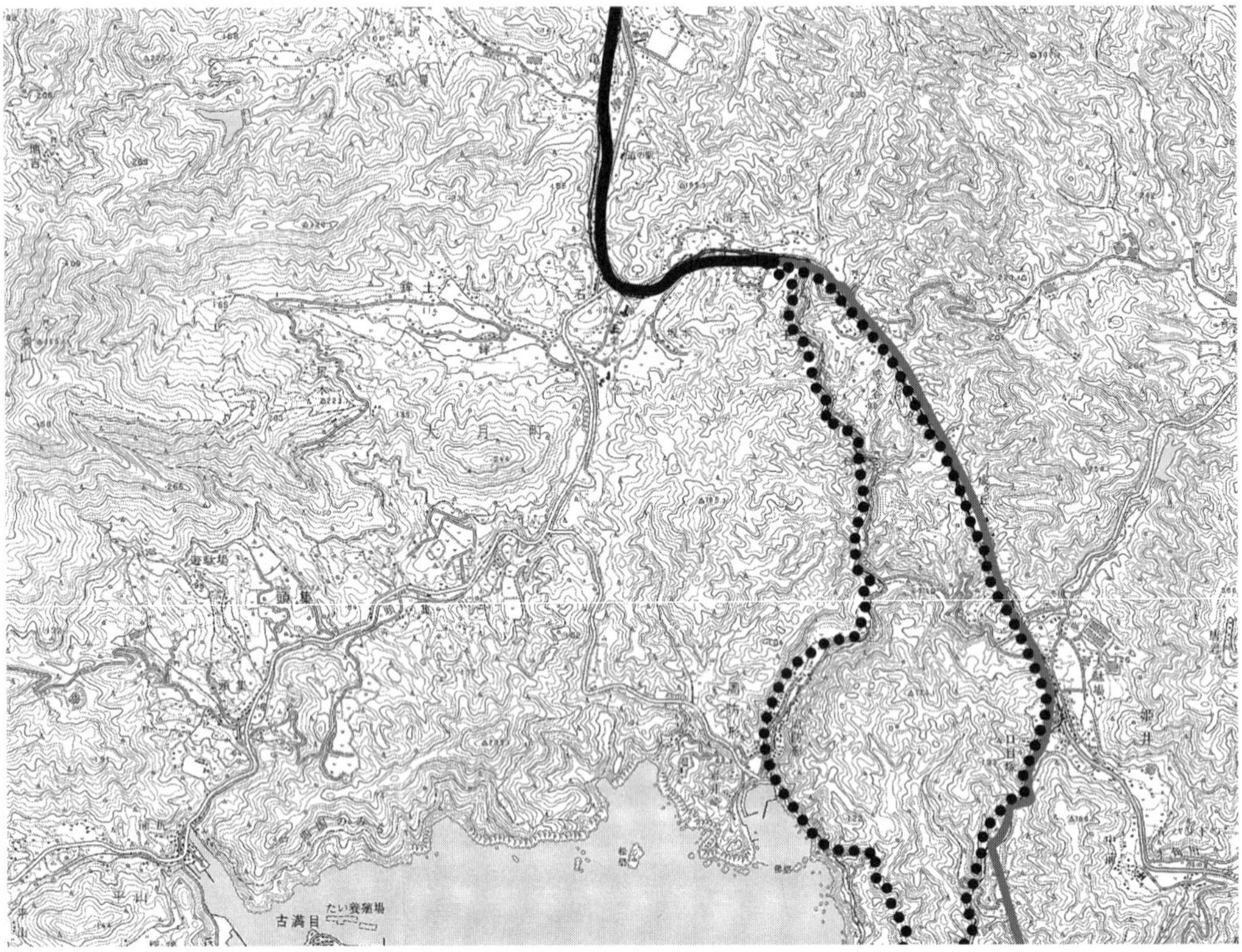

地図77　姫ノ井から大月

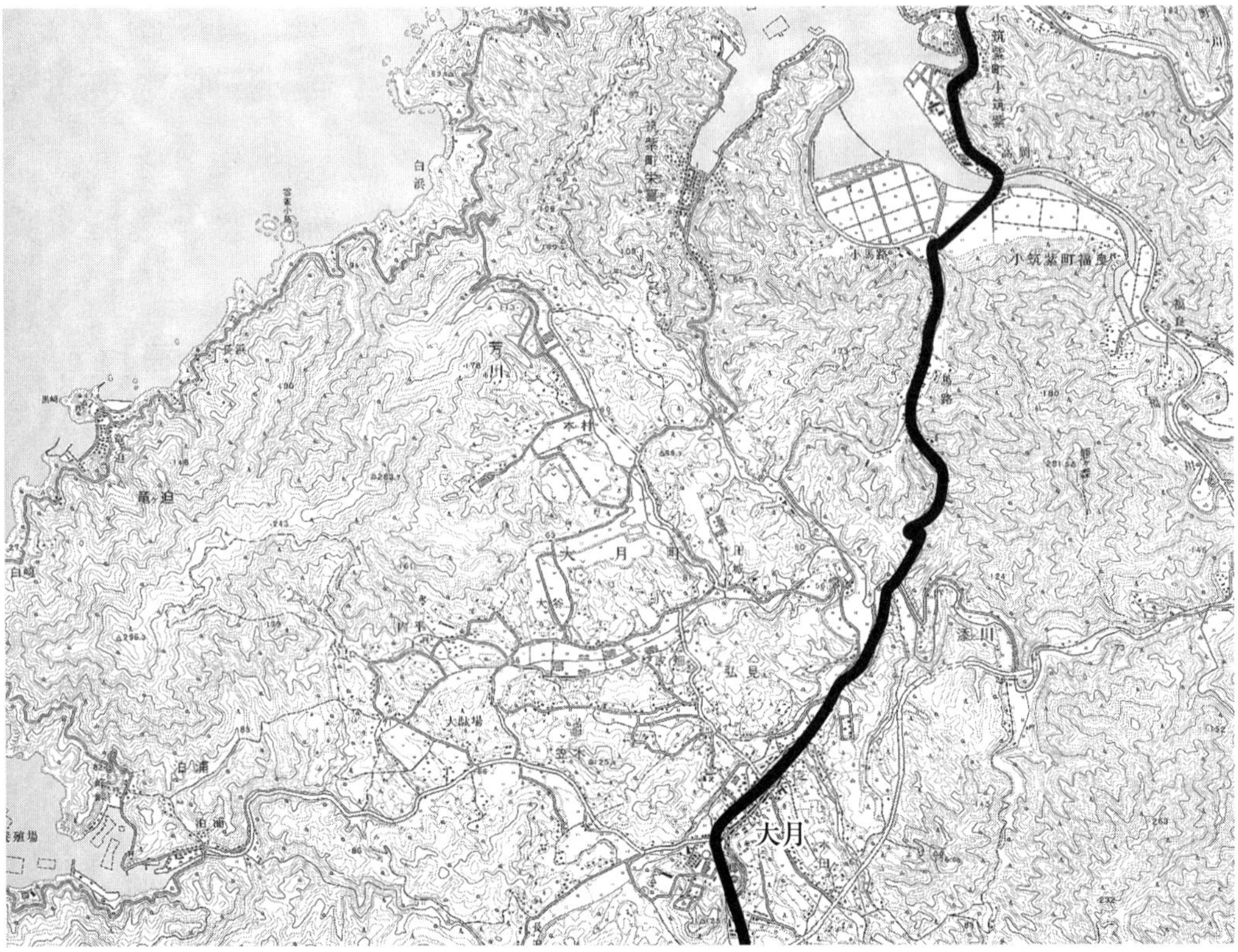

地図78　大月から小筑紫

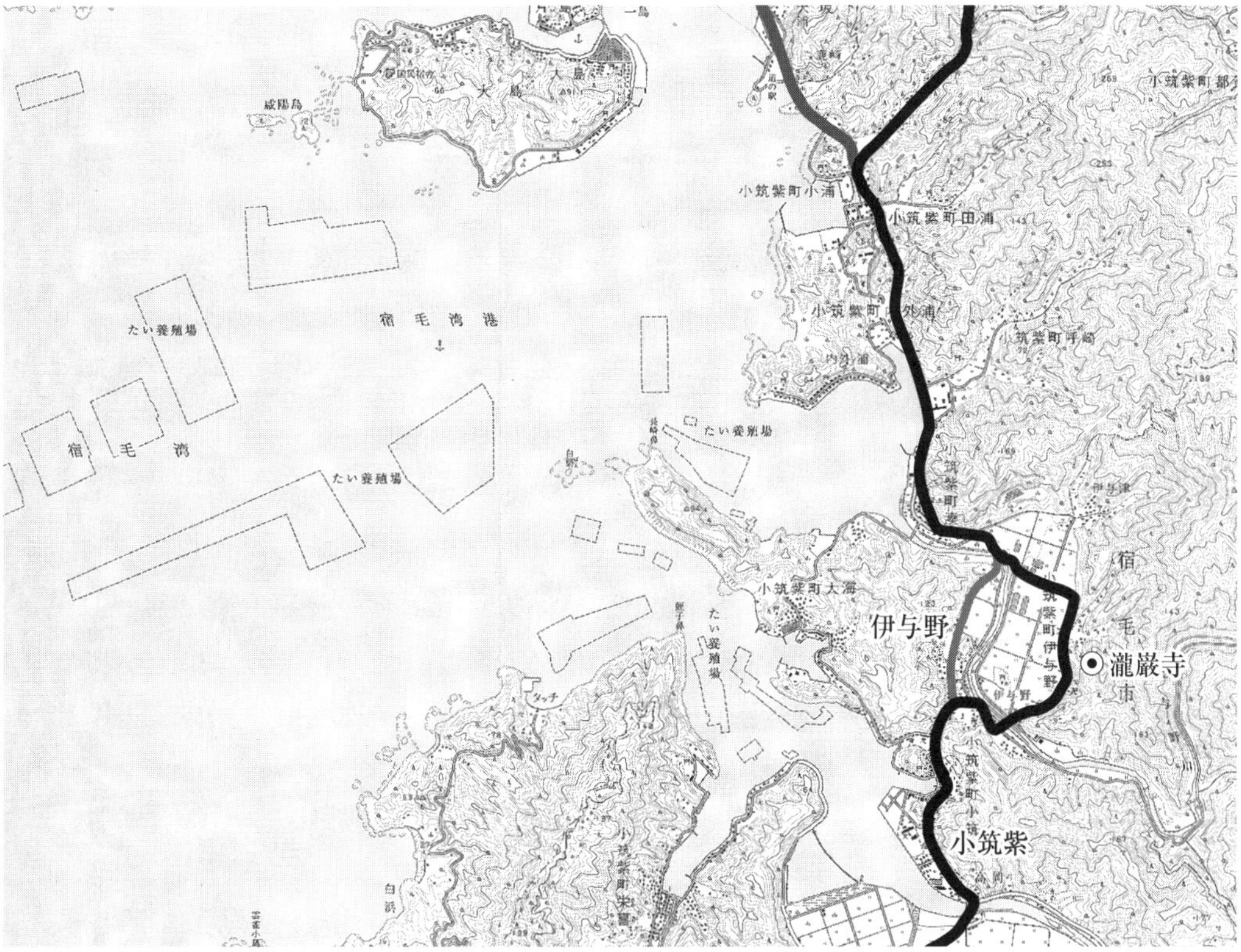

地図79　小筑紫から田浦

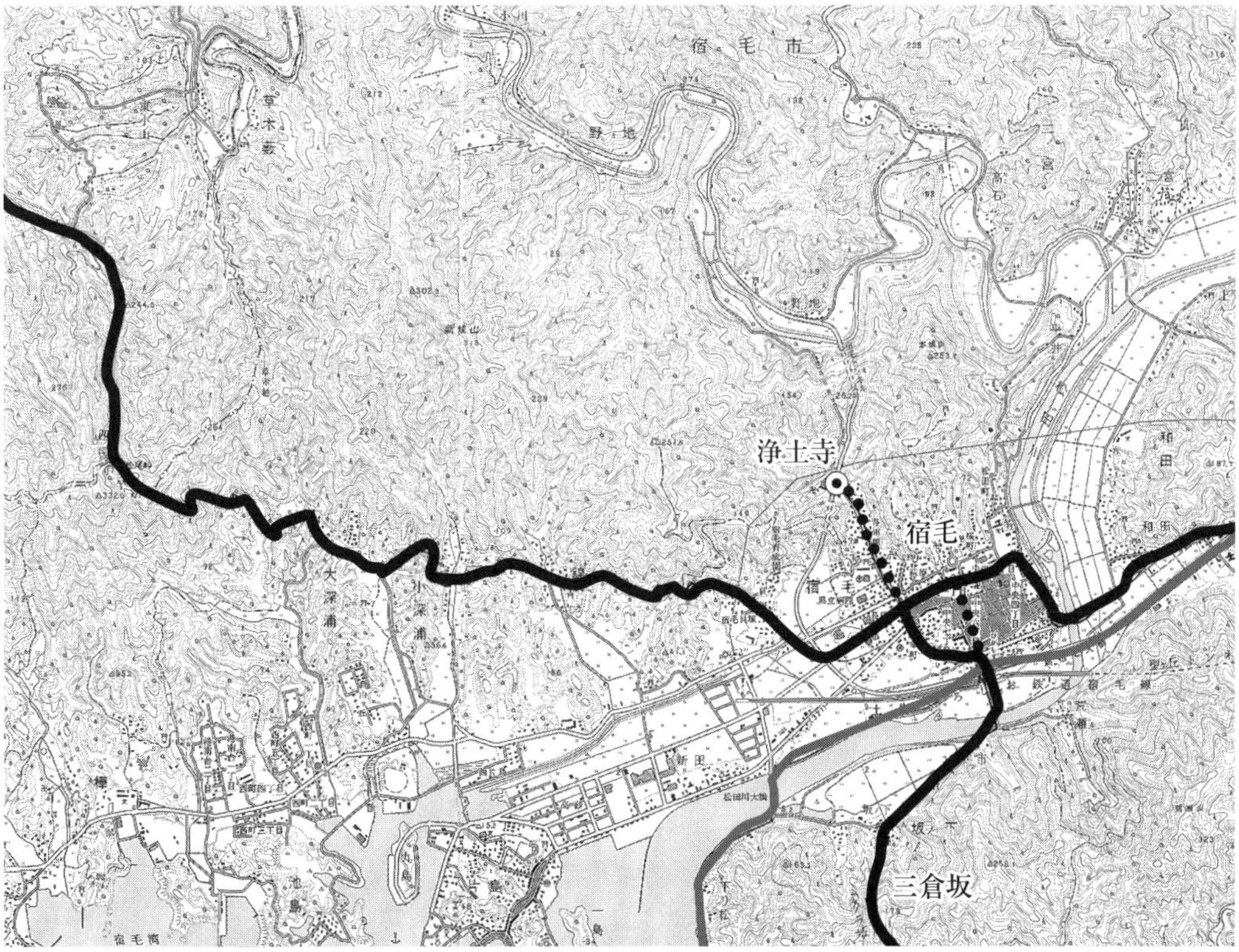

地図80　宿毛市中心部から松尾峠

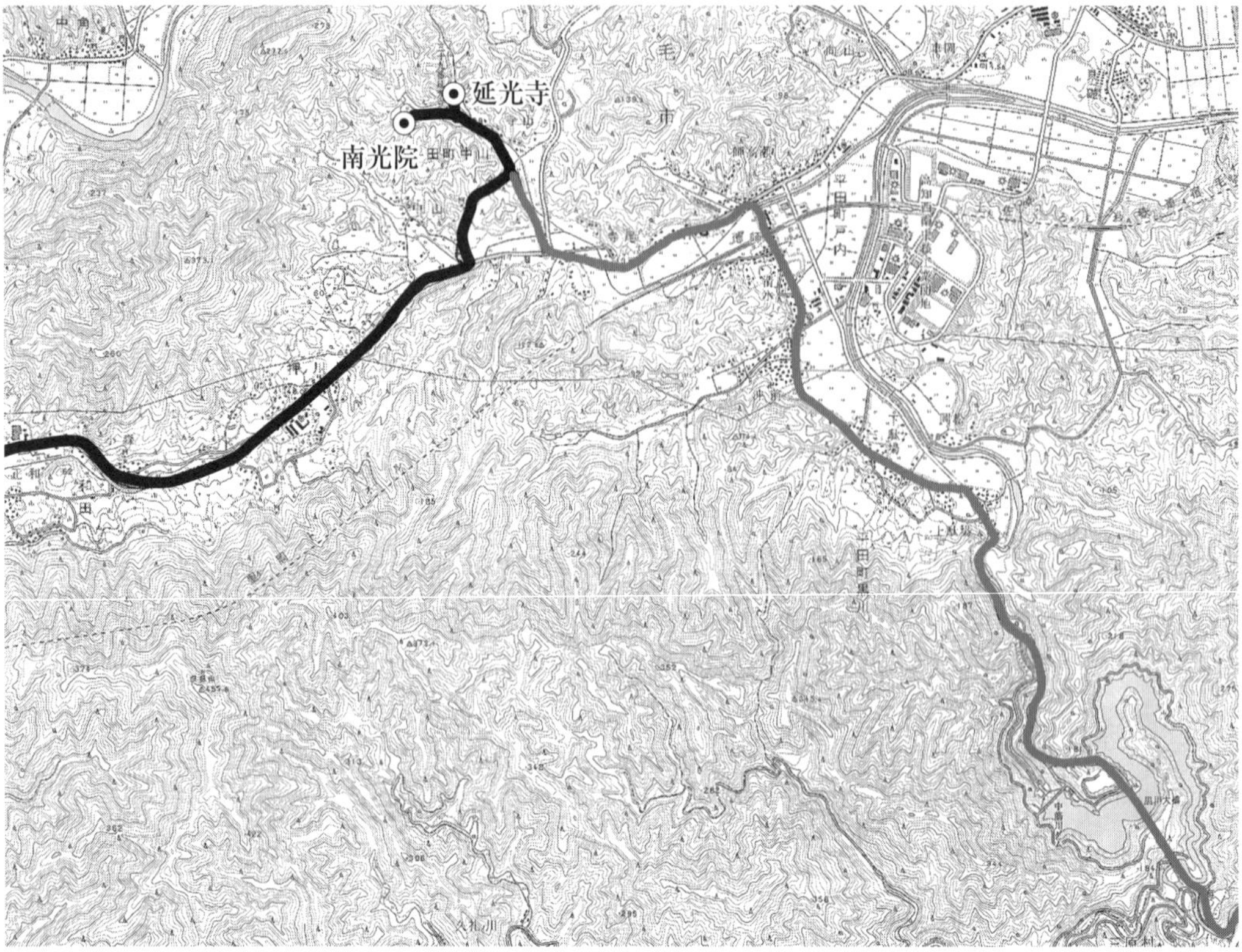

地図81　延光寺

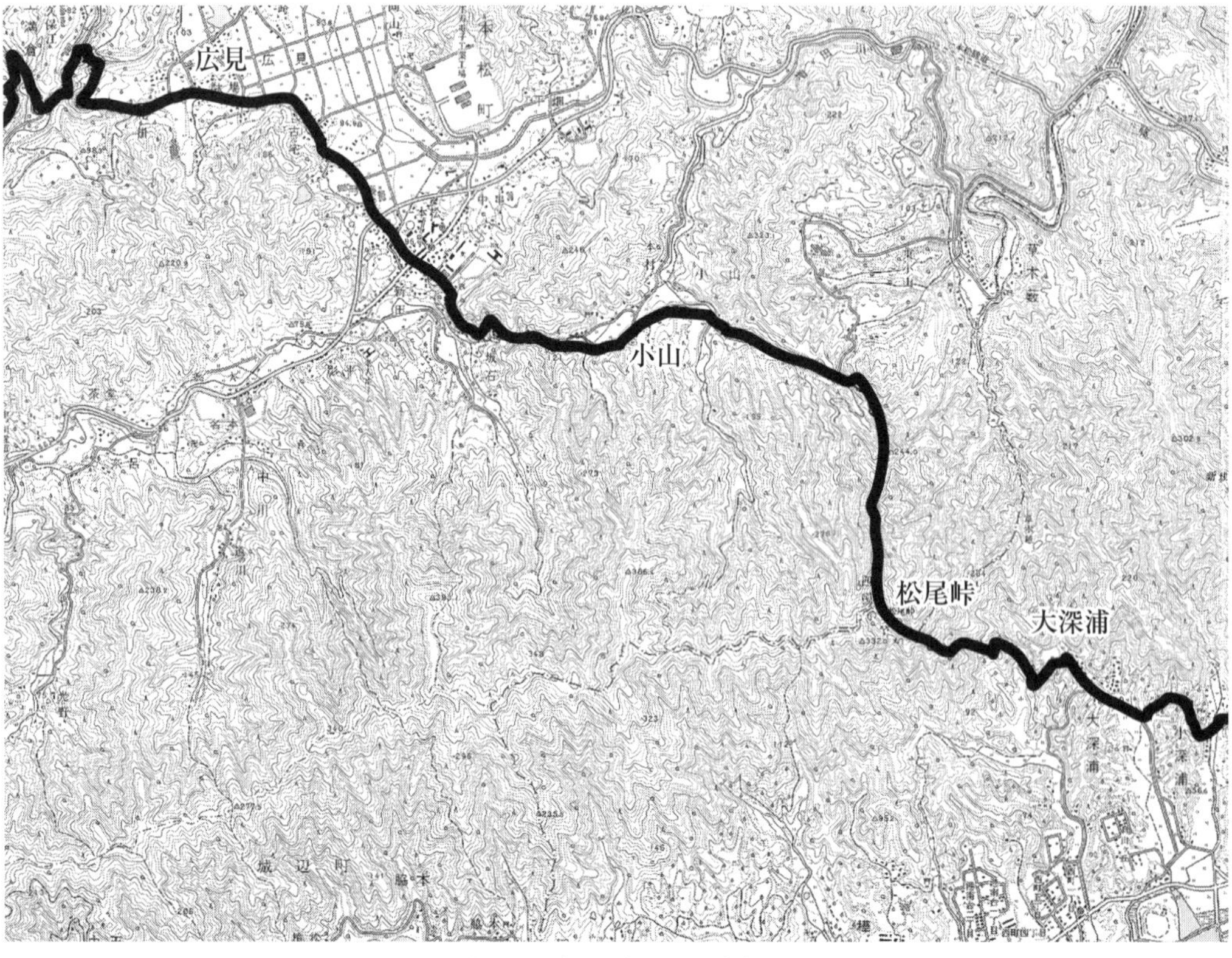

地図82　松尾峠から一本松

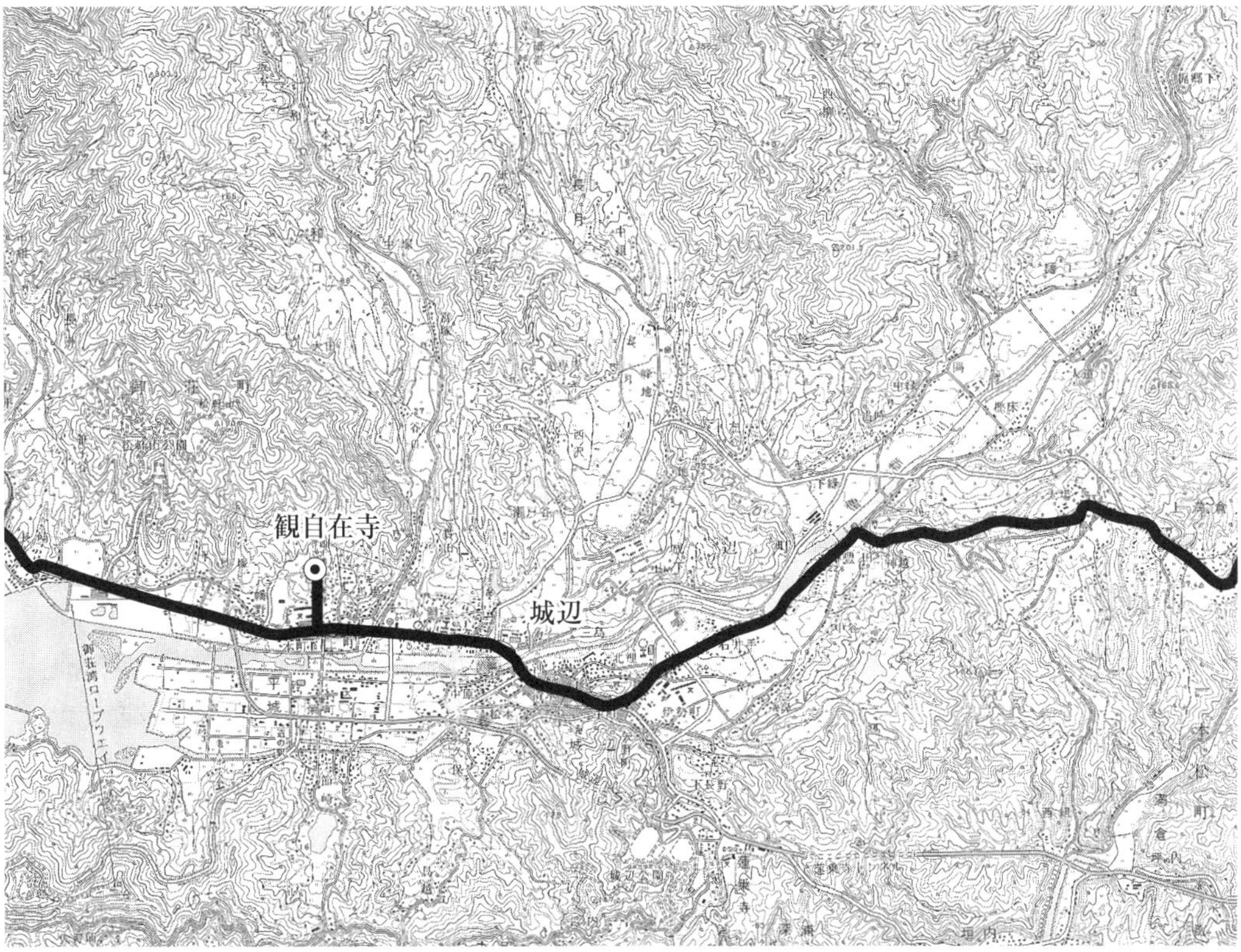

地図83　一本松から御荘

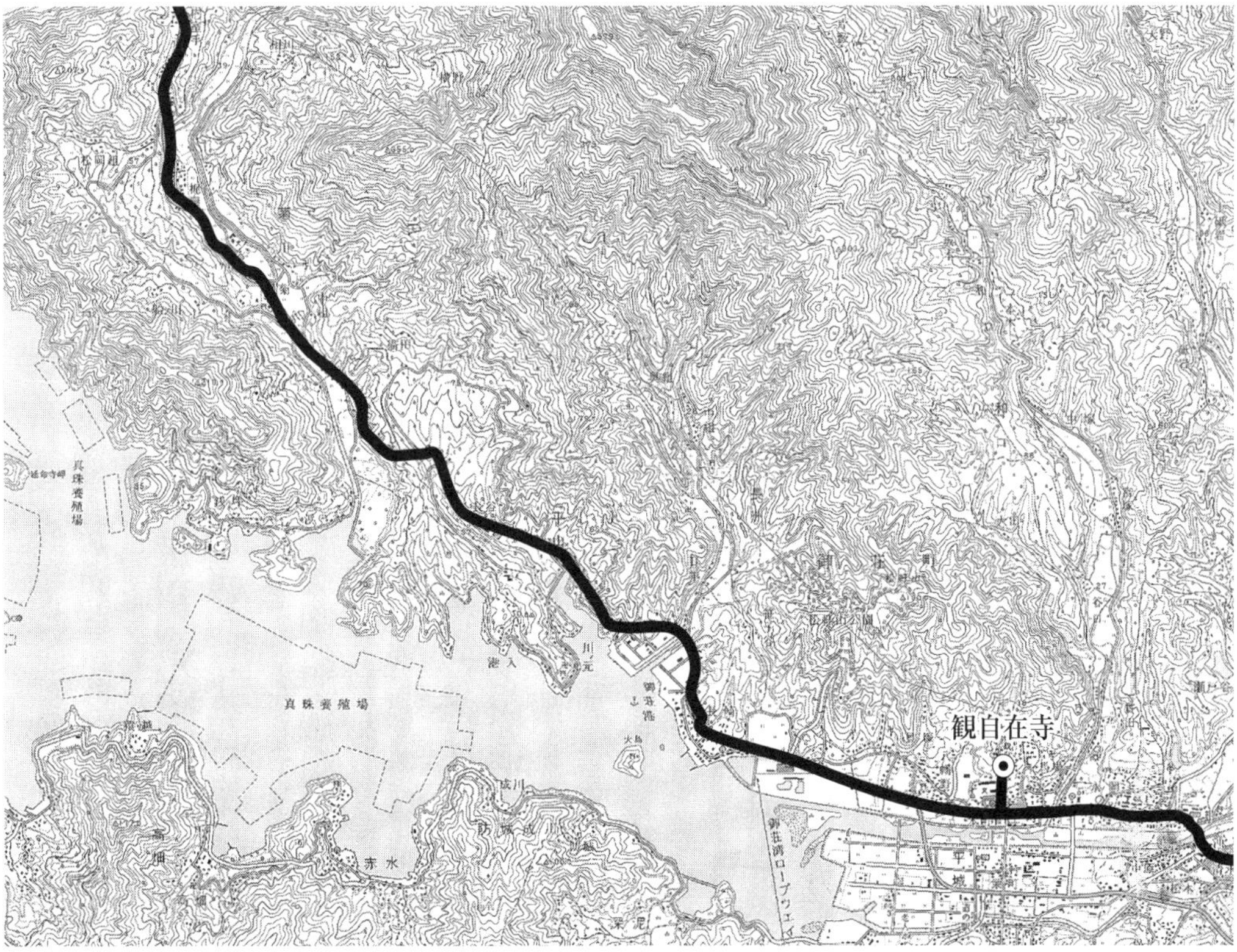

地図84　御荘から柏

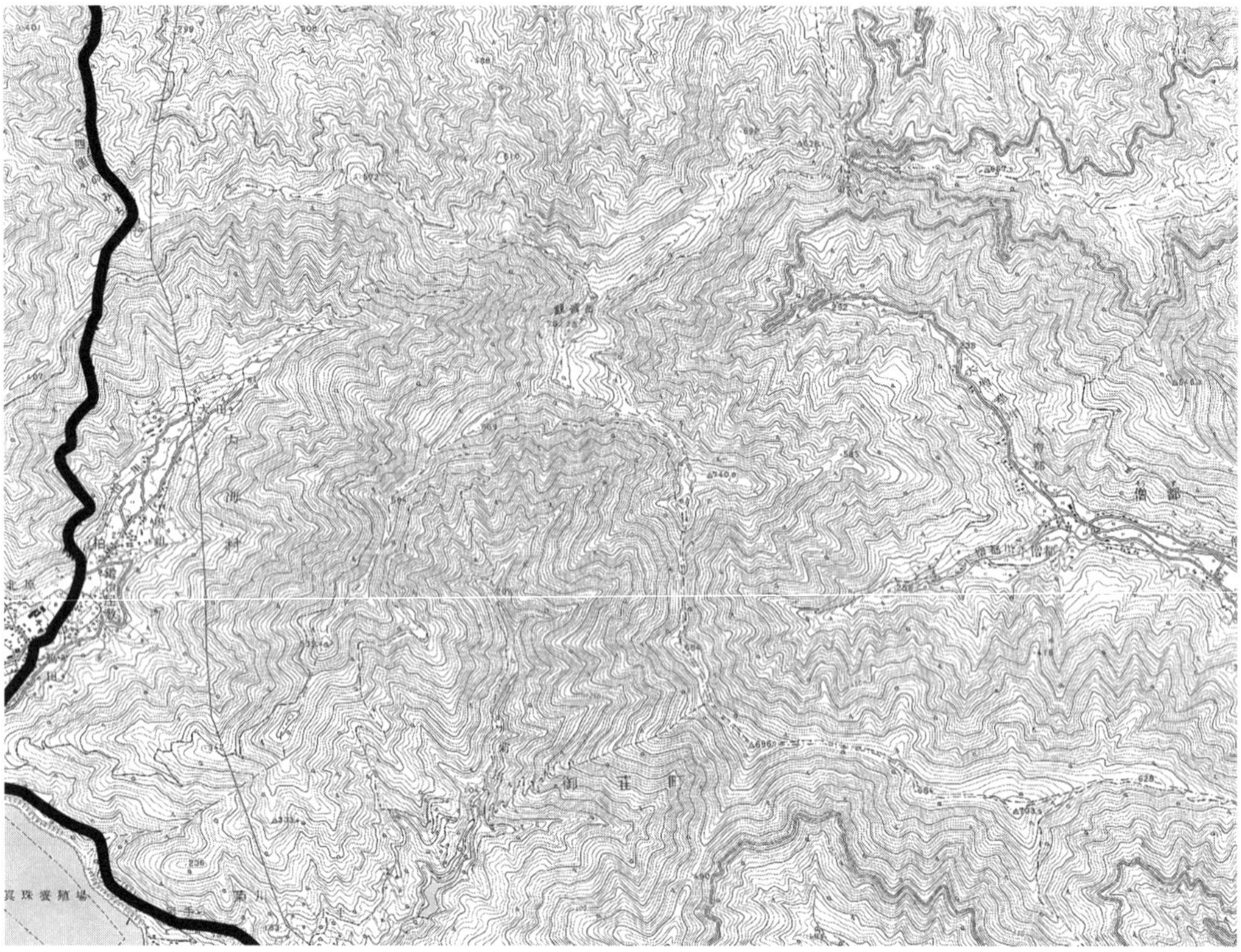

地図85　柏坂

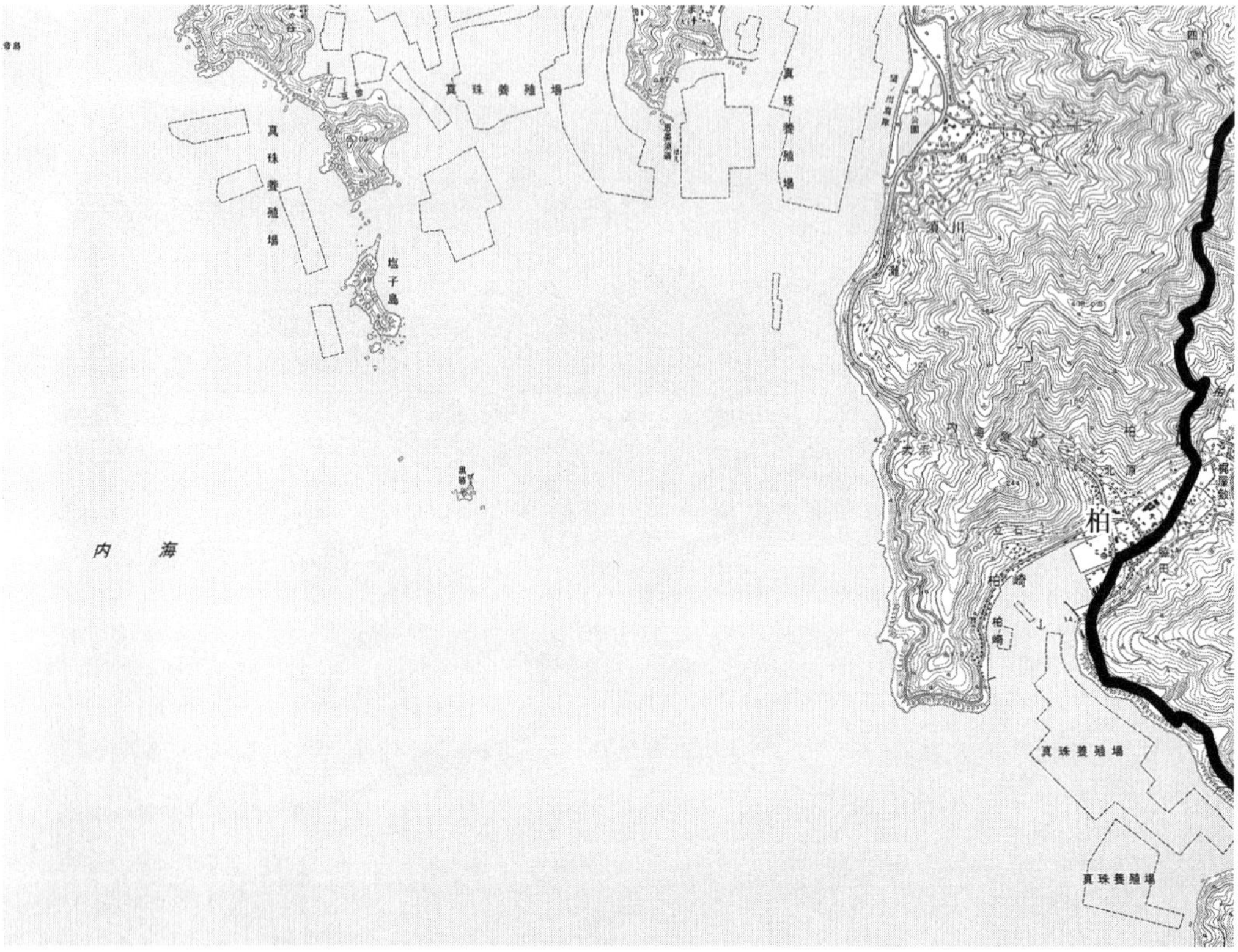

地図86　柏

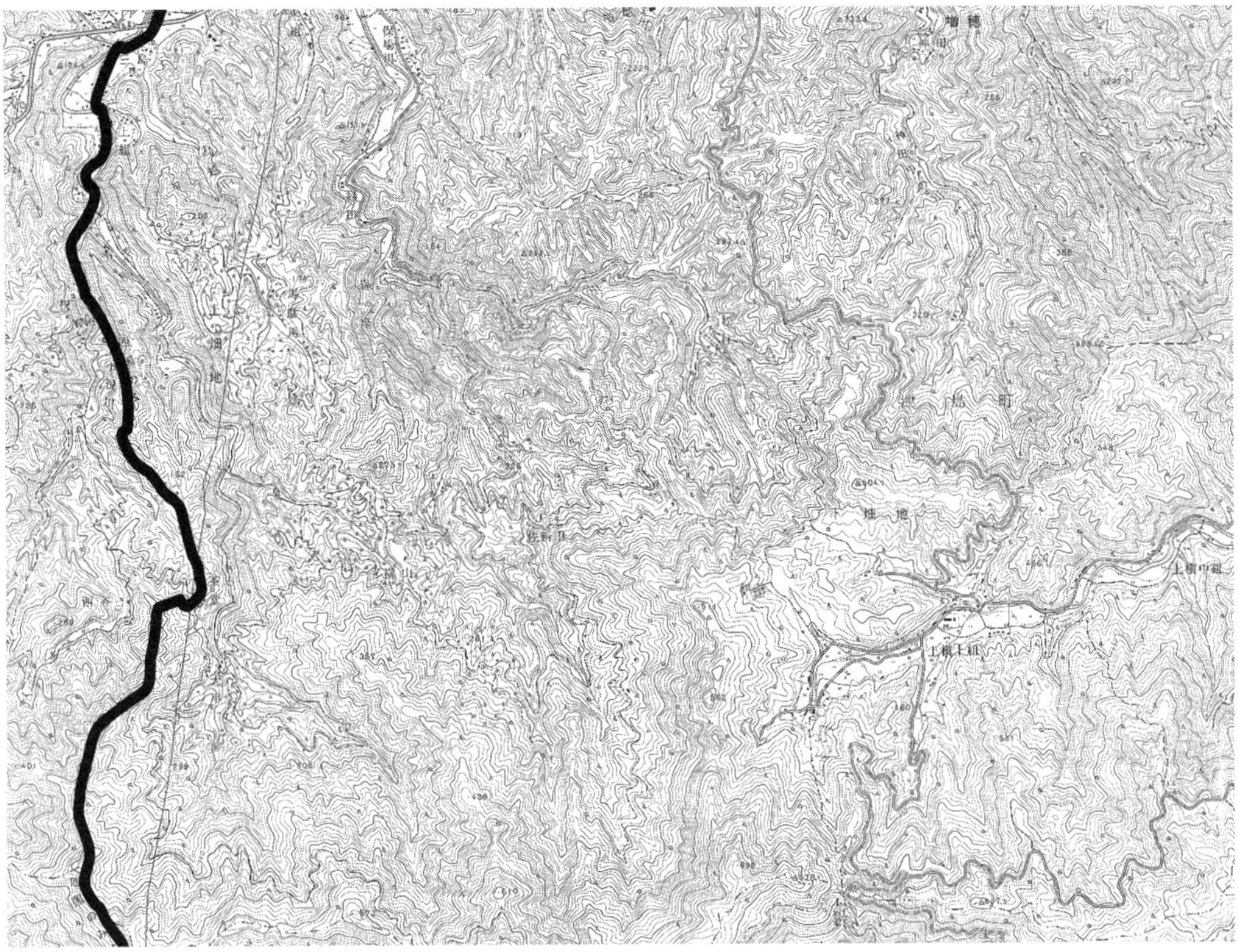

地図87　柏坂から畑地

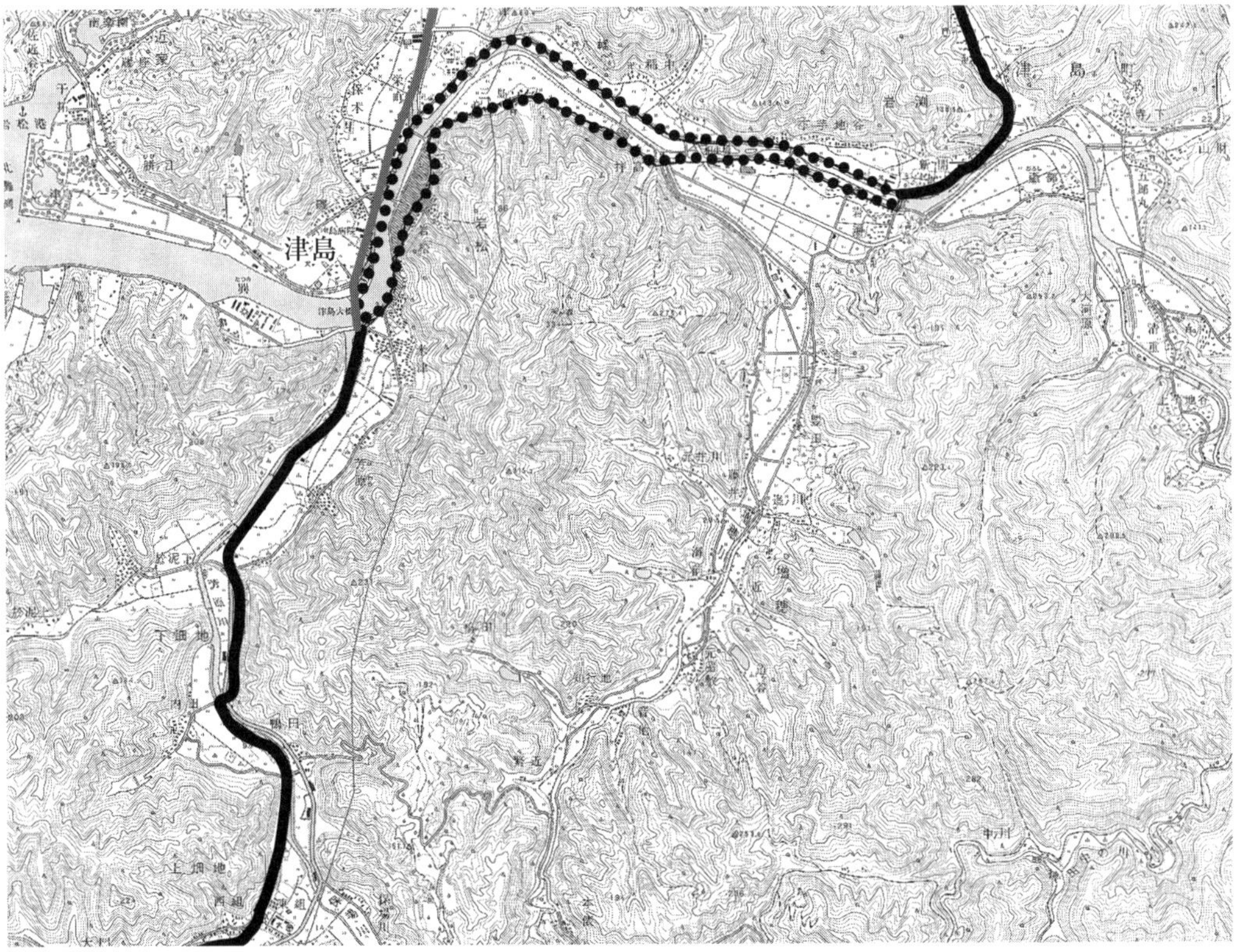

地図88　畑地から津島

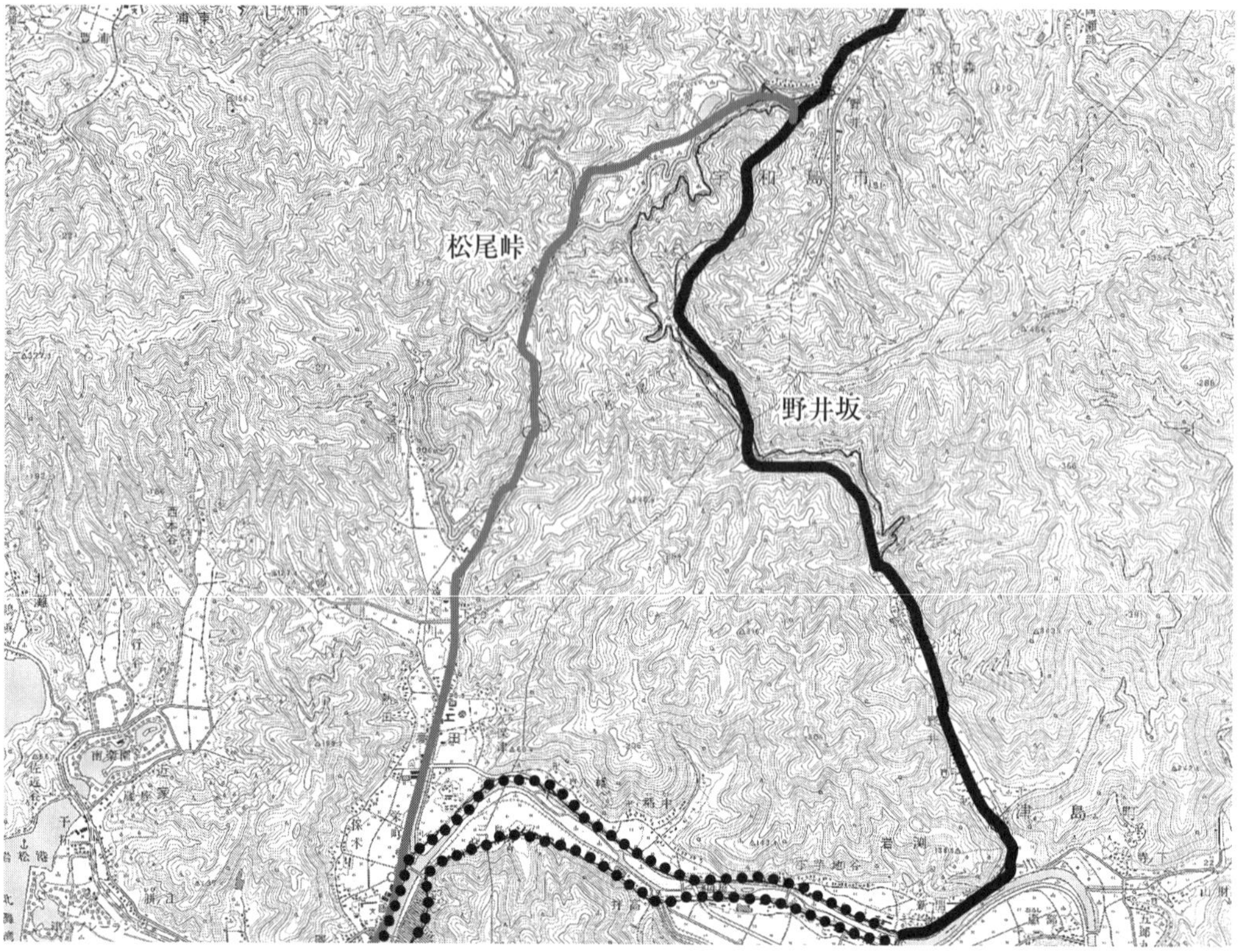

地図89　津島から野井坂

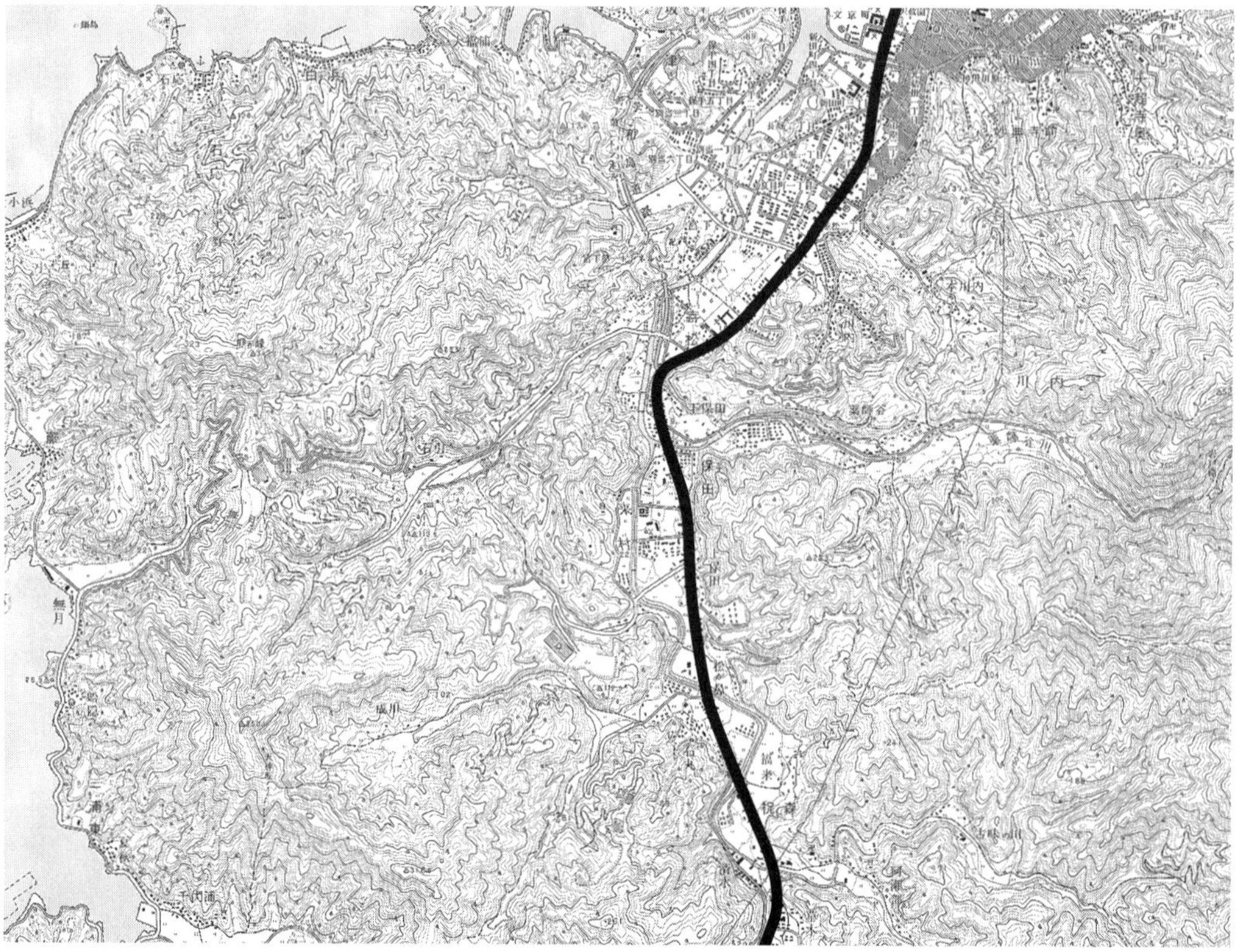

地図90　宇和島南部

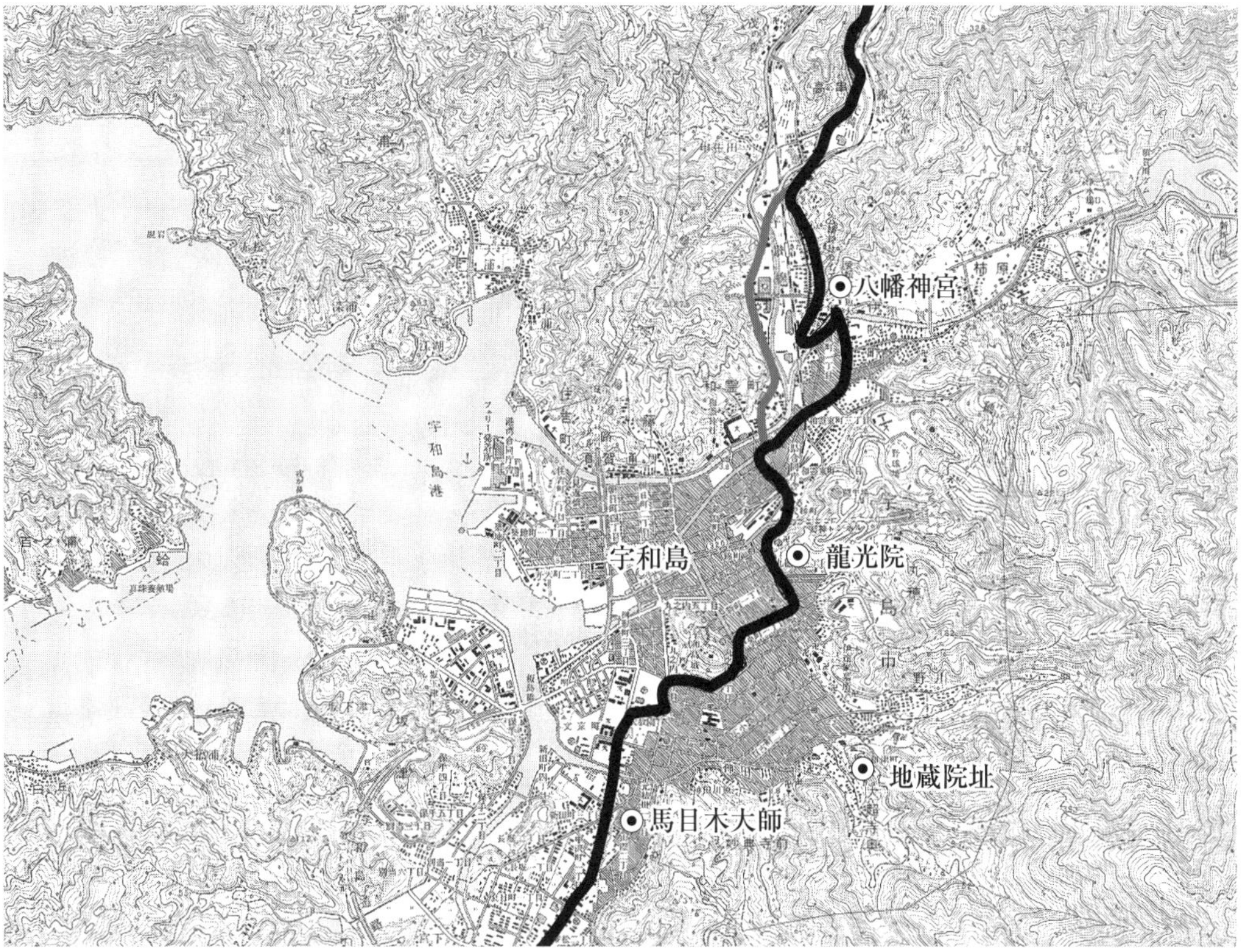

地図91　宇和島中心部から北部

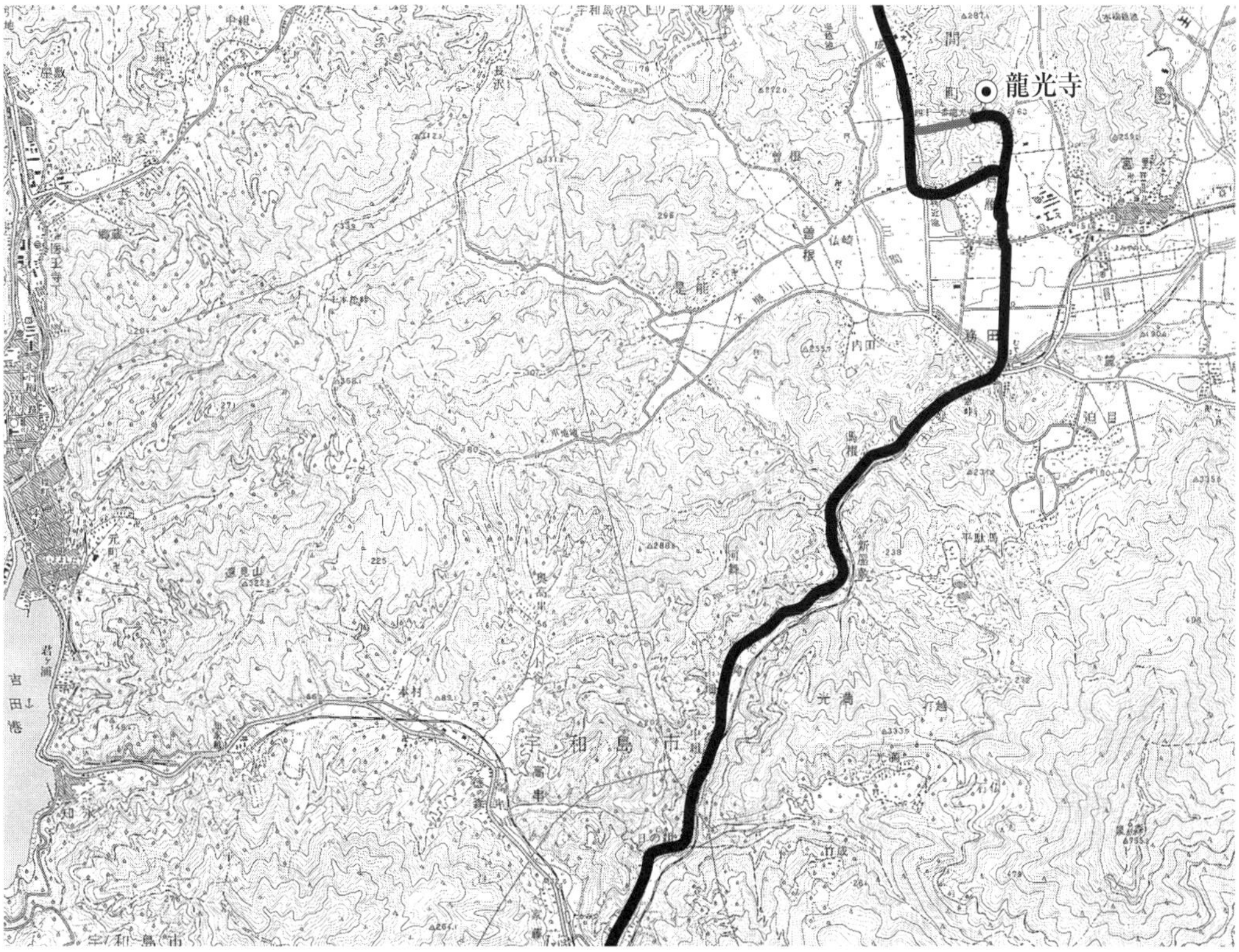

地図92　宇和島北部から三間

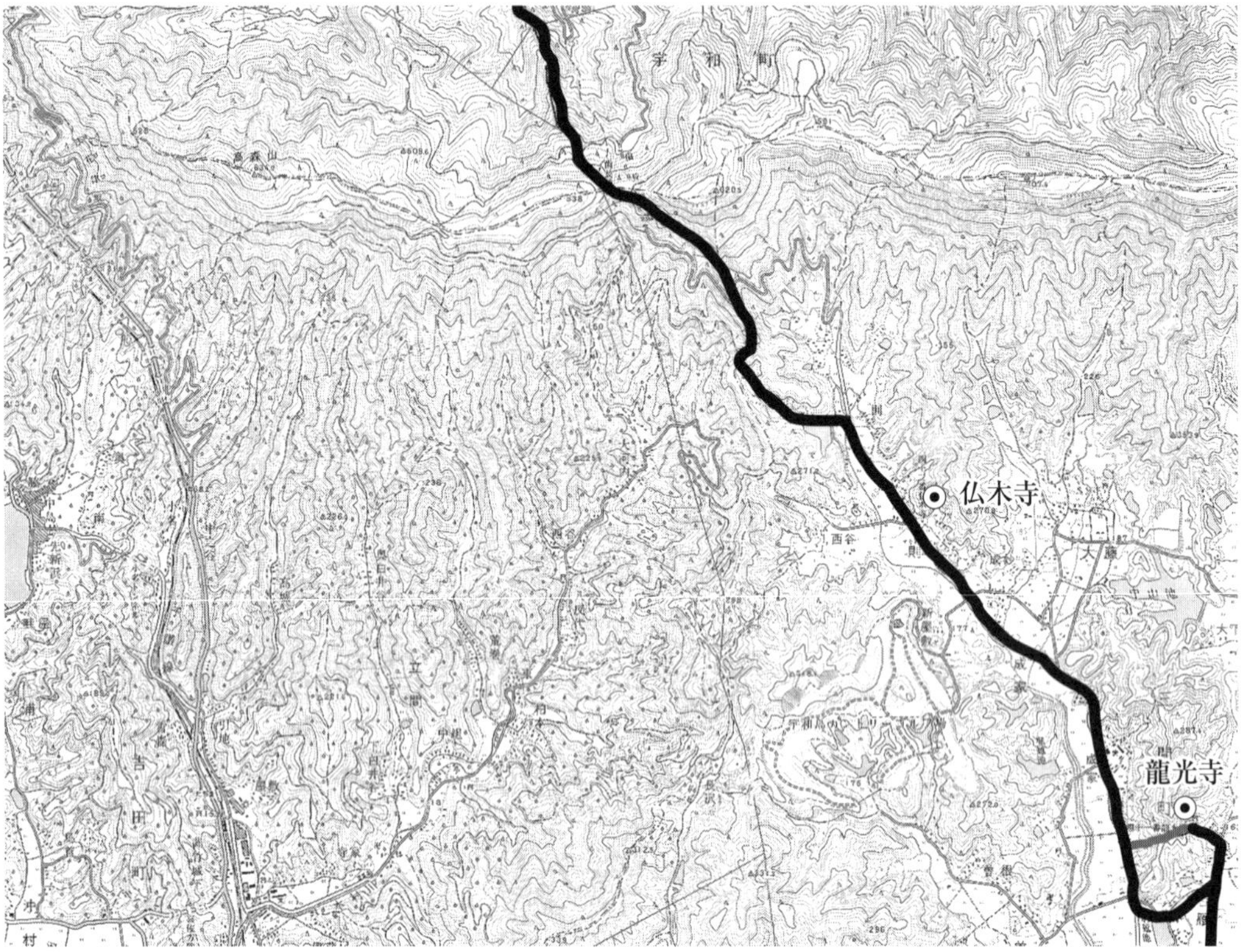

地図93　三間から歯長峠

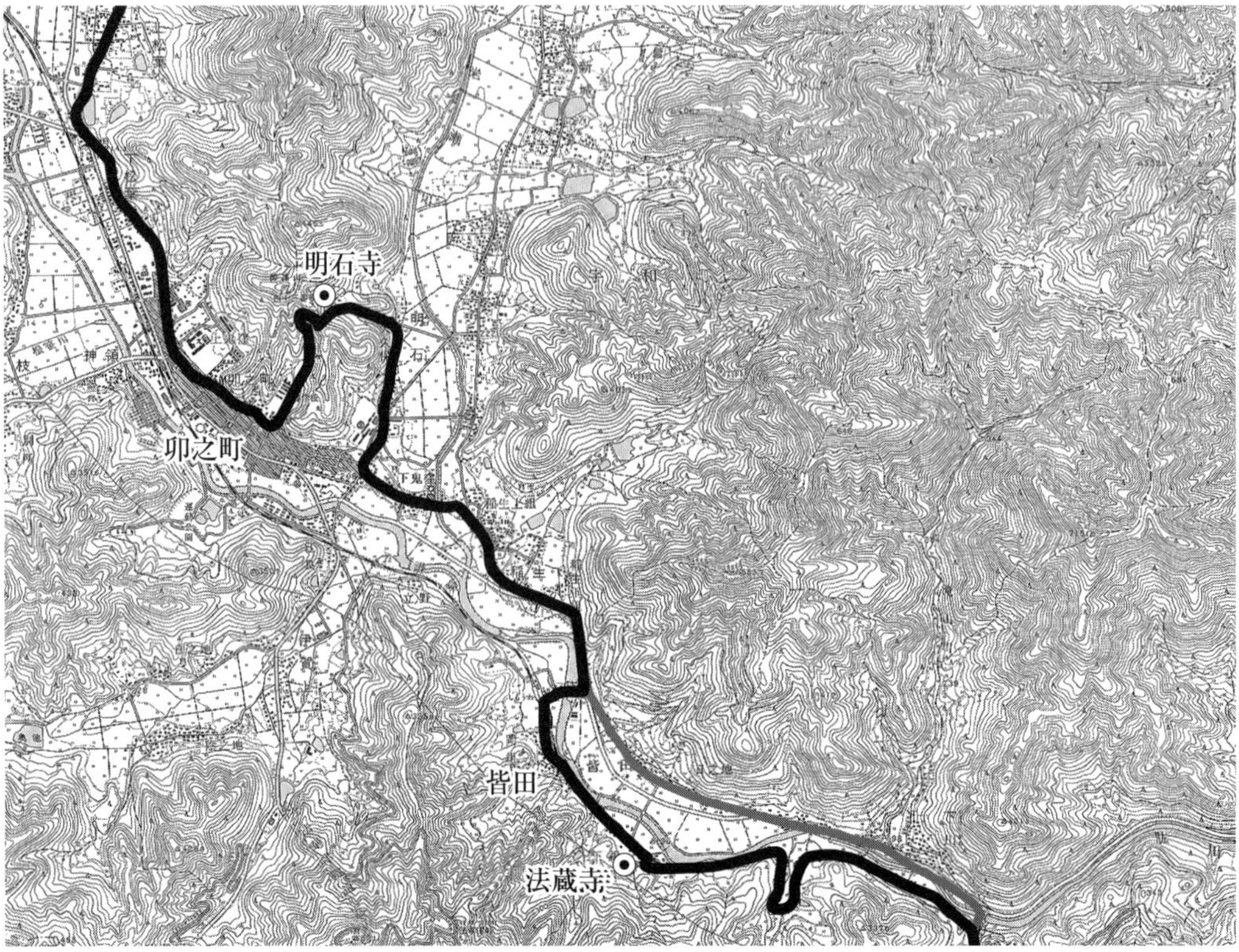

地図94　卯之町

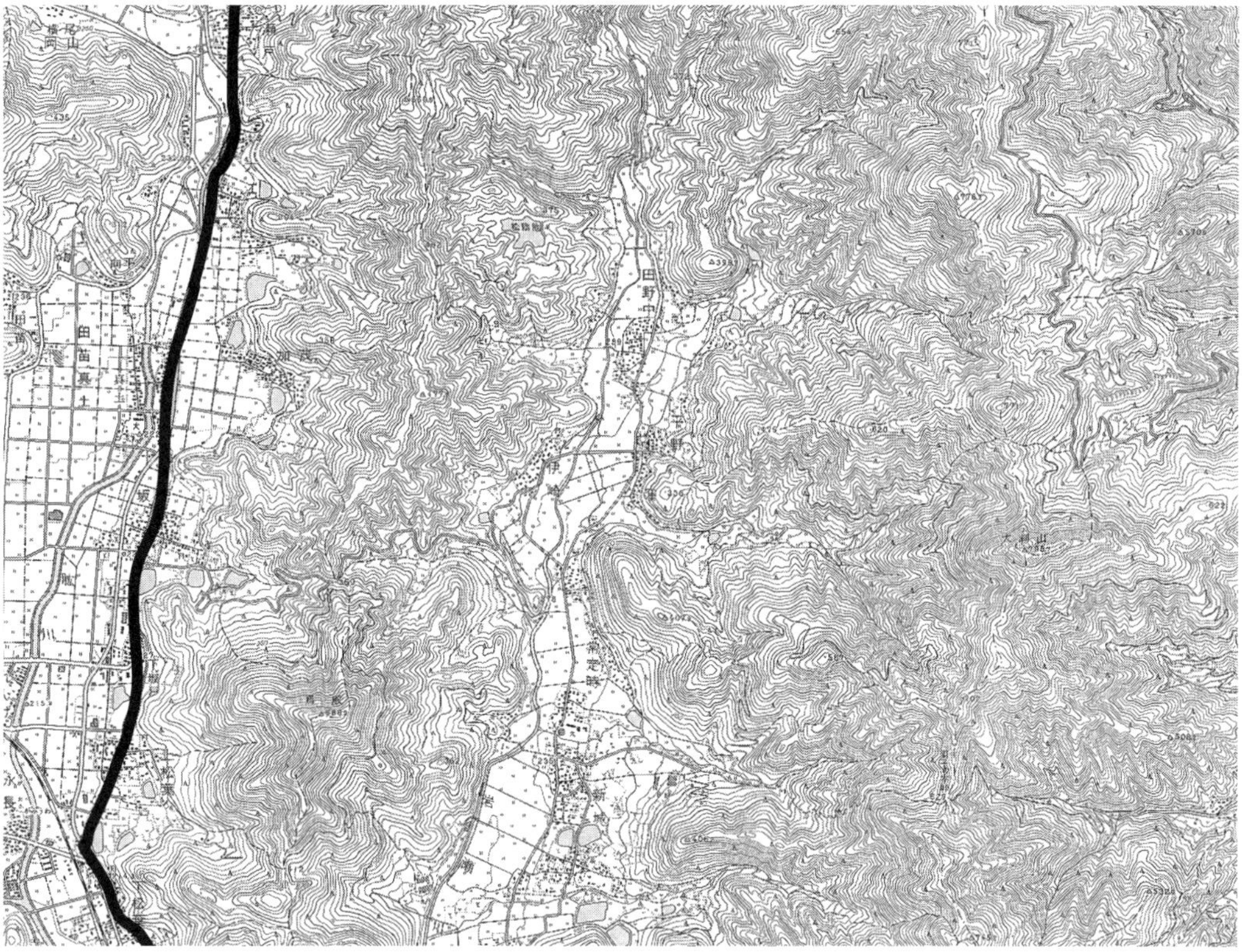

地図95　宇和から多田

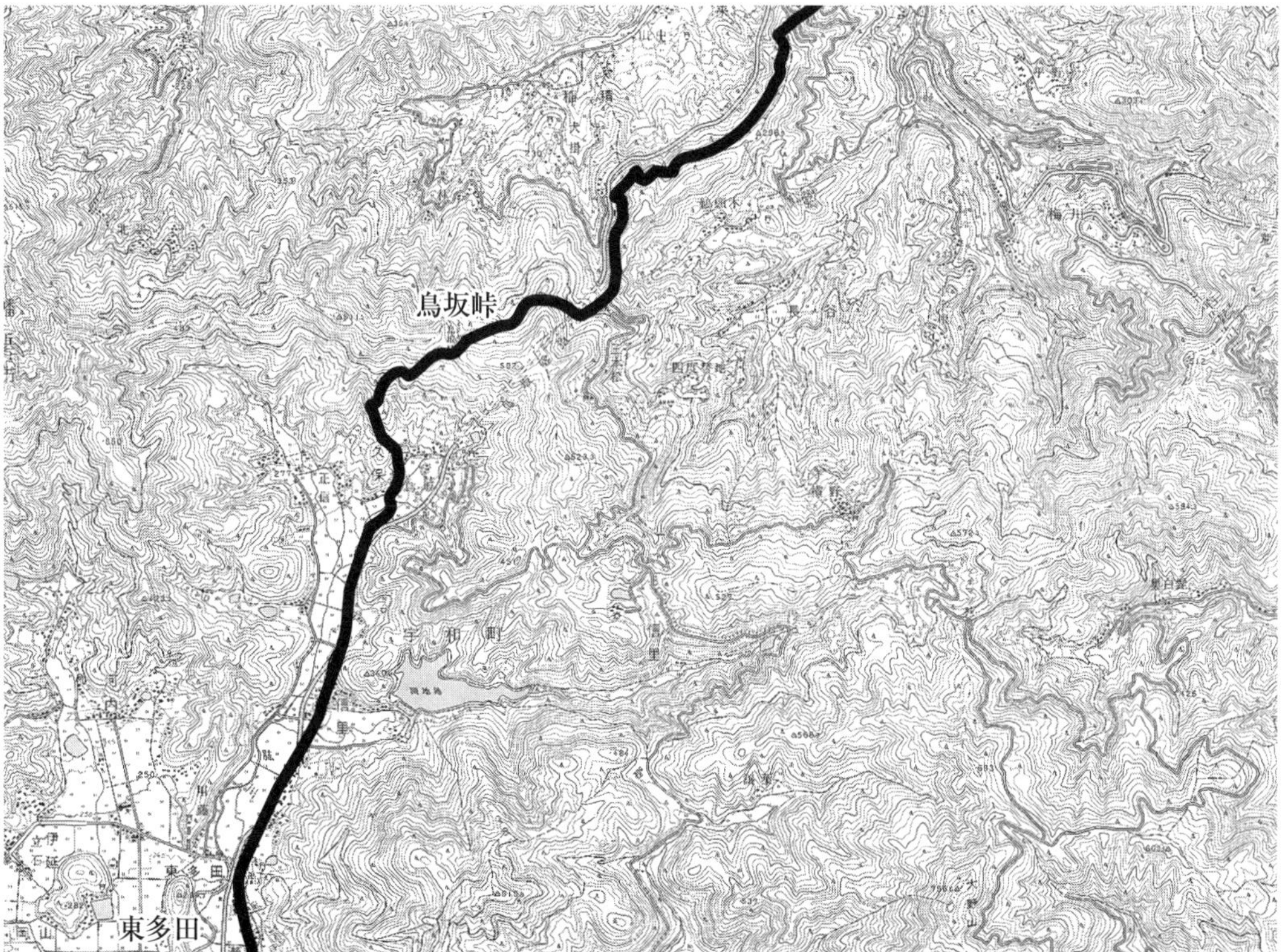

地図96　多田から鳥坂峠

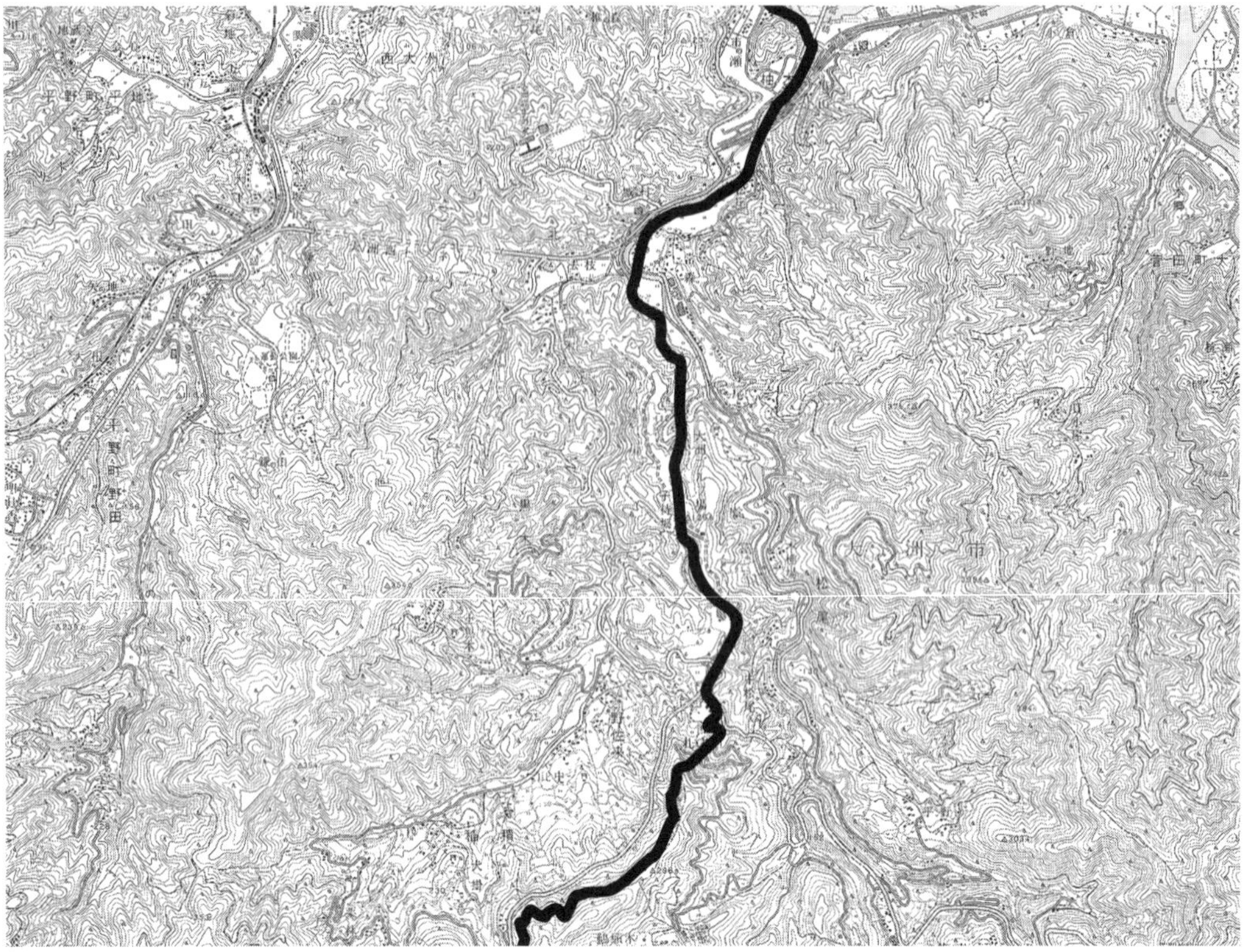

地図97　大洲市南部

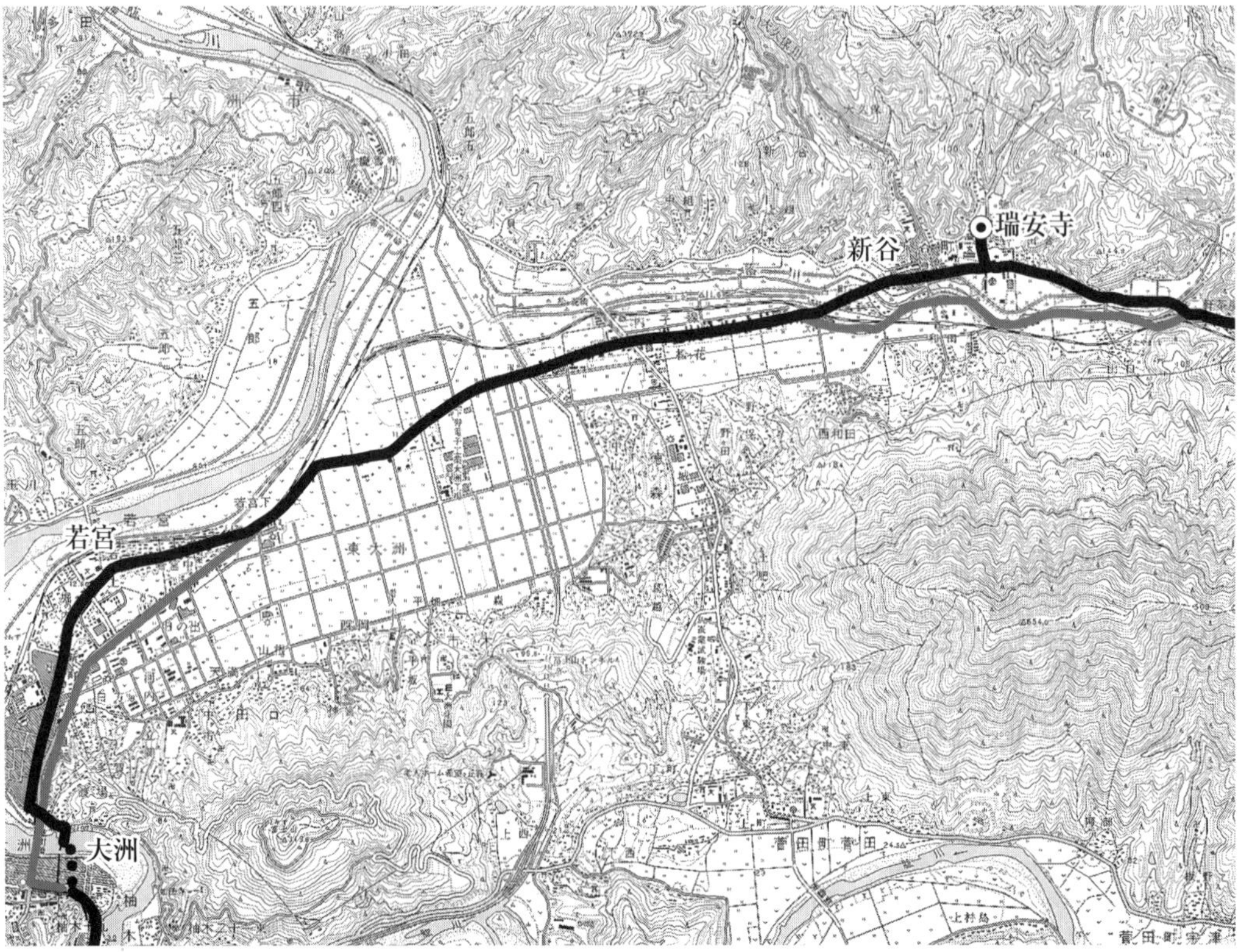

地図98　大洲から新谷

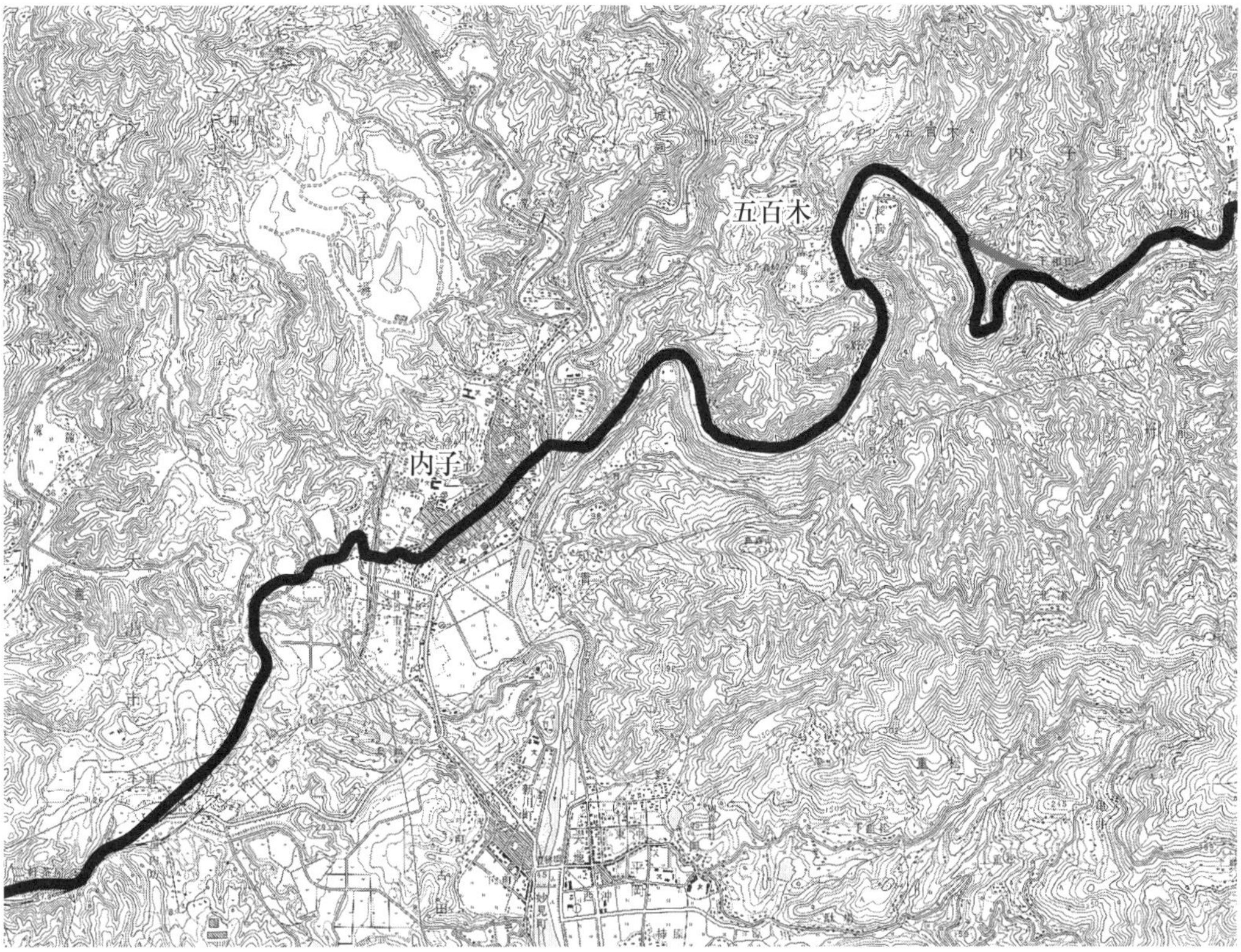

地図99　内子

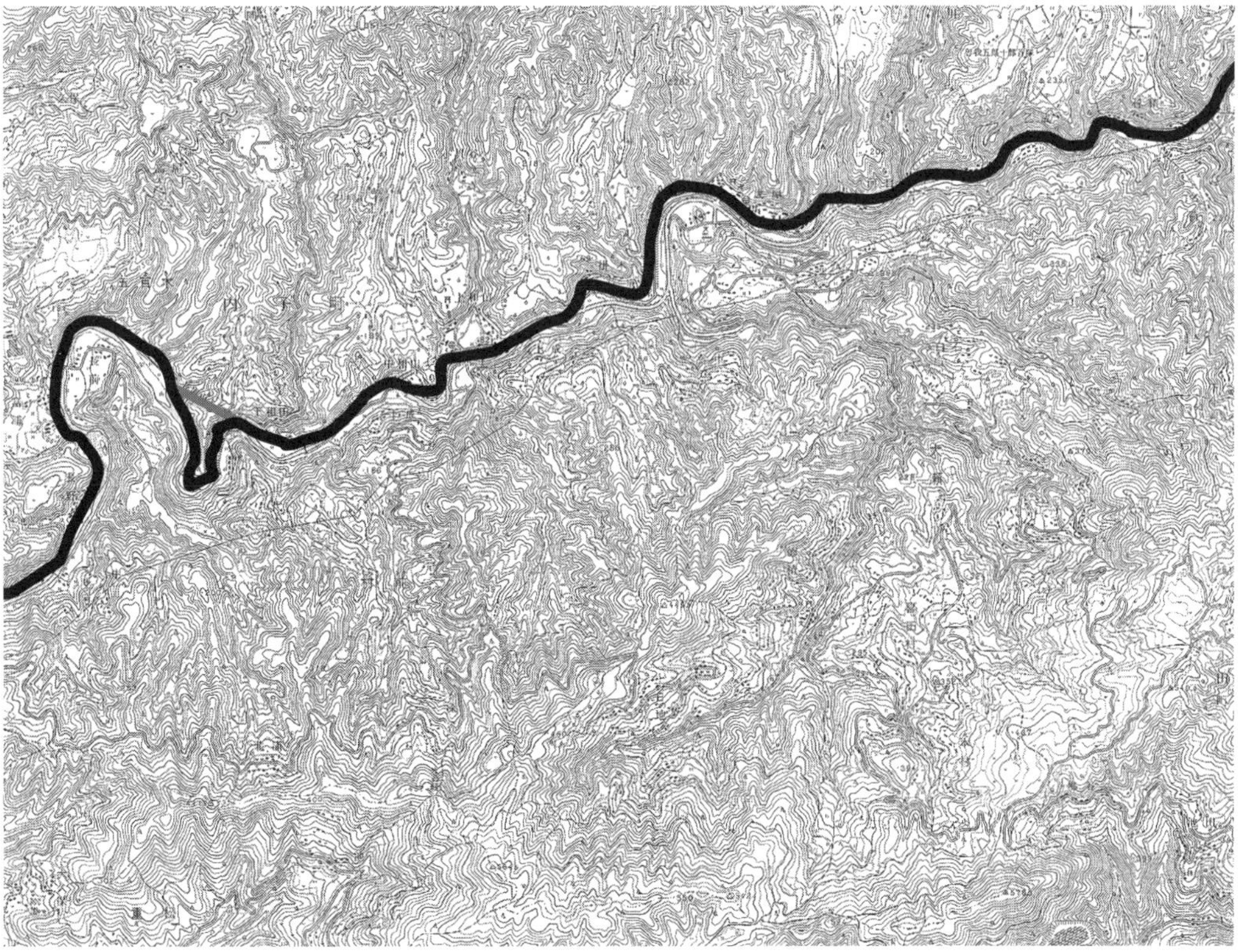

地図100　大瀬

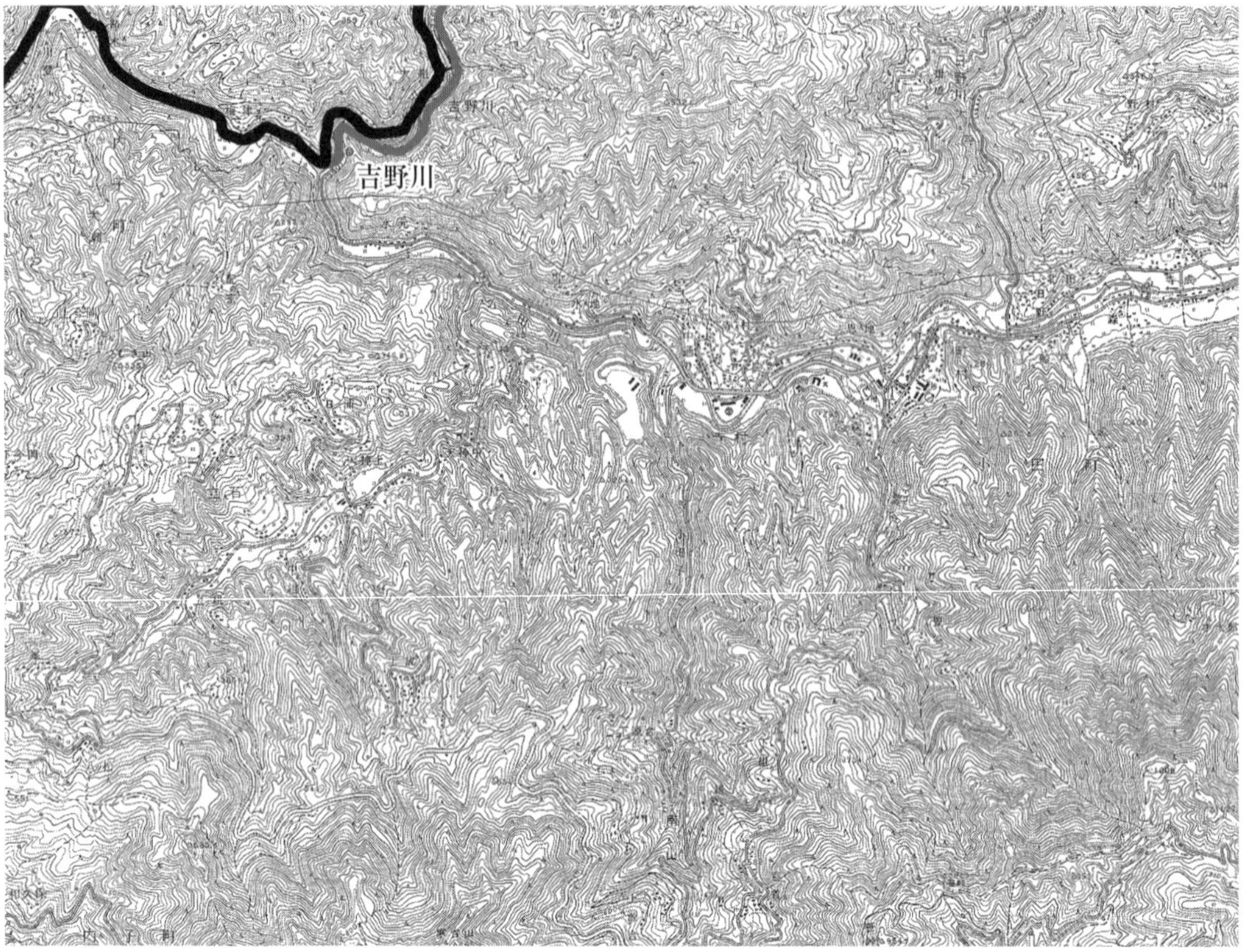

地図101　吉野川

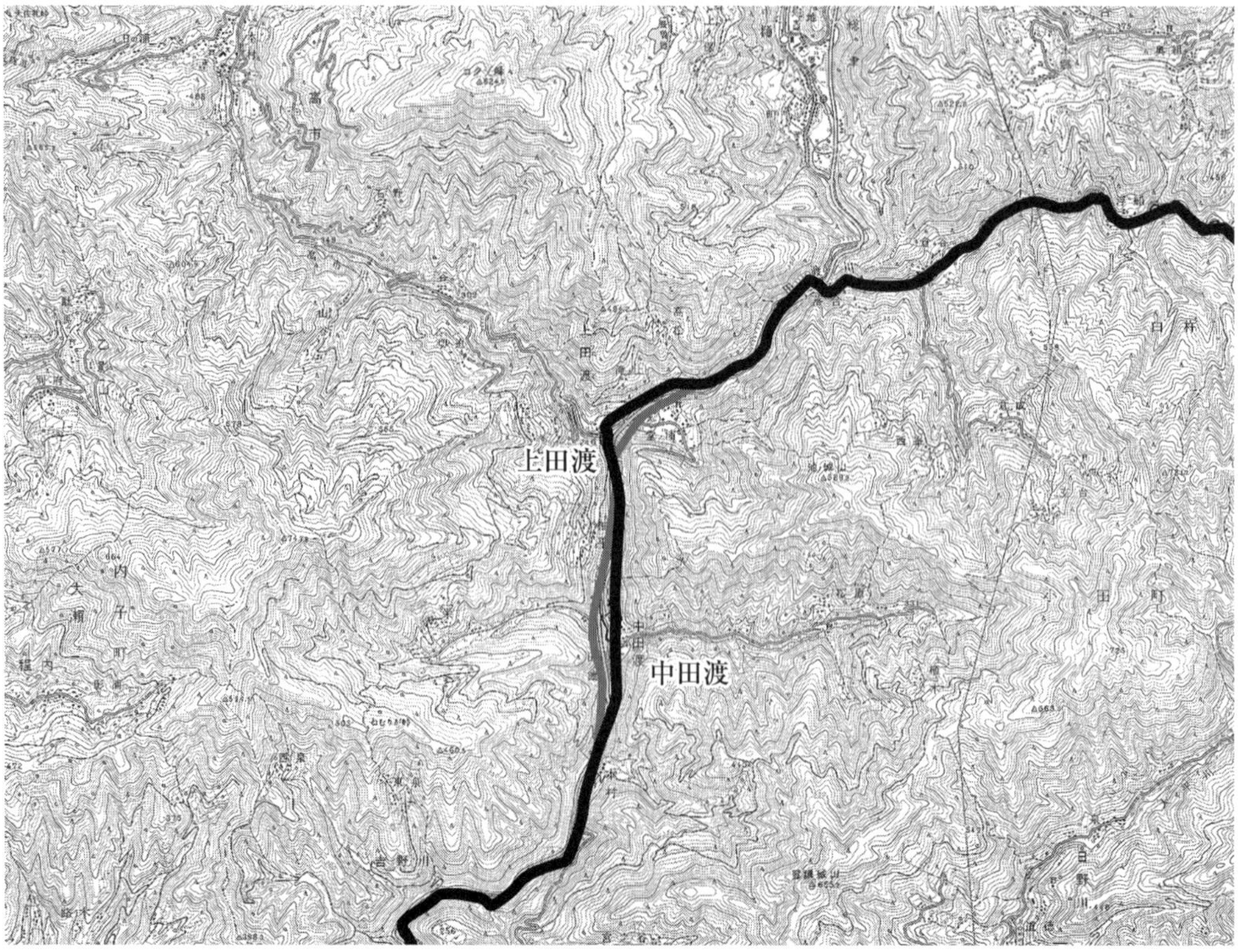

地図102　総津落合

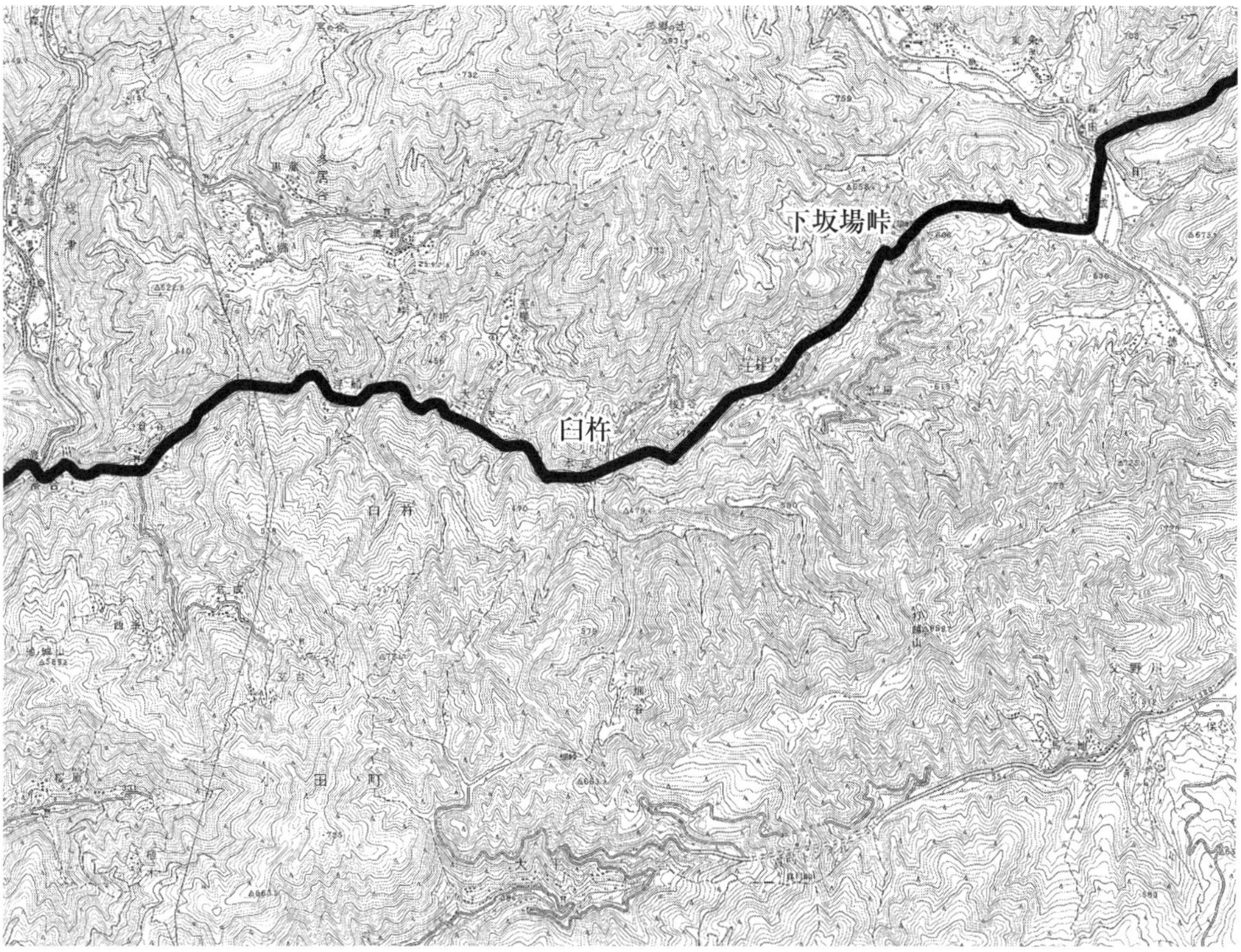

地図103　臼杵

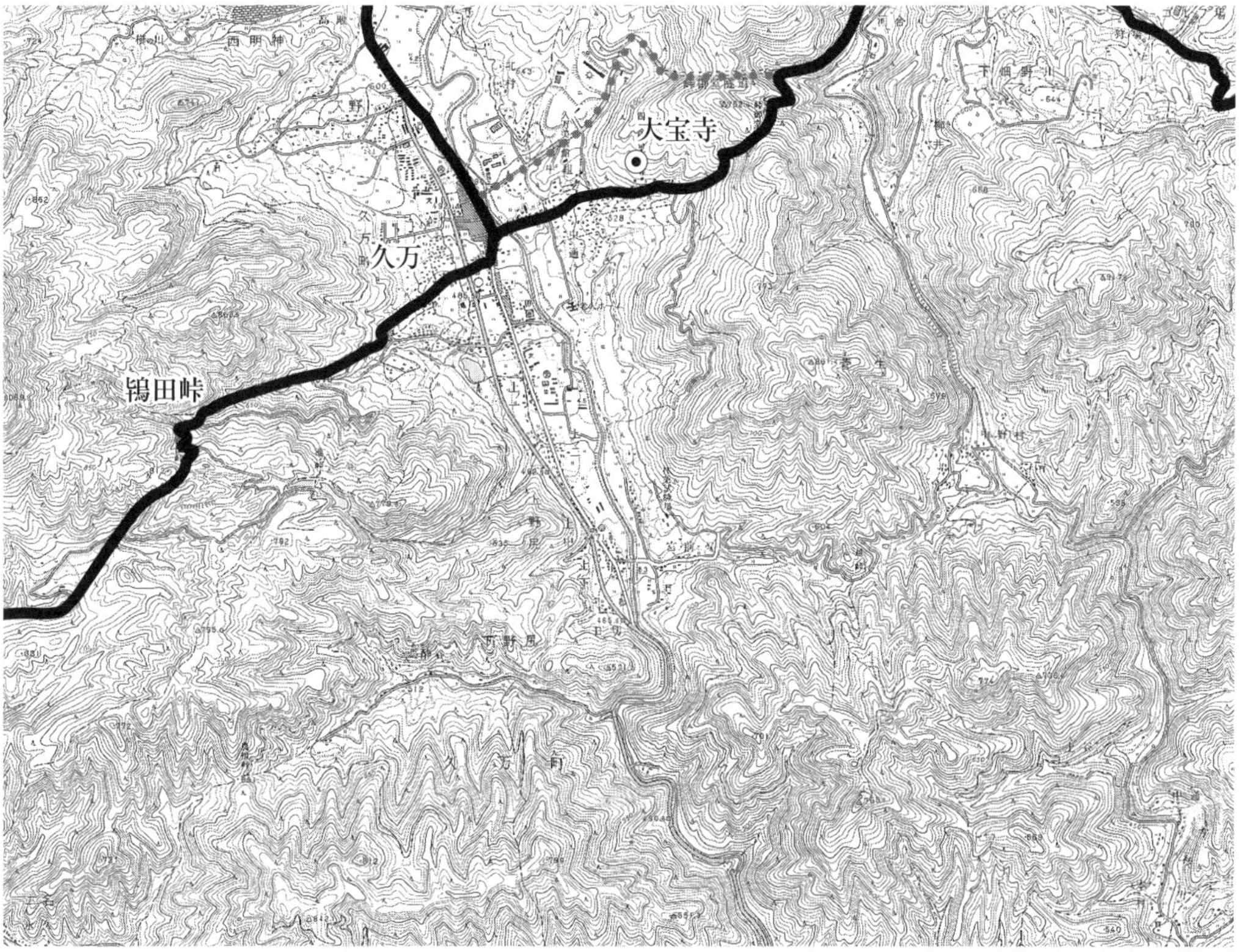

地図104　久万中心部

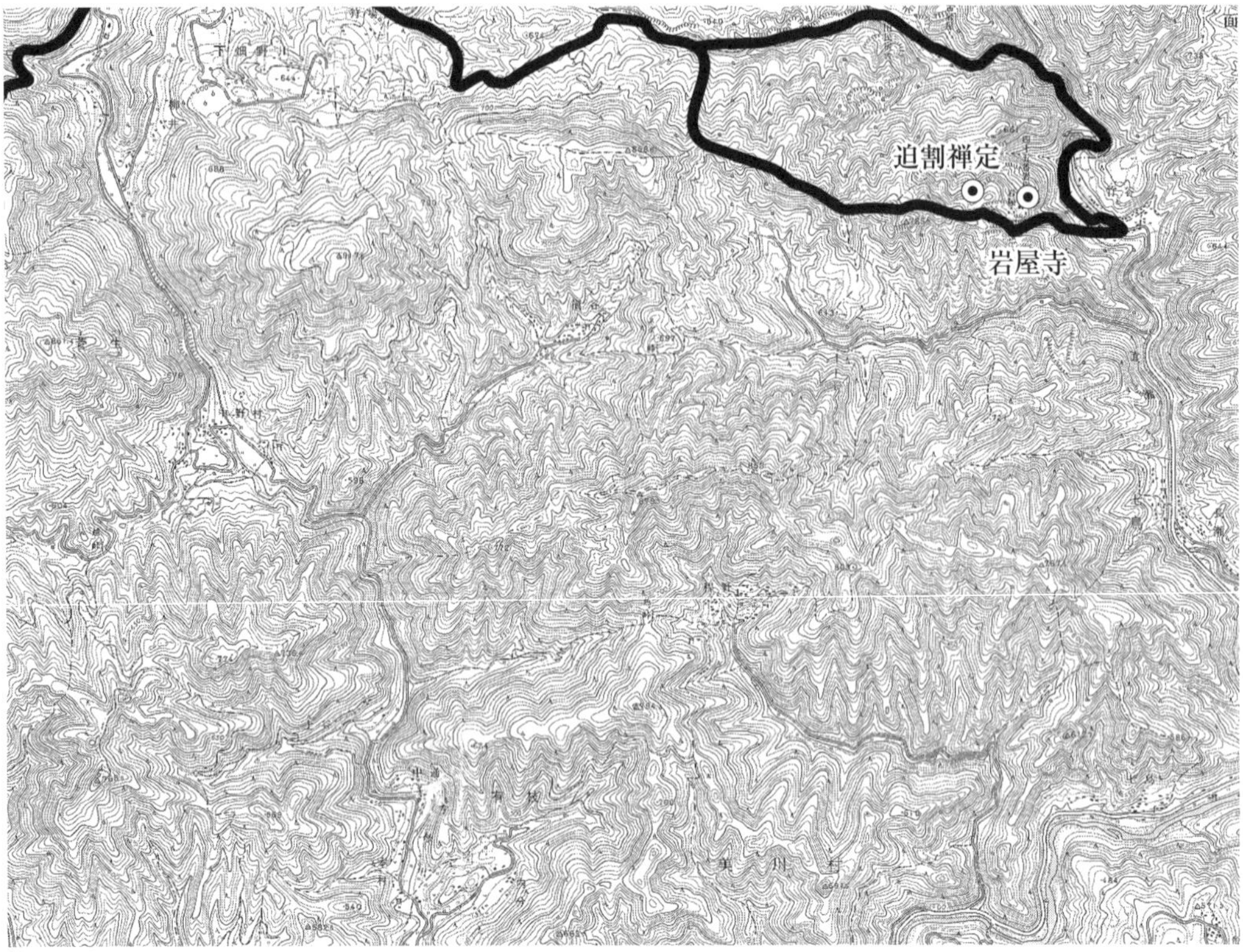

地図105　岩屋寺

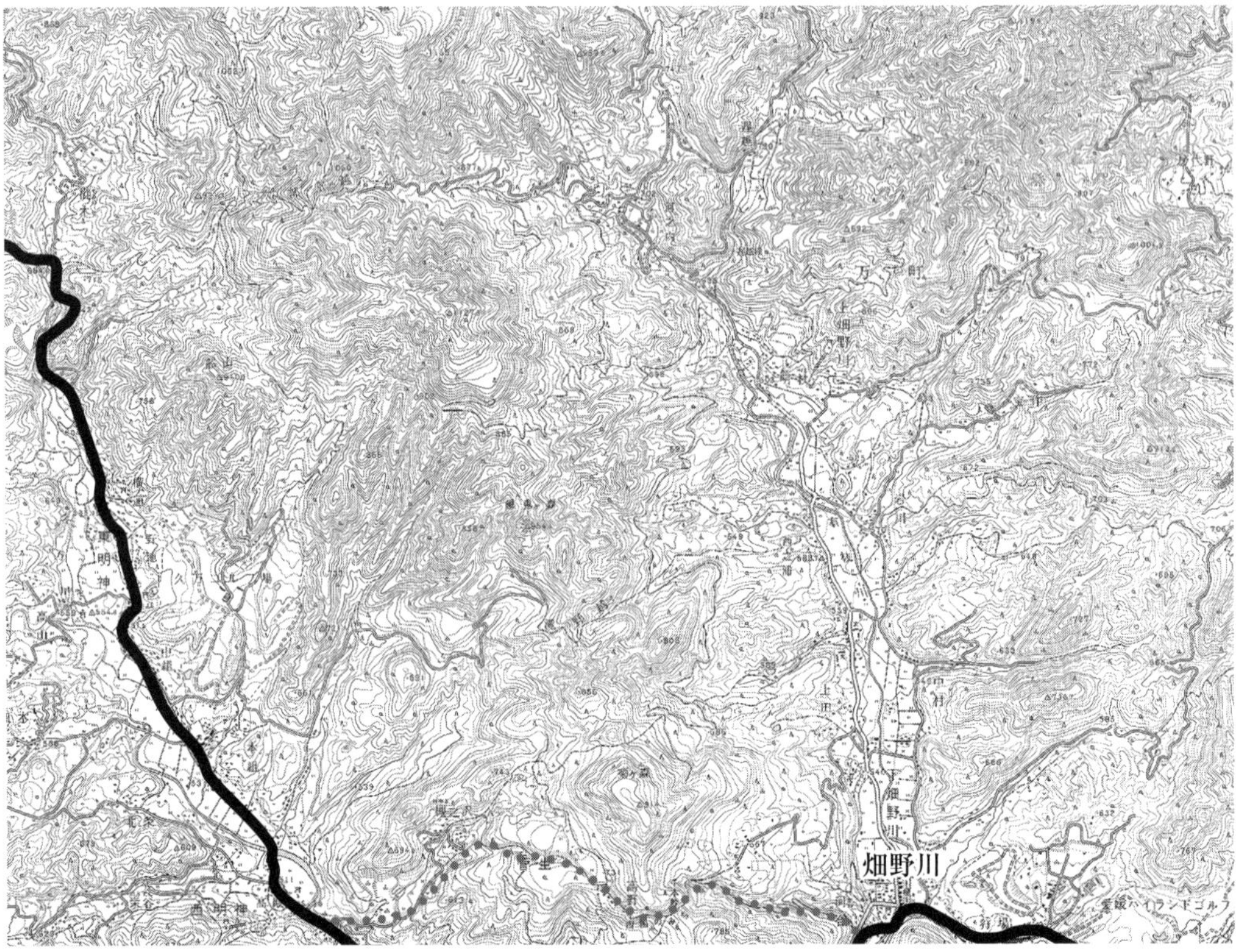

地図106　久万北部

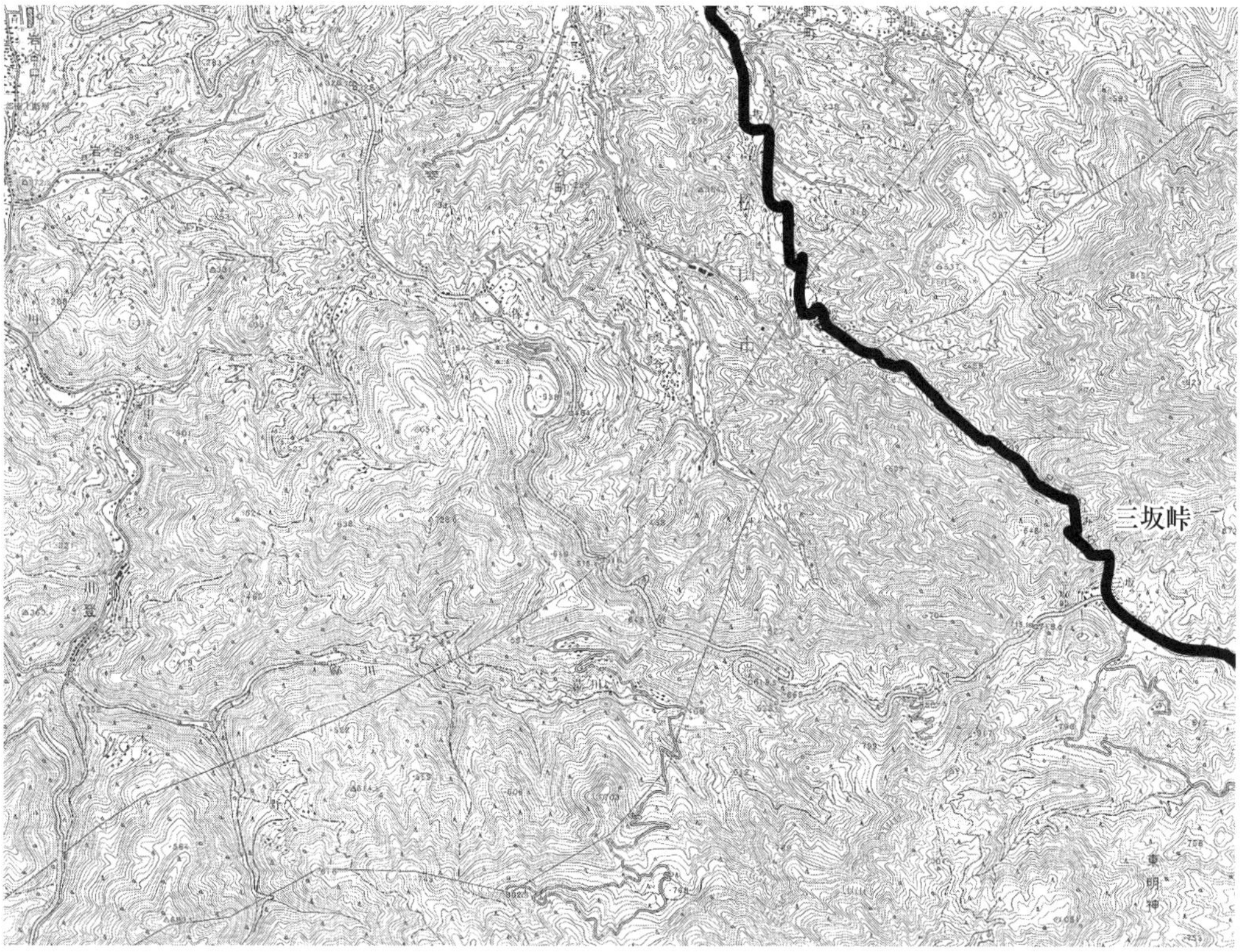

地図107　三坂峠

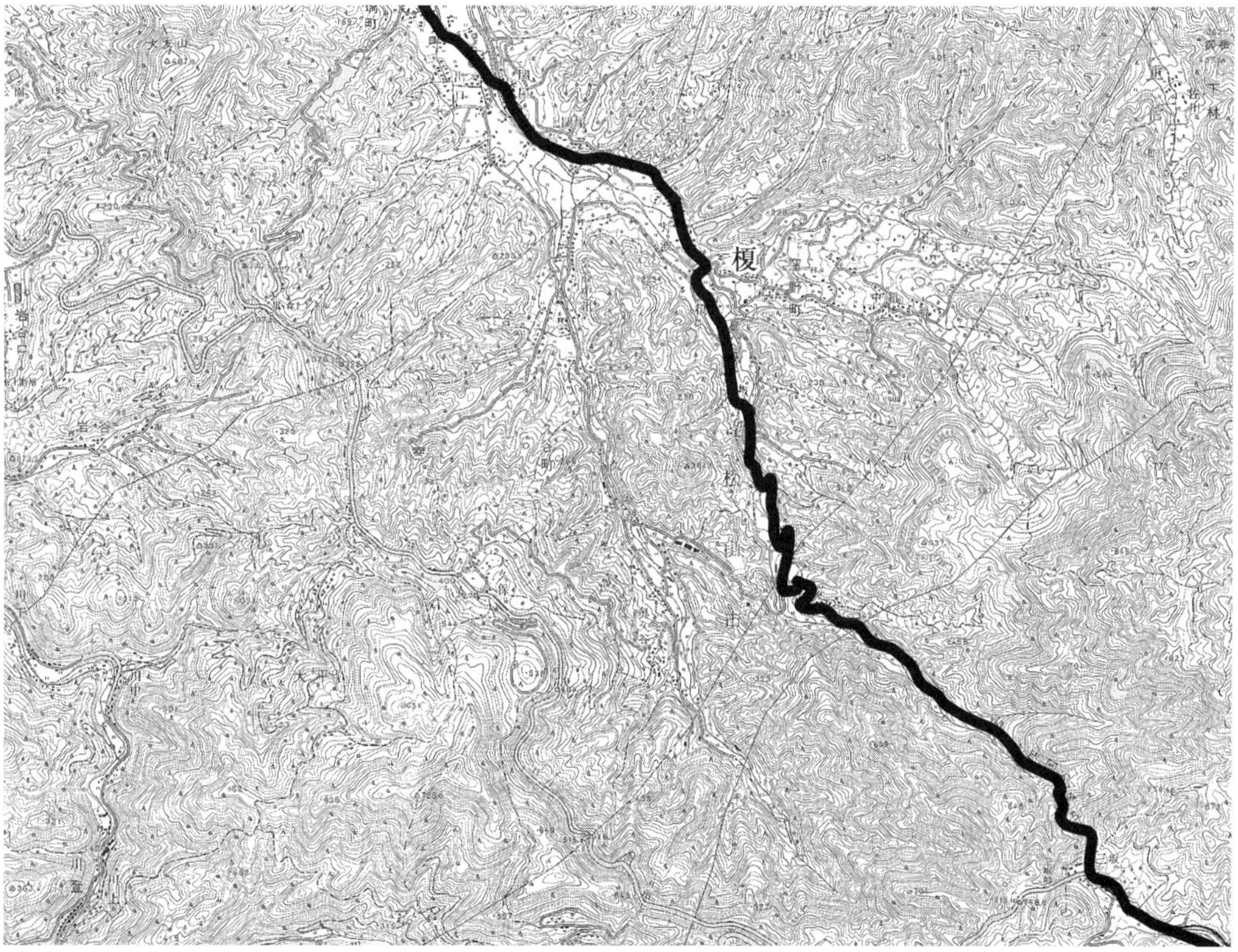

地図108　久谷

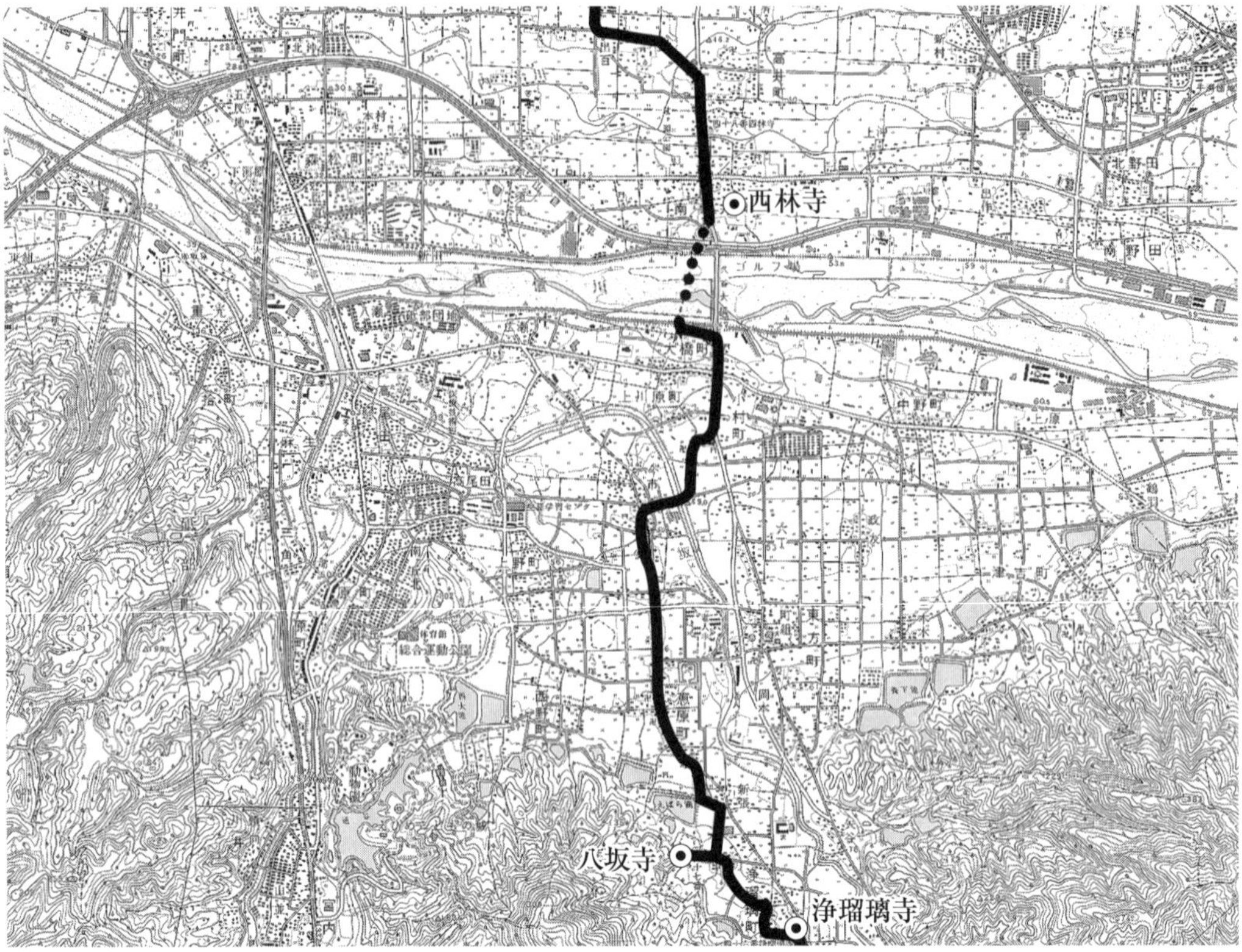

地図109　浄瑠璃寺から西林寺

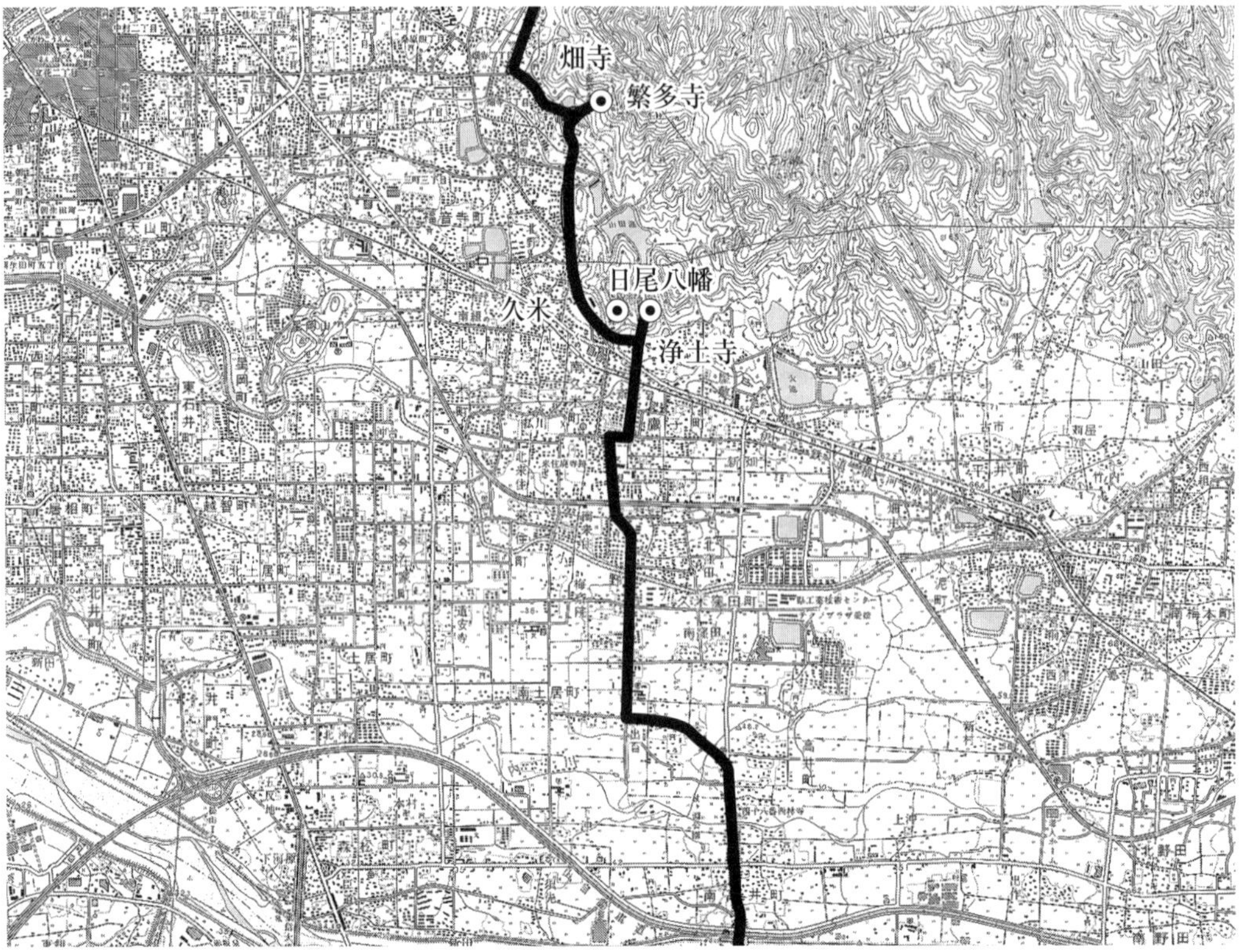

地図110　松山南部

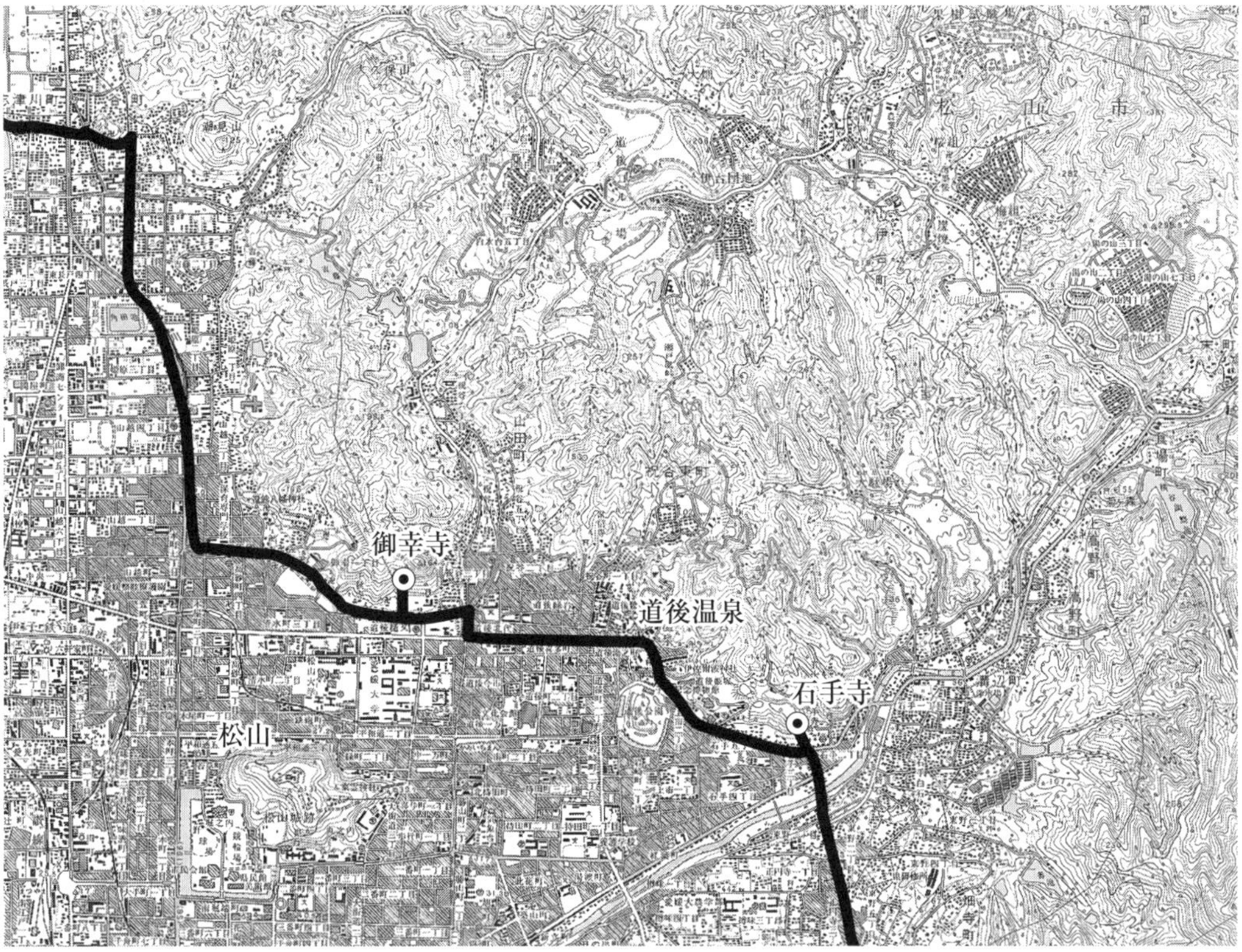

地図111　松山北部

地図112　太山寺から円明寺

地図113　堀江

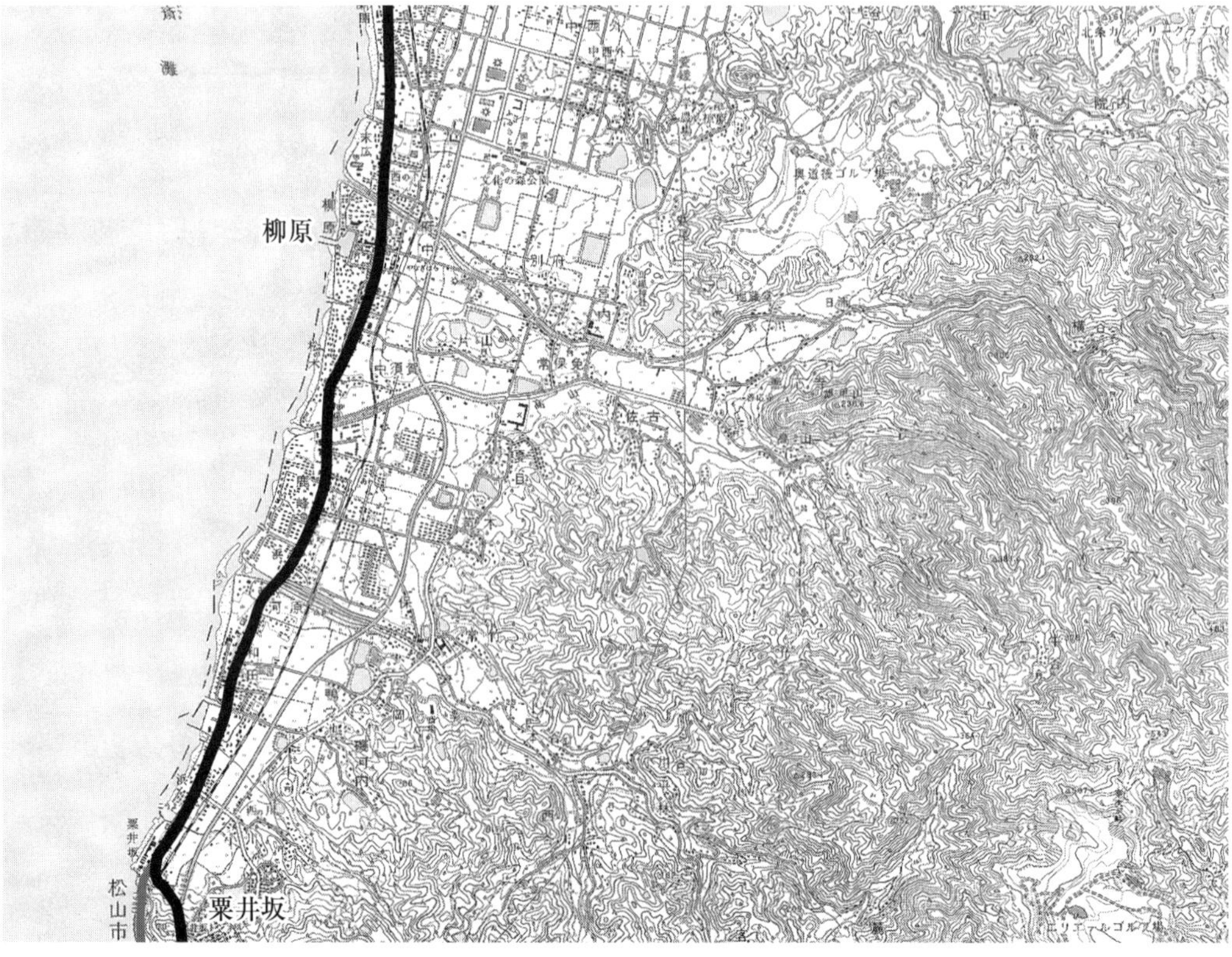

地図114　粟井から柳原

地図115　北条中心部

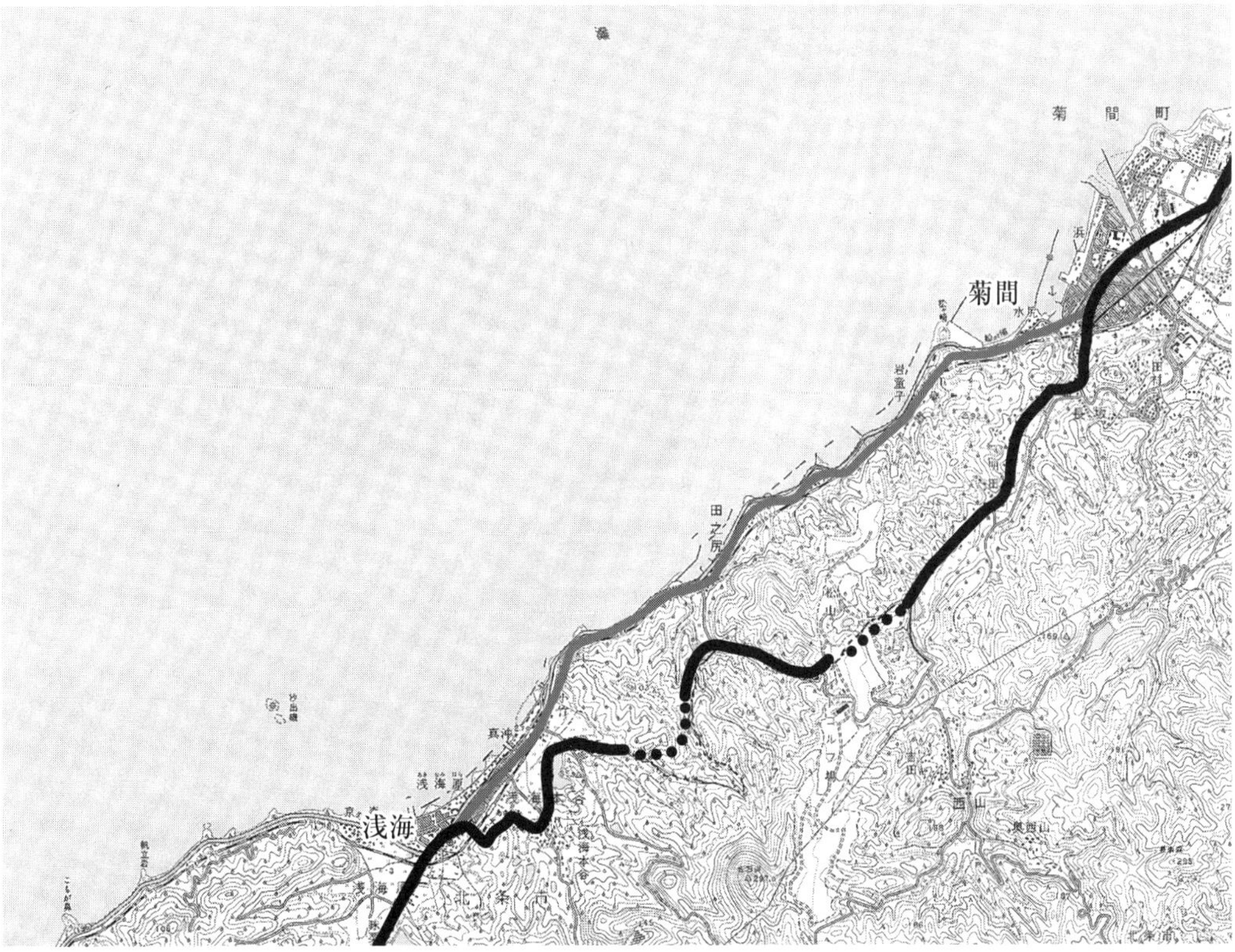

地図116　浅海から菊間

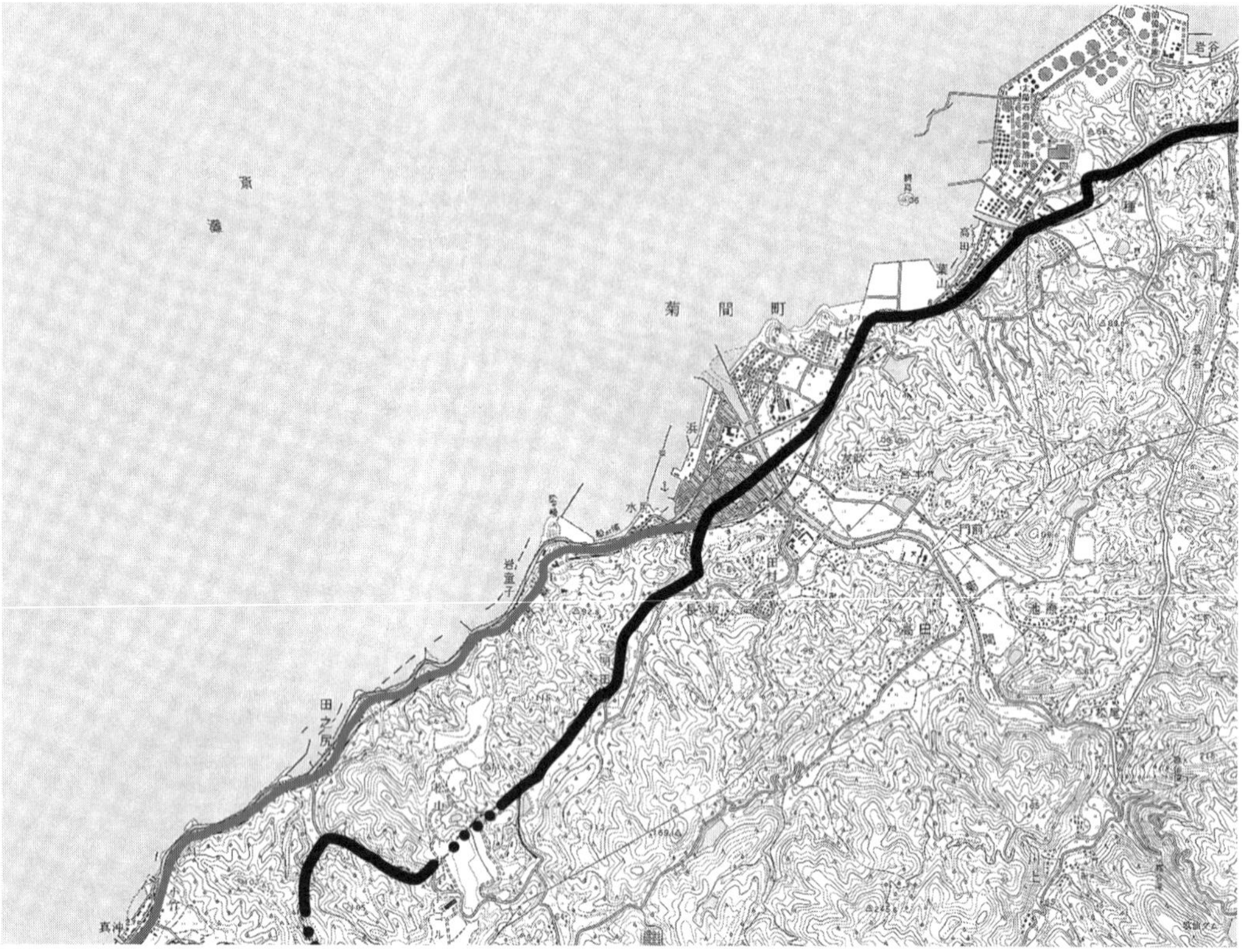

地図117　菊間から伊予亀岡

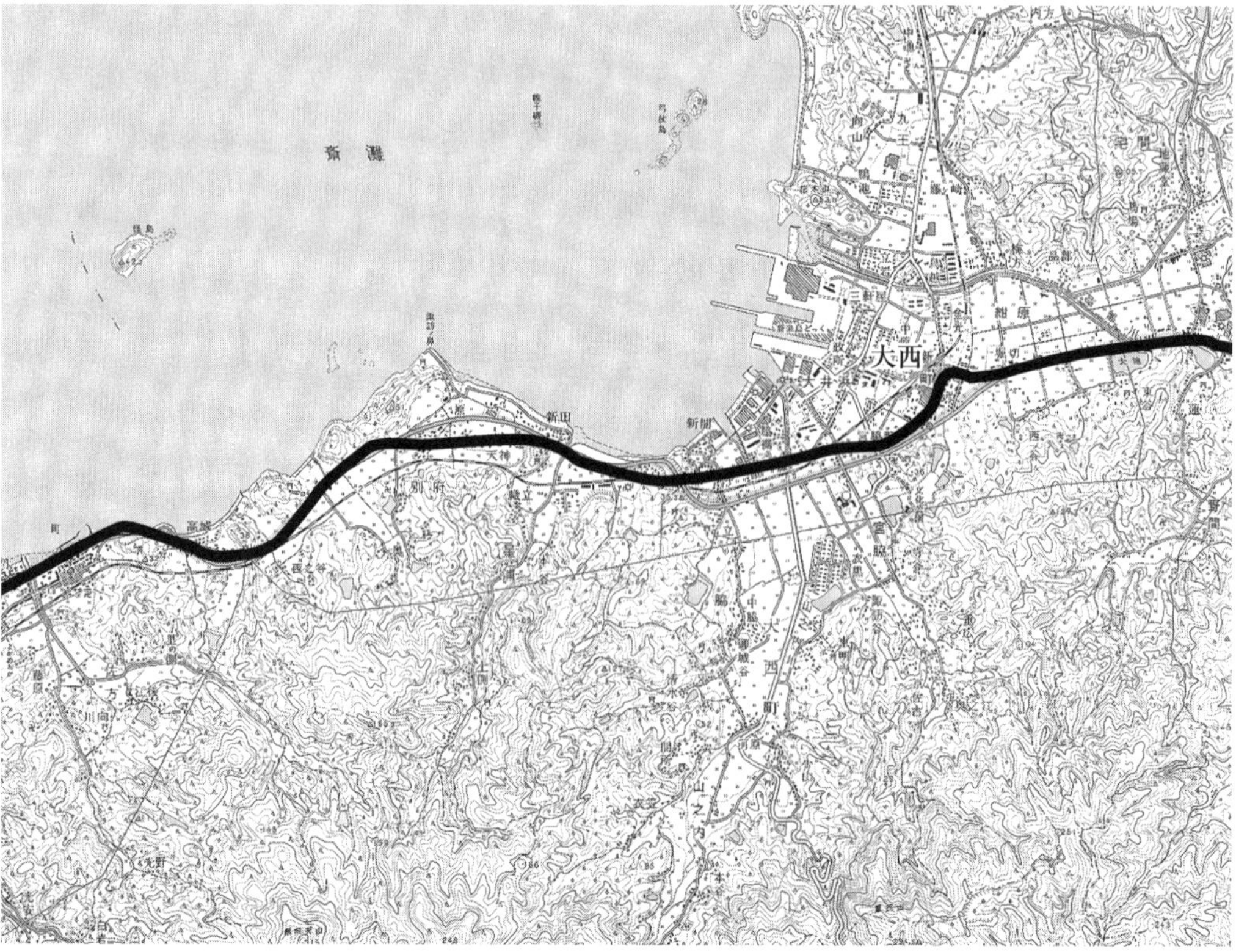

地図118　伊予亀岡から大西

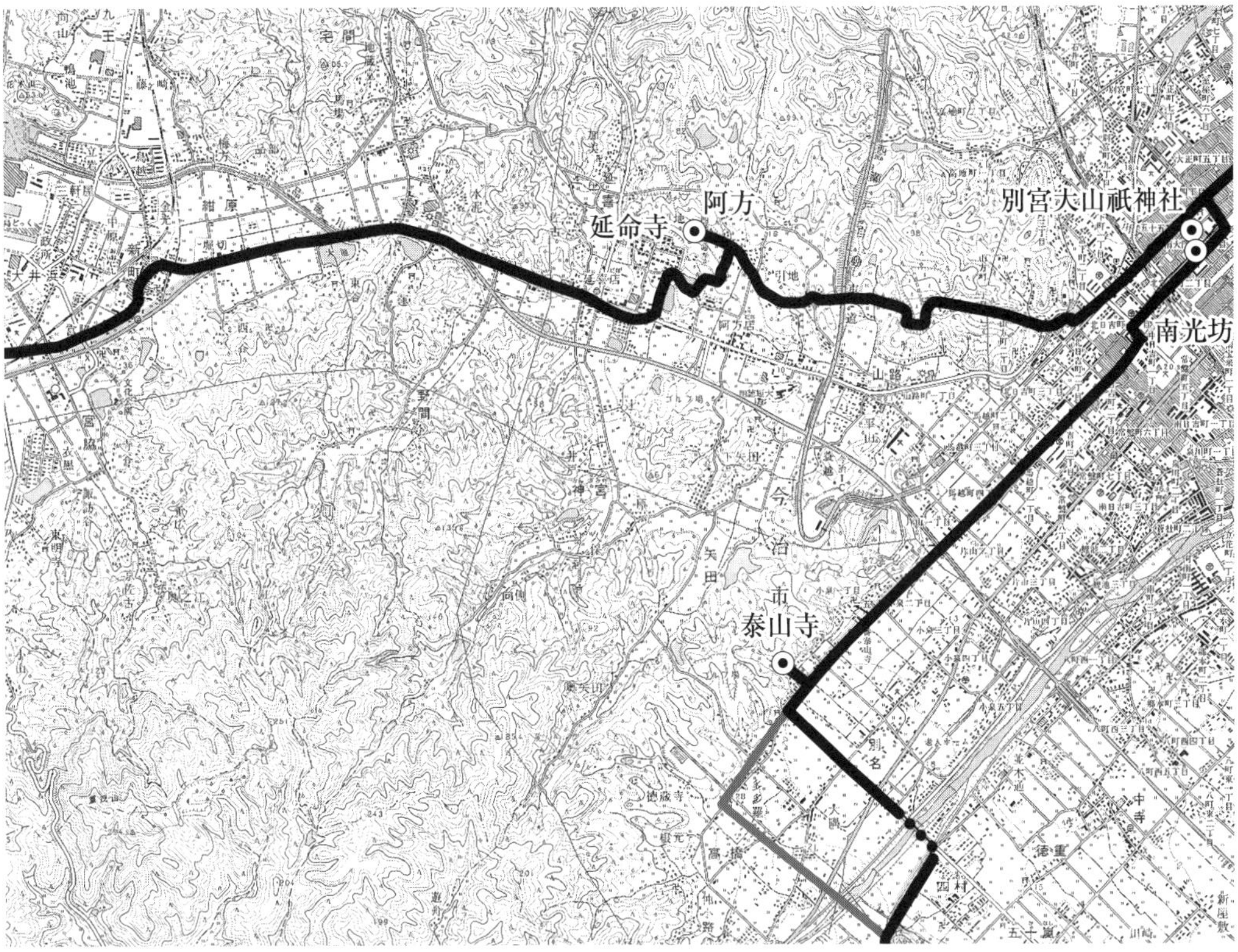

地図119　今治西部

地図120　今治東部

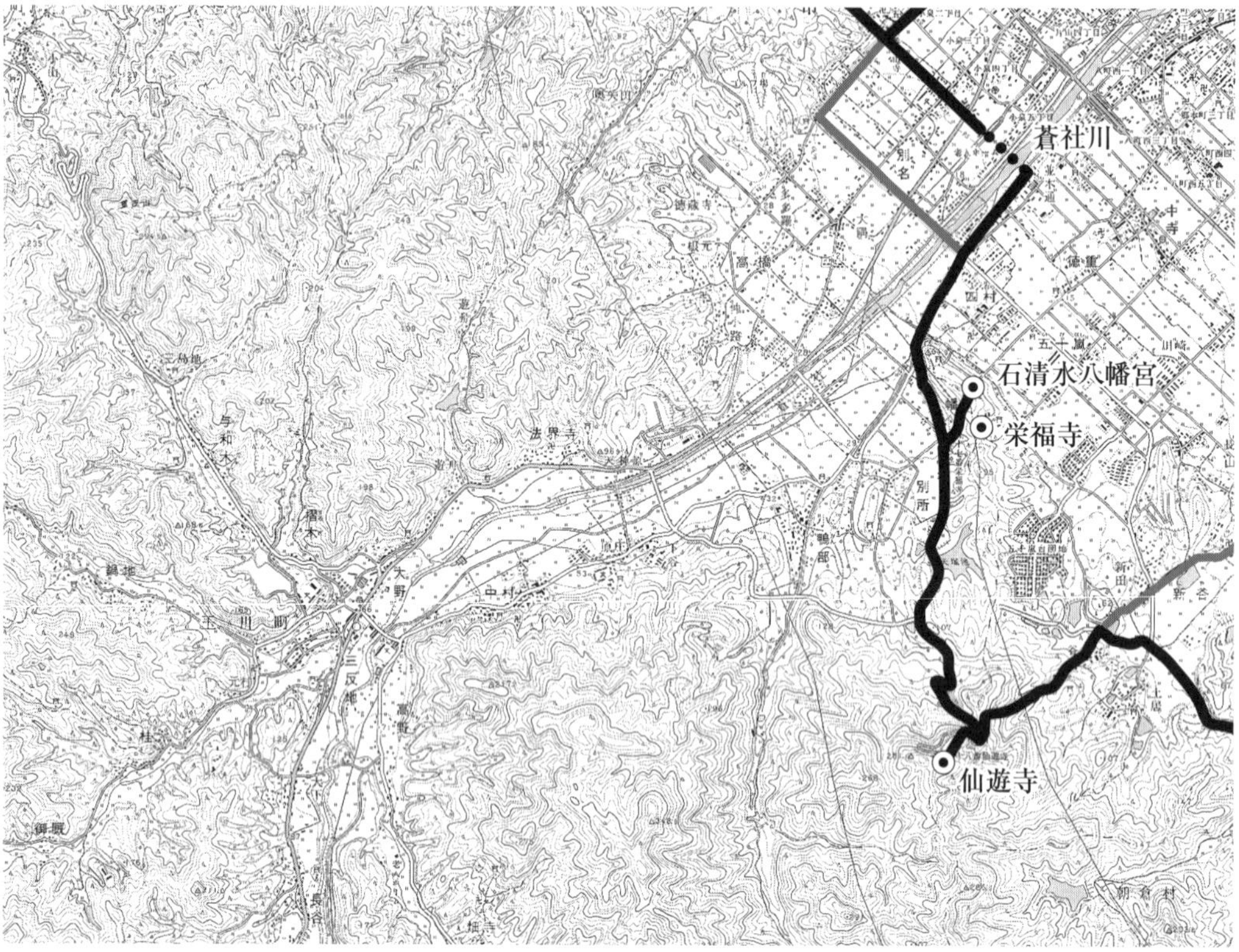

地図121　玉川

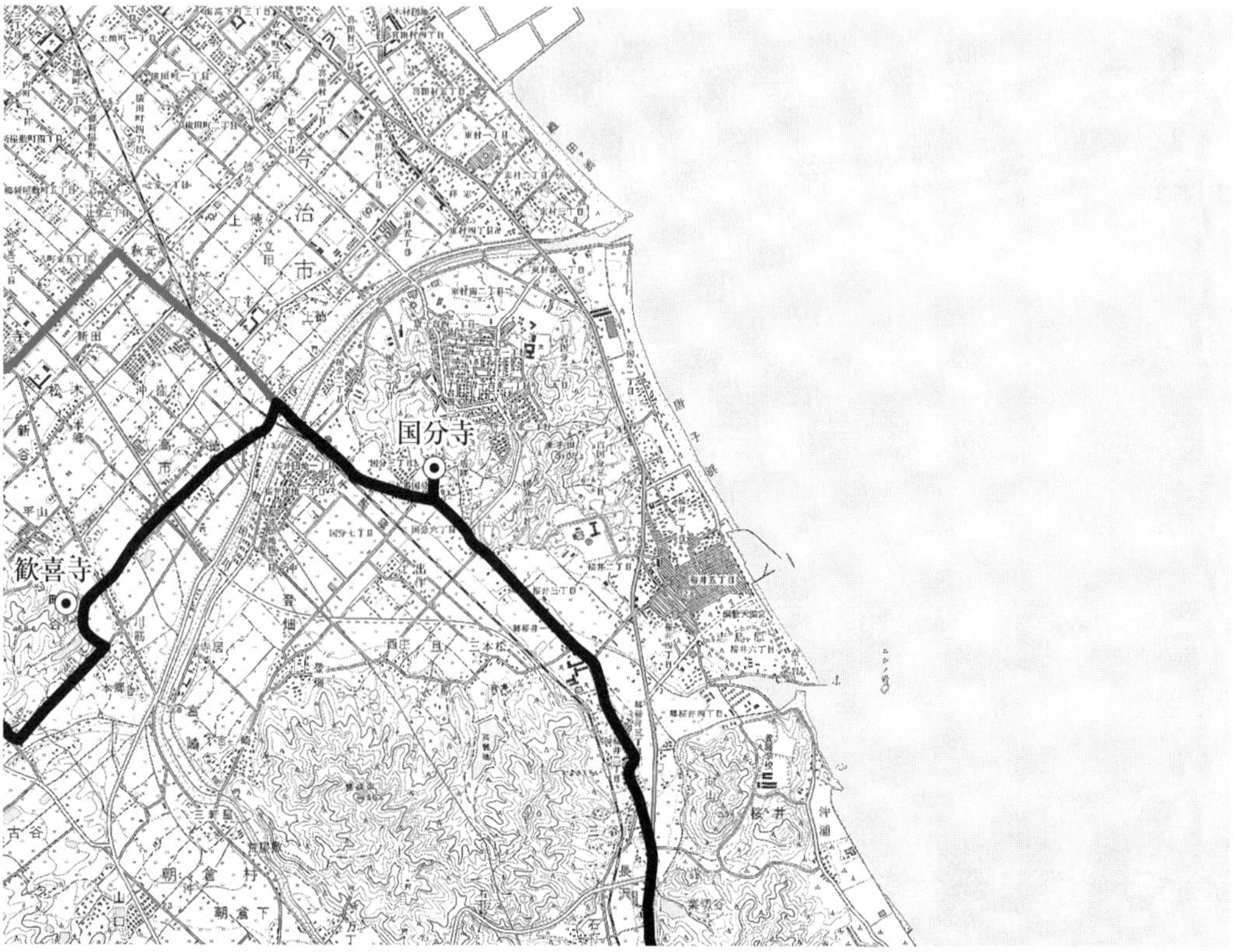

地図122　今治南部

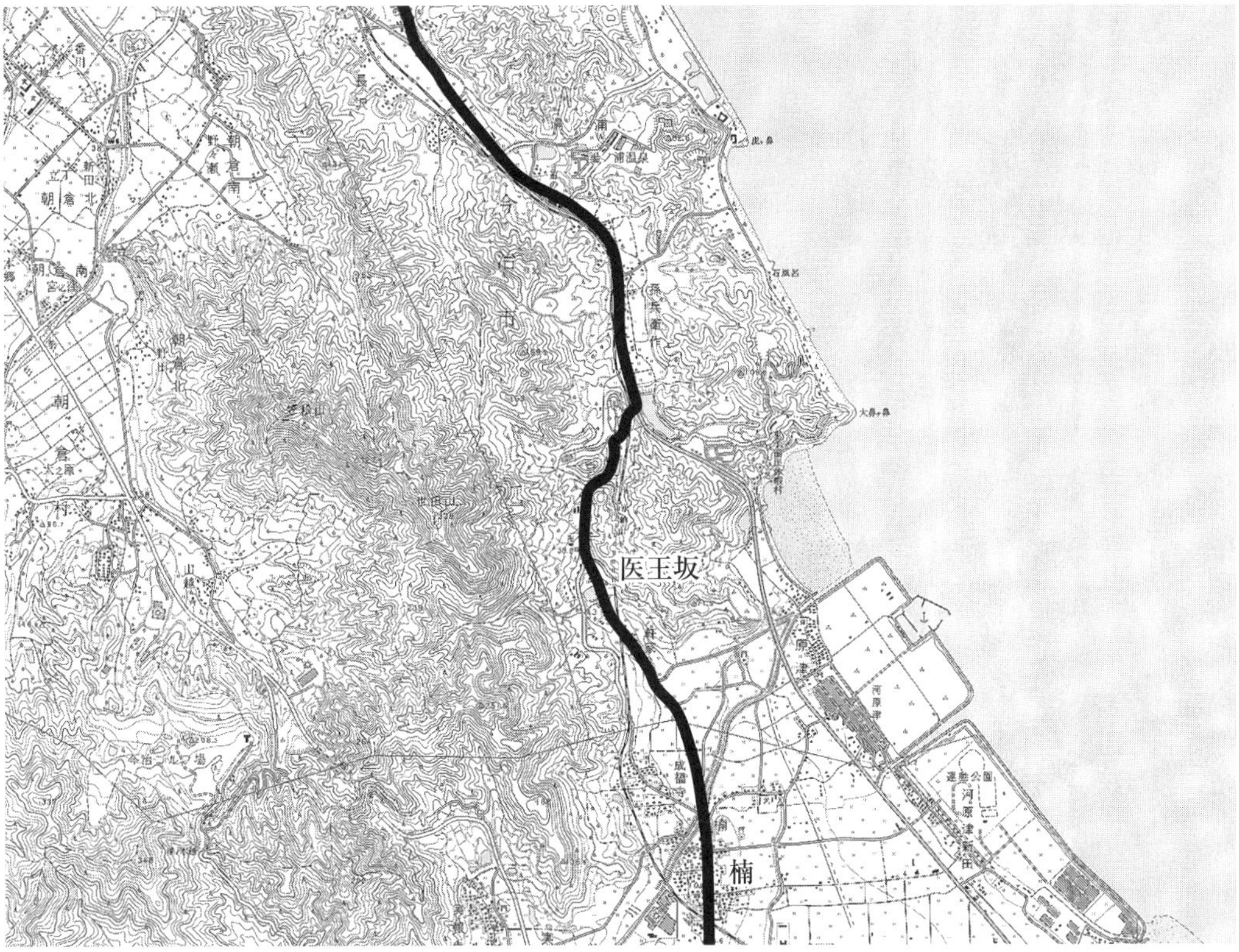

地図123　今治湯ノ浦

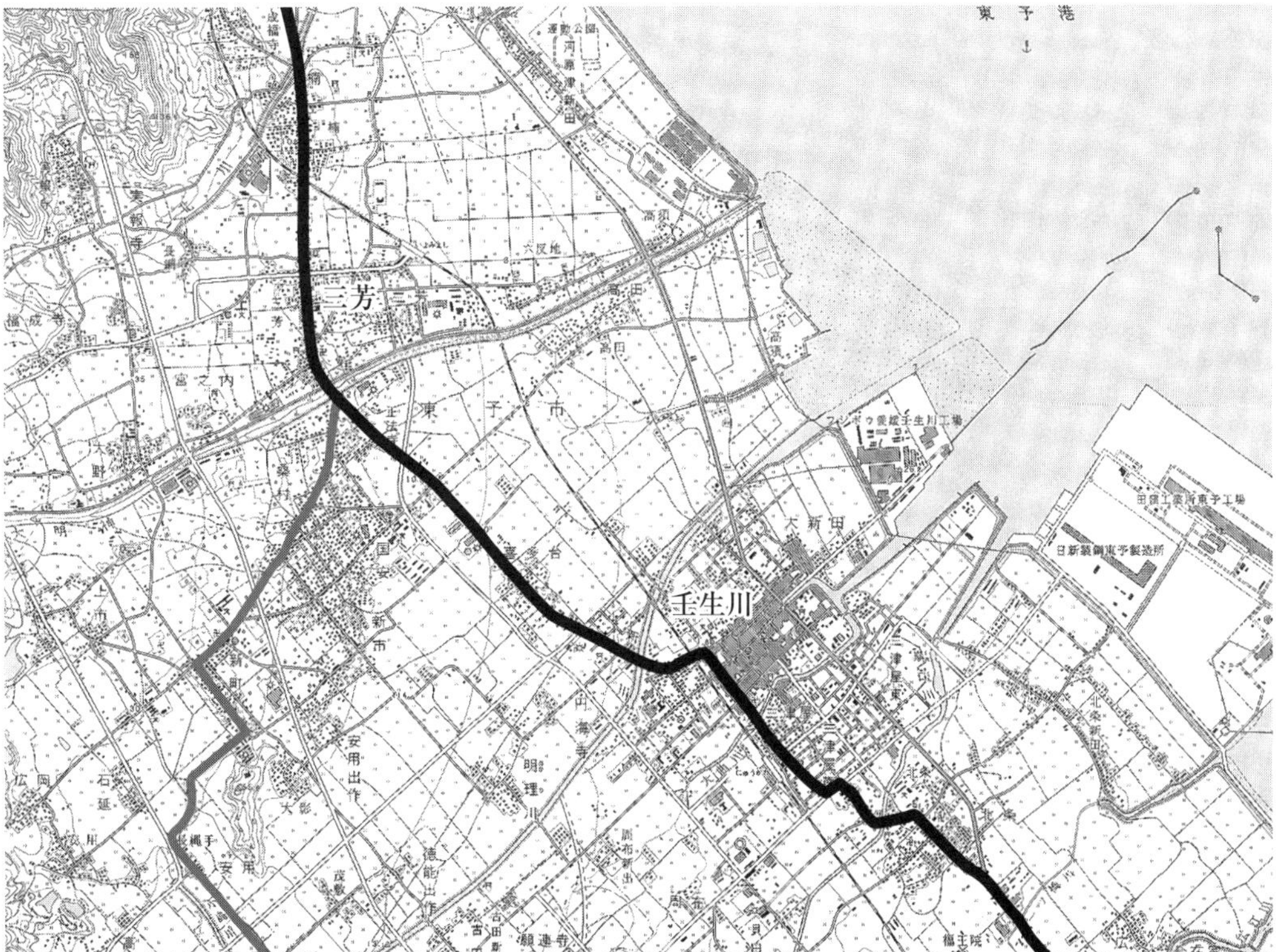

地図124　壬生川

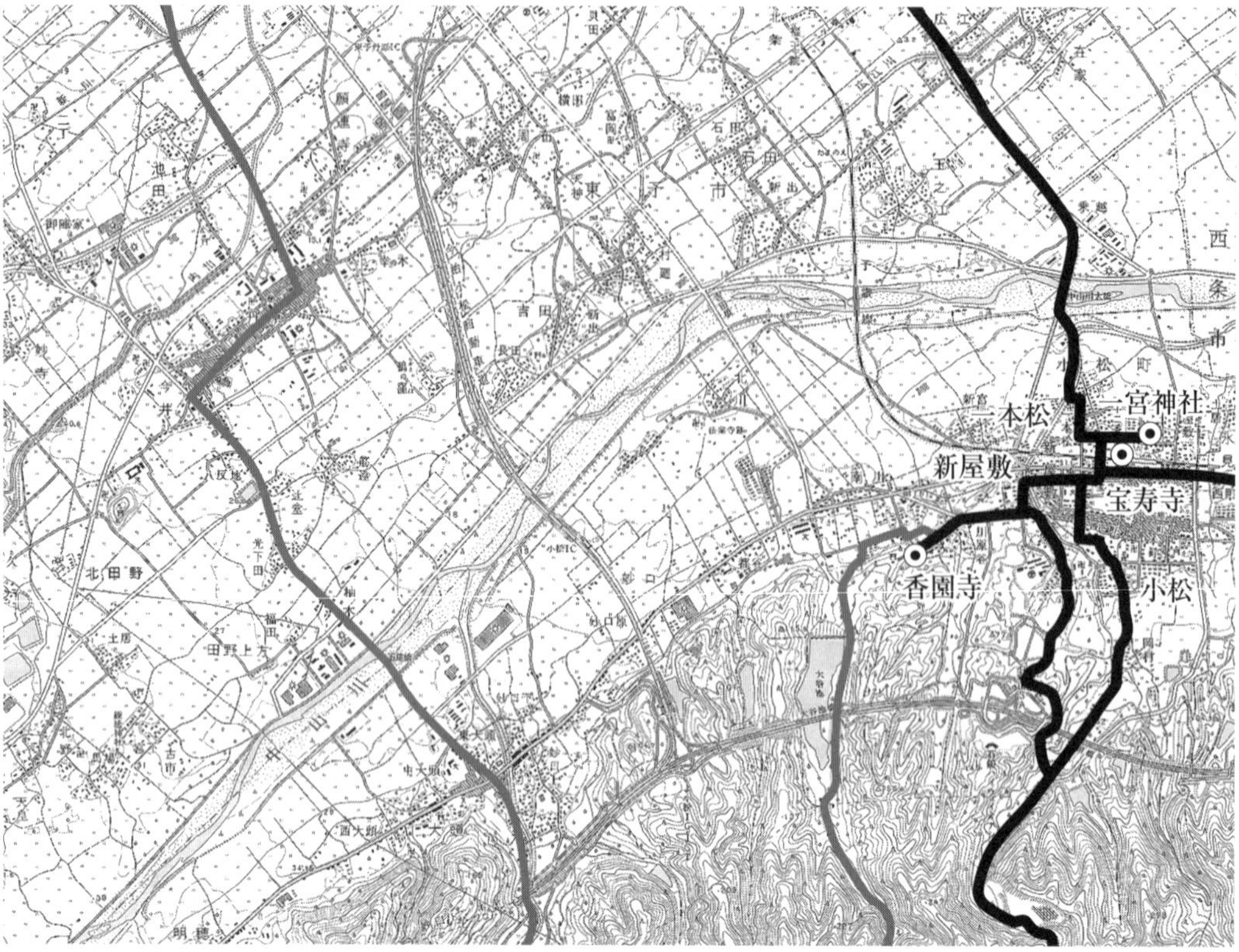

地図125　伊予小松

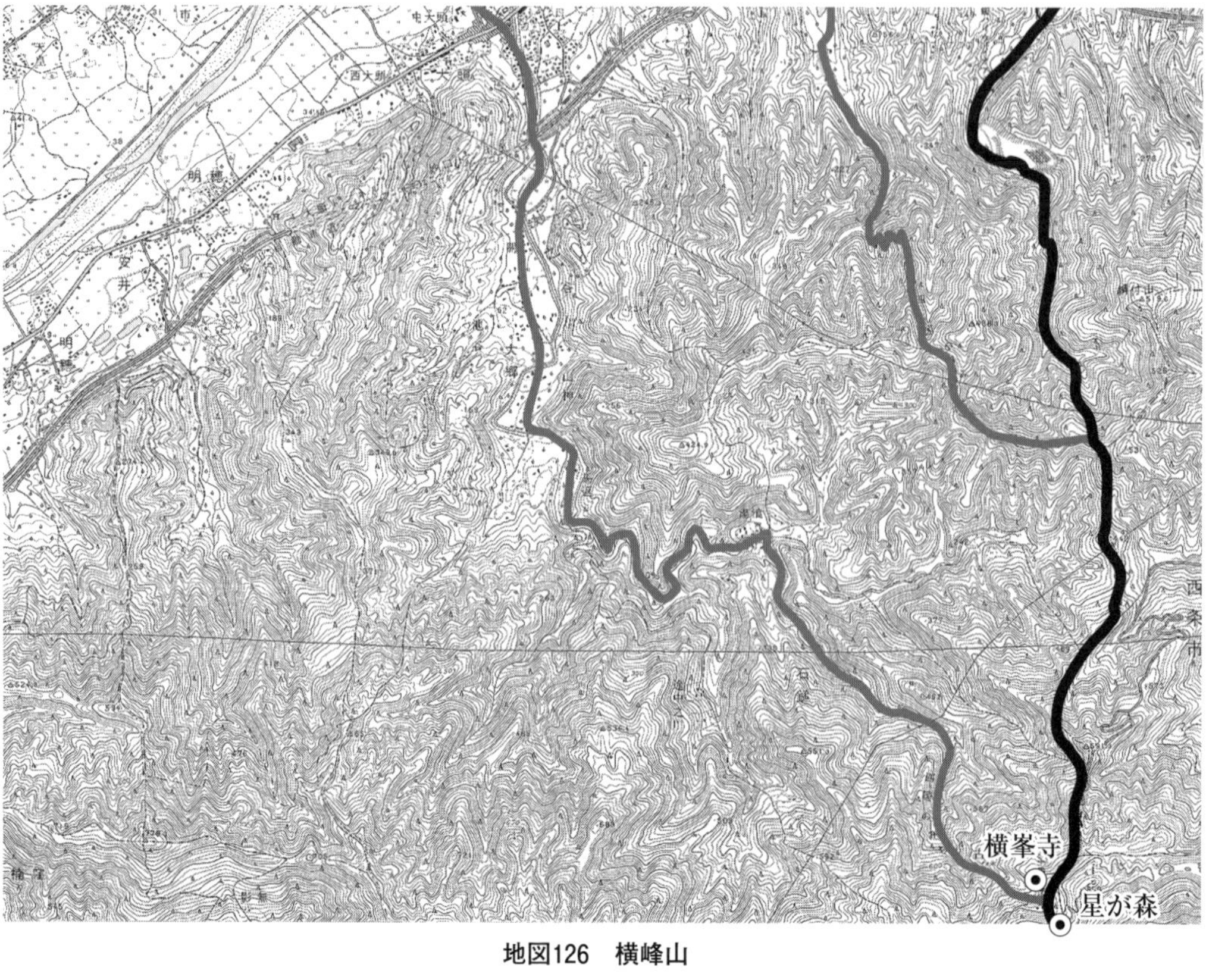

地図126　横峰山

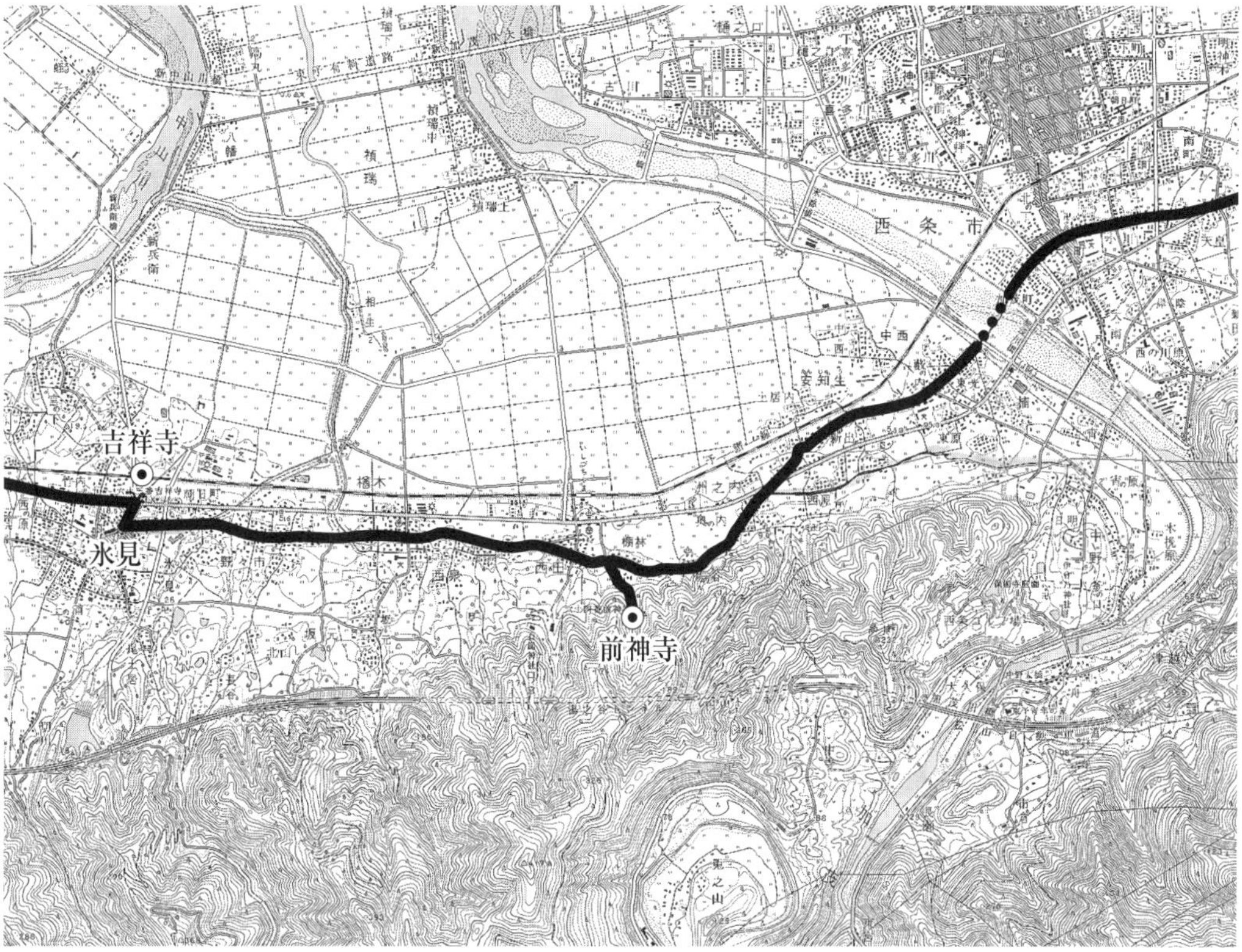

地図127　伊予氷見から西条中心部

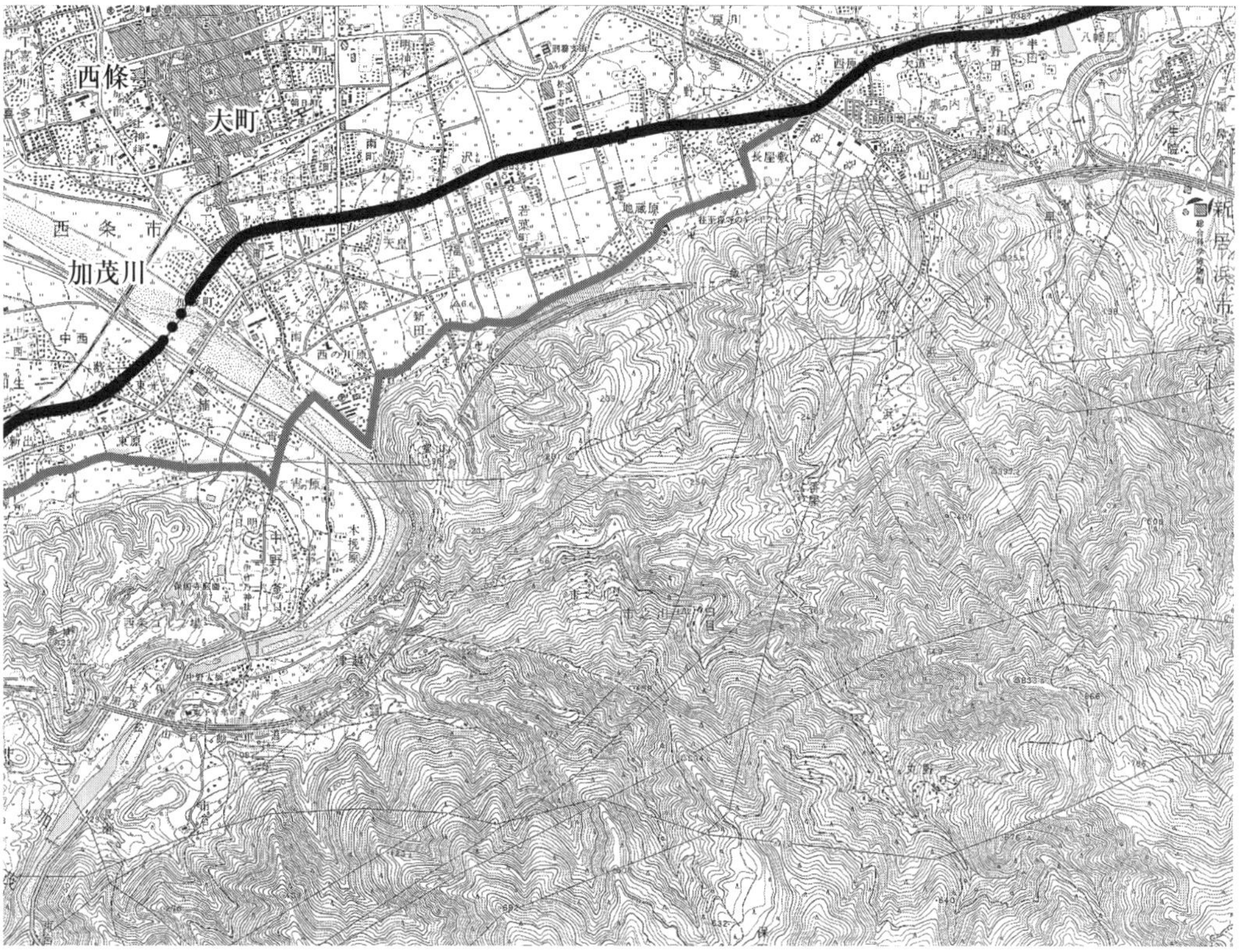

地図128　西条中心部から東部

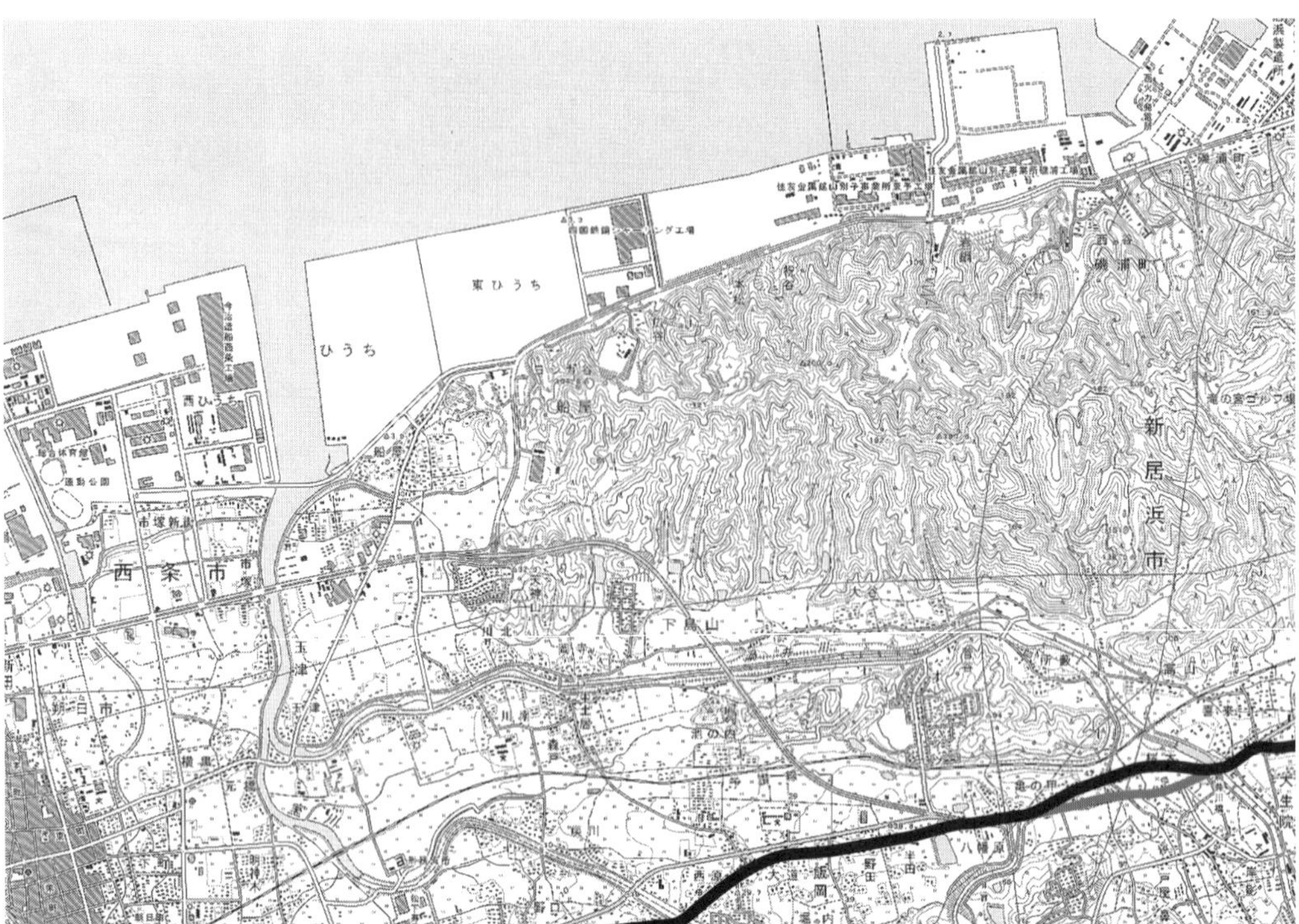

地図129　西条北部

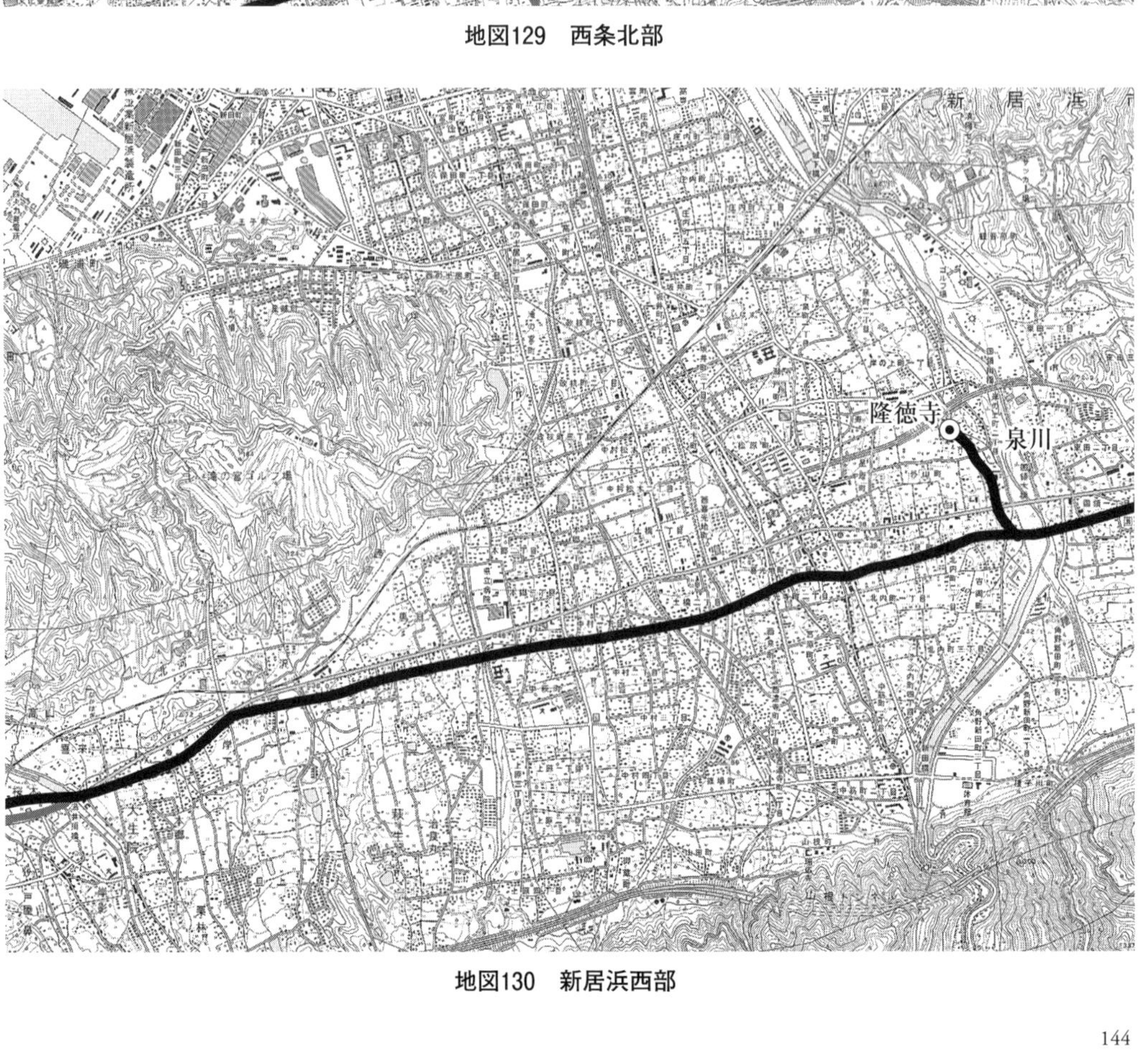

地図130　新居浜西部

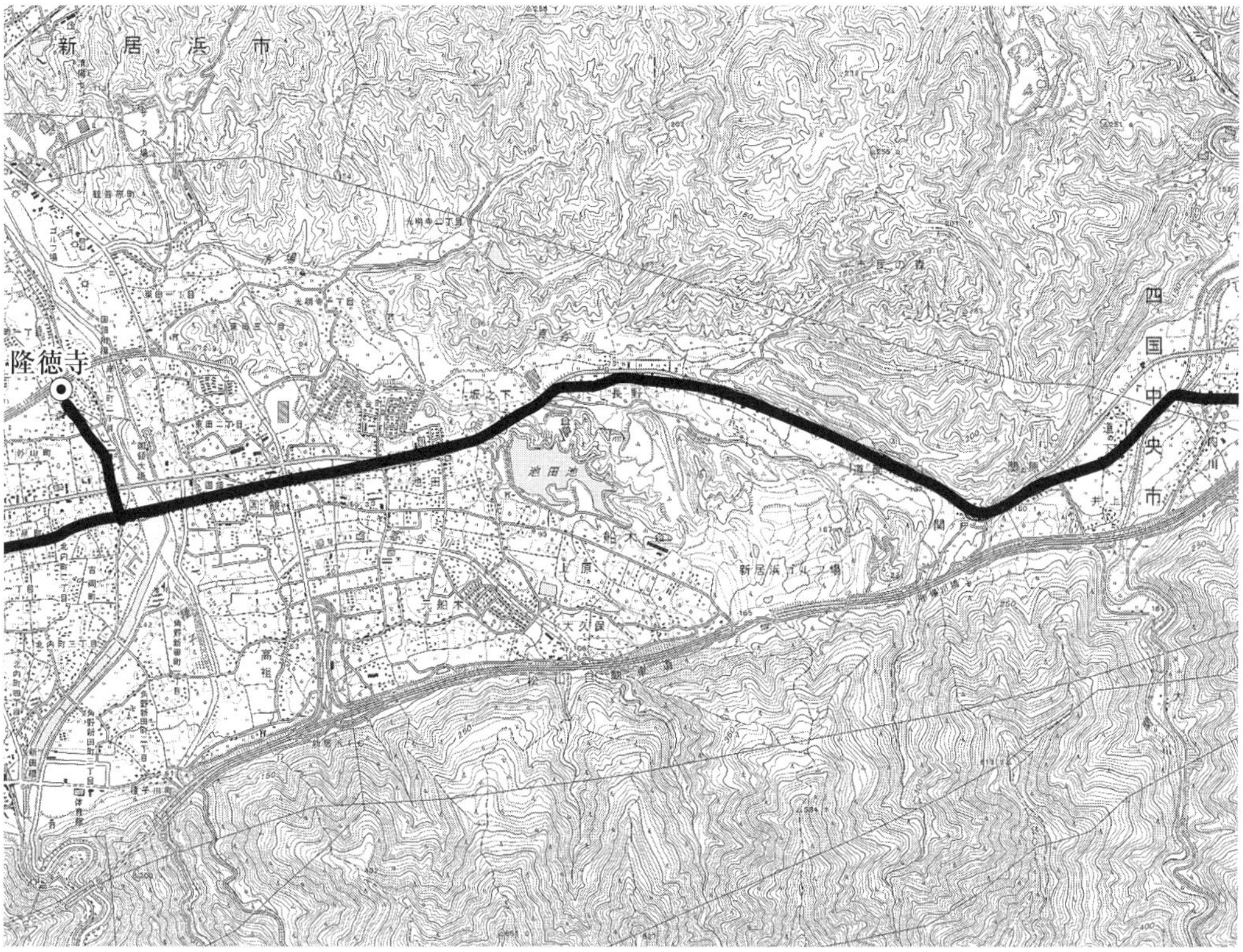

地図131　新居浜東部

地図132　伊予土居

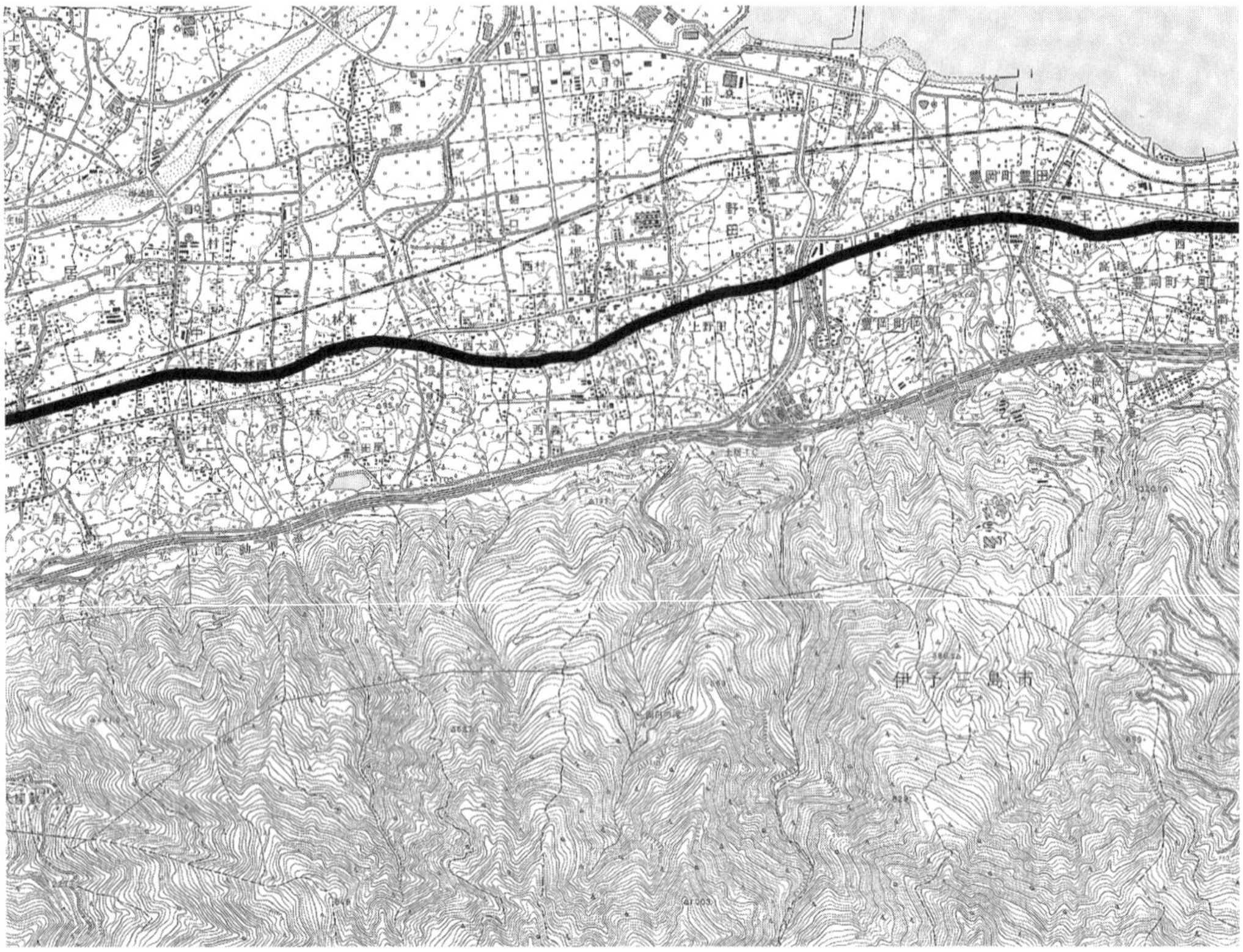

地図133　豊岡から伊予寒川

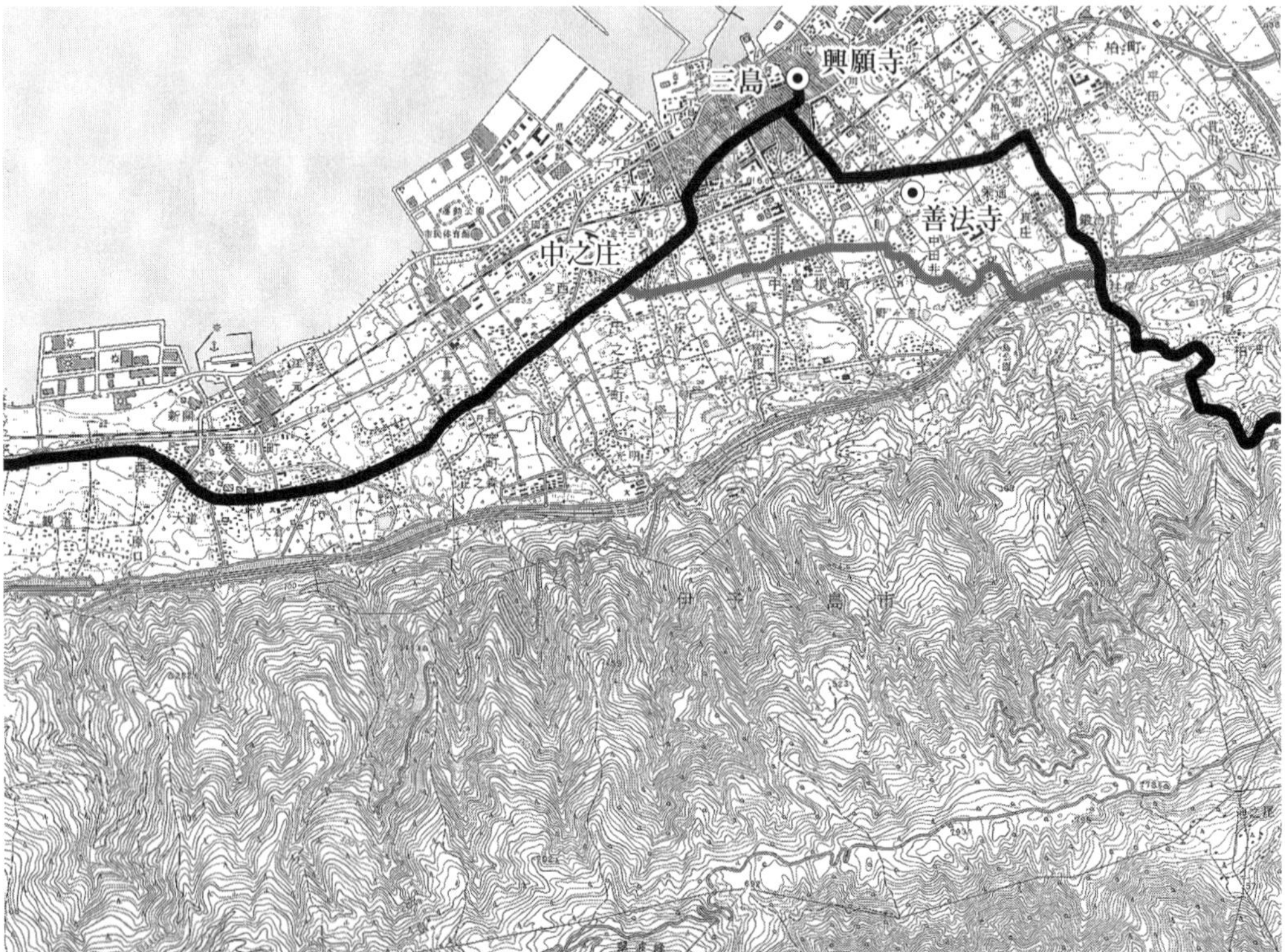

地図134　伊予三島

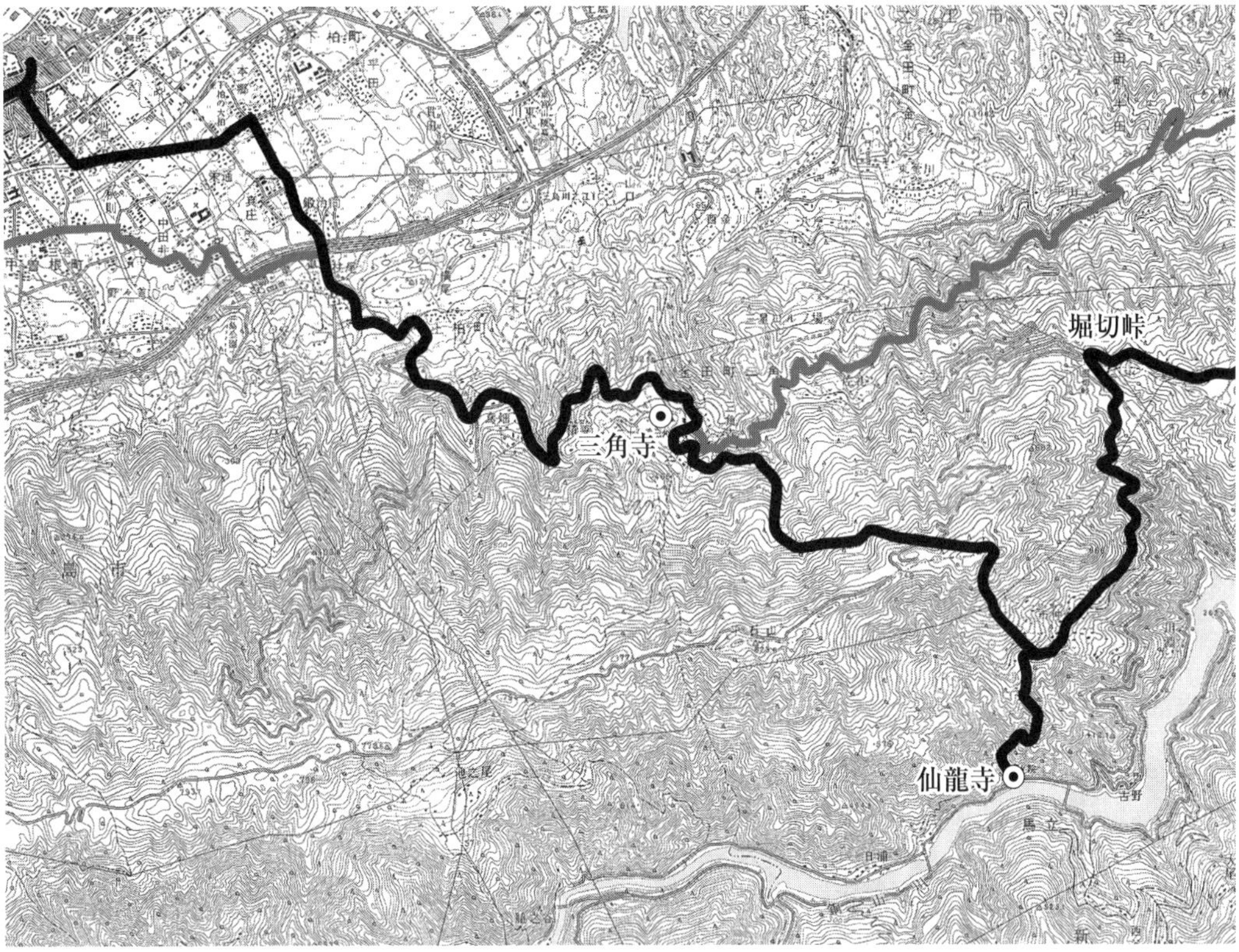

地図135　三角寺から仙龍寺

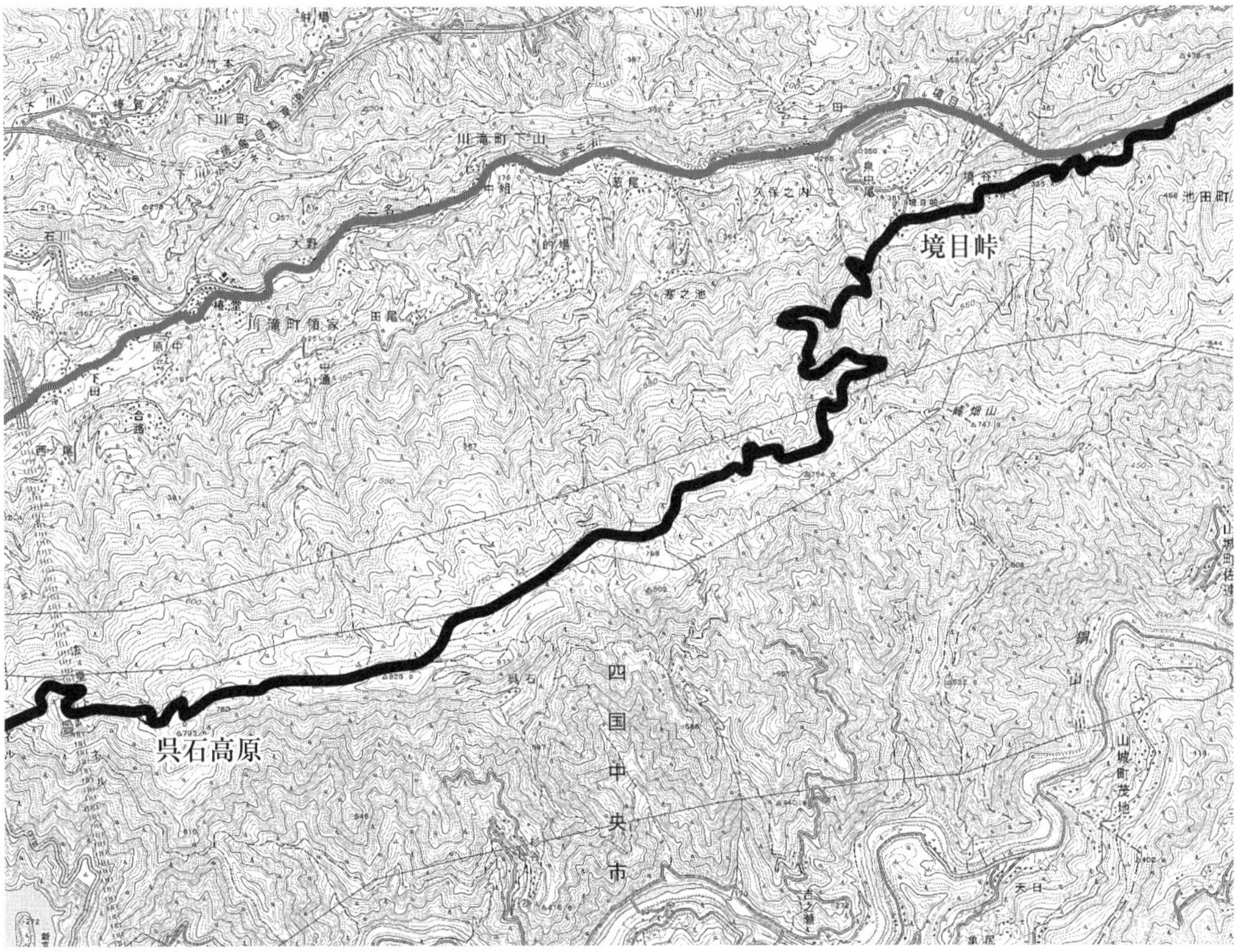

地図136　境目峠

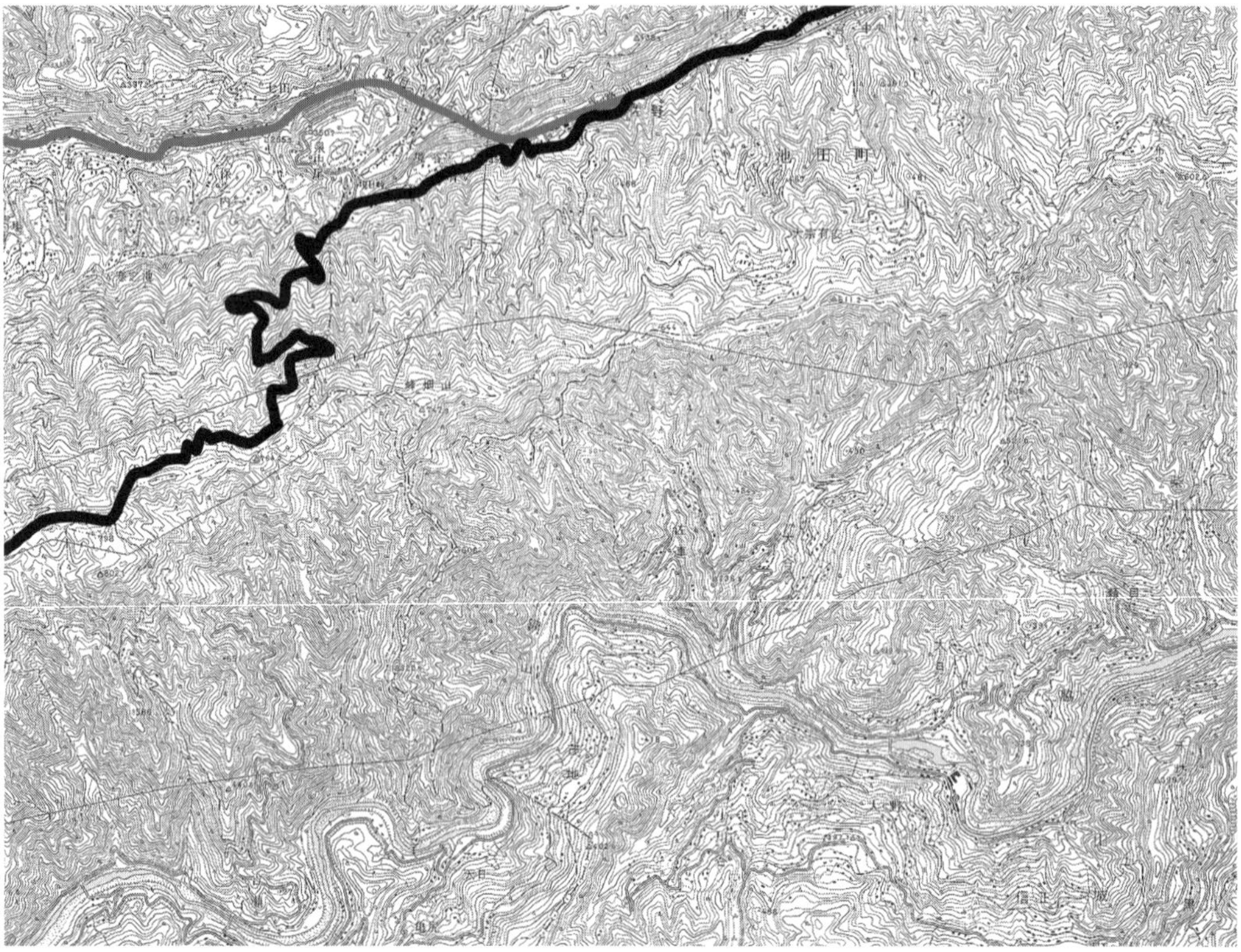

地図137　佐野

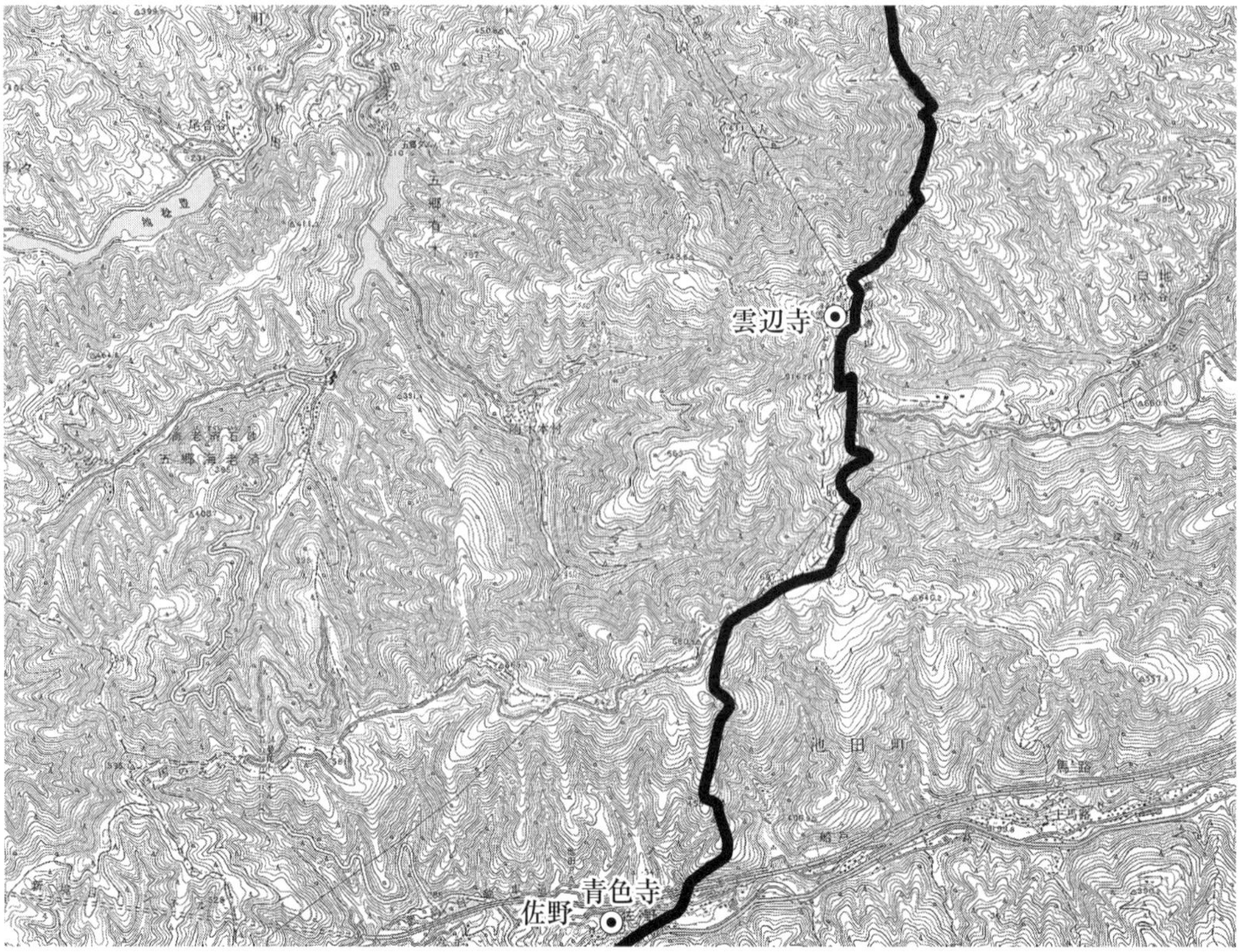

地図138　雲辺寺

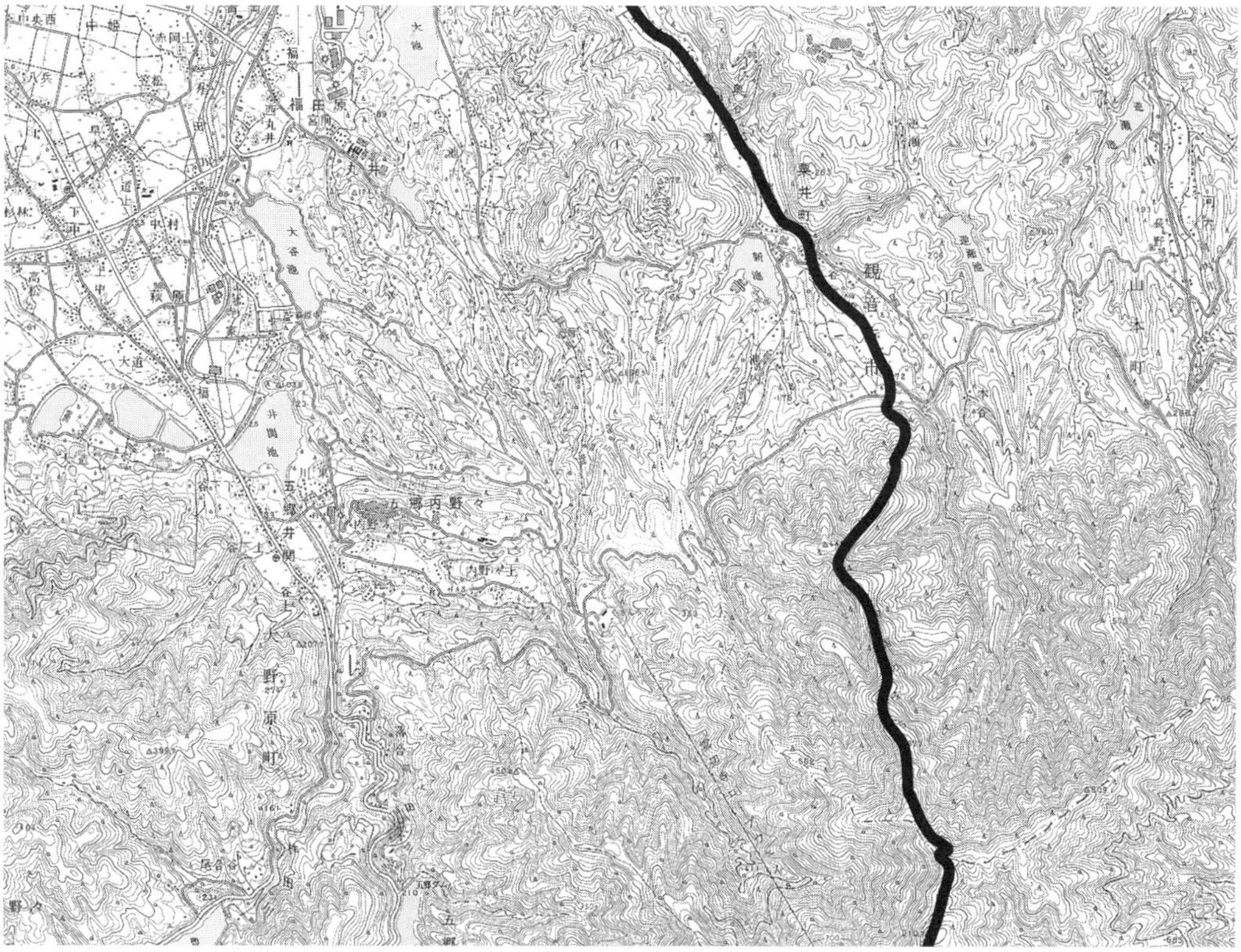

地図139　観音寺粟井

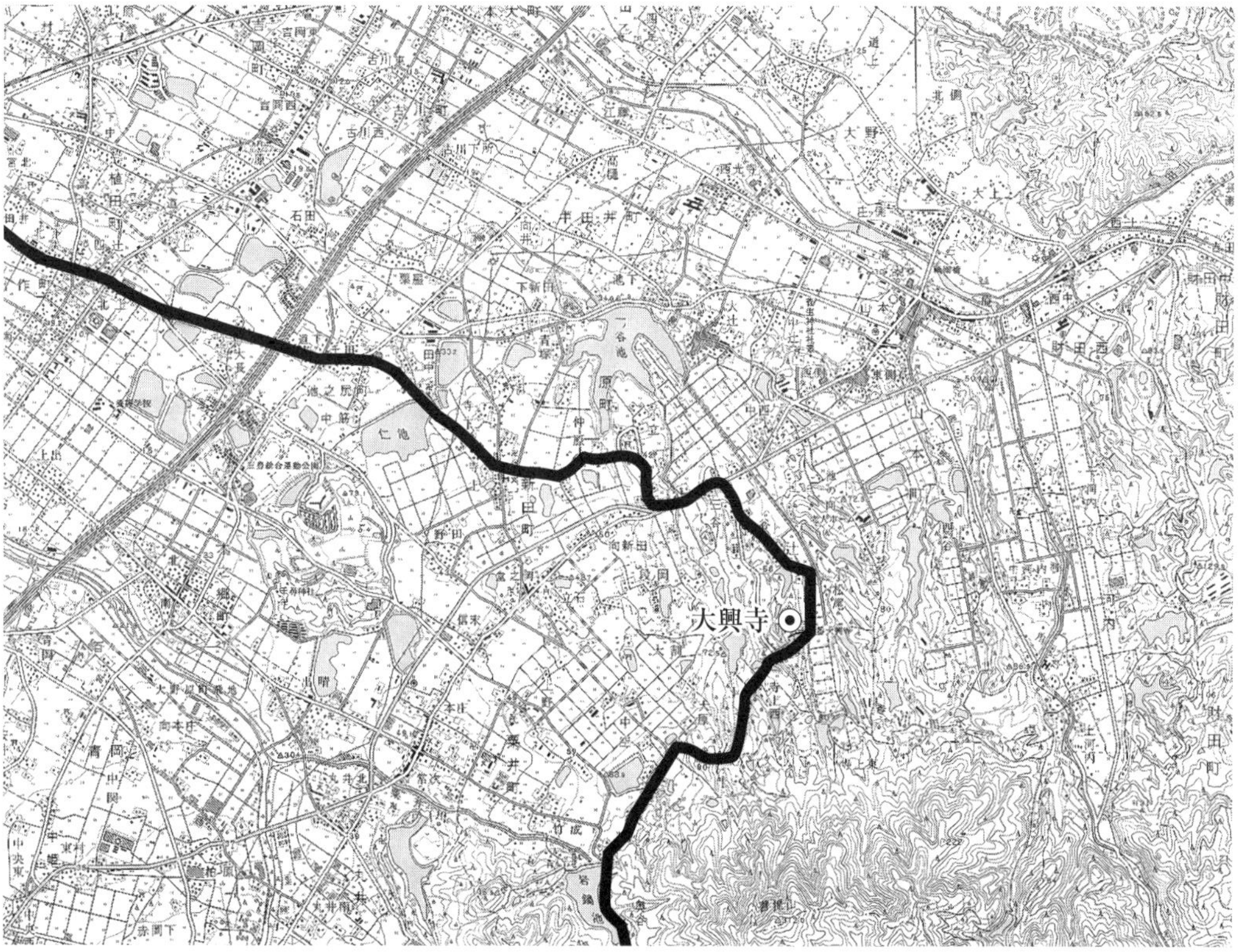

地図140　大興寺

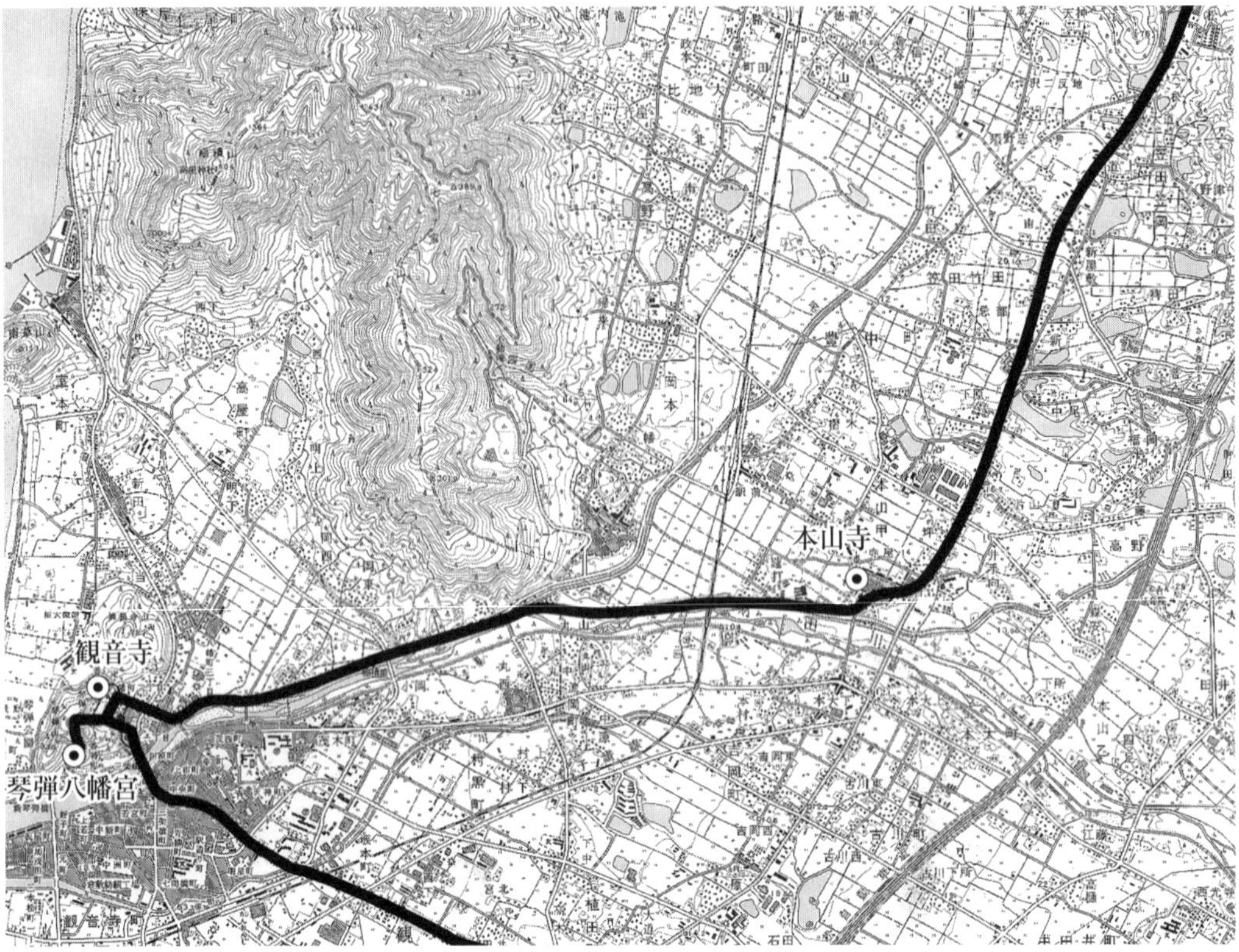

地図141　観音寺

地図142　讃岐豊中から高瀬

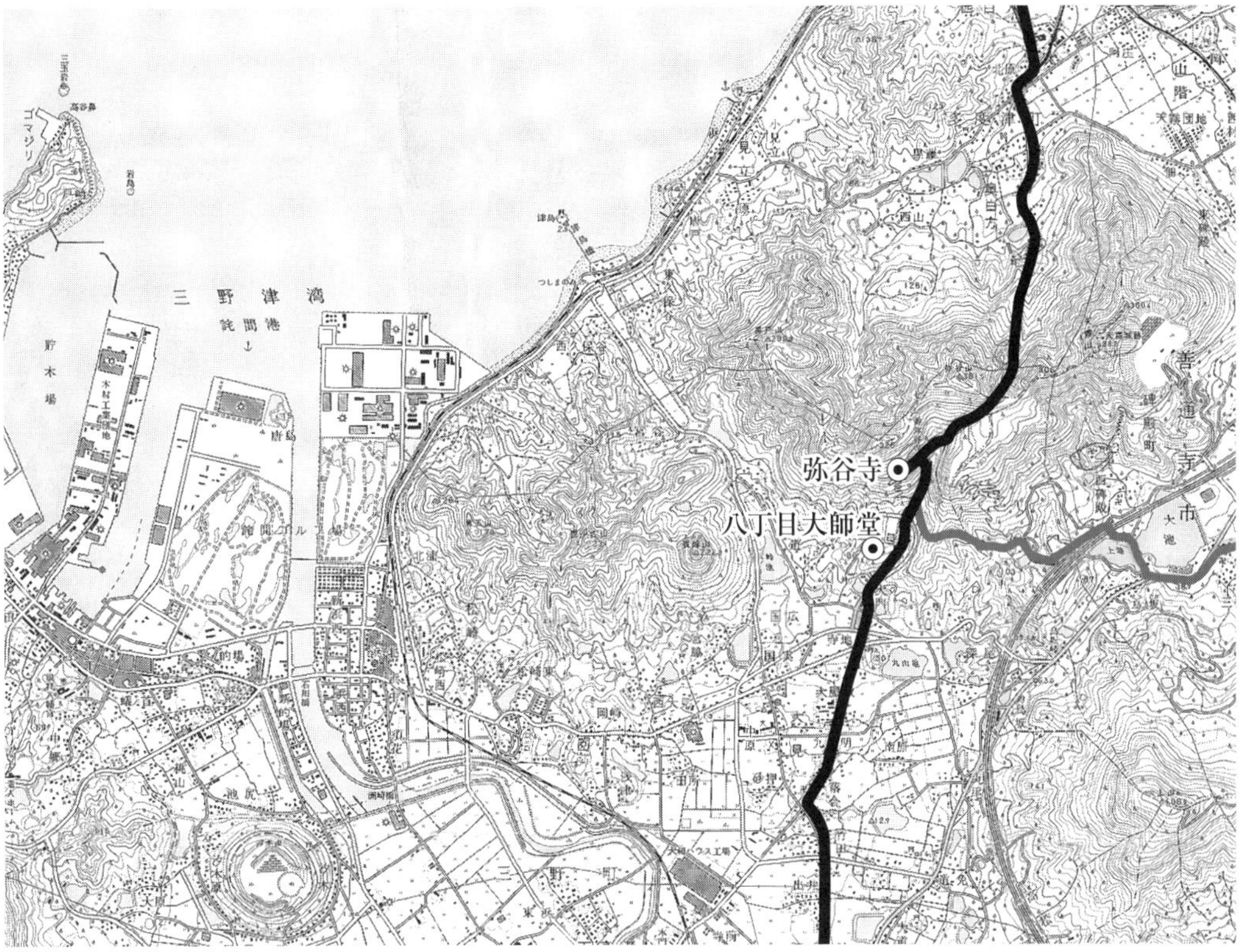

地図143　三野

地図144　海岸寺

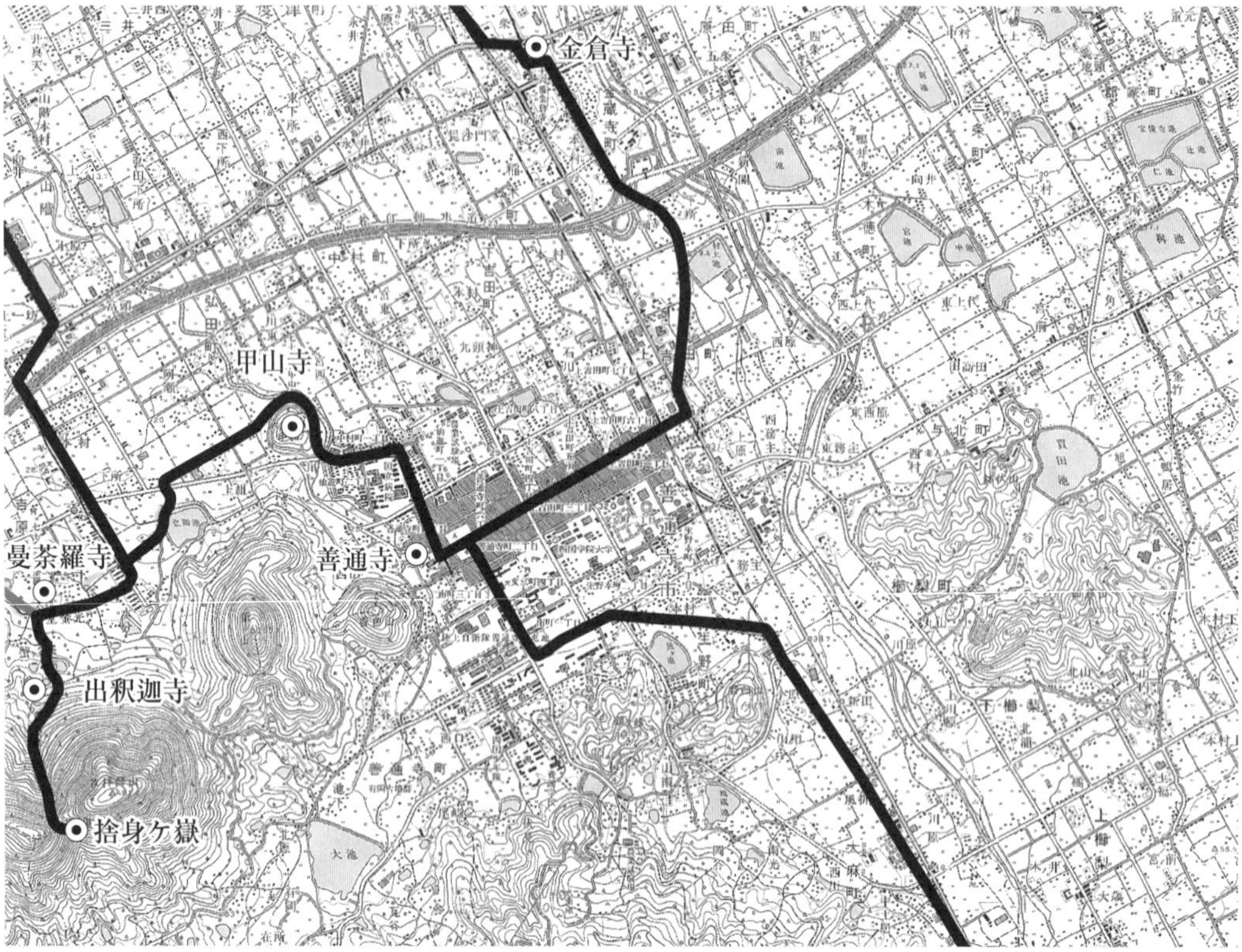

地図145　善通寺

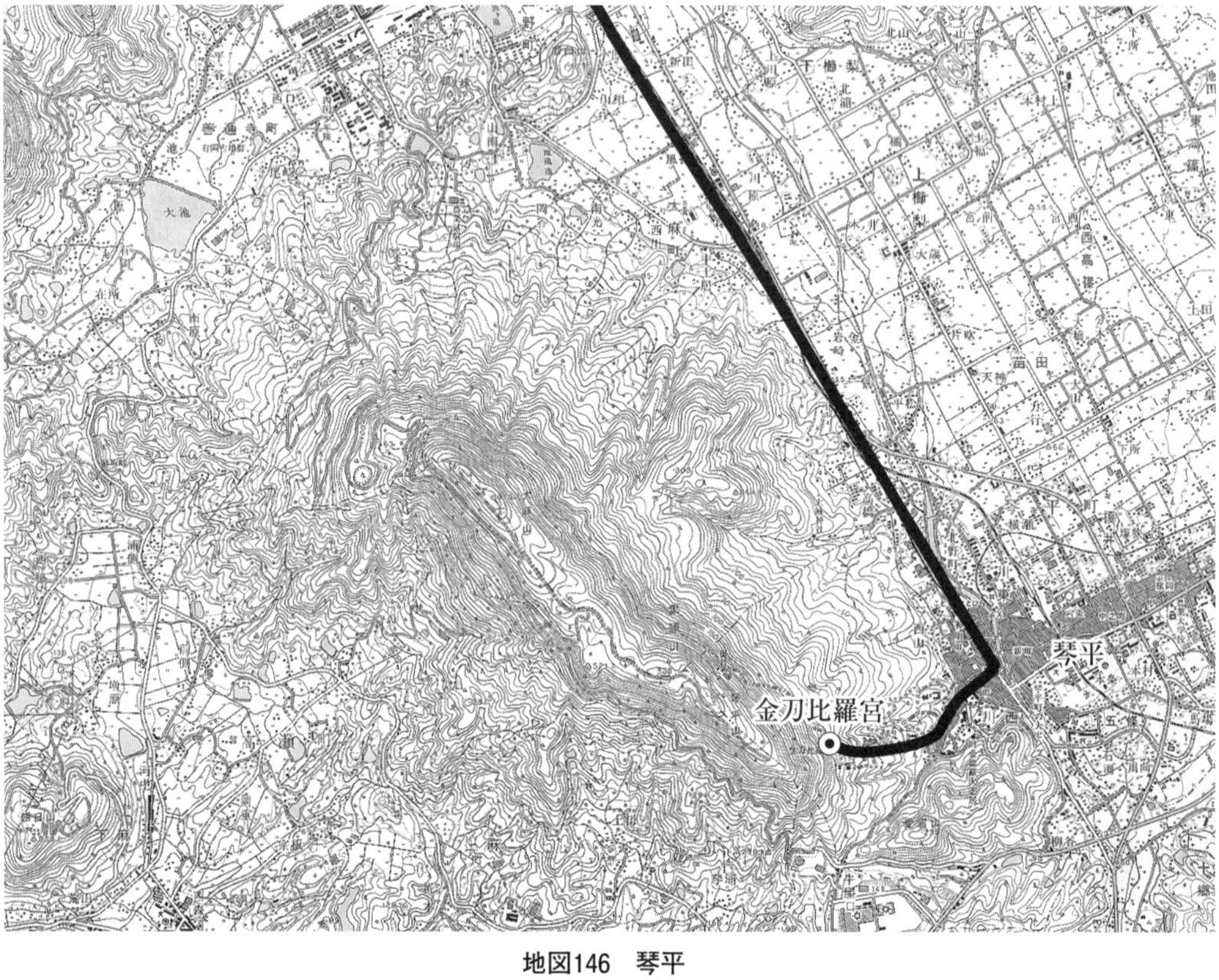

地図146　琴平

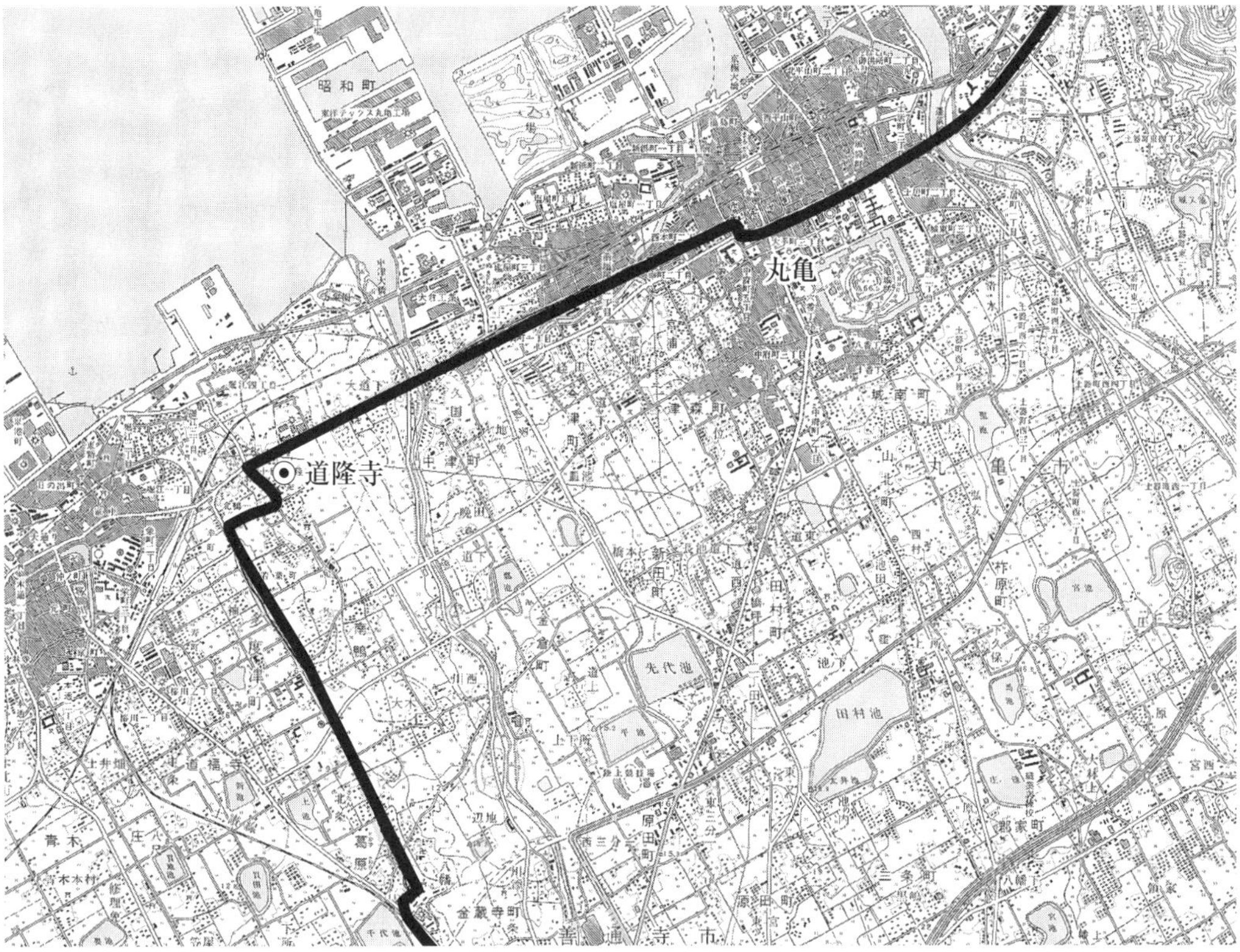

地図147　多度津から丸亀

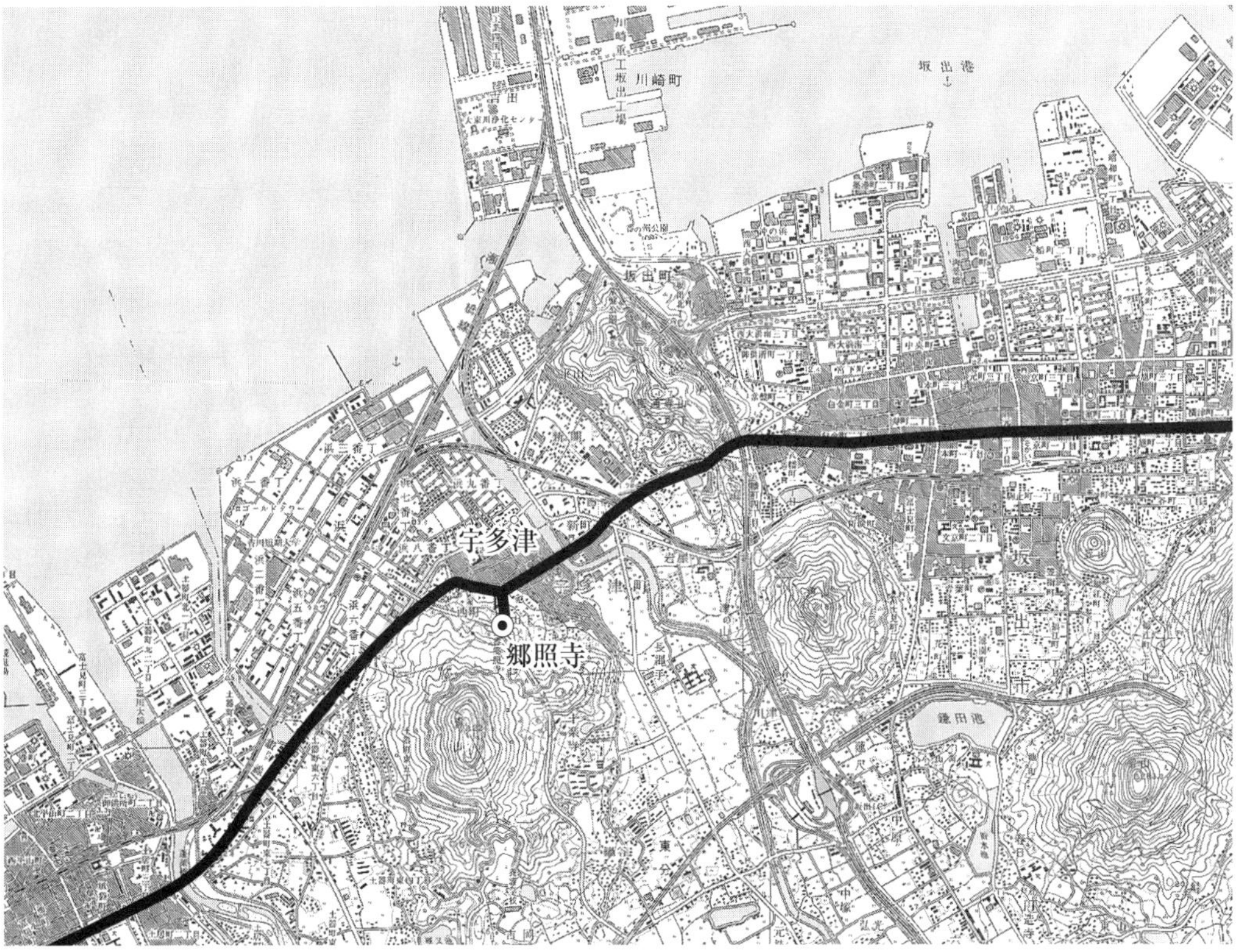

地図148　坂出

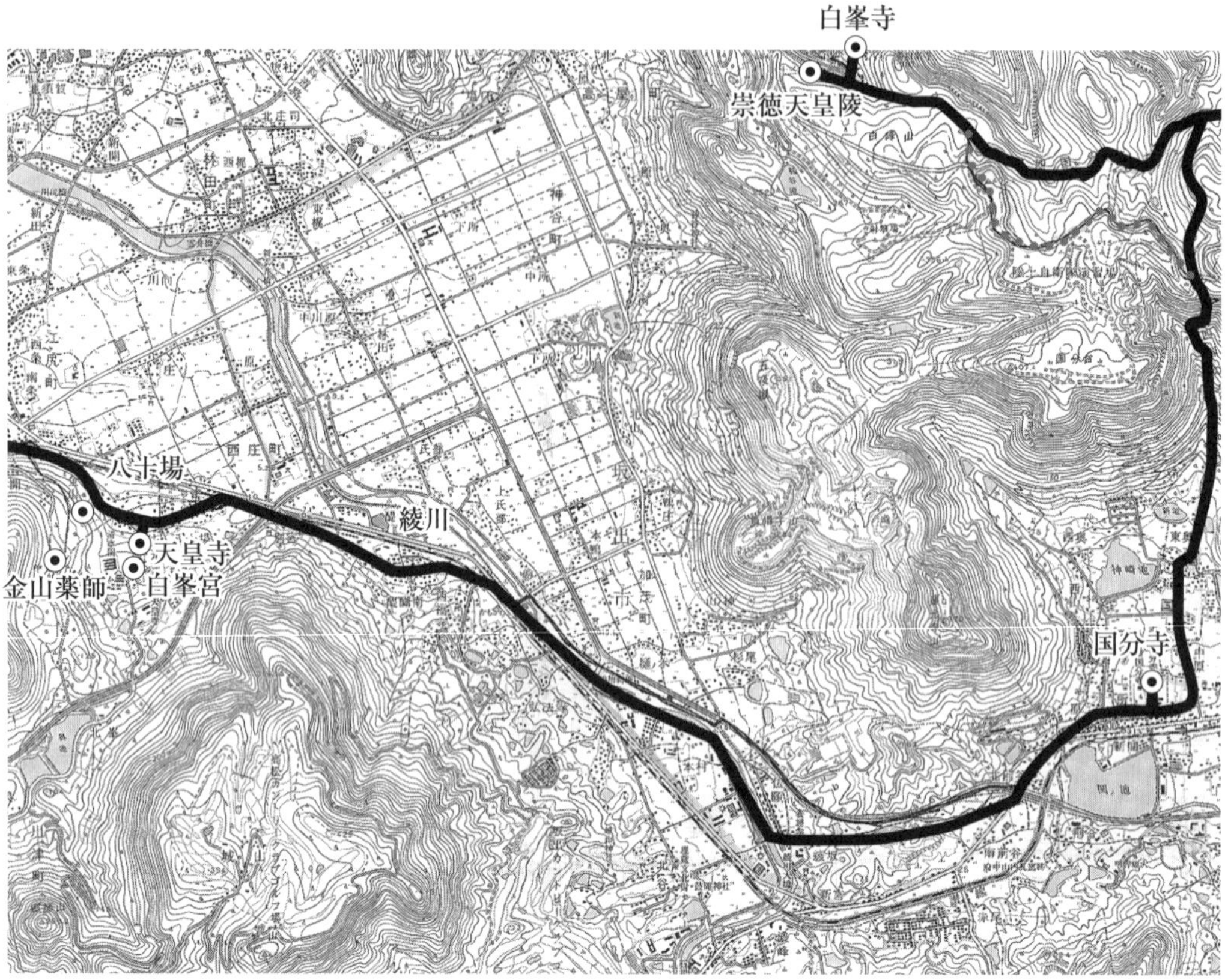

地図149　八十場から白峯山

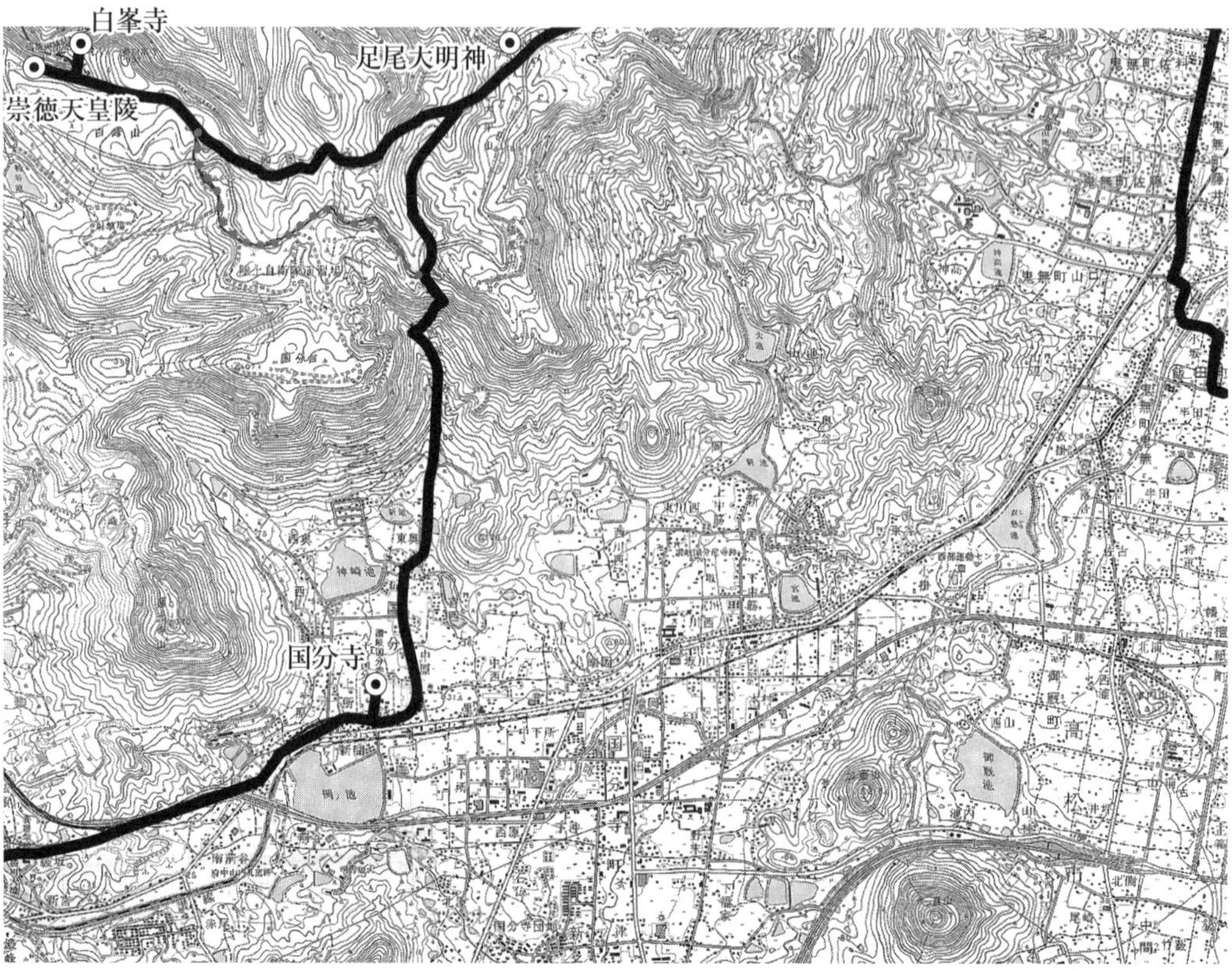

地図150　讃岐国分寺

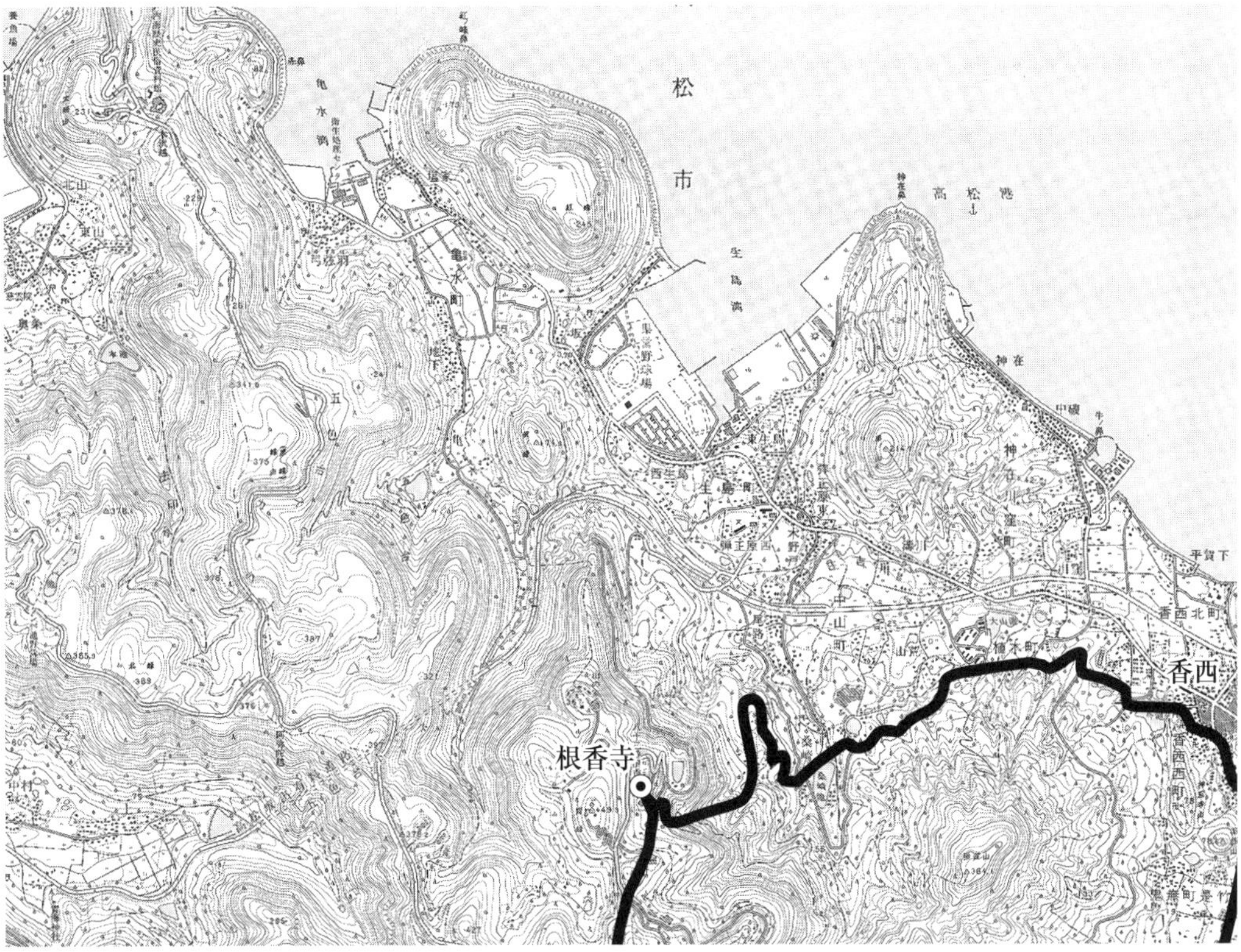

地図151　根香寺

地図152　香西

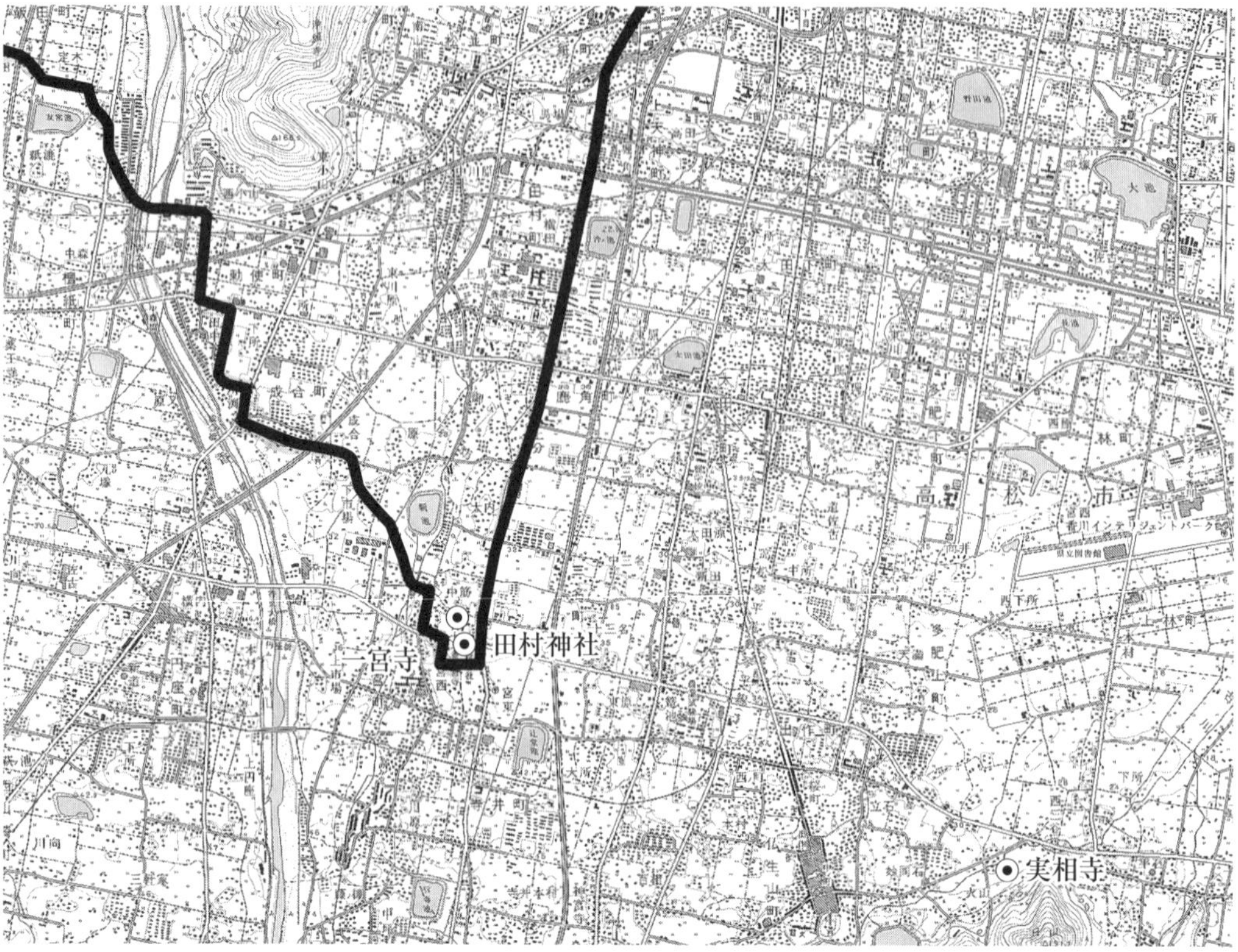

地図153　讃岐一宮

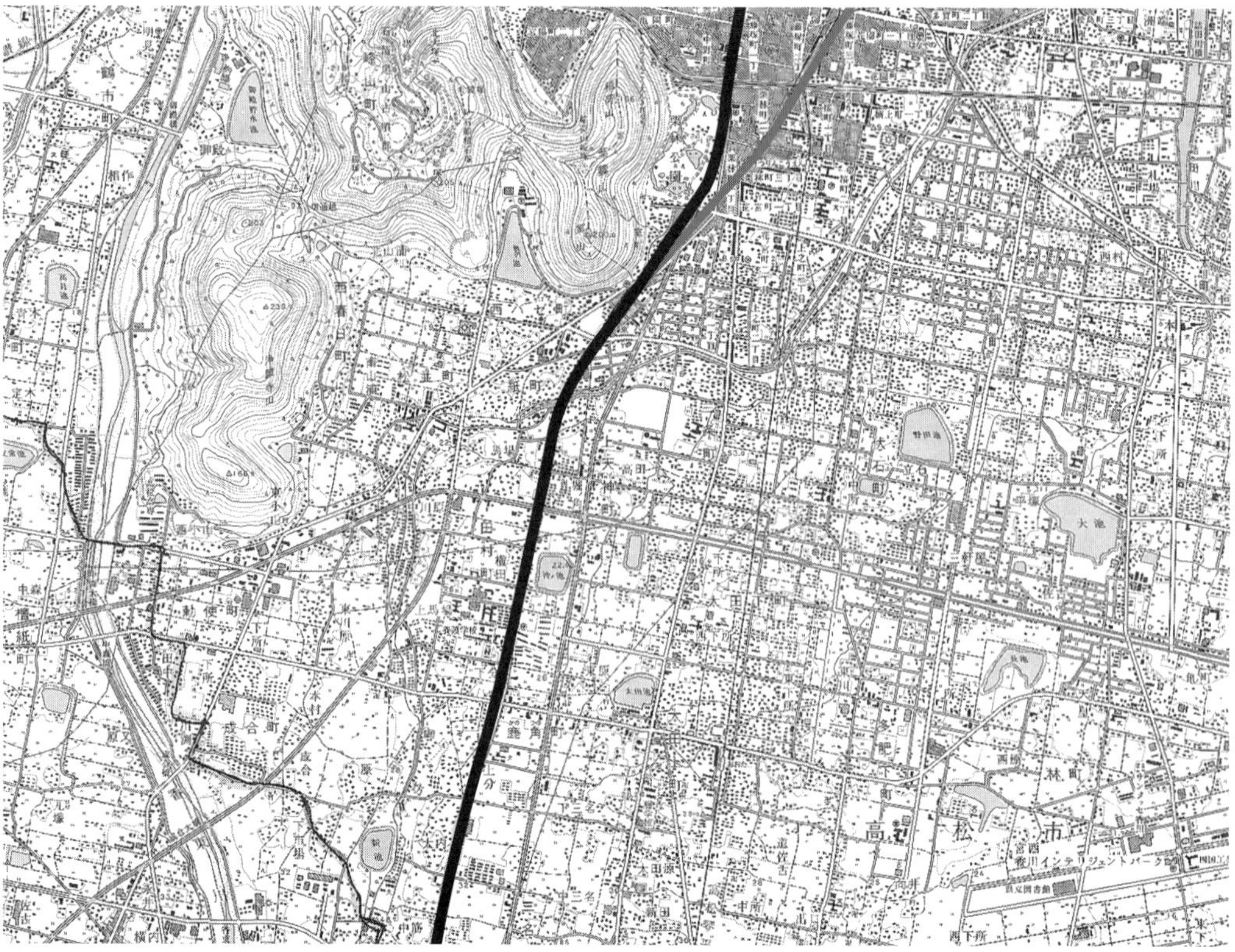
地図154　高松南部

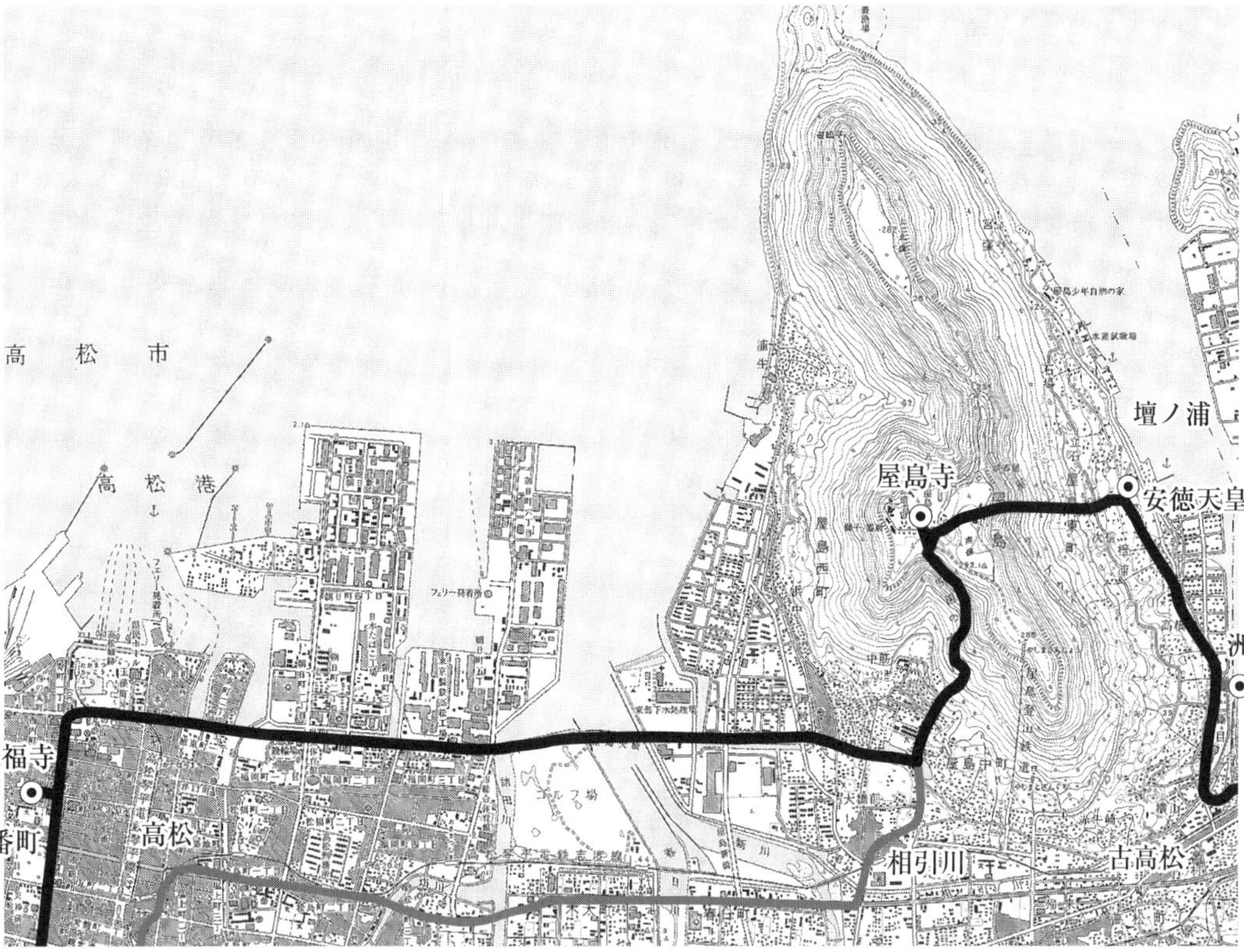

地図155　高松北部から屋島

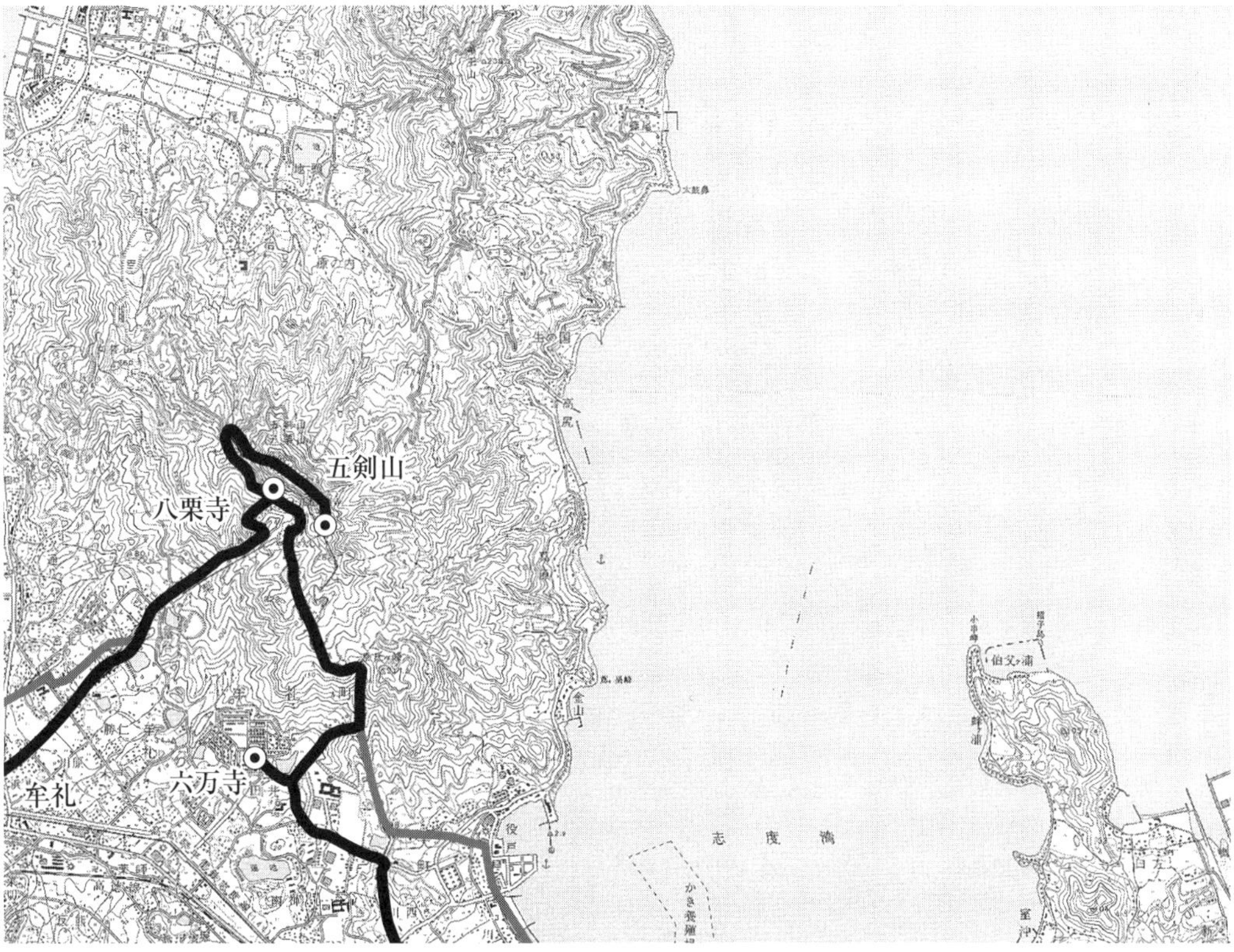

地図156　八栗寺

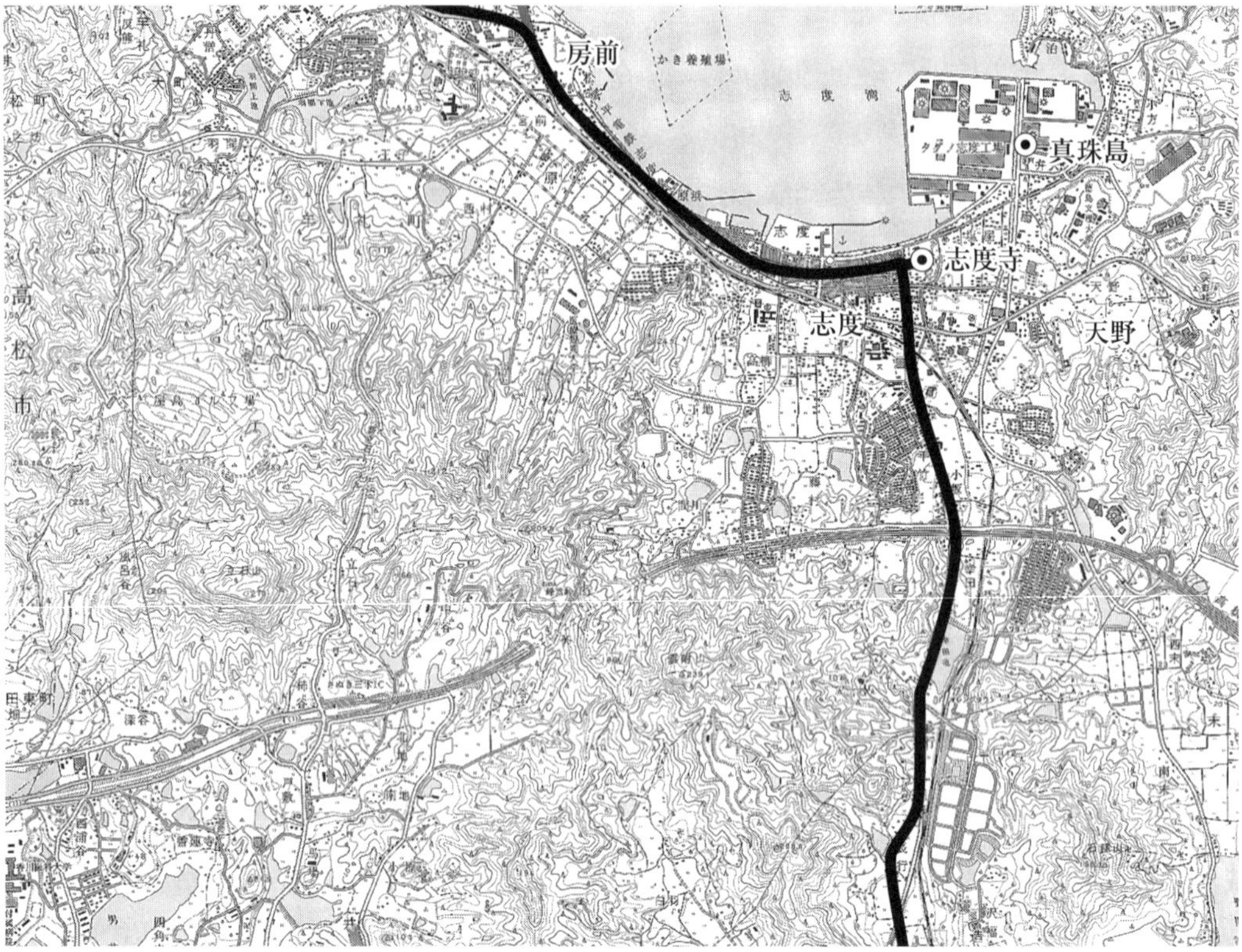

地図157　志度

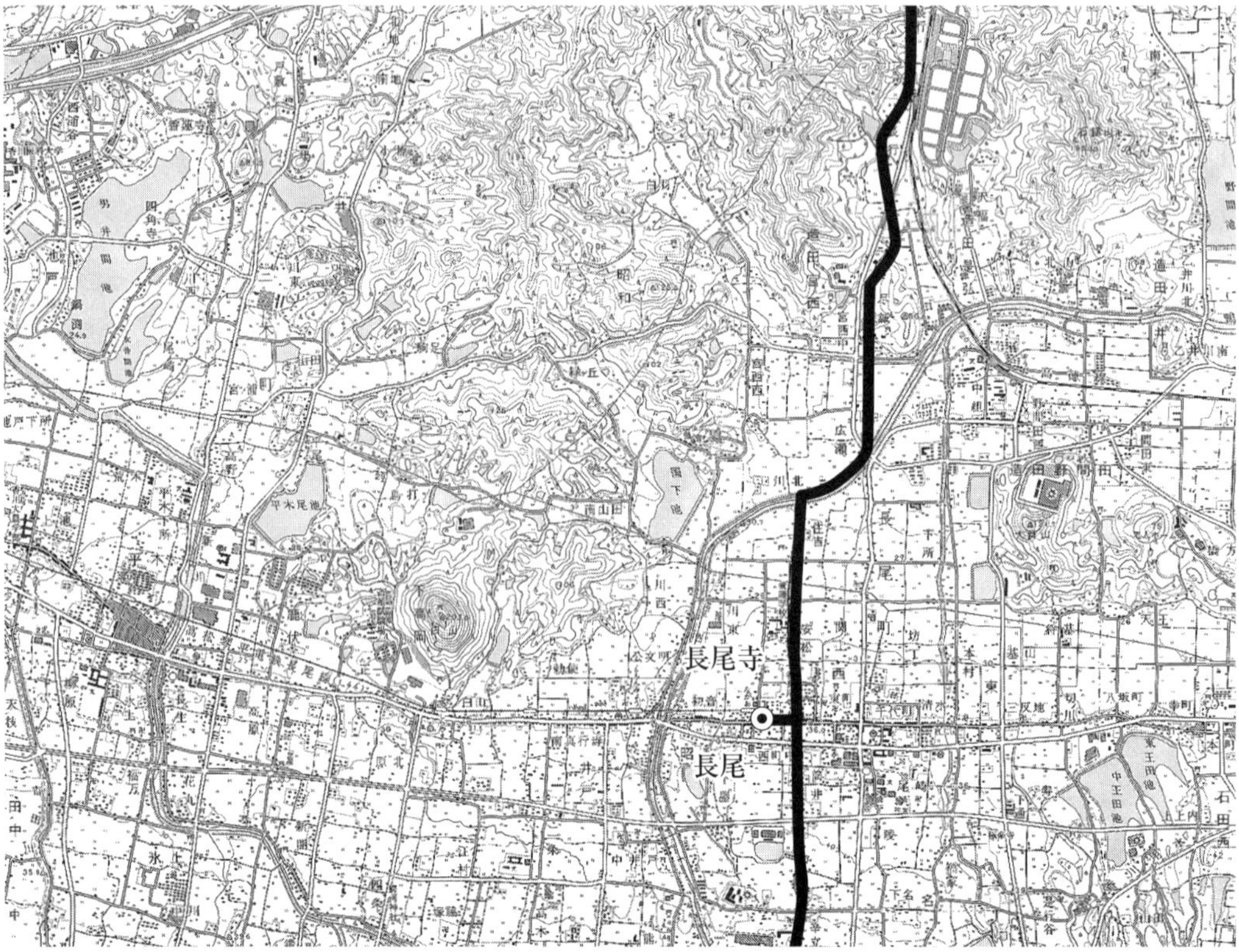

地図158　長尾

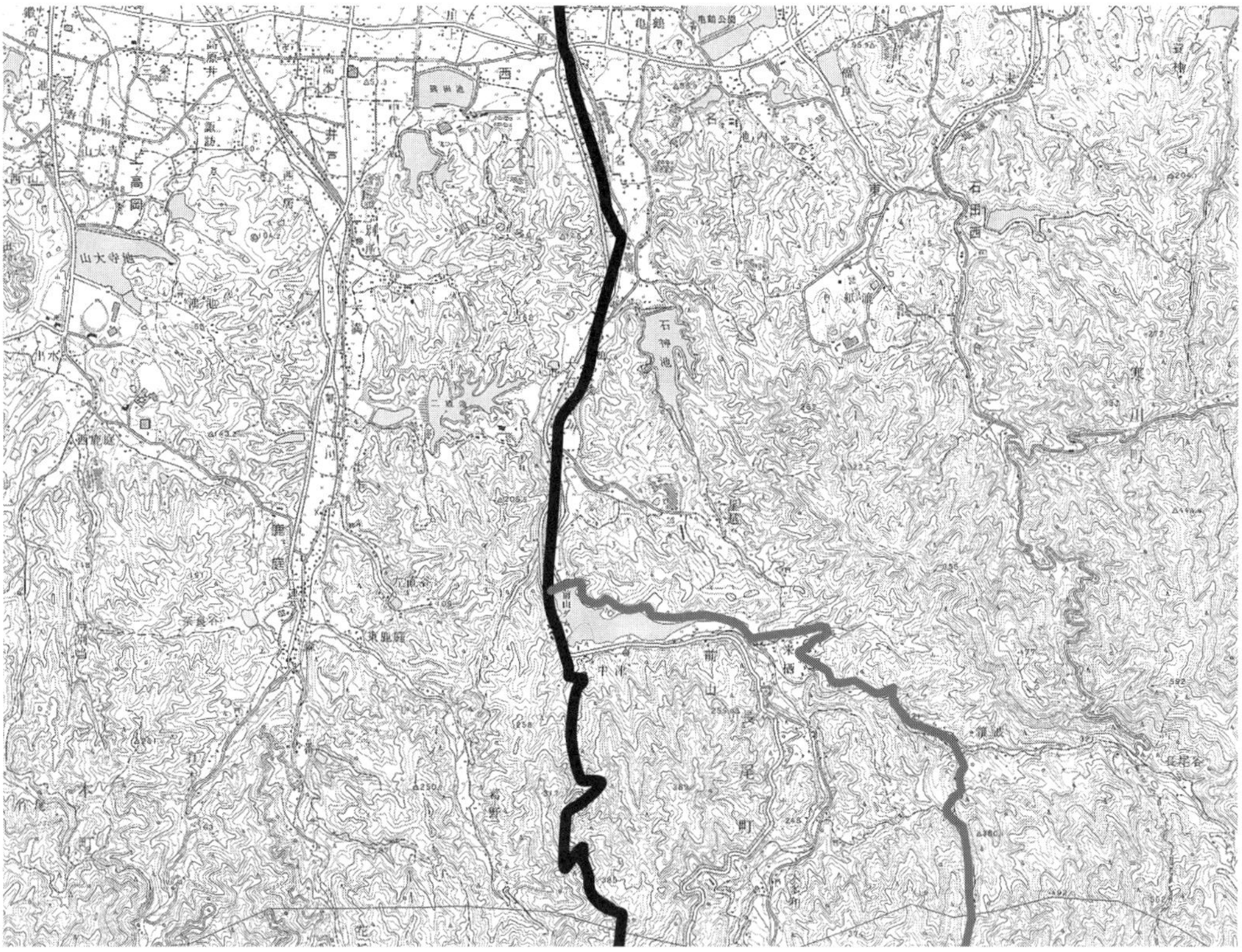

地図159　前山

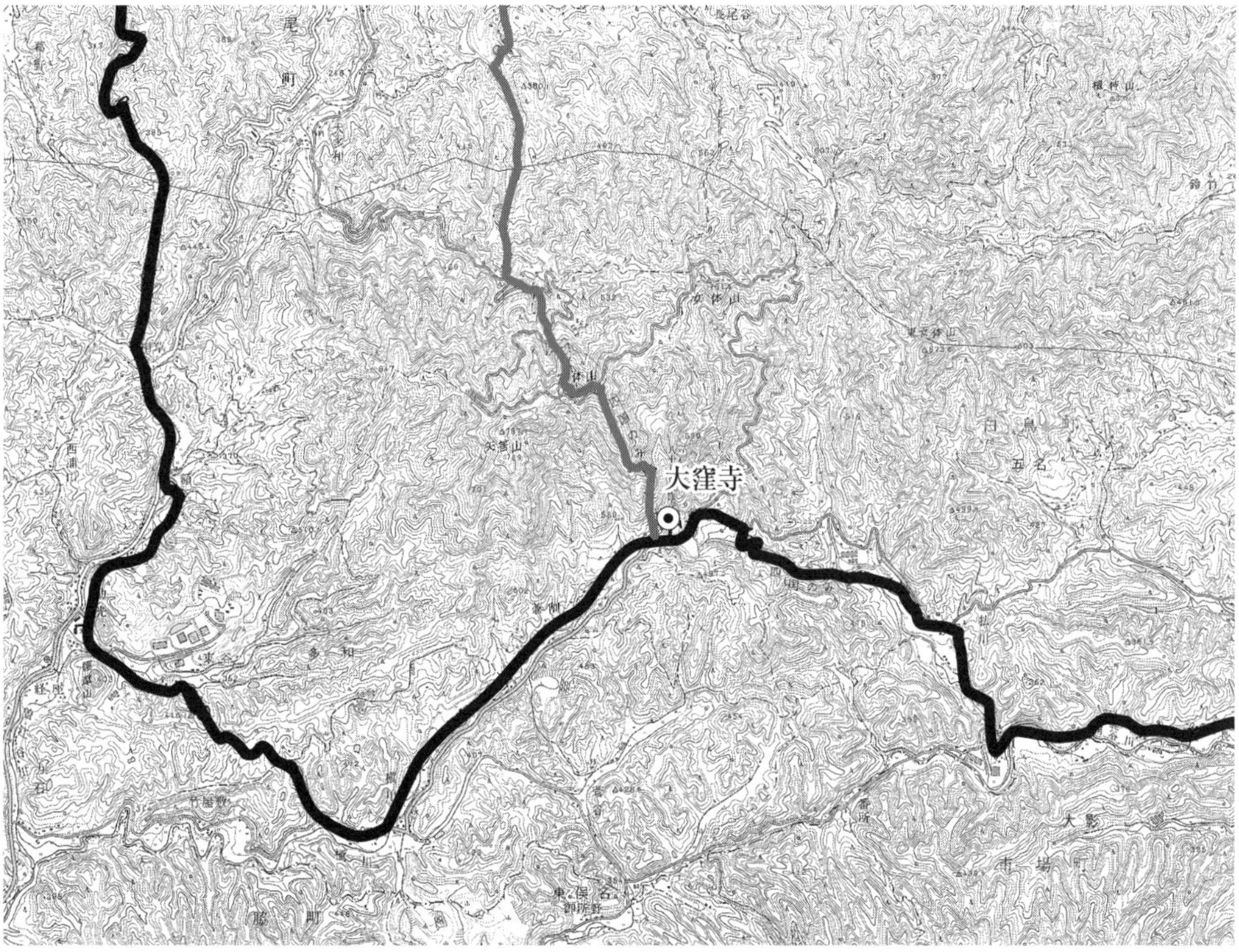

地図160　大窪寺

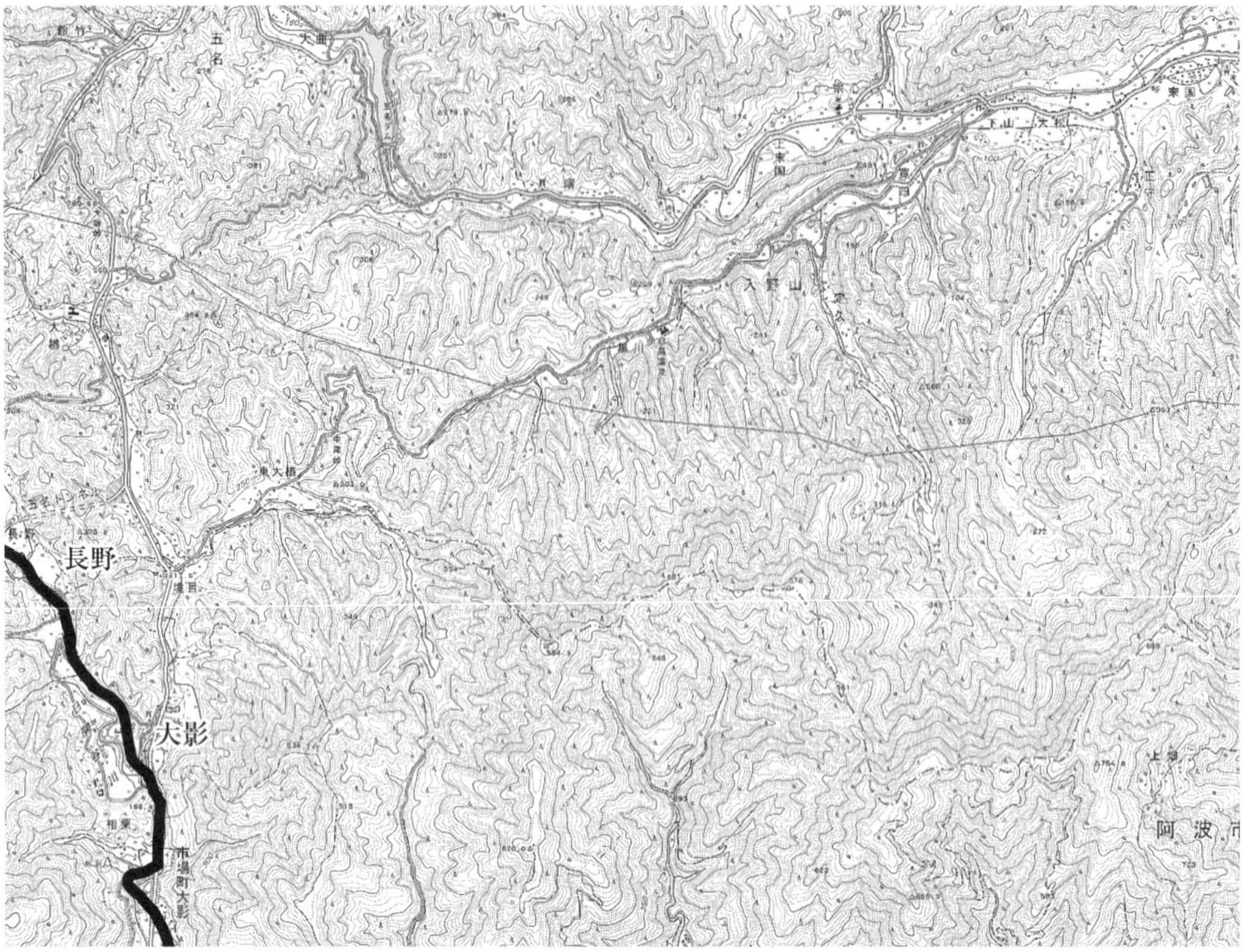

地図161　大影

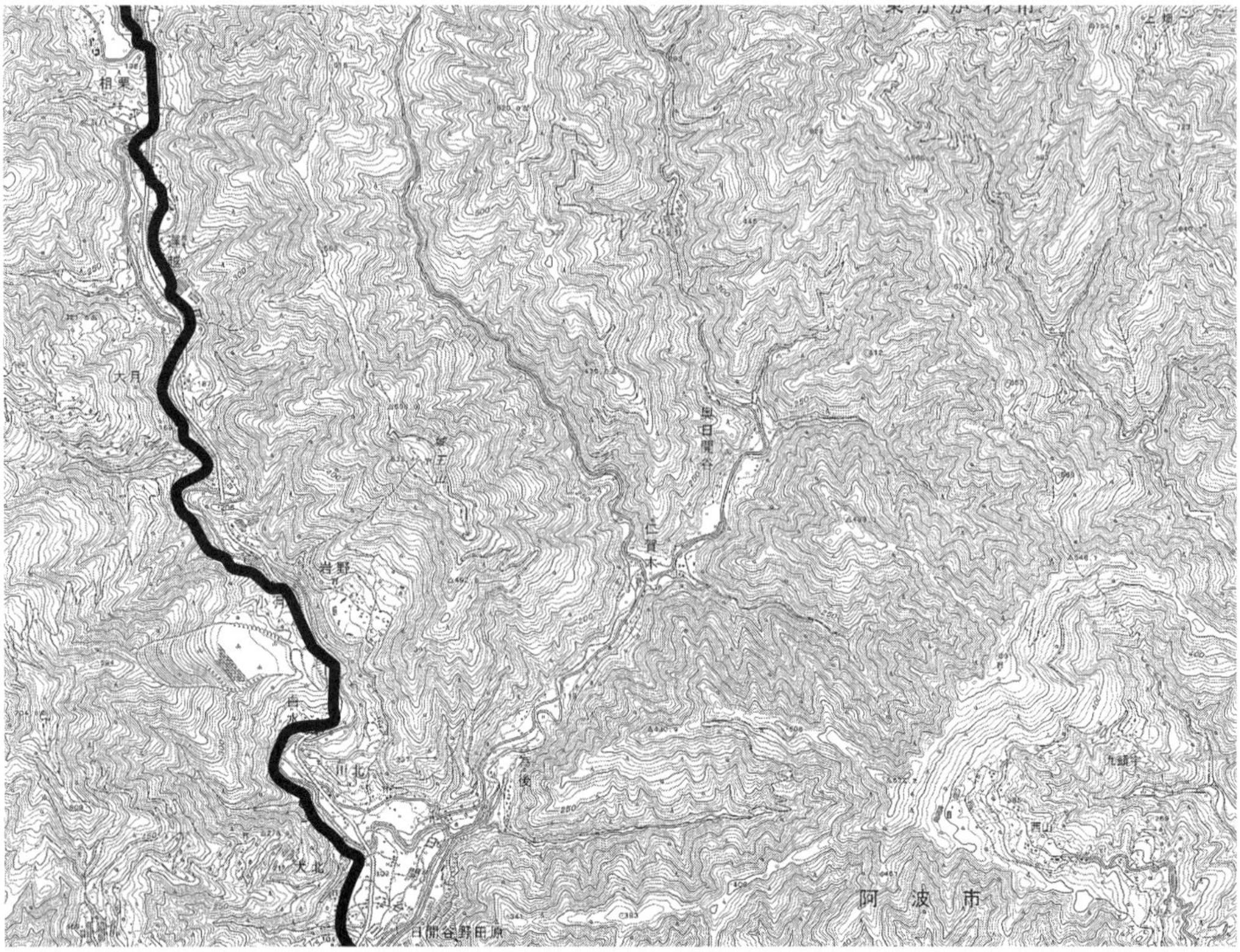

地図162　日開谷川

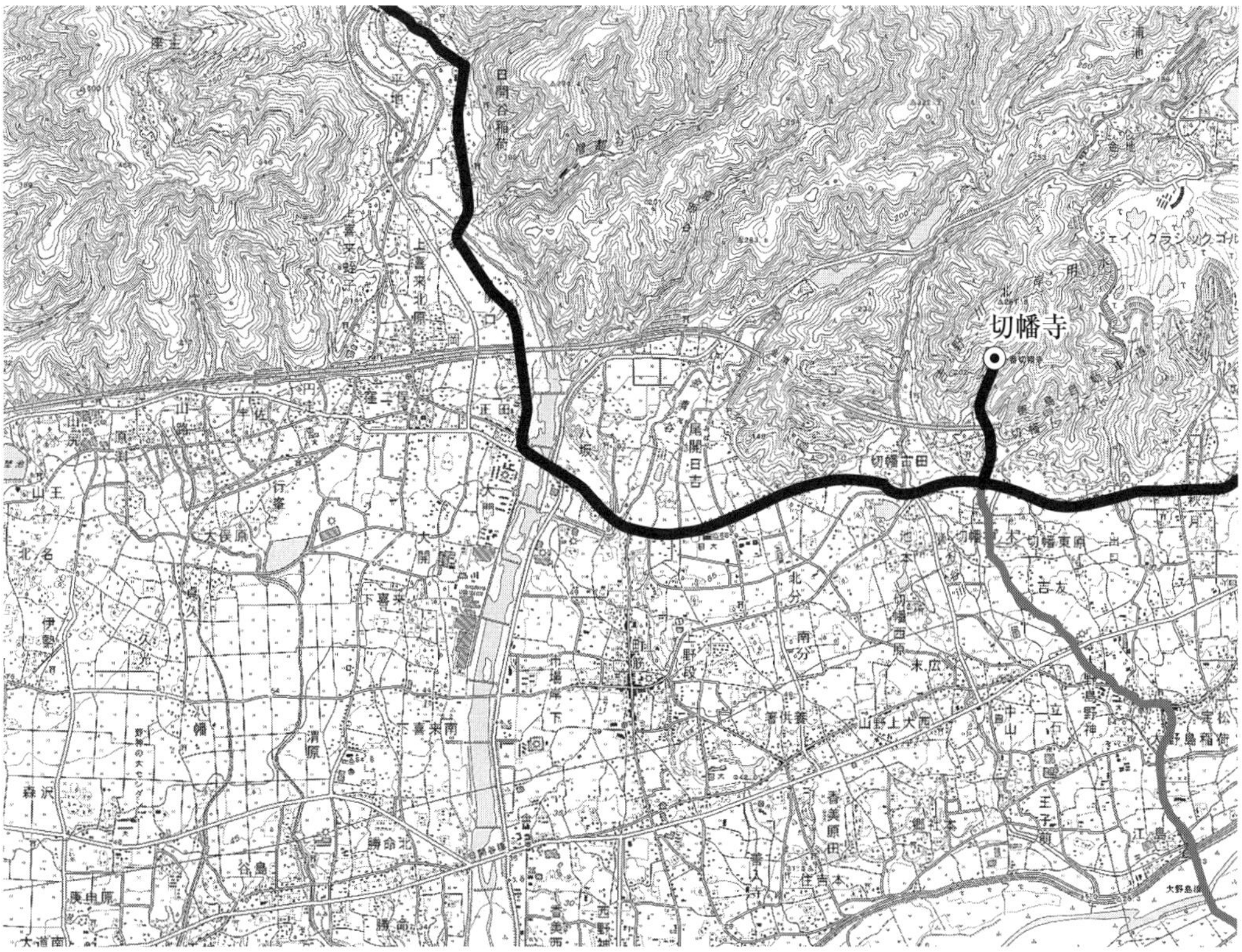

地図163　市場から切幡寺

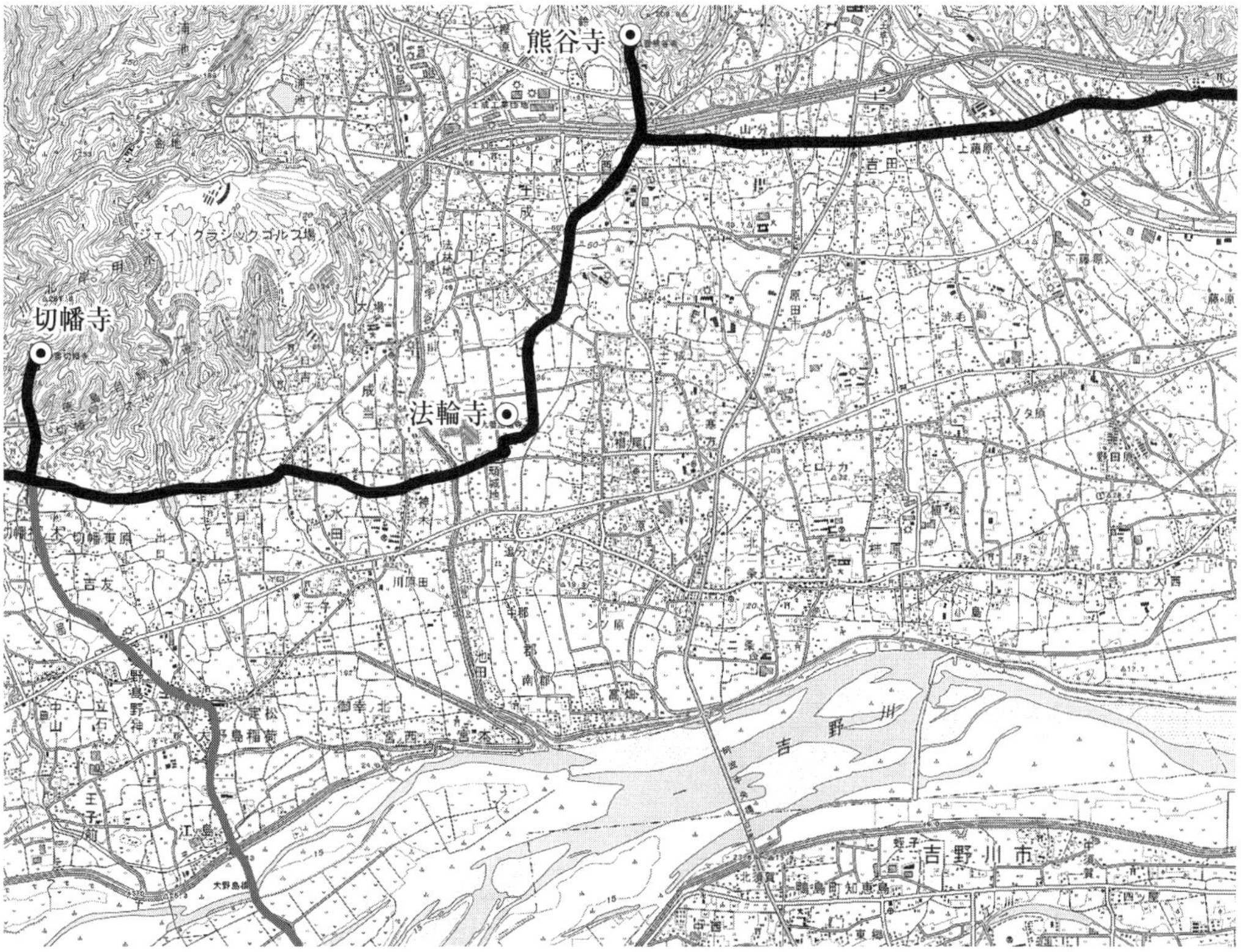

地図164　切幡寺から十楽寺

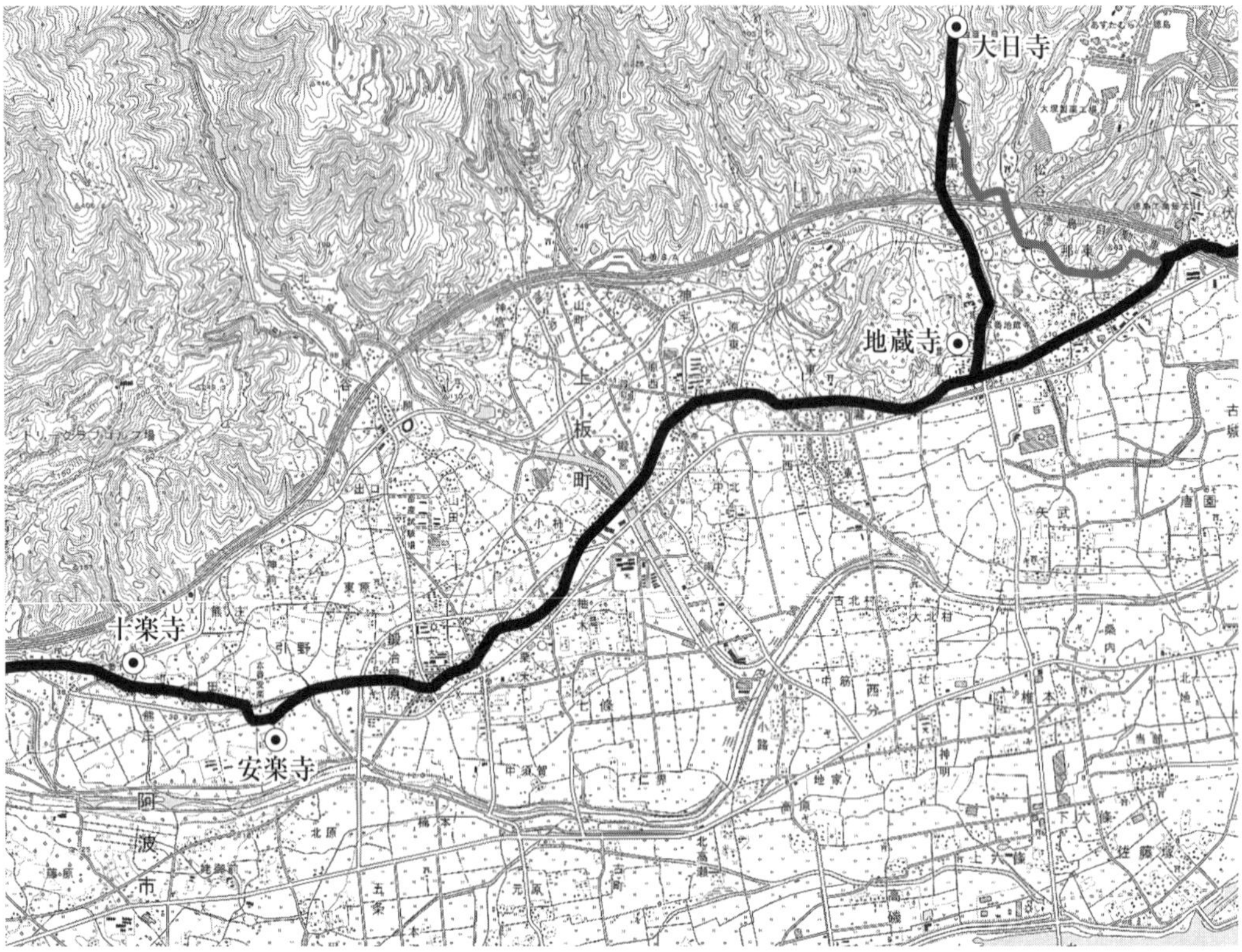

地図165　十楽寺から大日寺

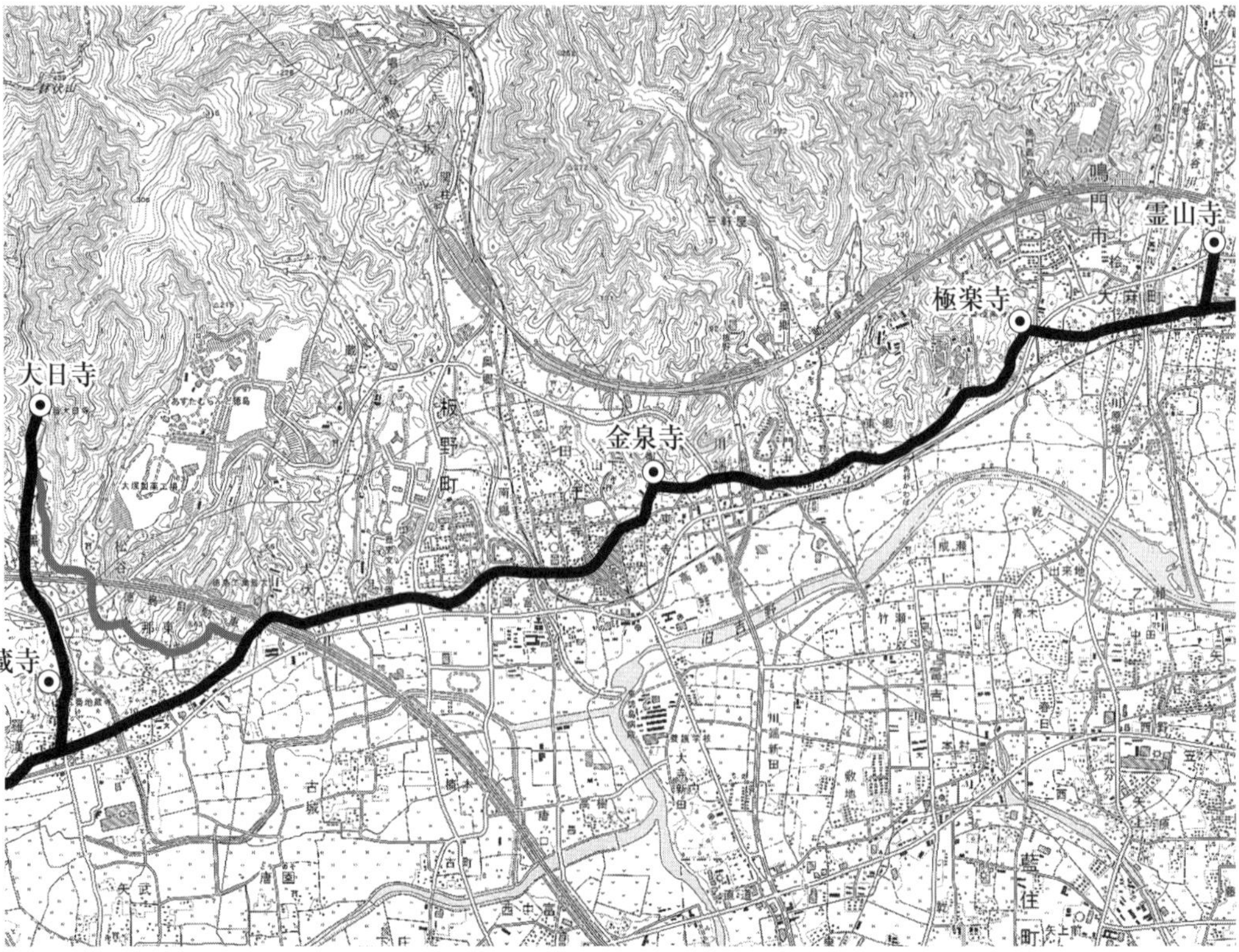

地図166　大日寺から霊山寺

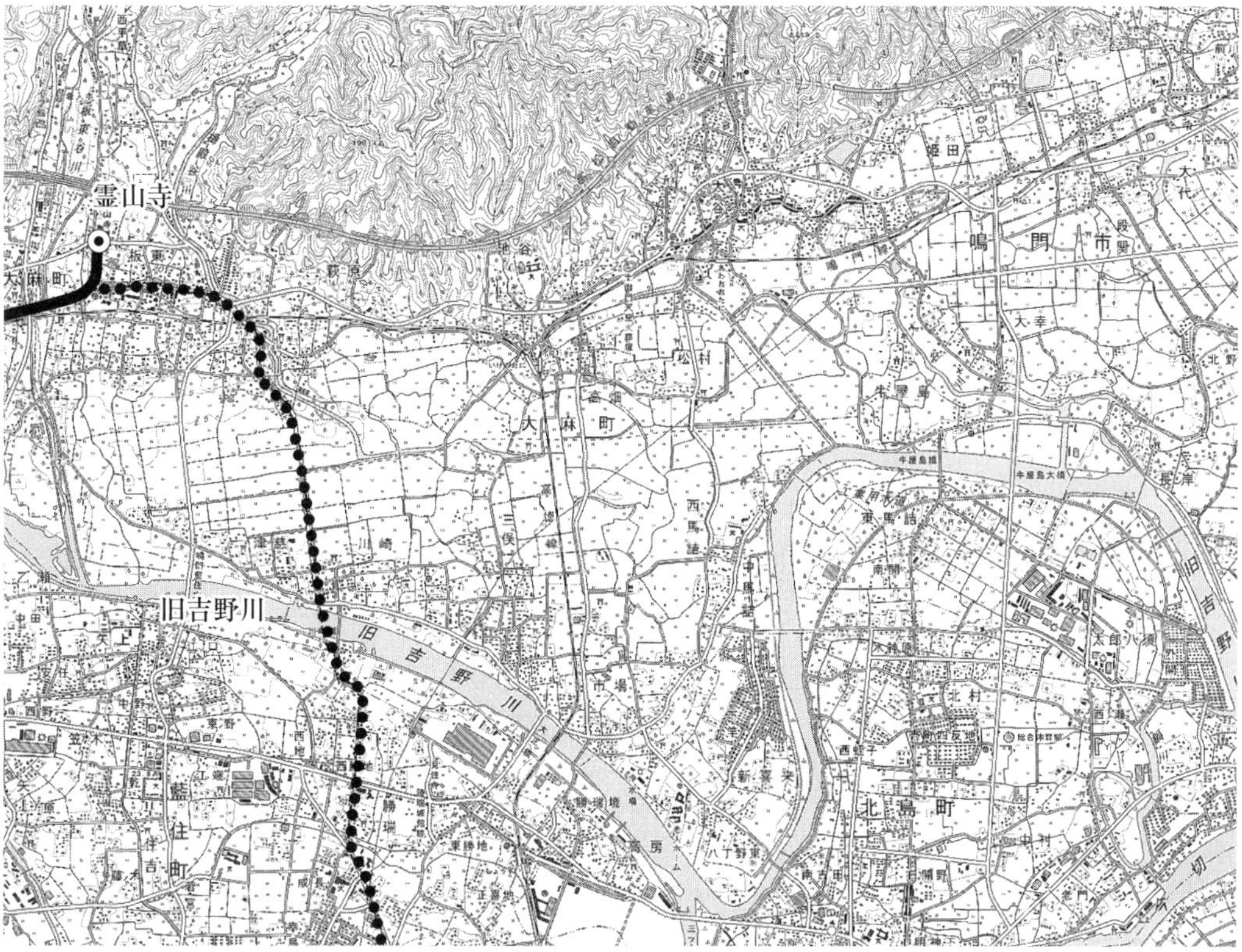

地図167　霊山寺から藍住

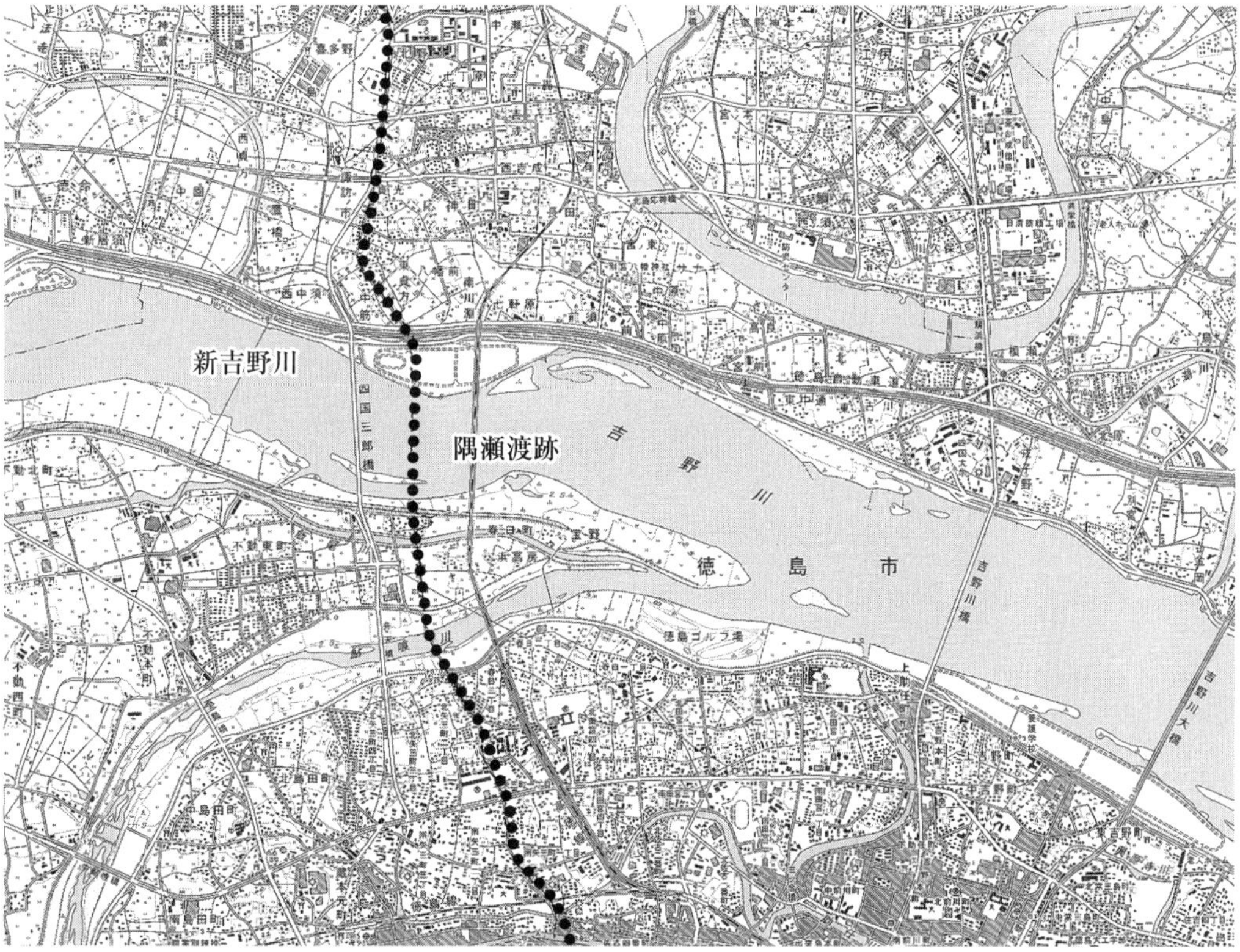

地図168　藍住から徳島

第二章　札所の様相

第一節　阿波の札所

澄禅の遍路は阿波（徳島県）から始まっているが、回る順番は現在の一番霊山寺からでなく、井土寺（十七番井戸寺、徳島市国府町井戸）から打ち始めている。ここでは日記の記載順に従って論を進める。

遍路初日の承応二年（一六五三）七月二十五日に巡ったのは、井土寺、観音寺（十六番、同市国府町観音寺）、国分寺（十五番、同市国府町矢野）、常楽寺（十四番、同市国府町延命）、一ノ宮(1)（一宮神社、現在の十三番札所大日寺は道を挟んで北側、同市一宮町西丁）の五寺社である。

井土寺、堂舎悉ク退転シテ昔ノ琚(2)（礎）ノミ残リ、二間四面ノ草堂在、是本堂也。本尊薬師如来也。寺ハクズ家浅マシキ躰也。住持ノ僧ノ無礼野鄙ナル様難述言語。(17)

観音寺、本尊千手観音是モ悉ク退転ス。少キ《ママ》(3)草堂ノ軒端朽落テ棟柱傾タル在、是其形斗也。昔ノ寺ノ旧跡ト見ヘテ畠ノ中ニ大ナル石共ナラヘテ在、所ノ者ニ問エハイツ比より(4)ケ様ニ成シヤラン、シカト不存、堂ハ百性共談合シテ時々修理ヲ仕ヨシ。(16)

国分寺、本尊薬師、少キ草堂是モ梁棟朽落テ仏像モ尊躰不具也。昔ノ堂ノ跡ト見ヘテ六七間四面三尺余ノ石トモナラヘテ在、哀ナル躰也。(15)

常楽寺、本尊弥勒菩薩是モ少キ草堂也。(14)

一ノ宮、松竹ノ茂タル中ニ東向ニ立玉ヘリ、前ニ五間斗ノソリ橋在リ、拝殿ハ左右三間宛也。殿閣結講也。本地十一面観音也。(13)

一ノ宮に至って初めて「殿閣結講（構）也」という記述が出てくるが、他の四か寺は「琚（礎）のみ残り」とか「小さき草堂」などと記され、ことごとく荒廃している様子がわかる。寂本『四国徧禮霊場記』（一六八九、以下『霊場記』と略す）でも常楽寺は「茅堂の傍一菴」、国分寺は「小堂一宇」、観音寺は「堂舎廃毀」などと荒れた様子が記されている(5)。これらの札所は九皐主人写『四国偏礼名所図会』（一八〇〇）(6)に至ってやっと寺観が整っている図が載せられているが、国分寺は『名所図会』でも本堂以外はみすぼらしく描かれている。なお、国分寺は古い礎石が並ぶ風景は最近まで同じであった。寂しい境内であることは変わりない。なお『霊場記』には「大日寺」という記述も出てきて一ノ宮の境内に描かれている(7)。

以下同様に、阿波の札所の記載を見ていく。澄禅は藤井寺（十一番、吉野川市鴨島町飯尾）から焼山寺（十二番、神山町下分地中）、恩山寺（十八番、小松島市田野）、立江寺（十九番、小松島市立江）、鶴林寺（二十番、勝浦町生名鷲ヶ尾）、大龍寺（二十一番太龍寺、阿南市加茂町竜山）、平等寺（二十二番、阿南市新野町秋山）、薬王寺（二十三番、美波町奥河内寺前）の順に回り、土佐（高知県）へ入っている。

藤井寺、本堂東向本尊薬師如来地景尤殊勝也。二王門朽ウセテ礎ノミ残リ、寺楼ノ跡、本堂ノ礎モ残テ所々ニ見タリ。今ノ堂ハ三間四面ノ草堂也。二天二菩薩十二神二王ナトノ像、朽ル堂ノ隅ニ山ノ如クニ積置タリ。庭ノ傍ニ容膝斗ノ小庵在、其内より法師形ノ者一人出テ仏像修理ノ勧進ヲ云、各奉加ス。(11)

焼山寺、本堂五間四面東向本尊虚空蔵菩薩也。イカニモ昔シ立也。古ハ瓦ニテフキケルカ縁ノ下ニ古キ瓦在、棟札文字消テ何代ニ修造シタリトモ不知、堂ノ右ノ傍ニ御影堂在、鎮守ハ熊野権現也。鐘モ鐘楼モ退転シタリシヲ先師法印慶安三年ニ再興セラレタル由、鐘ノ銘ニ見ヘタリ、當院主ハ廿二三成僧ナリ。(12)

恩山寺、大道より右ノ谷エ入事五町斗ニシテ二王門在リ、夫より二町斗リ行テ寺在、寺より右坂ヲ一町斗上テ本堂ニ至ル。本堂南向本尊薬師如来、右ノ方ニ御影堂在、其傍五輪ノ石塔ノコケムシタル在、此ハ大師ノ御母儀ノ御石塔也。地景殊勝ナル霊地也。寺ハ真言宗也。坊主ハ留主也。

(18)

立江寺、本堂東向本尊地蔵菩薩、寺ハ西向、坊主ハ出世無学ノ僧ナレトモ世間利発ニシテ富貴第一也。堂モ寺モ破損シタルヲ此僧再興セラレシト也。堂寺ノ躰誠ニ無能サウ也。(19)

靏林寺、山号霊鷲山本堂南向本尊ハ大師一刀三礼ノ御作ノ地蔵ノ像也。高サ壱尺八九寸後光御板失タリ、像ノム子ニ疵在リ。堂ノ東ノ方ニ御影堂在リ、鎮守ノ社在、鐘楼モ在、寺ハ靏林寺ト云。寺主ハ上人也。寺領百石、寺家六方在リ。(20)

大龍寺、山号捨身山本堂南向本尊虚空蔵菩薩、宝塔御影堂求聞持堂鐘楼鎮守ノ社大伽藍所也。古木回巌寺楼ノ景天下無双ノ霊地也。寺領百石六坊在リ。寺主上人礼儀丁寧也。

(21)

平等寺、本堂南向二間四面本尊薬師如来、寺ハ在家様也坊主。(22)

薬王寺、本尊薬師本堂南向。先年焔上ノ後再興スル人無フシテ今ニコヤカケ也。二王門焼テ二王ハ本堂ノコヤノ内ニ在、寺モ南向是ハ再興在テ結構成。(23)

藤井寺も荒れており、再興のための勧進をしていると記されている。焼山寺も退転、鐘楼を慶安二年（一六四九）に再建したとある。平等寺は「在家のよう」と記す。一方、恩山寺、鶴林寺、太龍寺は寺観が整っているような様子が書かれている。薬王寺は火災で仮設の本堂であることが記されているが、庫裏は再興されている。

　吉野川北岸の十か寺は、讃岐（香川県）の大窪寺（八十八番）を打ち終えてから最後に回っている。切幡寺（十番、阿波市市場町切幡観音）、法輪寺（九番、阿波市土成町土成田中）、熊谷寺（八番、阿波市土成町土成前田）、十楽寺（七番、阿波市土成町高尾法教田）、安楽寺（六番、上板町引野）、地蔵寺（五番、板野町羅漢）、黒谷寺（四番大日寺、板野町黒谷）、金泉寺（三番、板野町亀山下）、極楽寺（二番、鳴門市大麻町桧段の上）の順に回り、霊山寺（一番、鳴門市大麻町板東）で打ち納めた。

阿波切幡寺、本堂南向本尊三如来、二王門鐘楼在、寺ハ妻帯ノ山伏住持セリ。(10)

法輪寺、本尊三如来、堂舎寺院悉退転シテ小キ草堂ノミ在リ。(9)

熊谷寺、普明山本堂南向本尊千手観音、春日大明神ノ御作ト云。像形四十二臂ノ上ニ又千手有リ、普通ノ像ニ相違セリ。昔ハ當寺繁昌ノ時ハ佛前ニテ法花ノ千部ヲ読誦シテ其上ニテ開帳シケルト也。近年ハ衰微シテ毎年開帳スル也ト住持ノ僧開帳セラル拝之。内陣ニ大師御筆草字ノ額在リ、熊谷寺ト在リ、誠ニ裏ハ朽タリ。二王門在リ、二王ハ是モ大師御作ナリ。(8)

十楽寺、是モ悉ク退転ス。堂モ形斗、本尊阿弥陀如来御首シ斗在リ。(7)

安楽寺、駅路山浄土院本尊薬師如来、寺主有リ。(6)

地蔵寺無尽山荘厳院、本堂南向本尊地蔵菩薩、寺ハ二町斗東ニ有リ。當寺ハ阿州半国ノ法燈ナリ。昔ハ門中ニ三千坊在リ、今モ七十余ケ寺在ル也。本堂護摩堂各殿庭前ノ掛リ高大廣博ナル様也。當住持慈悲深重ニテ善根興隆ノ志尤モ深シ。寺領ハ少分ナレトモ天性ノ福力ニテ自由ノ躰也。(5)

黒谷寺、本尊大日如来、堂舎悉零落シタルヲ當所ニ大冨貴ノ俗有リ杢兵衛ト云、此仁ハ無二ノ信心者ニテ近年再興シテ堂ヲ結構ニシタルト也。(4)

金泉寺、本堂南向本尊寺三如来ト云トモ釈迦ノ像斗在リ、寺ハ住持在リ。(3)

極楽寺、本堂東向本尊阿弥陀、寺ハ退転シテ小庵ニ堂守ノ禅門在リ。(2)

霊山寺、本堂南向本尊釈迦如来、寺ニハ僧在。(1)

ここでも法輪寺、十楽寺、極楽寺を「退転」と表記、熊谷寺を「衰微」としている。地蔵寺、黒谷寺は復興の様子を記している。安楽寺は駅路山とあり、駅路寺であったことが示されている。駅路寺とは、徳島藩主蜂須賀家政（一五五八―一六三九）が慶長三年（一五九八）に作った制度である。遍路などの旅人を泊めるための寺で、長谷寺（鳴門市撫養町木津）、瑞運寺（現在の六番安楽寺、上板町引野）、福生寺（吉野川市山川町川田）、長善寺（東みよし町中庄）、青色寺（三好市池田町佐野初作）、梅谷寺（阿南市桑野町鳥居前）、打越寺（美波町山河内）、円頓寺（廃寺、海陽町宍喰浦）の八か寺である[8]。戦国時代に荒れた寺を藩が費用を負担して伽藍整備をするとともに堪忍分として寺領十石を与えた。旅人の便を図るだけでなく不審者を監視する機能も持っていた。徳島城下で同様の役割を果たしたのが澄禅も泊まった持明院である[9]。九か寺とも真言寺である。

澄禅の記載によると、阿波の札所は荒れ果てている寺が多い。二十三か寺中十二か寺が荒廃していた。その理由として考えられるのが戦国時代の被災である。長宗我部元親（一五三八―九九）による天正（一五七三―九二）の兵火で焼失したとみられ、寺伝等によると、霊山寺、極楽寺、地蔵寺、安楽寺、十楽寺、法輪寺、藤井寺、大日寺（一ノ宮）、常楽寺、国分寺、観音寺、井戸寺、恩山寺、立江寺、太龍寺、平等寺の十六か寺が罹災している[10]。ことに澄禅が最初に回った井戸寺から一ノ宮にかけては羽柴秀長（一五四〇―九九）との一宮城の攻防（一五八五）で主戦場になったあたりで、被害甚大だったであろう。寺により復興の度合いが異なるが、寺領を持たない寺は苦しかったであろうことが推測される。

第二節　阿波の考察

現状と比較してみる。まず、現在の札所の様子を記す。その上で澄禅の記載と比較する。

(1) 本堂南向、本尊釈迦如来。ここまでは澄禅の記載通り。現在は仁王門、多宝塔、大師堂、鐘楼、放生池あり。一番札所ということで参拝者が多く遍路用品の売店があるが、現在は本坊、宿坊（休業中）の一部も団体向けの臨時売店として利用している。

(2) 本堂東向、本尊阿弥陀。仁王門あり。本堂と大師堂は階段を上った山の中腹にある。澄禅の日記には樹齢千二百年とされる長命杉の記載なし。現在は本坊に宿坊あり。

(3) 本堂南向、本尊釈迦如来。仁王門、多宝塔、大師堂、放生池あり。澄禅は本尊三如来なれども釈迦のみと記すが、現在も釈迦しかない。

(4) 本堂南向、本尊大日如来。仁王門、大師堂。本堂と大師堂の間に回廊あり、西国三十三観音の写し本尊を祀る。

(5) 本堂東向、本尊勝軍地蔵。仁王門、大師堂。境内北側に五百羅漢を祀る堂あり。
（6）本堂東向、本尊薬師如来。仁王門は唐風。大師堂、多宝塔あり。現在は本坊にて宿坊を経営する。
（7）本堂南向、本尊阿弥陀。仁王門は唐風。大師堂あり。現在は本坊を兼ねる新築の宿坊あり。
（8）本堂南向、本尊千手観音。仁王門は県重文。納経所から三重塔を経て中門、さらに上って本堂。大師堂は本堂から階段を昇った所にあり。本坊は山の下にあり。
（9）本堂東向、本尊涅槃釈迦如来。仁王門、大師堂あり。澄禅は三如来と記すが、現状は釈迦しかない。
（10）本堂南向、本尊千手観音。仁王門から三百三十三段の階段を上がる。本堂と大師堂あり。多宝塔は本堂からさらに上。本尊は澄禅は三如来と記すが、現在は千手観音。寺の縁起等では江戸時代以前から弘法大師と幡切娘の千手観音の縁起を記しているので、当時も本尊は千手観音であったと思われる。澄禅の誤記か。
（11）本堂東向、本尊薬師。仁王門、鐘楼、大師堂あり。
（12）本堂東向、本尊虚空蔵菩薩。右に大師堂、左に大黒堂。仁王門から階段を上がり納経所、さらに上がって本堂等がある。鐘楼あり。山上には奥ノ院禅定。中腹に毒蛇を封じた岩屋、閼伽井、山上に蔵王権現、護摩壇場という澄禅の記述の如く現存している。本坊で宿坊経営。

（13）大日寺は本堂東向、本尊十一面観音。一宮の本地仏を本尊とし、寺名の元となった大日如来は脇持。大師堂は本堂と向き合う形で西向。山門は一宮と向き合う境内南側に平成二十年建立。本堂西側で宿坊経営。道を隔てて南側に一宮神社。神社本殿は東向。反り橋は現存。現在は寂しい境内だが、澄禅が「結構」と記した往時の繁栄をしのばせる造りである。
（14）本堂南向、本尊弥勒。山門なし。大師堂は本堂の東側に西向。流紋岩の一枚岩の上に建つ。
（15）本堂南向、本尊薬師。仁王門あり。昔の礎石が並ぶ風景は最近まで同じだった。火災で焼けた大師堂址で、平成二十五年に再建に向け工事が始まった。独立した大師堂がなく、烏瑟沙摩明王堂に大師が祀られていた。二十六年二月に新大師堂が完成したため風景が変わった。
（16）本堂南向、本尊千手観音。仁王門、大師堂あり。町中の小さな寺である。
（17）本堂南向、本尊七仏薬師。仁王門、大師堂、観音堂あり。本坊の宿坊は休業中。
（18）本堂南向、本尊薬師。山門から三百メートルほど上がって境内。階段の上に本堂、階段の下左側に大師堂、その右側に続いた棟が大師母公を祀る母公堂。階段右に納経所を兼ねる本坊。
（19）本堂南向、本尊地蔵。大師堂は本堂と向かい合う形で北向。本坊は西向で宿坊を兼ねる。本堂東向云々の澄禅の記載と現状とは建物の方角が異なる。

(20) 本堂南向、本尊地蔵。仁王門に阿吽の鶴。階段左に本坊兼大師堂、階段を上って本堂。鐘楼、三重塔あり。宿坊は休業中。

(21) 本堂東向、本尊虚空蔵菩薩。大師堂は北向、裏に大師廟あり。階段下に本坊。仁王門は徒歩遍路道沿いにあり。澄禅の日記に記載の岩屋は現存せず。昭和三十年代にセメント会社の石灰採掘場となった。

(22) 本堂南向、本尊薬師。仁王門、鐘楼あり。本坊は右、大師堂は左側。本堂は正面階段を昇った上。

図１　江戸時代の十五番　国分寺（『四國徧禮霊場記』より。六番安楽寺蔵、宝暦２年版）。

(23) 本堂南向、本尊薬師。寺務所横の山門を潜って三十三段と四十二段の厄除階段を上って本堂へ。大師堂は左側。右の六十一段の階段を上って多宝塔。境内南側の宿坊は休業中。

　荒廃して草庵のみだった所は再建で風貌が異なるのは当然であるが、それ以外で澄禅の記載と現状が異なるのは、金泉寺、法輪寺、切幡寺の本尊と、立江寺の諸堂の方角である。本尊に

写真１　十五番　国分寺の最近まで野ざらしだった礎石。現在同所に大師堂を再建した。

ついては三如来を本尊とするところが現在全くないのに、澄禅は三か寺で記載している。

立江寺の諸堂の方角については、寺（庫裏）は西向というのは現在と一致しており、真念『四国邊路道指南』（一六八七、以下『道指南』と略す）も澄禅同様本堂東向と記していることから、本堂が南向である現在とは異なった伽藍配置であったことがわかる。

鶴林寺は寺家六坊と記しているが、現在は塔頭はなくなっている。寂本『霊場記』には斜面に沿って塔頭が建ち並ぶさまが描かれており、往時がしのばれる。澄禅が泊まった愛染院も描かれている。

本尊について、金泉寺については現在も脇持に薬師如来、阿弥陀如来を奉安していることから三如来としても問題ない。法輪寺については、真念『道指南』ではすでに現在と同じ釈迦となっていることから、[11]澄禅の誤記である可能性が大きい。法輪寺は天正年間（一五七三―九二）の兵火で焼失、正保年間（一六四四―四八）の移築再建とされるから、澄禅の遍路時には再建されていたはずである。焼失以前は三如来であったのが、再建時に現在同様の涅槃釈迦如来だけになったと推測される。にもかかわらず澄禅は三如来と記しているのは見逃せない。

『奉納四国中邊路之日記』（一六八八）では、金泉寺、法輪寺の記載は「三如来」と読める。[12]澄禅は海部の大師堂（弘法寺、徳島県海陽町四方原）で『辺路札所ノ日記』を購入しているのだが、内田九州男氏はこれが『奉納四国中邊路之日記』と非常によく似た内容で「世間流布ノ日記」といわれるようにかなり広がっていたとし、澄禅が参考にしていたとの見解を示している。[13]そうであるとすれば、澄禅が入手した『辺路札所ノ日記』の記載をそのまま写したという可能性は否定できない。なお、切幡寺の本尊については、寺の縁起等では江戸時代以前から弘法大師と幡切娘の千手観音の縁起を伝えている。『奉納四国中邊路之日記』でも「千しゅ」（千手）と記されており、『道指南』『霊場記』も千手観音である。澄禅がなぜ三如来と書いたのか疑問である。

第三節　土佐の札所

土佐（高知県）は結構寺観が整っていたようだ。長宗我部は自領内の寺を焼き討ちにすることはなかった。澄禅の日記によると、太守（山内忠義、一五九二―一六六四）[14]の再興とされる寺が多く、工事中も含め、東寺（二十四番最御崎寺、室戸市室戸岬町坂本）、津寺（二十五番津照寺、同市室津）、神峯（神峯神社、現在の二十七番札所神峯寺は少し下った所にある、安田町唐浜塩谷ヶ森）、大日寺（二十八番、香南市母代寺）、国分寺（二十九番、南国市国分）、一宮（土佐神社、現在の三十番札所善楽寺は東隣、高知市一宮）、五臺山（三十一番竹林寺、同市五台山）、種間寺（三十四番、同市春野町秋山）、清瀧寺（三十五番、土佐市高岡町清滝）、青龍寺（三十六番、同市宇佐町竜）、新田ノ五社（仁井田五社、現在の三十七番札所岩本寺の北東一・五キロ、四万十町仕手原）、寺山（三十九番延光寺、宿毛市平田町中山）の十二寺社の記載がある。「太守は信心者で殊に真言家に帰依」と記されていることからもわかる。また「小倉庄助（小倉勝介、一五八二―一六五四）に命じて悉く修造」との記載も見える。

足摺山（三十八番金剛福寺、土佐清水市足摺岬）については天正年中に衰微との記載があるものの、なお寺領百石を有する大寺であり寺観も整っている。西寺（二十六番金剛頂寺、同市元崎山）、禅寺峯師（三十二番禅師峰寺、南国市十市）、高福寺（三十三番雪蹊寺、高知市長浜）についても衰退している様子は見えない。

東寺、先本堂ハ九間四面ニ南向也。本尊虚空蔵菩薩左右ニ天ノ像在、堂ノ左ニ宝塔有、何モ近年太守ノ修造セラレテ美麗ヲ尽セリ。(24)

津寺、本堂西向本尊地蔵菩薩、是モ太守より再興ニテ結構ナリ。寺ハ山下ニ有リ、寺主他行也。(25)

西寺、龍頭山金剛頂寺光明院、本堂南向本尊薬師如来、堂塔伽藍寺領以下東寺ニ同シ。(26)

神峯、本堂三間四面本尊十一面観音也。扨、峯より下ニ寺ハ麓ニ有、無礼ノ僧ナリ。(27)

大日寺、山ノ少シ高キ所ニ在リ、本堂南向本尊金剛界ノ大日如来。是モ太守より近キ比修造有、四間四面ニ堅固ニ奇麗ナル作ナリ。(28)

國分寺、本堂東向五間四面本尊千手観音也。摩尼山院ト号宝蔵院ナリ寺領三百石、寺家六坊有リ、近年堂塔破損シタルヲ太守右修理シ玉フ。其普請最中ニテ大工数十人居タリ。寺主ハ六十斗ノ僧也。(29)

一宮、南向本地阿弥陀如来宮殿楼門鳥居マテ高大廣博ナル大社也。前太守長曽我部殿修造セラレタル儘也。當守護侍従殿時々修理ヲ加ラルヽト云。山号ハ百々山、社僧神宮寺観音院トテ両寺有リ。(30)

五臺山、本堂南向本尊文殊。誠ニ殊勝ナル境地也。本堂ハ太守より修造セラレテ美麗ヲ尽セリ。塔ハ當寺主宥厳上人ノ造工ナリ。鐘楼御影堂二王門山王権現ノ社、何モ太守ノ願ナリ。(31)

禅寺峯師、本堂南向本尊十一面観音二王門在リ。(32)

高福寺、後ハ山前ハ河也。中古より禅宗ニ成テ本尊薬師如来ノ堂也。玄関方丈ノカヽリ禅宗ノ寺立テ也。當住持ハ妙心寺流ノ大和尚也。本寺前ノ住也ト語ラレタリ。保福山雪

蹊寺ト号ス。方丈ノ額ニ雪蹊寺ト書リ。(33)

種間寺、本堂東向本尊薬師、是モ再興在テ新キ堂ナリ。山下ニ寺在リ。(34)

清瀧寺、醫王山本堂南向本尊薬師如来。是再興有テ結構也。(35)

青龍寺、本堂東向本尊不動明王也。鎮主ハ白山権現也。頂上ニ不動堂在リシカ先年野火ノ余焔ニ焼失シタリ。然ヲ本堂再興ノ時太守より小倉庄助方ニ被仰付、不動ノ石像ヲ六尺斗ニ造テ同石堂ヲ九尺四方ニ立テ其内ニ安置セリ。(36)

新田ノ五社、南向横ニ双ヒテ四社立玉フ、一社ハ少高キ所ニ山ノ上ニ立、何モ去年太守より造宮セラレテ結構也。(37)

足摺山、勅額ノ号ハ金剛福寺ナリ。昔ハ寺領七千石余ニシテ七百坊在シヲ、天正年中ニ如此衰微シタルナリ。今ハ十二坊在リ、寺領百石也。本堂南向本尊千手観音也。鐘楼二王門ノ掛リ中々大伽藍也。(38)

寺山、本堂東向本尊薬師、二王門鐘樓御影堂鎮守ノ社、何モ此太守より再興在テ結構ナリ。(39)

第四節　土佐の考察

土佐も現状を記した上、澄禅の日記の記載と比較して考察する。

(24) 山上に地形の平らな所。本堂南向、本尊虚空蔵菩薩。本堂に向かって右に多宝塔、左手前に大師堂。護摩堂は西向。仁王門、鐘楼あり。北側にある本坊は宿坊。

(25) 階段の途中に鐘楼門、山上に本堂西向、本尊地蔵菩薩。大師堂、庫裏は山下。

(26) 山上の階段を上る。本堂南向、本尊薬師如来。仁王門、鐘楼あり。大師堂は西向。西側にある本坊は宿坊。

(27) 山上に神峯神社、本殿南向。中腹に神峯寺。右に鳥居、左に仁王門の並ぶ場所で分岐。鐘楼、庫裏のある所から階段を上る。本堂南向、本尊十一面観音。大師堂は南側。

(28) 山の少し高い所。本堂南向、本尊金剛界大日如来。山門、大師堂、鐘楼あり。

(29) 本堂南向、本尊千手観音。向かって左並びに大師堂。仁王門、鐘楼、開山堂あり。

(30) 土佐神社。本殿南向、祭神一言主命・味鉏高彦根神《あじすきたかひこねのかみ》。山門、鳥居、鐘楼あり。西側に善楽寺。本堂南向、本尊阿弥陀如来。向かって左並びに大師堂あり。

(31) 五台山上にあり。本堂南向、本尊文殊菩薩。大師堂は向き合う感じで北向。仁王門、鐘楼、宝物館、五重塔あり。少し下った所にある本坊には庭園。

(32) 本堂南向、本尊十一面観音。山上に至る参道の途中に仁王門。大師堂は本堂向かって左隣。鐘楼あり。

(33) 本堂南向、本尊薬師。大師堂は本堂右手前南向。鐘楼あり。東隣に秦神社。

(34) 寺は平地にある。本堂北向、本尊薬師。大師堂は本堂右手前東向。大師堂向かいに柄杓を奉納する子安観音堂。

(35) 山上に本堂南向、本尊薬師如来。左隣に大師堂。前に薬師の大仏。鐘楼、仁王門あり。

(36) 本堂東向、本尊不動明王。大師堂は左隣。山への登り口に仁王門。麓に三重塔、恵果堂。

(37) 仁井田五社（現高岡神社）は南向に四社並び、西端の一社は小高い山の上。岩本寺は本堂東向。大師堂、鐘楼、仁王門あり。本坊で宿坊。

(38) 本堂南向、本尊千手観音。鐘楼、仁王門、多宝塔、権現堂、大師堂、愛染堂などを備えた大伽藍。西側の本坊で宿坊。

図2　江戸時代の三十七番　仁井田五社（『四國徧禮霊場記』より。六番安楽寺蔵、宝暦2年版）。

写真2　三十七番　現在の岩本寺本堂。

(39) 本堂南向、本尊薬師。大師堂は本堂左に東向。仁王門、鐘楼あり。

神峯は江戸時代は、現在の神峯神社の本殿が観音堂で本尊の十一面観音が祀られていた。日記には「寺は麓にある」との記載があるが、別当は常行寺（安田町安田、明治維新の廃仏毀釈で廃寺）で、養心庵（安田町唐浜、廃寺、後に安田町薬師に移転）で札を納める遍路もいたという。[15]

一宮は現在の土佐神社である。澄禅の日記に社僧として神宮寺、観音寺の二か寺を挙げているが、善楽寺の記載はない。時代は下るが『南路志』[16]には観音院善楽寺が、無量寿院神宮寺と共に記載されている。寂本『霊場記』には「一宮百々山神宮寺」と記され、図には一宮をはさんで左に神宮寺、右に長福寺が描かれている。善楽寺によると、観音院、長福寺は善楽寺の異名であるという。

仁井田五社は現在の高岡神社。四社建ち並び、一社は少し高い所にあるのは現在も同じ。現在の三十七番札所である岩本寺は窪川の町中にある。澄禅の日記には一言も書かれていないが、『道指南』には「別当岩本寺」の記載が出てくる。[17]

第五節　伊予の札所

伊予（愛媛県）の札所もかなり荒廃していた。澄禅の日記では、観自在寺（四十番、愛南町御荘平城）、稲荷ノ社（四十一番龍光寺、宇和島市三間町戸雁）、明石寺（四十三番、西予市宇和町明石）、浄瑠璃寺（四十六番、松山市浄瑠璃町）、八坂寺（四十七番、松山市浄瑠璃町八坂）、浄土寺（四十九番、松山市鷹子町）、繁多寺（五十番、松山市畑寺町）、大山寺（五十二番太山寺、松山市太山寺町）、緊の円明寺[18]（五十四番延命寺、今治市阿方）、泰山寺（五十六番、今治市小泉）、香薗寺（六十一番香園寺、西条市小松町南川甲）、吉祥寺（六十三番、西条市氷見乙）の十二寺社が、「退転」「小庵」「住持なし」等の記述となっている。

天正の兵火の影響を受けたのは、菅生山（四十四番大宝寺、久万高原町菅生）、八坂寺、三嶋ノ宮（別宮大山祇神社、現在の五十五番札所南光坊の北に隣接、今治市別宮町）、国分寺（五十九番、今治市国分甲）、香園寺、一ノ宮（一宮神社、現在の六十二番宝寿寺から予讃線の線路を隔てた北側、西条市小松町新屋敷一本松）、吉祥寺、三角寺（六十五番、四国中央市金田町三角寺甲）の八寺社[19]で、澄禅日記の荒廃寺社と重なるのは三か寺しかない。他に理由があるのかもしれない。

石手寺（五十一番、松山市石手）、菅生山を「大伽藍」と記している。その他の佛木寺（四十二番、宇和島市三間町則）、岩屋寺（四十五番、久万高原町七鳥）、西林寺（四十八番、松山市高井町）、和気の圓明寺（五十三番、松山市和気町）、八幡宮（石清水八幡宮、今治市玉川町八幡、現在の五十七番札所栄福寺は山の中腹）、佐礼山（五十八番仙遊寺、今治市玉川町別所甲）、横峯寺（六十番横峰寺、西条市小松町石鎚）、前神寺（六十四番、西条市州之内甲）については、日記からは盛衰不明である。

観自在寺、本堂南向本尊薬師如来、寺号ハ相違セリ。堂ノ内陣ニ観音ノ像モ在リ、香花供養ノ役者ニ法師ノ形ノ者一人在ケレトモ由緒等無案内ナリ。㊵

稲荷ノ社、本地十一面観音田中ニ在リ小キ社ナリ。㊶

佛木寺、本堂東向本尊金剛界大日如来座像五尺斗、一孰山毘盧舎那院ト号。堂ノ後ニ楠在リ。此枝ノ落タルヲ拾ヒテ諸国ニテ病ヲ治ト云。㊷

明石寺、本尊千手観音本堂朽傾テ本尊ハ小キ薬師堂ニ移テ在リ、源光山延寿院ト云。寺主ハ無ク上ノ坊ト云山伏住セリ妻帯也。㊸

菅生山、本堂九間四面、二王門鐘楼経蔵御影堂護摩堂鎮守ノ社双、賢固廣博ナル大伽藍也。本尊ハ生身ノ十一面観音也。㊹

岩屋寺、二王門在リ。本堂三間四面本尊不動。堂ノ上ニ岩ノ洞木ヲ打渡シテ下より只柱一本ニテ持様ニカヲクミテ、其上ニ九尺方ノ宝形作ノ堂ヲ立テ、中ニ彼仙人ノ像ヲ人長ニ造玉テ置玉フ。爰ニ十七ノ梯子ヲ掛リ是ヲ上テ札ヲ納。其傍ニ六尺斗ノ塔婆在、顕ノ塔ナリ。扨、堂ノ下寺在リ。㊺

浄瑠璃寺、本堂三間四面本地薬師如来日光月光十二神在、昔ハ大伽藍ナレトモ今ハ衰微シテ小キ寺一軒在リ。㊻

八坂寺、熊野権現勧請也。昔ハ三山権現立ナラヒ玉フ故ニ廿五間ノ長床ニテ在ケルト也。是モ今ハ小社也、本寺堂ハ本尊阿弥陀ナリ。㊼

西林寺、本堂三間四面本尊十一面観音。㊽

浄土寺、本堂五間四面本尊釈加《ママ》如来、西林山吉祥院ト号、三蔵院ト云。又近所八幡ノ別當ヲ如来院ト云。此本堂零落シタリシヲ遊西禅門ト云道心者十方旦那ヲ勧テ再興シタル也。堂ノ傍ニ祖師在リ、善導大師ノ影像、五躰不具ノ像トモ五六躰在リ。㊾

繁多寺、本堂三間四面本尊薬師ナリ。此寺ハ律寺ニテ昔六十六坊ノ所ト也。實ニ大門ノ跡より二王門迄ハ三町斗也。本堂二王門モ雨タマラス、塔ハ朽落テ心柱九輪傾テ哀至極ノ躰ナリ。㊿

石手寺、札所ノ本尊ハ薬師、本社ハ熊野三所権現、廿余間ノ長床在リ。ツヽイテ本堂在リ、本尊文珠菩薩、三重ノ塔御影堂鐘樓二王門、与州無双ノ大伽藍也。(51)

大山寺、廿五町下より町石在。大門ヲ入テ二王門迄六町、二王門より山迄六町、本堂九間四面本尊十一面観音也。少下テ五佛堂在リ悉朽傾テ在。楊柳山大山寺護持院ト云、昔ハ三千石ノ寺領ナレトモ天正年中ニ無縁所ト成ル、今モ六坊トテ在。(52)

圓明寺、本堂南向本尊阿弥陀、行基菩薩ノ開基也。須賀山正智院ト云、寺主ハ関東辺ニテ新義ノ学シタル僧也。(53)

円明寺、本尊不動明王、堂ハ小キ草堂寺モ小菴也。(54)

三嶋ノ宮、本地大日ト在トモ大通智勝佛ナリ。此宮ヲ別宮ト云ハ爰より北、海迄七里往テ大三島トテ島在リ、此島大明神ノ本社在リ。今此宮ハ別宮トテカリニ御座ス所ナリ本式ハ辺路ナレハ其島エ渡。爰ニ札ヲ納ルハ略義ナリ。(55)

泰山寺、本堂東向本尊地蔵菩薩寺ハ南向、寺主ハ無シ、番衆ニ俗人モ居ル也。(56)

八幡宮、本地弥陁、此山より見ハ今治三万石ヲ目ノ下ニ見ナリ。(57)

佐礼山、本堂東向本尊千手観音也。大師此観音ノ像ヲ海中より求サセ玉イ山ヲ開キ安置シ玉フト也。廿八部衆二王ハ湛慶作ナリ。寺ハ遊仙寺トテ山下ニ在。(58)


國分寺、本堂南向本尊薬師、寺樓庭上前栽誠ニ國分寺ト可云様ナリ。(59)

一ノ宮、道より一町斗田ノ中ニ立玉ヘリ。地形余リヒキク《ママ》シテ洪水ノ時悪鋪故、南ノ山エ度々移奉シカトモ元ノ地エ安座可在由、度々咤宣在ル故此所ニ御座ト也。本地十一面観音也。夫より川ヲ渡テ一本松ト云村ヲ過テ、新屋敷ト云所ニ右ノ社僧天養山保寿寺ト云寺在リ。寺主ハ高野山ニテ数年学セラレタル僧也。(62)

香薗寺、本堂南向本尊金界大日如来。寺ハ在トモ住持無シ。(61)

横峯寺、大坂ヲ上リテ少平地ナル所ニ二王門在リ。爰ニ佛光山ト云額在、銅ニテ文字ヲ入タリ。本堂南向本尊大日又権現ノ社在リ。寺ニハ加賀ノ国ノ僧住持ス。(60)

石槌山太権現、本地阿弥陀如来、嶽迄ハ十二里也。杆レトモ六月一日ニ山上ス、余時ハ山上不成也。右横峯ニ札ヲ納ルナリ。(64A)

吉祥寺、本堂東向本尊毘沙門天、寺ハ退転シタリ。(63)

前神寺トテ札所在リ、是ハ石槌山ノ里坊也。(64B)

三角寺、本堂東向本尊十一面観音、前庭ノ紅葉無類ノ名木也。寺主四十斗ノ僧也。(65)

図3　江戸時代の四十一番　稲荷（『四國徧禮霊場記』より。六番安楽寺蔵、宝暦２年版）。

第六節　伊予の考察

(40) 本堂南向、本尊薬師。大師堂は左隣。本堂前に聖観音像。鐘楼、仁王門、宿坊あり。

(41) 龍光寺は山の中腹に本堂南向、本尊十一面観音、稲荷明神も鎮座。右側に大師堂西向。本堂と大師堂の間の階段を登った所に稲荷社。鐘楼あり。麓の参道入口に鳥居。稲荷社は元禄元年（一六八八）に現在地に遷座した[20]。

(42) 本堂南向、本尊大日如来。大師堂は左隣。仁王門、鐘楼あり。

写真3　四十一番　現在の龍光寺（奥が稲荷）。

(43) 本堂東向、本尊千手観音。大師堂は右隣。仁王門、鐘楼あり。

(44) 山の中腹に本堂南向、本尊十一面観音。大師堂は右隣。鐘楼あり。宿坊は休業中。麓からの参道途中に仁王門。

(45) 山中に本堂東向、本尊不動明王。左側に大師堂。左に旧山門。山上、奥院方面から降りて来る遍路道からの入口にある。庫裏は一段下がった所に。本堂右に法華仙人堂跡の岩屋。

新山門は麓からの参道の途中に。
(46)本堂東向、本尊薬師。大師堂は右隣。鐘楼あり。
(47)本堂東向、本尊阿弥陀。大師堂は左。間に閻魔堂。鐘楼、山門あり。
(48)本堂南向、本尊十一面観音。大師堂は右隣。鐘楼、仁王門あり。
(49)本堂南向、本尊釈迦如来、空也上人像あり。大師堂は右隣。鐘楼、仁王門あり。
(50)本堂西向、本尊薬師。大師堂は右隣。鐘楼、山門あり。
(51)本堂南向、本尊薬師。大師堂は右側。仁王門、鐘楼、三重塔、宝物館などの大伽藍。
(52)一ノ門、大門入って右側に本坊。参道を登り三ノ門。本堂南向、本尊十一面観音。西側一段上がった所に大師堂東向。鐘楼、長者堂、聖徳太子堂など大伽藍。
(53)本堂南向、本尊阿弥陀。大師堂は左手前東向。鐘楼、仁王門あり。
(54)本堂南向、本尊不動明王。大師堂は左の階段を登った上に東向。鐘楼、山門あり。
(55)別宮大山祇神社は本殿東向、祭神大山祇大神。南隣に南光坊。本堂東向、本尊大通智勝如来。大師堂は東側に西向。山門あり。
(56)本堂南向、本尊地蔵菩薩。右に本坊。大師堂は南側に北向。鐘楼あり。
(57)山上に石清水八幡宮。中腹に栄福寺。本堂南向、本尊阿弥陀。大師堂は右手前西向。
(58)山上に本堂東向、本尊千手観音。東南に大師堂北向。鐘楼、宿坊あり。参道登る途中に仁王門。
(59)本堂南向、本尊薬師。大師堂は右側西向。
(60)山上に本堂東向、本尊大日如来。大師堂は向き合う形で西向。鐘楼あり。一段下がった所に本坊。西側に仁王門。六百メートル西に石鎚山遥拝所の星が森。
(61)本堂兼大師堂の大聖堂東向、本尊大日如来。子安大師堂、鐘楼あり。宿坊は休業中。
(62)宝寿寺旧本堂東向、本尊十一面観音。右に仮本堂、大師堂が南向で並ぶ。一宮神社は線路隔てた北側に。
(63)本堂東向、本尊毘沙門天。左に大師堂北向。鐘楼、山門あり。
(64A)石鎚山中腹のロープウェー山頂成就駅南西二百メートルに奥前神寺。南西七百メートルに石鎚神社成就社、さらに南西四キロの頂上に石鎚神社本社。
(64B)前神寺は本堂北向、本尊阿弥陀。大師堂は北側一段下った所に西向。本坊はさらに北側下った所。鐘楼、権現堂、薬師堂など。西側に石鎚神社口之社。
(65)山の中腹に本堂東向、本尊十一面観音。右側奥に大師堂東向。北側に本坊。鐘楼門あり。

稲荷（龍光寺）は田中に在る小さい社と記されている。現在の社は丘の中腹にあり、稲荷社をはさんで左右に龍光寺本堂と大師堂がある。明治の神仏分離後に現在の形となったが、寂本『霊場記』では稲荷社、大師堂とも中腹に描かれており麓に庵がある。[21]澄禅が巡った時は移転前だったので、まだ田中にあったようだ。

三嶋ノ宮について、澄禅は本来の札所は大三島にある大山祇神社が本社であり、今治の別宮への参拝は略義であると記している。現在は南光坊への納経のみで、大山祇神社に参拝する人はほとんどいない。寂本『霊場記』では札所名が「大積山金剛院光明寺」と記され、図では別宮の見出しで隣接して光明寺が描かれている。

一宮と宝寿寺の関係について澄禅の日記には、新屋敷（西条市小松町新屋敷）という所に社僧の天養山保寿寺（宝寿寺）があると記している。また、寂本『霊場記』では札所名として「天養山観音院宝寿寺」と記されており、図では一之宮となっている。[22]

前神寺は石鎚山の里坊として澄禅の日記に登場する。ここにも札を納めている。当時は石鎚山が札所であったが、現在の札所である前神寺が里坊としてすでに存在していたことがわかる。澄禅は石鎚山の登拝は六月一日のみであるとし、石鎚山の納札を横峰寺の遥拝所（星が森、西条市小松町石鎚星森峠）と里前神寺の両方でしている。明治初年の神仏分離までは、山上に本寺があり神仏習合の霊地であった。神仏分離で石鎚神社だけとなり前神寺は廃寺となる。前神寺は明治十一年に里坊の位置に移転し再建。現在はロープウェーの山頂成就駅から少し上った所に奥前神寺（西条市小松町石鎚成就）があり、七月一—十日の山開き期間のみ開扉される。

第七節　讃岐の札所

讃岐（香川県）は寺観が整っていた。荒廃していたのは、小松尾寺（六十七番大興寺、三豊市山本町辻小松尾）が「小庵」、出釈迦山（我拝師山、善通寺市吉原町、七十三番出釈迦寺＝善通寺市吉原町＝から南東二キロの山上）が「吹崩」、崇徳天皇（白峯宮、坂出市西庄町、現在の七十九番高照院天皇寺は神社をはさんで右に本坊、左に本堂大師堂等）が「退転」、大窪寺（八十八番、さぬき市多和兼割）が「本坊ばかり」と記されているくらいである。

雲辺寺（六十六番、徳島県三好市池田町白地）は讃岐の一番となっているが、実際は阿波にあり「近年阿波守（蜂須賀光隆＝一六三〇—六六）が再興して結構」と、再興された様子が書かれている。

金蔵寺（七十六番金倉寺、善通寺市金蔵寺町）、道隆寺（七十七番、多度津町北鴨）が「昔は七堂伽藍」として衰微したことをにおわせてはいるが、荒廃しているということはない。

天正の兵火にかかったのは、大興寺、本山寺（七十番、三豊市豊中町本山甲）、弥谷寺（七十一番、三豊市三野町大見乙）、甲山寺（七十四番、善通寺市弘田町）、金倉寺、道隆寺、国分寺（八十番、高松市国分寺町国分）、根香寺（八十二番、高松市中山町）、一ノ宮（田村神社、高松市一宮町、現在の八十三番一宮寺の東隣）、八栗寺（八十五番、高松市牟礼町牟礼落合）、志度寺（八十六番、さぬき市志度）、長尾寺（八十七番、さぬき市長尾西）、大窪寺の十三寺社[23]で、四国中一番多いが、日記を読む限りは大興寺、大窪寺以外は荒廃している様子はなく、復興が早かったのだろう。また、曼荼羅寺（七十二番、善通寺市吉原町）は、慶長（一五九六―一六一五）の戦火で被災した[24]。

琴弾八幡宮（琴弾八幡宮、観音寺市八幡町。現在の六十八番神恵院は観音寺境内。八幡宮は観音寺の西二百メートル）、観音寺（六十九番、観音寺市八幡町）、善通寺（七十五番、善通寺市善通寺町）、道場寺（七十八番郷照寺、宇多津町西町東）、白峯寺（八十一番、坂出市青海町）、屋島寺（八十四番、高松市屋島東町）の盛衰は日記からは読み取れない。

雲辺寺、巨鼇山本堂東向本尊千手観音廿八部衆在リ、此山ハ阿讃伊三国ノ境トハ云トモ山ハ阿州ノ内、札ハ讃州ノ最初ナリ。本堂ヲ近年阿波守殿より再興在テ結構ナリ。寺ハ古義学者卅余歳ノ僧住持セリ。(66)

小松尾寺、本堂東向本尊薬師、寺ハ小庵也。(67)

観音寺、本堂南向本尊正観音、大師ノ開基、桓武天皇ノ御願大同年中ノ造営也。寺ハ神恵寺六坊在リ。(69)

琴弾八幡宮、南向本地阿弥陀如来。(68)

本山七宝山長福寺持宝院、本堂南向七間四面本尊馬頭観音、二王門鐘楼在リ。寺主ハ四十斗ノ僧也。(70)

弥谷寺、劔五山千手院、先坂口ニ二王門在。寺ハ南向、寺ノ広サ庭より一段上リテ鐘楼在、又一段上リテ護摩堂在、又一段上テ本堂在。山中石面ハ一ツモ不残佛像ヲ切付玉ヘリ。(71)

曼荼羅寺、本堂東向本尊金剛界大日如来。(72)

出釈迦山、近年堂ヲ造立シタレハ一夜ノ中ニ魔風起テ吹崩ナルト也。今見ニ板ノワレタルト瓦ナト多シ、爰只曼荼羅寺ノ奥院ト可云山也。(73)

甲山寺、本堂東向本尊薬師如来。(74)

善通寺、本堂ハ御影堂、又五間四面ノ護摩堂在リ。札所ハ薬師如来大門サキニ有。(75)

金蔵寺、本堂南向本尊薬師、鶏足山金蔵寺天台智證大師ノ

開基也。昔ハ七堂伽藍ノ所也。四方築地ノ跡今ニ有。(76)

道隆寺、本堂南向本尊薬師、道隆ノ親王建立ノ寺也。桑多山道隆寺明王院、是モ昔ハ七堂伽藍ノ所ナリ。本堂護摩堂由々敷様也。寺主ハ高野山ノ学徒ニテ有。(77)

道場寺、本尊阿弥陁、寺ハ時宗也。(78)

崇徳天皇、世間流布ノ日記ニハ如此ナレトモ大師御定ノ札所ハ彼金山ノ薬師也。實モ天皇ハ人皇七十五代ニテ渡セ玉ヘハ大師ニハ三百余年後也。御本堂ニハ十一面観音ヲ安置ス。其外七堂伽藍ノ数ケ寺立、三千貫ノ領地ヲ寄。此寺繁昌シテ金山薬師ハ在テ無カ如ニ成シ時、子細由緒ヲモ不知辺路修行ノ者トモカ此寺ヲ札所ト思ヒ巡礼シタルカ初ト成、今アヤマリテ来ト也。當寺ハ金花山悉地成就寺摩尼珠院ト云、今寺ハ退転シテ俗家ノ屋敷ト成リ。(79)

国分寺、白牛山千手院、本堂九間四面本尊千手観音也。丈六ノ像也。傍ニ薬師在リ、鐘楼在、寺領百石ニテ美々鋪躰也。(80)

白峯寺、當山ハ智證弘法両大師ノ開基五岳ノ随一也。智證大師一木ヲ以テ千手ノ像ヲ五躰彫刻シテ五所ニ安置シ玉フト也。當山ハ崇徳天皇ノ遺骨ヲ奉納セシ地也。(81)

根香寺、青峯本尊千手観音五岳ノ一ツナリ。(82)

一ノ宮、社壇モ鳥居モ南向本地正観音也。(83)

屋島寺、先ツ當寺ノ開基鑑真和尚也。千手観音ヲ造本堂ニ安置シ玉フ。(84)

八栗寺、本堂ハ南向本尊千手観音。峯ハ大磐石金輪際より出生テ形如五鈷杵。爰ニ寺ヲ立五鈷山八栗寺千手院ト号玉フ。絶頂ハ彼磐石ノ五鈷形エ上ル間中々恐キ所ナリ、上ニハ當山権現天照太神愛岩《ママ》権現弁財天女ノ社壇在リ。(85)

志度寺、本尊十一面観音本堂南向。(86)

長尾寺、本堂南向本尊正観音也、寺ハ観音寺ト云當国ニ七観音トテ諸人崇敬ス。国分寺白峯寺屋島寺八栗寺根香寺志度寺當寺ヲ加テ七ケ所ナリ。(87)

大窪寺、本堂南向本尊薬師如来、堂ノ西ニ塔在、半ハ破損シタリ。是モ昔ハ七堂伽藍ニテ十二坊在シカ今ハ無縁所ニテ本坊斗在。(88)

第八節　讃岐の考察

(66) 山上に本堂東向、本尊千手観音。鐘楼、護摩堂、本坊など。北に一段上がった所に大師堂東向。さらに上に毘沙門天展望館。南側の遍路道の登山途中に仁王門。

(67) 山上に本堂東向、本尊薬師。左隣に大師堂、右隣に天台大師堂、右に本坊。麓の階段登り口に仁王門。

(68) 琴弾八幡宮は山上に本殿南向、祭神八幡大神。麓に社務所。

(69)観音寺本堂南向、本尊聖観音。西側階段を登った所に神恵院旧本堂の薬師堂。南へ順に観音寺大師堂東向、神恵院新本堂東向、本尊阿弥陀。神恵院大師堂東向。鐘楼あり。麓に仁王門。

(70)本堂南向、本尊馬頭観音。右手前に大師堂西向。五重塔、十王堂、鐘楼、仁王門など。

(71)登山道途中に仁王門。賽の河原と呼ばれる参道から階段を登り、大師堂南向、獅子の岩屋と呼ばれる石窟に大師と両親の像。東側の鐘楼脇から階段を登り本堂南向、本尊千手観音。途中に磨崖仏多数。

(72)本堂東向、本尊大日如来。左側に大師堂北向。右側に本坊。鐘楼、仁王門あり。

(73)出釈迦寺は本堂東向、本尊釈迦如来。右隣に大師堂。山門あり。奥院は一・四キロ南の山上に西向。

(74)本堂東向、本尊薬師。左隣の一段高い所に大師堂、さらに上に毘沙門窟。鐘楼、山門あり。

(75)東院と西院に分かれた大伽藍。東院に本堂の金堂南向、本尊薬師。五重塔、鐘楼、佐伯祖廟、南大門、赤門など。西院に大師堂である御影堂東向。宝物館、宿坊、遍照閣、仁王門など。

(76)本堂南向、本尊薬師。西側に大師堂東向、弘法大師と智証大師、神変大菩薩。鐘楼、仁王門あり。

(77)本堂南向、本尊薬師。右手前に大師堂、奥に多宝塔。鐘楼、仁王門あり。

(78)山の中腹に本堂北向、本尊阿弥陀。左手階段上に大師堂北向。東側の本坊に庭園。鐘楼、山門あり。

(79)白峰宮は本殿東向、祭神崇徳天皇。正面に鳥居。南側に天皇寺本堂東向、本尊十一面観音。左隣に大師堂北向。鐘楼あり。神社を挟んで北側に庫裏。

(80)本堂南向、本尊千手観音。東側に大師堂兼寺務所。鐘楼、仁王門あり。

(81)山中に本堂南向、本尊千手観音。右隣に大師堂。階段下の西側に崇徳天皇を祀る頓証寺殿。東に護摩堂、宿坊。境内西側に崇徳天皇陵。

(82)山中に本堂東向、本尊千手観音。階段下北側に大師堂、南に庫裏。谷を隔てた東に仁王門。

(83)田村神社は本殿南向、祭神倭迹々日百襲姫命。西隣に一宮寺。本堂東向、本尊聖観音。北に大師堂南向。鐘楼、仁王門あり。

(84)山上に本堂南向、本尊千手観音。東に大師堂西向。鐘楼、宝物館など大伽藍。南に仁王門、四天門。

(85)山の中腹に本堂南向、本尊聖観音。左手前に聖天堂。裏参道を東に行くと大師堂、多宝塔、さらに東に本坊。鐘楼、二天門あり。

図４　江戸時代の七十一番　弥谷寺（『四國徧禮霊場記』より。六番安楽寺蔵、宝暦２年版)。

写真４　七十一番　現在の弥谷寺本堂（左)。阿弥陀三尊の磨崖仏（右)。

(86) 本堂南向、本尊十一面観音。右隣に大師堂。南側に本坊。五重塔、鐘楼、仁王門のある大伽藍。
(87) 本堂南向、本尊聖観音。右隣に大師堂。仁王門あり。
(88) 山中に本堂南向、本尊薬師。西側一段上がった所に大師堂南向。多宝塔、鐘楼、仁王門あり。旧参道に二天門。

弥谷寺には現在も仏像や梵字、名号を彫った磨崖仏が数多く現存する。澄禅は当時の磨崖仏の様子を詳しく記している。

出釈迦山について、現在の七十三番出釈迦寺本堂は我拝師山の麓にあるが、元は現在の奥院の堂がある山上にあった。なお釈迦石像等は堂からさらに岩をよじ登った上にある。距離や描写からいって、澄禅は山上に参拝したとみられる。寂本『霊場記』では山上は塔跡とあるのみで、麓に堂が描かれている。

崇徳天皇（白峯宮）では、大師が定めた札所は金山薬師（金山奥の院・瑠璃光寺、坂出市西庄町）であるとしている。七十五代崇徳天皇（一一一九―六四、在位一一二三―四一）は大師より三百余年後である。天皇崩御の後、子細あって玉体を八十蘸ノ水（八十場の水、坂出市西庄町八十場）に三七日（二十一日）浸した。その跡だからここに宮殿を建てて神とあがめる。この寺が繁昌して金山薬師は衰退し、子細由緒を知らない辺路修行の者がこの寺を札所と思い巡礼しているが、これは誤りであると澄禅は記している。当寺は金花山悉地成就寺摩尼珠院といい、寺は退転して俗家の屋敷となっている。七十九番奥院・摩尼珠院は天皇寺の南一・五キロ、坂出市西庄町城山の城山山上近くの滝の脇にあり本尊不動明王。寂本『霊場記』では「金花山妙成就寺摩尼珠院」と記され、図では「崇徳天皇」の社殿が左に、本堂と摩尼珠院が右に描かれている。現在は社殿をはさんで左に本堂、右に庫裏があるので、配置が異なっている。

讃岐の寺社の復興は天正の兵火以降に入部した歴代領主の政策に負うところが多い。天正十三年（一五八五）、豊臣秀吉から讃岐を与えられた仙石秀久（一五五二―一六一四）は、同十四年（一五八六）に白峯寺に百石の寄進米の請取について指示を出し、一宮田村神社には百石の寄進状を遣わした[25]。

同十五年（一五八七）に入部した生駒親正（一五二六―一六〇三）は、『生駒記』に「神を尊び仏を敬ひ、古伝の寺社領を補ひ、新地をも寄附し、長宗我部焼失の場を造営し」とあるように、信仰心厚く寺社の保護に努めた。さらに、一正（一五五五―一六一〇）、正俊（一五八六―一六二一）、高俊（一六一一―五九）の時代も寺社の保護は続き、寛永十七年（一六四〇）までの生駒家治世期に、一宮田村神社、屋島寺、白峯寺、善通寺などの修復が行われている[26]。

寛永十九年（一六四二）入部の松平頼重（一六二二―九五）も寺社保護を続け、屋島寺、根香寺、白峯寺などを加増したほか、摩尼珠院（天皇寺）、郷照寺、国分寺などで生駒家寄進の石高を安堵。さらに八栗寺、金倉寺、長尾寺などを復興した。延宝七年（一六七九）には一宮田村神社から別当大宝院（一宮寺）を分離した。澄禅の参拝は神仏分離前であった。天和三年（一六八三）に国分寺、白峯寺、根香寺、屋島寺、八栗寺、志度寺、長尾寺を讃岐七観音に指定した[27]。澄禅の日記に七観音の記述が出てくるので、指定前にすでに七観音という概念があったことがわかる。七観音成立を考える上で貴重な記述である。

第九節　まとめ

長宗我部元親の四国統一と豊臣秀吉の四国征伐による一連の天正の兵火は、四国の寺社に大きな損害を与えた。これを含めた戦国、安土桃山時代の荒廃からの寺社の復興度合いは国によって異なる。

澄禅の日記によると、阿波では二十三寺社中十二か所、伊予では二十六寺社中十二か所が荒廃している様子が書かれている。一方、土佐は十六寺社すべての寺観が整っており、讃岐も退転しているのは二十三寺社中四か所にすぎない。

土佐では山内忠義が、讃岐は生駒氏をはじめとする歴代当主が再興に熱心に取り組んだ結果、澄禅の時代には復興はかなり進んでいた。それに比べ阿波、伊予では一部を除いて未着手であったことがうかがえる。その後各地で復興が進められ、寂本の『霊場記』が書かれた元禄二年（一六八九）には一部を除いて寺観が整っていることは同書の絵で明らかであるから、澄禅以後の復興であることがわかる。

現状との比較でいけば、明治維新の神仏分離とそれに伴う廃仏毀釈による影響がある。神社が札所であったところが寺院に移管され、札所が変更となった。神社の別当寺は廃寺とされたし、それ以外でも廃寺の憂き目にあっている所がある。廃仏毀釈による影響はとくに高知で大きかった。

別当寺とは、神仏習合の神社に付属して置かれていた寺のことで、仏事を担当した。札所においては納経所となっていた所もある。神社境内あるいは隣接地にある場合がほとんどである。

神仏分離で札所が変わったのは、現在の札番でいえば、十三番、二十七番、三十番、三十七番、四十一番、五十五番、五十七番、六十二番、六十八番、七十九番、八十三番の十一か所である。澄禅はいずれも神社に参拝している。

八十三番のみ前述のごとく江戸時代に神仏分離が行われているが、他は明治維新時に神社が札所を分離したために、分離した別当寺あるいは近所の他の寺に札所が移った。別当寺に移ったのが十三番、四十一番、五十五番、五十七番、六十二番である。二十七番、三十七番、七十九番は一時廃寺となった後に寺を再興して札所とした。二十七番は山の中腹に神峯寺を新設。

三十七番については一時、離れた場所にある吉蔵寺（愛媛県八幡浜市）が札所を名乗っていた時期があるが、元の別当寺であった岩本寺に戻った。七十九番は末寺の高照院を合併して現在地に再興した。残る二か寺については他の寺に札所を移したために変則である。三十番は別の場所にある安楽寺（高知市洞ヶ島町）に本尊を預け札所を移した。後に神社隣接地に善楽寺を再建したが本尊は安楽寺のままで、同番札所が二つある状態が続き、平成六年に善楽寺に一本化された。六十八番は近くの六十九番観音寺に本尊を預け札所を移した結果、二札所を一寺で兼務する形が現在まで続いている。

　神仏分離による影響のほかに、度重なる南海地震による津波や、昭和の太平洋戦争における被災も少なからずあるが、今回は触れなかった。

註

（1）「一宮」「一ノ宮」「奥院」「奥ノ院」等は固有名詞扱いとして原文を尊重。あえて統一しない。

（2）「⿰石居」は「礎」（いしずえ）の異体字とみられる。澄禅の作字か。本論では以下「礎」で表記。「邉」は「邊」の異体字で「辺」と表記。「⿱艹井」は「菩提」の略字であるが、一部を除き「⿱艹井」と見なし「菩薩」と表記した。このほか「圡」を「土」とするなど、読み易さを考え標準字体にした。

（3）「少キ」は澄禅の書き癖で「小さき」のこと。以下同じ。

（4）「ゟ」は「より」と表記した。「𪜈」は「トモ」と表記した。以下同じ。

（5）『史談会本』一五九―一六三頁。

（6）『史談会本』三一―三四頁。

（7）村上護『四国徧礼霊場記』（教育社、一九八七）一九二頁。

（8）『徳島県史第四巻』（一九六五）二七一頁。

（9）三好昭一郎「徳島藩駅路寺制の研究」（『地方史研究二五三号』地方史研究協議会、一九九五）。

（10）『先達教典』（四国八十八ヶ所霊場会、二〇〇六）一五〇―一九五頁。

（11）『史談会本』七四、七六、七九頁。

（12）内田九州男『資料紹介・「奉納四国中辺路之日記」』（『四国遍路と世界の巡礼研究』プロジェクト、二〇一二）七、八頁。

（13）同書一頁。

（14）寛文四年（一六六四）十一月二十四日没。西暦換算では一六六五年一月十日であるが、年号優先の慣習に従う。以下同。

（15）『高知県の地名』（平凡社、一九八三）八〇頁。

（16）『土佐国史料集成南路志』第八巻（高知県立図書館、一九九五）二三七頁。

（17）『史談会本』九二頁。

（18）江戸時代までは五十三番、五十四番ともに圓明寺と書き、五十三番は「えんみょうじ」、五十四番は「えんめいじ」と呼んで区別していた。しかし字面からは判別できないので地名を取って、和気の円明寺、阿方の円明寺と言っていた。澄禅の日記もこれに倣った。いずれにせよ隣り合う札所が同名では紛らわしく遍路泣かせであった。そこで、五十四番のほうが明治初年に延命寺と改称した。

（19）『先達教典』二二八―二七九頁。

(20)『三間町誌』（一九九四）八〇〇―八〇一頁。
(21)『史談会本』一八七頁。
(22)『史談会本』二〇四頁。
(23)『先達教典』一八〇―二二五頁。
(24)『先達教典』二九三頁。
(25)『香川県史第三巻』（一九八九）五六二頁。
(26)同書五六三―五六五頁。
(27)同書五六九―五七三頁。

第三章　番外札所

第一節　澄禅日記の番外札所

澄禅の日記には、立ち寄り先の寺社に札番は振られていない。また、回る順序も現在の一番霊山寺からではない。しかしながら記述を詳細に検討すると、八十八ヶ所の札所はすでに成立していたことは疑いないと言えよう。実際、澄禅は現在の八十八ヶ所につながる寺社はすべて参拝している。ところが日記に記載の寺社は百を超える。日記には番次の記載がないため、札所か番外かの判別は困難である。澄禅の日記の各札所の記述にはかなりの粗密があるため、その詳細さで判断するのは危険であることも明らかである。

番外札所の定義は困難である。遍路の立ち寄り先をすべて番外として考えるという論もある。それとも、現在主要な番外とされる四国別格二十霊場のように組織化された寺社のみを指すのか、その定義はない。少なくとも組織化されていなくとも番外として広く認知されている札所は現在も存在するので、後者は狭義に過ぎよう。ではどこまで認知されれば番外として通用するのか、その定義は現在でも定かではない。

本論では、澄禅の日記に記載されたすべての寺社について取り上げ、現地調査した結果を踏まえ、他の史料も比較しながら検証した。本論では現在の八十八ヶ所札所寺院と、明治初年の神仏分離、廃仏毀釈以前に札所であった神社を本札所とし、それ以外を番外札所として論を進める。澄禅の日記に登場する寺社は、現在の番外札所につながる原型といえるものもあるし、札所自体がなくなってしまっているものもある。澄禅の日記と四国別格二十霊場の札所との一致は実質三か所しかなく、現在とは全く異なるものであることが浮かび上がった。また真念『四国邊路道指南』には現在残る番外札所の多くが登場する。澄禅と真念以後の著作とを比較し、江戸時代から現在に至る変遷を調べることで、番外札所が認知されていく過程をあぶりだした。澄禅の日記に記載されたすべての寺社の現地調査を踏まえたものであり、以下（　）内に現寺社名と現住所を付した。

澄禅の日記に登場する寺社・霊跡は百六十五か所ある。このうち本札所は九十。現在の六十二番に相当する伊予一ノ宮（一宮神社、愛媛県西条市小松町新屋敷一本松）と保寿寺（宝寿寺、西条市小松町新屋敷甲）、六十四番に相当する石鎚山（石鎚神社本社、西条市小松町石鎚山頂）と前神寺（西条市州之内甲）が、ともに登場するためである。残りは七十五か所となる。このうちどれだけを札所と認識していたかを知るのは困難である。

記述をもとに検証すると、「札ヲ納ム」と書かれているのが、海部ノ大師堂（弘法寺、徳島県海陽町四方原）、佛崎（高知県室戸市佐喜浜町水尻谷）、岩屋寺（四十五番）の鉄鋳厨子（奥の院逼割《せり》禅定、愛媛県久万高原町七鳥）、石鎚山遙拝所の鉄ノ鳥居（星が森、西条市小松町石鎚星森峠）の四か所。「横道ノ札所」と記載された、ヲッキ（月山神社、高知県大月町月山）、ヲサ、（篠山神社、愛媛県愛南町正木）の二か所。記述の詳細から札所と認識していたと思われるのが、三角寺（六十五番）の奥院（仙龍寺、四国中央市新宮町馬立）、海岸寺（香川県多度津町西白方）、三角寺（佛母院、多度津町西白方）、金毘羅（金刀比羅宮、琴平町琴平山）と金光院（松尾寺、琴平町琴平）。崇徳天皇（七十九番天皇寺の旧札所白峯宮、坂出市西庄町）は誤りで本来の札所と指摘している金山ノ薬師（瑠璃光寺、坂出市江尻町）。さらに、案内人を雇って「巡礼」した焼山寺（十二番）の奥ノ院禅定（徳島県神山町下分地中）、太龍寺（二十一番）の奥院（南舎心、阿南市加茂町竜山）と岩屋（太龍窟＝現存せず、阿南市加茂町黒河）も含めてよいだろう。以上で十五か所となる。本論ではこれを第一群とする。

澄禅が宿泊以外で立ち寄った先であるが、室戸岬の愛満権現を祀る岩屋（御蔵洞、高知県室戸市室戸岬町）、求聞持堂（現存せず、室戸市室戸岬町）、如意輪観音を祀る岩屋（観音窟、室戸市室戸岬町）、神峯（二十七番神峯寺の旧札所神峯神社）麓の寺（養心庵、安田町唐浜）、土佐一ノ宮（三十番善楽寺の旧札所土佐神社）西方の社（掛川神社、高知市薊野中町）、清瀧寺（三十五番）麓の八幡宮（松尾八幡宮、土佐市高岡町乙）、青龍寺（三十六番）奥の院の不動堂（浪切不動、土佐市宇佐町竜）、窪津の海蔵院（土佐清水市窪津）、宇和島の八幡宮（八幡神社、愛媛県宇和島市伊吹町）、歓喜寺（今治市町谷）、熊手八幡宮（香川県多度津町西白方）、野沢ノ井（八十場の水、坂出市西庄町八十場）、洲崎堂跡（洲崎寺、高松市牟礼町牟礼）の十三か所を挙げることができる。立ち寄ったかどうか不明な記載が、鶴林寺（二十番）の奥院（慈眼寺、徳島県上勝町正木）、柏寺（善法寺、愛媛県四国中央市下柏町）、志度寺近くの新珠島（真珠島、香川県さぬき市志度弁天）の三か所。この十六か所を第二群とする。

澄禅が宿泊した寺院は持明院（廃寺、跡に常慶院滝薬師、徳島県徳島市眉山町大滝山）、地蔵寺（廃寺、海陽町浅川）、千光寺（廃寺、高知県東洋町甲浦）、野根ノ大師堂（明徳寺、東洋町野根）、田島寺（廃寺、跡に西島観音堂、南国市廿枝）、安養院（廃寺、高知市はりまや町）、常賢寺（廃寺、中土佐町久礼）、随生寺（随正寺＝廃寺、黒潮町伊与喜）、見善寺（廃寺、四万十市間崎）、正善寺（廃寺、跡に大師寺、土佐清水市下川口）、瀧厳寺（宿毛市小筑紫町伊与野）、慶宝寺（宝満山慶宝院＝廃寺、愛媛県西予市宇和町皆田）、瑞安寺（大洲市新谷甲）、円満寺（廃寺、松山市恵原町）、三木寺（御幸寺、松山市御幸）、神供寺（今治市本町）、浦ノ堂寺（隆徳寺、新居浜市外山

町）、興願寺（四国中央市三島宮川）、弥谷寺麓の辺路屋（八丁目大師堂、香川県三豊市三野町大見）、実相坊（実相寺、高松市三谷町）の二十か寺である。このほか宿泊はしなかったものの記載がある菩提寺（母代寺＝廃寺、高知県香南市母代寺）、「辺路屋」と書かれた円頓寺（廃寺、徳島県海陽町宍喰浦）、馬目木大師（愛媛県宇和島市元結掛）、青色寺（徳島県三好市池田町佐野初作）の四か所を加え二十四か所となる。これを第三群とする。

このほか、文中に登場する寺社が、願成寺（徳島県徳島市寺町）、海部の観音寺（廃寺、海陽町鞆浦）、薬師院（薬師寺、海陽町奥浦）、唱満院（万照寺、海陽町鞆浦）、常通寺（廃寺、高知県高知市大膳町）、永国寺（廃寺、高知市永国寺町）、宇和島の地蔵院（延命寺＝廃寺、愛媛県宇和島市大超寺奥）、龍光院（宇和島市天神町）、八幡（日尾八幡神社、松山市南久米町）別当の如来院、三島ノ宮本社（大山祇神社、今治市大三島町宮浦）、吉水寺（廃寺、香川県高松市国分寺町国分国分台）、馬頭院（廃寺、坂出市青海町北峰）、鷲峯（鷲峰寺、高松市国分寺町柏原）、喜楽院（克軍寺、高松市西宝町）、六万寺（高松市牟礼町田井）、萩原ノ地蔵院（萩原寺、観音寺市大野原町萩原）、勝間ノ威徳院（威徳院、三豊市高瀬町下勝間）、長尾ノ法蔵院（極楽寺、さぬき市長尾東）、与田ノ虚空蔵院（與田寺、東かがわ市中筋）の二十か所挙げられる。これを第四群とする。

澄禅の日記に登場する佛崎は、『道指南』以後の文献に現れず、現在は参拝する遍路はいない。したがってどのようなところであったのか全くわからなかった。記述に従って現地調査をしてみた。

六日早天宿ヲ立テ、彼ノ音ニ聞土州飛石ハ子石ト云所ニ掛ル。（中略）此難所ヲ三里斗往テ佛崎トテ奇巌妙石ヲ積重タル所在リ、爰ニテ札ヲ納、各聚砂為仏塔ノ手向ヲナシ読経念仏シテ巡リ、夫より十余町往テ貧キ漁父ノ家在リ。

高知県東洋町野根の大師堂（明徳寺）を発って、飛び石跳ね石という難所を三里ほど行ったところにある。奇巌妙石を積み重ねたような所だという。十余町行くと漁夫の家がある。漁村は室戸市佐喜浜町入木と考えられる。現在は国道五五号線が海岸線を走ってはいるが、野根から入木までの同区間は民家はおろか自動販売機一つない難所であることは変わりない。現在は当該の番外札所はないが、東洋町から室戸市佐喜浜町水尻谷に入って二百メートルのあたりに佛崎と思われる場所を見つけた。海に突き出た自然の岩が仏像のように見え、石仏も祀られている。残念ながら石仏の年代を特定できる年号などは見つけることができなかった。飛び石跳ね石の難所から三里、十余町で室戸市佐喜浜町入木、六里で泊まった民家のある室戸市室戸岬町椎名、そこから三里で室戸岬の記述から距離的に適合する。

　また、現在は失われてしまった太龍窟の様子が生き生きと表現されているのが興味深い。

松ニ火ヲ燃テ慈救ノ咒ヲ高声ニ唱テ穴ノ奥エ入、先サカサマニ成テ、穴七間入テ少ノヒ上リテ見ハ清水流テ広、タル所也。蝙蝠幾千万ト云数ヲ不知、夫より彼水ヲ渡テ廿間斗モ入ツラント思フ所ニ高サ弐尺五六寸斗ナル所在リ、頭ヲサケテ腰ヲ屈テハイ入テ二間斗過テ往事二ケ所也、其先ニ横タテ二間斗ナル所在リ、夫より奥エハ不入、爰ニテ先達ノ勤ニテ各心経ヲ誦ス。夫より南ノ方カト思シキ方ニ行、壁ノ如ニテフミ所モ無キ所ヲ岩ノカトニ取付テ二間斗下ル、其奥ニ高壱尺二三寸ノ金銅ノ不動ノ像在リ。爰ニテモ各慈救呪ヲ誦シテ元入シ流水ヲ下様ニ渡リテ穴ノ口エ出、熱キ時分ニテ在ケルニ穴ノ中ノ寒中々云斗ナシ。又サシ下リテ岩屋二ツ在、是ハ何茂浅シ。鐘ノ石トテカ子ノ様ニ鳴石在リ。

　不動明王の慈救呪や般若心経を唱えながら、狭隘な岩間を頭を下げて腰を折って入り、水を渉る所もある。数えしれぬコウモリの群。夏でもひんやりしている。苦労して奥にたどり着けば金銅不動像が祀られていたとある。現存すればぜひ行ってみたい霊場である。環境保護より経済成長が重視された昭和三十年代、セメント原料採掘のため壊された洞窟だが、もったいないことをしたものだと思う。

写真１　太龍窟跡と思われる採石場。元の洞窟は破壊されて全く痕跡がない。

第二節　番外札所の変遷

真念『道指南』、寂本『四国偏禮霊場記』と比較してみる。

第一群では、篠山、月山、仙龍寺、金毘羅、金山薬師が両本と、弘法寺、海岸寺が『道指南』と、焼山寺奥の院[1]、南舎心、太龍窟、岩屋寺奥の院、星が森、松尾寺が『霊場記』と共通する。どちらにも記載のないのは佛崎、佛母院の二か所のみである。

第二群では、慈眼寺、御蔵洞、求聞持堂、観音窟、養心庵、八十場の水、洲崎寺が両本と、宇和島の八幡神社が『道指南』と、青龍寺奥の院、真珠島が『霊場記』と共通する。このあたりが江戸時代前期の代表的な番外札所であった可能性が強い。

第三群では、円頓寺、明徳寺、馬目木大師、青色寺、八丁目大師堂が『道指南』と共通するのみで、いずれも澄禅が「辺路屋」と記載している寺である。徳島藩の駅路寺とそうでないのがある。それ以外は単に澄禅がたまたま泊まったという記述にすぎないのだろうか、以後の文献に登場しない。

第四群では、大山祇神社のみ両本と共通で、日尾八幡が『道指南』に見えるだけである。澄禅自身は参拝しておらず、聞いて知った有名寺社を日記に書きとめただけであろう。大山祇神社はその後の森瀬左衛門『四国中遍路旧跡并宿附帳』[2]（一七七七）や九皐主人写『四国偏礼名所図會』[3]（一八〇〇）にも登場することから、番外札所として回られていたことがわかる。逆にいえば大山祇神社以外は番外札所としては認識されていなかったと考えられる。

また、金毘羅（松尾寺を含む）についての記述が詳しいのが目立つ。『霊場記』も同様である。『霊場記』には、「金毘羅は順礼の数にあらずといえども当州の壮観名望の霊区なれば偏礼の人当山に往詣せずといふことなし」と記されている。八十八の本札所並みに扱っていたことがうかがえる。記述の深浅はともかく今回参照したすべての文献で取り上げられていることからも、江戸時代の遍路は本札所同様に参拝していたことがわかる。

現在の番外札所との比較を試みる。遍路が立ち寄る番外札所の定義は困難であるが、参考資料として番外の記載が多い宮崎建樹『四国遍路ひとり歩き同行二人』解説編第六版[4]を用いる。第一群の南舎心、篠山、月山、岩屋寺奥の院、星が森、仙龍寺、海岸寺、佛母院、金毘羅、松尾寺の十か所が記載されている。現存しない太龍窟はともかく、現在まで残っている番外札所の原型といえるであろう。『ひとり歩き』記載外でも佛崎を除く残り三か所も現在巡礼する遍路がいることを確認している[5]。

第二群は慈眼寺、御蔵洞、観音窟、青龍寺奥の院、八十場の水、洲崎寺の六か所のみ共通する。第三群は明徳寺、馬目木大師。第四群は龍光院、大山祇神社、萩原寺、鷲峯寺、六万寺、與田寺である。

合計二十四か所。澄禅記載の七十五か所のうち二十三か所は現存しないので、現存五十二か所のほぼ半分が江戸時代前期も現在も番外札所として回られていることになる。

現在、番外札所の代表とされる四国別格二十霊場との比較では、共通するのは、第一群の仙龍寺、海岸寺、第二群の慈眼寺、第四群の龍光院、萩原寺の五か寺のみである。うち第四群は前項で考察したように江戸時代前期は札所とは考えにくいことから、実質は三か寺にとどまる。『道指南』には鯖大師（八坂寺、徳島県海陽町浅川鯖瀬）の元となる行基伝説、大善寺（高知県須崎市西町）とみられる大師堂、文殊院徳盛寺（愛媛県松山市恵原町）の由緒となる「八ツ塚」、生木地蔵（正善寺、西条市丹原町今井湯谷口）が登場する。十夜ヶ橋（永徳寺、大洲市十夜ヶ橋）は『宿附帳』『名所図会』に至って記述に現れる。以上の十か寺は、江戸時代から番外と認知されていたことがうかがえる。

一方、大山寺（徳島県上板町大山）、童学寺（石井町石井）、金山出石寺（愛媛県大洲市長浜町豊茂）、西山興隆寺（西条市丹原町古田）、延命寺（四国中央市土居町土居）、椿堂（常福寺、四国中央市川滝町下山）、箸蔵寺（徳島県三好市池田町洲津蔵谷箸蔵）、神野寺（香川県まんのう町神野）、香西寺（高松市香西町）、大瀧寺（徳島県美馬市脇町西大谷）は今回参照した江戸時代の五文献には現れない。つまり半分の十か寺しか江戸時代はポピュラーではなかったわけであり、番外の栄枯盛衰を感じざるを得ない。ちなみに四国別格二十霊場の開創は昭和四十二年であり、昭和四十年代当時有力であった番外寺院を集めたのだが、江戸時代の有力番外とは異なっていることが明ら

写真２　澄禅が立ち寄った番外札所・海岸寺。

かとなった。

『道指南』にはこのほか、柳の水（柳水庵、徳島県神山町阿野松尾）、右衛門三郎塚（杖杉庵、神山町下分馬路）、くろ藪（釈迦庵、小松島市田野町中原）、取星寺（阿南市羽ノ浦町岩脇）、星谷岩屋寺（星谷寺、勝浦町星谷）、千光密寺（花山神社、高知県須崎市出見春日）、真念庵（土佐清水市市野瀬）、満願寺（愛媛県宇和島市津島町岩渕）、寿松庵（楽水大師堂、内子町大瀬末）、室岡山（蓮華寺、松山市谷町）、世田薬師（栴檀寺、西条市楠乙）、仏生山（法然寺、香川県高松市仏生山町甲）、園子尼の寺（地蔵寺、さぬき市志度江ノ口）、護摩山（胎蔵峰寺、さぬき市多和兼割）といった、現在の『ひとり歩き』に登場する番外札所の原型というべき札所が記載されている。

また『霊場記』には、花蔵院（建治寺、徳島県徳島市入田町金治）、行道所（行当岬不動岩、高知県室戸市新村行道）に触れた記載が登場する。澄禅の時代にはまだポピュラーでなかった番外で、現在につながる札所が形成されつつあった証といえる。

澄禅の日記に記載された寺社・霊跡は大きく二つに分けられる。意識して立ち寄った札所（本論の第一群、第二群）と、単に宿泊したか有名寺社を記録しただけの所（第三群、第四群）である。前者は『道指南』以降の記述とも合致するところが多く、現在にもつながる番外札所であるといえる。一方、後者はその後の文献にほとんど現れない。

澄禅から現在まで連綿と続く番外札所は、金毘羅、月山、篠山、仙龍寺、海岸寺、慈眼寺などである。『道指南』以後、鯖大師など現在につながる番外札所の原型が漸次登場する。しかし、現在主要な番外とされる四国別格二十霊場と重なるのは半分にも満たず、澄禅の記載と合致するのは実質三か寺にすぎない。四国別格二十霊場はあくまで昭和四十年代に有力だった番外を集めて作ったということである。そのことからも、番外札所は時代とともに栄枯盛衰するものであることがわかった。

註

（1）札所名は「奥の院」に表記を統一した。他の札所名も現代表記に統一した。ただし、第一節の澄禅の記述の引用部分は原文のまました。

（2）鷲敷町古文書研究会翻刻、二〇〇六。以下『宿附帳』。

（3）河内屋武兵衛写、久保武雄復刻、一九七二。以下『名所図会』。

（4）へんろみち保存協力会、二〇〇七。以下『ひとり歩き』。

（5）札所の詳細は拙著『公認先達が綴った遍路と巡礼の実践学』（二〇〇七、高野山出版社）一七〇—二四〇頁参照。

各文献に見える四国札所表（○札所として記載　△文中記述あり　×記載なし　□記載ないが巡拝確実　▲現存せず　※第三版には記載、六版にはなし）

番付・札所	澄禅	真念	寂本	森	九皐	中務	和田	高群	安達	西端	平幡	宮崎	現状
1霊山寺	○	○	○	○	○	○	○	○	○	○	○	○	
長谷寺	×	×	×	×	×	×	△	×	×	×	×	×	
金毘羅神社	×	×	×	×	×	×	△	×	×	×	×	×	
東林院	×	×	×	×	×	×	△	×	○	○	○	○	
阿波神社	×	×	×	×	×	×	×	×	×	△	×	×	
十輪寺	×	×	×	×	×	×	×	×	談義所	×	×	○	
大麻比古神社	×	×	×	×	大麻彦社	△	△	×	△	×	×	×	
2極楽寺	○	○	○	○	○	○	○	□	○	○	○	○	
3金泉寺	○	○	○	金蔵寺	○	○	○	□	○	○	○	○	
宝国寺	×	×	×	×	×	×	×	×	×	×	×	○	
愛染院	×	×	×	×	×	×	×	×	△	×	×	○	
4大日寺	黒谷寺	大日寺	黒谷寺	大日寺	○	○	○	□	○	○	○	○	
5地蔵寺	○	○	○	○	○	○	○	□	○	○	○	○	
五百羅漢	×	×	×	○	○	△	○	×	○	○	○	○	
大山寺	×	×	×	×	×	×	×	×	△	×	×	○	
6安楽寺	○	○	瑞運寺	安楽寺	○	○	○	□	○	○	○	○	
7十楽寺	○	○	○	○	○	○	○	□	○	○	○	○	
8熊谷寺	○	○	○	○	○	○	○	□	○	○	○	○	

9法輪寺	○	○	○	○	○	○	○	□	○	○	○	○
小豆洗大師	×	×	×	×	×	×	×	×	△	×	×	○
10切幡寺	○	○	○	○	○	○	○	□	○	○	○	○
奥の院	×	×	×	×	×	×	×	×	△	△	×	×
高越寺	×	×	×	×	×	×	×	×	△	×	×	○
玉林寺	×	×	×	×	×	×	×	×	△	×	×	×
11藤井寺	○	○	○	○	○	○	○	□	○	○	○	○
奥の院	×	×	×	×	×	×	×	×	×	△	×	×
長戸庵	×	×	×	×	×	×	×	×	△	○	×	○
柳の水奥の院	×	×	×	×	×	×	×	×	×	○	×	×
柳水庵	×	柳の水	×	柳水大師堂	柳の水	柳の水	○	×	○	○	○	○
一本杉庵	×	×	×	×	×	×	△	×	○	○	○	浄蓮庵
12焼山寺	○	○	○	○	○	○	○	□	○	○	○	○
蔵王権現	奥ノ院禅定	×	奥院	×	奥院	奥院	×	×	△	△	×	×
杖杉庵	×	右衛門三郎塚	杉	庵	杖杉	右衛門三郎墓	杉杖庵	×	○	○	○	○
鏡大師	×	×	×	×	×	×	×	×	×	×	×	○
善覚寺	×	×	×	×	×	×	×	×	△	×	×	○
13一宮	一ノ宮	一宮寺	△	一ノ宮	△	△	×	×	一宮神社	△	×	×
13大日寺	×	×	○	×	○	一宮寺	○	□	○	○	○	○
建治寺	×	×	花蔵院	×	奥院	建治寺	×	×	○	×	×	○

番付・札所	澄禅	真念	寂本	森	九皐	中務	和田	高群	安達	西端	平幡	宮崎	現状
童学寺	×	×	×	×	×	×	×	×	○	×	×	○	
14常楽寺	○	○	○	○	○	○	○	□	○	○	○	○	
慈眼寺	×	×	×	×	×	×	生木地蔵	×	○	奥の院	×	○	
15国分寺	○	○	○	○	○	○	○	□	○	○	○	○	
16観音寺	○	○	○	○	○	○	○	□	○	○	○	○	
17井戸寺	井土寺	井土寺	明照寺	井戸寺	明照寺	井戸寺	妙照寺	□	○	○	○	○	
地蔵院	×	×	×	×	×	×	×	×	×	×	×	○	
峰の薬師	×	×	×	×	×	×	×	×	△	×	×	法谷寺	
持明院▲	○	×	×	×	×	×	×	×	大瀧山	×	×	×	滝薬師
願成寺	△	×	×	×	×	×	×	×	×	×	×	×	
勢見山	×	×	×	×	○	×	×	×	△	×	×	×	
丈六寺	×	×	×	×	×	×	×	×	△	×	×	×	
如意輪寺	×	×	×	×	×	×	×	×	△	×	×	○	
お杖の水	×	×	×	×	×	×	×	×	×	×	×	○	
18恩山寺	○	○	○	○	○	○	○	○	○	○	○	○	
釈迦庵	×	くろ藪	くろ藪	×	○	△藪の下	×	×	○	×	×	○	
お京塚	×	×	×	×	×	×	×	×	×	×	×	○	
19立江寺	○	○	○	○	○	○	○	○	○	○	○	○	
取星寺	×	○	○	×	×	△	×	×	○	×	×	○	

星の岩屋	×	星谷岩屋寺	○	×	○	星谷	×	×	星谷寺	×	×	○
仏陀石	×	×	×	×	×	×	×	×	×	×	×	○
20鶴林寺	靍林寺	靍林寺	○	○	○	○	○	○	○	○	○	○
灌頂が瀧	△	×	×	×	×	△	×	×	朝日の瀧	△	×	△
慈眼寺	奥院	奥院	○	×	×	慈眼寺	奥の院	×	○	○	○	○
21太龍寺	○	○	○	○	○	○	○	○	○	○	○	○
舎心岳	奥院	×	○	×	南舎心	×	舎心が嶽	×	南舎心	△	×	○
太龍窟▲	岩屋	×	岩窟	×	三重霊窟	龍の窟	竜の窟	龍の岩屋	○	○	×	×
22平等寺	○	○	○	○	○	○	○	○	○	○	○	○
津峰神社	×	×	×	×	×	×	×	×	△	×	×	×
月夜御水庵	×	×	×	腰懸ケ岩	月夜庵	×	×	×	○	×	×	○
明宝院	×	×	×	×	×	×	×	×	○	×	×	祖谷観音
阿部御水大師	×	×	×	×	×	×	×	×	△	×	×	阿武御水大師
23薬王寺	○	○	○	○	○	○	○	○	○	○	○	○
玉厨子山	×	×	○	×	○	×	×	×	△	×	×	泰仙寺
打越寺	×	○	×	○	○	△	×	×	×	×	×	×
小松大師	×	×	×	×	×	×	×	×	×	×	×	○
草鞋大師	×	×	×	×	×	×	×	×	×	×	×	○
鯖大師	×	行基	×	×	鯖瀬庵	×	△	×	鯖瀬大師堂	△	○	八坂寺
稲の観音堂	地蔵寺▲	○	×	×	×	○	×	×	×	×	×	×

番付・札所	澄禅	真念	寂本	森	九皐	中務	和田	高群	安達	西端	平幡	宮崎	現状
弘法寺	海部ノ大師堂	大師堂	×	×	弘法寺	大師堂	×	×	×	×	×	×	
観音寺▲	△	×	×	×	×	×	×	×	×	×	×	×	
薬師院	△	×	×	×	×	×	×	×	×	×	×	×	薬師寺
唱満院	△	×	×	×	×	×	×	×	×	×	×	×	万照寺か
円通寺▲	×	×	×	×	鈴ヶ峰観音	×	×	×	△	×	×	×	
古目大師	×	×	×	×	×	×	×	×	△	×	×	○	
円頓寺▲	辺路屋ノ寺	○	×	×	×	△	×	×	×	×	×	×	
千光寺▲	△	×	×	×	×	×	×	×	×	×	×	×	
明徳寺	野根ノ大師堂	△	×	×	×	×	×	×	×	×	×	○	
飛石跳石	○	○	×	○	○	△	○	×	△	×	×	※	
佛崎▲	○	×	×	×	×	×	×	×	×	×	×	×	
佛海庵	×	×	×	×	○	×	×	×	×	×	×	○	
室戸青年大師像	×	×	×	×	×	×	×	×	×	×	×	○	
御蔵洞	岩屋	愛満権現	愛満権現	五社権現	愛満権現	愛満権現	竜の窟?	×	○	△	×	○	
求聞持堂▲	○	○	△	庵	×	×	×	×	×	×	×	×	
観音窟	岩屋	岩窟	岩窟	岩屋	女人堂	石仏	竜の窟?	×	一夜建立の岩屋	△	×	○	
24最御崎寺	東寺	東寺	○	東寺	○	東寺	東寺	○	○	○	○	○	
25津照寺	津寺	津寺	○	津寺	○	津寺	津寺	○	○	○	○	○	
四十寺	×	×	×	×	×	×	×	×	×	×	×	○	

26金剛頂寺	西寺	西寺	○	西寺	○	西寺	西寺	○	○	○	○	○	
池山神社	×	×	×	×	×	×	×	×	×	×	×	※	
不動岩	×	×	行道所	×	×	不動	×	×	○	×	×	○	
弘法大師御霊跡	×	×	×	×	×	×	×	×	×	×	×	○	
27神峰寺	神峯	○	○	○	○	○	神の峰寺	○	○	○	○	○	
養心庵	寺	△	△	庵	庵	庵	×	×	×	×	×	×	
極楽寺	×	×	×	×	×	×	×	×	×	×	×	○	
常安寺	×	×	×	×	×	×	×	×	△	×	×	×	
28大日寺	○	○	○	○	○	○	○	○	○	○	○	○	
奥の院	×	×	×	×	楠木薬師	△	×	奥院	△	△	×	爪彫薬師堂	
菩提寺▲	△	×	×	×	×	×	×	×	×	×	×	×	
田島寺▲	△	×	×	×	×	×	×	×	×	×	×	×	観音堂
29国分寺	○	○	○	○	○	○	○	○	○	○	○	○	
毘沙門堂	×	×	×	×	×	×	×	×	×	×	×	○	
30一宮	○	一之宮	神宮寺	一ノ宮	神宮寺	一の宮	×	×	土佐神社	×	×	×	
30善楽寺	×	×	×	×	×	×	×	×	○	△	○	○	
安楽寺	×	×	×	×	×	×	○	○	○	○	奥の院	×	
掛川神社	社	×	×	×	×	×	×	×	×	×	×	×	
常通寺▲	△	×	×	×	×	×	×	×	×	×	×	×	
永国寺▲	△	×	×	×	×	×	×	×	×	×	×	×	

番付・札所	澄禅	真念	寂本	森	九皐	中務	和田	高群	安達	西端	平幡	宮崎	現状
安養院▲	△	×	×	×	×	×	×	×	×	×	×	×	
高野寺	×	×	×	×	×	×	△	×	○	×	×	×	
三谷観音	×	×	×	×	×	×	×	×	△	×	×	×	
宗安寺	×	×	×	×	×	×	×	×	△	×	×	×	
吸江寺	×	及古寺	×	×	及郷寺	及江寺	×	×	△	×	×	×	
31竹林寺	五台山	五台山	○	五台山	○	五台山	五台山	○	○	○	○	○	
32禅師峰寺	○	○	○	○	○	○	○	○	○	○	○	○	
33雪蹊寺	高福寺	高福寺	高福寺	高福寺	高福寺	高福寺	高福寺	雪蹊寺	○	○	○	○	
34種間寺	○	○	○	□	○	○	○	○	○	○	○	○	
奥の院	×	×	×	×	×	×	×	×	△	×	×	○	
35清瀧寺	○	○	○	□	○	○	○	○	○	○	○	○	
八幡宮	△	×	×	×	×	×	×	×	×	×	×	×	
36青龍寺	○	○	○	○	○	○	○	○	○	○	○	○	
奥院浪切不動	不動堂	×	奥院	×	○	奥の院	×	×	○	△	×	不動堂	
花山院	×	千光密寺	×	×	千光寺	千光寺	×	×	花山院	×	×	○	
鳴無神社	×	鳴無大明神	×	×	鳴無大明神	唱無神社	×	×	△	×	×	×	
仏坂不動尊	×	×	×	不動石	自然石不動	自然石不動	×	?	岩の不動尊	×	×	光明峯寺	
観音寺	×	×	×	×	×	×	×	×	×	×	×	○	
大善寺	×	大師堂	×	×	○	×	×	×	○	×	×	○	

常賢寺▲	△	×	×	×	×	×	×	×	×	×	×	×
海月庵▲	×	×	×	×	×	×	×	×	△	×	×	×
37仁井田五社	新田ノ五社	○	○	五社	○	五社	×	△	×	福円満寺	×	高岡神社
37岩本寺	×	別当	別当	別当	別当	別当	○	○	○	○	○	○
戸立てずの庄屋▲	×	×	×	×	×	○	×	×	×	△	×	×
随生寺▲	△	×	×	×	×	×	×	×	×	×	×	×
石見寺	×	×	×	×	×	×	×	×	×	×	×	○
見善寺▲	△	×	×	×	×	×	×	×	×	×	×	×
真念庵	×	○	×	○	○	○	市の瀬庵	○	○	×	×	○
海蔵院	△	×	×	×	×	×	×	×	×	×	×	×
38金剛福寺	足摺山	蹉蛇山	○	足摺山	○	○	足摺山	○	○	○	○	○
七不思議	△	×	△	○	○	×	△	×	△	△	×	×
白皇神社	×	×	×	×	×	×	×	×	△	×	×	○
正善寺▲	△	×	×	×	×	×	×	×	×	×	×	× 大師寺
月山	御月山	△	○	×	△	△	×	×	○	×	×	月山神社
瀧巌寺	△	×	×	×	×	×	×	×	×	×	×	×
39延光寺	寺山	○	○	寺山	○	寺山	寺山寺	○	○	○	○	○
戸立てずの庄屋	×	×	×	○	○	×	×	×	×	×	×	×
観世音寺▲	御篠山	○	○	○	○	○	×	×	×	×	×	×
歓喜光寺	×	×	×	×	×	×	前札	前札	前札	×	×	○

番付・札所	澄禅	真念	寂本	森	九皐	中務	和田	高群	安達	西端	平幡	宮崎	現状
三所権現	×	○	○	熊野権現	熊野権現	○	×	×	篠山神社	×	×	篠山神社	
松尾大師	×	×	×	×	×	×	×	×	△	×	×	○	
佛眼院	×	×	×	×	×	×	×	×	○	×	×	○	
40観自在寺	○	○	○	○	○	○	○	○	○	○	○	○	
柳水大師	×	×	×	×	×	×	×	×	×	×	×	○	
清水大師	×	×	×	×	×	×	×	×	△	×	×	○	
満願寺	×	○	×	×	×	△	×	×	×	×	×	○	
馬目木大師	大師堂	願成寺	×	×	願成寺	願成寺	×	×	×	×	×	○	
龍光院	△	×	×	×	×	×	×	○	○	○	○	○	
地蔵院▲	△	×	×	×	×	×	×	×	×	×	×	×	
和霊大明神	×	×	×	○	○	和魂明神	和霊神社	和霊神社	△	×	×	×	
八幡神社	八幡宮	△	×	×	×	×	×	×	×	×	×	×	
41龍光寺	稲荷ノ社	稲荷宮	稲荷	稲荷	稲荷	稲荷	稲荷	龍光寺	○	○	○	○	
42佛木寺	○	○	○	○	○	○	○	○	○	○	○	○	
送迎庵	×	×	×	×	×	×	×	×	△	×	×	○	
永照寺	×	×	×	×	×	×	×	×	×	×	×	○	
道引大師堂	×	×	×	×	×	×	×	×	△	×	×	○	
慶宝寺▲	△	×	×	×	×	×	×	×	×	×	×	×	
白王権現	×	×	×	×	×	×	×	×	△	×	×	○	

43明石寺	○	○	○	○	○	○	○	○	○	○	○	○
札掛大師堂	×	×	×	×	札掛庵	札掛庵	×	×	○	×	×	○
金山出石寺	×	×	×	×	×	×	×	×	○	×	○	○
十夜ケ橋	×	×	×	十夜橋	○	都谷が橋	×	×	○	○	○	○
吉蔵寺	×	×	×	×	×	×	×	○	×	×	×	×
瑞安寺	△	×	×	×	×	×	×	×	×	×	×	×
楽水大師堂	×	雲林山寿松庵	×	×	×	寿松庵	×	×	×	×	×	○
於久万大師堂	×	×	×	×	×	×	×	×	△	×	×	○
44大宝寺	菅生山	○	○	菅生山	○	○	○	○	○	○	○	○
45岩屋寺	○	○	○	○	○	○	○	○	○	○	○	○
白山権現	鉄鋳厨子	×	○	○	○	△	×	×	迫割禅定	△	×	△
古岩屋	×	○	×	×	○	×	×	×	善通禅寺	×	×	×
網掛石大師	×	×	×	×	網石	×	×	×	△	×	×	○
46浄瑠璃寺	○	○	○	○	○	○	○	□	○	○	○	○
月見大師	×	×	×	×	×	×	×	×	△	×	×	×
47八坂寺	○	○	○	○	○	○	○	□	○	○	○	○
円満寺▲	△	×	×	×	×	×	×	×	×	×	×	×
徳盛寺	×	×	×	×	×	×	×	×	○	得盛寺	○	○
八ツ塚	×	○	×	○	○	×	×	×	△	△	×	×
札始大師堂	×	×	×	×	×	×	×	×	○	×	×	○

番付・札所	澄禅	真念	寂本	森	九皋	中務	和田	高群	安達	西端	平幡	宮崎	現状
48西林寺	○	○	○	○	○	○	○	□	○	○	○	○	
杖の淵	×	×	×	×	×	×	×	×	△	×	×	○	
香積寺	×	×	×	×	×	×	×	×	×	×	×	○	
49浄土寺	○	○	○	○	○	○	○	□	○	○	○	○	
八幡宮	△	△	×	×	△	△	×	×	△	×	×	×	
50繁多寺	○	○	○	○	○	○	○	○	○	○	○	○	
福見観音	×	×	×	×	×	×	×	×	△	×	×	×	
51石手寺	○	○	○	○	○	○	○	○	○	○	○	○	
義安寺	×	×	×	×	○	×	×	×	○	×	×	○	
道後温泉	○	○	×	○	○	△	○	△	△	△	×	○	
湯月八幡宮	×	×	×	○	○	×	×	×	×	×	×	×	
温泉神社	×	×	×	○	○	×	×	×	△	×	×	×	
宝厳寺	×	×	×	×	○	×	○	×	△	×	×	○	
円満寺	×	×	×	×	×	×	×	×	△	×	×	×	
常信寺	×	×	×	×	×	×	×	×	△	×	×	×	
龍穏寺	×	×	×	×	×	×	×	×	△	×	×	×	
御幸寺	三木寺	×	×	×	×	×	×	×	×	×	×	×	
蓮華寺	×	室岡山	×	×	室岡山	×	×	×	×	×	×	○	
52太山寺	○	○	○	○	○	○	○	□	○	○	○	○	

奥の院経が森	×	×	×	×	×	×	×	×	△	△	×	×
53圓明寺	○	○	○	○	○	○	○	□	○	○	○	○
奥の院	×	×	×	×	×	×	×	×	△	×	×	○
高縄寺	×	×	×	×	×	×	×	×	△	×	×	×
養護院	×	×	×	×	×	×	×	×	×	×	×	○
鎌大師	×	×	×	×	×	×	×	×	△	×	×	○
遍照院	×	×	×	×	×	×	×	×	○	×	×	○
歌仙滝観音堂	×	×	×	×	×	×	×	×	△	×	×	×
青木杖大師	×	×	×	×	×	×	×	×	△	×	×	○
54延命寺	円明寺	延命寺	○	円明寺	延命寺	○	○	□	○	○	○	○
大山祇神社	本社	△	△	大山積大明神	三島社	×	×	×	△	△	×	×
55別宮	三島ノ宮	三島宮	光明寺	別宮	○	○	×	×	△	×	×	○
55南光坊	×	×	宮守	×	△	△	○	□	○	○	○	○
神供寺	△	×	×	×	×	×	×	×	×	×	×	×
今治別院	×	×	×	×	×	×	×	×	○	×	×	×
56泰山寺	○	○	○	○	○	○	○	○	○	○	○	○
龍泉寺	×	×	×	×	×	×	×	×	○	×	×	○
奈良原権現	×	×	×	×	×	×	×	×	△	×	×	×
57石清水八幡宮	八幡宮	八幡宮	○	八幡宮	八幡社	八幡	×	×	△	△	×	△
57栄福寺	×	×	×	×	別当	×	○	□	○	○	○	○

番付・札所	澄禅	真念	寂本	森	九皋	中務	和田	高群	安達	西端	平幡	宮崎	現状
犬塚	×	×	×	×	×	×	×	×	×	△	×	×	
58仙遊寺	佐礼山	佐礼山	○	佐礼寺	○	○	○	□	○	○	○	○	
竹林寺	×	×	×	×	×	×	×	×	○	×	×	○	
歓喜寺	△	×	×	×	×	×	×	×	×	×	×	×	
59国分寺	○	○	○	○	○	○	○	□	○	○	○	○	
法華寺	×	×	×	×	×	×	×	×	国分尼寺	△	×	×	
世田薬師	×	○	×	×	×	×	×	×	梅檀寺	×	×	梅檀寺	
道安寺	×	×	×	×	○	×	×	×	○	×	×	臼井御来迎	
実報寺	×	×	×	×	×	×	×	×	×	×	×	○	
日切大師堂	×	×	×	×	×	×	×	×	○	×	×	弘福寺	
観念寺	×	×	×	×	×	×	×	×	△	×	×	×	
西山興隆寺	×	×	×	×	×	×	×	×	△	×	×	○	
久妙寺	×	×	×	×	×	×	×	×	△	×	×	○	
生木地蔵	×	○	×	○	○	○	×	×	○	×	○	正善寺	
安楽寺	×	×	×	×	×	×	×	×	×	×	×	○	
妙雲寺	×	×	×	×	明雲寺	×	×	×	○	×	×	○	
60横峰寺	○	○	○	○	○	○	○	□	○	○	○	○	
星が森	鉄鳥居	×	鉄鳥居	×	遥拝所	拝所	×	×	△	△	×	○	
石鎚山	○	○	石鉄	×	△	○	△	×	△	△	×	石鎚神社頂上社	

極楽寺	×	×	×	×	×	×	×	×	×	×	×	○
61香園寺	○	○	香苑寺	○	香苑寺	香苑寺	○	□	○	○	○	○
奥之院白滝	×	×	×	×	×	×	×	×	×	×	×	○
清楽寺	×	×	×	×	×	×	×	×	○	×	×	○
62一宮	一ノ宮	一之宮	△	一ノ宮	△	一の宮	×	×	△	△	×	×
62宝寿寺	保寿寺	×	○	×	○	△	○	□	○	○	○	○
玉の井	×	×	×	×	×	×	×	×	×	△	×	×
63吉祥寺	○	○	○	○	○	○	○	□	○	○	○	○
柴の井	×	×	×	×	×	×	×	×	△	×	×	芝之井
民部塚	×	×	×	×	×	×	×	×	△	×	×	×
奥前神寺	×	前神寺	△	×	△	△	×	×	×	△	×	○
64前神寺	里坊	里前神寺	里前神寺	○	里前神寺	里前神寺	○	□	○	○	○	○
隆徳寺	浦ノ堂寺	×	×	×	×	×	×	×	×	×	×	×
瑞応寺	×	×	×	×	×	×	×	×	△	×	×	×
立川大師	×	×	×	×	×	×	×	×	△	×	×	×
延命寺	×	×	×	×	×	いざり庵	×	×	○	○	○	○
新長谷寺	×	×	×	×	×	×	×	×	△	×	×	×
三福寺	×	×	×	×	×	×	×	×	×	×	×	○
宝蓮寺	×	×	×	×	×	×	△	×	×	×	×	×
興願寺	△	×	×	×	×	×	×	×	×	×	×	×

番付・札所	澄禅	真念	寂本	森	九皐	中務	和田	高群	安達	西端	平幡	宮崎	現状
善法寺	柏寺	×	×	×	×	×	×	×	×	×	×	×	
65三角寺	○	○	○	○	○	○	○	□	○	○	○	○	
仙龍寺	奥院	奥院	○	○	○	○	○	×	○	×	×	○	
椿堂	×	×	×	×	○	×	×	×	○	○	○	○	
青色寺	辺路屋	清色寺	×	×	清色寺	清色寺	×	×	×	×	×	×	
箸蔵寺	×	×	×	×	×	×	○	×	○	×	×	○	
舞寺	×	×	×	×	×	×	×	×	△	×	×	×	
66雲辺寺	○	○	○	○	○	○	○	□	○	○	○	○	
萩原寺	△地蔵院	×	×	×	×	×	×	×	△	×	×	○	
土仏院	×	×	×	×	×	×	×	×	△	×	×	×	
67大興寺	小松尾寺	小松尾山	大興寺	小松尾寺	大興寺	小松尾寺	小松王寺	□	○	○	○	○	
砥石観音	×	×	×	×	×	×	×	×	△	×	×	○	
68琴弾八幡宮	瑟引八幡	琴引八幡	○	琴引八幡	○	琴弾八幡	△	×	△	△	×	○	
68神恵院	×	×	×	×	△	×	○	□	○	○	○	○	
69観音寺	○	○	○	○	○	○	○	□	○	○	○	○	
70本山寺	○	○	○	○	○	○	○	□	○	○	○	○	
枯木地蔵尊	×	×	×	×	×	×	×	×	△	×	×	○	
不動瀧	×	×	×	×	×	×	×	×	△	×	×	×	
興隆寺▲	×	×	×	×	×	×	×	×	△	×	×	×	

妙音寺	×	×	×	×	×	×	×	×	○	×	×	○
威徳院	△	×	×	×	×	×	×	×	×	×	×	×
八丁目大師堂	△	△	×	×	地蔵堂	×	×	×	×	×	×	×
71弥谷寺	○	○	○	○	○	○	○	○	○	○	○	○
奥の院求聞持窟	△	×	△	×	△	×	×	×	△	△	×	×
虚空蔵寺	×	×	×	×	×	×	×	×	×	×	×	○
海岸寺	○	白方	×	×	×	×	×	×	○	○	○	○
海岸寺奥の院	×	×	×	×	×	×	×	×	△	×	×	○
佛母院	三角寺	×	×	×	×	×	×	×	○	×	×	○
熊手八幡	八幡ノ社	×	×	×	×	×	×	×	△	×	×	×
七仏寺	×	×	×	×	×	×	×	×	○	○	○	○
牛額寺	×	×	×	×	×	×	×	×	△	×	×	×
72曼荼羅寺	○	○	○	○	○	○	○	□	○	○	○	○
73出釈迦寺	△	○	○	○	○	○	○	□	○	○	○	○
捨身ヶ嶽禅定	出釈迦山	△	△	×	捨身岡	△	×	×	△	○	○	○
西行庵	×	×	×	×	庵	×	×	×	×	△	×	×
74甲山寺	○	○	○	○	○	○	○	□	○	○	○	○
仙遊ヶ原地蔵堂	×	×	×	×	×	×	○	×	○	○	×	仙遊寺
75善通寺	○	○	○	○	○	○	○	○	○	○	○	○
観智院	×	×	×	×	×	×	×	×	×	×	×	○

番付・札所	澄禅	真念	寂本	森	九皋	中務	和田	高群	安達	西端	平幡	宮崎	現状
金毘羅	○	△	○	○	○	△	×	○	△	△	×	○	
松尾寺	金光院	×	△	×	×	×	×	×	×	×	×	○	
満濃池	×	×	×	×	×	×	×	×	△	○	×	神野寺	
76金倉寺	金蔵寺	○	○	○	○	○	○	□	○	○	○	○	
東寺別院	×	×	×	×	×	×	×	×	△	×	×	×	
77道隆寺	○	○	○	○	○	○	○	□	○	○	○	○	
塩屋御坊	×	×	×	×	×	×	×	×	△	×	×	×	
78郷照寺	道場寺	道場寺	道場寺	道場寺	道場寺	道場寺	道場寺	□	○	○	○	○	
聖通寺	×	×	×	×	×	×	×	×	△	×	×	×	
峯の薬師堂	×	×	×	×	×	×	×	×	△	×	×	×	
八十場の水	○	△	△	×	○	△	×	×	野沢井	△	×	○	
金山薬師	○	△	△	×	岩薬師	△	×	×	△	×	×	×	
79崇徳天皇	○	○	△	崇徳寺	○	○	×	×	白峯宮	△	×	×	
79天皇寺	×	×	妙成就寺	×	妙成就寺	妙成就寺	天皇寺	□	高照院	○	○	高照院	
80国分寺	○	○	○	○	○	○	○	□	○	○	○	○	
法華寺	×	×	×	×	×	×	×	×	×	国分尼寺	×	×	
中川観音堂	×	×	×	×	×	×	×	×	△	×	×	×	
松浦寺	×	×	×	×	×	×	×	×	○	×	×	○	
高屋神社	×	×	×	×	×	×	×	×	×	△	×	×	

81白峯寺	○	○	○	○	○	○	○	□	○	○	○	○	
頓証寺	○	×	△	△	△	×	白峰御陵	×	△	△	×	×	
吉水寺▲	○	×	×	×	×	×	×	×	地蔵堂	×	×	×	
馬頭院▲	△	×	×	×	×	×	×	×	×	×	×	×	
82根香寺	○	○	○	○	○	○	○	○	○	○	○	○	
香西寺	×	×	×	×	×	×	×	×	×	×	×	○	
菩提院高貴寺	×	×	×	×	×	×	×	×	△	×	×	○	
鷲峰寺	△	×	×	×	×	×	×	×	△	×	×	○	
83一宮	一ノ宮	一之宮	田村神社	一ノ宮	○	一之宮	△	×	田村神社	△	×	△	
83一宮寺	×	×	○	×	大宝院	大宝院	大宝院	□	○	○	○	○	
法然寺	×	仏生山	×	仏生山	仏生山	△	×	×	△	×	×	○	
実相寺	実相坊	×	×	×	×	×	×	×	×	×	×	×	
喜楽院	△	×	×	×	×	×	×	×	×	×	×	×	克軍寺
讃岐別院	×	×	×	×	×	×	高松別院	×	○	×	×	×	
最明寺	×	×	×	×	×	×	×	×	△	×	×	×	
食わずの梨	×	×	×	×	×	×	×	×	×	×	×	○	
御加持水	×	×	×	×	×	×	×	×	×	×	×	○	
84屋島寺	○	○	○	八嶋寺	○	○	○	○	○	○	○	○	
佐藤継信石塔	○	○	○	×	○	△	×	△	△	△	×	×	
安徳天皇内裏	○	○	×	×	○	×	×	△	△	△	×	×	

番付・札所	澄禅	真念	寂本	森	九皐	中務	和田	高群	安達	西端	平幡	宮崎	現状
那須与一駒立岩	○	○	△	×	○	×	×	×	△	△	×	×	
洲崎寺	堂跡	洲崎堂	洲崎堂	×	洲崎観音堂	洲崎堂	×	×	○	×	×	○	
85八栗寺	○	○	○	○	○	○	○	○	○	○	○	○	
五剣山	×	奥院	×	×	×	×	×	×	△	△	×	×	
六万寺	跡	×	×	×	×	×	×	×	△	×	×	○	
真覚寺	×	×	×	×	×	×	×	×	△	×	×	×	
地蔵寺	×	園子尼の寺	×	×	○	×	×	×	○	×	×	○	
86志度寺	○	○	○	○	○	○	○	□	○	○	○	○	
真珠島	新珠島	×	△	×	×	×	×	×	×	×	×	×	
霊芝寺	×	×	×	×	×	×	×	×	△	×	×	○	
玉泉寺	×	×	×	×	×	×	×	×	○	×	×	○	
長福寺	×	×	×	×	×	×	×	×	△	×	×	○	
87長尾寺	○	○	○	○	○	○	○	○	○	○	○	○	
静薬師	×	×	×	×	×	×	×	×	×	△	×	×	
極楽寺	△法蔵院	×	×	×	×	×	×	×	△	×	×	×	
88大窪寺	○	○	○	○	○	○	○	○	○	○	○	○	
胎蔵峰寺	×	護摩山	奥院	×	○	奥院	×	×	△	△	×	○	
大瀧寺	×	×	×	×	×	×	×	×	○	×	×	○	
西教寺	×	×	×	×	×	×	×	×	×	×	×	○	

釈王寺	×	×	×	×	×	×	×	×	△	×	×	○
與田寺	虚空蔵院	×	×	×	×	×	×	×	○	×	×	○
東照寺	×	×	×	×	×	×	×	×	○	×	×	○
東海寺	×	×	×	×	×	×	×	×	×	×	×	○
白鳥神社	×	×	×	×	×	×	×	×	△	×	×	×
積善坊	×	×	×	×	×	×	×	×	△	×	×	×

澄禅『四国辺路日記』（承応二年＝一六五三）
真念『四国邊路道指南』（貞享四年＝一六八七）
寂本『四国徧禮霊場記』（元禄二年＝一六八九）
森瀬左衛門『四国中遍路旧跡并宿附帳』（安永六年＝一七七七）
九皐主人写『四国偏礼名所図会』（寛政十二年＝一八〇〇）
中務茂兵衛『四国霊場略縁起道中記大成』（明治十六年＝一八八三）
和田性海『聖跡を慕ふて』（明治三十九年＝一九〇六）
高群逸枝『娘巡礼記』（大正七年＝一九一八）
安達忠一『同行二人四国遍路たより』（昭和九年＝一九三四）
西端さかえ『四国八十八札所遍路記』（昭和三十三年＝一九五八）
平幡良雄『四国八十八ヵ所』（昭和四十四年＝一九六九）
宮崎建樹『四国遍路ひとり歩き同行二人』（平成二年＝一九九〇）

第四章　日記から読み取れる諸相

第一節　澄禅が出会った人たち

澄禅は、多くの人たちとの出会いを日記に記している。まず遍路をしていた人たちをみる。

最初に、和歌山から徳島に渡る船中で「高野ノ小田原[1]行人衆ナト十余人同船ス」とある。

焼山寺[2]（十二番、徳島県神山町）では山上を巡礼するための先達を雇った。案内料は白銀二銭。同行の数十人で出し合った。ここで「其夜ハ高野小田原行人衆客僧マシリニ十三僧一宿ス」との記述があるので、高野小田原行人衆も遍路に来ていたことがわかる。澄禅と一緒に回っていたかどうかは定かではないが、この後の記述では出てこないので、別行動であったと考えられる。

太龍寺（二十一番、同県阿南市）では同行八人が引導の僧に二銭を渡して奥院・岩屋を案内させている。焼山寺の記録と合わせ、先達案内料は二銭が相場であったことがわかる。

野根（高知県東洋町）では「當国幡多ノ辺路衆ナト云合テ急キテ河ヲ渡ル也」とあり、幡多（同県幡多郡）の一般人がすでに遍路をしていたことがわかる記述である。

仁井田五社（三十七番旧札所、同県四万十町）への道について、行人から「北ノ山キワヲスクニ往ハ河荒シテ渡リ悪キ由、行人教ケル間、左ノ大道ヲ往テ平節ト云川ヲ渡ル。此河ハ雨天ニハ中々渡ル事難成川ト也今日ハ水浅ケレハ歩渡リ也」とアドバイスを受けている。

三崎（同県土佐清水市）の浜で「高野芳野ノ辺路衆、阿波国ヲ同日ニ出テ逆ニメクルニ行逢タリ」とある。徳島を同じ日に出て逆打ちをしていた高野吉野の遍路衆と会った。涙を流して再会を喜び合い、荷物を置いて一時間ほど話した。この記述からすでに逆打ちの風習があったことがわかる。高野吉野の遍路衆には、船で一緒だった高野の行人衆が含まれているかどうかは不明だが、徳島で一緒だったことはわかる。

戸坂（愛媛県西予市鳥坂）の庄屋宅に泊まった。「清右衛門ハ四国中ニモ無隠後生願ナリ、辺路モ数度シタル人ナリ。高野山小田原湯谷ノ谷、證菩提[3]旦那也」とあり、この記述から一般民衆でも、遍路を数回するという、現在の重ね打ちにつながる行動がなされていたことがわかる。また、高野山の塔頭寺院との関係が、遠く離れた伊予の地ですでにあったことがわかる。

宇和島本町（同県宇和島市）の今西伝介宅に泊まった。「無二ノ後生願ヒテ辺路修行ノ者トサエ云ハ何モ宿ヲ借ル、ト也」とあり、遍路への善根宿の原型といえるだろう。

僧侶については厳しく観察。批判したり褒めたり、澄禅は感じたままに率直に表現しており、興味深い。

最初に訪れた札所である井戸寺（十七番、徳島県徳島市）の住持の僧については「無礼野鄙ナル様難述言語」と、さんざんこき下ろす。

立江寺（十九番、同県小松島市）の「坊主ハ出世無学ノ僧ナレトモ世間利発ニシテ冨貴第一也」とあり、無学だが世間のことに通じていて金儲け主義であると書いている。破損した寺観を再興したともあり、やり手であったことが窺える。

鶴林寺（二十番、同県勝浦町）の寺家の愛染院の僧も「無学無能ノ僧也」と記す。終夜の話も自分の私的なことばかりであった。

宍喰（同県海陽町）には徳島藩が定めた宿泊支援施設である駅路寺（円頓寺＝廃寺）があって、澄禅は辺路屋と記している。しかし「坊主慳貪第一ニテワヤクヲ云テ追出ス」とあり、泊まれなかった。

神峯（二十七番、高知県安田町）の麓で泊まった。庫裏は麓にあり、「無礼ノ僧ナリ」と記している。

大日寺（二十八番、同県香南市）の住職は一旦隠居して弟子に寺を譲った。ところがこの弟子は女癖が悪いという世間の評判で、真偽のほどを確かめようとしていたところ、前年の夏に自殺してしまった。そこで隠居していた前の住職が復帰したという。そんな事情もあってか、宿を借りようとしたが断られた。

観自在寺（四十番、愛媛県愛南町）は「香花供養ノ役者ニ法師ノ形ノ者一人在ケレトモ由緒等無案内ナリ」とある。

三角寺奥の院（番外仙龍寺、同県四国中央市）は乗念という禅宗の出家者が住持していた。「ケ様ノ無知無能ノ道心者住持スルニ六字ノ念仏ヲモ直ニ申ス者ハ一日モ堪忍不成ト也」と評している。

以上のように、対応が悪かったり、話題が合わなかったりした場合は手厳しい。一方で褒めている箇所も多い。

東寺（二十四番金剛頂寺、高知県室戸市）の住職は長谷寺で勉強した新義の僧で、「上根ナル勤行者ニテ毎日護摩ヲ修セラル」と記す。

大日寺の近所の菩提寺（同県香南市）の在所で泊まった。水石老という遁世者がいた。元来は石田三成に仕えた侍で、雨森四郎兵衛といった。三成が切腹した時にともに切腹をするようにいわれたが、家康のはからいで切腹を免れ、三成の菩提を弔うため落飾して高野山の文殊院で修行していた。三年して土佐に来て山内一豊に仕えたが、隠居してここにいるという。「終夜ノ饗応中々面白キ仁也」と記している。

眠リ川（国分川）の増水で足止めをくらい、（二十九番国分寺の対岸の）田島寺（廃寺＝址に西島観音堂、同県南国市）に泊まった。八十余の老僧が住持していた。もとは長宗我部に仕えた侍だった。幼いころに出家して高野山にもいたという話をした。「天性大上戸ニテ自酌ニテ数盃汲ル、也」とある。

高知で五泊した安養院（廃寺、同県高知市）の住職は「殊勝成仁ニテ昼夜ノ馳走亭丁也」[4]と記している。弟子の春清房は常に護摩を修していた。

松山で泊まった三木寺（番外御幸寺、愛媛県松山市）の院主については「無執如法ナル僧」と褒めている。

今治で泊まった神供寺（番外、同県今治市）の院主は、空泉坊という高野山に長く住んだ古義の学者で、金剛三昧院の結衆であった。「予カ旧友ナレハ終夜物語シ休息ス」とある。

国分寺（五十九番、同市）に至る途中の歓喜寺（番外、同市）で道を尋ねた。「住持ノ僧ハ慈悲心深重ノ僧也」と記している。わざわざ日記に記すほどであるから、よほど丁寧な応対を受け感激したのだろうと思われる。

一宮の社僧・保寿寺（六十二番宝寿寺、同県西条市）の住職は高野山で学んだ僧侶で、「予カ旧友ナレハ申ノ刻より此寺ニ一宿ス」とある。この新屋敷村に甚右衛門という信心家がいて、明日の朝食を接待するから来てほしいといわれ、翌朝よばれてから出発した。

道隆寺（七十七番、香川県多度津町）明王院に泊まった。住職は高野山の学徒である。檀家の横井七左衛門という人から光明真言の功徳などを聞かれ伝授する。「帰宅シテ手巾幷ニ斎料ナト贈ラル」と礼を受け取っている。

地蔵寺（五番、徳島県板野町）の住職は「慈悲深重ニテ善根興隆ノ志尤モ深シ」と褒めている。荷物を置いて黒谷（四番大日寺、同町）を往復するのがよいとのアドバイスを受ける。

ここで注目すべきは、高野山に関係のある僧侶が数多く出てきて、澄禅は好意的に見ていることである。神供寺、保寿寺のくだりでは旧友であるという記載もあり、澄禅がかつて高野山に留まっていたことを示す左証となる。友という記述から単なる顔見知りでなく、かなり懇意な間柄であることが窺える。

菩提寺、田島寺のくだりでは、戦国武士が出家して高野山に落ち延び、その後隠居して高知の寺に入っているという現象も見られ、当時の落武者の姿の一端を示すものといえよう。

保寿寺、道隆寺のくだりでは、お接待を示す記述が出てくる。

このほか、各寺についての記載で興味深いのは、無住で山伏が住持していた寺が多いことである。地蔵寺（廃寺＝址に稲観音堂、徳島県海陽町）、月山（廃寺＝現在の月山神社、高知県大月町）、寺山（三十九番延光寺、同県宿毛市）、明石寺（四十三番、愛媛県西予市）、八坂寺（四十七番、同県松山市）の五か寺にのぼる。また、泰山寺（五十六番、同県今治市）のように「寺主ハ無シ、番衆ニ俗人モ居ル也」という例もある。戦国時代の荒廃から立ち直れずにいた寺の様子がわかる記載である。

澄禅は四国遍路に出る前に高野山に逗留していた。澄禅が出発地に高野山を選んでいるのも、遍路のアドバイスを受ける目的があった可能性がある[5]。高野山の学僧である寂本の『四國徧禮霊場記』の序文には、澄禅の師である智積院学僧の運敞が序文を寄せており、同書に情報提供した真念も関わっていることから、高野山を中心に遍路のプロ集団が形成されていたかもしれないからである。真念の『道指南』の序文を書いた洪卓も高野山の奥の院にいた行人である。

当時の高野山は学侶方、行人方、聖方に分かれ、とくに学侶方と行人方の勢力が拮抗、たびたび対立していた。高野聖は全国を遊行していた。

徳川幕府は慶長十一年（一六〇六）、時宗の聖に対し、真言宗帰入令を出した。高野山内における時宗の僧を真言宗に帰入させることで、聖を高野山の支配下に置くことが狙いだった。幕府が寺院統制を進めていた時期で、真言宗あるいは高野山に対する法度類は、慶長六年（一六〇一）、同十四年（一六〇九）二回、同十五年（一六一〇）、元和元年（一六一五）と立て続けに出されている。学侶と行人を分け内部の力を分散させることで、結束して幕府に対立することがないような狙いがあったものとみられる。四度加行から衣に至るまで規定する細かなものだった。幕府は慶安二年（一六四九）にも高野山に対して再度、法度を出している[6]。力が拮抗した学侶と行人の対立はますます激しさを増す。「元禄高野騒動」では、元禄五年（一六九二）の幕府の裁定で、行人方の半数が流罪か取り壊しとなる判決となる。

澄禅の日記の書かれた承応二年（一六五三）には、四月二十日に高野山で家光三回忌の追福法要が行われている[7]。こうした時代背景の中、澄禅は高野山に一時逗留。寂本や洪卓、場合によっては真念とも面識を得て四国遍路の情報を取得した可能性がある。それから四国に向け出立したのである。

寂本は学侶、洪卓は行人、真念は高野山外の人ではあるが聖方に属するであろう。三方は集団としては対立していても、個人としては四国遍路関係の本を出版するという事業を成し遂げるため協力した。智積院の学僧である運敞も僧侶つながりで序文を寄せたのであろう。つまり、身分を越え、遍路ということで一つのグループができていたという可能性を指摘したい。

運敞の弟子である澄禅も、師を通じ彼らとの面識を得たであろう。智積院の学僧とはいえ、高野山においては客僧である。逗留中の扱いは聖であったであろう。澄禅自身は日記に遍路に出た理由を記してはいないが、高野山逗留中の人々との出会いが遍路に駆り立てたという考えも成り立つのではないか。

澄禅が出会った遍路には高野山や吉野の行人衆がいた。このことは僧侶の遍路には回国聖もいただろうが、行人方が深く関わっていたことを示すものである。高野山において修験は行人方の範疇である。四国遍路もその延長上にあったことが、澄禅の記述から確かめることができる。

澄禅は遍路中に高野山関係の僧と旧交を温めており、澄禅自身が高野山に留まっていたことを示す記述が窺える。真念、寂本、洪卓といった、澄禅以後の遍路関係文書の著者との交流も高野山で行われていた可能性がある。庶民の遍路も珍しいものでなく、中には数回も巡っている富裕層がいた。閏年ができる前から、逆打ちがすでに行われていた。遍路に宿を貸す善根宿の原型ができていた。お接待に相当する行為もあった。

第二節　宿泊

澄禅は承応二年（一六五三）七月二十四日に四国・徳島に着く。十月二十六日に巡り終えるまで九十一泊しているが、野宿は一度もない。僧侶の修行としての遍路であったが[9]、寺院に泊まれる時は寺院で、それ以外は民家に泊まっているのである。現在は野宿する歩き遍路が多い[10]が、澄禅は野宿しなかったというのが興味深い。

最初に泊まったのは徳島・寺町の持明院[11]である。澄禅はここで、霊山寺（一番、徳島県鳴門市大麻町）から回るより井土寺（十七番井戸寺、徳島市国府町）から回ったほうが効率的であるとのアドバイスを受けた。

持明院、願成寺トテ真言ノ本寺也。予ハ高野山宝亀院ノ状ヲ持テ持明院ニ着ク、依是持明院より四国遶路ノ廻リ手形ヲ請取テ、廿五日ニ発足ス。大師ハ阿波ノ北分十里十ケ所、霊山寺ヲ最初ニシテ阿波土佐伊豫讃岐ト順ニ御修行也、夫ハ渭津ヨリ巡道悪キ迚、中古より以来、阿波ノ北分十里十ケ所ヲ残シテ、井土寺より初テ観音寺国分寺常楽寺ト巡行シタルカ能ト持明院より伝受也。

徳島藩は、慶長三年（一五九八）に駅路寺の制度を定め、八か寺を指定する。遍路などの旅人に宿を貸す寺院を指定し、藩が補助するというものだ。持明院は駅路寺ではなかったが、徳島城下で同様の役割を果たす寺院となっていた[12]。

翌二十五日にはサンチ村（吉野川市鴨島町山路）の民家に泊まり、夜通しもてなしを受けた。

日暮ケレハサンチ村ト云所ノ民屋ニ一宿ス。夫婦ノ者殊外情在テ終夜ノ饗応慇懃也。

二十六日の焼山寺（十二番、神山町下分地中）では、高野の小田原行人衆と一緒に泊まったとの記述があるので、行人衆も遍路に来ていたことがわかる。澄禅と一緒に回っていたかどうかは定かではないが、この後の記述では出てこないので、別行動であったと考える。客僧と合わせ十三人が同宿したとある。

同行数十人ノ中より引導ノ僧ニ白銀二銭目遣シ、彼僧ヲ先達トシテ山上ヲ巡礼ス。（中略）其夜ハ高野小田原行人衆客僧マシリニ十三僧一宿ス。

以下九十一泊の内訳は別表の通りである。寺院四十三か所（六十二泊）、民家二十六か所（二十九泊）。国別で見ると、阿波寺院六、民家六（七）、土佐寺院十五（二十六）、民家十一、伊予寺院十一（十六）、民家八（十）、讃岐寺院十一（十四）、民家一となる。

澄禅は「辺路屋」という表現をたびたび使っている。

四日寺ヲ立テ一里斗往テ海部ノ大師堂ニ札ヲ納ム、是ハ辺路屋也。爰ニ辺路札所ノ日記ノ板有リ、各買之也。（中略）廉喰ト所ニ大守より辺路屋トテ寺在リ、往テ宿ヲ借タレハ坊主慣貧第一ニテワヤクヲ云テ追出ス。

廉喰（海陽町宍喰浦）には駅路寺であった円頓寺[13]（昭和二十一年廃寺）があり「辺路屋」と記している。しかし、澄禅は住職に追い返されて泊まれなかった。駅路寺が十分に機能していなかったことが窺える。一方、海部の大師堂は現在の弘法寺（海陽町四方原）にあたるが、駅路寺ではなかったが、遍路宿をやっていたのだろう。

このほか、「野根ノ大師堂」（明徳寺、高知県東洋町野根）、「追手ノ門外ニ大師堂」（馬目木大師、愛媛県宇和島市元結掛）、「佐野ノ里（中略）北ノ山キワニ辺路屋」（青色寺、徳島県三好市池田町佐野）、「弥谷ノ麓辺路屋」（八丁目大師堂、香川県三豊市三野町大見）などに辺路屋の記述が見られる。青色寺は駅路寺であったが、それ以外は小さな大師堂である。遍路を泊める堂庵を辺路屋と記したと考えられる。

遍路宿の原型は民家の宿泊でも窺える。

其夜ハ宇和島本町三丁目今西伝介ト云人ノ所ニ宿ス。此仁ハ齢六十余ノ男也。無二ノ後生願ヒテ辺路修行ノ者トサエ云ハ何モ宿ヲ借ル、ト也。

宇和島本町（愛媛県宇和島市中央町）の今西伝介宅は、遍路修行の者とさえいえば宿を貸してくれた。今でいう善根宿の原型といえるだろう。「無二ノ後生願ヒテ」とあるから、来世の安楽を願う信仰心からといえる。

タゞト云所ニ至ル。是迄伊達殿領分ナリ。爰ニ関所在、番衆ハ山下吉左衛門ト云侍ナリ、律義ナル仁也。夫より戸坂ト云所ニ至ル、是より西六万石加藤出羽守殿領分也。此所ノ庄屋清右衛門ト云人ノ所ニ一宿ス。此清右衛門ハ四国中ニモ無隠後生願ナリ、辺路モ数度シタル人ナリ。高野山小田原湯谷ノ谷、證菩提旦那也。

戸坂（西予市宇和町鳥坂）の庄屋・清右衛門は遍路を数回したとある。高野山證菩提院の旦那であるとも記している。この記述から一般民衆も庄屋クラスの豊かな人が遍路に出ていたことがわかる。それも一度ならず数回も巡るという、現在の重ね打ちにつながる行動がなされていたことがわかる。また、高野山にも参詣したのだろう。塔頭寺院との檀信徒の関係が、高野山から遠く離れた伊予の地ですでにあったことがわかる。

廿四日其夜ハ當所久米村武知仁兵衛ト云人ノ所ニ一宿ス。此仁ハ無類ノ後生願ヒ正直ノ俗也。大門ノ前ニテ行逢テ如何思ハレケン、是非トモニ今宵ハ一宿可申ト云ル、間、未ノ刻より此宿エ行入テ見ハ居間より台所方ハ百姓ノ家ノ掛也。夫より上ニ三間ニ七間ノ書院ヲ立テ戸障子畳ノ躰中々ニ驚入タリ。奥ノ間ニ持仏堂ヲカマエ阿弥陀如来大師御影ニ親ノ位牌ナトヲ奇麗ニ安置セラル。終夜ノ饗応言語ヲ絶セリ。翌朝出テ云ル、ハ、爰ニ二親ノタメニ庵室ヲ立タリ御立寄玉ヘト引導セラル、私宅より二町斗往テ二親ノ墓所ノ近所ニ寺ヲ立テ坊主ニ扶持ヲシテ置タリ。誠ニ俗士ニハ無類ノ仁ナリ。當国松山ニ三木寺ノ弟子甚養房ト云僧住持セラル。

久米村（松山市南久米町）の武知仁兵衛宅は、農家の造りなのだが奥の間に持仏堂を構えて阿弥陀、大師、両親の位牌などを祀っている。さらに二町ほど離れたところに親の墓所の近くに寺を建て、僧侶を住まわせている。農民が寺を作り僧侶を養うといったことが行われていたことがわかる。

「お接待」もすでに行われていた。一宮の社僧・保寿寺（六十二番宝寿寺、西条市小松町新屋敷）では、新屋敷村に甚右衛門という信心家がいて、明日の朝食を接待するから来てほしいといわれ、翌朝よばれてから出発した。

道隆寺（七十七番、香川県多度津町北鴨）明王院では、檀家の横井七左衛門という人から光明真言の功徳などを聞かれ伝授する。「帰宅シテ手巾幷ニ斎料ナト贈ラル」と礼を受け取っている。

澄禅の宿泊地については武田和昭「澄禅『四国辺路日記』から分かること」[14]でも触れられているが、寺院四十か所（五十九泊）、民家二十七か所（二十九泊）、辺路宿二か所（二泊）としている。本論では別表の太字で示したのが寺院である。武田説の辺路宿（野根ノ大師堂、弥谷麓の辺路屋）を寺院に含め[15]、前

宿泊地一覧（太字は寺院）

七月二十四日	**持明院**（廃寺、址に常慶院）	徳島市眉山町大滝山
二十五日	サンチ村の民家	吉野川市鴨島町山路
二十六日	**焼山寺**（十二番）	神山町下分地中
二十七日	民家	神山町鬼籠野あたり
二十八日	民屋	小松島市田野町
二十九日	鶴林寺寺家の**愛染院**	勝浦町生名鷲ヶ尾
三十日	**太龍寺**（二十一番）	阿南市加茂町竜山
八月一日	河辺の民家	阿南市新野町馬場
二日	貧乏在家	美波町西河内
三日	**地蔵寺**（廃寺、址に稲観音堂）	海陽町浅川
四日	**千光寺**（廃寺）	東洋町甲浦
五日	**野根ノ大師堂**（明徳寺）	東洋町野根
六日	漁翁ノ家	室戸市室戸岬町椎名あたり
七日	**東寺**（二十四番金剛頂寺）	室戸市室戸岬町坂本
八日	西寺麓の民家	室戸市元
九日	タウノ濱	安田町唐浜
十日	赤野の民屋	安芸市赤野
十一日	菩提寺の在所	香南市母代寺
十二日	**田島寺**（廃寺、址に観音堂）	南国市廿枝
十三日	**安養院**（蓮池町、廃寺）	高知市はりまや町
	十八日まで六泊	
十九日	**五台山**（三十一番竹林寺）	高知市五台山
	二十三日まで五泊	
二十四日	秋山	高知市春野町秋山
二十五日	新村	土佐市新居
二十六日	**青龍寺**（三十六番）	土佐市竜
二十七日	漁夫の小屋	土佐市宇佐町井尻
二十八日	**常賢寺**（廃寺）	中土佐町久礼
二十九日	窪川	四万十町窪川
三十日	**随生寺**（随正寺、廃寺）	黒潮町伊与喜
九月一日	武知の民家	黒潮町浮鞭
二日	**見善寺**（廃寺）	四万十市間崎
三日	ヲ、キ村	土佐清水市大岐
四日	**足摺山**（三十八番金剛福寺）	土佐清水市足摺岬
	六日まで三泊	
七日	**正善寺**（廃寺、址に大師寺）	土佐清水市下川口
八日	**御月山の下の寺**（南照寺、廃寺）	大月町月山
九日	**瀧厳寺**	宿毛市小筑紫町伊与野
十日	**浄土寺**	宿毛市宿毛
十一日	城辺の民屋	愛南町城辺

十二日	ハタジの民屋	宇和島市上畑地か下畑地
	十三日まで二泊	
十四日	宇和島本町の今西伝介宅	宇和島市中央町
十五日	**慶宝寺**（慶宝院、廃寺）	西予市宇和町皆田
十六日	戸坂の庄屋清右衛門宅	西予市宇和町鳥坂
十七日	瑞安寺	大洲市新谷中
	十八日まで二泊	
十九日	中田戸の仁兵衛宅	内子町中田渡
	二十日まで二泊	
二十一日	**菅生山**（四十四番大宝寺）	久万高原町菅生
	二十二日まで二泊	
二十三日	**円満寺**（廃寺）	松山市恵原町あたり
二十四日	久米村の武知仁兵衛宅	松山市南久米町あたり
二十五日	**三木寺**（御幸寺）	松山市御幸
	二十六日まで二泊	
二十七日	浅波の民家	松山市浅海
二十八日	**神供寺**	今治市本町
二十九日	**泰山寺**（五十六番）	今治市小泉
十月一日	中村	西条市三芳
二日	**保寿寺**（六十二番宝寿寺）	西条市小松町新屋敷甲
	四日まで三泊	
五日	**浦ノ堂寺**（隆徳寺）	新居浜市外浜町
六日	**興願寺**	四国中央市三島宮川
七日	**三角寺奥院**（仙龍寺）	四国中央市新宮町馬立
八日	**雲辺寺**（六十六番）	三好市池田町白地
九日	**本山寺**（七十番）	三豊市豊中町本山甲
十日	**弥谷麓の辺路屋**（八丁目大師堂）	三豊市三野町大見
十一日	**三角屋敷**（仏母院）	多度津町西白方
十二日	金毘羅寺家の**真光院**（廃寺）	琴平町琴平山
	十四日まで三泊	
十五日	**明王院**（七十七番道隆寺）	多度津町北鴨
十六日	**国分寺**（八十番）	高松市国分寺町国分
十七日	**根香寺**（八十二番）	高松市中山町
十八日	**実相坊**（実相寺）	高松市番町（実相寺は三谷町に移転）
十九日	**八栗寺**（八十五番）	高松市牟礼町牟礼落合
	二十日まで二泊	
二十一日	寒川古市	さぬき市長尾
二十二日	**大窪寺**（八十八番）	さぬき市多和兼割
二十三日	法輪寺（九番）近所の民屋	阿波市土成町土成前田
	二十四日まで二泊	
二十五日	**地蔵寺**（五番）	板野町羅漢

述の通り、寺院四十三か所（六十二泊）、民家二十六か所（二十九泊）としたのだが、数が合わない。武田説では初日の七月二十四日の持明院を含めていないと思われる。また民家の泊数は同じだが箇所数が合わない。

澄禅の四国の滞在日数が九十一日であり、結願後の十月二十六、二十七日の宿泊所が日記の記載からは不明であることから、持明院を含めるのが妥当であると判断した。

辺路屋については澄禅の日記では前述のごとく六か所登場する。遍路が泊まることのできる寺院（堂庵含む）である。時代が下り真念『道指南』になると六十三か所登場する。[16] これらのうちいくつかが番外札所化して現存している。[17]

澄禅の足取りについてであるが、持明院のアドバイスで、井戸寺（十七番）から打ち始め、一宮（十三番）―藤井寺（十一番）、焼山寺（十二番）―恩山寺（十八番）という経路を取っている。恩山寺以降はほぼ現在の行程と同様である。そして大窪寺（八十八番）を打ち終えた後、切幡寺（十番）から霊山寺（一番）に至り打ち終えている。このほか現在の札所番号と異なるのは、伊予国分寺（五十九番）―一ノ宮（六十二番）―香園寺（六十一番）―横峰寺（六十番）―吉祥寺（六十三番）と、琴弾八幡宮（六十八番）・観音寺（六十九番）の打ち順。日記に番付の記載がないことと合わせ、澄禅自身が番付を重要視していなかったことがわかる。

巡拝日数は九十一日間。現在の四国徒歩遍路の平均的日数四十―五十日[18]の二倍ほどかかっている。雨の日は逗留しているし、城下ではゆっくりするなど、現在よりは余裕を持って巡っていたことがわかる。

澄禅は天候の悪い日は無理して先へ進まず、前泊した所に逗留している場合が多い。八月十四―十八日の高知・安養院、九月十三日の畑地の民家、十八日の新谷・瑞安寺、二十日の中田戸の民家、十月二十日の八栗寺、二十四日の法輪寺近くの民家。以上のくだりで「雨にて逗留す」と書かれている。現在の徒歩遍路は先を急ぐため連泊はしない場合が多いが、澄禅の遍路では無理に先へ進まなかったことが特徴的である。

澄禅が泊まったのは寺院か民家で、野宿は一度もない。天候の急変などで急遽宿入りする時も近くの寺や民家に泊まれている。澄禅は僧侶の修行として遍路をしているのだが、野宿がないということは、現在とは意識が違うことがわかる。澄禅の日記には他の遍路の記述も見られるが、残念ながらどのような所で宿泊したのかは定かではない。ただ焼山寺で同宿していることから、同じような所に泊まっていたのではないかとは推測できる。

遍路宿の原型ともいえる「辺路屋」の記述が見えるが、徳島藩の駅路寺だけでなく、四国各地にあった。澄禅の日記には六か所登場する。住職のいる寺院と堂庵だけの所があったが、遍路に宿泊させていたのである。これらの一部は番外札所化していった。

民家では現在でいう善根宿のようなことも行われていた。遍路を数回重ね高野山とも関係のある庄屋や、寺を建て僧を養うといった裕福な人もいた。また、地元の人が遍路に食事や金品をもてなす「お接待」もすでに行われていた。

写真１　大洲市新谷に現存する瑞安寺。澄禅はここで二泊している。

これらのことから、江戸時代前期には遍路宿の原型ともいえる寺院による「辺路屋」や民間人による善根宿がすでに存在し、遍路はこれらを利用しながら回っていたことがいえる。そこには現在の遍路文化の特徴とされる善根宿、お接待などの萌芽を見て取ることができるのである。

第三節　交通

澄禅の遍路は、当然ながら徒歩である。しかし、大河や海は渡船に頼らざるを得なかった。

鶴林寺（二十番）から太龍寺（二十一番）に至る間の那賀川（徳島県阿南市）では、「上下スル舟人ニ向テ手ヲ合、ヒサヲ屈シテ二時斗敬礼シテ舟ヲ渡シテ得サセタリ」。

海陽町の旧海南町と旧海部町の間の海部川は、「波守ハ無シテ上下スル舟ニ便船ヲ請也」。

土佐に入り、奈半利町と田野町の間の奈半利川は、「渡シ舟有」。

高知市の浦戸湾は、「此河ニ太守より渡シ舟ヲ置テ自由自在ニ旅人渡ル也」。

高知市と土佐市の境の仁淀川は、「新居戸ノ渡リトテ河在リ、是モ渡舟在自由ニ渡ル也」。

青龍寺（三十六番）に至る土佐市の浦ノ内湾の湾口は、「井ノ尻瀧ノ渡リトテ切戸有リ、舟賃二籾ヲメンツニ一盃宛ツカワス也。福島ノ在家ヲホイタウスレハ不足無シ、古来より如此仕付タリ」。

青龍寺からは浦ノ内湾内の海路をとる。「三里入江ノ川ノ様ナル所ヲ船ニテ往也。陸路モ三里ナレトモ難所ニテ昔より舟路ヲ行也。船賃銀ス一銭匁、予ハ青龍寺西ノ坊より舟ヲ仕立送ラル、故安楽ニ乗舟ス」。

四万十川（四万十市）では、「爰ニ高島ノ渡リ迚大河在リ。渡舟トテモ無シ、上下スル舟トモニ合掌シテ三時斗咤言シテ舟ヲ渡シテ得サセタリ」。

愛媛県大洲市の肱川は、「此川ニ渡シ舟在テ国人モ旅人モ自由ニ渡ル」。

香川県丸亀市の土器川は、「爰ニ川口ノ入江在リ船賃壱銭也」。

徳島県の吉野川は、「嶋瀬ト云ヲ舟ニテ渡ル」。

以上十一か所で船を使ったとの記述がある。このうち、「自由ニ渡ル」と無料であったことがわかるのが、浦戸湾、仁淀川、肱川の三か所である。「太守より渡シ舟ヲ置テ」と記されていることから、藩が政策として無料化していたことがわかる。船賃について言及しているのが浦ノ内湾口、同湾内、土器川の三か所。二か所は現金であるが、浦ノ内湾口では托鉢して得た籾で払うのが通常であったということが書かれている。那賀川、海部川、四万十川では、渡しがなく上下する船に頼んで乗せてもらっている。

これ以外は浅瀬を歩き渡った。そのため、雨による増水で足止めを食らうこともあった。高知県南国市の国分川のくだりでは、

國分寺ノ近所ニ眠リ川ト云川在、此ハ一睡ノ間ニ洪水出ル川ナリ。前季ノ大雨ニ洪水出来テ歩渡ノ事ハ不申ニ及、舟ニテモ難渡リ大水也、近所ノ人サエ渡リ兼テ河原ニ立渡テ在、問之ハ急ニ出タル水ナレハ頓テ浅テ晩景ニハ安ク可渡ナト云在リ。暮迄待ケレトモ又雨降ケレハ不及是非ニ、近辺ノ田島寺ト云寺ニ一宿ス。

現在は川に橋が架かったので、徒歩遍路も橋を渡る。ただ、浦戸湾では、昭和四十七年に浦戸大橋が架かった現在も渡しのフェリー（県営渡船）は残っており歩行者は無料。徒歩遍路は渡船利用が多いようだ。澄禅は浦戸湾を「大河」と記し、川と間違えている。

また、澄禅が船を使った浦ノ内湾では、湾口は、昭和四十八年に宇佐大橋ができて渡船が廃止された。一方、湾内は現在も須崎市営の巡航船があるが、便数が少ないので、湾岸を歩く陸路を取る遍路がほとんどである。

四万十川について、澄禅が「高島」と記しているのは四万十市竹島のことを指すと思われ、同市竹島と実崎を結ぶ現在の四万十大橋のあたりと推測される。澄禅は南岸二キロほど下流の同市間崎に着岸している。平成十七年までは三キロほど下流の同市下田と初崎を結ぶ渡船「下田・初崎渡し」があった。

吉野川の嶋瀬とは、四国三郎橋東側にあった大麻街道の隅瀬渡し（徳島市応神町東貞方—同市不動東町地先[19]）かと思われる。現在の吉野川本流にあたる別宮新川の開削が寛永十年（一六三三）であるから、渡しは旧吉野川でなく新吉野川のものと考えたほうがよいだろう。[20]嶋瀬を鳴瀬と解し、旧吉野川の成瀬（藍住町乙瀬）とする考えもある。[21]澄禅は淀川のような川であると書いており、大きさを近畿地方の淀川にたとえた。新淀川の開削は明治四十三年（一九一〇）であるから、澄禅が比較したのは旧淀川（大川）である。

写真２　宇佐の渡しのあった井尻の船着場から、対岸の福島を望む。右の橋は宇佐大橋。

利用した唯一の交通機関である渡船は、有料のものと無料のものがあった。無料のものは藩が政策的に提供していた。有料のものは現金以外に籾で支払う場合があった。高知の浦ノ内湾では、十二キロの海路を利用した。また那賀川、海部川、四万十川で見られたごとく、正式の渡船がないため、行き交う船に頼んで乗せてもらうことも行われた。

第四節　城下町の様子

日記に記された情報には、当時の町の様子や生活実態などにも言及している。城下町の様子や為政者の動き、一般の世相を反映した記述も少なくない。そこで澄禅の日記から見えてくる当時の社会の様子をまとめた。

また、日記には四国各地の城下町の様子が克明に記されている。

たとえば徳島城は、当時は三方を海に囲まれた半島のようであったと記している。西側に川があり山麓に寺町があると書いてある。ところが寛永年間（一六二四—四四）の忠英様御代御山下画図[22]では、川をはさんで四方を街に囲まれている、現在に近い形の城下町が形成されている。東方の現在の沖洲にあたる部分が島であった。澄禅は城を取り囲む川を海と理解したのであろうか。侍屋敷を含めた広域の城下で見ると、北側に海のような吉野川の大河があり、南側の富田浦には湾が深く入り込んでいる。東側の海から城下に入った澄禅には、三方を海に囲まれているように見えたのであろう。西側の川は現在の新町川にあたる。

城ハ海上ニ浮ミ出タル櫓ニテ三方ハ海ニテ西一方平地也。爰ニモ西ノ山トノ間ニ大河流大橋在、河ノ両岸ハ皆町家也。西ノ山キワニ寺町在、真言禅浄土也。

松山では城下の四郡の田園地帯が本丸から一望できる様が書かれている。澄禅が登城したとは思えないが、聞き知ったのであろう。現在も本丸から松山平野が一望できる。松山市周辺は住宅地や商工業地に変化しているが、郊外には田園地帯が広がっており往時の姿は偲ぶことができる。

和気郡温泉郡伊与ノ郡久米郡此四郡八万石ノ所只一面ノ田地也。其直中ニ松山トテ廻リ一里斗ノ城在リ、此本丸より見ハ四郡ヲ一見ニミル。扨、西ハ海手也、向ハ豊後日向迄目ノ下ニ見也。

高知では野中主計頭（野中兼山、一六一五—六三）[23]とその相談相手であった還俗僧の安斎（山崎闇斎、一六一八—八二）が権勢をふるい、葬儀も儒教式で行われていたことが記されている。世間ではキリシタンの作法のようだといっているとも記している。澄禅は野中の儒学至上主義を批判的な眼で見ている。一方で仏教寺院は小倉庄助（小倉勝介、一五八二—一六五四）が、太守（山内忠義、一五九二—一六六四）の命で修復したことが書かれている。

家老ハ太守一門野中主計頭ト云仁ナリ、知行六千五百石、其外老中衆トテ三千石以上ノ衆七人在リ、国政等相談也。彼主計頭ハ学門好ニテ絁蔵主ト云禅坊主ニ帰伏シテ此年月儒道ヲ学セラル、此比彼僧ヲ還俗セサセテ安斎号ス。此安斎ト万事相談セラル、也。タトヘハ一門中ニ人死スレハ唐様トテ葬礼ノ義式皆儒道ノ作法ナリ。世ニハ只切死丹ノ作法ノ様ニ云也。然間、顕密ノ僧徒何モ無所作ニテ居也。其上出家程世ニイタツラ者ハ無シト主計頭云ル、間、其権勢ニヲソレテ国中大略此作法也。又小身ノ出頭人ニ小倉庄助ト云人在、此庄助天性利発ニテ万事正路ナル者迚、太守より国中ノ仕置ヲ被仰付。誠ニ廉直成政道ニテ諸山ノ堂塔破損シタルヲ、此庄助分別ニテ此廿四年ノ間ニ悉ク修造シ、仍テ諸町人百姓僧俗トモニ思付タル由也。扨、又太守ハ無二無三ノ信心者ニテ殊ニ真言家ヲ皈依シ玉フト云。

宇和島では、名物として鰯の美味しいことを挙げている。明石寺[24]の観音が衆生済度のために変身したのだと詠歌を引いて説明している。現在の名物ジャコ天の原料はホタルジャコであるが、これを鰯といっていたのだろうか。

此宇和島ハ昔より万事豊ニテ自由成所ナリ、殊ニ魚類多シ。鰯ト云魚ハ當所ノ名物也。是ハ當郡明石観音衆生斎度ノ為ニ分身反作シテ鰯ト也玉フト也。古此菩薩在人ニ示シ玉フ御詠哥

伊与ノ海ウワノ明石ノ魚ナレヤ我コソハナレ世ヲ救迚

今ノ世迄、此郡十里ノ海ニ住魚ノ形質味マテ世ニ勝タルト也。

時代背景を如実に表した記述も出てくる。澄禅が遍路した承応二年の六月二十三日に御所の内裏が焼けているのだが、高知の浦戸のくだりで、御所に献上する材木を積んだ船が繋留されている様子が描かれている。

大裏焰上ニ付テ太守より進上ノ材木ノ舟トテ卅余艘、順風ヲ待テツナキ置タリ。

澄禅が高野山を出発したのは七月十八日である。現場を通りかかったのは八月二十四日である。おそらく高野山にいる間に御所炎上のニュースはキャッチしていたのであろう。発生から一か月かかっていない。そして、現場で繋留されている船の目的が判断できたのであろう。そうした意味でニュース性の富んだ日記ということができよう。

第五節　庶民の風俗

各国の庶民の風俗もまとめられている。これによると阿波、土佐の人は素朴で慈悲深く、伊予、讃岐は都会的で信心深かったことがわかる。

また、僧侶であることから寺院の宗派についてもまとめている。阿波は各宗入り混じり真言は古義が多いこと、土佐は新義であること、伊予は真言宗が多いこと、讃岐は弘法大師誕生の地だけあって整備されていることなどがわかる。これらは現在にも通じる傾向であり、四百年前から形成されていたことがわ

かる。

惣テ阿波ノ風俗貴賤トモニ慈育ノ心深シ。土民野鄙ニシテ馬ニハ履ヲカケス人ハ足中ヲ作リハケリ。言語口ヲ開テヲ、アニ易タリ、牛馬トモニスクナシ。僧徒禅密浄土一向相交リ密家多クハ古義ノ学者也。

土州一国ノ風俗貴賤トモニ慈悲心深キ、身ヲ立テ家ヲ持程ノ者ハ僧俗トモニ馬ニ乗テ道ヲ往行ス。竹木米穀多シ、山海野沢多シ、殊川多シテ行路ニ苦労在リ。言語野ニシテ、スツノ中音ヲ云イテノ拗音ヲ仕フ。儒学専ラ盛ニシテ政道厳重ナリ。佛法繁昌ノ顕密ノ学匠多、真言僧徒二百余輩、大途新義ノ学衆也。

与州ノ風俗万事上方メキテ田舎ノ風儀少ナシ。慈悲心薄ク貪俗厚、女ハ殊ニ邪見也。又男女共ニ希ニ仏道ニ思入タル者ノハ信心専深シ、偏ニ後生ヲ願フ是モ上方ノ様也。国中ニ真言多シ余ハ希也。

讃岐一国ノ風儀万与州ニ似タリ、サスカ大師以下名匠ノ降誕在シ国ナル故ニ密徒ノ形義厳重也。當国ニ六院家トテ法燈ヲ取寺六ケ所在、東より初テ夜田ノ虚空蔵院大師再誕増雲僧正ノ旧跡ナリ。長尾ノ法蔵院、鴨ノ明王院、善通寺誕生院、勝間ノ威徳院、萩原ノ地蔵院以上六ケ寺也。其外所々寺院何モ堂塔伽藍結構ニテ例時勤行丁重ナリ。

土佐・田浦[25]でのくだりでは、塩田作業をする庶民の姿を見ることができる。男女の区別もわからない粗末な身なりながら、子連れで一所懸命に作業に励む様子が書かれている。

田浦ト云濱ニ出タリ。平砂汻々タル所也。爰ニテ塩焼海士トモノ作業ラヲ見ルニ、中々衾成躰ナリ。先男女ノワカチモ慥ナラス、女トモカ小キ子ヲ脇ニハサミ来テ、件ノ児ヲ白砂ノ上ニ捨置テ、荷ヒト云物ニ潮ヲ汲テ柄ノ長キ柄杓ニテ平砂ニ汲掛テ砂ヲ染タル有様、誠ニ浮世ヲ渡ル業ハ扨モ品多キ者哉ト弥思ヒシラレタリ。

第六節　物語

澄禅の日記の縁起を記した部分には、衛門三郎伝説など当時伝承されていた物語も多数登場する。現在伝わる物語とは少し異なる部分もあり興味深い。八十場の水の[26]讃留霊王《さるれおう》伝説、白峯寺[27]の崇徳天皇と天狗の話、八栗寺[28]の弁慶伝説、弘法大師誕生にまつわる藤新太夫説話[29]など枚挙にいとまがない。

まず、遍路元祖とされる衛門三郎伝説を取り上げる。五十一番石手寺にまつわる伝説である。

石手寺、昔ハ熊野山安養寺虚空蔵院ト云タリ。然ヲ中古より石手寺ト号スル由来ハ、昔此国ノ守護河野殿トテ無隠弓取、四国中ノ幡頭ナリ。石手寺近所ノ温ノ泉ノ郡居城ヲカマエ猛威ヲ振フ。天正年中迄五十余代住ケルト也。扨、右ノ八坂寺繁昌ノ砌、河野殿よりモ執シ思テ衛門三郎ト云者ヲ箒除ノタメニ付置タル毎日本社ノ長床ニ居テ塵ヲ払フ。此男ハ天下無双ノ悪人ニテ慳貪放逸ノ者也。大師此三郎ヲ方便ヲ教化シテ真ノ道ニ入度思召ケルカ、或時辺路乞食ノ僧ニ化シテ長床ニ居玉フ。例ノ三郎来リ見テ何者ナレハ見苦キ躰哉ト頻テ追出ス。翌日又昨日居玉フ所ニ居玉ヘハ又散々ニ云テ追出ス。三日目ニ又居玉フ、今度ハ箒ノ柄ヲ以テ打擲シ奉ル。其時大師持玉ヘル鉄鉢ヲ指出シ玉ヘハ此鉢ヲ八ツニ打破ル。其時此鉢光ヲ放テ八方ニ飛去ル。衛門三郎少シ驚、家ニカエレハ嫡子物ニ狂テ云様ハ、吾ハ是空海也、誠ニ邪見放逸ニシテ我ヲ如此直下ニスル事慮外ノ至也、汝カ生所ノ八人ノ子共ヲ一日カ内ニ蹴死ヘケレトモ、物思ノ種ニ八日可死云テ手足ヲチ、メ息絶ヌ、其後次第〳〵ニ八人ノ子共八日ニ死セタリ。其子ヲ遷セシ所トテ八坂ノ近所ニ八ツノ墓在リ、今ニ八墓ト云。其時三郎懺悔シテ髪ヲ剃、四国中ヲ巡行シテ子共ノ菩提ヲ吊。廿一度ト辺路ヲ修行シケル内、大師モ様々ニ形ヲ替テ同行同修シテ彼カ心ヲ鑑玉フ。實ニモ廿余年ノ修行シテ八旬ニ及ケレハ、邪見ノ心失果テ慈悲心深重ノ僧ト成。在時阿波ノ国焼山寺ノ札ヲ納テ麓ヘ下ルカ谷ノ辻堂ニ休居タリ、大師モ僧形ニテ爰休玉フ、大師ノ云ク、汝ハ老躰ニテ何事ニカケ様ニ数年修行スルソト。三郎禅門承リ由緒トモヲ委語リ、大師聞玉テ汝不知ヤ吾ハ空海也。汝カ心ヲ引見トテ此年月付テ巡行シテ今ハ早汝カ心モ決定シタリ、此上ハ何事成共所望次第ニ叶エテ得サスヘシ、トノ玉ヘハ禅門承テ、我ハ河野下人ニ候エハ一度主ノ子ニ生度ト望申ス。大師聞召、何より安キ事成サラバ此石ヲ握テ往生スヘシトテ、八歩方ノ石ニ八坂ノ衛門三郎ト書テ下サル。此ヲ請取テ則其儘死タリ。大師是ヲ其辻堂ノ後ニ土中ニ籠、印ニ杉ヲ二本植玉フ。今焼山寺ノ麓三郎カ墓トテ在。其後大師河野殿ノ城ニ往エモ不知僧ニ化シテ来テ、當腹ニ世続ノ子孫可在由、其印ハ衛門三郎ト云銘可在ト示玉フ、如案其月より懐妊在男子ヲ生ス。三日メニ左ノ手ヲ開ケルニ小石在リ、取上テ見ハ八坂ノ衛門三郎ト在リ。親父河野殿奇妙ニ覚ヘテ則祈願所ノ安養寺ニ堂ヲ立テ本尊ノ御首ニ此石ヲ作籠、安養寺ヲ改テ石手寺ト号ス也。

内容的にはほぼ現在伝えられる衛門三郎伝説に通ずるが、いくらか異なる点がある。現在は衛門三郎は江原[30]の里の長者で大師が三郎宅に行乞したとされ、その址が文殊院徳盛寺という番外札所になっている。また屋敷近くに文殊菩薩を祀る堂があったという説もある[31]。ところが澄禅の記述によれば、最初の出会いの場は八坂寺[32]で、三郎は境内の掃除をしていたとある。また現在は三郎は二十一回目に逆打ちして大師に会えたとされているが、そのような記述はない。

　話の内容がどの時代に変わったかは定かではないが、石手寺に残る河野通宣刻板[33]は永禄十年（一五六七）のもので、澄禅の日記より百年以上遡るが、現在伝わる話とほぼ同じである。

淳和天皇天長八辛亥戴[34]。浮穴郡江原郷右衛門三郎、求利欲而富貴破悪逆而佛神、故八人男子頓死。自爾剃髪捨家順四国辺路。於阿州焼山寺麓及病死、一念言望伊豫国司、爰空海和尚一寸八分石切、八塚右衛門三郎銘封左手。経年月、生国司息利男子継家号息方、件石令當寺本堂畢。

　衛門三郎略縁起[35]も同様に三郎は江原の富豪となっているので、澄禅の記述のほうが稀有な例であるといえる。八坂寺説について八坂寺に聞いてみたが、当寺には伝わっていないという返事であった。

澄禅の日記には焼山寺中腹にある杖杉庵の杉は大師が植えたとあるが、現在は杖を立てた所から杉の木が生えたといわれている。なお、元の杉が枯れたので現在の杉は二代目という。

　現在は二十周順打ちをして会えなかったので二十一周目は逆打ちしたという話になっているが、澄禅日記では逆打ちの記載はない。石手寺に伝わる史料からも確認できなかった。逆打ちの功徳を宣伝するために書き加えられたのだろうか。時代とともに伝承が変化するうち、最近になって付加された話かもしれない。

　澄禅の日記には文殊院あるいは徳盛寺の記述が登場しない。番外札所の縁起とするため後世に作り変えられた可能性がある。三郎の子を埋葬したとされる八ツ塚は、日記中に八墓として記載がある。

　次に讃留霊王伝説である。七十九番天皇寺近くの八十場の水にまつわる伝説である。

昔當国ノ中ニ廣大ノ悪魚出来テ往還ノ舟トモヲ損害ス、依之内裏より佐留礼親王ヲ悪魚退治ノ為ニ指下シ玉フ。親王八十余人ノ軍兵ヲ引卒シテ下向ノ所ニ、當国ノ沖ニ件ノ悪魚浮ヒ出テ親王幷軍兵トモヲ船トモニ服用ス。去トモ親王ノ軍兵トモ普通ノ人間ニテ非サレハ腹中より魚ヲ損害ス。

写真３　丸亀市飯山町にある讃留霊王神社。

殊ニ親王ハ薬師ノ像ヲ黄金ニテ一寸八歩ニ造テ守ニ掛玉フ、此本尊光明ヲ放テ守護シ玉フ、依テ悪魚苦痛ニ難堪シテ伊与ノ海ヲスキテ室戸ノ崎迄負テ往ク。猶腹中痛ケレハオヨキ還テ當国坂瀬ノ濱ニ馳上テ終ニ死タリ。其時親王腹中ヲ破テ出テ玉フ、去トモ数日ツカレテ御気ヨワリ玉フ、漸爰ニ至玉テ此水ヲ結テ服用シ玉ヘハ則御気強成セ玉フ、八十余ノ軍兵トモハ情魂親王ニヲトリ壱人モ不残腹中ニテ死タリ。其戸腕ヲ取出シテ此水ヲ親王御手ニ汲セ玉死人ノ口ニ灑玉ヘハ皆蘓《ママ》生シタリ。其時此文字ヲ改、八十蘓《ママ》ノ水ト号玉フ。此親王ハ當国ニ留玉テ国ヲ領シ玉ト也。

佐留礼親王とは、丸亀市飯山町下法軍寺西尾にある讃留霊王古墳に祀られている讃留霊王のことである。同地には讃留霊王神社もある。同神社の縁起によると『古事記』に建貝兒王《たけかいこおう》、『日本書紀』に武卵王《たけかいこおう》と記される日本武尊《やまとたけるのみこと》の第五王子（景行天皇の孫）である。西暦九十二年景行天皇（前一三？—一三〇？）の頃、土佐の海にエビのような姿の大魚が現れて、船や人を呑み込み、暴れていた。それを知った景行天皇は日本武尊にその悪魚退治を命じたが、日本武尊は自分の息子の霊子にその役目を命じるように天皇に勧める。景行天皇に大魚退治を認められた建貝兒王は、褒美として、讃岐の土地を与えられ、城山に館を構え、讃留霊王となった。つまり讃岐に留まる霊王という意味である。同神社縁起は『讃留霊公胤記』[36]（一七三五）に基づくという。『讃留霊公胤記』には同様の悪魚伝説が記載されている。これによると悪魚は景行天皇二十三年に出現、二十四年下向、二十五年退治となっている。

建貝兒王については、本居宣長（一七三〇—一八〇一）の『古事記傳』二十九ノ巻日代宮四之巻に記載されている。これによると、「讃留霊記という古き書ありて記せるは、景行天皇廿二年、南海に悪き魚の大なるが住て、往来の船をなやましけるを、倭建命の御子、此國に下来て、討平賜いて、やがて留りて國主となり賜へる故に、讃留霊王と申奉る」とある。[37]『古事記傳』のこの項の初稿が寛政三年（一七九一）である。[38]『古事記』には名前しか出てこなかった建貝兒王について、悪魚伝説が文献上確認できるのは『古事記傳』であるとされてきた。澄禅の記述は『古事記傳』を一世紀以上遡るもので、『古事記傳』に記された『讃留霊記』が現存するかわからないが、前記『讃留霊公胤記』であったにしても、澄禅の記述のほうがさらに古い。史料的価値は高いといえる。

崇徳上皇（一一一九―六四）の讃岐配流についても詳しく記されている。八十一番白峯寺にまつわる伝承である。澄禅は「くわしくは『保元軍記』に見えたり」と記しているのだが、『保元物語』のことを指すのか、別の本があったのかはつまびらかではない。澄禅の記述は内容的には『保元物語』のあらすじをたどっている。『保元物語』は保元の乱（一一五六）の顚末を記した軍記物語である。『平家物語』同様、口承文芸であったがため、異本が多い。

澄禅の記述で気になる点は多々あるが、決定的なのは上皇の歌が異なることである。上皇が仁和寺で出家した後に詠まれた歌について、澄禅の日記には次のように記されている。

言語道断身ヲ浮雲ニナシ果テ嵐ノ風ニ任スヘシトハ
憂事ノマトロム程ハワスラレテ覚ハ夢ノ心地コソスレ

これが半井本（内閣文庫所蔵本）では、

思キヤ身ハ浮雲ニ成ハテ、嵐ノ風ニ任スヘシトハ
憂事ノマトロム程ハ忘ラレテ醒レハ夢ノ心地コソスレ

となっている。前の歌の「言語同断」と「思キヤ」は全く異なる。古活字本（東京文理大所蔵本）が「思ひきや」となっているのをはじめ、他の異本も片仮名と平仮名の違いや送り仮名など細部は微妙に異なっても、ほぼ半井本と同様である。[39]澄禅の記述のみが異なっているのである。「言語道断」の読みもわからない。「ごんごどうだん」なら七音あるが、和歌なら五音であるはずである。後の「憂事……」の歌は各本ほぼ同じである。ちなみに、同伝説を扱った上田秋成（一七三四―一八〇九）の『雨月物語』（一七六八）にはこの歌は登場しない。

現在伝えられている『保元物語』とは異なる澄禅の記述が何を意味するのかははっきりしないが、別の『保元軍記』があったかどうかを含め、国文学研究に新たな史料を呈するものといってもよいだろう。

第七節　現代遍路との比較

智積院の学僧であった澄禅はなぜ遍路に出たのか。現在と比較して意識の違いを探った。当時、巡礼・遍路や修験をするのは行人、聖が中心で、学侶は珍しい。日記には残念ながら出立の動機に触れた記述は出てこない。

焼山寺（十二番、徳島県神山町）から、一宮（十三番大日寺、同県徳島市）に向かわず、恩山寺（十八番、同県小松島市）へ直行する経路を取った経緯について記述したくだりがある。

予ハ元ト来シ道へハ無益也ト順道コソ修行ナレト思テ此谷道ヲ通也。

ここに「修行」という言葉が出てくることに注目したい。つまり澄禅は、僧として修行のために遍路に出たといってよいだろう。

江戸時代は、それまで僧の修行が中心だった遍路が庶民に広まった時期だとされる。実際、澄禅の日記にも、伊予・戸坂（愛媛県西予市鳥坂）の庄屋清右衛門が数回遍路したことなど、庶民が遍路をしている様子がいくつか書かれている。清右衛門は「無隠後生願ナリ」とあるので来世の往生を願っていたか。つまり庶民の遍路の動機は信仰であったといえる。

寛政十二年（一八〇〇）の九皐主人写『四國偏礼名所図会』[40]では、途中海を渡り安芸（広島県）の宮島に参詣するなど、観光的要素が入ってくる。庶民が豊かになり物見遊山を兼ねた遍路が出てきた左証である。

現在の遍路はどうか。私が平成十六年（二〇〇四）から十七年にかけ現地でアンケート調査した結果、①供養五七％、②自分探し三五％、③癒し二九％などが上位を占め、以下④信仰一四％、⑤病気平癒一三％、⑥健康増進一三％、⑦他の願掛け一一％、⑧観光九％、⑨修行八％などとなっている（複数回答なので一〇〇％を超える）。

過半数の人が親・子・配偶者などの供養のために回っている。多くは車（バス、タクシーを含む）での遍路である。一方、徒歩遍路は自分探しや癒しが動機という人が多い。講などでバスで回るグループには信仰を動機とする人が多いが、現在は講自体が高齢化で衰退してきている。また、少ないながらも修行を目的とする人も一般人がほとんどで、僧侶は一％にも満たない。札所で僧衣を見かけても徒歩修行でなくバス団体参拝の先達がほとんどである。[41]

昭和四十四年（一九六九）にまとめられた前田卓『巡礼の社会学』[42]では、信仰五二％、先祖供養八％、精神修養五％などとなっており、昭和後期にはまだ根強かった信仰が現在は減っているのがわかる。また、癒し、自分探しといった動機は平成になって初めて出てきたもので、早稲田大学道空間研究所が平成八年（一九九六）に行った調査[43]の、その他の項目の中に散見される。拙著『実践学』で指摘した「平成の哲学遍路」（二〇〇二年の「お遍路シンポジウム」で早坂堯が提唱した新概念）の萌芽といえる。

江戸時代前期に僧侶の修行から、庶民の信仰に広がった。森瀬左衛門『四國中遍路旧跡幷宿附帳』（一七七七）[44]や、『四國徧礼名所図会』に見られるごとく安芸の宮島に立ち寄るなど、次第に物見遊山という観光的要素も入ってくる。昭和期には供養が主流になり修行の要素は減る。そして平成に入って自分探しという新たな動機が台頭、さらにウォーキングが目的化するなど、信仰の割合が減少してきたといえる。

アンケート結果をもとに現代の遍路を分析した。

交通手段については、二八％が徒歩のみ。自転車一％、公共交通機関一五％、車三〇％、団体バス（マイクロ含む）二三％、タクシー一％、バイク他一％となっている。徒歩が意外と多そうに見えるが、これはアンケートへの回答率が、徒歩が高かったためだ。車や団体遍路の場合、先を急ぐことが多く、回答してもらえなかった場合が多かったのに対し、徒歩は寺で休憩を取ることが多く、比較的好意的に応じてもらえた。また、寺、民宿などにアンケート用紙を置かせてもらった分について、自主的に書いてくれたのも徒歩遍路が多かったと考えられる。ちなみに配布時のチェックでは、はっきりと徒歩とわかる人は一％程度だった。

日程は、日帰り二一％、区切り打ち五一％、通し打ち二八％。人数は単独が三八％、家族などの小グループ四〇％、団体二一％であった。結願に要する日数については、六―七十日と開きがあったが、交通手段で大きく異なる。また、遠距離からの区切りの場合、往復に要する時間も勘案しなければいけない。交通手段別にピークを見ていくと、徒歩の場合が四十―五十日、公共交通機関利用で二十四―四十日、車で八―十二日、団体バスで十―十六日、自転車十八―二十日となっている。宿泊施設は、ホテル・旅館等が五五％、宿坊・遍路宿三七％、野宿等が八％となっている。

遍路のプロフィールを見てみると、年齢は六十歳代が四〇％と最も多く、以下五十歳代二〇％、七十歳代一七％と続き、四十歳代八％、三十歳代六％、二十歳代六％、八十歳以上三％となっている。職業は無職（主婦を含む）が五四％と過半数を占め、会社員、自営・自由業がともに一一％、公務員、農林水産業が各四％、会社・団体役員三％、学生二％など。僧侶・運転手・添乗員等いわゆる遍路のプロも二％弱いた。性別は男六〇％、女三九％、不明一％。宗派別では、真言宗が二七％で最も多いのは当然としても、浄土真宗が二二％もいた。無宗教の人が一八％で三位。以下、禅宗系一三％、浄土宗五％、日蓮宗三％、天台宗二％など。

お礼参りについては、高野山に八四％、一番霊山寺に三五％が参っているほか、京都・東寺に一％、打ち始めた寺（と思われる記述も含む）に一％程度、八十八番大窪寺に〇・八％（おそらく逆打ち）、長野・善光寺に〇・六％という数字が出ている（複数回答なので一〇〇％を超える）。四国遍路を終えた人の八割強という圧倒的多数が高野山に参っている一方、一番に戻る人は三分の一ということがわかった。それ以外にお礼参りする人はわずかで、まれに自宗の本山（根来寺、妙心寺）を挙げる人もいた。

巡拝者がどこから来ているかを見ると、地元四国からが二二％と五分の一以上を占めているのは当然としても、近畿からが三〇％とこれを上回り、以下関東一四％、中部一一％、中国八％、九州五％などとなっている。明石海峡大橋の開通で、近畿から四国が日帰り圏になったことが近畿からの巡拝者の多さに現れているといえよう。地元四国より多いのは人口規模の違いからだといえると思う。つまり、実数からいけば四国の人より近畿の人のほうが多いのが四国遍路の実態である。

地域と日程の相関では、地元四国の人たちは車の日帰りで、家族、知人など小グループで巡拝する。近畿、中部など中距離地区からは団体バス（あるいは車）の区切り打ち。関東以遠の遠距離地区からは徒歩（あるいは公共交通機関利用）の単独行動で通し打ちというスタイルが多いことが浮かび上がった。

これらを総合すると、六十歳代の無職、つまり定年退職後にお遍路に出るという図式が浮かび上がってくる。五十歳代の人も、リストラ後に自分を見つめる旅をしているという人が多く見られた。また、夫婦（と見られる場合も含む）で回っていることも多く、定年後の夫婦で車遍路というほほえましい情景が浮かび上がる。家族以外の小グループは女性同士というのが多く、男性は単独行動が目立った。団体は概して男女半々か、女性のほうが多いケースが目立った。二十歳代は学生の長期休暇を利用した徒歩遍路に限定される。七十歳以上は、車か団体バス、タクシーの遍路で、複数回の重ね印が目立つ。

江戸時代と比較してみる。澄禅の時代は僧侶の修行が主流で、一般民衆も富裕層が観光を兼ねて遍路に出るという図式。多くは個人で徒歩である。澄禅の日記に高野吉野の行人衆という記載が出てくるので、グループでの巡拝もあった。現在は車が主流で、夫婦や団体で参拝する場合が多い。ほとんどが区切り内で日帰りというケースもある。澄禅の時代は交通機関が今のように簡単に利用できなかったから、当然のことながら通し打ちである。

澄禅は京都・智積院の学僧で、真念は大阪出身の聖である。

高野吉野の行人衆も来ていた。真念の『道指南』は関西からの遍路を想定した案内本である。このことから、当時から関西からの遍路は多かったといえる。これは現在も関西からの遍路が多いのにつながる傾向である。澄禅の日記には幡多（高知県幡多郡）からの遍路衆との記載もあることから、地元四国からの遍路も当然多かったことが窺える。

高野山お礼参りについて、現在は遍路の八割が参詣するほど一般化されているが、澄禅は出発地こそ高野山であるが、記述の最後は和歌山で高野山に戻ったかどうかははっきりしない。『道指南』『四國徧礼名所図会』にも出てこない。しかし、森瀬左衛門『四國中遍路旧跡幷宿附帳』では高野山参詣をしているのである。このことから、江戸時代中期には高野山お礼参りという概念ができてきたといえるのではないかと推測できる。

第八節　まとめ

澄禅の日記は江戸時代初期の遍路の様子を知るのみならず、世相や社会一般を知る上でも貴重な史料であることを明らかにした。

澄禅自身は修行のために遍路をしているのだが、高野山や吉野の行人衆も四国に来ていた。行人方が遍路に多く関わっていることを示すものである。また、庶民の遍路もすでに珍しいことではなく、中には数回重ねて巡っていた人もいた。逆打ちもすでに行われていた。

高野山の旧友との記述から澄禅自身が一定期間、高野山に居たこと。また寂本、洪卓ら高野山に遍路のプロ集団が存在し、澄禅と交流していた可能性を示す記述が見られることに注目したい。

澄禅は野宿をせず、寺や民家に泊まった。雨の日は逗留することが多かった。「辺路屋」の記述が多く出てくることから、遍路宿の原型がすでにあったことがわかる。「お接待」もすでに行われていた。現在の遍路文化の萌芽を見ることができ興味深い。

当時の世相については、たとえば高知において野中兼山らの儒教至上主義が蔓延し、葬儀においても儒教式に行われていたことなどがわかった。庶民の風俗については阿波、土佐は素朴で慈悲深く、伊予、讃岐は都会的であった。これらは現在に通じるものでもある。

また、当時伝承されていた物語の引用も随所に見られる。現在流布されているのと異なる衛門三郎伝説。『古事記傳』より古い讃留霊王伝説。『保元物語』と異なる崇徳上皇の歌。近世史、説話文学については専門ではないため、表面をぬぐったに過ぎないが、これまでの同分野の研究にもし欠落していた部分があるとすればそれを埋めることができるのではないかと、あえて提示した次第である。

交通機関の発達や世相の変化で、巡り方、目的は時代とともに変化する。澄禅の日記と現在を比較することで、江戸時代前期から関西をはじめ全国から巡拝者があったことなど、現在に通じる遍路像が浮かび上がったのではないかと思う。

註

（1）小田原谷は現在の高野山の中心商店街のあるあたり。
（2）札所番号は現在のもの。澄禅の日記に記載はない。
（3）高野山證菩提院。現在は移転して親王院に合併されている。
（4）「丁寧」か。
（5）白木利幸「澄禅大徳の『四国遍路日記』」（『善通寺教学振興会紀要』第五号、一九九八）七四頁。
（6）宮坂宥勝『改訂新版日本仏教のあゆみ』（大法輪閣、二〇一四）三一九―三二六頁。村上弘子『高野山信仰の成立と展開』（雄山閣、二〇一三）一〇五―一一三頁。
（7）日野西眞定『新校高野春秋編年輯録』増訂第二版（岩田書院、一九九八）三三三頁。
（8）現在は閏年に逆打ちすれば三倍の利益が得られるという信仰がある。太陽暦への改暦は明治六年（一八七三）。閏年はそれ以前にはなかった。
（9）拙論「四国遍路の目的意識――澄禅『四国辺路日記』と現在との比較――」（『宗教研究』八四巻四輯、二〇一一）四五〇―四五一頁。
（10）徒歩遍路の一二・七七％が野宿中心である。拙著『公認先達が綴った遍路と巡礼の実践学』（高野山出版社、二〇〇七、以下『実践学』）二四―二五頁。
（11）廃寺、跡に常慶院滝薬師。徳島市眉山町大滝山。
（12）三好昭一郎「徳島藩駅路寺制の展開」（『地方史研究』二五三号、名著出版、一九九五）七―八頁。
（13）円頓寺は昭和二十一年（一九四六）の南海地震で被災し、同地の大日寺に合併された。
（14）『善通寺教学振興会紀要』第十四号（二〇〇九）五〇―九七頁。
（15）いずれも堂庵であるが、現在は番外札所化しているので寺院に含めるのが妥当と判断した。澄禅の日記では寺と書かれている所も無住であったりして、同様の状態の所が多いからである。
（16）喜代吉榮徳「四国大師の存在」（『善通寺教学振興会紀要』第三号、一九九六）六九―七二頁。
（17）番外札所については『実践学』一七〇―二四〇頁。
（18）『実践学』二八頁。
（19）『吉野川の渡し』（国土交通省徳島河川国道事務所、二〇〇六）七四―七五頁。
（20）『徳島県史』第四巻（一九六五）九六頁。
（21）『小松本』では「鳴瀬か」とし、旧吉野川の成瀬渡しの可能性も指摘しているが、新吉野川と考えたほうが自然である。
（22）国立史料館（現・国文学研究資料館）蔵（蜂須賀家文書）。
（23）寛文三年（一六六三）十二月二十日没。西暦換算では一六六四年一月十八日であるが、年号優先の慣習に従う。以下同。
（24）四十三番。西予市宇和町明石。
（25）高知県黒潮町田野浦。
（26）七十九番天皇寺近くの番外札所。坂出市西庄町。

(27) 八十一番。坂出市青海町。
(28) 八十五番。高松市牟礼町牟礼落合。
(29) 番外仏母院。香川県多度津町西白方。
(30) 浮穴郡江原郷。現在の松山市恵原町。
(31) 荒井浩忍『お大師さまと衛門三郎』(文殊院) 七―六三頁。
(32) 四十七番。松山市浄瑠璃町八坂。
(33) 五十一番石手寺蔵。
(34) 八三一年。
(35) 石手寺蔵巻物 (年代不詳)。
(36) 『香川叢書』第三 (香川県、一九四三) 六七一―六七九頁。
(37) 大野晋『本居宣長全集』第十一巻 (筑摩書房、一九六九) 三一三頁。
(38) 同書五五一頁。
(39) 武久堅『保元物語六本対観表』(和泉書院、二〇〇四) 二一四頁。
(40) 河内屋武兵衛写、久保武雄復刻、一九七二。
(41) 『実践学』二二一―二三三頁。
(42) 一九七一、ミネルヴァ書房。
(43) 『現代の四国遍路』(二〇〇三、学文社)。
(44) 鷲敷町古文書研究会翻刻、二〇〇六。

結び

澄禅の日記を子細に読み込むことによって、江戸時代前期の遍路の実態を探った。まずは澄禅の歩いたコースを検証する作業から始めた。日記に記された地名、寺社名を現在地と比定することによって、点ではあるが澄禅の立ち寄った場所を確定することができた。

地図を頼りに現在地を落としていく。現在と同じ地名は問題ない。また一部漢字が異なる所も多かったが、比較的スムーズに類推することができた。澄禅の記載と現在名が異なる所は多い。澄禅が無頓着で誤記したのか、途中で名称が変わったのかはわからないが、そうそう改称が多いとも思えない。おそらく複数の表記があって、後世に一本化されたと見るのが正しいのだろう。音を移すのに当時は万葉仮名的に漢字を使い、字にはこだわらなかったともいえる。問題は廃寺となって現在は存在しない場所の推定である。市町村史などを頼りに一つひとつ解明していった。

私は元新聞記者である。「現場を踏め」というのが新聞記者の鉄則であった。現地調査で見えてくるものが多いからである。また、四国遍路の公認大先達である。二十余年にわたって八十回を超す遍路を重ねた。現在の遍路道については、徒歩、小型車、大型バスの三通りの道を熟知している。番外札所についても巡拝を重ねた。

しかしながら承応二年（一六五三）当時の遍路道を再現するのは容易ではない。序章でも述べた通り現在解明されている江戸時代の遍路道は、真念（?―一六九一）以降の標石を頼りに調査されており、真念の書いたガイドブック『四国邊路道指南』（一六八七）のルートに沿ったものである。これを三十年余り遡る道はこれまでわからなかったのである。澄禅は日記には記したけれども標石等は立てていない。物的証拠が残っていないのである。

大型重機を使って道を切り拓く現在と異なり、道筋にそう大きな変化はないであろうということを頼りに古道の現地調査を重ねた。澄禅が記した点と点を結ぶ作業である。

澄禅の日記に一番から八十八番の番付は記されていない。記録として番付が登場するのは『四国邊路道指南』が最古である。澄禅当時に番付が成立していなかったのか、成立はしていても澄禅が無視したのかはわからない。第一章第九節で触れたように霊山寺から回り始めないことの言い訳をしていることから、すでに霊山寺から巡るのが一般的であったのであろう。しかし番付にこだわらずに巡るのもまた多かったことがわかる。

澄禅は井戸寺（十七番）から打ち始め、一宮（十三番）まで逆打ち、その後、藤井寺（十一番）、焼山寺（十二番）を経て、恩山寺（十八番）からほぼ順打ちで大窪寺（八十八番）まで行き、切幡寺（十番）から霊山寺（一番）に逆打ちして終えている。真念以降の遍路道から外れるのは、一宮から藤井寺への道と焼山寺から恩山寺への道である。

この区間は現在の遍路道から外れるので標石等がなく、調査は手探りの状態であった。一宮から藤井寺への道は、日記に記された距離等から「阿波一国を一目に見る」峠を探した。その結果、地蔵峠であることが判明した。宿泊した「サンチ」は吉野川市の山路であることもわかった。

焼山寺から恩山寺へは佐那河内村を経由するのが近い。実際現在も車遍路はこのコースを取る人がいる。神山町と佐那河内村の間には府能峠がある。ところが車道はトンネルで抜ける。徒歩遍路はこのコースを行かないので遍路道はない。生活道路としての峠道は存在した。峠には小さな集落があり、祠もあった。

このほか、現在のルートから外れる場所として、三角寺(六十五番)の奥の院仙龍寺から境目峠を経て雲辺寺(六十六番)へ至る道である。現在の遍路道は谷筋の番外椿堂を経由する道だが、呉石高原の尾根伝いに境目峠に出る尾根道を見つけた。現存するのは林道で、澄禅の辿った徒歩道とは若干異なるかもしれない。しかし尾根伝いに行く道はあるのである。

澄禅の取ったコースが現在の番次と異なるのは特徴的ではあるけれど、江戸時代前期はむしろそれが当たり前であったということもできる。寂本の『霊場記』は善通寺から始まっているし、『名所図会』は鶴林寺からである。空性法親王は大宝寺からである。真念は一番霊山寺という番付をしたが、これは京・大阪や江戸から来た場合、鳴門からが巡りやすいというだけのことであって、現在でも四国の人は自分の家の近くから打ち始めることが多い。メッカのように一つの霊地へ向け直線的に巡礼するのではなく、八十八を巡る円環型の四国遍路はどこから打ち始めてもよいのである。澄禅の回った記録そのものが、円環型巡礼の特徴を示す史料なのである。

日記に登場する寺社名について、現在の八十八の札所は明治初年の神仏分離で神社から寺院に移った札所を含めすべて登場する。したがって澄禅の時代に現在の札所の原型がすべてあったということになる。神仏分離で変わった札所については、澄禅は当然のことながら神社に参拝しているので現在の札所とは異なる。これらについては第二章で詳しく述べた。澄禅はこれ以外に金毘羅などの番外札所も数多く参拝している。番外札所については第三章で詳しく述べたが、現在とかなり異同がある。廃寺となった所も多い。私は拙著『公認先達が綴った遍路と巡礼の実践学』(1)で四百余りの札所を紹介したが、そこに無いものも多かった。それらを一つひとつ調べていった。跡地に別の寺が建っていたり、堂や祠が残っている所、石碑が立っている所など写真に収めた。痕跡が全くない所もあった。中でも澄禅が札を納めたとしている佛崎がわからなかった。日記の記述をもとに距離等から類推し、奇岩のあるそれらしい場所を見つけた。

これらの結果は、「澄禅の足跡たどる　江戸前期の遍路道再現」と題し、四国先達の機関紙である月刊『へんろ』紙上で連載した(2)。佛崎の場所については高知県教委の調査で同じ場所であると追認された(3)。

日記には多くの情報が記されている。澄禅は高野山や吉野の行人衆と会っている。当時、数多くの僧侶が遍路をしていたことがわかる。庶民も遍路に出ていた。中には数回重ねている人もいた。「辺路屋」の記述で遍路宿の原型ができていたこともわかる。「お接待」も行われていた。こうした現在につながる遍路習俗が、すでにあったことがわかるのである。また、澄禅自身が高野山に逗留していたことや、高野山に遍路のプロ集団が形成されていた可能性も読み取れるのである。

札所寺院の様子もわかる。阿波、伊予では戦国、安土桃山時代の戦火の荒廃から立ち直れていない様子が描かれている。一方、土佐、讃岐は復興が進み寺観が整っていた。番外札所は現在につながる所と、廃寺等で無くなった所、新たに立ち回り先になった所などかなり異同がある。これらを表でまとめた。

このほか、町の様子や、庶民の暮らしぶり等、日記から読み取れる当時の様子をまとめた。

その結果、澄禅が歩いた当時の様子が浮かび上がったのではないかと思う。点と点を結んだ線は推測ではあるけれど、ほぼ近いものができたと自負している。実際、その道を学生を伴って歩くという実践も始めた。当時の遍路の様子を浮かび上がらせることで、現代につながるもの、変化したものがわかったのではないか。たとえば遍路宿やお接待は現在も残っている。一方、現代の徒歩遍路は野宿が正統であるとする人が多い。弘法大師は野宿したから野宿が正統だという信仰はいつから始まったかは明らかではないが、少なくとも澄禅は野宿をしていないのである。

澄禅が海部ノ大師堂（弘法寺＝徳島県海陽町）で購入した『札所辺路の日記』は巻末に記載されている『世間流布の日記』と同一のものと考えられる。現存していないので確認できないが、ガイド本であったと考えられる。愛媛大学の内田九州男が指摘するように、『奉納四国中辺路之日記』に記された文と澄禅日記の巻末「札所八十八ヶ所　道四百八十八里　河四百八十八瀬　坂四百八十八坂」の記述は一致する。したがって同本に近い内容であったことは推測される。しかし原本が存在しない以上、これ以上の検証はできない。発見されれば遍路研究に多大な進歩をもたらすと考えられるが、現状では検証不可能である。

第一章の内容は「澄禅『四国辺路日記』の足取りの検証」として発表した(4)。本稿では現場写真とルートの地図を新たに添付した。第二章は「澄禅著『四国辺路日記』を読み解く—札所の様子を中心に—」[5]として発表した。必要な写真と図を新たに添付した。第三章は「江戸時代の四国番外札所——澄禅『四国辺路日記』を中心に[6]」として発表した。本稿では新たに各文献に表れる異同の表を添付した。第四章は日本印度学仏教学会、日本宗教学会、日本山岳修験学会、日本宗教民俗学会で発表したものの集成である。いずれも初出発表の原稿に加筆修正した。

　巻末に現代語訳と原文の翻刻を収めた。いずれも本稿作成のために私に作成したものである。翻刻は、底本に塩竈神社（宮城県塩釜市）所蔵の正徳四年（一七一四）写本の影印本（高野山大学図書館所蔵）を使い、宮崎忍勝『澄禅四国遍路日記』[7]、近藤喜博『四国遍路研究』[8]、伊予史談会『四国遍路記集』増訂三版[9]、小松勝記『四国邊路日記并四國順拜大繪圖』[10]を参照し校訂した。現代語訳は本稿作成にあたり前記翻刻から訳出し、論文提出時点で抄訳であったものを完訳を期した。必要な部分に註を施した。註については本文註と重なっている部分も多々ある。

註

（1）高野山出版社、二〇〇七。

（2）『へんろ』三〇六—三二九号（伊予鉄不動産、二〇〇九年九月—二〇一一年八月）。

（3）『高知県歴史の道調査報告書第二集ヘンロ道』（高知県教育委員会、二〇一〇）二三〇頁。

（4）『善通寺教学振興会紀要』第一六号（善通寺教学振興会、二〇一一）一七九—二一七頁。

（5）『高野山大学密教文化研究所紀要』第二四号（高野山大学密教文化研究所、二〇一一）四七—七二頁。

（6）『印度學佛教學研究』五八巻二号（日本印度学仏教学会、二〇一〇）二七七—二八〇頁。

（7）大東出版社、一九七七。

（8）三弥井書店、一九八二。

（9）愛媛県教科図書、一九九七。

（10）岩本寺、二〇一〇。

現代語訳

七月十八日〜二十四日（高野山から徳島へ）

承応二年（一六五三）七月十八日、高野山[1]を出発、渋田[2]に泊まった。ここは高野山往生院谷[3]にある龍城院[4]の住職の里である。十九日、渋田を発って、和歌山城下[5]に入り駿河町[6]一丁目の三四郎の宿に着く。二十日、湊[7]から助右衛門という人の船に乗る。高野小田原行人衆（補註1）ら十余人と一緒だった。二十一日、河口の波が荒く出港できず逗留。

二十四日、波が静まり順風になったので、出船。阿波国まで海上十八里[8]。淡路島、武島[9]などを北に見て行く。その日の午後二時ごろ、阿州渭津[10]に着く。蜂須賀阿波守[11]三十万石の居城である。ここは昔は渭ノ山といい、その後渭津となった。さらにその後徳島になったが、今はまた昔のように渭津という。淡路と両国の城下でなかなか美しい。城[12]は海上に浮かび出た櫓で、三方海で西側が平地。西の山との間に大きな川[13]があり大橋[14]が架かる。川の両岸は町家がある。西の山際[15]に寺町[16]がある。真言、禅、浄土である。

持明院（補註2）は、願成寺[17]とともに真言の本寺であった。私は高野山宝亀院[18]の紹介状を持って持明院に行く。持明院から四国遍路の廻り手形[19]を請け取り二十五日に出発する。大師は阿波の北側の十里十か寺[20]、霊山寺[21]を最初にして阿波、土佐、伊予、讃岐と修行で回られた。しかし、それでは渭津からは道順が良くないため、中古から、阿波北部の十里十か所を残して、井土寺[22]から始めて観音寺、国分寺、常楽寺と回るのがいいとされていると、持明院から伝授を受けた。

補註1　高野山中心部の東、金剛三昧院に通じるあたりを小田原という。江戸時代、高野山の僧は学侶、行人、聖の三方に分かれていた。行人とは実務をしていた僧を中心とする集団。施設の管理、まつりごとの承仕や炊事などの雑事を行った。僧兵や修験も含まれる。

註

（1）和歌山県高野町高野山。高野山真言宗総本山金剛峯寺がある。
（2）和歌山県かつらぎ町渋田。
（3）高野山中心部から東寄り、中央公民館のあるあたり。
（4）現在は高野山中心部の中院谷にある総持院に合併されている。
（5）和歌山市中心部。
（6）和歌山市駿河町。市内中心部に現存。
（7）和歌山市湊。現在の和歌山港の近く。
（8）原文には「四」の添字があるが、距離からして四十八里でなく十八里が妥当。
（9）淡路島の南にある沼島《ぬしま》。兵庫県南あわじ市。
（10）徳島県徳島市中心部。
（11）蜂須賀光隆。徳島藩三代藩主。一六三〇—六六。
（12）徳島城。
（13）新町川。
（14）新町橋。
（15）眉山。
（16）徳島市寺町。
（17）徳島市寺町に現存。
（18）高野山西部にある塔頭寺院。
（19）江戸時代に旅する時に必要だった道中手形。現在のパスポートのようなものである。
（20）徳島県北部にある現在の一番から十番札所。
（21）一番、鳴門市大麻町板東。
（22）十七番井戸寺、徳島市国府町井戸北屋敷。

補註2　廃寺、跡に常慶院滝薬師、徳島市眉山町大滝山。徳島藩は、慶長三年（一五九八）に駅路寺の制度を定め、八か寺を指定する。長谷寺（鳴門市撫養町木津）、瑞運寺（現在の六番安楽寺、上板町引野）、福生寺（吉野川市山川町川田）、長善寺（東みよし町中庄）、青色寺（三好市池田町佐野初作）、梅谷寺（阿南市桑野町鳥居前）、打越寺（美波町山河内）、円頓寺（廃寺、海陽町宍喰浦）の八か寺である。遍路などの旅人に宿を貸す寺院を指定し、藩が補助するというものだ。持明院は駅路寺ではなかったが、徳島城下で同様の役割を果たす寺院となっていた。

七月二十五日～八月四日（井戸寺から甲浦へ）

二十五日、持明院を午前八時ごろに発ち西へ一里の井土寺に行く。井土寺は堂舎がことごとくなくなり、昔の礎のみ残る。二間四面の草堂が本堂である。本尊薬師如来。寺はくず家、あさましいありさま。住持の僧は無礼野卑な人で言葉がないほどである。ここから田んぼの中の細道を行き、もと来た大道に出て、西に十八町、田んぼの畔を通って観音寺に行く。

観音寺[1]の本尊は千手観音。ここも荒れていた。小さな草堂も軒端が朽ちて棟柱が傾いている。形ばかりである。昔の寺の跡という畠の中に大きな石が並んでいる。近くの人に、いつからこのようになったのかと聞いたがわからないという。お堂は近くの百姓たちが話し合って時々修理するという。ここから北西[2]に二十五町行って国分寺に至る。

国分寺[3]も小さい草堂。本尊は薬師如来。梁も棟も朽ち果て仏像の体もそろっていない。昔の堂の跡に見える六、七間四面に三尺ほどの石が並んでいる[4]。哀れなありさまだ。山際を七、八町行って常楽寺に至る。

常楽寺[5]の本尊は弥勒菩薩。ここも小さい草堂。ここから野中の細道を行って河原に出る[6]。二町ほどの幅の川[7]を歩いて渡る。日照りが続けば水がなくて渡りやすい。稲刈りをしている人に聞けば、雨で増水すると二町の幅が水であふれ渡れなくなり、舟で渡るとい

（1）十六番、徳島市国府町観音寺。
（2）実際は南西。
（3）十五番、徳島市国府町矢野。
（4）礎石の並ぶ風景は最近まで同じであった。烏瑟沙摩明王堂に大師が祀られていたが、平成二十六年二月に新大師堂が完成した。
（5）十四番、徳島市国府町延命。
（6）井戸寺からここまでは、現在の遍路道とほぼ同じと考えられる。
（7）鮎喰川。

う。十八、九町行って一宮に至る。

一宮[8]は松竹の茂っている中に東向きに建つ。前に五間ほどの反り橋[9]があり、拝殿は左右三間。殿閣は立派だ。本地十一面観音。札を納め念誦読経した。

もと来た道を帰り、件の川[10]を渡り野坂を二十余町上る。峠（補註1）に至って見れば、阿波一国を一目に見ることができた。ここで休憩して、坂を下り村里の中の道を行き大道[11]に出た。一里ほど行って日が暮れたので、サンチ村（補註2）の民家に一泊した。夫婦は情あって終夜のもてなしを受けた。

二十六日、早朝に宿を出て山沿いの田を伝って藤井寺[12]へ。一宮より三里。

藤井寺は本堂東向き、本尊薬師如来。景色は素晴らしい。仁王門は朽ち失せ礎のみ残り、寺楼、本堂の跡も所々に残っている。今の堂は三間四面の草堂。二天、二菩薩、十二神、仁王などの像は朽ちた堂の隅に山のごとく積み重なる。庭の傍に小庵があり、法師形の者が出てきて仏像修理の勧進をというので奉加した。

焼山寺[13]へは大変な山坂を越え行くこと三里[14]。阿波無双の難所である。藤井寺の南の山を登る。峰を分け雲を凌ぎ苦労して大坂を登り、峠[15]に着くと、先にさらに高い大坂が見える。樵夫に会って焼山寺へはどれぐらいあるかと聞いたら二里という。うんざりして荷物を置いて休憩した。さらに坂を登って絶頂[16]に至り、見れば向かいの山に寺楼が見える。これこそ焼山寺と思って喜んだが、間に深い谷がある。道は谷底に見える。食事をしてから谷底に下ってみると、清浄潔斎なる谷川[17]が流れている。清水で手水を使い元気をつけ、三十余町登って焼山寺へ。

焼山寺は本堂五間四面、東向き。本尊虚空蔵菩薩。いかにも古い建物で、昔は瓦葺きだったようで縁の下に古い瓦がある。棟札の文字が消えていつ修造したかわからない。堂の右に御影堂。鎮守は熊野権現。鐘、鐘楼がなくなっていたのを先師法印が慶安三年（一六五〇）に再興したと鐘の銘にある。院主は二十二、三の僧。奥の院禅定[18]という秘所が山

（8）一宮神社、現在の十三番札所大日寺は道を挟んで北側、徳島市一宮町西丁。
（9）現存。
（10）鮎喰川。
（11）伊予街道。
（12）十一番、吉野川市鴨島町飯尾。
（13）十二番、神山町下分地中。
（14）現在の歩き遍路道とほぼ同じと考えられる。
（15）柳水庵あたりか。
（16）一本杉庵あたりか。
（17）左右内谷川＝垢取川。
（18）現存。

上にある。同行数十人の中から引導の僧に白銀二銭を渡して、その僧を先達にして山上を巡礼した。寺より山上へ十八町、中腹に大師作の三面六臂大黒像、毒蛇を封じた岩屋がある。求聞持修行の所もある。前に赤井[19]という清水。山上には蔵王権現が建っている。護摩を修せられた壇場あり。この秘所を皆巡礼し下ったところ、昔、毒蛇の棲んだという恐ろしい池がある。さらに下って寺に帰る。高野小田原行人衆客僧など十三人の僧が泊まる。

二十七日、早朝に寺を出て東の尾崎[20]より真下りに谷底[21]へ。谷川沿い[22]に東へ行く。また一宮に行っても同じ道のりである。たぶん一宮に荷物を置いて藤井寺、焼山寺に札を納めて一宮に帰り、田野の恩山寺へ行くのだろう。私は、もと来た道は無益で順道こそ修行と思ってこの道を通る。細い谷川に沿って行く道で三里の間に二、三十度も渡る。三里余り行って雨が降り出したので、民家に立ち寄って泊まった[23]。庚申の日で一家の男女が沐浴潔斎して仕事を休み遊んでいた。

二十八日、宿を出てまた谷川[24]を何度も渡る苦労をして田野[25]の恩山寺に至る（補註3）。焼山寺より八里。回り回って元の渭津の隣に出た。

恩山寺[26]は大道から右の谷に五町ほど入って仁王門がある。そこから二町ほどで寺。右坂を一町登って本堂である。本堂南向き、本尊薬師如来。右に御影堂、その傍に苔むした五輪塔がある。これは大師の母[27]の石塔である。景色のいい霊地。真言宗。坊主は留守だった。寺より東南十町ほどの民屋に泊まった[28]。

二十九日、宿を出て東南一里で立江の地蔵寺[29]に至る。

立江寺は本堂東向き[30]、本尊地蔵菩薩、庫裏は西向き、坊主は無学だが利発で富貴第一で、破損した堂寺を再興したという。堂寺の様子は誠に無能さを感じさせる。景色は立江の名にふさわしい。海の入江がここまで川のように三里入り込んでいる[31]。西へ向かい野坂の紛らわしい道を行った。渭津の忠次郎という商人が馬に塩俵を付けて行くのに会い、道を教えてもらって鶴林寺[32]の麓[33]の川原に出る。鶴林寺山上へは十八町の登りと聞き、教えの

(19) 閼伽井。

(20) 山の突き出た所。
(21) 神山町下分鍋岩。
(22) 左右内谷川、鮎喰川。

(23) 神山町鬼籠野《おろの》あたりか。

(24) 鬼籠野谷川もしくは佐那河内村の園瀬川か。

(25) 小松島市田野町。
(26) 十八番、小松島市田野町恩山寺谷。

(27) 玉依御前。
(28) ここからは現在の徒歩遍路道にほぼ沿った形と推測される。以下、異なるルートと考えられる所のみ註釈を加える。
(29) 十九番立江寺。小松島市立江町若松。
(30) 現在は南向き。

(31) 現在立江川となっているあたりまで、小松島湾が入り込んでいたのであろう。
(32) 二十番鶴林寺。勝浦町生名鷲ヶ尾。
(33) 勝浦町生名。

ままに坂を登り汗を流し、途中何度も休んでようやく山上に至る。里人はツルというが鶴林寺と書く。立江からここまで三里。

　鶴林寺は山号霊鷲山、本堂南向き、本尊は大師一刀三礼の御作の地蔵の像である。高さ一尺八、九寸。光背は失われている。像の胸に傷がある。昔、近くの狩人が当山に上って猪をたびたび殺した。ある夜、当山に上り猪を追い出す矢を放った。猪がこぼした血をたどると本堂の内陣に至った。おかしく思って寺主に告げみんなの前で扉を開いてみたら地蔵の胸に矢が立って血を流している。この時、狩人は気づいて懺悔して仁王門の前に行き自害して果てた。今、仁王門の外に狩人の墓という石を積み重ねた所がある。内陣に長さ六、七寸の鐘がある。大師開基の時に掘り出したもので地鎮のために立てている。鎌倉殿(34)から夢のお告げで寄付された錫杖がある。堂の東に御影堂、鎮守社、鐘楼。鶴林寺の寺主は上人、寺領百石、寺家六坊。また奥の院(35)があり、二里行くと滝(36)がある。正午には毎日滝の水が逆に立ち昇り霧の中に不動明王が姿を現す。夜は寺家の愛染院(37)に泊まる。無学無能の僧、終夜の話はなかなかしびれる。午後八時ごろから雨が降る。

　三十日、晴れたので寺からまっすぐ坂を下って河原(38)に出る。大河なのに舟も渡守もいない。川を上下する通りがかりの舟に手を合わせ膝を屈して拝みこんで乗せてもらう。その先は深い谷の人家もない所を細い谷川(39)沿いに一里ほど行き、大坂を休憩をはさみながら五十町登り、ようやく大龍寺に至る。鶴林寺から大龍寺まで二里。

大龍寺(40)は山号捨身山、本堂南向き、本尊虚空蔵菩薩。宝塔・御影堂・求聞持堂・鐘楼・鎮守社のある大伽藍。古木が寺を囲み景色のいい天下無双の霊地である。寺領百石。六坊あり。寺主上人は礼儀丁寧である。牛玉の板が焼失したので、牛玉の文字を書いてくれと頼まれ書く。板行の糧《かて》という。長寿院という備前(41)の求聞持行者がいた。

　八月一日、寺を出て奥の院・岩屋などを巡礼しようと同行衆八人と言い合わせて身分の低い僧に頼む。古来から引導僧に白銀二銭という。引導僧は松明を用意してくる。この僧

(34) 源頼朝。鎌倉幕府初代将軍。一一四七―九九。
(35) 現在の慈眼寺、上勝町正木。
(36) 灌頂瀧。慈眼寺に登る途中にある。
(37) 廃寺、鶴林寺山内。
(38) 那賀川。
(39) 若杉谷川。
(40) 二十一番太龍寺、阿南市加茂町竜山。
(41) 岡山県東部。

を先達にして秘所を巡礼した。まず大師が幼いころ身を捨てたという捨身山[42]へ。深い谷の上の岩の出た所に九尺四面の不動堂[43]がある。歩きにくい恐ろしい所だ。三十町ほど下り岩屋[44]があった。先達僧と九人で手に松明を持って不動明王の慈救呪を大きな声で唱えながら奥に入る。まず逆さまになって六、七間入って少し伸びをしてみれば清水が流れて広々とした所がある。コウモリが幾千万ともわからぬ多さだ。その清水を渡って二十間ほど行った所に高さ二尺五寸ほどの所があり、頭を下げて腰を折って入り、二間ほど行く所が二か所ある。その先に縦横二間ほどの所がある。ここから奥には入らない。ここで先達に従い般若心経を唱える。ここから南と思われる方に行き、壁のように踏み場のない所を岩に取り付いて二間ほど行くと、その奥に高さ一尺二、三寸の金銅不動像。ここでも慈救呪を唱える。もとの流水を下って渡ると穴の口に出る。暑い時候だが穴の中はひんやりする。さらに下った所に岩屋二つ、ここは浅い。鐘石という鐘のように鳴る石があり、みんな小石で打つ。そこから野坂を上り下りして、荒田野[45]の平等寺へ三里。

平等寺[46]は本堂南向き、二間四面、本尊薬師如来。在家のような寺や坊主。前に大河[47]。時に雨で帯を濡らすほどの洪水。ここを渡って河辺の民家[48]に一宿。

二日、海辺の波打ち際を行く。山と海の上り下りを繰り返す。大師が、女性が横糸を上下して機織りする様子にたとえて「おりてはうみうみ」と言ったとか。六か所の難所を越え、川を三瀬[49]渡って、ヒワサ[50]の薬王寺へ七里（補註4）。

薬王寺[51]は本堂南向き、本尊薬師。焼失して再建する人なく仮設小屋[52]。仁王門が焼けて仁王は本堂にある。庫裏も南向き、こちらは再興して立派。ここから入江の浜辺を行き、向かいに日和佐というにぎやかな港町がある。右の道[53]を一里ほど行って貧乏在家[54]に一宿。一夜を明かしかねた。

三日、宿を発ち、降りて海辺に出る[55]。草深い細道を蓑笠を着て難所を上下して[56]五里ほど行って、浅河[57]の地蔵寺[58]に一宿。寺主はなく吉祥院という本山衆[59]の山伏が住持していた。

(42) 南舎心。弘法大師が『三教指帰』に記した場所で、求聞持法を修したとされている。
(43) 現在は小さな祠。
(44) 太龍窟という鍾乳洞。昭和三十年代にセメント会社の採石場となり現存せず。
(45) 阿南市新野町。
(46) 二十二番、阿南市新野町秋山。
(47) 桑野川。
(48) 阿南市新野町馬場。
(49) 木岐川、北河内谷川、日和佐川か。
(50) 美波町の旧日和佐町。
(51) 二十三番、美波町奥河内寺前。
(52) 寛永十六年（一六三九）焼失、本堂再建は寛文二年（一六六二）なので、澄禅の参詣時はまだこのような状態であった。
(53) 美波町西河内経由の道か。
(54) 美波町西河内あたりか。徳島藩の駅路寺である打越寺（現存、美波町山河内）の記述がないことから、手前に泊まったと思われる。
(55) 海に掛かるとの記述があることから、国道沿いの辺川経由でなく、海岸の水落へ出る「四国のみち」ルートを辿った可能性が高い。
(56) 難所は八坂八浜といい、浜と山の繰り返しが八回ある。途中、鯖大師（同町浅川鯖瀬）の記述なし。
(57) 海陽町浅川。
(58) 廃寺。稲の観音堂に併合。海陽町浅川稲。
(59) 天台系の修験者を本山衆という。本山派の修験集という意味。真言系は当山派という。

四日、寺から一里ほどの海部ノ大師堂(60)という辺路屋で納札した。「辺路札所ノ日記」の板があり、購入した（補註5）。海部湊(61)に行く手前に大河(62)があった。渡守なく、上下する舟に頼んで乗せてもらう。浅瀬を渡ることもある。海部包丁という名物がある。刀のように鞘がある。真言寺は観音寺(63)、薬師院(64)、唱満院(65)の三か所。浦伝い(66)に廉喰(67)に至る。ここまでが阿波国である。太守が定めた辺路屋(68)がある。宿泊を頼んだが、坊主が慳貪で無茶を言って断わられる。しかたがないので寺を出て先へ進む。大河(69)を渡り、阿波・土佐両国の境。以上で阿波の半分を終える。二十三か所中十三か所を打てた。

総じて阿波の人は貴賤を問わず慈悲の心がある。地元民は垢抜けせず、馬に蹄鉄もつけず、人は草鞋を履いている。言葉はおおらかだ。牛馬ともに少ない。僧は禅・密教・浄土・一向相交じり、密教は古義の学者である。

宍喰の川の西の山際に関所がある。土佐の太守(70)から番守が遣わされている。関所で廻り手形を出し、判を見せ理由を言って通る。坂を越え神浦(71)へ。地形が面白くきれいな港である。大名上京にも使われる港といい、大きな船がたくさん繋留されている。千光寺(72)という真言寺に泊まる。老僧隠居して、正音房という手足の不自由な新任僧が住持していた。

(60) 弘法寺＝海陽町四方原。
(61) 海陽町の旧海部町。
(62) 海部川。
(63) 廃寺、海陽町奥浦。
(64) 薬師寺、海陽町鞆浦。
(65) 万照寺＝海陽町鞆浦＝か。
(66) 浦伝いとあることから、馬路越でなく海岸沿いを行ったことになる。
(67) 海陽町の旧宍喰町。
(68) 円頓寺、海陽町宍喰浦。円頓寺は昭和二十一年の南海地震で被災し廃寺となり、同地の大日寺に合併された。
(69) 宍喰川。
(70) 大名のこと。
(71) 高知県東洋町甲浦。
(72) 廃寺。跡に石の祠がある。

補註1　地蔵峠ではないかと思われる。徳島市入田町月ノ宮と石井町石井を結ぶ山越え。西側の童学寺越、曲突越は「野坂ヲ上ル事廿余町」の記述から離れすぎる。東側の馬場尾越も考えられるが、峠からの眺望がない。「阿波一國ヲ一目ニ見ル」の記述から、南側・北側とも眺望が開け、特に北側は吉野川流域が一望できる地蔵峠の可能性が高い。なお、地蔵峠は現在北の石井町側に道はあるが、南の月ノ宮側はゴルフ場造成で道がなくなってしまっていて通行不能。

補註2　吉野川市鴨島町山路。山路の地名は、地蔵峠の麓の石井町石井にもあるが、一里の行程から吉野川市鴨島町山路が適当と考える。石井町浦庄下浦で伊予街道から分岐する森山街道沿いにある。

補註3　一宮往復を避けたとの記述があることから、鮎喰川沿いに一宮付近に下ったのではなく、鬼籠野から佐那河内村経由の道を辿ったものと思われる。鬼籠野から国道四三八号旧道を二キロほど行ってトンネルの手前に、南の神山町鬼籠野小原へ分岐する道がある。一キロほどで佐那河内村との境、府能峠に出る。ここから佐那河内村中心部へは谷底へ下る感じで降りて行く。同村下高樋から県道一八号、三三号沿いに徳島市八多町大久保を経て、県道三三号、一三六号沿いに小松島市田野へ出る。勝浦川（現在の野上橋、徳島市多家良町―小松島市田浦）も歩き渡ったか。

補註4　澄禅の記述では海辺に出ているので現在の国道五五号線沿いの遍路道でなく、由岐町（美波町の旧由岐町）経由のルートをとったと考えられる。現在でも海辺と山越えが繰り返される難路である。阿南市福井町から県道二五号と離合しながら日和佐に至る旧土佐街道。

補註5　この記述から澄禅以前にすでに遍路日記があり、ガイド本として販売されていたことがわかる。発見されれば遍路研究が進むことは間違いないが、現在のところどのようなものであったかを知ることはできない。

八月五日〜二十五日（室戸から種間寺へ）

五日、雨で正午に出て南へ向かう。二里ほど行って野根の町に至る(1)。材木集散する港町である。大河(2)は雨天には渡りにくいと聞いていたが、増水してきたので幡多(3)の辺路衆らと話して急ぎ渡る（補註1）。案の定、腰まで水につかるほど増水してきた。渡ると野根の大師堂(4)という辺路屋があった。道心者(5)が住持。ここに泊まる。五日午後六時ごろから風が出て、台風による暴風雨で河口の船もつなぐことができないありさまだった。一睡もできなかった。

六日早朝に宿を発ち、話に聞いていた難所の土佐飛石跳ね石(6)にかかる。三里の間は宿もない。陸から南に七、八里突き出た室戸岬への行道である。東は海の波に洗われ、西は大きな山だ。京都・大阪に出荷する薪になる材木を産出する山である。木を切る斧の音がかすかに聞こえる。海岸は広さ八、九間ないし十間の川原のように、鞠ぐらいの大きさの石が敷き詰められたようになっている。こうした所を飛び跳ねるようにして行く。前を通った人の足跡を辿りながら行く。上の山からの大きな落石が幾重にも積み重なった所もあ

(1)　東洋町野根。
(2)　野根川。
(3)　高知県幡多郡。
(4)　東洋大師明徳寺、東洋町野根。現在は野根川の北岸にあるが、当時は南岸だったのが移転したのか。
(5)　仏道に帰依した人。在家の修行者。
(6)　飛び石跳ね石ごろごろ石という難所。

る。こうした岩石に取り付き、爪先立ちしながら進む。人の通るような所ではない。難所を三里ほど行って佛崎（補註2）という奇巌妙石が積み重なった所で札を納めた。砂を仏塔に手向け読経念仏して巡る。十余町行って貧しい漁父の家[7]がある。ここまで六、七里の間には食べることのできる所はない（補註3）。食料の用意なしには進めない所だ。なお海辺を行く。道筋が見分けられる砂浜になる。六里ほど行って漁翁の家[8]に頼んで泊めてもらう。

七日は、なお海辺を行き三里ばかりで土佐室戸ノ崎[9]に至る。薬王寺より二十一里。東寺[10]の山下の海辺には素晴らしい景色が広がっていた。岩石の連なる様は、中国の西湖[11]や東北の松島[12]にも匹敵する。その中央に岩屋[13]がある。大きさは一丈ほど、奥行二十間、一段高い所に磨いた石で造られた社がある。愛満室満権現という当山の鎮守である（補註4）。（洞窟から海に向かって）左に地主の神社を祀る小さな岩屋[14]がある。右へ一町ほどで大師修行の求聞持堂[15]がある。太守が再興した。その奥に岩屋[16]があり、如意輪観音の石像がある。左右に長さ三尺ほどの仁王の石像がある。いずれも大師の作という由緒がある。山上への登りは八町。山上に地形の平らな所が六、七町ある。

室戸山最御崎寺明星院。本堂九間四面、南向き、本尊虚空蔵菩薩、左右に二天像。堂の左に宝塔。いずれも近年、太守が修造してきれいになった。西側に庫裏は南向き、護摩堂西向き。寺主は大和・長谷寺[17]で学んだ新義の六十余の老僧、立派な修行者で毎日護摩を修す。終夜談話して旅の疲れを癒やす。寺領百三十石。

八日、寺から下る坂の途中に「魚肉工辛并女人禁制」の札。一里ほど行って津寺に至る。津寺[18]は本堂西向き、本尊地蔵菩薩。太守が再興して結構。庫裏は山の下にある。寺主は出かけていた。一里行って西寺に至る。

西寺[19]龍頭山金剛頂寺光明院、本堂南向き、本尊薬師如来。堂塔伽藍、寺領は東寺に同じ。寺家が三軒ある。きれいな水が豊富にある。東寺は山上に水無く樒多いが、西寺は樒無く水多い。坂を下って麓[20]の民家に泊まる。

（7）室戸市佐喜浜町入木か。
（8）室戸市室戸岬町椎名あたりか。
（9）室戸岬。
（10）二十四番最御崎寺、室戸市室戸岬町坂本。
（11）浙江省杭州市にある湖。
（12）宮城県にある日本三景の景勝地。
（13）御厨人窟＝御蔵洞、室戸市室戸岬町岬。
（14）神明窟。
（15）現存せず。
（16）観音窟。
（17）奈良県桜井市初瀬。真言宗豊山派総本山。
（18）二十五番津照寺、室戸市室津。
（19）二十六番金剛頂寺、室戸市元乙崎山。
（20）室戸市元甲。

九日、早朝に宿を出て田野[21]の大河[22]を渡し舟で渡る。田野新町[23]という大きな町があり、そこから一里行って安田川[24]を歩いて渡る。北から南へ流れている。神峯の麓タウノ浜[25]で一泊。ここにクワズ貝という石の貝[26]がある。

夜に何とも言えない夢を見た。場所はわからないが殿閣の中に、智積院[27]学徒の運敞阿闍梨[28]と同席している。運敞が「障害を乗り越えて悟ることのできる文を覚悟したか」と問う。「どの経説にあるのか」と聞くと、師は秘説を口伝で委細に講じて伝授してくれた。夢が覚めても覚えている。不思議なことなのでここに記す。

神峯[29]は、麓の浜より一里登る。早起きして峰に登り、札を納める。今日は彼岸の終わりなので心静かに念誦読経した。本堂三間四面、本尊十一面観音[30]。寺は麓にある[31]。無礼な僧である。

十日、正午ごろに宿を発って、アキ[32]、新城[33]を過ぎ、砂浜を歩き赤野[34]の民屋に泊まる。

十一日、赤野を出て砂浜を行く。小坂を越えテ井[35]へ。にぎやかな港町。ある家に入って、亭主と思われる五十歳ぐらいの薬を調合している人に尋ねると、手結と書きテイと読むという。波打ち際の砂浜を一里ほど行き、松原を過ぎて赤岡[36]に出る。思いのほか豊かな町人のいる町。寺もある。一里ほどで大日寺に至る。神峯より九里。

大日寺[37]は山の少し高い所にある。本堂南向き、四間四面、本尊金剛界大日如来。ここも太守が最近修理した。堅固できれいな造りである。庫裏は茅屋。住職が隠居し弟子に寺を譲ったが弟子の行跡、女癖が悪いとの評判が立ち、真偽のほどは定かではないが、昨年夏に自殺したので隠居が再住した。このような事情があってか、日が暮れたのに宿泊を断わられた。

疲れたので山を下り、麓の菩提寺[38]の在所で泊まる。ここに水石老という遁世者がいた。石田三成[39]の家臣雨森四郎兵衛[40]という人で、三成が切腹した時に一緒に切腹するといったのを、徳川家康[41]が感じ入って切腹を免れ、三成の首を渡された。出家して高野山文殊院で修

(21) 安芸郡田野町。
(22) 奈半利川。
(23) 田野町新町。
(24) 安田町の中心を流れる川。
(25) 安田町唐浜。
(26) 貝の化石。
(27) 京都市東山区東山七条。真言宗智山派総本山。
(28) 澄禅の師にあたる智積院の学僧。一六一四—九三。
(29) 神峯神社、安田町唐浜塩谷ヶ森。現在の二十七番札所神峯寺は少し下った所（安田町唐浜竹林山）にある。
(30) 現在の神社の本殿が観音堂で祀られていた。
(31) 別当常行寺（廃寺、安田町安田）または養心庵（安田町唐浜）。
(32) 安芸市中心部。
(33) 安芸市穴内新城。
(34) 安芸市赤野。
(35) 香南市手結。
(36) 香南市赤岡町。
(37) 二十八番、香南市野市町母代寺。
(38) 香南市野市町母代寺。地名のもととなった母代寺という寺は廃寺。
(39) 安土桃山時代の武将。豊臣家の家臣。一五六〇—一六〇〇。
(40) 近江浅井家の家臣、雨森家。
(41) 江戸幕府初代将軍。一五四三—一六一六。

行し、奥の院の十石上人のもとで一心不乱に主君の菩提を弔った。三年後に縁あって土佐に下り、前土佐守(42)に仕えた。三年ほど前に隠居して水老斎と名乗りここにいる。終夜のもてなし、なかなか面白い人であった。この人が言うところによると、言云川(43)は一言しゃべるうちに洪水になる川だという。今夜は曇っているので明日は早く出ろと教えてくれた。

十二日、早朝起きたら小雨が降っていたので急ぎ出る。水石老に道筋を教えてもらいその通りに行ったら言云川に出た。まだ洪水にはならぬまでも水位は高く渡り難い川であった。途中から大雨になって蓑も笠もずぶ濡れになり、民家(44)に立ち寄って雨宿り。少し晴れてきたので出立し、国分寺の近所の眠リ川(45)に出た。ここも一睡する間に洪水になる川で、前季の大雨でも洪水だった。歩いて渡るどころか舟でも難しいという。近所の人さえ立ち往生している。聞けば、急に出た水なので夜には引くだろうという。夕方まで待ったけれども、また雨が降り断念した。

近くの田島寺(46)に泊まった。住持は長宗我部(47)の家臣であった八十余の老僧。幼くして出家して高野山在住経験もあり、夜もすがら昔物語。酒好きで手酌で数杯飲む。大笑い。この夜も大雨で、古寺は雨漏りがして枕も敷けない状態だった。

十三日、寺から川下の橋を渡り国分寺へ。大日寺より直行なら一里。

国分寺(48)、本堂東向き、五間四面、本尊千手観音。摩尼山宝蔵院。寺領三百石、寺家六坊あり。太守が堂塔修理中で大工が数十人。寺主は六十ぐらいの僧。一宮へ二里。地元の人は一ツ宮と言う。

一宮（補註5）は南向き、本地阿弥陀如来。前太守長宗我部の代より毎年十月に千部法華経を読誦。今も続いており真言家百五十僧徒が集まって勤めるという。山号百々山、社僧に神宮寺、観音院の両寺。宮殿・楼門・鳥居、どれも大きい。

西一里ばかりの小山に華麗な社(49)。太守が天正のころ遠州掛川城主の時の氏神を勧請した。社僧は天台宗日讃(50)が住持する。そこから二十余町で高智山(51)に至る。

(42) 山内一豊。土佐藩初代藩主。一五四五？—一六〇五。
(43) 物部川。
(44) 香美市の旧土佐山田町。
(45) 国分川。
(46) 廃寺、南国市廿枝西島、跡に西島観音堂。
(47) 長宗我部元親。土佐の戦国大名。一時四国の覇者となったが、豊臣秀吉（一五三七—九八）に敗れた。一五三九—九九。
(48) 二十九番、南国市国分。
(49) 掛川神社、高知市薊野中町。山内忠義が寛永十八年（一六四一）、遠州掛川（静岡県掛川市）から牛頭天王宮を勧請した。
(50) 国清寺。元和元年（一六一五）、日讃和尚の開基で天台宗だった。現在は臨済宗相国寺派。
(51) 高知市中心部。

松平土佐守[52]二十四万石の城下。本名は山内氏である。太守は江戸に居て嫡子対馬守[53]が在国する。家老は一門の野中主計頭[54]で知行六千五百石。老中に三千石以上の者が七人いて、国政等を相談する。主計頭は学問好きで禅僧に帰依して儒学を学び、この僧を還俗させて安斎[55]と名乗らせた。万事を安斎と相談する。たとえば一門に死人が出れば唐様といって葬儀を儒教の作法でする。世間はキリシタンの作法のようだと言っている。その間、顕教・密教問わず僧侶は手持ち無沙汰の様子。その上、出家ほど役に立たない者はないというので、野中の権勢を恐れて国中ほとんどこの作法である。

また、小倉庄助[56]という人がいる。生まれつき利発で万事正当なことをするので、太守から国中の仕事を任されまっとうな政治をする。堂塔が破損した諸山の寺院を、庄助の分別でこの二十四年間にことごとく修造した。このため町人、農民、僧俗ともに人気がある。また、太守はかなりの信心者で、ことに真言宗に帰依しているという。城下に常通寺[57]という祈願所があり寺領三百石、永国寺[58]も三百石。常通寺、五臺山[59]、西寺[60]が土佐の真言本寺である。ほとんどが新義で毎月論議するという。蓮池町[61]の安養院[62]に泊まる。

雨がやまないので五日逗留する[63]。住持の僧はいい人で昼夜の馳走を受ける。弟子春清房は常に護摩修行をしている。

十九日、晴れたので、安養院を発って、川舟[64]に乗って五臺山[65]へ。

五臺山竹林寺金色院、本堂南向き、本尊文殊。行基の開山で弘法大師の再興である。景色がよく、五臺の語源となった五つの峰がある。寺領三百石、六坊あり。本堂は太守の修造で美しい。塔は寺主の宥厳上人が建てた。鐘楼・御影堂・仁王門・山王権現社は太守が造った。上人がしきりに勧めるので逗留する。

二十四日、禅寺峯師[66]へ二里。本堂南向き、本尊十一面観音、仁王門あり。天台宗から真言宗に転宗。中興開山を進圓上人という。山を下り、浜伝いに一里ほどで浦戸[67]に至る。大河[68]があり、材木、米などを積んだ船が出入りする。御所が炎上したので[69]、太守が献上する

(52) 山内忠義。土佐藩二代藩主。一五九二—一六六四。寛文四年(一六六四)十一月二十四日没。西暦換算では一六六五年一月十日であるが、年号優先の慣習に従う。以下同。
(53) 山内忠豊。土佐藩三代藩主。一六〇九—一六六九。
(54) 野中兼山。土佐藩家老、儒学者。一六一五—一六六三。
(55) 山崎闇斎。儒学者。一六一八—八二。
(56) 小倉勝介。一五八二—一六五四。
(57) 廃寺、高知市大膳町。
(58) 廃寺、高知市永国寺町。
(59) 竹林寺。
(60) 金剛頂寺。
(61) 高知市はりまや町。
(62) 廃寺。
(63) 澄禅は一宮から直接三十一番に行かず、高知城下に入って逗留している。今の遍路より余裕を持っていたことが窺える。
(64) 江ノ口川の現在の山田橋あたりに船着場があった。五台山側には現在の文殊通のあたりに船着場があった。
(65) 三十一番竹林寺、高知市五台山。
(66) 三十二番禅師峰寺、南国市十市。
(67) 高知市浦戸。
(68) 浦戸湾を川と誤ったか。
(69) 承応二年(一六五三)六月二十三日。

材木を積んだ船が三十数隻つないであり、順風を待っている。太守が定めた渡し舟で自由に渡れる[70]。下船して浜伝いに一里余行って高福寺に至る。

高福寺[71]の後ろは山、前は川である。中古より禅宗になって、本尊は薬師如来。玄関・方丈は禅寺の造りである。住職の話によると、前住職は妙心寺派の大和尚である。保福山雪蹊寺という。方丈額に雪蹊寺と書かれている。西へ一里ほど行き秋山[72]で泊まる。間に河二瀬[73]。雨の後は渡りにくい川である。

二十五日、宿を出て、種間寺[74]へ。（雪蹊寺から）二里。

種間寺は本堂東向き、本尊薬師。ここも再興した新堂。山下に寺がある。西一里ばかりで新居戸ノ渡[75]、渡船で自由に渡る。五日以前の洪水の時に多人数が乗り込み、転覆して男女四人死亡した。新居戸[76]の宿から清瀧寺へ一里。また戻ってくるので宿に荷物を置いて清瀧寺往復する。種間から清瀧寺は二里。

清瀧寺[77]醫王山、本堂南向き、本尊薬師如来。ここも再興して立派である。真言宗、寺中に六坊ある。麓に八幡宮[78]がある。神事で貴賤男女問わず大勢集まっている。笛や太鼓で神楽奉納など。新居戸の宿で荷物を受け取り川[79]沿いに下り、日が暮れたので新村[80]で泊まった。

(70) 浦戸大橋が架かった現在も渡しのフェリーは残っている。
(71) 三十三番雪蹊寺、高知市長浜。臨済宗妙心寺派。
(72) 高知市春野町秋山。
(73) いずれも新川川。
(74) 三十四番、高知市春野町秋山。
(75) 仁淀川。
(76) 土佐市高岡町。音的には仁ノ（高知市春野町仁ノ）が近いが、荷物を置いて打ち戻るには川の西岸でないと辻褄が合わない。
(77) 三十五番、土佐市高岡町丁清滝。
(78) 松尾八幡宮、土佐市高岡町乙。
(79) 仁淀川。
(80) 土佐市新居。

補註1　遍路衆がどのような人たちかはわからないが、僧との記載がないので一般庶民と考えるのが妥当か。そうすれば、すでに庶民が団体で遍路をしていたことを示す記述となる。

補註2　室戸市佐喜浜町水尻谷。現在は当該の番外札所はないが、東洋町から室戸市佐喜浜町に入って二百メートルのあたりに佛崎と思われる場所を見つけた。海に突き出た岩が仏像のように見え、石仏も祀られている。

補註3　現在は国道五五号線が海岸線を走ってはいるが、野根から入木までの同区間は民家はおろか自動販売機一つない難所であることは変わりない。

補註4　かつて洞の前に愛満権現の表記があった。本地は愛染明王で、高野山奥の院にも愛満権現はある。室満は宝満の書き違いか。北九州に宝満山という修験の山がある。また法満宮（室戸市元崎山）が金剛頂寺近くの山の端、遍路道の下り際にある。

補註5　土佐神社。現在の三十番札所善楽寺は東隣、高知市一宮。現在の土佐神社が元々の札所。別当の神宮寺、善楽寺は明治維新の神仏分離で廃寺となり本尊阿弥陀如来は国分寺に預けられた。明治九年、本尊を安楽寺（高知市洞ヶ島町）に遷座、三十番とした。昭和四年、埼玉県の東明院善楽寺（さいたま市中央区本町東）を当地に移転、国分寺から大師像を迎え再興。以来、札所の正当性を巡って争いが絶えず、昭和三十九年に開創霊場善楽寺、本尊奉安安楽寺とし二か寺を札所と定めることとしたが、平成六年、善楽寺を三十番とし、安楽寺を奥の院とすることで決着した。

八月二十六日〜九月十一日（青龍寺から城辺へ）

二十六日、浦伝いに一里ほどで福島(1)に至る。青龍寺に行くのに井ノ尻瀧ノ渡(2)という湾がある。船賃に籾一匁を払って渡る。福島の在家で托鉢すれば間に合う。古来からこのしきたりという。対岸の青龍寺の麓にある井ノ尻(3)の宿に荷物を置き、青龍寺へ二十五町。七、八町上り、少し平らな所を行って、七、八町谷へ下る。谷は平地で田畑や人家がある。大師作という二町ほどの蓮池があり、奥に寺がある。庫裏を過ぎて仁王門、石段を一町ほど上って参る。本堂は先年炎上したのを太守が修復した。清瀧寺より三里。

青龍寺(4)は本堂東向き、本尊不動明王。鎮守は白山権現。大師開山の折、中国の青龍寺に似ていたので青龍寺とした。獨鈷山伊遮那院、如意山光明法寺道場院、摩留山赤木寺龍宝院と多くの名がある。独鈷山というのは北東に独鈷杵に似た独鈷嶽があるから。頂上に不動堂があったが山火事で焼失した。本堂再興時に太守が小倉庄助に命じて六尺ほどの不動石像を造り、九尺四方の石堂に安置(5)した。堂前からは南に数万里の海が広がり、東は浦戸、五台山、高智山、西寺、東寺、室戸岬、西は足摺、下ノ御崎(6)が一望できる。赤木寺とは、どこからか流れ着いた流木を大師が取ったところ赤栴檀で不動像を刻んで安置したところから赤木寺という。その他も由緒あるが略す。寺内に御作の場という泉水、唐より来

（1）土佐市宇佐町福島。
（2）昭和四十八年に宇佐大橋ができるまで存在した浦ノ内湾にかかる宇佐の渡し。瀧は龍の誤りか。
（3）土佐市宇佐町井尻。
（4）三十六番、土佐市宇佐町竜。
（5）現在の奥の院。岬の山の上にある。
（6）下田の岬（四万十市下田）を指すと思われるが、実際には見えない。手前の興津岬（四万十町興津）を見たのであろう。

朝の笛竹という一群の竹もある。住持は栄長法印という六十余の老僧。関東で新義学問し長谷寺にも住山したことがある。日が暮れ、しきりに勧められたので寺に泊まる。

二十七日、井ノ尻まで行ったが雨で漁師の小屋に泊まった。

二十八日、晴れて潮時もいいので、船頭がやってきて乗れという。午前三時ごろ乗船する。船で三里、入江を行く。陸路も三里だが難所なので海路をとる。船賃は銀一銭。青龍寺西ノ坊より仕立ててもらったので簡単に乗れた。四時間ぐらいで奥津横波[7]に上陸、陸路二十町ほどの大浦[8]の宿で朝食を摂り出発する。カトヤ[9]で休憩し一瀬渡って[10]、カトヤ坂[11]を越えて行く。峠から見れば谷の向かいに焼坂という十倍もありそうな大きな坂がある。気落ちしながらも谷底[12]へ下って、土佐無双の大坂とされる焼坂[13]を越えた。上り上って、谷へ下って、河[14]を渡って久礼[15]の曹洞宗龍沢山常賢寺[16]に泊まった。

二十九日、寺を出て南西に行き、一里ほどある焼坂に劣らぬ坂[17]を越え、山の中の野を行き、新田ノ五社[18]に向かう。北の山際道[19]は川が荒れて渡りにくいという行人の教えに従い、左の大道[20]を行って平節[21]の川を歩き渡る。雨天には渡り難い川というが、今日は水が浅かったので歩き渡る。五社の前にある大河[22]は舟も橋もない難所である[23]。雨が降れば五日も十日も足止めとなる。洪水時には対岸の坂から遥拝するという。ちょうど浅かったのでなんとか歩き渡ることができた。東の大井川[24]に似て水位が高く流れが速い渡り難い川である。五社に至る。青龍寺より十三里。

新田ノ五社は南向きに四社並び建ち、一社は小高い山上に建つ[25]。去年太守が造宮し結構だ。納札し読経念誦して川を渡って戻り、窪川[26]で泊。山内伊賀守[27]一万石の城下である[28]。

三十日、窪川を出、片坂[29]を越える。東から西へは登る感じもなく峠まで上がっていく。下りはつるべ落としのような急な坂である。坂の下から細分[30]に入る。大谷川[31]を下る。何度も南北に渡り下り、四里ほど行きイヨキ土井村[32]の真言宗随生寺[33]に泊まる。水も燃料も自由に使える。

(7) 須崎市浦ノ内東分横浪。
(8) 須崎市浦ノ内西分大浦。
(9) 須崎市須崎角谷。
(10) 新庄川。
(11) 角谷坂。
(12) 須崎市安和。
(13) 焼坂峠。
(14) 久礼川。
(15) 中土佐町久礼。
(16) 廃寺。跡に石碑。
(17) 添蚯蚓《そえみみず》坂。
(18) 仁井田五社、現在の高岡神社。現在の三十七番札所岩本寺の北東一・五キロ、四万十町仕出原。
(19) 仁井田川。
(20) 幡多道。
(21) 平榊＝四万十町平串。
(22) 四万十川。
(23) 現在は高岡神社の前に橋が架かっているが当時は記載のような難所であった。
(24) 静岡県中部。東海道の難所とされた。
(25) 現在も五つの社のうち一つは山上にある。
(26) 四万十町窪川。
(27) 山内一吉。一豊の甥。深尾重昌。土佐佐川藩二代当主。一五九八―一六七二。
(28) 現在の三十七番札所岩本寺は窪川の町中にある。
(29) 四万十町と黒潮町の境にある坂。
(30) 畑分＝幡多郡。
(31) 伊与木川。
(32) 黒潮町伊与喜土居。
(33) 随正寺＝廃寺。跡に瑞祥寺の石碑がある。

九月一日、寺を出て、一里半ほどでサガ[34]へ。大坂を上下すること[35]一里半、坂を下りた所にある有井川[36]を渡る。幡多郡の知行だった有井庄司[37]の住んでいた所だ。浜の大道[38]より北十町ほどの小高い所に松の茂っている場所があり、壇を築いた五輪石塔がある。これは元弘の乱[39]で鎌倉の高時入道[40]に流された後醍醐天皇一ノ宮[41]の遠流配所である籠御所跡である。この時に世話をした有井庄司の五輪石塔である。十余町の間に昔の跡をしのばせる石壁が崩れた所が多い。今は百姓の家になっている。ここから坂を越え川口[42]に至る。さらに坂を越え武知[43]の民家に泊まる。

二日、武知を出る。中居入野[44]の浜は満潮で通れず、野坂を越え[45]田浦[46]に出る。平らな砂の連なる所。ここで塩焼海士の作業を見る。粗末な身なりで男女の区別もつかない。女が小さい子を脇に挟んで来て子供を白砂の上に置いて、入れ物に水を汲んで柄の長い柄杓で砂に掛け染み渡らせる様子は、さすがに熟練した仕事ぶりと感心してしまうほどだ。

さらに海辺を行って高島[47]に出る。高島ノ渡という大河[48]に渡舟がない。通りがかりの舟に手を合わせ何度も頼み込んで渡してもらった。川上一里ほどに中村[49]という太守の次男修理太夫[50]の居城がある。江戸に居て留守という。河原を下って行き、真崎[51]に見善寺[52]という妙心寺流の禅寺があった。ここに泊まる。

三日、寺を出て、津倉渕[53]を過ぎ、野坂を越えて行くが、この前の暴風雨で道はさんざん荒れていた。峰から流れ落ちる大水で大きな落石が積み重なり、非常に歩きにくい。イツタ坂[54]という大坂を越えるが、落石に、倒れた大木も横たわり、上へ下へと苦労してかわしながら峠に至る。

峠を下り一ノ瀬[55]に至る、ここから足摺山へ七里。寺山[56]に行くのにヲツキ[57]、ヲサ[58]、という番外札所がある。月山へは、足摺を回って海辺を通って行くので難所が多い。多くの人は、足摺へ七里行って参拝して七里戻って一ノ瀬から寺山へ行く。だから、一ノ瀬に荷を置いて行く人がほとんどだ（補註1）。私は元へ帰るのは無益と思い荷物を持って行く。

(34) 黒潮町佐賀。
(35) 大坂を上下という表現から、白浜、灘経由の海岸沿いの遍路道を行かず、馬地から黒瀬を経由して有井川に至る山越えの道を取ったか。
(36) 黒潮町有井川。
(37) 有井豊高。鎌倉・南北朝時代の土佐幡多郡有井川村の荘官。
(38) 幡多道。
(39) 一三三一。後醍醐天皇を中心とした鎌倉幕府討幕運動。
(40) 北条高時。鎌倉幕府十四代執権。一三〇三—一三三三。
(41) 尊良（たかよし）親王。後醍醐天皇第一皇子。一三一〇—三七。
(42) 黒潮町上川口。
(43) 黒潮町浮鞭字鞭。
(44) 黒潮町入野。
(45) 入野松原の浜の遍路道は、現在も満潮時は内陸部を迂回する。
(46) 黒潮町田野浦。
(47) 四万十市竹島。
(48) 四万十川。現在の四万十大橋のあたりと推測される。平成十七年まで三キロほど下流の同市下田と初崎を結ぶ渡船があった。
(49) 四万十市の旧中村市中心部。
(50) 山内忠直。土佐中村藩（再興）初代藩主。一六一三—六七。
(51) 四万十市間崎。
(52) 廃寺。跡に薬師堂。
(53) 四万十市津蔵渕。
(54) 伊豆田坂。

月山を拝むためである。下ノカヤ[59]を過ぎ、入江の松原の奥のヲ、キ村[60]で泊まる。

四日、大岐を発って、海辺より一段高い所を行く。ここも上り下りしながら何度も海辺に出る難所である。イフリ[61]を過ぎ、窪津[62]へ。足摺山末寺の海蔵院[63]がある。景色のいい所だ。一里で津洛[64]、さらに一里で足摺山に至る。

足摺山[65]は大師の開基、嵯峨天皇の勅願寺である。昔は悪魔の棲む所で人は寄り付かなかった。大師が分け入り、悪魔を降伏した。呪力に恐れて手摺り足摺りして逃げたという。もと月輪山というのを改めて蹉跎山とした。この二字は手摺り足摺りという意味で、足摺山とした。この足摺岬と東寺の崎[66]と紀州熊野新宮の崎[67]の三つを、日本の南海の鼎の三足とし補陀落院と号す。勅額の号は金剛福寺。昔は寺領七千石余で七百坊あったが、天正年中（一五七三―九二）に衰微し、今は十二坊、寺領百石となった。

当山に七不思議がある。一つは海上より龍灯上る。二つはゆるぎ石といって長さ一間余、高さ四尺の大石がある。その上に小石を二つ重ね置いている。人差し指で押すと大石も小石も動き小石から音が出る。罪深い人はどんなに力を入れても動かない。三つ目は夜中に龍馬が草を食べる所で、二十間ほどの広さで一寸ばかりの篠が茂っている所がある。四つ目は午時の雨といい、いつも正午ごろ雨が降る所がある。五つ目は夜中の潮といい、午前二時ごろに三十丈もの高さの所に潮が来る所がある。六つ目は不増不減。これは海辺の石が潮の干満にかかわらず色が変わらない。七つ目は鐘石。打つと鐘のように鳴る石だ。このような七不思議がある。また、宝満、愛満、熊野の滝という三滝がある。いずれも数十丈の石壁にあるすごい滝だ。熊野滝から見れば、室戸岬の東寺の先まで見える。天気のいい日は紀州熊野の岬がかすかに見える。愛満滝の上に大師建立の柱回りが五尺で南向きの石鳥居。宝満滝の上に五寸ほどの𑖀《あ》字石。大師の作である。

本堂南向き、本尊千手観音。補陀落より飛来の一寸八分の金像。仮安置した所として堂の庭に石堂の崩れた所がある。この像を首に内蔵し造立。脇に木造の不動・毘沙門・二十

(55) 土佐清水市下ノ加江市野瀬。
(56) 三十九番延光寺。
(57) 月山神社、大月町月ヶ丘。
(58) 篠山神社、愛媛県愛南町正木篠山。
(59) 土佐清水市下ノ加江。
(60) 土佐清水市大岐。
(61) 土佐清水市以布利。
(62) 土佐清水市窪津。
(63) 現存。窪津港を望む小高い山の上にある。
(64) 土佐清水市津路。
(65) 三十八番金剛福寺、土佐清水市足摺岬。
(66) 室戸岬。
(67) 潮岬。和歌山県串本町。

八部衆。いずれも大師作の嵯峨天皇等身像。堂の中に大師御影、賓頭盧もある。鎮守熊野権現社、西に薬師堂、役行者堂、宝蔵、東に多田満仲建立と心柱に彫った塔あり。鐘楼、仁王門もある大伽藍である。本堂玄関竪額に金剛福寺とある、内陣横額に、諸伽藍は源忠義の武運長久祈願成就のために再興とある。二額は寛永年中（一六二四―四四）再興時、仁和寺御室御所[68]より遣わされた。別当法印は昨年六月入寂。本堂には番衆のみ。

五日、逗留して一臈快行僧都に前記の由緒を聞いた。六日も逗留。

七日、寺を発って、足摺山の崎[69]を回って、松尾[70]、志水[71]を経て行く。海辺に岩が刃のようにせり出した所もあり、平らな所もある。三崎[72]の浜で阿波国を同日に出て逆打ちしていた高野吉野の遍路衆と会い、荷物を置いて一時間ほど涙ながらに歓談した（補註2）。川口[73]の浄土宗正善寺（補註3）に泊まった。

八日、寺を出て十町ほど行き大坂二つ越え貝ノ河[74]へ。坂を上って粟津[75]、サイツ野[76]など経由、浜や坂を上り下りして御月山[77]に至る。月山は深谷を二町ほど樹木の生い茂る奥に岩の重なる山があり、山頭に七尺ほどの半月形の石がある。これは仏像であり、人造に見えるがごとき自然石である。前に二間、三間の拝殿、下に寺。妻帯の千手院という山伏が住持する。当山内山永久寺同行という[78]。ここに泊まる。

九日、月山を出て西伯[79]という浦に出る[80]。また坂を越え大道を行き、コヅクシ[81]に出る。七日島[82]という小島があり潮が相満ち相引く由緒ある所である。イヨ野[83]の瀧厳寺[84]という真言寺に泊まる。御月山より四里。

十日、寺を発って、ミクレ坂[85]を越え宿毛[86]に。土佐・伊予両国の境である。太守一門山内左衛門佐[87]七千石の城下、城なく屋敷構え。侍小路町のようだ。真言・禅・浄土・一向宗四か寺すべて浄土寺という。浄土寺[88]に荷物を置き寺山へ行く。宿毛から往復二里。

寺山[89]は本堂東向き、本尊薬師、仁王門・鐘楼・御影堂・鎮守社いずれも太守の再興で結構。近所に南光院という妻帯山伏[90]。ここから帰って宿毛の浄土寺に泊まる。足摺山より寺

(68) 覚深法親王。一五八八―一六四八。後陽成天皇第一皇子。仁和寺第二十一世門跡。
(69) 足摺岬。
(70) 土佐清水市松尾。
(71) 土佐清水市清水。
(72) 土佐清水市三崎。
(73) 土佐清水市下川口。
(74) 土佐清水市貝ノ川。
(75) 土佐清水市大津。
(76) 大月町才角。
(77) 月山神社、大月町月ヶ丘。
(78) 千手院という山伏は当山派（真言系）の内山永久寺（奈良県天理市杣之内町、廃寺）に属する修験者という意味か。
(79) 大月町西泊。
(80) 月山から赤泊経由姫ノ井に出る現在の遍路道とは異なる道筋。西泊から、周防形、不動滝の道をとったか。
(81) 宿毛市小筑紫町小筑紫。
(82) 七日島の記載があるが、現在は陸続き。
(83) 宿毛市小筑紫町伊与野。
(84) 現存。真言宗醍醐派。
(85) 三倉坂（御鞍坂）。宿毛市小筑紫町小浦から同市坂ノ下に至る。
(86) 宿毛市中心部。
(87) 山内可氏。安東氏。山内一豊の甥か。一六二九没。
(88) 浄土宗の浄土寺は現存、宿毛市宿毛与市明。
(89) 三十九番延光寺、宿毛市平田町中山。
(90) 現在、五百メートル北に奥の院の南光院あり。

山まで十三里。南の海辺を通って御月山を掛ければ十六里、その上難所である。
十一日、寺を発ち、一里行った小山という所に関所（補註4）がある。
以上で土佐の十六か寺を成就する。土佐の風俗は貴賤ともに慈悲心が深く、立身出世し家を持つほどの者は僧俗ともに馬に乗って往来する。竹木米穀多し。山海野沢も多い。ことに川が多いので行路に苦労する。言葉は下品で、スとツの中間の拗音（チュ）を言う。儒学ばかりが盛んで政道は厳重である。仏法も栄え顕密の学匠が多い。真言僧徒二百余人、ほとんどが新義の学衆である。

伊与国[91]松尾坂の下り付に関所[92]、両国の境である。坂の下より西十万石分伊達遠江守[93]の領分で宇和島藩が番所を置く。坂越えてヒロミ[94]という所がある。御篠山[95]へはここに荷物を置いて二里行く。ヒロミより一里ほど行って、城辺[96]の民屋に一宿。

(91) 伊予国＝愛媛県。
(92) 愛媛県愛南町小山。
(93) 伊達秀宗。宇和島藩初代藩主。政宗の長男。一五九一―一六五八。
(94) 愛南町広見。
(95) 篠山神社。
(96) 愛南町の旧城辺町。

補註1　現在も足摺から市ノ瀬打戻り三原村経由で行く道（五十・八キロ）と、足摺から月山経由で宿毛に打ち抜けて行く道（七十二・五キロ）とがあり、距離の短い打戻りコースを取る人が多く途中宿に荷物を預けるが、同じ道は面白くないと敢えて月山経由コースを取る人もいる。澄禅も元へ帰るのは無益と月山打ち抜けコースを取った。現在、市ノ瀬には番外札所真念庵があり、江戸時代には遍路宿をしていたのだが、真念は澄禅より後の人であることから、澄禅の時代、すでに市ノ瀬に荷を置く風習があったとの記述は興味深い。

補註2　国に渡るときに一緒だった小田原の行人衆が含まれるかどうかは定かではないが、徳島を同日に出発して逆打ちしている。承応二年は閏年ではないので、通常の年も逆打ちする遍路がいたことがわかる。

補註3　廃寺。現在同地に真言宗醍醐派大師寺がある。廃仏毀釈で集落に寺がなくなっていたところ、昭和十八年に創られたという。澄禅当時に真言寺があればそこに泊まっていたはずだが、当時は浄土宗の寺しかなかった。

補註4　宿毛市大深浦に松尾坂番所跡がある。宿毛市には小山という地名はないが、伊予側の関所がある所が小山であることから誤記したものと思われる。

九月十二日～二十四日（観自在寺から浄土寺へ）

十二日、宿を出て観自在寺へ。寺山[1]より七里。

観自在寺、[2]本堂南向き、本尊薬師如来。寺号と異なる。堂の内陣に観音像もある。香花供養の法師形の人が一人いるが由緒等知らない。二里ほど行って柏[3]へ。上下二里の大坂[4]を越えハタジ[5]に至る。民家に泊まる。

十三日は雨で宿に逗留。

十四日、宿を出て、津島[6]に至る。野井坂（補註1）を越え宇和島[7]に。追手門外に大師堂（補註2）という辺路屋がある。宇和島は伊達遠江守[8]十万石の城下。城の北方に鬼カ城という大山[9]。箕を広げたように城を中心として峰が四方にある。西の入江に舟津[10]。真ん中に周囲一里ほどの城[11]。樹木の生い茂る中に殿閣が見える。侍屋敷、町家とも立派だ。祈願所に地蔵院（補註3）、龍光院[12]の両寺。

宇和島は昔より物資の豊かな所。ことに魚類が多く鰯が名物である。当郡[13]明石観音[14]が衆生済度のために変身して鰯となったためである。ご詠歌に「伊与の海うわの明石の魚なれや我こそはなれ世を救迚」。現在に至るまで宇和郡十里の海に棲む魚は形、質、味に至るまで他に負けない（補註4）。

城主は江戸在住で家老衆が留守番をしている。嫡子左京殿（補註5）はこの夏江戸で病死。次男の兵助[15]が相続して近く江戸から入国すると聞いた。城主は政道正しく万民をなつかせていると他国の人は言うけれど、実際領内に入ってみると、他所に比べて道や橋は整備されている。古い道の悪い所は新しく道をこしらえて旅行の便をはかっている。

その夜は宇和島本町三丁目[16]の今西伝介という人の所に泊まる。六十余歳の男で、来世の往生を願って、辺路修行者とさえ言えば誰にでも宿を貸す。若いころは奉公人で今は金持

（1）延光寺。
（2）四十番、愛南町御荘平城。
（3）愛南町柏。
（4）柏坂。
（5）畑地。宇和島市津島町上畑地または下畑地。
（6）宇和島市の旧津島町中心部。津島町岩松。
（7）宇和島市中心部。
（8）伊達秀宗。
（9）現状は市域の南西に鬼が城山（標高一一五一メートル、宇和島市丸穂）がある。
（10）宇和島港。
（11）宇和島城、宇和島市丸之内。
（12）現存、別格六番、宇和島市天神町。
（13）宇和郡。
（14）四十三番明石寺本尊。
（15）伊達宗利。宇和島藩二代藩主。一六三五―一七〇九。
（16）宇和島市中央町。

ちだ。

十五日宿を出て北西へ行き、八幡宮（補註6）に詣で、さらに北西に行って坂を越え稲荷ノ社へ至る。観自在寺より十里。

稲荷ノ社[17]、本地十一面観音。田中に在る小さい社。二十五町行って佛木寺に至る。

佛木寺[18]、本堂東向き、本尊金剛界大日如来座像は五尺ばかり。一𤥭山毘盧舎那院。今日は鎮守権現の祭礼日で近在の男女が集まりにぎわっていた。昔大師が巡行したときに、ここで翁に逢い、翁に楠の中に夜中に光る物があると聞いて林の中に分け入ると、たしかに光るものがある。よく見れば光とともに天人が降りて、南無生木遍照尊と唱えて供養した。大師が不思議に思って木を切ったら中に一つの玉がある。この木で大日像を造り、玉を像の首に籠めたという。今もそこから生えたという楠が堂の後ろにあり、落ちた枝を拾って諸国を回り病気を治すという。ここから大坂[19]を越え、皆田[20]の慶宝寺[21]という真言寺に泊まる。

十六日、寺を発って川[22]を渡り、北西の谷の奥へ分け入って明石寺へ。佛木寺より三里。

明石寺[23]、本尊千手観音。本堂は朽ち傾いて本尊は小さい薬師堂に。源光山延寿院。寺主なく上ノ坊という妻帯山伏が住す。山を出て、卯ノ町[24]を過ぎ、夕ヾ[25]に至る。ここまでが伊達の領分。関所があり番衆は山下吉左衛門という律義な侍だ。戸坂[26]から西六万石は加藤出羽守[27]の領分。ここの庄屋清右衛門宅で泊。清右衛門は四国に例のないほど信心深く、来世の往生を願い辺路も数度している。高野山小田原湯谷の證菩提院[28]の旦那である。

十七日、宿を出、戸坂峠[29]から一里余下り大津[30]に至る。大洲は加藤出羽守[31]六万石の城下。城の東より西に流れる大河[32]があり、本丸は川の上に突き出し天守を見上げているようだ。侍屋敷も町家も三の丸の中にあり、辺路は町中を通る。川に渡舟があって、地元民も旅人も自由に渡る。城主は江戸で、嫡子の美作守殿[33]がいる。家老は二人。一人は羽州一門の加藤蔵人佐という聟《むこ》である。一人は大橋作右衛門という。

川の西に中村[34]という侍小路の町家があり、堀内若宮[35]を過ぎ新屋[36]に至る。新屋は羽州舎弟

(17) 四十一番龍光寺、宇和島市三間町戸雁。現在の社は丘の中腹、稲荷社をはさんで左右に本堂と大師堂。
(18) 四十二番、宇和島市三間町則。
(19) 歯長峠。
(20) 西予市宇和町皆田。
(21) 宝満山慶宝院＝廃寺、跡に法蔵寺。西予市宇和町皆田。
(22) 肱川。
(23) 四十三番、西予市宇和町明石。
(24) 西予市宇和町卯之町。
(25) 西予市宇和町東多田。
(26) 西予市宇和町久保鳥坂。
(27) 加藤泰興。伊予大洲藩二代藩主。一六一一—一七八。
(28) 高野山の小田原から金剛三昧院へ入る道のあたりが湯屋谷で、かつて證菩提院があった。證菩提院は現在、親王院に合併されている。
(29) 鳥坂峠。
(30) 大洲市大洲。
(31) 加藤泰興。
(32) 肱川。
(33) 加藤泰恒。伊予大洲藩三代藩主。一六五七—一七一五。
(34) 大洲市中村。
(35) 大洲市若宮。
(36) 大洲市新谷。

加藤織部正[37]の居城。領地一万石は大洲藩六万石の内。大道より北五町ほどの山際にある瑞安寺[38]という真言寺に泊まる。

十八日は同寺に逗留。

十九日、寺を発って、谷川[39]を上り十一度渡って内ノ子[40]へ。河[41]を渡り坂を越え谷沿いに行く。五百木[42]、芦ノ川下田戸（補註7）に至る。ここで川[43]を渡って東北へ行くのが辺路道。西にまっすぐ行けば、カマカラ[44]への山道。一里ほど行って中田戸[45]の仁兵衛宅に泊まる。新屋[46]より五里。

二十日は雨で宿に逗留。

二十一日、宿を発って、上田戸[47]、ウツキミトウ（補註8）を経て、坂を上ってヒワタノタウ[48]に至る。ここまでが出羽守の領分。この坂の下、久間[49]から北十五万石は松山城主松平隠岐守[50]の領分である。久間の町[51]を通って菅生山へ。明石より二十一里。久万山は簾になる竹を産出する。

菅生山[52]、本堂九間四面、仁王門・鐘楼・経蔵・御影堂・護摩堂・鎮守の社がある広大な大伽藍。本尊は生身の十一面観音。大宝年間（七〇一―〇四）に菅生山に光るものがあった。地元を支配していた猟師が調べてみると、月輪の中に十一面観音の尊像が現れた。猟師は尊像を拝み奉って一宇の草堂を建て安置した。猟師は昇天して消えた。猟師を当山の鎮守の神とし赤山権現となった。その後天皇が知るところとなり、勅願寺となり菅生大宝寺と号し、天台宗の僧が住持した。開山は明らかではないが、嵯峨天皇[53]の時代に大師の四国巡行で当寺から東南東の深山に分け入り、岩屋寺を開き奥の院とした。以後、真言天台二宗兼学となる。当寺は朝夕の勤行に法華経を読み、奥の院は大師開基なので理趣経を読み護摩を修す。昔は五千石の寺領を十二坊で配分していた。天台山[54]で灌頂を受け学業もした。醍醐、高野でも学んだ。天正年中（一五七三―九二）、太閤[55]治世の折、諸国の寺領が没収されたときに当山もさびれた。したがって十二坊あるといえども、天台山に登ること

(37) 加藤直泰。伊予新谷藩初代藩主。一六一五―八二。
(38) 現存、大洲市新谷甲。
(39) 矢落川。
(40) 内子町内子。
(41) 小田川。
(42) 内子町五百木。
(43) 田渡川。
(44) 内子町吉野川泉にカマガラという場所がある。
(45) 内子町中田渡。
(46) 新谷。
(47) 内子町上田渡。
(48) 鴇田峠。
(49) 久万高原町久万。
(50) 松平定行。伊予松山藩初代藩主。一五八四―一六六八。
(51) 久万。
(52) 四十四番大宝寺、久万高原町菅生。
(53) 七八六―八四二、在位八〇九―二三。
(54) 比叡山。
(55) 豊臣秀吉。一五三七―九八。

なく、高野で灌頂を受け、関東で新義の学問をすると、鏡円法師が言う。この法印は芸州[56]の前太守福島左衛門太夫[57]の祈願所、明星院[58]栄鏡法印の弟子。太夫没落の後、東山智積院[59]に閑居した法印没後、関東で二十余年学問し、当山衆徒らに請われ寺主となる。当山は六十六部回国経奉納所という。夜は本坊に泊まる。

二十二日、寺に荷物を置いて岩屋寺往復。寺の後ろの坂を越え、畑川[60]を経て岩屋山へ。大師は三里としたが、町石は七十五町である。

岩屋寺[61]へは、まず山を登りきり山頂に至る。晩秋なので、紅葉が錦のように積み重なった坂を下る。途中に仙人ノセリ破リ石[62]がある。大師開山の時、山主の仙人[63]が出てきてすぐには開けることはできないという。大師が、主ならば奇特を現せといったので、仙人が二十余丈の大盤石を左右の手で掻き分けて通った跡である。盤石の二分した所を岩角に取り付いて上ると、石頂より六、七丈ある所に二十一の梯子があり、梯子を上ると鋳鉄製の厨子[64]がある。ここに札を納める。ここから深山を見渡せば谷底は見えない。二町ほど下って仁王門。向かいは百丈ほどの石壁で後光のようだ。五、六間ほどせり出し横の広さは二町ほど。石壁の中に小さい洞があり、下から見ると一間ほどの中に阿弥陀立像が遺物のように見える。別の洞には五尺ほどの卒都婆二本。人間の行けるような所には思えず、鳥さえ止まれないほどだ。仁王門の額は大師の筆。本堂三間四面、本尊不動。堂の後ろに閼伽井。不増不減の水で、これを往生岩屋[65]という。火をともして入り水を手向ける。堂の上の岩に木を渡し、下から柱一本で支えるようにした九尺四方の宝形の堂に等身大の仙人像を祀っている。十七の梯子があり上って札を納めた[66]。傍に六尺ほどの塔婆がある。顕の塔である[67]。堂の下に庫裏がある。これらの殿閣はいずれも大師作だ。せり出した巌の下で雨露に濡れないので、いまだに堅固である。御影堂・鐘楼は雨に濡れるので時々葺き替えるという。菅生山十二坊で輪番。当番は中ノ坊[68]。山号は海岸山。その心は、大師のご詠歌に「峰高き谷の朝ぎり海に似て松吹風を波にたとへる」とある。盤石、松柏が立ち並ぶ物寂

(56) 広島県西部。
(57) 福島正則。安芸広島藩主。一五六一―一六二四。
(58) 現存、広島市東区二葉の里。
(59) 京都市東山区の智積院。
(60) 久万高原町下畑野川。
(61) 四十五番、久万高原町七鳥。
(62) 奥の院逼割禅定。
(63) 法華仙人という女性の行者とされる。
(64) 白山権現。
(65) 現在の穴禅定か。
(66) 現在、堂はないが、堂跡として梯子で上って洞の中に入れる。
(67) 顕教の塔婆。阿弥陀名号か。
(68) 廃寺。岩屋寺は大宝寺の奥の院とされ、輪番で管理していた。

しい谷に、朝霧が漂う様が海岸のように見えるからだ。宝蔵に納められている大師入唐時請来の五大尊鈴(69)は当山の宝物だ。五方に五大尊を鋳付け、口は五葉の花形、五鈷の形も普通の鈴とは異なる形をしており火鈴のようだ。鋳物の花入のような筒に入れ、箱で覆い、宝蔵に納めている。大師が唐から投げ（補註9）当山に至ったと伝わる。帰朝後この鈴を知り開山した。当山の鈴ノ嶽がそうである。ここから菅生山(70)に帰り一泊する。

二十三日、寺を発ち北西に行き、御坂(71)という大坂を越え、エノキ(72)を経て、浄瑠璃寺に至る。（大宝寺から）五里。岩屋より八里。

浄瑠璃寺(73)、本堂三間四面、本地薬師如来、日光・月光両菩薩、十二神将。昔は大伽藍だったが今は衰微し小さい寺一軒。八坂寺へ二十五町。

八坂寺(74)は熊野権現を勧請。昔は三山権現立ち並ぶため二十五間の長床(75)があった。今は小さな社だ。本堂は本尊阿弥陀。昔、この国の長者が熊野権現の霊験あらたかなることを知り三年続けて参詣、当国に勧請したいと祈り、それならば移ろうとの託宣を得て喜んで八坂村に勧請した。故に熊野山八坂寺妙見院と号す。院号は長者の尼公の号という。今は衰微し、寺は妻帯山伏が住持。十町ほど行って円満寺（補註10）という真言寺に泊まる。

二十四日、寺を発って、二十五町行き西林寺へ。

西林寺(76)、本堂三間四面、本尊十一面観音。真言寺。浄土寺へ二十五町。

浄土寺(77)、本堂五間四面、本尊釈迦如来。西林山吉祥院、三蔵院ともいう。近くの八幡(78)の別当を如来院(79)という。本堂はさびれていたのを遊西禅門が勧進して再興。堂の傍に祖師、善導大師の影像、壊れた像など五、六体。

当所久米村(80)の武知仁兵衛宅に泊。来世の往生を願う正直な人。大門の前で出会って、ぜひ今夜は泊まってほしいと言われたので午後二時ごろ行ってみれば、居間や台所は百姓家の造りである。上に三間、七間の書院を建て障子や畳も立派。奥に持仏堂を構え阿弥陀如来・大師御影・両親の位牌など安置。終夜の接待はすごかった。翌朝出てみれば、両親の

(69) 現存せず。

(70) 大宝寺。

(71) 三坂峠。

(72) 松山市久谷町榎。

(73) 四十六番、松山市浄瑠璃町。

(74) 四十七番、松山市浄瑠璃町八坂。

(75) 熊野権現の本社の前に建てられた細長い礼殿。

(76) 四十八番、松山市高井町。

(77) 四十九番、松山市鷹子町。

(78) 日尾八幡神社、松山市南久米町。

(79) 同所に薬師堂のみ現存。

(80) 松山市南久米町あたり。

ために庵を建てたのでと案内される。二町ほど離れた親の墓所の近くに寺を建て、僧を雇っている。在家には珍しい人である。松山の三木寺(81)の弟子甚養房という僧に住持させている。

（81）御幸寺、松山市御幸。

補註1　宇和島市津島町岩渕野井。国道五六号沿いの松尾峠越えでなく、県道四六号沿いの野井坂を越えている。真念以後盛んになる満願寺（宇和島市津島町岩渕）経由の遍路道であるが、日記には満願寺の記載はない。

補註2　馬目木大師、宇和島市元結掛。現在の馬目木大師の所に、対岸の九島の鯨大師（宇和島市九島蛤）にあった願成寺が寛永七年（一六三〇）に移築された。明治初年に龍光院に吸収合併されたが、澄禅の時代には存在していたはずで辺路屋をやっていたのであろう。

補註3　地蔵院延命寺。廃寺、宇和島市大超寺奥の愛宕山麓。西予市明浜町俵津に地蔵院という寺が現存するが、城下にあった地蔵院とは別の寺。『宇和旧記』には祈願所の地蔵院延命寺が城下の愛宕山麓にあると記されている。現在、愛宕山麓に大超寺（宇和島市大超寺奥、浄土宗）があるが別の寺。宇和島藩祈願所の由緒を残す寺としては神宮寺（宇和島市笹町、天台宗）があるが、これも別。現在、地蔵院跡地は住宅になっている。

補註4　御詠歌まで出して魚の美味さを讃えている。現在、宇和島の特産はジャコ天の原料になるホタルジャコであり鰯ではない。しかし『宇和旧記』などによると、江戸時代は鰯が特産であったとの記述が見える。

補註5　伊達秀宗（一五九一―一六五八）の長男は伊達宗実（一六一二―四四）で病弱のため廃嫡。次男の伊達宗時（一六一五―一六五三）が嫡子となり、承応二年（一六五三）五月二十九日に亡くなっている。澄禅の記述にある去夏を昨年夏ととらず、この夏と解せば宗時になる。次項の「次男の兵助」は三男の伊達宗利（一六三五―一七〇九）を指すこととなる。

補註6　八幡神社、宇和島市伊吹町。現在、八幡神社は宇和島市街地の北東にあり、龍光寺のある三間町はさらに北東の方角になる。鬼が城の記述といい、方角が現状とは異なる。

補註7　内子町吉野川。もと下田渡村といい、天保九年（一八三八）に吉野川村に変更した。『大洲旧記』によると「慶長（一五九六―一六一五）の頃迄吉野川と云う」とあり、また元和（一六一五―一六二四）のころに上田渡・中田渡・下田渡に分かれたとされる。芦ノ川は「悪し」に通ずるから「善し」の吉野川に改称したと思われるが確証はない。

補註8　内子町臼杵。下坂場峠。ウツキミトウは現在の下坂場峠を指すと思われ、澄禅の当時は薄木《うすき》見乢《みとう》と言っていたのか。現在の臼杵は江戸時代は薄木と書いていた。実際、下坂場峠の途中から臼杵の集落が一望できる。

補註9　弘法大師は大同元年（八〇六）、唐からの帰国にあたって、明州（浙江省寧波）の港から密教の法具を日本に向かって投げたとされる。三鈷杵は高野山に、独鈷杵は三十六番青龍寺に、五鈷杵は京都の東寺に着いたという伝説がある。五鈷鈴についての伝承は澄禅の記述以外になく、現在の岩屋寺にも伝わっていないという。

補註10　廃寺。松山市道後湯月町に浄土宗の円満寺が現存する。しかし八坂寺から十三キロ離れており宗派も違うことから、澄禅の記載とは別の寺と思われる。八坂寺から一キロ内外に円満寺という寺は現存しない。八坂寺はかつては四十八坊の塔頭・末寺寺院を有する大寺だった。円満寺が塔頭の一つであった可能性もあるが、現在確認できる史料は八坂寺にも残っていない。同市窪野町には円福寺という真言宗の寺があるが、二キロほど打ち戻ることになる。

九月二十五日〜十月一日（繁多寺から伊予国分寺へ）

二十五日、宿を出、二十五町行き畑寺(1)の繁多寺に至る。

繁多寺(2)、本堂三間四面、本尊薬師。昔は律寺で六十六坊あったといい、大門跡より仁王門まで三町ほど。本堂、仁王門は雨漏りし、塔も朽ちて心柱九輪も傾き哀れだ。二十一町行き石手寺に至る。

石手寺(3)、札所の本尊は薬師。本社は熊野三所権現で二十余間の長床がある。続いて本堂があり本尊文殊菩薩。三重塔・御影堂・鐘楼・仁王門のある、伊予に例がない大伽藍。昔は熊野山安養寺虚空蔵院といったが、中古より石手寺と改称した由来はこうだ。当国の守護の河野氏は弓の名人で四国中の旗頭だった。石手寺の近くの温泉郡に城を構え猛威を振るっていた。天正年中まで五十余代続いていた。

八坂寺が繁昌していたころ、河野殿(4)が衛門三郎(5)を掃除のために遣わし、毎日長床の掃除をしていた。三郎は慳貪な悪人で、大師は教化して真人間にしようと、辺路乞食僧に化けて八坂寺の長床にいた。三郎が来て見苦しいと追い出す。翌日も前日と同じ所にいたので

(1)　松山市畑寺町。

(2)　五十番、松山市畑寺町。

(3)　五十一番、松山市石手。

(4)　伊予の有力豪族。平安時代から戦国時代にかけ当地を支配した。

(5)　遍路の元祖の伝説がある伊予・江原郷（松山市恵原町）の長者。

また散々言って追い出す。三日目もいたので箒の柄で打った。大師が鉄鉢を差し出したら鉢を八つに打ち破る。鉢は光を放って八方に飛び去る。衛門三郎は少し驚き、家に帰れば嫡子が狂って「私は空海だ、邪見放逸で私をこのような目にあわせるなんてとんでもない。お前の八人の子供を死なす。一日で亡くすのでなく、考える時間を作るために八日かける」と言う。一日に一人ずつ息絶え、八日で八人とも死んだ。八坂の近くに八つの墓があり八墓(6)という。三郎懺悔して剃髪、四国中を巡行して子供の菩提を弔う。二十一度辺路修行する内、大師はさまざまに形を変えて同行同修して彼の心を観る。二十余年修行し、邪心がなくなり慈悲心深重の僧となった。阿波国焼山寺(7)の札を納めて麓へ下る谷の辻堂(8)で休んでいたところ、僧形の大師もここで休んだ。大師は「老体なのにどうしてこのような修行をするのか」と問うと、三郎は由緒を委しく話した。大師が「私は空海だ。汝が巡行するのを永年見て来て、今は悟ったようだ。何でも望みを叶えてあげる」と言うと、三郎は「私は河野の下人だが、一度は主の子に生まれ変わりたい」と答えた。大師は聞いて「簡単なことだ。この石を握って往生しなさい」と言って八分ぐらいの石に衛門三郎と書いた。これをもらってそのまま死んだ。大師は辻堂の後ろの土中に埋め、印に杉を二本植えた。今、焼山寺の麓に三郎の墓がある(9)。その後、大師は河野殿の城に見知らぬ僧に化けて行き、「腹に跡継ぎの子孫がいる。印は衛門三郎という銘がある」という。その月に懐妊し男子が生まれる。三日目に左の手を開けたら小石があり、取り上げて見れば八坂の衛門三郎とある。父親の河野殿が奇妙に思って祈願所の安養寺に堂を建て、本尊の首にこの石を籠め、安養寺を改めて石手寺と号した(補註1)。

　十余町行って温泉(10)がある。三つに分かれ、上は平民が入らないように戸を立てている、中は女性、下は平民、さらに別に病人用があった(11)。ハンセン病の人が入る湯である。階上に浴室(12)、瓦葺きの美しい建物である。出家・侍は番衆に断わって上の湯に入る。近くに河野氏の古城があったが、竹林になっている(13)。

(6) 八つ塚、松山市恵原町。

(7) 十二番。

(8) 杖杉庵、徳島県神山町下分馬路。

(9) 杖杉庵に現存。

(10) 道後温泉。

(11) 現在の道後温泉本館も三層に分かれている。ハンセン病患者用の浴槽は残っていない。

(12) 休憩室の意か。

(13) 現在の道後公園、湯築城跡。

さらに十余町行くと道後の松山[14]に至る。松平隠岐守[15]十五万石の城下。松山城は周囲一里ほど。本丸から和気郡・温泉郡・伊与郡[16]・久米郡の四郡[17]八万石の田地が一望できる。西は海。向こうは豊後[18]、日向[19]まで見える。城主は在国。近日江戸に向かうという。嫡子河内守[20]は江戸にいる。家老は遠山三郎左衛門、奥平藤左衛門、同左内の三人。城主は徳川家康の舎弟隠州[21]の子で家康の甥にあたる。前の隠州は遠江掛川[22]の六万石。大猷院殿[23]の治世の時に子供に三十万石与えられた。当城主である舎兄隠岐守に十五万石、越中守[24]に伊勢桑名[25]の十二万石、美作守[26]に当国今治の三万石、能登守[27]に三河刈谷[28]の二万石、合わせて三十二万石である。能登守[29]は大猷院殿他界の時に天下の政道に不足を言い、落飾して遁世し修行に入った。志はいかほどでも奉行所の沙汰で隠岐守に預けられ、畑寺と石手寺の間の東野[30]にいる。松林の中に屋敷を構え囚人のように置かれた。今は鷹狩りなど自由にしている。法名は不白。

松山の三木寺[31]に泊まる。院主は物事にとらわれない勤行者。

二十六日、三木寺に逗留し道後温泉で湯治。

二十七日、寺を出て柳堤[32]を行き大山寺へ。石手寺より二里。

大山寺[33]、二十五町下から町石がある。大門から仁王門まで六町、仁王門より山[34]まで六町。本堂九間四面、本尊十一面観音。少し下って五佛堂があるが朽ちている。楊柳山大山寺護持院、昔は寺領三千石だったが天正年中（一五七三―九二）になくなる。六坊あり。堂に「予本國犬童幡磨守元和三年六月十五日僧正勢辰謝徳ノ爲トテ辺路修行ス」という板札がある（補註2）。本道を経て和気[35]の円明寺へ十八町。

円明寺[36]、本堂南向き、本尊阿弥陀。行基菩薩開基。須賀山正智院。寺主は関東で新義を学んだ僧。北へ行って塩焼浜[37]に出る。宇和島より海を離れて山中を来たが、初めて海辺に出た[38]。堀江[39]を経て間ノ坂（補註3）に。伊予国を二分した道前・道後の間の坂という意味だ。南七郡が道後、北七郡を道前という。合わせて十四郡である。柳原[40]、カザハエ[41]経由。

(14) 松山市中心部。
(15) 松平定行。
(16) 伊予郡。
(17) 現在の松山市の大部、東温市、伊予市、松前町。
(18) 大分県。
(19) 宮崎県。
(20) 松平定頼。伊予松山藩二代藩主。一六〇七―一六六二。
(21) 松平定勝。遠州掛川、伊勢桑名藩主。一五六〇―一六二四。
(22) 静岡県。
(23) 徳川家光。江戸幕府三代将軍。一六〇四―一六五一。
(24) 松平定綱。伊勢桑名藩主。一五九二―一六五二。
(25) 三重県。
(26) 松平定房。伊予今治藩主。一六〇四―七六。
(27) 松平定政。三河刈谷藩主。一六一〇―七三。
(28) 愛知県。
(29) 松平定政。
(30) 松山市東野。
(31) 御幸寺、松山市御幸。時代は下るが、種田山頭火（一八八二―一九四〇）が終焉を迎えた一草庵は御幸寺境内隣接地にある。
(32) 現状は御幸寺から太山寺への途中には、柳堤は失われているが大川沿いを行く遍路道がある。
(33) 五十二番太山寺、松山市太山寺町。
(34) 本堂のある場所。
(35) 松山市和気町。
(36) 五十三番圓明寺、松山市和気町。

この四、五里の間は辺路に宿を貸さない。山坂[42]を越え浅波[43]の民家に泊まる。松山より六里。

二十八日、大坂二つ越す[44]。菊間[45]、新町[46]を経て縣[47]の円明寺（補註4）に至る。和気の円明寺より十里。

円明寺[48]、本尊不動明王、堂は小さい草堂、庫裏も小庵。別宮の三嶋へ一里。

三嶋ノ宮[49]。本地は大日というが大通智勝仏である。別宮というのは、海を七里北へ行った所に大三島[50]があり、そこに大明神の本社がある[51]。別宮は仮に御座する場所であり、本式の辺路は大三島に渡る。別宮に札を納めるのは略儀である（補註5）。伊豆国の三嶋[52]はこの島の十六王子の随一である。由来は略す。二、三町行って今治[53]の神供寺[54]に泊まる。院主は空泉坊といい高野山に長く住んだという古義の学者、金剛三昧院[55]結衆である。旧友なので終夜話した。

今治は松平美作守[56]三万石の城下。作州[57]在府である。子息の主膳正[58]は在江戸、家老は十東助太夫、久松彦兵衛の二人。城は平地の隅矢倉を上げ美しい構えだ。作州は乱舞好きという神供寺の近所でも笛鼓の調べが続いた。住持によると昨日も城内で能があったという。

二十九日、寺を発って田中の細道を南に直進して泰山寺へ。別宮より一里。

泰山寺[59]、本堂東向き、本尊地蔵菩薩、庫裏は南向き、寺主なし、番衆に俗人もいる。時雨が降ったので寺で休息。日暮れまで雨は止まず、ここに泊まる。

十月一日、寺を発って南東の方へ行き、河[60]を渡って南の山に上る。山頭に八幡宮。泰山寺より十八町。

八幡宮[61]、本地阿弥陀。山より今治三万石が眼下に見える。碁盤の目のようで田地ばかりである。真ん中に川があり、北の海の向こうは芸州[62]である。山を下りてさらに南へ行き、野中の細道を通って佐礼山に登る。この山は見かけは小山だが、屛風を立てたような山で小石まじりの赤土の山である。足の踏み所もなく、なかなか上りづらい。二町辛苦して山上に至る。

(37) 塩田のある浜。和気浜塩田を指すか。
(38) 宇和島からここまでは現在も山の中を通る遍路道である。
(39) 松山市堀江町。
(40) 松山市柳原。
(41) 風早郷。松山市の旧北条市一帯の旧称だが、この場合は旧北条中央部を指すか。
(42) 鴻ノ坂。
(43) 浅海。松山市の旧北条市浅海地区。
(44) 窓坂、ひろいあげ坂。
(45) 今治市菊間町浜。
(46) 今治市大西町新町。
(47) 今治市阿方。
(48) 五十四番延命寺、今治市阿方。
(49) 別宮大山祇神社。現在の五十五番札所南光坊の北に隣接、今治市別宮町。
(50) 今治市大三島町。
(51) 大山祇神社、今治市大三島町宮浦。
(52) 静岡県三島市。
(53) 今治市中心部。
(54) 現存、今治市本町。
(55) 高野山小田原谷南側にある塔頭寺院。
(56) 松平定房。
(57) 美作＝岡山県北東部。
(58) 松平定経。今治藩二代藩主。一六三〇—七〇。
(59) 五十六番、今治市小泉。
(60) 蒼社川。
(61) 石清水八幡宮、今治市玉川町八幡。現在の五十七番札所栄福寺は山の中腹。
(62) 安芸＝広島県。

佐礼山[63]、本堂東向き、本尊千手観音。大師がこの観音像を海中より求め、山を開き安置した。二十八部衆・仁王は湛慶作[64]。庫裏は仙遊寺といい山の下にある。坂を下って北北東の方へ行くと、田の中に歓喜寺[65]がある。住職は慈悲深い。道筋を教えてもらい国分寺に至る。

国分寺[66]、本堂南向き、本尊薬師。寺楼・庭・前栽は国分寺という名にふさわしい立派なものだ。

大門の端から南東に流れる小川[67]があり、川沿いに一里ほど行って醫王山という坂[68]、少しばかり上るが二十町もあるだろうか。広さ二間ほどの道で美しい。ここを過ぎ楠[69]という里、次に中村[70]という里がある。ここまでが松平隠岐守[71]の領分。ニウ川[72]より南東は一柳修膳[73]の領分である。中村に泊まる。

(63) 五十八番仙遊寺、今治市玉川町別所甲。
(64) 鎌倉時代の仏師。一一七三―一二五六。
(65) 現存、今治市町谷。
(66) 五十九番、今治市国分甲。
(67) 大川。
(68) 医王坂。西条市楠の県道一五九号沿いの坂。
(69) 西条市楠。
(70) 西条市三芳中村。
(71) 松平定行。
(72) 西条市壬生川。
(73) 一柳直治。伊予小松藩二代藩主。一六四二―一七一六。

補註1　内容は現在流布されている衛門三郎伝説と似ているが、異なる部分もある。現在は衛門三郎の屋敷で托鉢したとされ、その跡という所に文殊院徳盛寺（別格九番、松山市恵原町）があるが、澄禅の日記には文殊院の記載はない。

補註2　肥後国（熊本県）願成寺の僧正勢辰が肥後国人吉藩の犬童播磨守（犬童頼兄＝いんどうよりもり＝一五六八―一六五五か。人吉藩相良頼房の家老）の謝徳のために遍路修行をした納札の記録である。一六一七年。実物は現存しないが、隣の円明寺には現存最古の慶安三年（一六五〇）の納札がある。これを三十年以上遡る納札の記録であり興味深い。

補註3　粟井坂。明治に海岸沿いの旧国道が開通するまでは難所とされた坂越え。現在は国道一九六号の粟井坂トンネルで抜ける。合併前の旧松山市側が道後、旧北条市側が道前。旧北条市側に下った所に大師堂（松山市小川）がある。

補註4　五十四番延命寺。江戸時代までは五十三番、五十四番ともに圓明寺と書き、五十三番は「えんみょうじ」、五十四番は「えんめいじ」と呼んで区別していた。しかし字面からは判別できないので地名を取って、和気の円明寺、阿方の円明寺と言っていた。澄禅の日記もこれに倣った。いずれにせよ隣り合う札所が同名では紛らわしく遍路泣かせであった。そこで、五十四番の方が明治初年に延命寺と改称した。

補註5　本来の札所は大三島にある大山祇神社であり、今治の別宮への参拝は略義であると記している。現在は南光坊への納経のみで、大山祇神社に参拝する人はほとんどいない。

十月二日～八日（小松から雲辺寺へ）

二日、ニウ川[1]を渡って南へ行く。北風吹き雨降って寒気は堪えがたい。田中の畔を伝って、震えながら一ノ宮に着く。国分寺より四里。

一ノ宮（補註1）。道より一町ばかり入った田の中に建っている。土地が低く洪水の時に困るので、南の山へ度々遷座するがもとの地に戻したという。もとへ戻りたいと度々託宣されたのでここに座したとも。本地十一面観音。川[2]を渡って一本松[3]という村を過ぎて、新屋敷[4]という所に社僧の天養山保寿寺[5]がある。寺主は高野山にて数年学んだ僧。旧友なのでこの寺に泊まる。

三日、寺に荷を置いて横峯に往く。まず十町ほどで香薗寺へ。一ノ宮より十八町。

香薗寺[6]、本堂南向き、本尊金界大日如来。庫裏はあれども住持なし。元の道に帰り小松[7]という所を経て横峯にかかる。

小松は一柳修膳正[8]一万石の城下。城はなく平地の屋敷構えである。侍屋敷、町家もある。城主は祖父一柳監物[9]が伊勢国神辺[10]より当郡に入り、五万八千石知行された。死去時に領地を三人の子に分けた。嫡子つまり今の監物[11]に西條の三万石[12]、次男美作守[13]にウマノ郡[14]の一万八千石、三男蔵人佐[15]に小松の庄[16]の一万石。城主修膳正[17]は蔵人佐の嫡子である。美作守は子がなく跡絶えた。領地一万八千石は公方の領地となり、松平隠岐守の代官所がある。

横峯寺[18]は、麓の小松から坂にかかり一里大坂を登る。それから三つの小坂を上下し、また大坂を登って少し平らな所に仁王門。ここに佛光山という額がある。銅で文字を入れている（補註2）。本堂南向き、本尊大日、権現社あり。庫裏には加賀国[19]の僧がいる。

（1）壬生川＝境川。
（2）中山川。
（3）西条市小松町新屋敷一本松。
（4）西条市小松町新屋敷。
（5）六十二番宝寿寺、西条市小松町新屋敷甲。
（6）六十一番香園寺、西条市小松町南川甲。
（7）西条市小松町。
（8）一柳直治。
（9）一柳直盛。伊予西条藩初代藩主。一五六四—一六三六。
（10）三重県鈴鹿市神戸。
（11）一柳直重。伊予西条藩二代藩主。一五九八—一六四五。
（12）西条市の旧西条市域。
（13）一柳直家。伊予川之江藩主。一五九九—一六四二。
（14）宇摩郡。現在の四国中央市。
（15）一柳直頼。伊予小松藩初代藩主。一六〇二—一六四五。
（16）旧小松藩。西条市の旧小松町一帯。
（17）一柳直治。
（18）六十番横峰寺、西条市小松町石鎚。
（19）石川県。

社壇の後園を通って南西の方の峰を五町登った所に鉄の鳥居[20]があり、石鎚山を遥拝して札を納めて読経念誦する。石鎚山は大雪が降り積もって白くなっている。一昨日、里は時雨だったが山々はみな、雪だった。もとの坂を下って保寿寺に還り泊。上下六里。

石槌山太権現[21]、本地阿弥陀如来。嶽[22]まで十二里。六月一日以外は山上に登れないので横峯に札を納める。石鎚より吉祥寺までも十二里。

四日、寺主が引き止めるので逗留。この新屋敷村に甚右衛門という人がいる。信心第一の人である。寺に来て明朝に自宅で朝食を接待するというので、五日は甚右衛門の家に行って食事をしてから出発する。そこから十町ほど行ってヒミ[23]の町を過ぎて吉祥寺へ。

吉祥寺[24]、本堂東向き、本尊毘沙門天。寺は荒れている。

一里ほど行って前神寺（補註3）という札所がある。石鎚山の里坊である。ここにも札を納める。そこから一里ほど行って西条の大町[25]に至る。西へ八、九町行った所に西条という城がある[26]。一柳監物[27]三万石の城下である。今の監物殿は前の監物殿の孫にあたる。大町よりカモ川[28]を渡って大道[29]を行き、五里余りの所にある泉川という川を川下に十町ほど下って、浦ノ堂寺という真言寺（補註4）に泊まる。住持は七十余の老僧、病気で半臥の状態である。

六日、寺を出て件の川を渡り、上野の峠[30]という山道を一里半ほど行って上野の里[31]に出る。ここからは宇麻ノ郡[32]公方の領地である。松平隠州[33]が代官である。野中の大道を行き、左は海である。中ノ庄[34]という所で宿泊を断わられた。そこから三島[35]という所まで行って興願寺[36]という真言寺に泊まる。住持は二十歳ぐらいである。

七日、寺を出て田畔を行って柏寺（補註5）という寺の前を経て坂にかかる。この三角寺は予州第一の大坂、大難所である。三十余町登ってようやく着く。

三角寺[37]、本堂東向き、本尊十一面観音。前庭の紅葉は無類の名木である。寺主は四十ぐらいの僧である。これより奥の院へは大山[38]を越えて五十町行く。堂の前を通って坂を登

(20) 星が森、西条市小松町石鎚星森峠。
(21) 石鎚神社本社、西条市小松町石鎚山頂。
(22) 石鎚山。
(23) 西条市氷見。
(24) 六十三番、西条市氷見乙。
(25) 西条市大町。
(26) 西条市明屋敷、現在の西条高校の場所に城があった。
(27) 一柳直興。伊予西条藩三代藩主。一六二四―一七〇二。
(28) 加茂川。
(29) 金毘羅街道。現在の国道一一号とほぼ並行する旧街道。
(30) 上野峠。
(31) 四国中央市土居町上野。
(32) 宇摩郡。現在の四国中央市。
(33) 松平定行。
(34) 四国中央市中之庄町。
(35) 四国中央市の旧伊予三島市中心部。
(36) 現存、四国中央市三島宮川。
(37) 六十五番、四国中央市金田町三角寺甲。
(38) 法皇山脈。

る。辺路修行者の中でも奥の院に参詣するのは稀というが、誠に人の通れる道ではない。ただ所々に草を結んでいるのを道しるべにして山坂を辿り登る。峠[39]から、また深谷の底へつるべ落としの急坂、小石交じりの赤土。鳥ですら通うのが困難な岩石の間から枯木が生えているのは、言葉にならないほどの絶景である。木の枝伝いに下ること二十余町で谷底に至る。

奥の院[40]は渓谷の水際の石の上に建つ二間四面の御影堂が東向き。大師が十八歳の時に山を踏み分けて、自像を彫刻して安置した。また北の岩の洞に鎮守権現の祠。堂の内陣に御所持の鈴・硯があり、宝物である。庫裏も岩の上に懸け造る[41]。乗念という本結切[42]の禅門が住持。昔よりこのような無知無能の道心者が住持しているので、六字の念仏をする者には一日も堪忍ならない。ここに宿泊。

以上で伊予国分二十六か所の札を成就。伊予の風俗は万事上方めいて田舎らしくない。慈悲心は薄く貪欲で、女は殊に邪険である。男女共に稀に仏道に入った者は信心深い。もっぱら来世を願うのも上方のようだ。国中に真言多く、他は少ない。

八日、奥の院を発って、件の坂を山の中腹から東に向かって恐ろしい山の崖を伝って行く。所々霜が消えて足の踏みどころもない細道を二十余町行って、少し平らな野中に出る。これが阿波と伊予との境である[43]。阿波の北部の西の隅に出る。ここから下って谷川[44]がある。この川は阿波の猪ノ津[45]まで二十里流れている[46]。川舟が自由に上下している。この佐野の里[47]に関所がある。阿波守[48]が番衆を置いて往還の者を改めて通す。北の山際に辺路屋がある[49]。ここから雲辺寺の坂にかかる。五十町というが三角寺の坂を三倍したような大坂がある[50]。登りきって山上[51]に出て見れば、まさに雲の辺で浮雲はみな、山より下にある。寒風激しく閼伽も手水もみな、凍っている。この嶽より見れば四国中は目前である。まず伊予の道前、讃岐一国、阿波の北部、土佐の山部、一目に見える（補註6）。三角寺からも奥

(39) 堀切峠。

(40) 仙龍寺、別格十三番、四国中央市新宮町馬立。

(41) 現在も本堂・本坊ともに谷の上に懸崖造の建物である。

(42) 髪を落とした。

(43) 境目峠、集落は徳島県三好市池田町佐野境目。

(44) 馬路川。

(45) 徳島市。

(46) 吉野川。

(47) 三好市池田町佐野。

(48) 蜂須賀光隆。

(49) 青色寺。三好市池田町佐野初作。

(50) 俗に遍路ころがしといわれる急坂である。

(51) 雲辺寺山。

の院からも五里である（補註7）。

雲辺寺、(52)巨鼇山、本堂東向き、本尊千手観音、二十八部衆あり。この山は阿波・讃岐・伊予三国の境であるが、山は阿波に属し、札は讃岐の最初である。本堂を近年阿波守(53)が再興して結構である。庫裏は古義学者三十余歳の僧が住持。夜はこの寺に泊まる。

(52) 六十六番、徳島県三好市池田町白地。

(53) 蜂須賀光隆。

補註1　一宮神社、現在の六十二番宝寿寺から予讃線の線路を隔てた北側、西条市小松町新屋敷一本松。一宮は当時は中山川の北（西条市小松町新屋敷白坪）にあったか。

補註2　小松の街中から横峯への道を辿っていることから、現在の石鎚山ハイウェイオアシスの裏から上がる遍路道を行ったと思われる。現在は湯浪道あるいは香園寺奥の院滝道が主流であるが、当時は小松から直に上がる道が主流であったか。仁王門の位置は現在ここにはなく、寺域の逆側から入る湯浪道から登りきった所にあるので、確認は取れていない。

補註3　六十四番、西条市州之内甲。当時は石鎚山が札所であって、現在の札所である前神寺は里坊と記している。石鎚山の中腹に奥前神寺（西条市小松町石鎚成就）があり、七月一―十日の山開き期間のみ開扉される。

補註4　隆徳寺、新居浜市外山町。隆徳寺は旧浦堂寺と正光寺が明治四十三年に合併してできた寺である。現在の寺地は旧浦堂寺があった境内という。泉川は隆徳寺前の小川を指すと思われるが、すぐ東に国領川もある。

補註5　善法寺（四国中央市下柏町）か。善法寺は江戸前期は現在地より南の山寄りの同市上柏町の戸川公園のあたりにあったというから、ここから三角寺の坂にかかるという表現と一致する。柏寺とは柏にある寺という意味か。

補註6　現在も雲辺寺の展望台からは、讃岐平野を一望でき、東予の平野部と石鎚山系が目前にあり、阿波の北東部の山系、さらにその奥に土佐の山々が望める。

補註7　行程五里の距離からいって、堀切峠（県道五号の旧道の旧川之江市と旧新宮村の境）から北へ四国中央市金田町半田平山に下り、三角寺からの道と合流して椿堂（四国中央市川滝町下山）を経由する現在の遍路道ではなく、堀切峠から東進し、呉石高原（四国中央市新宮町上山呉石）を経由して愛媛・徳島県境沿いに境目峠に至る尾根道を辿ったと思われる。佐野から遍路ころがしを上がった雲辺寺山の尾根道は標高九百メートル近く、寒風吹きすさぶのは現在も同じである。

十月九日〜十四日（大興寺から金毘羅へ）

九日、山を出て北の尾崎を下る。ここから讃岐分である。この山坂五十町の間は深山で草木生い茂って笠も荷俵も破れるような所だったが、今年の夏に土佐・神峯の麓出身の在家の辺路がこの道の有様を見て修行者の勤労奉仕と言って、この寺に数日逗留して道の左右を三尺ほど独りで切り開いたので、今は自由に通れる。麓から北五万石は山崎虎ノ助の領分。野中を行き小松尾寺まで三里。

小松尾寺、本堂東向き、本尊薬師。庫裏は小庵である。西へ向かって野を行って観音寺へ二里。

観音寺、本堂南向き、本尊正観音。大師の開基、桓武天皇の御願で大同年中（八〇六―一〇）の造営。庫裏は神恵寺で六坊あり。二町ほどの坂を上って琴引宮へ。

琴引八幡宮、南向き、本地阿弥陀如来。大宝三年（七〇三）、豊前国宇佐ノ宮から来臨した。海上で琴を弾く妙なる音が聞こえ、ここの権者という人が山に宮を造って安置した。その後、大師が観音寺とした。山の形は素晴らしい。社壇周囲の古松林が風で琴の音を響かせる。楼門の前に西ノ尾・丸山という二つの山がある。二町ほど指出した数寄屋の路地を固めたような赤土の上に、三尺ほどの小松が砂の中から並び生える。向こうには雲辺寺の峰をはじめ名山が立ち重なり、麓は観音寺の町家千軒の家がある。河口には大船がたくさん繋留されている。沖は中国・筑紫の海につながっており、釣舟が木の葉が散ったように浮いている。四国中に佳景は多いが当山は最高だ。今年の正月に当社の氏子が六千三百余人奉加して石の鳥居を立てた。東北に一里行って、本山寺で泊まる。

本山七宝山長福寺持宝院、本堂南向き、七間四面、本尊馬頭観音。仁王門・鐘楼あり。寺主は四十ほどの僧。当寺の縁起は別にある。

（1）高知県安田町。
（2）香川県観音寺市粟井町。
（3）山崎治頼。讃岐丸亀藩三代藩主。一六五〇―五七。
（4）六十七番大興寺、香川県三豊市山本町辻小松尾。
（5）六十九番、観音寺市八幡町。
（6）琴弾八幡宮、観音寺市八幡町。現在の六十八番神恵院は観音寺境内。八幡宮は観音寺の西二百メートル。
（7）大分県宇佐市の宇佐神宮。
（8）観音寺市中心部。
（9）財田川。
（10）中国地方や福岡県。
（11）七十番本山寺、三豊市豊中町本山甲。

十日、寺を発って北へ三里行き、弥谷の麓の辺路屋[12]に泊まる。午前零時から雨が降る。

十一日、天気になり、午前十時に宿を出る。

弥谷寺[13]、釼五山千手院。まず坂口に仁王門、ここから少し高い石面に仏像や五輪塔を数多く彫り付けてある。自然石に階段を切り付けて寺庭に上る。庫裏は南向き、持仏堂は西向きに巌の端に広さ二間半、奥へは九尺、高さは人の頭の当たらぬ程に堅固に切り込んである[14]。仏壇は一間奥へ四尺に切り込んで、左右に五如来を刻んである。中尊は大師の御影木像、左右に藤新大夫婦を石像に刻んである。北の方の床は位牌壇である。正面の床の脇に護摩木棚二段。東南の二方に敷居・鴨居を入れて戸を立てるようにしている。庭より一段上って鐘楼、また一段上って護摩堂がある。これも広さ九尺ほど、二間に岩を切って口には戸がある。内に本尊不動、他の仏像いずれも石である。そこから少し南へ行って水向。石の面に二寸五分ぐらいの刷毛書き様の阿字を彫り付け、周りは円形、今時の朴法骨多肉少の筆法である。その下に岩穴があり、ここに死骨を納める。水向の舟の中にキリクの字、脇に空海とある。周囲の石面に幾千万という五輪を切り付けてある。また一段上って石面に阿弥陀三尊、脇に六字名号を三行に六つ刻み、九品の心持という。また一段上って本堂、岩屋の口に片軒を指し降ろして建っている。本尊千手観音、その回りの石面に五輪を刻んである。近くに鎮守蔵王権現の社がある。山中の石面には一つ残らず仏像を切り付けている（補註1）。札を納め読経念誦し、護摩堂へ戻る。北へ行って北峯[15]に上る。峠より真下に岩組みの谷間を下る[16]。谷底より小さい山[17]を越えて白方屏風カ浦[18]に出る（補註2）。

白砂が広がる松原の浦の中に御影堂がある。寺は海岸寺[19]という。門の外に産ノ宮という石の社があり、洲崎に産湯を引いた盥という。外は方形で内は円形の石の盥である。波打ち際に幼少のころ遊んだという所がある。寺の向かいに小山があり、一切経七千余巻を納めた経塚である。

五町ほど行って藤新大夫の住んでいた三角屋敷がある[20]。大師御誕生所で御影堂がある。

(12) 八丁目大師堂、三豊市三野町大見。
(13) 七十一番、三豊市三野町大見乙。
(14) 現在の本坊と大師堂にあたる。
(15) 天霧山。
(16) 実際、岩場の急坂である。
(17) 小高い丘のある白方小学校（多度津町奥白方）のあたりか。
(18) 屏風浦、多度津町西白方。
(19) 別格十八番、多度津町西白方。
(20) 八幡山佛母院、多度津町西白方。

御童形、十歳の姿という。寺を八幡山三角寺佛院という。住持が御影堂を開帳し拝ませてくれた。堂は東向き、三間四面。但馬国銀山(21)の米屋源斎という人が再興した。讃岐国多度郡屏風浦の三角寺の御影堂を再興せよとの霊夢を見て、讃岐に来た。まず四国辺路をし、御影堂を三間四面に瓦葺きに再建して、また辺路をして帰国したという。仏壇の左右に焼物の花瓶があり、備前国伊部(22)の宗二郎という人が霊夢によって寄付したという由緒が銘にある。なお今も霊験あらたかと住持の僧が話した。北西に五町ほど行って八幡ノ社(23)がある。大師の氏神である。洛陽東寺(24)の八幡もこの神を勧請した。この寺で泊まる。

十二日、寺を発って東へ行き、弥谷の麓を通る。二十余町行って万荼羅寺(25)へ。曼荼羅寺(26)、本堂東向き、本尊金剛界大日如来。寺に荷を置いて出釈迦山に上る。寺から十八町。

出釈迦山(27)。まず五町ほど野中の細道を行って坂にかかる。小さい谷合いの屏風を立てたような、細く焼石のように崩れかかった上を登るので恐ろしい。ようやく峰に登りついて、馬の頭のような所を十間ほど行って小さな平らな所に昔の堂の跡がある(28)。釈迦如来・文殊・弥勒の石像などがある。近年、堂を造立したが暴風で一夜で吹き崩れたという。見たところ割れた板や瓦が多い。ここは曼荼羅寺の奥の院というべき山である（補註3）。もとの坂を下って曼荼羅寺へ。八町行って甲山寺に至る。日記には善通寺から□町、善通寺から甲山寺に□町とある。これは出釈迦の東の坂を下りて善通寺に直行した場合の道筋である（補註4）。

甲山寺(29)。四方に臼の甲を見るような山。五岳の一つ(30)。本堂東向き、本尊薬師如来。寺はもとより真言宗。八町行って善通寺へ。

善通寺(31)、本堂は御影堂、また五間四面の護摩堂あり。札所は薬師如来(32)、大門の先にある。昔繁昌していた時分はここへ続いていたという。寺主に出会ったところ、私が修行していると感じて御影堂を開いてくれたので尊影をじかに拝んだ。また、公開していない霊

(21) 兵庫県朝来市生野町口銀谷。
(22) 岡山県備前市伊部。
(23) 熊手八幡宮、多度津町西白方。
(24) 京都の東寺（教王護国寺）。
(25) 曼荼羅寺。
(26) 七十二番、善通寺市吉原町。
(27) 我拝師山、善通寺市吉原町。七十三番出釈迦寺（善通寺市吉原町）から南東二キロの山上。
(28) 七十三番奥院・捨身ヶ嶽禅定、善通寺市吉原町。
(29) 七十四番、善通寺市弘田町。
(30) 現在の五岳は香色山、筆ノ山、我拝師山、中山、火上山であり、甲山は数えられていない。
(31) 七十五番、善通寺市善通寺町。
(32) 金堂。

宝の数々を拝見した。大師入唐時に、母との別れに際して自分と思ってくださいと描き置いた自画像。その後、この謂われを聞いた天皇から献上せよ命じられ、院主がこの像は由緒ある像なので寺にも霊宝が必要と、絵師に寸分違わず複写させ、表具も同様にして二幅掛けた。勅定の時には全く同じように見えてわからなかったが、院主が本地に帰りたいなら印を表せと祈念したところ、絵像の御影が少し目を引いたので、これを持って退出した。天下無双の目引大師(33)というのがこれである。また御所持の銅鉢、恵果和尚より相承の二十五条の甲の大衣、同金銅の錫杖(34)もある。普通の錫杖と大いに異なり、表に釈迦三尊、多聞・持国天、裏に阿弥陀三尊、増長・広目天ほかがある。一字一体の法花経という文字と仏像を並べた法華序品一巻(35)もある。寺号・院号は大師の舅・善通という造立した人の名。大師幼少の時に余りに夜泣きするので千入カ原(36)に捨てられたのを、通りすがりの住持が抱いて寺に引き取って養育したので誕生院と号す。また五岳というのは筆山(37)・中山・火山(38)・我拝師視山(39)・甲宿山(40)で、当寺の後ろより向こうの方まで屏風を立てたように続いているので、この浦を屏風浦という。

北東(41)へ一里行って金毘羅(42)に至る。まず山下に大きい町がある。坂を登って仁王門、近年大仏師左京が登山して造ったという。六坊あり。本坊を金光院(43)といい、寺領は三百石余。公方の御朱印所である。ここの三、四百軒の家はみな、金光院の家中である。庫裏は南向き、御影堂・護摩堂は東向き。座席の前に泉水築山、奇樹妙石がいっぱいだ。東面の書院より見れば讃州一国が見渡せる。権現を参詣する坂の下に、神馬を八寸ほどに造って真紅の縄をつないでいる。近年、当国の松平右京大夫(44)から寄進されたものだ。坂を登って中門、四天王を安置、傍に鐘楼、門の中に役行者堂。坂の上に正観音堂がありこれが本堂、九間四面、奥に金毘羅大権現の社。権現が在世の昔に、山を開き自像を作って安置し入定したといい、廟窟の跡という小山があり、人跡を絶つ。寺主の上人が私のために開帳してくれた。尊体は法衣長頭襟、左右に不動毘沙門像。国主が霊徳を感じて神物を寄付した。

(33) 瞬目大師像。
(34) 国宝金銅錫杖頭。
(35) 国宝一字一仏法華経序品。
(36) 仙遊ヶ原。善通寺市仙遊町。
(37) 筆ノ山。
(38) 火上山。
(39) 我拝師山。
(40) 香色山。
(41) 実際は南東。
(42) 金刀比羅宮。琴平町琴平山。
(43) 廃寺。
(44) 松平頼重。讃岐高松藩初代藩主。一六二二—九五。

六歌仙像を狩野法眼探幽(45)・同主馬助(46)・同左京(47)兄弟三人で三筆描いて、公家門跡の名筆たちに二、三ずつ歌を書いてもらい、桐箱に納め京兆(48)自筆の箱書きをして寄進したという珍しいものだ。他にも神物多いが略す。少し南方に当山の守護神である三十番神の堂。当山を馬頭山(49)という。よそから見ると馬の臥した形に見えるから馬頭山という。昔から今まで大富貴の山である（補註5）。十月十日は祭礼で、当国はもとより隣国遠国から参詣者があり、六日から十一日までは幾千万という数だ。諸国の商人が集まり商売で儲ける。法印の知り合いの寺家の真光院(50)に泊まる。

十三日、十四日は逗留。

(45) 狩野守信。狩野派の絵師。一六〇二―七四。
(46) 狩野尚信。一六〇七―五〇。
(47) 狩野安信。一六一三―八五。
(48) 松平頼重。
(49) 現在は象頭山。象の頭の形に見えることから、江戸時代も象頭山と呼ばれていたはずである。
(50) 廃寺。

補註1　弥谷寺には現在も仏像や梵字、名号を彫った磨崖仏が数多く現存する。澄禅は当時の磨崖仏の様子を詳しく記している。梵字の筆法にまで触れているのはさすがである。

補註2　澄禅は弥谷寺本堂から仁王門に下りて七十二番を目指す遍路道を選ばず、護摩堂から分岐する天霧山への山道を辿り、白方の海岸寺付近に下りる道を行っている。

補註3　現在の出釈迦寺本堂は我拝師山の麓にあるが、もとは現在の奥の院の堂がある山上にあった。なお、釈迦石像等は堂からさらに岩をよじ登った上にある。距離や描写から言って澄禅は山上に参拝したとみられる。

補註4　澄禅が海部の大師堂で入手した『辺路札所ノ日記』に記されていたものと思われる。距離のところが空欄なのは、澄禅が調べようとしてできなかったのか、興味深いところである。

補註5　金刀比羅宮は四国札所ではないが、番外として江戸時代はよく参られた。澄禅もこれに従ったといえる。澄禅の記述にある堂寺等は神仏分離でなくなった。なお、神仏分離後独立した松尾寺（琴平町琴平、金刀比羅宮の麓にある）の本尊は釈迦如来で、観音ではない。

十月十五日～二十日（金倉寺から屋島寺へ）

十五日に寺を出て善通寺に帰る。道具を取って東へ十八町、金蔵寺に至る。

金蔵寺(1)、本堂南向き、本尊薬師、鶏足山金蔵寺。天台智證大師(2)の開基だ。昔は七堂伽藍

(1) 七十六番金倉寺、善通寺市金蔵寺町。
(2) 円珍。天台寺門宗の宗祖。弘法大師の甥。八一四―九一。

があった。四方に築地の跡が残っている。北東に一里行って道隆寺へ。

道隆寺[3]、本堂南向き、本尊薬師。道隆親王[4]が建立した寺。桑多山道隆寺明王院、昔は七堂伽藍があった。明王院で泊まる。本堂・護摩堂は立派である。寺主は高野山の学徒、当寺の旦那に横井七左衛門という人がいて、一緒に話をするが、光明真言の功能などを聞かれて真言の伝授を受けたいというので伝授した。帰宅してから手巾や斎料などを贈られた。

十六日、寺を発って東北に行き、円亀[5]に至る。山崎虎之助[6]五万石の城下。祖父甲斐守[7]が死去後、嫡子志摩守[8]も続いて死去、孫の虎之助が三歳で五万石を拝領した。城下の町中を通り、河口の入江の船賃は一銭だった。川[9]より東は高松城主松平右京太夫[10]の領分。北の浜は満潮時には道はなく、野へ回って行く。道隆寺より二里で道場寺へ。

道場寺[11]、本尊阿弥陀、寺は時宗。所はウタス[12]といい、ここからなお野道を行って坂瀬[13]という塩屋の浜を通って、大道[14]ら右の山際に行く道を上って野沢ノ井[15]という泉がある。岩間を流れ行く細い谷川である。

この水は金山薬師[16]という十町ほど東の山にある薬師石像の胸から流れる水で霊験がある。昔、巨大な悪魚が出現して船を破壊した。内裏から佐留礼親王（補註1）が悪魚退治のため派遣され、親王が八十余人の軍兵を率いて下向する途中、当国の沖に悪魚が浮かび出て親王も軍兵も船ごと呑み込んでしまった。親王の軍兵は普通の人間でなかったので、悪魚の腹の中から魚をやっつけた。親王は一寸八分の黄金の薬師像をお守りとして掛けていた。本尊は光明を放って守ってくれた。悪魚は苦しみ、伊予の海を過ぎ室戸岬まで逃げて行った。なお腹が痛かったので泳ぎ帰って当国坂瀬の浜で死んだ。親王は腹を破って出てきたものの数日の疲れで弱っていた。ここに来て水を飲んだところ、たちまち回復した。八十余の軍兵は親王より気力が劣り、皆、腹の中で死んでしまったが、死体を取り出して、親王がこの水を口に注いだところ、皆、蘇生した。それで八十蘇の水と改称した。親王は当国に留まってこの地を領有した。その後、本尊を大像の首に埋め込み、堂を造っ

（3）七十七番、多度津町北鴨。
（4）和気道隆。
（5）丸亀＝丸亀市中心部。
（6）山崎治頼。
（7）山崎家治。讃岐丸亀藩初代藩主。一五九四―一六四八。
（8）山崎俊家。讃岐丸亀藩二代藩主。一六一七―五一。
（9）土器川。
（10）松平頼重。
（11）七十八番郷照寺、宇多津町西町東。
（12）宇多津。
（13）坂出。
（14）讃岐浜街道、県道三三号沿い。
（15）八十場の水、坂出市西庄町八十場。
（16）金山奥の院瑠璃光寺、坂出市江尻町。

て安置した。大魚菩提のためだ。今は魚ノ御堂という。

二町ほどで崇徳天皇。[17]（道場寺から）二里。

崇徳天皇。[18]世間流布の日記には崇徳天皇とあるが、大師が定めた札所は金山薬師である。七十五代崇徳天皇[19]は大師より三百余年後である。天皇崩御の後、子細あって玉体を八十蘇の水に三七日[20]浸した。その跡ゆえに、ここに宮殿を建てて神と崇める。脇に源為義、[21]源為朝[22]の影像を置き守護神とした。本堂には十一面観音を安置。ほかに七堂伽藍の数か寺が建つ、三千貫の領地。この寺が繁昌して金山薬師は衰退し、子細由緒を知らない辺路修行の者がこの寺を札所と思い巡礼したのが始まり。これは誤りである（補註2）。当寺は金花山悉地成就寺摩尼珠院（補註3）といい、寺は退転して俗家の屋敷となっている。東へ行き、綾川を渡って坂を越えて、国分寺まで五十町。

国分寺、[23]白牛山千手院。本堂九間四面、本尊千手観音、丈六像。傍に薬師。鐘楼あり。寺領百石、よく整備されている。この寺で泊まる。

十七日、寺を発って白峯に。屛風を立てたような山坂の九折《つづらおれ》[24]を五、六町上る。上りきった所に由緒ある渓水がある。水上に地蔵堂。松並木を行って、白峯まで五十町。

白峯寺、[25]智證・弘法両大師の開基。五岳の随一。鷲峯[26]が府中[27]にありこれが中央である。青峯山根香寺、[28]赤峯吉水寺、[29]黒峯馬頭院[30]に、当寺を加えて五岳である。讃岐の松山[31]というのは当山だ。山号は後松山院、号は千手院。智證大師が一木で千手像を五体彫刻して五所に安置した。山の主は相模坊[32]という天狗の首領。鎮守は蔵王権現。当山は崇徳天皇の遺骨を奉納した地。

天皇は保元元年（一一五六）に帝位を争って源為義子息七人を大将にして合戦、負けて仁和寺へ行く。委細は『保元軍記』[33]に書いてある。仁和寺の寛遍法務[34]の住坊で出家。その時、「言語道断身を浮雲になし果て嵐の風に任すべしとは」「憂事のまどろむ程はわすられて覚は夢の心地こそすれ」の歌を作られた。七月二十三日に京を出、八月三日に讃岐の松

(17) 天皇寺あるいは白峯宮。
(18) 白峯宮、坂出市西庄町天皇。現在の七十九番高照院天皇寺は神社をはさんで右に本坊、左に本堂大師堂等。
(19) 一一一九—六四、在位一一二三—四一。保元の乱の責任を問われ讃岐に配流される。委細は白峯寺の項に記されている。
(20) 二十一日間。
(21) 保元の乱で崇徳上皇側についた武将。一〇九六—一一五六。
(22) 源為義の八男。一一三九—七〇?。
(23) 八十番、高松市国分寺町国分。
(24) 俗に遍路ころがしといわれる急坂。
(25) 八十一番、坂出市青海町。
(26) 八十二番奥院・鷲峰寺、高松市国分寺町柏原。
(27) 高松市の旧国分寺町から国府のあった坂出市府中町につながる周辺が、府中と言い習わされている。
(28) 八十二番。高松市中山町。
(29) 廃寺、高松市国分寺町国分国分台。足尾大明神（高松市中山町）に吉水寺跡の地蔵堂があったという説も。
(30) 廃寺、坂出市青海町北峰。
(31) 坂出市の五色台の白峯山周辺。
(32) 日本八大天狗の一。白峯寺以外に、坂出市大屋冨町に相模坊社がある。
(33) 『保元物語』か。澄禅の時代に『保元軍記』と称する別本があったのか、確認できていない。
(34) 仁和寺別当。一一〇〇—六六。高野山大塔落慶法要の導師を務めた。

カ浦[35]に着く。佐留礼親王の末裔である野太夫高遠[36]の領地。高遠の持仏堂[37]を御所にして三年住む。その後、府中の鞁カ岳[38]に宮を造り移住する。松カ浦御所の柱に「爰も又あらぬ雲井と成にけり空行月の影に任せて」と。

鞁カ岳御所の六年間に五部の大乗経を書写、安元三年（一一七七）七月に、子の重仁親王[39]の御所の霊地に納めてほしいと都に使者を送る。その時の歌に「浜千鳥跡は都に通へども身は松山に音をのみぞ啼」。しかし少納言信西は、お経の入洛は帝都呪詛のためと聞いているのですぐに讃岐は送り返すようにと勅定があったと、突き返した。天皇は翻意して、この身が辺国に朽ち果てても跡は残したい。そこで経を海に沈め魔界に回向し大魔王となって天下を覆したいと、頭襟鈴懸を着け、当山の相模坊を頼って鞁カ岳御所より当山へ六十町、二百日間丑の刻詣りをした。その後、経を当国の海上に浮かべたら火焰上り童子出て舞い納経する。長寛二年（一一六四）八月二十六日に四十六歳で崩御される。白峯に埋葬するよう遺言したが、国侍が勝手にできないので都の許可が出るまで、八十蘇の水に遺体を浸し護衛した。勅宣で百二十丈の高さの頂で荼毘に付し、その山に納骨した。その上に石畳の壇を築き、左右に為義・為朝の石塔を立てる。傍に九間四面の堂を建て、中央に出家時に仁和寺で描いた天皇の自画像を安置、前に母の持尊の阿弥陀三尊、大壇中央に使者の鳶の木像、右に相模坊自作の像。頭襟・結袈裟・摺袴で、右に剣、左に念誦を持つ恐ろしい姿。前に天皇御守本尊、中央は釈迦、左右に大師と太子像[40]。前に相模坊、左右に不動毘沙門。堂が焼失してのち、後嵯峨院[41]が再興したのが今の堂。小屋山頓證寺崇徳院と号す[42]。門に後嵯峨院勅筆の額。

庭に西行[43]の腰掛石。天皇崩御後に西行法師が四国巡礼して、仁安元年（一一六六）十月に廟参し、前の橋の木に箕を寄掛け、波石に腰を掛けて続経念仏した時、にわかに風が吹いて御堂の扉が自ら開き天皇の歌が聞こえた。「松山や波に流れてこし舟の頓て空く成にける哉」と。西行が頓首合掌して「よしや君昔の玉の床とてもかゝらん後は何にかわせ

(35) 坂出市高屋町。
(36) 綾高遠。讃岐国府の目代。
(37) 雲井御所、坂出市林田町の中川観音堂。
(38) 鼓岡御所、坂出市府中町鼓岡の鼓岡神社。
(39) 崇徳天皇の第一皇子。一一四〇—六二。
(40) 聖徳太子。用明天皇第二皇子。厩戸皇子。推古天皇摂政。五七四—六二二。
(41) 八十八代後嵯峨天皇。一二二〇—七二。在位一二四二—四六。
(42) 白峯寺の境内・崇徳天皇陵の前に頓證寺殿が現存する。現在は堂の前脇に相模坊の石像がある。
(43) 平安—鎌倉時代の歌人・僧侶。一一一八—九〇。

ん」の歌を詠むと、受け入れてくれたのか御殿が鳴動した。歌一首で鎮まって、それからは怨霊の出ることはなくなった。

国主右京太夫頼重朝臣[44]が参詣し御廟を拝し、この由緒を聞いて信心浅からずと種々の神物を寄付、その時「古の名を聞跡の石ならば朽せん後の形見とぞ思う」の歌を自筆で奉納、金毘羅の歌仙同様に調べを当山にも奉納した。他にも宝物はある。天皇在世時に所持した笙、七尺余の曲筆である御自筆の六字名号、後嵯峨院より贈られた勅筆の王羲之[45]筆跡紺紙銀泥の法華経、当麻寺[46]中将姫[47]筆の法華。勅製を世尊寺殿が清書した当寺の縁起、これは崇徳天皇夢のお告げによって位に就いたからで、ことに当寺を崇敬した。また、天皇在世時に宮中や公家門跡衆より贈られた短冊・書札など、ほかにも寺宝が多い。

寺の西向かいに山がある。源頼朝没後十三年忌に石塔伽藍を建てた。先年炎上して今は石塔と伽藍の礎のみ残っている。根香寺に行く途中に吉水[48]という薬水があり、五岳の一つ。白峯より五十町で根香寺に至る。根香寺に泊まる。

根香寺[49]、青峯、本尊千手観音、五岳の一つ。大師常住の大衣布で縫った袈裟、中将姫の筆跡紺紙銀泥の法華経一部、上品の鏡という影の縦横無辺に替わり写る筒[50]などといった霊宝がある。

十八日、東の浜に下ってカウザイ[51]から南へ向かい、大道[52]を横切り南端まで三里行って一ノ宮に至る。

一ノ宮（補註4）、社壇も鳥居も南向き、本地正観音。北へ二里ほどで高松[53]に至る。

高松は松平右京太夫[54]十二万石の城下。京兆[55]は水戸中納言頼房卿[56]の長子。家康の孫にあたる。黄門[57]舎兄の亜相[58]より早く誕生したので、京兆を幼少より洛西の天龍寺[59]に預けて世に披露しなかった。家光公[60]が聞き及んで当国を与えた。京兆は戊年なので三十一歳だが賢くて政道に無私であり、万民を養い貧しい者の苦労をよく知っている。当国の白峯寺以下の札所に倍旧の新地を寄付した。当時は在府。家老は彦坂織部ノ正、他に谷平右衛門、石井仁

（44）松平頼重。

（45）中国東晋の書家。三〇七？—六五？。

（46）奈良県葛城市當麻。

（47）当麻曼荼羅の作者。七四七—七七五。

（48）吉水寺か。

（49）八十二番、高松市中山町。

（50）万華鏡か。

（51）高松市香西地区。

（52）金毘羅高松街道。

（53）高松市中心部。

（54）松平頼重。

（55）松平頼重。

（56）徳川頼房。水戸藩初代藩主。一六〇三—六一。

（57）徳川光圀。水戸藩二代藩主。一六二八—一七〇一。

（58）徳川光貞。紀州藩二代藩主。一六二七—一七〇五。亜相は戒名。

（59）京都市右京区の天龍寺。

（60）徳川家光。江戸幕府三代将軍。一六〇四—五一。

右衛門、増間半右衛門、大森八左衛門、大窪主計、松平半左衛門以上六人が老中評定衆。祈願所は天台宗喜楽院(61)といい、水戸より同道にて入国、城下に寺を建てた。高松城は昔はムレ高松(62)で八島(63)の南東にあったが、先年、生駒殿(64)が国主の時に今の所に引っ越して城を構え、また高松城と名付けた。平城だが三方は海で南一方が地続き。随分堅固な城である。八島寺(65)は東にあたり、干潮時は汀を行って一里半ほど。満潮時は南の野へ回るので三里になる。高松の寺町(66)にある實相坊(67)に泊。

十九日、寺を発って東の浜に出る。午前九時は干潮だったので汀を直に行って屋島寺の麓へ。そこに寺まで十八町の石がある。松原の坂を上って山上へ。

屋島寺。開基は鑑真和尚(68)。和尚来朝時にこの沖を通ったが、南に異様な気配があると島に船を着けて見て、寺院を建立する霊地と感じて北の峰に寺を建てた(69)。南面山と号した。わが国の律寺の最初である。その後南都(70)に行き参内した。当寺に鑑真和尚所持の衣鉢がある。鉢が空に舞い沖の船に下りて斎料を請う、舟人驚いて米穀を入れ本山へ飛還する。度々同様のことがあり崇敬を集め、次第に繁昌して四十二坊までなった。ある時、鉢が漁船に下り、漁師がびっくりして魚を鉢に入れたら鉢が微塵に破れて舟とも沈没、この海を舞崎という。山衰微して退転。その時の本堂の本尊釈迦像は今もある。大師が再興した時、北峰は人里から遠いので、南の峰に引いて嵯峨天皇(71)の勅願寺とした。山号は南面山屋島寺千光院。千手観音を造り本堂に安置。大門の額に「遍照金剛三密行所當都率天内院管門」と書いた。しかし額を毎夜龍神が上って覗くので、額を掛けていたら末代の寺のためにならないと、智ノ池(72)中島に埋めた。それからは寂れることなく仏法を伝えている。

東に行って屏風を立てたような坂がある。ここから下は平家の城郭。五町ほど下って壇ノ浦(73)に至る。安徳天皇(74)内裏の旧跡がある(75)。内裏の傍の一群の松の中に奥州佐藤次信(76)の石塔(77)。内裏は阿波民部重能(78)の力で仮に造った所。波打ち際に洲崎の堂(79)の跡。佐藤の石塔は当国主が石壇を築き石碑を立てた。銘が細字でよく読めない。八栗へは海上六、七町ほど。

(61) 克軍寺、高松市西宝町。
(62) 牟礼高松。高松市高松町。俗に古高松という地域で、琴電古高松駅の南側一帯。
(63) 屋島。
(64) 生駒親正。戦国大名。讃岐を知行。一五二六―一六〇三。
(65) 八十四番屋島寺、高松市屋島東町。
(66) 高松市番町。
(67) 実相寺、高松市三谷町。もと三番町にあった場所に東福寺。実相寺は番町から桜町に移転、さらに郊外の三谷町に移った。
(68) 鑑真和上。律宗開祖。六八八―七六三。
(69) 現在、屋島北嶺に跡が残る。
(70) 奈良。
(71) 五十二代天皇。七八六―八四二。在位八〇九―八二三。
(72) 血の池。屋島山上南嶺にある。
(73) 現存。現在、海はかなり埋め立てられている。高松市屋島東町あたり。
(74) 八十一代天皇。一一七八―八五。在位一一八〇―八五。
(75) 安徳天皇社、高松市屋島東町。
(76) 佐藤継信。源氏方の武将。一一五八?―八五。
(77) 現存。高松市屋島東町。
(78) 田口成良。徳島に勢力を持っていた平家方の武将。
(79) 洲崎寺。高松市牟礼町牟礼に移転。

浦伝いに南に行けば相引[80]という所に至る。屋島を中にして両側から潮が一度にさし引く時も一度に引くので相引という。源平合戦の時分までは干潮時も人馬が歩いて渡れなかったが、近年浅くなったので干潮時は白砂の上を歩行できる。これを渡ってムレ高松[81]に至る。この浜は源氏の陣場で、義経[82]が浜に面して陣を張り、鹿垣を結んで惣門を構えその中から出陣した。惣門の跡に柱が一本立ててある。次信が能登守度経[83]の矢に当て落とした射落[84]という所がある。那須与一宗高[85]が扇を射った時に、海中に馬を泳がせ石の上に馬を立て扇を封じたという二間四方の駒立石が波打ち際にある[86]。昔は海底だったが浅くなって干潮時には露出する。南西十町ほどに次信を火葬した墓所。浜から二十余町上って八栗寺に至る。

八栗寺[87]、本堂南向き、本尊千手観音。大師入唐時、仏法繁昌の霊地で生成せよと念じ唐より栗八つを海上に投げたが、栗はこの島に流れ着き八本の栗の木が生えた。大師帰朝後、当国で尋ねたところ、この島に栗八本が生えていた。峰は大磐石金輪際より出た五鈷杵のような形。ここに寺を建て五鈷山[88]八栗寺千手院と号す。頂上は磐石の五鈷形へ上る恐ろしい所である。上には当山権現・天照太神・愛宕権現・弁財天女の社壇あり。これを拝んでまた本堂の前に下る。夜は当寺に泊まる。

義経がムレ高松に押し掛けた二月十八日、この寺に僧俗集って観音講を営んでいる最中に、時の声が聞こえたので後ろの山に隠れた。源氏の雑兵が寺中に打ち入り、観音講に用意した食料があるのを見つけ自軍兵に配った。弁慶[89]が仏前を見れば観音講の荘厳は丁寧であった。弁慶が鎧を着けたまま登壇して観音式を読んだところ、軍勢は一度に笑って退散した。このような言い伝えを住持が話した。

二十日、雨天なので逗留。

(80) 相引川沿いにあった浜。屋島が地続きになった現在は、埋め立てられて住宅地になっている。高松市屋島東町・屋島中町・屋島西町・高松町。
(81) 牟礼高松。高松市高松町。
(82) 源義経。源氏の武将。一一五九―八九。牛若丸。
(83) 平教経。平家の武将。一一六〇―八四。
(84) 現存。高松市牟礼町牟礼。
(85) 那須宗隆。源氏の武将。一一六九？―八九？。
(86) 現在は陸上にある。高松市牟礼町牟礼。
(87) 八十五番、高松市牟礼町牟礼落合。
(88) 現在は五剣山。
(89) 武蔵坊弁慶。源義経の僧兵。？―一一八九。

補註1　讃留霊王。『日本書紀』に武卵王（たけかいこおう）、『古事記』に建貝児王とある。日本武尊の第五王子。丸亀市飯山町下法軍寺西尾にある讃留霊王古墳に祀られている。同地には讃留霊王神社もある。

補註2　澄禅は、崇徳天皇は弘法大師より後の時代の人であるから、（弘法大師が作ったとされる）札所としては、金山薬師の方が正当であると書いている。

補註3　現在の七十九番奥の院・摩尼珠院は天皇寺の南一・五キロ、坂出市西庄町城山の城山山上近くの滝の脇にあり本尊不動明王。明治初年の神仏分離で別当だった摩尼珠院が廃寺となり、後に末寺の高照院を持ってきて再興した。現在、高照院天皇寺というのはこのためである。

補註4　田村神社、高松市一宮町、現在の八十三番一宮寺の東隣。讃岐一宮の神仏分離は、松平頼常（讃岐高松藩二代藩主。一六五二―一七〇四）の命により延宝七年（一六七九）に行われており明治の神仏分離より二百年早い。だが、澄禅遍路時には分離されていなかった。

十月二十一日～二十六日（八栗寺から徳島へ）

二十一日、寺主と一緒に御影供を営んでから出発する。南東に二十町ほど行って六万寺[1]という寺の跡がある。大師幼少の時、六万体の土仏像を造って安置した。判官次信[2]のために太夫黒という馬を引かせ冑甲を納めて仏事を頼んだ寺である。平家がいたころ、この寺に参詣したことが、本堂の柱に朱漆で書き付けてある。

右大臣宗盛[3]「世の中は昔語りに成ぬれど紅葉の色は見し世成けり」、新三位中将兼丹波守有盛[4]「嬉しくも遠山寺に尋ね来て後のうきなをもらしける哉」、伊賀阿闍梨「いざさらば此山寺にすみ染の衣の色を深くそめなん」。先年炎上して今は跡が残るのみである。これも八栗の住持の話だ。

細道を行って高松より東へ通じる大道[5]に出て、浜を行って志度ノ浦[6]に出る。（八栗寺から志度寺まで）五十町。

志度寺[7]、本尊十一面観音、本堂南向き、行基菩薩開基。補陀落山熾盛光院志度寺。その後天台宗になった。

大織冠[8]がここで面向不背の玉を取り返し、ここで誕生した房崎[9]の大臣が世継となって、

（1）六万寺は現存、高松市牟礼町田井。天正十一年（一五八三）に焼失、延宝七年（一六七九）の再建なので澄禅当時は跡だけだった。
（2）佐藤継信。
（3）平宗盛。平家の武将。一一四七―八五。
（4）平有盛。平家の武将。一一六四―八五。
（5）東讃浜街道。
（6）志度浦、さぬき市志度。
（7）八十六番、さぬき市志度。
（8）藤原不比等。六五九―七二〇。
（9）藤原房前。六八一―七三七。

当寺で弔った時、法華八講という法要を営み法華経を書写して供養した。今まで廃れず法華八講を営んでいる。大織冠像あり、脇に行基と房前の大臣の図像。また淡海公の姫君が大唐へ妃に出立する様子、唐舟と龍神とが玉を争奪する合戦の様子、玉取りに海士が海底に入る様子などが悉く描かれた図二幅が寺にある（補註1）。観音像を造る良材が近江国⑩より流出して宇治⑪・淀川を流れ難波の浦⑫より当国に流れ着いて、薗ノ尼⑬という比丘尼がこの木で像を造り堂を建立した様子を描いた図一幅も寺⑭にある。

房崎⑮とはここの惣名である。新珠嶋⑯という場所があり、周囲二町ほど。寺の東南東には海士野⑰の里という海士人の住んでいた所がある。大師以後、当寺は真言宗になった。初めの号では度々炎上したため、今は院号を清浄光院と改めた。南へ二里で長尾寺へ。

長尾寺⑱、本堂南向き、本尊正観音。寺は観音寺といい、当国で皆から崇敬される七観音である（補註2）。国分寺・白峯寺・屋島寺・八栗寺・根香寺・志度寺に当寺を加えた七か所だ。寒川古市（補註3）で宿泊。

二十二日、宿を出て山路を越え行く。元暦⑲に義経が矢島⑳に進軍した時に、夜中に通ったという山路である㉑。長尾より三里で大窪寺へ。

大窪寺㉒、本堂南向き、本尊薬師如来。堂の西に半ば破損した塔。昔は七堂伽藍に十二坊あったが今は無縁所なので本坊だけである。大師御所持の六尺ほどの鉄錫杖、同法螺、同大師御筆の紺紙金泥の旧訳仁王経がある。この寺に泊まる。午後二時より雨。

二十三日、寺を発って谷川沿い㉓に下る、山中の細道で谷底なので闇夜に迷うようだ。一里ほど行って長野㉔に至る、ここまでが讃岐。尾隠㉕という所より阿州㉖である。一里行って関所㉗あり、また一里行って山中から広い所に出る㉘。（大窪寺から）切畑㉙まで五里。以上で讃州一国、二十三か所の札を終える。

讃岐の風儀は予州㉚に似ている。さすがに大師以下名匠が誕生した地だけに密教徒の身なりも作法も確かである。当国に六院家として法灯を守る寺が六か所ある。東より夜田㉛の虚

(10) 滋賀県。
(11) 宇治川・淀川。
(12) 大阪港。
(13) 凡薗子尼。
(14) 志度寺縁起絵。
(15) 房前。高松市牟礼町原の琴電房前駅周辺から、さぬき市志度にかけての地域。
(16) 真珠島。さぬき市志度弁天の弁天社のあたり、現在、島は陸続きになっている。
(17) さぬき市志度天野。弁天川の東から天野峠にかけての一帯。
(18) 八十七番、さぬき市長尾西。
(19) 元暦二年＝一一八五。
(20) 屋島。
(21) 義経進軍の道は大坂越とされる（徳島県板野町から香川県東かがわ市に至る道）。長尾寺から大窪寺への遍路道とは異なるルートである。
(22) 八十八番、さぬき市多和兼割。
(23) 日開谷川《ひがいだにがわ》。
(24) 東かがわ市五名長野。
(25) 徳島県阿波市市場町大影。
(26) 徳島県。
(27) 阿波市市場町大影南谷。
(28) 阿波市市場町犬墓平地。
(29) 切幡寺。
(30) 伊予＝愛媛県。
(31) 与田。

空蔵院[32]は大師再誕増雲僧正[33]の旧跡。長尾の法蔵院[34]、鴨の明王院[35]、善通寺誕生院[36]、勝間の威徳院[37]、萩原の地蔵院[38]、以上六か寺である。他の寺院も堂塔伽藍が整い例時の勤行は丁重である。

阿波切畑寺[39]、本堂南向き、本尊三如来（補註4）。仁王門・鐘楼あり。妻帯の山伏住持。二十五町で法輪寺。近所の民屋で泊。

二十四日、雨で逗留。

廿五日、宿を出る。

法輪寺[40]、本尊三如来[41]。堂舎寺院悉く退転して小さい草堂のみ。熊谷寺へ十八町。

熊谷寺[42]、普明山、本堂南向き、本尊千手観音、春日大明神の作という。像形四十二臂の上に千手あり、普通の像とは異なる。昔に寺が繁昌していた時は、仏前で法華千部を読誦したうえで開帳したという。近年は衰微して毎年開帳するといい、住持の僧が開帳してくれたのでこれを拝む。内陣に大師御筆草字の熊谷寺と書かれた額、裏は朽ちている。仁王門あり、仁王は大師作。十楽寺へ一里。

十楽寺[43]、悉く退転し、堂も形ばかり。本尊阿弥陀如来は首だけ。安楽寺へ二十一町。

安楽寺[44]、駅路山浄土院、本尊薬師如来、寺主あり。地蔵寺へ一里。

地蔵寺[45]、無尽山荘厳院、本堂南向き[46]、本尊地蔵菩薩。庫裏は二町ほど東。当寺は阿州半国の法灯。昔は門中に三千坊、今も七十余か寺ある。本堂・護摩堂、各殿庭前の掛かりはたいへん大きい[47]。住持は慈悲深重で善根興隆の志も深い。寺領は少ないが天性の福力で不自由しない。黒谷[48]には十八町。住持の教えに従って、当寺に道具を置いて黒谷参詣、往復一里打ち戻り、地蔵寺に泊。

黒谷寺[49]、本尊大日如来。堂舎は零落していたのを、地元の杢兵衛という無二の信心者である大富貴の在家が近年再興して立派にした。地蔵寺に還って泊。

(32) 與田寺、東かがわ市中筋。
(33) 増吽上人。一三六六―一四四九。
(34) 極楽寺、さぬき市長尾東。
(35) 七十七番道隆寺。
(36) 七十五番善通寺。
(37) 威徳院、三豊市高瀬町下勝間。
(38) 萩原寺、観音寺市大野原町萩原。
(39) 十番切幡寺、阿波市市場町切幡観音。
(40) 九番、阿波市土成町土成田中。
(41) 現在は涅槃釈迦如来。
(42) 八番、阿波市土成町土成前田。
(43) 七番、阿波市土成町高尾法教田。
(44) 六番、上板町引野。駅路寺として瑞雲寺と称していた時期もあったが、澄禅の日記の記載では現在と同じ安楽寺となっている。
(45) 五番地蔵寺、板野町羅漢。
(46) 現在は東向き。
(47) 五百羅漢の記載なし。
(48) 大日寺。
(49) 四番大日寺、板野町黒谷。

二十六日、地蔵寺を発ち東に一里行って金泉寺へ。黒谷からも一里。

金泉寺、(50)本堂南向き、本尊三如来というが釈迦像だけがある。(51)住持あり。東二十五町で極楽寺へ。

極楽寺、(52)本堂東向き、本尊阿弥陀。退転して小庵に堂守の禅門。霊山寺へ十八町。

霊山寺、(53)本堂南向き、本尊釈迦如来。僧あり。

以上で阿州十里十か所の札を終える。前後合わせて二十三か所。七月二十五日より始めて十月二十六日に至って、九十一日かけて巡行を終える。

霊山寺より南に行って大河(54)あり。河は雲辺寺麓より流れ出て渭津(55)まで二十里。淀川(56)のような川だ。嶋瀬（補註5）という所を舟で渡る。それから井戸寺の近所に出て大道(57)を行って渭津に至る。船場の源左衛門という船頭の舟に乗って、二十八日に和歌山に着く。

『世間流布ノ日記』には、「札所八十八か所、道四百八十八里、河四百八十八瀬、坂四百八十八坂」とある。

私は、「阿波六十里半一町、土佐八十六里、伊予百二十里五町、讃岐三十七里九町、合わせて二百九十五里四十町である」と言おう。

阿波は十日、土佐二十日は難所であるから、伊予二十日は難所が少ないから、讃岐八日は小国だが札所が多いからである。

(50) 三番、板野町亀山下。
(51) 現在は涅槃釈迦如来。
(52) 二番、鳴門市大麻町桧段の上。
(53) 一番、鳴門市大麻町板東。
(54) 吉野川。
(55) 徳島市。
(56) 大阪府の淀川。
(57) 伊予街道。

補註1　謡曲「海人」で有名な海人の珠取伝説のもととなった話が、志度寺縁起絵（重文、同寺に現存）に書かれている。澄禅はこのことを記している。現在、寺には海女の墓という五輪塔がある。
補註2　七観音に関しては、松平頼重（一六二二―九五）が天和三年（一六八三）に国分寺、白峯寺、根香寺、屋島寺、八栗寺、志度寺、長尾寺を讃岐七観音に指定したとされる。澄禅日記の記述からは、それ以前から七観音が普及していたことを窺わせる。
補註3　さぬき市の旧長尾町中心部あたりか。一帯は旧寒川郷であり、その中心である長尾のあたりには市が立っていた。古市というのは、当時の市（さぬき市長尾西）に対し昔の市があった場所という意味か。

補註4　現在は十一面観音。寺の縁起等では江戸時代以前から弘法大師と幡切娘の十一面観音の縁起を記しているので、当時も本尊は十一面観音であったと思われる。

補註5　大麻街道の隅《すみ》瀬《せ》渡《わたし》（徳島市応神町東貞方―同市不動東町地先、新吉野川）か。現在の四国三郎橋東側にあった。現在の吉野川本流にあたる別宮新川の開削が寛永十年（一六三三）であるから、渡しは旧吉野川でなく、新吉野川のものと考えたほうがよいだろう。嶋瀬を鳴瀬と読んで成瀬渡（藍住町乙瀬成瀬、旧吉野川）とする考えもある。

原文

承應二年癸巳七月十八日ニ高野山ヲ立テ渋田ニ一宿ス、是ハ往生院、龍城院ノ里也。

十九日渋田ヲ立テ紀州和哥《歌》山ニ到テ駿河町一町目三四郎宿ニ着ク。

廿日湊ノ助右ェ門ト云舟頭ノ舟ニ乗、高野ノ小田原行人衆ナト十余人同舩《船》ス。

廿一日川口ノ波高クシテ舩《船》ヲ出ス事不叶シテ逗畄《留》ス。

廿四日波静リ順風ニ成テ出舩《船》ス、是ゟ《より》阿波國迄ハ海上四十八里也。淡路嶌武《沼》嶋ナトヲ北ニ見テ馳行、其日ノ未ノ刻ニ阿刕《州》渭津ニ付、爰《ここ》蜂須賀阿波守殿三十万石城下也。當所ヲ昔ハ渭ノ山ト云、其後ハ渭ノ津ト号ス。其後亦徳嶋ト号ス。當代ハ又如昔渭ノ津ト云也。淡路両國ノ城下ニテ美ゝ鋪躰《しきてい》也。城ハ海上ニ浮ミ出タル櫓ニテ三方ハ海ニテ西一方平地也。爰ニモ西ノ山トノ間ニ大河流大橋在、河ノ両岸ハ皆町家也。西ノ山キワニ寺町在、真言禅浄土也。

持明院、願成寺トテ真言ノ本寺也。予ハ高野山宝亀院ノ状ヲ持テ持明院ニ着ク、依レ是持明院ゟ《より》四國邉《辺》路ノ廻リ手形ヲ請取テ、廿五日ニ發足ス。大師ハ阿波ノ北分十里十ケ所、霊山寺ヲ最初ニシテ阿波土佐伊豫讃岐ト順ニ御修行也、夫《それ》ハ渭津ゟ《より》巡道悪キ迚《とて》、中古ゟ《より》以来、阿波ノ北分十里十ケ所ヲ残シテ、井圡《土》寺ゟ《より》初テ観音寺國分寺常楽寺ト巡行シタルカ能《よし》ト持明院ゟ《より》伝受也。

廿五日辰ノ刻ニ持明院ヲ立テ西エ行事一里ニシテ井圡《土》寺ニ到ル。

井圡《土》寺、堂舎悉ク退轉シテ昔ノ碮《礎》ノミ残リ、二間四面ノ草堂在、是本堂也。本尊薬師如来也。寺ハクズ家浅マシキ躰也。住持ノ僧ノ無礼野鄙ナル様レ難述二言語一。夫ゟ《より》田中ノ細道ヲ通テ元来大道ニ出テ、是ゟ《より》猶西へ行事十八町、民屋ノ後、薗田ノ畔ヲ傳テ観音寺ニ至ル。

観音寺、本尊千手観音、是モ悉ク退轉ス。少《小》キ草堂ノ軒端朽落テ棟柱傾タル在、是其形斗也。昔ノ寺ノ旧跡ト見ヘテ畠ノ中ニ大ナル石共ナラヘテ在、所ノ者ニ問エハイツ比《頃》ゟ《より》ケ様ニ成シヤラン、シカト不存、堂ハ百性《姓》共談合シテ時ゝ修理ヲ仕ヨシ、夫ゟ《より》北西ノ方行事廿五町シテ国分寺ニ到ル。

國分寺、本尊薬師、少《小》キ草堂是モ梁棟朽落テ佛像モ尊躰不具也。昔ノ堂ノ跡ト見ヘテ六七間四面三尺余ノ石トモナラヘテ在、哀ナル躰也。夫ゟ《より》山ノソワヲ傳ヒテ七八町往テ常楽寺ニ到。

常楽寺、本尊弥勒𦬇《菩薩》是モ少《小》キ草堂也。夫ゟ《より》野中ノ細道ヲ往テ河原ニ出ル、見渡シ二町斗也。炎天ノ時分ナレハ水干落テ渡安シ。田ヲ苅テ居ル者ニ問エハ雨天洪水ノ時ハ此二町余ヲ流、中々歩渡リハ難レ成ヨシ何モ舟ニテ渡ルト也。彼是十八九町往テ一ノ宮ニ到ル。

一ノ宮、松竹ノ茂タル中ニ東向ニ立玉ヘリ、前ニ五間斗《ばかり》ノソリ橋在リ、拝殿ハ左右三間宛也。殿閣結講《構》也。本地十一面観音也。札ヲ納メ念誦看經シテ、扨《さて》本来ル道エ皈《帰》テ件ノ川ヲ渡テ野坂ヲ上ル事廿余町、峠ニ至テ見ハ阿波一國ヲ一目ニ見ル所也。爰ニテ休息シテ又坂ヲ下リテ村里ノ中道ヲ經テ大道ニ出タリ、一里斗往テ日暮ケレハサンチ村ト云所ノ民屋ニ一宿ス。夫婦ノ者殊外情在テ終夜ノ饗応慇懃也。

廿六日早天ニ宿ヲ出、山田ヲ傳テ藤井寺ニ至ル。一ノ宮ゟ《より》是迄三里也。

藤井寺、本堂東向本尊薬師如来地景尤殊勝也。二王門朽ウセテ碣《礎》ノミ残リ、寺楼ノ跡、本堂ノ碣《礎》モ残テ所々ニ見タリ。今ノ堂ハ三間四面ノ草堂也。二天二𦬇《菩薩》十二神二王ナトノ像、朽ル堂ノ隅ニ山ノ如クニ積置タリ。庭ノ傍ニ容滕《膝》斗ノ小菴《庵》在、其内ゟ《より》法師形ノ者一人出テ佛像修理ノ勧進ヲ云、各奉加ス。是ゟ《より》焼山寺へ往ニハ大事ノ山坂ヲ越行事三里也。

阿波無双ノ難所也。先藤井寺ノ南ノ山エ上ルニ峯ヲ分雲ヲ凌、一時辛苦シ大坂ヲ上り、峠ト思キ所ニ到テ見ハ其サキニ又跡ゟ《より》モ高キ大坂在リ、推《樵》夫ニ逢テ是ゟ《より》焼山寺エハ何程斗在リト問ハ今二里也ト云。自他𪜈《とも》ニ退屈シテ荷俵ヲ道中ニ捨置テ休息ス。又思立テ件ノ坂ヲ上リテ絶頂ニ至テ見ハ向ノ山ニ寺楼見ヘタリ。是コソ焼山寺トテ嬉ク思エハ寺トノ間ニ深谷在リ、道ハ其谷ノ底ニ見タリ。爰ニテ飯ナトイタシ彼深谷へ下リ付テ見ハ清浄□《潔》斎ナル谷河流タリ、此清水ニテ手水ヲツカイ気ヲ付、又三十余町上テ焼山寺ニ至ル。

焼山寺、本堂五間四面東向本尊虚空蔵𦬇《菩薩》也。イカニモ昔シ立也。古ハ瓦ニテフキケルカ掾《縁》ノ下ニ古キ瓦在、棟札文字消テ何代ニ修造シタリ𪜈《とも》不レ知、堂ノ右ノ傍ニ御影堂在、鎮守ハ熊野権現也。鐘モ鐘楼モ退轉シタリシヲ先師法印慶安三年ニ再興セラレタル由、鐘ノ銘ニ見ヘタリ、當院主ハ廿二三成僧ナリ。扨當山ニ奥ノ院禅定トテ山上ニ秘所在リ、同行数十人ノ中ゟ《より》引導ノ僧ニ白銀二銭目遣シ、彼僧ヲ先達トシテ山上ヲ巡礼ス。寺ゟ《より》山上エハ十八町、先半フクニ大師御作ノ三面六辟《臂》ノ大黒ノ像在リ。毒虵《蛇》ヲ封シ籠玉フ岩屋在。求聞持ヲ御修行ナサレタル所モ在。前ニ赤井トテ清水在リ。山頭ニハ蔵王権現立玉ヘリ。護广《摩》ヲ修玉ヒシ檀《壇》場在リ。如此秘所皆巡礼シテ下ルニ又昔毒虵《蛇》ノ住シ池トテ恐シキ池在リ。夫ゟ《より》下リ〳〵テ寺ニ皈《帰》ル也。其夜ハ高野小田原行人衆客僧マシリニ十三僧一宿ス。

廿七日早天ニ寺ヲ出、東ノ尾崎ゟ《より》真下リニ深谷ノ底ニ下ル。此谷河ニ付テ東へ往也。又跡ノ一宮へ往テモ道ノリハ同事也。多分ハ一宮ニ荷俵ヲ置テ藤井焼山ノ札ヲ納テ、焼山寺ゟ《より》一宮エ皈《帰》リテ田野ノ恩山寺エ往也。予ハ元ト来シ道へハ無益也ト順道コソ修行ナレト思テ此谷道ヲ通也。此道ノ躰、細谷川ノ一筋流タルニ付テ往道ナレハ此三里ノ間ニハ二三十度モワタラント覚タリ。三里余リ往テ白雨降来ケル間、民家ニ立奇《寄》テ一宿ス。此夜ハ庚申トテ一家ノ男女沐浴潔斎シテ作業ヲ休テ遊居タリ。

廿八日宿ヲ出テ又谷川ヲ渡リ〳〵テ行程ニ終日苦身《心》シテ田野恩山寺ニ至ル。焼山ゟ《より》是迄八里也。廻リ〳〵テ元ノ猪《ママ》ノ津ノ隣ニ出ル也。

恩山寺、大道ゟ《より》右ノ谷エ入事五町斗ニ〆《して》二王門在リ、夫ゟ《より》二町斗リ行テ寺在、寺ゟ《より》右坂ヲ一町斗上テ本堂ニ至ル。本堂南向本尊薬師如来、右ノ方ニ御影堂在、其傍五輪ノ石塔ノコケムシタル在、此ハ大師ノ御母儀ノ御石塔也。地景殊勝ナル灵《霊》地也。寺ハ真言宗也。坊主ハ畄主《留守》也。寺ゟ《より》辰巳方エ十町斗往テ民屋ニ一宿ス。廿九日宿ヲ出、猶辰巳ノ方エ行テ立江ノ地蔵寺ニ至ル。是迄一里也。

立江寺、本堂東向本尊地蔵𦬇《菩薩》、寺ハ西向、坊主ハ出世無学ノ僧ナレ𪜈《ども》世間利発ニシテ冨貴才一也。堂モ寺モ破損シタルヲ此僧再興セラレシト也。堂寺ノ躰誠ニ無能サウ也。此景誠ニ立江ナリ、海辺ゟ《より》爰迄川ノ様ニ入江在、三里余リ也。寺右奥エモ十四五町入也。夫ゟ《より》西へ向テ野坂ノマキラワシキ道ヲ往ニ猪《ママ》ノ津商人ノ忠次郎ト云人、馬ニ塩俵ヲ付テ往ヲ此人ニ道知ルヘセラレテ靏《鶴》ノ麓ノ川原ニ出ツ。爰ニテ里人ニ逢テ問ハ、是ゟ《より》靏《鶴》ノ嶽迄ハ十八町上リ由教ユ、教ノ儘ニ坂ヲ上リテ汗ヲ流シ、坂中ニテ幾度モ休テ漸〻山濃上ニ至ル。里人ハツルト云へトモ靏《鶴》林寺ト書也。立江ゟ《より》是エ三里。

靏《鶴》林寺、山号霊鷲山本堂南向本尊ハ大師一刀三礼ノ御作ノ地蔵ノ像也。高サ壱尺八九寸後光御板失タリ、像ノム子《ね》ニ疵在リ、是ハ昔近在ノ狩人當山ニ上テ猪ヲ殺ス事度々也。在夜又當山ニ上テ猪ヲ追出ス箭ヲ射立タリ、此猪血ヲコホシテ往跡ヲシタフテ行ハ堂ノ内陳《陣》ニ至ル、奇異ニ思テ寺主ニ告レ之、衆徒起テ戸扉ヲ開テ見ハ地蔵ノム子《ね》ニ箭立テ血流テ佛壇ニ灑ク、其時狩人發露懺悔シテ二王門ノ前ニ走出テ自害シテ死タリト云。今見ニ二王門ノ外ニ狩人ノ墓トテ石ヲタ、ミタル所在。又内陳《陣》ニ長六七寸斗ノ鐘在リ、是ハ大師開基ノ時ホリ出シ玉フ故、則地鎮ニ立玉フト也。又鎌倉殿ゟ《より》夢想ニ依テ奇《寄》附シ玉フト云錫枝《杖》在。扨、堂ノ東ノ方ニ御影堂在リ、鎮守ノ社在、鐘楼モ在、寺ハ靏《鶴》林寺ト云。寺主ハ上人也。寺領百石、寺家六方《坊》在リ。又奥院トテ是ゟ《より》二里行テ瀧在、午ノ時ニハ毎日瀧ノ水逆ニ立登ル、其霧ノ中ニ不動明王ノ尊躰アラワレ玉フ。扨、其夜ハ寺家ノ愛染院ニ一宿ス。坊主ハ無学無能ノ僧也。終夜ノ咄中〻私《しび》ヒレタル様也。戌ノ刻ゟ《より》雨降ル。卅日晴天ニ成タレハ寺ヲ出、直ニ坂ヲ下テ川原ニ出、此川ハ大河ナレトモ舟モ無ク渡守モナシ。上下スル舟人ニ向テ手ヲ合、ヒサヲ屈シテ二時斗敬礼シテ舟ヲ渡シテ得サセタリ。其ゟ《より》先ハ深谷ノ人里絶タル所ヲ細谷川ヲ付テ行事一里斗、又夫ゟ《より》大坂ヲ上ル事五十町也。其坂ヲ休ミ上ル程ニ漸ニ大《太》龍寺ニ至ル、靏《鶴》ゟ《より》是迄二里也。

大《太》龍寺、山号捨身山本堂南向本尊虚空蔵𦬇《菩薩》、宝塔御影堂求聞持堂鐘楼鎮守ノ社大伽藍所也。古木回巌寺楼ノ景天下無双ノ灵《霊》地也。寺領百石六坊在リ。寺宝《主》上人礼儀丁寧也。當寺牛玉ノ板一年回録ノ時焼失シタル迚、其牛玉ノ文字ヲ予ニ書セラレタリ、板行ノ粁《糧》トカヤ。備前ノ衆聞持行者リ長寿院ト云。八月朔日寺ヲ立テ奥院岩屋ナトヲ巡礼スヘシトテ同行衆八人云合テ下法師ニ云、是モ古来ゟ《より》引導ノ僧ニ白銀二銭目遣シ、扨引導ノ僧松明ヲ用意シテ出タリ、此僧先達セサセテ秘所トモ巡礼ス。先大師御影童形ノ時、身ヲ捨玉フ身捨山ト云所在、深谷ノ上巌ノ指出タル所ニ九尺四面ノ不動堂在、運歩不自由ニシテ恐キ所也。其ゟ《より》卅町斗下リ岩屋在リ、先達共ニ九人僧共手ニ〻松ニ火ヲ燃テ慈救ノ咒《呪》ヲ高声ニ唱テ穴ノ奥エ入、先サカサマニ成テ、六七間入テ少ノヒ上リテ見ハ清水流テ広ミタル所也。蝙蝠幾千万ト云数ヲ不知、夫ゟ《より》彼水ヲ渡テ廿間斗モ入ツラント思フ所ニ高サ弐尺五六寸斗ナル所在リ、頭ヲサケテ腰ヲ屈テハイ入テ二間斗過テ往事二ケ所也、其先ニ横タテ二間斗ナル所在リ、夫ゟ《より》奥エハ不入、爰ニテ先達ノ勤ニテ各心経ヲ誦ス。夫ゟ《より》南ノ方カト思シキ方ニ行、壁ノ如ニテフミ所モ無キ所ヲ岩ノカトニ取付テ二間斗下ル、其奥ニ高壱尺二三寸ノ金銅ノ不動ノ像在リ。爰ニテモ各慈救呪ヲ誦シテ元入シ流水ヲ下様ニ渡リテ穴ノ口エ出、熱キ時分ニテ在ケルニ穴ノ中ノ寒中々云斗ナシ。又サシ下リテ岩屋一ツ在、是ハ何茂浅シ。鐘ノ石トテカ子ノ様ニ鳴石在リ、各礫ニテ打テ夫ゟ《より》野坂ヲ上リ下リテ荒田野ノ平等寺ニ至ル、是迄三里也。

平等寺、本堂南向二間四面本尊薬師如来、寺ハ在家様也坊主。前ニ大河在リ折節雨天ニテ帯ヲヌラス程ノ洪水ナリ。此ヲ渡リテ河邉《辺》ノ民家ニ一宿ス。

二日宿ヲ立テ海辺ノ波打キワヲ通行、山エ上リテハ汀へ下リミミスル所也。是ヲ大師ノ賤女ノヌキナシ機ニタトエ玉フ也、其故ハヲリテハウミミミト云證句也。如此六ケ鋪《むつかしき》難所ヲ往テ又川ヲ三瀬渡リテヒワサノ薬王寺ニ至ル。是迄七里也。

薬王寺、本尊薬師本堂南向。先年焰上ノ後再興スル人無フ《ママ》シテ今ニコヤカケ也。二王門焼テ二王ハ本堂ノコヤノ内ニ在、寺モ南向是ハ再興在テ結講《構》成。サテ夫ゟ《より》入江ノ浜辺ヲ行、向イニヒワサノ町トテ舟入ノ在也。繁昌ナル所也。右ノ道ヲ一里斗往テ貧キ在家ニ一宿ス。一夜ヲ明シ兼タリ。

三日宿ヲ立テ又ヲリテハ海ニ掛ル、然モ雨天ナルニ草深キ細道ヲ蓑笠ヲ着テ難所ヲ上下シテ五里斗行テ浅河ト云所ノ地蔵寺ニ一宿ス、主ハ無シテ吉祥院ト云山伏住持セリ、本山衆也。

四日寺ヲ立テ一里斗往テ海部ノ大師堂ニ札ヲ納ム、是ハ邉《辺》路屋也。爰ニ邉《辺》路札所ノ日記ノ板有リ、各買之也。是ゟ《より》海部ノ湊エ往ニ大河在リ、波守ハ無シテ上下スル舟ニ便舩《船》ヲ請也、又浅キ瀬ヲ歩渡リモスル也。扨、海部ニ町在、海部包丁迚名誉ノ打物此所ニ在リ刀ノ様ニ柄梢《鞘》ヲシタリ。扨、観音寺薬師院唱満院トテ真言寺三ケ所在リ、夫ゟ《より》浦ツタヒニ廉喰ト所ニ至ル此所迄阿波ノ国ノ内也。爰ニ大《太》守ゟ《より》邉《辺》路屋トテ寺在リ、往テ宿ヲ借タレハ坊主慳貪第一ニテワヤクヲ云テ追出ス、不及是非ニ寺ヲ出テ往ニ爰ニ又大河在り、是阿波土佐両国ノ境也。

以上阿刕《州》半国畢。廿三ケ所ノ内十三ケ所成就也惣テ阿波ノ風俗貴賤トモニ慈育ノ心深シ。圡《土》民野鄙ニシテ馬ニハ履ヲカケス人ハ足中ヲ作リハケリ。言語口ヲ開テヲ、アニ易タリ、牛馬乇《とも》ニスクナシ。僧徒禅密浄土一向相交リ密家多クハ古義ノ学者也。右廉喰ノ河ノ西ノ山キワニ関所在、圡《土》佐ノ太守ゟ《より》番衆被指置也。爰ニテ各廻リ手形ヲ指《ママ》出シ判形ヲ見セ理ヲ云テ通ル也。夫ゟ《より》坂ヲ越テ神浦ト云所ニ至ル。地景面白奇麗ナル舩《船》津ナリ。大《太》守ノ御座トテ大舩《船》乇《とも》数多ツナキ置タリ、太守ノ上京ノ時ハ此津ゟ《より》乗舩《船》也ト云。其夜千光寺ト云真言寺ニ一宿ス。老僧ハ隠居シテ正音房ト云新發意住持也。手足片輪ナル僧ナリ。

五日雨天ナレハ午ノ時ニ寺ヲ出、南ヲ指テ往ク二里斗行テ野根ト云所ニ至ル、爰ニ町在リ、材木出ル河口ノ舩《船》津也。此大河ニテケ様ノ雨天ニハ中々難渡川ト兼テ聞シ間、當国幡多ノ邉《辺》路衆ナト云合テ急キテ河ヲ渡ル也。如案早各腰ニ立程ニ溢水也。是ヲ渡リテ野根ノ大師堂トテ邉《辺》路屋在リ、道心者壱人住持セリ、此ニ一宿ス。五日ノ酉ノ刻ゟ《より》風出テ野分ノ大風大雨ニテ川口ニハ舩《船》トモツナキ兼タリ、我々モ一睡セス。

六日早天宿ヲ立テ、彼ノ音ニ聞圡《土》州飛石ハ子《ね》石ト云所ニ掛ル。此道ハ難所ニテ三里カ間ニハ宿モ無シ、陸ゟ《より》南エ七八里サシ出タル室戸ノ﨑へ行道ナリ。先東ハ海上湧《漫》々タリ、西ハ大山也、京大坂邉《辺》ニテ薪ニ成ル車木ト云材木ノ出ル山也。其木ヲ切ル斧ノ音ノ幽ニ聞ユル斗也。其海岸ニ廣サ八九間十間斗ニ川原ノ様ニ鞠ノ勢程成石トモ布キナラヘタル山ヲ飛越ハ子越行也。前々道リシ人跡少見ユル様ナルヲ知ヘニシテ行也。或ハ又上ノ山ゟ《より》大石厇《とも》落重テ幾丈厇《とも》不知所在リ、ケ様ノ所ハ岩角ニトリ付、足ヲ爪立テ過行、誠ニ人間ノ可通道ニテハ無シ。此難所ヲ三里斗往テ佛崎トテ奇巌妙石ヲ積重タル所在リ、爰ニテ札ヲ納、各聚砂為佛塔ノ手向ヲナシ讀經念佛シテ巡リ、夫ゟ《より》十余町往テ貧キ漁父《夫》ノ家在リ。此道六七里ノ間ニハ米穀ノ類カツテ無シ、兼テ一鉢ノ用意無テハ難叶所也。猶海邉《辺》ヲ過キ行、其ゟ《より》ハ道筋ヲ見分ル様ナル砂也。彼是六里斗往テ漁翁ニ請テ一宿ス。

七日ハ猶海邉《辺》ヲ三里斗往キテ土州室戸ノ﨑ニ至ル。薬王寺ゟ《より》是迄廿一里也。

東寺、先山下ノ海邉《辺》ニ踞虎幡龍ノ巌石西湖ノ数景、東陸ノ小嶋松嶌ト云厇《ども》是程ニハ在シト思キ景地在リ。其中央ニ岩屋在リ、只一丈斗ニシテ奥ヘハ廿間モ可在、一段高キ所ニ石ヲ磨結講《構》シタル社在リ、愛満室《ママ》満権現トテ當山ノ鎮守也。又岩屋ノ左ノ方ニ小キ岩屋在リ、是モ地主ノ神社也又右ノ方エ壱町斗行、大師修行シ玉イタル求聞持堂在リ、何モ太守ゟ《より》再講《興》シ玉フ也。

其奥ニ又岩屋在リ、如意輪観音ノ石像在、扉斗有由緒在リ。其左右ニ長三尺斗ノ二王ノ石像在、何モ大師ノ作也ト云、誠ニ人作トハ不見、扨、夫ゟ《より》山上へ登事八町也。山上ニ地形ノ平々タル所六七町斗有、先本堂ハ九間四面ニ南向也。本尊虚空蔵𦬇《菩薩》左右ニ二天ノ像在、堂ノ左ニ宝塔有、何モ近年太守ノ修造セラレテ美麓ヲ尽セリ。堂ゟ《より》西ノ方ニ寺在、室戸山最御﨑寺明星院ト云。寺ハ南向護广《摩》堂ハ西向也。寺主ハ六十余ノ老僧和州長谷寺ニテ学セラレタル新義ノ僧也、上根ナル勤行者ニテ毎日護广《摩》ヲ修セラル、ト云。

終夜談話旅行ノ倦労ヲ安セリ。寺領百三十石也。

八日寺ヲ立テ下ルニ坂中ニ魚肉五辛幷女人禁制ノ札在リ。扨一里斗往テ津寺ニ至ル。

津寺、本堂西向本尊地蔵𦬇《菩薩》、是モ太守ゟ《より》再興ニテ結講《構》ナリ。寺ハ山下ニ有リ、寺主他行也。夫ゟ《より》一里行テ西寺ニ至ル。西寺、龍頭山金剛頂寺光明院、本堂南向本尊薬師如来、堂塔伽藍寺領以下東寺ニ同シ、但シ寺家三軒有リ、浄水沢山也。東寺ニハ山上ニ水無シ樒多シ、當山ニハ樒無シテ水多ト云。夫ゟ《より》坂ヲ下リテ麓ノ民家ニ一宿ス。

九日早天ニ宿ヲ出テ田野ト云所ニ大河在リ、渡シ舟有、田野ノ新町トテ大成在家有リ。夫ゟ《より》一里行テ安田川ト云大川在リ、是ハ歩渡リ也。何モ北ゟ《より》南エ流タリ。而シテ神ノ峯ノ麓タウノ濱ト云所ニ一宿ス。爰ニクワズ貝トテ右《石》ノ貝イ有。其夜ノ夢ニ所ハ何トモ不知、殿閣ノ中ニテ在ルニ、智積院学徒竹田安楽寿院運敞阿闍梨元春房ト同席ニテ居タルニ敞師ノ云、四魔三障成道来ノ文ヲ覚語《ママ》シタルカト、予云、何レノ経説ニテ候ト云、其時敞師委細ニ講談シテ秘説口傳𪜈《とも》傳受セラレタリ。夢覚テ後、正ク億《憶》持シタリ、不思義《議》ナレハ爰ニ記ス也。

神峯、麓ノ濱ゟ《より》峯へ上ル事五十丁一里也。早天ニ起出テ峯へ上ル。札ヲ納ム。然モ今日ハ彼岸ノ終ナレハ心静ニ念誦読經ス。本堂三間四面本尊十一面観音也。扨、峯ゟ《より》下ニ寺ハ麓ニ有、無礼ノ僧ナリ。

十日午ノ刻ニ濱ノ宿ヲ立テアキト云所、新城ト云所ヲ過、其間ハ海邉《辺》平々タル平砂ノ上ノアユミニクキ所ヲ往也。赤野ト云所ノ民屋ニ一宿ス。

十一日赤野ヲ出テ猶平砂ヲ行テ小坂ヲ一越テ、テ井ト云所至ル、爰ハニキヤカ成舟津也。在在所ノ家ニ指入テ見レハ亭主ト思シカ五十斗ノ男薬ヲ調合シテ居タリ、逢レ之問ヘハ手ヲ結ト書テ手結ト讀ナリト云。夫ゟ《より》又平砂ノ波打キワヲ一里斗リ行テ松原ノ面白キ所ヲ過テ赤岡ト云ニ出、此ニハ思ノ外ニ大ナル身上ノ町人𪜈《とも》居所也、寺モ有。夫ゟ《より》一里斗往テ大日寺ニ至ル、神峯ゟ《より》是マテ九里ナリ。

大日寺、山ノ少シ高キ所ニ在リ、本堂南向本尊金剛界ノ大日如来。是モ太守ゟ《より》近キ比《頃》修造有、四間四面ニ堅固ニ奇麗ナル作ナリ。寺ハ茅屋也。住持ノ僧ハ隠居シテ才《弟》子ニ寺ヲ譲リケルカ其才《弟》子行跡悪ク、女房ニミタリナル由、世間風聞シタル故、實否ノ云分成リカタク思ケルカ、去ル夏ノ比《頃》自害シテ死タル故、又隠居ノ僧再来シテ住持セラル、ト也。ケ様ノ物思イニ依テカ日暮ニテ宿ヲ借ケレ𪜈《ども》無情云テ追出ス。然間力ヲ失ヒ山ヲ下リ近所ニ菩提寺ト云在所エ往テ一宿ス。爰ニ水石老ト云遁世者在リ、此人元来石田治部少輔三成近習ノ侍、雨森四郎兵衛ト云人ナリ、三成切腹ノ時共ニ切腹ト被申ケルヲ家康公御感被成、切腹ヲ御免在テ三成ノ首ヲ此雨森ニ被下、其時落髪シテ高野山ニ上リ文珠《殊》院ニテ佛事ナト執行、其儘奥院十石上人ニ属テ一心不乱ニ主君ノ後生菩提ヲ吊《弔》、三年シテ其時由緒在テ土刕《州》ニ下リ、前土佐守殿ニ牢《浪》人分ニテ奉公セラレシカ、此三年以前ニ御イトマ申テ水老斎ニ成、此山中ニ隠居スト語ラレシカ、終夜ノ饗応中々面白キ仁也。此人ノ云定ヲ兼テ聞キ及玉フラン、玉《土》州言云川トテ一言云了ヌ中ニ洪水ノ出来ル川也。今夜ハ空曇リタル間、明朝早天ニ打玉ヘト也。如レ教。

十二日早天ニ起出テ見レハ早雨少々降ケル間急キ出ツ。水石老モ打送リ高キ所ニ立テ道筋ヲ教ヘラル、其如ク行程ニ彼言云川ニ至ル。水ハ未出来ラ子𪜈《とも》石高ク水早シ、渡リ悪キ川也。河中ゟ《より》大雨降来リ中々蓑モ笠モタマラヌ程ナレハ、民家ニ立寄雨ノ晴間ヲ待、夫ゟ《より》少晴ケレハ、家ヲ出テ行。爰ニ國分寺ノ近所ニ眠リ川ト云川在、此ハ一睡ノ間ニ洪水出ル川ナリ。前季ノ大雨ニ洪水出来テ歩渡ノ事ハ不㆓申ニ及㆒、舟ニテモ難㆑渡リ大水也、近所ノ人サエ渡リ兼テ河原ニ立渡テ在、問㆑之ハ急ニ出タル水ナレハ頓テ浅テ晩景ニハ安ク可㆑渡ナト云在リ。暮迄待ケレトモ又雨降ケレハ不㆑及㆓是非㆒ニ、近邊ノ田嶌寺ト云寺ニ一宿ス。住持八十余ノ老僧也。此僧ハ前ノ太守長曽《宗》我部殿普《譜》代相傳ノ侍也、幼少ゟ《より》出家シテ高野ニモ住山シタルトテ夜モスカラ昔物語乇《とも》セラレタリ。天性大上戸ニテ自酌ニテ数盃汲ル、也、大笑。其夜ヲ大雨ニテ古寺ノ軒雨モタマラスモリケル間、枕ヲ敷兼タリ。

十三日寺ヲ出テ川下ノ橋ヲ渡リ國分寺ニ至ル。大日寺ゟ《より》直ニ行ハ一里也。

國分寺、本堂東向五間四面本尊千手観音也。摩尼山院ト号、宝蔵院ナリ。寺領三百石、寺家六坊有リ、近年堂塔破損シタルヲ太守ゟ《より》修理シ玉フ。其普請最中ニテ大工数十人居タリ。寺主ハ六十斗ノ僧也。夫ゟ《より》二里往テ一ツ宮ト云所ニ至ル、所ノ者ハ一ツ宮ト云。

一宮、南向本地阿弥陁《陀》如来、宮殿楼門鳥居マテ高大廣博ナル大社也。前太守長曽《宗》我部殿修造セラレタル儘也。當守護侍従殿時々修理ヲ加ラル、ト云、前代ゟ《より》毎年十月ニ於㆓當社㆒千部ノ法華経ヲ讀誦セラル。当代猶以退轉ナク如㆑此真言家百五十ノ僧徒集會シテ勤㆑之云々。山号ハ百々山、社僧神宮寺観音院トテ兩寺有リ。夫ゟ《より》西ノ方ニ一里斗往テ小山在リ、美麗ヲ尽シタル社也。是ハ太守天正ノ昔、遠刕《州》懸《掛》川ノ城主タリシ時ノ氏神ヲ當国ニ勧請セラレタリ天王ニテ御座ト云。社僧ニハ天台宗日讃ト云道者僧住持スト云。夫ゟ《より》廿余町往テ高智《知》山ニ至ル、是ハ太守松平圡《土》佐守殿廿四万石ノ城下也。本名字ハ山内也。太守在江戸ニテ嫡子対馬守殿在国也。家老ハ太守一門野中主斗《計》頭ト云仁ナリ、知行六千五百石、其外老中衆トテ三千石以上ノ衆七人在リ、國政等相談也。彼主斗《計》頭ハ学門好ニテ絁《絶》蔵主ト云禅坊主ニ皈《帰》伏シテ此年月儒道ヲ学セラル、此比《頃》彼僧ヲ還俗セサセテ安斎号ス。此安斎ト万事相談セラル、也。タトヘハ一門中ニ人死スレハ唐様トテ葬礼ノ義《儀》式皆儒道ノ作法ナリ。世ニハ只切死《文》丹ノ作法ノ様ニ云也。然間、顕密ノ僧徒何モ無所作ニテ居也。其上出家程世ニイタツラ者ハ無シト主斗《計》頭云ル、間、其権勢ニヲソレテ国中大畧此作法也。又小身ノ出フス《頭》人ニ小倉庄助ト云人在、此庄助天性利發ニテ万事正路ナル者迚、太守ゟ《より》国中ノ仕置ヲ被仰付。誠ニ廉直成政道ニテ諸山ノ堂塔破損シタルヲ、此庄助分別ニテ此廿四年ノ間ニ悉ク修造シ、仍テ諸町人百性《姓》僧俗乇《とも》ニ思付タル由也。扨、又太守ハ無二無三ノ信心者ニテ殊ニ真言家ヲ皈《帰》依シ玉フト云。城下ニ常通寺トテ祈願所在リ。寺領三百石、又別ノ祈願所二ノ丸ニ永國寺トテ在リ、是モ三百石也。此常通寺ト五臺山西寺カ圡《土》佐一國ノ真言家ノ本寺也。大畧新義ニテ月次ニ論義有リト云、予ハ蓮池町安養院ニ一宿ス。霖雨止事無レハ五日此寺ニ逗留ス。住持ノ僧殊勝成仁ニテ昼夜ノ馳走亭丁《丁寧》也、才《弟》子春清房常ニ護广《摩》ヲ修行セラル。

十九日晴天ニナル、安養院ヲ立テ川舟ニ乗テ五臺山ニ至ル。

五臺山、竹林寺金色院ト云。本堂南向本尊文殊、行基法師ノ開

山、弘法大師ノ再興也。誠ニ殊勝ナル境地也。五臺トテ五ツノ峯在リ、寺領三百石六坊在リ、本堂ハ太守ゟ《より》修造セラレテ美麗ヲ尽セリ。塔ハ當寺主宥厳上人ノ造工ナリ。鐘樓御影堂二王門山王権現ノ社、何モ太守ノ願ナリ。上人頻ニ留ラル丶、間不レ及二是非一ニ逗畄《留》ス。

廿四日五臺山ヲ立テ禅寺峯《師》師《寺》ニ至ル、是迄二里也。

禅寺峯《師》師《寺》、本堂南向本尊十一面観音二王門在リ、権作ナリ。此山昔ハ天台宗ニテ有リシヲ中古ゟ《より》真言宗ニ成シト也。中興開山ヲ進圓上人ト云。山ヲ下テ濱傳ニ一里斗往テ浦戸ト云所ニ至ル。爰ニ大河在リ材木米等ノ舟出入スル所ナリ。大裏《内》焰上ニ付テ太守ゟ《より》進上ノ材木ノ舟トテ卅余艘、順風ヲ待テツナキ置タリ。此河ニ太守ゟ《より》渡シ舟ヲ置テ自由自在ニ旅人渡ル也。夫ゟ《より》濱傳ニ一里余行テ高福ニ至。

高福寺、後ハ山前ハ河也。中古ゟ《より》禅宗ニ成テ本尊薬師如来ノ堂也。玄関方丈ノカ丶リ禅宗ノ寺立テ也。當住持ハ妙心寺流ノ大和尚也。本寺前ノ住也ト語ラレタリ。保福山雪蹊寺ト号ス。方丈ノ額ニ雪蹊寺ト書リ。夫ゟ《より》西エ一里斗往テ秋山ト云所ニ一宿ス。此間ニ河二瀬在リ、雨後ニハ渡リ悪キ川ナリ。

廿五日宿ヲ出テ種間寺ニ至ル。是マテ二里也。

種間寺、本堂東向本尊薬師、是モ再興在テ新キ堂ナリ。山下ニ寺在リ、扨、西へ一里斗往テ新居戸ノ渡リトテ河在リ、是モ渡舟在自由ニ渡ル也。五日以前ノ洪水ニ多人数込乗《ママ》テ、舟ヲフミ反シテ男女四人死ス。此新居戸ノ宿ゟ《より》清瀧寺へ一里ナリ。又跡エ還ル程ニ此宿ニ荷俵ヲ置テ、札斗持テ清瀧寺エ上ル也。種間ヨリ清瀧寺迄二里ナリ。

清瀧寺、醫王山本堂南向本尊薬師如来。是再興有テ結講《構》也。寺ハ真言宗、寺中六坊在リ、扨、山ヲ下リ麓八幡宮在リ、今日神事トテ貴賤男女群集スル事夥シ、太鼓笛ヲ鳴テ奉神楽躰也。又本ノ新居戸ノ宿ニ帰テ、道具ヲ取テ川ニ付テ往テ日暮ケレハ新村ト云所ニ一宿ス。

廿六日宿ヲ出テ浦傳ニ一里斗往テ福嶌ト云所ニ至ル。是ゟ《より》青瀧《龍》寺エ上ルニ井ノ尻瀧《龍》ノ渡リトテ切戸有リ、舟賃二籾ヲメンツニ一盃宛ツカワス也。福嶌ノ在家ヲホイタウスレハ不足無シ、古来ゟ《より》如此仕付タリ。扨、舟ヲ渡リ青瀧《龍》寺ノ麓、井ノ尻ノ宿ニ荷俵ヲ置テ青瀧《龍》寺へ上ル事廿五町也。先七八町上テ少シ平カナル所ヲ往テ又谷エ下ル事七八町、谷ハ平地ニテ田畠在リ、人家モ有、夫ゟ《より》奥ニ寺在リ、前ニ方二町斗ノ蓮池在、是ハ大師御作ノ池ト云。扨、寺ノ前ヲ過テ二王門在リ、堂ハ石段ノ雁木ノ楷ヲ一町斗登リ参ル也。堂ハ先年炎上セシヲ太守ゟ《より》修造セラレタリ。清瀧寺ゟ《より》三里ナリ。

青龍寺、本堂東向本尊不動明王也。鎮主《守》ハ白山権現也。大師此山ヲ開玉ヒテ震旦ノ青龍寺ノ地景ニ似タリトテ則青龍寺ト号ス。此山ニ数多ノ号在リ、獨鈷山伊遮那院如意山光明法寺道場院摩留山赤木寺龍宝院ナリ。先独古《鈷》山ト云ハ寺ノ後ニ堂ゟ《より》丑寅方ニ独古《鈷》嶽トテ在、誠ニ独古《鈷》杵ニ似タリ。頂上ニ不動堂在リシカ先年野火ノ余焰ニ焼失シタリ。然ヲ本堂再興ノ時太守ゟ《より》小倉庄助方ニ被仰付、不動ノ石像ヲ六尺斗ニ造テ同石堂ヲ九尺四方ニ立テ其内ニ安置セリ。此堂ノ前ゟ《より》見ハ南ハ海上数万里ヲ目ノ下ニ見、東ハ浦戸五臺山高智山西寺東寺室戸ノ﨑、西ハ足摺下ノ御﨑キ只一目ニ見也。又赤木寺ト云ハ昔此浦ニ何方ゟ《より》来𪜈《とも》不レ知流木在。大師此木ヲ取テ御ランスルニ赤梅《栴》檀也。此木ニテ不動ノ像ヲ刻テ安置シ玉フ故赤木寺ト云。其余ノ号𪜈《とも》由緒在𪜈《とも》畧之。又寺内ニ御作ノ場トテ泉水在リ、又唐圡《土》ゟ《より》来朝在シ竹トテ笛竹程ナル一村《群》ノ竹在リ。住持ハ栄長法印迚六十余リ老僧也。関東ニテ新義ノ学問セラレテ初瀬邉《辺》ニモ住山シタル仁也。今日ハ日暮ヌ明日トテ頻ニ留ラル故此寺ニ一宿ス。

廿七日山下、井ノ尻迄下リケレ𪜈《ども》雨天故、漁父《夫》ノ小屋ニ宿ス。

廿八日天晴潮時能舩《船》ニ乗レト舟頭来テ告故、丑ノ下刻ニ乗舩《船》ス。是ゟ《より》三里入江ノ川ノ様ナル所ヲ舩《船》ニテ往也。陸路モ三里ナレ𪜈《ども》難所ニテ昔ゟ《より》舟路ヲ行也。舩《船》賃銀ス一銭匁、予ハ青龍寺西ノ坊ゟ《より》舟ヲ仕立送ラル丶、故安楽ニ乗舟ス。二時斗ニ奥津横波ト云所テ舟ヲ付タリ、是ゟ《より》陸路ヲ往ナリ、廿町斗行テ大浦ト云所ニ宿ヲ借リ朝カレイナトシタ丶メ又発足ス。カトヤト云所ニテ休息シテ一瀬渡リテ、カトヤ坂ト云大坂ヲ越行、漸登リテ峠ゟ《より》見渡セハ、谷ヲ隔テ向ニ焼坂トテ跡ノ坂ニ十倍シタル大坂在リ、退屈シナカラ谷底ヲ下リテ彼焼坂ヲ上ル、土佐無双ノ大坂也。上リノホリテ又谷エ下リテ河ヲ渡リテ、久礼ト云所ニ龍沢山常賢寺ト云洞家ノ禅寺有リ、是ニ一宿ス。

廿九日寺ヲ出テ南西エ往テ焼坂ニオトラヌ坂ヲ一里斗モ有ント思シキヲ越テ、山ノ間ノ野ヲ過行テ新田ノ五社エカ丶ル、北ノ山キワヲスクニ往ハ河荒シテ渡リ悪キ由、行人教ケル間、左ノ大道ヲ往テ平節《ママ》ト云川ヲ渡ル。此河ハ雨天ニハ中〻渡ル事難成川ト也今日ハ水浅ケレハ歩渡リ也。扨、五社ノ前ニ大河在リ、少シ雨降ケレハ五日十日渡ル事ナシ、舟モ橋モ無シテオ一難所ナリ。洪水ニハ五社ノ向イヘ坂中ゟ《より》札ヲ手向伏拝テ過ナリ。折節河浅クシテ漸ク歩渡タリ、東路ノ大井川ニ似テ石高ク水早シ、渡リ悪キ河也。而テ五社ニ至ル、青龍寺ゟ《より》是迄十三里ナリ。

新田ノ五社、南向横ニ双ヒテ四社立玉フ、一社ハ少高キ所ニ山ノ上ニ立、何モ去年太守ゟ《より》造宮《営》セラレテ結講《構》也。札ヲ納、讀經念誦シテ又件ノ川ヲ渡テ跡エ帰テ窪川ト云所ニ一宿ス。此所ハ太守ノ一門山内伊賀守城下也。一万石ノ領地也、町侍小路ナト如レ形也。

卅日窪川ヲ立テ片坂ト云山ヲ越テ行、是ハ東ゟ《より》西エイツ上ル𪜈《とも》不覚シテ峠ニ至ル。下ル事ハツルヘクタシ也、中々急成坂也。此坂ノ下ゟ《より》細《幡多郡》分ニ入ナリ。扨、大谷ノ谷川ニ付テ下ル、此川ヲ南北エ渡ル事幾度𪜈《とも》不レ知、如レ此シテ四里斗往テイヨキ圡《土》井村ノ随生寺ト云真言寺ニ一宿ス。此寺ハ水木自由ナル所ナリ。

九月朔日随生寺ヲ出テ一里半斗往テサガト云所ニ至ル、是ゟ《より》大坂ヲ上下スル事一里半也。坂ノ下リ付ニ有井川ト云河在、是ハ昔此幡多郡ヲ知行シタル有井ノ庄司ノ住シ跡也。濱ノ大道ゟ《より》北ノ山キワニ十町斗リ踏奇《寄》テ、小高キ所ニ松ノ一村《群》茂リタル所ニ壇ヲツキ五輪ノ石塔ヲ立タリ、是ハ元弘ノ乱ニ後醍醐ノ天皇第一ノ宮ヲ鎌倉ノ高時入道ハカライニテ遠流ニシ奉リシ配所籠ノ御所ノ跡也。

在《有》井荘《庄》司預リ奉テ番申タルト也。ケニモ其邉《辺》十余町ノ間ニ昔ノ跡カト石壁ノクツレタル所多シ。今ハ何モ百性《姓》ノ家ト也テ在。夫ゟ《より》坂ヲ越テ川口ト云ニ至ル。夫ゟ《より》又坂ヲコエテ武知ト云所ノ民家ニ一宿ス。

二日武知ゟ《より》出テ往ニ濱ハ湖《潮》満テ往来不成、野坂ヲ越テ中居入野ナト云所ヲ過テ田浦ト云濱ニ出タリ。平砂泙々タル所也。爰ニテ塩焼海士トモノ作業ラヲ見ルニ、中々衾成躰ナリ。先男女ノワカチモ慥ナラス、女トモカ小キ子ヲ脇ニハサミ来テ、件ノ児ヲ白砂ノ上ニ捨置テ、荷ヒト云物ニ潮ヲ汲テ柄ノ長キ柄杓ニテ平砂ニ汲掛テ砂ヲ染タル有様、誠ニ浮世ヲ渡ル業ハ扨モ品多キ者哉ト弥思ヒシラレタリ。猶海邉《辺》ヲ行テ高嶌ト云所ニ出ツ、爰ニ高嶌ノ渡リ迚大河在リ。渡舟トテモ無シ、上下スル舟トモニ合掌シテ三時斗咤言シテ舟ヲ渡シテ得サセタリ。是ゟ《より》川上一里斗往テ中村ト云所在ト也。是ハ太守ノ次男修理ノ太夫居城也。在江戸ニテ留守居斗居トカヤ。高嶋ノ向川原ヲ下リ行テ真﨑ト云所ニ見善寺トテ妙心寺流ノ禅寺有リ、是ニ一宿ス。

三日寺ヲ出テ津倉渕ト云所ヲ過テ野坂ヲ越テ、此間ノ大雨大風ニテ道ノ悪敷成タル事中々云斗ナシ。谷々エ峯ゟ《より》流出ル大水ニ大石𪜈《ども》落重テ何ヲ歩ヘキ様モナシ。イツタ坂トテ大坂在リ、石𪜈《ども》落重タル上ニ大木倒テ横タワリシ間、下ヲ通上ヲ越テ苦痛シテ峠ニ至ル。是ゟ《より》坂ヲ下リテ一ノ瀬ト云所ニ至ル、是ゟ《より》足摺山エ七里也。寺山エ往ニヲツキ、ヲサ、トテ横道ノ札所二ケ所在リ。ヲツキヘハ足摺山ヲ往廻リテ海邉《辺》ヲ通リ往ニ大事ノ難所多シトテ、皆是ゟ《より》七里往テ足摺山ヲ拝シテ、又七里皈《帰》テ一ノ瀬ゟ《より》寺山ヘ往ナリ。然ハ荷俵ヲ一ノ瀬ニ置テ足摺山ヘ行也。予ハ跡ヘ皈《帰》リテ無益ト思ヒ荷俵ヲ掛往、是ハヲツキヲ可拝タメナリ。扨、一ノ瀬ゟ《より》下ノカヤト云所ヲスキ行テ入江ノ松原ノ奥ニヲ、キ村ト云所ニ一宿ス。

四日ヲ、キヲ立テ海邉《辺》ゟ《より》一段高キ野ヲ往、此モ彼ヌキナシ機ノタトヘノ様ニヲリテハ海也。イフリト云所ニ付ク。是ゟ《より》窪津ト云所在、爰ニ海蔵院ト云足摺山ノ末寺有、地景面白キ所也。夫ゟ《より》一里行テ津洛ト云所在リ、津洛ゟ《より》一里往テ足摺山ニ至ル。

足摺山、當寺ハ大師ノ開基、嵯峨天皇ノ御願也。往古ハ此山魔所ニテ人跡絶タリ、然ヲ大師分入玉イ悪广《魔》ヲ降伏シ玉フニ、咒《呪》力ニヲソレテ手スリ足スリシテニケ去ケル間、元ト月輪山ト云シヲ改テ蹉跎《陀》山ト号シ玉フ。二字ヲ足スリフミニシルト訓スル故也。其訓ヲ其儘用ヒテ足摺山ト云也。此足摺ノ﨑ト東寺ノ﨑ト紀刕《州》熊野新宮ノ﨑ト、此三ノ﨑ヲ日本ノ南海ノ鼎ノ三足ノ如指出有ト也。此故ニ此山ヲ補陁《陀》落院ト号シ玉フ。勅額ノ号ハ金剛福寺ナリ。昔ハ寺領七千石余ニシテ七百坊在シヲ、天正年中ニ如此衰微シタルナリ。今ハ十二坊在リ、寺領百石也。

扨、當山ニ七不思議在リ。一ニハ夜中ニ海上ゟ《より》龍灯上ル、二ツニハユリキ石トテ長一間余リ高サ四尺ノ大石在リ、其上ニ小石ヲ二ツ重置タリ、此石ヲ風指ヲ以テ指テ見ハ大石モ小石モ揺動シテ小石響ヲ出ス也。業障重キ者ハ何成大力ニテ茂少モ動サル也。三ニハ夜中ニ龍馬上テ馬草ヲ喰ハ所トテ廿間方斗一寸バカリノ篠タ、ミヲシキタル様ニ生茂リタル所在。四ニハ午ノ時ノ雨トテ不断午ノ時ニ雨降所有リ。五ニハ夜中ノ潮トテ丑ノ刻ニ卅丈モ在ント思キ所ニ潮満来ル所在リ。六ニハ不増不減是レハ海邉《辺》ニ石常恒ニ潮満干ニモ色不レ反也。七ニハ鏡《鐘》ノ石トテ打テハ金ノ様ニ鳴ル石有。如此七不思儀《議》在。又宝満愛満熊野ノ瀧トテ三ノ瀧在リ、何モ数十丈ノ石壁ニテノソミ見ルモスサマシキ所、此熊野ノ瀧ノ上ゟ《より》見ハ東ハ圡《土》州室戸ノ﨑、東寺ノサキ是斗指出テ海中ニミユル也。晴天ニハ紀州熊野ノ﨑幽ニ見ル也。愛満ノ瀧ノ上ニ大師御建立ノ石ノ鳥井《居》在リ、柱五尺廻リ南向也。宝満ノ瀧ノ上ニ𑖀《あ》字石面ニ有リ五寸斗也。大師ノ御作ナリ。

本堂南向本尊千手観音也。補陁《陀》落世界ゟ《より》閻浮檀金ノ一寸八歩《分》ノ像飛来玉フヲ先カリソメニ安置シ奉所トテ、堂ノ庭ニ石ノ堂ノクツレタル有リ、其像ヲ今ノ御首ニ作籠テ造立シタルト也。脇ニハ不動昆《毘》沙門廿八部衆何モ木造ナリ、是ハ何モ大師御作サカノ天皇等身ノ像ナリ、堂ノ中ニ大師ノ御影在リ、ヒンツルモ在リ、鎮守熊野権現ノ社在リ、西ニハ薬師堂役ノ行者堂宝蔵在り、東ニ塔在リ密ノ塔也。多田満中《仲》ノ建立ト心柱ニ彫付タリ。鐘楼二玉《王》門ノ掛リ中々大伽藍也。本堂ノ玄関ニ竪額ニ金剛福寺ト在、内陳《陣》ニ横額ニ當寺諸伽藍ハ従四位上行徒従兼土佐守源朝臣忠義為武運長久所願成就辨再興也ト五筆横ニ書タリ。此二ツノ額ハ寛永年中再興ノ時、仁和寺御室ノ御所ゟ《より》被遣候トナリ。別當法印ハ去夏六月ニ入寂ナリ。本堂ニハ番衆斗居ラル、。

五日逗留シテ當山一臈快行僧都ニ逢テ右ノ由緒共口説ナリ。

六日逗留ス。

七日寺ヲ立テ足摺山ノ﨑ヲ往廻リテ、松尾志水三﨑ナト云所ヲ經テ行ニ、海邉《辺》ノ事ナレハ巌石ノ刃ノ如ナル所モ有リ、平砂汙々タル所モ在、カ、ル所也。三﨑ノ濱ニテ高野芳《吉》野ノ邉《辺》路衆、阿波国ヲ同日ニ出テ逆ニメクルニ行逢タリ、互ニ荷俵ヲ道ノ傍ニ捨置テ半時斗語居テ泪ヲ流シテ離タリ。夫ゟ《より》川口ト云所ニ正善寺ト云浄土宗ノ寺ニ一宿ス。

八日寺ヲ立テ海邉《辺》ヲ十町斗往テ大坂ヲ二ツ上リ下リテ貝ノ河ト云所ニ至ル。夫ゟ《より》坂ヲ上リテ粟津サイツ野ナト云所、坂ヲ上リテ濱ヲ下りゝゝテ御月山ニ至ル。

御月山ハ樹木生茂リタル深谷ヲ二町斗分入テ其奥ニ巌石ノ重タル山在リ、山頭ニ半月ノ形ノ七尺斗ノ石有、是其佛像ナリ、誠ニ人間ノ作タル様ナル自然石也。御前ニ二間ニ三間ノ拝殿在リ、下ニ寺有、妻帯ノ山伏ナリ住持ス。千手院ト云、當山内山永久寺同行ト云。此寺ニ一宿ス。

九日御月ヲ出テ西伯ト云浦ニ出ツ、又坂ヲ越テ大道ヲ往テコヅクシト云所ニ出、爰ニ七日嶌ト云小嶋在リ、潮相満相引ノ所ナリ、由緒在リ。夫ゟ《より》イヨ野瀧厳寺ト云真言寺ニ一宿ス。御月山ゟ《より》是迄四里ナリ。

十日寺ヲ出テミクレ坂ト云坂ヲ越テ宿毛ニ至ル。爰ハ土佐伊与《予》两国ノ境目ナリトテ、太守一門山内左衛門佐ト云仁ヲ置タリ。七千石ノ城下也。城ハ無テ屋鋪《敷》カマエナリ。侍小路町如形也。真言禅浄土一向宗都《すべ》テ四ケ寺浄土寺ト云、浄土寺ニ宿ヲ借リ荷俵ヲ置テ寺山エ往ク。宿毛ゟ《より》往来二里也。五十町一里ナリ。寺山、本堂東向本尊薬師、二王門鐘楼御影堂鎮守ノ社、何モ此太守ゟ《より》再興在テ結講《構》ナリ。寺ハ近所ニ南光院ト云妻帯ノ山伏在リ。夫ゟ《より》皈《帰》テ宿毛ノ浄土寺ニ一宿ス。足摺山ゟ《より》寺山迄十三里也。南ノ海邉《辺》濱ヲ通リテ御月山ヲカクレハ十六里ナリ。其上大難所ナリ。

十一日寺ヲ立テ一里往テ小山ト云所関在リ。以上圡《土》州ノ分十六ケ所札成就ス。凢圡刕《凡土州》一國ノ風俗貴賤トモニ慈悲心深キ、身ヲ立テ家ヲ持程ノ者ハ僧俗𪜈《とも》ニ馬ニ乗テ道ヲ往行ス。竹木米穀多シ、山海野沢多シ、殊川多シテ行路ニ苦労在リ。言語野ニシテ、スツノ中音ヲ云イテノ拗音ヲ仕フ。儒学専ラ盛ニシテ政道厳重ナリ。佛法繁昌ノ顕密ノ学匠多、真言僧徒二百余輩、大途新義ノ学衆也。

伊与《予》ノ國松尾坂ノ下リ付ニ関所在、此坂兩国ノ境ナリ。坂ノ下リゟ《より》西十万石分伊達遠江守殿領分也、故ニ宇和島ゟ《より》番所ヲ被置ナリ。夫ゟ《より》坂ヲ越テヒロミト云所ニ至ル、御篠山ヘカ、レハ爰ニ何モ荷俵ヲ置テヲサ、エ往、是ゟ《より》二里也。ヒロミゟ《より》一里斗往テ城邉《辺》ト云所ノ民屋ニ一宿ス。

十二日宿ヲ出テ与《予》州観自在寺ニ至ル、寺山ゟ《より》七里也。観自在寺、本堂南向本尊薬師如来、寺号ハ相違セリ。堂ノ内陳《陣》ニ観音ノ像モ在リ、香花供養ノ役者ニ法師ノ形ノ者一人在ケレ𪜈《ども》由緒等無案内ナリ。夫ゟ《より》二里斗往テ柏ト云所ニ至、夫ゟ《より》上下二里ノ大坂ヲ越テハタジト云所ニ至ル、此所ノ民屋ニ一宿ス。

十三日雨天ニテ宿ニ逗留ス。

十四日宿ヲ出テ津嶌ト云所ニ至、夫ゟ《より》野井ト云坂ヲ越テ宇和嶋ニ至ル。追手ノ門外ニ大師堂在リ是邉《辺》路家《ママ》ナリ。宇和嶌ハ伊達遠江守殿十万石ノ城下ナリ、城ノ後ノ北ノ方ニ當テ鬼カ城ト云大山在。此嶽ゟ《より》箕ノ手ニ城ヲ中ニシテ峯々四方ニ引廻シテ、西ノ方一方入江ノ舟津ナリ。此真中ニ廻一里斗ノ城在、樹木生茂リタル中ニ天守以下ノ殿閣𪜈《ども》見ヘタリ。侍屋鋪《敷》町家ユ、シキ様也。祈願所ニ地蔵院龍光院トテ兩寺在リ、此宇和嶌ハ昔ゟ《より》万事豊ニテ自由成所ナリ、殊ニ𩵋類多シ。鰯ト云𩵋ハ當所ノ名物也。是ハ當郡明石観音衆生斎《ママ》度ノ為ニ分身反作シテ鰯ト也玉フト也。古此𦬇《菩薩》在人ニ示シ玉フ御詠哥《歌》

伊与《予》ノ海ウワノ明石ノ𩵋ナレヤ我コソハナレ世ヲ救迚

今ノ世迄、此郡十里ノ海ニ住𩵋ノ形質味マテ世ニ勝タルト也。城主ハ在江戸ニテ家老衆留主《守》居也。嫡子左京殿ハ去夏ノ比《頃》江戸ニテ病死セラル、次男兵助殿家ヲ相続在テ近日江戸ゟ《より》入國ノ由風聞スルナリ。扨、城主ハ政道正ク万事ニ付テ万民ヲ撫育セラル、由、他国ニテ沙汰シケルカ、誠ニ領内エ入テ見ハ道橋ノ余所ニ異ナリ、古キ道ノ行悪キ所ハ新ク道ヲ拵テ旅行ノ無悩様ニ建立セラレタリ。其夜ハ宇和嶌本町三丁目今西傳介ト云人ノ所ニ宿ス。此仁ハ齢六十余ノ男也。無二ノ後生願ヒテ邉《辺》路修行ノ者トサエ云ハ何モ宿ヲ借ル、ト也。若キ時分ゟ《より》奉公人ニテ今ニ扶持ヲ蒙テ居ル人ナリ。

十五日宿ヲ出テ戌亥ノ方ヘ往、八幡宮ニ詣フテ、夫ゟ《より》猶戌亥ノ方エ往テ坂ヲ越テ稲荷ノ社ニ至ル。観自在寺ゟ《より》是迄十里ナリ。
稲荷ノ社、本地十一面観音田中ニ在リ小キ社ナリ。夫ゟ《より》廿五町往テ佛木寺ニ至ル。

佛木寺、本堂東向本尊金剛界大日如来座像五尺斗、一璖山毘盧舎那院ト号。今日ハ鎮守権現ノ祭礼トテ近里ノ男女𪜈《ども》群集シタリ。此寺昔大師此国ヲ巡行シ玉テ當所ニ至リ玉テ翁ニ逢、翁ノ云ク、アノ楠ノ中ニ毎夜光物在ト、大師聞玉テ彼林ノ中ニ尋入玉ヘハ翁ノ言ニ不違、夜中ニ光物在リ、能々御ランスレハ光トトモニ天人降テ南無生木遍照尊ト作礼供養ス。大師不思儀《議》ニ思召テ明且ニ此木ヲ切玉ヘハ木中ニ一璖ノ玉在リ。則此木ヲ以テ大日尊ノ移《像》ヲ造シ玉フニ、彼玉ヲ像ノ御首ニ作リ籠玉フト也。其ノ栘《くいぜ》ゟ《より》生タルトテ今ニ堂ノ後ニ楠在リ。此枝ノ落タルヲ拾ヒテ諸国ニテ病ヲ治ト云。夫ゟ《より》大坂ヲ越テ皆田ト云所ノ慶宝寺ト云真言寺ニ一宿ス。

十六日寺ヲ立テ川ヲ渡リ、西北ノ方ノ谷ノ奥エ分入テ明石寺ニ至ル。佛木寺ゟ《より》是迄三里。

明石寺、本尊千手観音本堂朽傾テ本尊ハ少《小》キ薬師堂ニ移テ在リ、源光山延壽院ト云。寺主ハ無ク上ノ坊ト云山伏住セリ妻帯也。

扨、山ヲ出テ卯ノ町ト云所ヲ行テタヾト云所ニ至ル。是迄伊達殿領分ナリ。爰ニ関所在、番衆ハ山下吉左衛門ト云侍ナリ、律義ナル仁也。夫ゟ《より》戸坂ト云所ニ至ル、是ゟ《より》西六万石加藤出羽守殿領分也。此所ノ庄屋清右衛門ト云人ノ所ニ一宿ス。此清右衛門ハ四国中ニモ無隠後生願ナリ、邉《辺》路モ数度シタル人ナリ。高野山小田原湯谷ノ谷、證𦬇《菩提》院旦那也。

十七日宿ヲ出、彼戸坂ヲ上テ峠ニ至、夫ゟ《より》一里余下ル也、下リ〻〻大津《洲》ニ至。

大津《洲》ハ加藤出羽守殿六万石ノ城下也。城ノ東ゟ《より》西ニ流レ迫ル大河在、城ノ本丸ハ此川ノ上ニ指出テ天守ヲ見上テミル也。侍屋鋪《敷》町屋《ママ》迄三ノ丸ノカマエノ内ニ在、邉《辺》路ハ其町ノ中ヲ通ル。此川ニ渡シ舟在テ國人モ旅人モ自由ニ渡ル。城主ハ在江戸ニテ嫡子美作守殿在府也。家老二人、壱人ハ羽州一門加藤蔵人佐トテ聟也。一人ハ大橋作右エ門ト云仁ナリ。

川ゟ《より》西ニ中村トテ侍小路町家在リ、夫ゟ《より》堀内若宮ナト云所ヲ過テ新屋ト云所ニ至ル。新屋ハ羽州舎弟加藤織部正殿居城也。領地一万石右六万石ノ内ナリ。扨、大道ゟ《より》北五町斗山キワニ往テ瑞安寺ト云真言寺ニ一宿ス。

十八日此寺ニ休息ス。

十九日寺ヲ立テ谷川ヲ上ニ行、此川ヲ十一度渡テ内ノ子ト云所ノ町ニ至。此町ノ下ニ川在、河ヲ渡テ又坂ヲ越テ此谷ニ付テ往ク、五百木ト云所ヲ往テ芦ノ川、下田戸ト云所ニ至ル。爰ニテ川ヲ渡リテ東北ノ地ヲ行、是邉《辺》路道也。西ノ地ヲ直ニ往ケハ、カマカラト云山道ニ往也。夫ゟ《より》壱里斗往テ中田戸ノ仁兵衛ト云人ノ所ニ一宿ス。新屋ゟ《より》五里ナリ。

廿日雨天ニテ宿ニ留ル。

廿一日宿ヲ立テ上田戸ウツキミトウナト云所ヲヘテ坂ヲ上リテ、ヒワタノタウト云所峠ニ至。是迄出羽守殿領分ナリ。此坂ノ下久間ト云所ゟ《より》北十五万石ハ當国道後松山ノ城主松平隠岐守殿領分也。扨、久間ノ町ヲ通テ菅生山ニ至。明石ゟ《より》是迄廿一里也。此久間山ゟ《より》簾ニ成竹出ルナリ。

菅生山、本堂九間四面二王門鐘楼經蔵御影堂護广《摩》堂鎮守ノ社双、賢固廣博ナル大伽藍也。本尊ハ生身ノ十一面観音也。其故ハ昔時大宝年ニ此菅生ノ山ニ大成光物在リ、其比《頃》久間ノ郷ヲ知行シタル猟師此光物ヲ尋テ見ハ熾降ノ満月輪也、其月ノ中ニ十一面観音ノ尊躰現シ玉フ。彼猟師此尊容ヲ拝奉テ、則一宇ノ草堂ヲ営造シテ尊躰ヲ奉安置。此猟師ハ只人ニ在サルカ、其後現身登天シテ蹤跡ナシ。則此猟師ヲ當山ノ鎮守ノ神ト崇テ赤山権現ト号ス。其後禁裏ニ聞召及玉ヒ勅願寺ト成テ菅生大宝寺ト稱玉フ。其時ゟ《より》天台宗住持ス、開山分明不成。嵯峨天王《皇》ノ御宇ニ大師四國ヲ巡行シ玉イテ、當寺ニ到玉テ寺ゟ《より》卯辰ノ方ノ深山分入リ、岩屋寺ヲ開キ當寺ノ奥院トシ玉フ。依之當寺ノ衆徒ハ真言天台二宗兼学也。其故ハ先當寺ハ天台ノ法則ナレハ朝暮ノ例時ニモ法花《華》懺法ヲ読ミ、大法師トナレハ法華經讀誦ス。又奥院ハ大師ノ開基成ハ理趣礼懺ヲ読、護广《摩》ヲ修スル也。其昔ハ五千石ノ寺領ヲ十二坊シテ配分ス。其力ニテ天台山ニテ灌頂ヲ受ケ学業ヲモ勤、又醍醐高野ニテ学問シタリシカ、天正年中ニ太閣《閤》御所御治世ノ砌、諸國ノ寺社領没収セラル丶、寺當山モ所縁無ニ成タル間、如此十二坊在ナカラ天台山エ登事無カシテ、今ハ灌頂ヲハ高野受、学文ヲハ関東エ下、新義ノ教学ヲスルト鏡円法師語ラル丶也。此法印ハ前藝刕《州》ノ太守福嶌ノ左衛門太夫殿ノ祈願所、明星院栄鏡法印ノ才《弟》子也。太夫殿没落ノ後ヲ世辞シテ東山智積院ニ閑居セラレタリ。而シテ法印鏡師ノ終世与ノ後関東エ下リ、廿余年学文シテ本国ナレハ藝州エ被下シヲ、當山ノ衆徒ホ《等》請《護》持テ寺主ト仰ト云。扨、當山ハ六十六部回國ノ経奉納所也。其夜ハ當山本坊ニ一宿ス。廿二日寺ニ荷俵置テ岩屋へ往、寺ノ後ノ坂ヲ越テ畑川ト云在所ヲへテ岩屋山へ掛リ越行。大師ハ三里ト御定ナレトモ町石ハ七十五町也。

岩屋寺、先山ヲ上リ〻〻テ山頭ニ至テ、折節暮秋之比《頃》ナレハ江《紅》葉落重テ錦ヲ布キタル様ナル峯ヲ往テ坂ヲ下ル。坂ノ中程ニ仙人ノセリ破リ石トテ在、昔大師此山ヲ開キ玉フ時、仙人出テ我ハ此山ノ主也、ソツジニハ難開ト云。大師聞召テ主ナラバ奇特ヲアラワシ玉へト、仙人サラハト廿余丈ノ大盤石左右ノ手ニテカキ分テ通リ玉フ跡ナリ。其盤石ノ二ツニ分レタル所ヲ岩角ニ取付テ上ル也。扨、石ノ頂ゟ《より》又六七丈モ在ン所ニ廿一ノ棧子ヲカケタリ。此棧子ヲ上テ見ハ鉄ニテ鑄タル厨子在。爰ニ札ヲ納ム。此頂ゟ《より》深山ヲ見下セハイカ程在ヤランモ底不見。夫ゟ《より》二町斗下リテ二王門在リ。爰ゟ《より》向ヲ見ハ石壁ノ百丈斗高キカ上ハ後光ノ如、五六間斗指懸リテ横ノ廣サ二町斗也。其石壁ニ少ノ洞在、此洞ノ下ゟ《より》見一間斗モ在ント思テ、其内ニ阿陁弥《弥陀》ノ立像在リ、イ物ノ様ニ見へタリ。又一ツノ洞ニハ五尺斗ノ卒都婆二本在リ。誠ニ人間ノ可通コトハ不申及、鳥モカケリ難キ所ナリ。二王門ニ額在、大師ノ御筆御作ナリ。本堂三間四面本尊不動堂ノ後ニ閼伽井在リ是不増不減ノ水ナリ、爰ヲ往生岩屋ト云、火ヲトモシテ入テ水ヲ手向也。堂ノ上ニ岩ノ洞木ヲ打渡シテ下ゟ《より》只柱一本ニテ持様ニカヲクミテ、其上ニ九尺方ノ宝形作ノ堂ヲ立テ、中ニ彼仙人ノ像ヲ人長ニ造玉テ置玉フ。爰ニ十七ノ桟子ヲ掛リ是ヲ上テ札ヲ納。其傍ニ六尺斗ノ塔婆在、顕ノ塔ナリ。扨、堂ノ下寺在リ、此殿閣𪜈何モ大師ノ御作也。彼指カ、リタル巌ノ下ナレハ雨露ニヌル、事無キ故ニ今ニ堅固成ト見ヘタリ。御影堂鐘楼ハ雨ニヌル、故、時々ニ葺替在ト也。菅生山十二坊ニテ輪番也。當番ハ中ノ坊ナリ。山号ハ海岸山ナリ、此号ニ付テ大師ノ詠哥《歌》ニ

峯高キ谷ノ朝キリ海ニ似テ松吹風ヲ波ニタトヘル

此心ナリ。先盤石トモノ立ナラヒタル躰、松柏ノ物サヒタルニ谷ニ朝キリノ引渡シタルハ、サナカラ海岸ノ在様ナリ。大師入唐ノ時、請来シ玉フ五大尊ノ鈴、當山ノ宝物也。五方ニ五大尊ヲ鑄付、口ハ五葉ニ花形也。五鈷ノ形モ常ノ鈴ニハ替リテ火鈴ナトノ様ナリ、其ヲ又鑄物ノ花入ノ様成筒ニ入テ其外ヲ箱ニシテ宝蔵ニ納テ在リ。傳ニ曰、大師唐ゟ《より》虚空ニ投玉ヘハ数万里ヲ越テ當山ニ至ル。大師皈《帰》朝在テ此鈴ヲ知ヘニ當山ヲ開キ玉フ、當山ノ鈴ノ嶽是ナリ。夫ゟ《より》跡エ皈《帰》テ菅生山ニ一宿ス。

廿三日寺ヲ立テ戌亥方エ往テ御坂ト大坂ヲ越テ、エノキト云所往テ浄瑠璃寺ニ至ル。是迄五里也。岩屋ゟ《より》八里ナリ。

浄瑠璃寺、本堂三間四面本地薬師如来日光月光十二神在、昔ハ大伽藍ナレトモ今ハ衰微シテ小キ寺一軒在リ。夫ゟ《より》廿五町往テ八坂寺ニ至ル。

八坂寺、熊野権現勧請也。昔ハ三山権現立ナラヒ玉フ故ニ廿五間ノ長床ニテ在ケルト也。是モ今ハ小社也、本寺堂ハ本尊阿弥陁《陀》ナリ。昔此国ニ長者在、熊野権現ノ灵《霊》験新ナル事ヲ承及ンテ三年ン續テ参指《詣》シタリ、其上トテモノ事ニ我本國エ勧請シ奉度ヨシ祈申ケレハ、尤御移リ可参由、御咤宜《託宣》在ケレハ悦テ則八坂村ニ宮殿ヲ立テ勧請シ奉シ也。是故ニ熊野山八坂寺妙見院ト号。院号ハ長者ノ尼公ノ号トカヤ、今ハ是モ衰微シテ寺ニハ妻帯ノ山伏住持セリ。是ゟ《より》十町斗往テ円満寺ト云真言寺ニ一宿ス。

廿四日寺ヲ立テ廿五町往テ西林寺ニ至ル。

西林寺、本堂三間四面本尊十一面観音、寺ハ真言寺。夫ゟ《より》廿五町行テ浄圡《土》寺ニ至ル。

浄圡《土》寺、本堂五間四面本尊釈加《迦》如来、西林山吉祥院ト号、三藏院ト云。又近所八幡ノ別當ヲ如来院ト云。此本堂零落シタリシヲ遊西禅門ト云道心者十方旦那ヲ勧テ再興シタル也。堂ノ傍ニ祖師在リ、善導大師ノ影像、五躰不具ノ像𪜈《とも》五六躰在リ。其夜ハ當所久米村武知仁兵衛ト云人ノ所ニ一宿ス。此仁ハ無類ノ後生願ヒ正直ノ俗也。大門ノ前ニテ行逢テ如何思ハレケン、是非𪜈《とも》ニ今宵ハ一宿可申ト云ル、間、未ノ刻ゟ《より》此宿エ行入テ見ハ居間ゟ《より》臺所方ハ百性《姓》ノ家ノ掛也。夫ゟ《より》上ニ三間ニ七間ノ書院ヲ立テ戸障子疊ノ躰中々ニ驚入タリ。奥ノ間ニ持仏堂ヲカマエ阿弥陁《陀》如来大師御影二親ノ位牌ナトヲ奇麗ニ安置セラル。終夜ノ饗応言語ヲ絶セリ。翌朝出テ云ル、ハ、爰ニ二親ノタメニ庵室ヲ立タリ御立奇《寄》玉ヘト引導セラル、私宅ゟ《より》二町斗往テ二親ノ墓所ノ近所ニ寺ヲ立テ坊主ニ扶持ヲシテ置タリ。誠ニ俗士ニハ無類ノ仁ナリ。當国松山ニ三木寺ノ才《弟》子甚養房ト云僧住持セラル。

廿五日宿ヲ出テ廿五町往テ畑寺ノ槃《繁》多寺ニ至ル。

槃《繁》多寺、本堂三間四面本尊薬師ナリ。此寺ハ律寺ニテ昔六十六坊ノ所ト也。實ニ大門ノ跡ゟ《より》二王門迄ハ三町斗也。本堂二王門モ雨タマラス、塔ハ朽落テ心柱九輪傾テ哀至極ノ躰ナリ。夫ゟ《より》廿一町往テ石手寺ニ至。

石手寺、札所ノ本尊ハ薬師、本社ハ熊野三所権現、廿余間ノ長床在リ。ツヽイテ本堂在リ、本尊文殊井《菩薩》、三重ノ塔御影堂鐘楼二王門、与《予》州無双ノ大伽藍也。扨、昔ハ熊野山安養寺虚空藏院ト云タリ。然ヲ中古ゟ《より》石手寺ト号スル由来ハ、昔此國ノ守護河野殿トテ無隠弓取、四國中ノ幡《旗》頭ナリ。石手寺近所ノ温ノ泉ノ郡居城ヲカマエ猛威ヲ振フ。天正年中迄五十余代住ケルト也。

扨、右ノ八坂寺槃《繁》昌ノ砌、河野殿ゟ《より》モ執シ思テ衛門三郎ト云者ヲ箒《掃》除ノタメニ付置タル毎日本社ノ長床ニ居テ塵ヲ拂フ。此男ハ天下無双ノ悪人ニテ慳貪放逸ノ者也。大師此三郎ヲ方便ヲ教化シテ真ノ道ニ入度思召ケルカ、或時邊《辺》路乞食ノ僧ニ化シテ長床ニ居玉フ。例ノ三郎来リ見テ何者ナレハ見苦キ躰哉ト頓テ追出ス。翌日又昨日居玉フ所ニ居玉ヘハ又散々ニ云テ追出ス。三日目ニ又居玉フ、今度ハ箒ノ柄ヲ以テ打擲シ奉ル。其時大師持玉ヘル鉄鉢ヲ指出シ玉ヘハ此鉢ヲ八ツニ打破ル。其時此鉢光ヲ放テ八方ニ飛去ル。衛門三郎少シ驚、家ニカエレハ嫡子物ニ狂テ云様ハ、吾ハ是空海也、誠ニ邪見放逸ニシテ我ヲ如此直下ニスル事慮外ノ至也、汝カ生所ノ八人ノ子共《供》ヲ一日カ内ニ蹴死ヘケレトモ、物思ノ種ニ八日可死云テ手足ヲチヽメ息絶ヌ、其後次第〻〻ニ八人ノ子共《供》八日ニ死セタリ。其子ヲ遷セシ所トテ八坂ノ近所ニ八ツノ墓在リ、今ニ八墓ト云。其時三郎懺悔シテ髪ヲ剃、四國中ヲ巡行シテ子共《供》ノ菩提ヲ吊《弔》。廿一度ト邊《辺》路ヲ修行シケル内、大師モ様々ニ形ヲ替テ同行同修シテ彼カ心ヲ鑑玉フ。實ニモ廿余年ノ修行シテ八旬ニ及ケレハ、邪見ノ心失果テ慈悲心深重ノ僧ト成。在《或》時阿波ノ國焼山寺ノ札ヲ納テ麓ヘ下ルカ谷ノ辻堂ニ休居タリ、大師モ僧形ニテ爰休玉フ、大師ノ云ク、汝ハ老躰ニテ何事ニカケ様ニ数年修行スルソト。三郎禅門承リ由緒𪜈《とも》ヲ委語リ、大師聞玉テ汝不知ヤ吾ハ空海也。汝カ心ヲ引見トテ此年月付テ巡行シテ今ハ早汝カ心モ決定シタリ、此上ハ何事成共所望次第ニ叶エテ得サスヘシ、トノ玉ヘハ禅門承テ、我ハ河野下人ニ候エハ一度主ノ子ニ生度ト望申ス。大師聞召、何ゟ《より》安キ事成サラバ此石ヲ握テ往生スヘシトテ、八歩方ノ石ニ八坂ノ衛門三郎ト書テ下サル。此ヲ請取テ則其儘死タリ。大師是ヲ其辻堂ノ後ニ土中ニ籠、印ニ杦《杉》ヲ二本植玉フ。今焼山寺ノ麓三郎カ墓トテ在。其後大師河野殿ノ城ニ往エモ不知僧ニ化シテ来テ、當腹ニ世續ノ子孫可在由、其印ハ衛門三郎ト云銘可在ト示玉フ、如案其月ゟ《より》懐妊在男子ヲ生ス。三日メニ左ノ手ヲ開ケルニ小石在リ、取上テ見ハ八坂ノ衛門三郎ト在リ。親父河野殿奇妙ニ覚ヘテ則祈願所ノ安養寺ニ堂ヲ立テ本尊ノ御首ニ此石ヲ作籠、安養寺ヲ改テ石手寺ト号ス也。

夫ゟ《より》十余町往テ温泉在リ、三ツホニ拵、上ハ平人ノ不入様ニ戸ヲ立、中ハ女ノ入様ニシ、下ハ雑人ノ入込ナリ。傍ニツホ有、此ハ自國他国悪瘡カキノ人入込湯ナリ。皆上ニ浴室瓦フキニ中々美麗成躰ナリ。出家侍ハ番衆ニ断ヲ云テ上ノ湯ニ入也。此温泉ノ近所ニ河野殿ノ古城在リ今ハ竹林ニ成テ在也。

夫ゟ《より》十余町往テ道ノ後ノ松山ニ至ル、此道後ノ松山松平隠岐守殿十五万石ノ城下也。和気郡温泉郡伊与《予》ノ郡久米郡此四郡八万石ノ所只一面ノ田地也。其直中ニ松山トテ廻リ一里斗ノ城在リ、此本丸ゟ《より》見ハ四郡ヲ一見ニミル。扨、西ハ海手也、向ハ豊後日向迄目ノ下ニ見也。城主ハ在國、近日江戸エ發足ノ由也。嫡子河内守殿在江戸、家老ハ遠山三郎左エ門奥平藤左エ門同左内トモニ三人也。此城主ハ家康公御舎才《弟》隠州ノ子ナレハ家康公ノ御為ニハ姪《甥》ナリ。前ノ隠刕《州》ハ遠江ノ国懸《掛》川ニテ六万石ナリ。大猷院殿御治世ノ時ニ子共《供》ニ卅万石ツカワサル、先舎兄隠岐守殿ニ十五万石當城主也。次ニ越中守殿ニ勢刕《州》桒《桑》名ニテ十二万石、次ニ美作守殿當国今ハリニテ三万石、次ニ能登守殿ニ三刕《州》カリ屋ニテ二万石、以上卅二石也。尓《而》ルニ能登守殿ハ大猷院殿御他界ノ時分、天下ノ政道ニ不足ヲ云テ落髪シテ遁世修行シ玉フ、然共御志如何在ケン、天下ノ奉行所ゟ《より》舎兄隠岐守殿ニ御預ケラル、依之當國ニ下シ畑寺ト石手寺ノ間ニ東野ト云所ニ、松林ノ中ニ屋鋪《敷》カマエヲシテ牢《浪》人ノ様ニテ置玉フ。實ニ思入サル道心故カ、今ハ又鷹狩ヲシ猪鹿ヲ狩テ気随意ニシ玉フ。法名ヲ不白ト云也。扨、其夜ハ松山ノ三木寺ニ宿ス。此院主ハ無執如法ナル僧ニテ勧行者也。

廿六日此寺ニ逗畄《留》シテ右ノ温泉ニ湯治ス。

廿七日寺ヲ出テ柳堤ヲハル、、ト行テ大《太》山寺ニ至ル。石手ゟ《より》是迄二里ナリ。

大《太》山寺、廿五町下ゟ《より》町石在。大門ヲ入テ二王門迄六町、二王門ゟ《より》山迄六町、本堂九間四面本尊十一面観音也。少下テ五佛堂在リ悉朽傾テ在。楊柳山大《太》山寺護持院ト云、昔ハ三千石ノ寺領ナレ𪜈《ども》天正年中ニ無縁所ト成ル、今モ六坊トテ在、扨、堂ニ予本國犬童幡磨守元和三年六月十五日僧正勢辰謝徳ノ為トテ邉《辺》路修行スト在板札在リ。扨、夫ゟ《より》本道ヲ經テ和気ノ圓明寺ニ至。是迄十八町ナリ。

圓明寺、本堂南向本尊阿弥陁《陀》、行基𦬇《菩薩》ノ開基也。須賀山正智院ト云、寺主ハ関東邉《辺》ニテ新義ノ学シタル僧也。夫ゟ《より》北エ行テ塩焼濱ニ出ツ。宇和嶌ゟ《より》海ヲ離テ陸地山中ヲ往テ此所初テ海邉《辺》ニ出タリ、堀江ト云町ヲ經テ間ノ坂ニカ、ル、此坂ヲ間ノ坂ト云心ハ、先此伊与《予》ノ国ヲ二ツニ分テ南七郡ヲ道後ト云、北七郡ヲ道前ト云、惣テ十四郡也。其道前道後ノ境ナレハ間ノ坂ト云。柳原カザハエナト云所ヲ往ク、此道四五里ノ間ニハ邉《辺》路修行ノ者ニ宿ヲ不借、山坂ヲ越テ浅波ト云所民家ニ一宿ス。松山ゟ《より》是迄六里也。

廿八日寺ヲ立テ大坂ヲ二ツ越、菊間ト云所新町ト云所ヲ過テ縣ノ円明寺ニ至。和気ノ円明寺ヨリ是マテ十里ナリ。

円明寺、本尊不動明王、堂ハ少《小》キ草堂寺モ小菴《庵》也。夫ゟ《より》一里往テ別宮ノ三嶋ニ至ル。

三嶋ノ宮、本地大日ト在𪜈《ども》大通智勝佛ナリ。此宮ヲ別宮ト云ハ爰ゟ《より》北、海迄七里往テ大三嶌トテ嶋在リ、此嶌大明神ノ本社在リ。今此宮ハ別宮トテカリニ御座ス所ナリ本式ハ邉《辺》路ナレハ其嶌エ渡。爰ニ札ヲ納ルハ畧義ナリ。又伊豆ノ國ノ三嶋ハ此嶌ノ十六王子ノ随一ナリ。由来畧之。夫ゟ《より》二三町往テ今治ノ神供寺ニ一宿ス。此院主ハ空泉坊トテ高野山ニ久ク住山シテ古義ノ学者、金剛三昧院結衆ナリキ。予カ旧友ナレハ終夜物語シ休息ス。

此今治ハ松平美作守殿三万石ノ城下也。作刕《州》在府ナリ。子息ノ主膳正ハ在江戸、家老ハ十東助太夫、久松彦兵衛両人也城ハ平地ニ隅矢倉ヲ上テ美々鋪カマエ也。作刕《州》乱舞好キト沙汰シケルカ神供寺ノ近所ニモ笛小皷《鼓》ヲ調フル音止時無シ、昨日モ城中ニ能在リト住持ノ物語ナリ。

廿九日寺ヲ立テ田中ノ細道ヲ南ノ方エ一文字ニ通リテ桊《泰》山寺ニ至ル。別宮ゟ《より》一里ナリ。

桊《泰》山寺、本堂東向本尊地蔵𦬇《菩薩》寺ハ南向、寺主ハ無シ、番衆ニ俗人モ居ル也。時雨降来間此寺ニ休息ス。日暮迄雨降故、其夜ハ爰ニ一宿ス。

十月朔日壬亥寺ヲ立テ辰巳ノ方エ往テ河ヲ渡リテ南ノ山ニ上ル。山頭ニ八幡宮在リ。桊《泰》山寺ゟ《より》十八丁《ママ》也。

八幡宮、本地弥陁《陀》、此山ゟ《より》見ハ今治三万石ヲ目ノ下ニ見ナリ。誠ニ碁盤ノ面ノ様ニテ田地斗也。真中ニ河在、北ハ海手向ヒハ藝州ナリ。夫ゟ《より》山ヲ下テ猶南エ行、野中ノ細道ヲ通リテ佐礼山ニカ、ル。此山ハ見ハ小山ナレトモ屛風ヲ立タル様ナル山ニテ小石マチリノ赤山也。是ノ蹈所モ無シテ中々上リ兼タリ。二町辛苦シテ山上ニ至ル。

佐礼山、本堂東向本尊千手観音也。大師此観音ノ像ヲ海中ゟ《より》求サセ玉イ山ヲ開キ安置シ玉フト也。廿八部衆二王ハ湛慶作ナリ。寺ハ遊レ仙寺トテ山下ニ在、夫ゟ《より》坂ヲ下テ子丑ノ方エ行、田舎ノ中ニ歓〻《喜》寺ト云寺有、住持ノ僧ハ慈悲心深重ノ僧也。是ニ道筋ヲ教ラレテ國分寺ニ到ル。

國分寺、本堂南向本尊薬師、寺樓庭上前栽誠ニ国分寺ト可云様ナリ。

扨、大門ノ端ゟ《より》辰巳ノ方エ流タル小川在、此川ニ付テ一里斗往テ醫王山ト云坂在、只少斗上ル様ニテ廿町モ在ント覚タリ、廣サ二間斗ノ道ナルカ美麗第一ナリ。爰ヲ過テ楠ト云里ニ至ル、續ニ中村ト云里在リ。此里迄松平隠岐守殿領分ナリ。ニウ川ト云ゟ《より》南東ハ一柳修膳殿ナリ。其夜ハ中村ニ宿ス。

二日宿ヲ立テニウ川ヲ渡リテ南エ行、北風吹、村雨降来テ甚寒気堪カタシ。田中ノ畔ヲ傳テ振ヒ、、一ノ宮ニ至。國分寺ゟ《より》是迄四里也。

一ノ宮、道ゟ《より》一町斗田ノ中ニ立玉ヘリ。地形余リヒキ《ク》クシテ洪水ノ時悪鋪故、南ノ山エ度々移奉シカ𪜈《とも》元ノ地エ安座可在由、度々咤《託》宣在ル故此所ニ御座ト也。本地十一面観音也。夫ゟ《より》川ヲ渡テ一本松ト云村ヲ過テ、新屋敷ト云所ニ右ノ社僧天養山保壽寺ト云寺在リ。寺主ハ高野山ニテ数年学セラレタル僧也。予カ旧友ナレハ申ノ刻ゟ《より》此寺ニ一宿ス。

三日寺ニ荷俵ヲ置テ横峯エ往、先十町斗往テ香薗寺ニ至ル。一ノ宮ゟ《より》十八町ナリ。

香薗寺、本堂南向本尊金界大日如来。寺ハ在𪜈《ども》住持無シ、夫ゟ《より》元ノ道ニ皈《帰》テ小松ト云所ヲ經テ横峯ニ掛リ、此小松ト云所ハ一柳修膳正殿一万石ノ城下也。城ハ無テ平地ノ屋敷カマエ也侍屋鋪《敷》町家モ如形在ナリ。扨、此城主ハ祖父一柳監物殿伊勢國神邉《辺》ゟ《より》當郡エ入部在テ五万八千石知行セラル、然ニ死去ノ時此領地ヲ三人ノ子共《供》ニ配分セラル。先嫡子今ノ監物殿ニ西條ニテ三万石、次男美作守殿同ウマノ郡ニテ一万八千石、三男蔵人佐殿同小松ノ庄ニテ壱万石也。今此城主修膳正殿ハ右蔵人佐殿嫡子也、美作殿ハ子無シテ跡絶タリ。領地壱万八千石ハ公方ノ御蔵分也ト松平隠岐守殿ゟ《より》代官所ナリ。

横峯寺、先麓ノ小松ゟ《より》坂ニカヽリ一里大坂ヲ上ル。夫ゟ《より》小坂ヲ上下スル事三ツ、又大坂ヲ上リテ少平地ナル所ニ二王門在リ。爰ニ佛光山ト云額在、銅ニテ文字ヲ入タリ。本堂南向本尊大日又権現ノ社在リ。寺ニハ加賀ノ國ノ僧住持ス。社壇ノ後薗ヲ通リテ未申ノ方ノ峯ニ上ル事五町、爰ニ鉄ノ鳥居在リ、爰ニテ石槌《鎚》山ヲ拝シテ札ヲ納テ讀經念誦ス。石槌《鎚》山ニハ大雪降積テ白妙ナリ。一昨日里方ハ時雨シタリシカ山々ハ皆雪也ト。夫ゟ《より》元ノ如ク坂ヲ下テ保壽寺ニ還タリ。其夜ハ此寺ニ宿ス。上下六里。

石槌《鎚》山太《大》権現、本地阿弥陁《陀》如来、嶽迄ハ十二里也。尒《而》レ𪜈《ども》六月一日ニ山上ス、余時ハ山上不成也。右横峯ニ札ヲ納ルナリ。石槌《鎚》ゟ《より》吉祥寺迄ヘモ十二里也。

四日寺主頻ニ留ル故逗留ス。此新屋敷村ニ甚右衛門ト云人在リ、信心第一ノ仁也。寺ニ来テ明朝斎食ヲ私宅ニテ参セ度ト云ル、故、五日ニハ甚右衛門宿ヘ行テ斎ヲ行テ則發足ス。夫ゟ《より》十町斗行テヒミノ町ヲ過テ吉祥寺ニ至ル。

吉祥寺、本堂東向本尊昆《毘》沙門天、寺ハ退轉シタリ。夫ゟ《より》一里斗行テ前神寺トテ札所在リ、是ハ石槌《鎚》山ノ里坊也。爰ニモ札ヲ納ル也。夫ゟ《より》一里斗往テ西條ノ大町ニ至ル、此西ノ方八九町斗ニ西條ト云城在、是ハ一柳監物殿三万石ノ城下也。今ノ監物殿ハ前ノ監物殿為ニハ孫ナリ。此大町ゟ《より》カモ川ト云川ヲ渡リテ大道ヲ往テ彼是五里余リ行テ泉川ト云川在リ、此川下ニ十町斗下リテ浦ノ堂寺ト云真言寺ニ一宿ス。住持七十余ノ老僧病中ニテ半臥ナリキ。

六日寺ヲ立テ件ノ川ヲ渡リテ、上野ノ峠ト云山道ヲ一里半斗往テ上野ノ里ニ出ス、此ゟ《より》宇麻《摩》ノ郡公方御蔵ナリ。松平隠刕《州》代官也。夫ゟ《より》野中ノ大道ヲ行、左ハ海ナリ。中ノ庄ト云所ニテ宿カサス、夫ゟ《より》三嶌ト云所迄行テ興願寺ト云真言寺ニ一宿ス。住持ハ廿斗ナリ。

七日寺ヲ出テ田畔ヲ往テ柏寺ト云寺ノ前ヲヘテ坂ニカヽル、此三角寺ハ与《予》州才一ノ大坂大難所ナリ卅余町上リテ漸行至ル。

三角寺、本堂東向本尊十一面観音、前庭ノ紅葉無類ノ名木也。寺主四十斗ノ僧也。是ゟ《より》奥院ヘハ大山ヲ越テ行事五十町ナリ。堂ノ前ヲ通テ坂ヲ上ル、邉《辺》路修行者ノ中ニモ此奥院エ参詣スルハ希也ト云カ、誠ニ人ノ可通道ニテハ無シ。只所々ニ草結ヒノ在ヲ道ノ知ヘニシテ山坂ヲタトリ上ル、峠ニ至テ又深谷ノ底エツルヘ下ニ下、小石マチリノ赤地、鳥モカケリ難キ巌石ノ間ゟ《より》枯木𪜈《ども》生出タルハ桂《佳》景ニ於テハ中々難㆓述筆舌㆒。木ノ枝ニ取付テ下ル事廿余町シテ谷底ニ至ル。

扨、奥院ハ渓水ノ漲タル石上ニ二間四面ノ御影堂東向ニ在リ。大師十八歳ノ時此山ヲ踏分サセ玉テ、壽像ヲ彫刻シ玉ヒテ安置シ玉フト也。又北ノ方ニ岩ノ洞ニ鎮守権現ノホコラ在。又堂ノ内陳《陣》ニ御所持ノ鈴在リ同硯有リ皆宝物也。寺モ巌上ニカケ作リ也。乗念ト云本結切ノ禅門住持ス。昔ゟ《より》ケ様ノ無知無能ノ道心者住持スルニ六字ノ念仏ヲモ直ニ申ス者ハ一日モ堪忍不成ト也。其夜爰ニ宿ス。

以上伊豫国分廿六ケ所ノ札成就ス。卂《凡》与《予》州ノ風俗万事上方メキテ田舎ノ風儀少ナシ。慈悲心薄ク貪俗厚、女ハ殊ニ邪見也。又男女共ニ希ニ佛道ニ思入タル者ノハ信心専深シ、偏ニ後生ヲ願フ是モ上方ノ様也。國中ニ真言多シ余ハ希也。

八日奥院ヲ立テ、扨、件ノ坂ヲ山ノ半腹ゟ《より》東ニ向キテ恐シキ山ノカケヲ傳イ往ク。所々霜消テ足ノ蹈所モ無細道ヲ廿余町往テ少シ平成野中ニ出ツ。夫ゟ《より》阿波ト伊与《予》トノ境ナリ。阿波之北分西ノ隅爰ニ指出ツ。夫ゟ《より》下テ又谷川在リ此川ハ阿波ノ猪《ママ》ノ津迄廿里流出タリ、川舟自由ニ上下ス。此佐野ノ里ニ関所在リ、阿波守殿ゟ《より》番衆ヲ置テ往還ノ者ヲ改テ通ス。又北ノ山キワニ邉《辺》路屋在リ爰ゟ《より》雲邉《辺》寺ノ坂ニカカル、五十町ト云トモ三角寺ノ坂ヲ三續タル程ノ大坂アリ。登リミテ嶽ニ至テ見ハ誠ニ雲ノ邉《辺》ニテ浮雲ハ皆山ゟ《より》下ニ在也。寒風ハケシクシテ閼伽モ手水モ皆氷タリ。此嶽ゟ《より》見ハ四國中ハ目ノ前也。先伊与《予》ノ道前分、讃岐一國阿波ノ北分土州ノ山分只一目ニ見ル也。三角寺ゟ《より》モ奥院ゟ《より》モ五里也。

雲邉《辺》寺、巨鼇山本堂東向本尊千手観音廿八部衆在リ、此山ハ阿讃伊三國ノ境トハ云𪜈《ども》山ハ阿刕《州》ノ内、札ハ讃州ノ最初ナリ。本堂ヲ近年阿波守殿ゟ《より》再興在テ結講《構》ナリ。寺ハ古義学者卅余歳ノ僧住持セリ、其夜ハ此寺ニ一宿ス。

九日山ヲ立テ北ノ尾サキヲ下ル、是ゟ《より》讃岐分ナリ。此山坂五十町カ間ハ深山ニテ草木生茂リテ笠モ荷俵モタマラス引破リシヲ、當年ノ夏土佐ノ國、神ノ峯ノ麓ゟ《より》出タル邉《辺》路ノ俗士、此道ノ様ヲ見テ此分ニテハ修行ノ者ノ労身也ト云テ、此寺ニ数日逗留シテ道ノ左右ヲ三尺宛只独リニテ切アケタリ。依之只今ハ自由成リ。此麓ゟ《より》北五万石ハ山﨑虎ノ助殿領分ナリ。扨、爰ゟ《より》野中ゟ《より》往テ小松尾寺ニ至ル。是迄三里ナリ。

小松尾寺、本堂東向本尊薬師、寺ハ小庵也。夫ゟ《より》西エ向テ野ヲ往テ観音寺ニ至ル。是迄二里。

観音寺、本堂南向本尊正観音、大師ノ開基、桓武天皇ノ御願大同年中ノ造営也。寺ハ神恵寺六坊在リ。二町斗ノ坂ヲ上テ琴引宮ニ至ル。

瑟《琴》引八幡宮南向本地阿弥陁《陀》如来、大宝三年癸卯豊前國宇佐ノ宮ゟ《より》此国ニ来臨シ玉フ。海上ニテ瑟《琴》ヲ弾シ玉フ其音妙ニシテ国ノ人々耳ヲスマセリ。此所ニ権者ト呼シ人、此山ニ宮ヲ作テ安座シ奉シト也。其後大師観音寺ト云也。此山躰中々可云様ナシ。先、社壇ノ廻リ古松村《群》立テ風自ラ瑟《琴》音調フ。楼門ノ前ニ西ノ尾丸山トテ二ツ山在リ、二町斗指出タルカ数奇《寄》屋ノ路地ヲ堅メタル様ニテ赤土ノジヤレ成、其上ニ三尺斗ノ小松𪜈《とも》カ砂ノ物ヲ仕タル様ニ生双タリ。向ハ雲邉《辺》寺ノ峯ゟ《より》初テ名山𪜈《とも》立重リ、麓ハ観音寺千軒ノ在家在、川口ハ大舩《船》𪜈《とも》何艘𪜈《とも》不知ツナキ置タリ。沖ハ中国筑紫ノ海ニツ、キタルニ釣ノ舟𪜈《とも》木ノ葉ノ散浮タル様ナリ。四國中佳景多シト云𪜈《とも》當山ハ無類ノ境地也。當年正月當社ノ氏子共六千三百余人奉加シテ石ノ鳥居ヲ立タリ。扨、夫ゟ《より》丑刁《寅》ノ方エ一里往、本山寺ニ至ル、一宿ス。

本山七宝山長福寺持宝院、本堂南向七間四面本尊馬頭観音、二王門鐘樓在リ。寺主ハ四十斗ノ僧也。當寺ノ縁記《起》別ニ在。

十日寺ヲ立テ北エ行事三里、弥谷ノ麓遏《辺》路屋ニ一宿ス。子ノ刻ゟ《より》雨降ル。

十一日天気故、巳ノ刻ニ宿ヲ出行。

弥谷寺、釼五山千手院、先坂口ニ二王門在、爰ゟ《より》ハ少《小》モ高キ石面ニハ佛像或ハ五輪ノ塔ヲ数不知彫付玉ヘリ、自然石ニ楷ヲ切付テ寺ノ庭ニ上ル。寺ハ南向、持佛堂ハ西向ニ巌ニ指カ、リタル所ヲ、廣サ二間半奥ヘハ九尺、高サ人ノ頭ノアタラヌ程ニイカニモ堅固ニ切入テ、佛壇ハ一間奥エ四尺ニ是モ切入テ左右ニ五如来ヲ切付玉エリ。中尊ハ大師ノ御影木像、左右ニ藤新大夫夫婦ヲ石像ニ切玉フ。北ノ方ノ床ハ位牌壇也。又正面ノ床ノ脇ニ護广《摩》木棚二段ニ在リ。東南ノ二方ニシキ井鴨居ヲ入テ戸ヲ立ル様ニシタリ。扨、寺ノ廣サ庭ゟ《より》一段上リテ鐘樓在、又一段上リテ護广《摩》堂在、是モ廣サ九尺斗二間ニ岩ヲ切テ口ニハ戸ヲ仕合タリ。内ニハ本尊不動其外ノ佛像何モ石也。夫ゟ《より》少シ南ノ方へ往テ水向在リ、石ノ面ニ二寸五歩斗ノ刷毛ヲ以テ阿字ヲ遊ハシ彫付玉ヘリ、廻リハ圓相也。今時ノ朴法骨多肉少ノ筆法也。其下ニ岩穴在爰ニ死骨ヲ納ル也。水向ノ舟ハ中ニキリクノ字、脇ニ空海ト有、其アタリニ、石面ニ、五輪ヲ切付玉フ事幾千万ト云数ヲ不知。又一段上リテ石面ニ阿弥陁《陀》ノ三尊、脇ニ六字ノ名号ヲ三クタリ宛六ツ彫付玉リ、九品ノ心持トナリ。又一段上テ本堂在、岩屋ノ口ニ片軒斗指ヲロシテ立タリ、片ハエ作トカヤ云。本尊千手観音也其廻リノ石面ニ五輪ヒシト切付玉ヘリ。其近所ニ鎮守蔵王権現ノ社在リ。山中石面ハ一ツモ不残佛像ヲ切付玉ヘリ。扨、札ヲ納、讀經念誦シ件ノ護广《摩》堂エ戻、北エ通テ猶北峯へ上ル、峠ゟ《より》真下ニ岩クミノ谷ノ間ヲ下ル。

谷底ゟ《より》少《小》キ山ヲ越テ白方屛風カ浦ニ出。此浦ハ白砂汻々タルニ一村《群》ノ松原在リ、其中ニ御影堂在リ、寺ハ海岸寺ト云。門ノ外ニ産ノ宮トテ石ノ社在、峫《洲》崎ニ産湯ヲ引セ申タル盥トテ外ハ方ニ内ハ丸切タル石ノ盥在。波打キワニ御幼少テヲサナ遊ヒシ玉シ所在。寺ノ向ニ小山有リ、是ハ一切經七千余巻ヲ籠サセ玉フ經塚也。夫ゟ《より》五町斗往テ藤新大夫ノ住シ三角屋敷在、是大師御誕生ノ所、御影堂在、御童形也、十歳ノ姿ト也。寺ヲ八幡山三角寺佛院ト云、此住持御影堂ヲ開帳シテ拝セラル。堂ハ東向三間四面、此堂再興セシ謂ハ但馬國銀山ノ米屋源斎ト云者、讃岐國多度郡屛風カ浦ノ三角寺ノ御影堂ヲ再興セヨト霊夢ヲ承テ、則發足シテ當國エ来テ、先四国遏《辺》路ヲシテ其後御影堂ヲ三間四面ニ瓦フキニ結講《構》ニシテ、又遏《辺》路ヲシテ皈《帰》国セラレシト也。又佛壇ノ左右ニ焼物ノ花瓶在、是モ備前ノ國伊部ノ宗二郎ト云者、霊夢ニ依テ寄附タル由銘ニミヘタリ。猶今霊驗アラタ也、住持ノ僧演説ナリ。又寺ゟ《より》戌亥ノ方エ五町斗往テ八幡ノ社在、大師ノ氏神ナリ。洛陽東寺ノ八幡モ此神ヲ勧請シ玉フ也。其夜ハ此寺ニ一宿ス。

十二日寺ヲ立テ東エ行、弥谷ノ麓ヲ通ル也。廿余町往テ万荼羅寺ニ至ル。

㬅《曼》荼羅寺、本堂東向本尊金剛界大日如来。此寺ニ荷俵ヲ置テ出釈迦山エ上ル。寺ゟ《より》十八町ナリ。

出釈迦山、先五町斗野中ノ細道ヲ往テ坂ニカヽル。少《小》キ谷アイノ誠ニ屛風ヲ立タル様ナルニ、焼石ノ如ニ細成カ崩カヽリタル上ヲ蹈テハ上リ〳〵恐キ事云斗無シ。漸峯ニ上リ付、馬ノ頭ノ様成所ヲ十間斗往テ小キ平成所在、是昔ノ堂ノ跡ナリ。釈迦如来石像文殊弥勒ノ石像ナト在、近年堂ヲ造立シタレハ一夜ノ中ニ魔風起テ吹崩ナルト也。今見ニ板ノワレタルト瓦ナト多シ、爰只㬅《曼》荼羅寺ノ奥院ト可云山也。夫ゟ《より》元ノ坂ヲ下テ㬅《曼》荼羅寺ニ至ル。是ゟ《より》八町往テ甲山寺ニ至ル。日記ニハ善通寺ゟ《より》□町、善通寺ゟ《より》又甲山寺ニ□町ト有リ。夫ハ出釈迦ノ東ノ坂ヲ下テ善通寺ヘ直ニ行タル道次ナルヘシ。

甲山寺、此山ハ誠ニ四方白ノ甲ヲ見ル様也。五岳ノ一ナリ。本堂東向本尊薬師如来寺ハ元ゟ《より》真言宗也。夫ゟ《より》八町往テ善通寺ニ至。

善通寺、本堂ハ御影堂、又五間四面ノ護广《摩》堂在リ。札所ハ薬師如来大門サキニ有。昔槃《繁》昌ノ時分ハ爰ニ続タルト成。扨、寺主出合テ予カ修行ヲ感シテ御影堂ヲ開テ尊影ヲ直ニ拝ス。又年比《頃》秘シテ卒尓《而》ニハ不出ト云灵《霊》宝𪜈《ども》ヲ一々拝見ス。先大師入唐ノ時老母ノ別ヲナケキ在ケレハ去ハ迚、壽像ヲ自筆ニ遊ハサレ我ヲ恋シク思召時ハ此影ヲ御ランセヨト留置玉フ。其後何ノ代ニカ此謂レヲ大裏《内》ニ聞召此像ヲ召、院主此像ハ由緒在像ニテ御座候間、是非ニ如元寺ノ灵《霊》宝被下ヨト言上ス。其時絵師在仰付少モ不違様ニ写サセラレ、表具モ同様ニ被成二幅掛置、院主ヲ召テ汝カ寺ノ什物ナレハ定テ見知ヘシ、取テ退出仕ト勅定有。同様ニ被成タル事ナレハ何ヲ何レト可分様無シ。其時院主心中ニ祈念シテ、今一度本地エ可反《返》ト思召ハ印ヲ見セ玉ヘト思惟スル時、絵像ノ御影少シ目ヲ引玉フ、其時院主是コソ我寺ノ御影ニテト巻取退出セラレタリ。天下無双ノ目引大師ト云ハ是ナリ。

又御所持ノ銅鉢在、惠果和尚ゟ《より》相承ノ廿五条ノ甲ノ大衣在、同金銅ノ錫枝《杖》在、普通錫枝《杖》ニハ違テ面ニハ釈迦ノ三尊、多聞持国、裏には阿弥陁《陀》ノ三尊、増長広目其外、常ノ錫枝《杖》ニハ大相違セリ。一字一休ノ法花《華》經トテ文字ト佛像ト幷テ遊タル法華序品ノ分、壱巻ニシテ在リ。扨、寺号院号ハ大師ノ舅《ママ》ニ善通ト云人造立セラレテ則名トス。又大師幼少ノ時分余リニ夜啼《泣》シ玉フトテ千入カ原ト云所ニ捨玉フヲ住持行合テイタキ取此寺ニテ養育シ玉フ故、誕生院ト号玉フ。又五岳ト云ハ筆山中山火山我拝師視《ママ》山甲宿山トテ、當寺後ゟ《より》向ノ方迄屛風ヲ立タル様ニ立続タリ、依之此浦ヲ屛風カ浦ト云。

夫ゟ《より》丑寅ノ方エ一里往テ、金昆《毘》羅ニ至ル。先山下ニ大成町在、坂ヲ上リテ二王門在、近年大仏師左京登山シテ作シト也。六坊在、本坊ヲ金光院ト云寺領ハ三百石余。公方ノ御朱印所也。當所三四百軒ノ家皆金光院ノ家中也。寺ハ南向、御影堂御广《護摩》堂ハ東向ナリ。座席ノ前ニ泉水筑《築》山在、奇樹妙石数ヲ尽セリ。又東面ノ書院ゟ《より》見レハ讃刕《州》一國目前ナリ。扨、権現参詣スル坂ノ下ニ神馬ヲ八寸斗ニ造テ真紅ノ縄ヲ以テツナケリ。近年當国ノ主松平右京大《太》夫殿ゟ《より》寄進セラレケルト也。坂ヲ上テ中門在四天王ヲ安置ス、傍ニ鐘楼在、門ノ中ニ役行者ノ堂有リ、坂ノ上ニ正観音堂在リ是本堂也、九間四面其奥ニ金昆《毘》羅大権現ノ社在リ。権現ノ在世ノ昔此山ヲ開キ玉テ吾壽像ヲ作リ此社壇ニ安置シ其後入定シ玉フト云、廟窟ノ跡トテ小山在、人跡ヲ絶ツ。寺主ノ上人予カ為ニ開帳セラル。扨、尊躰ハ法衣長頭襟ニテヲ持シ玉リ。左右ニ不動昆《毘》沙門ノ像在リ。當國主登上在テ灵《霊》徳ノ殊勝成ヲ感シテ種々ノ神物ヲ寄附セラル。先此六人ノ歌仙ノ像ヲ狩野法眼探幽同主馬助同左京兄弟三人ニテ三筆圖シタルニ、公家門跡ノ名筆達ニ二三牧《枚》宛哥《歌》ヲ書奉テ、扨、桐ノ箱ヲ結講《構》ニシ京兆自筆ニ箱ニ書付寄進セラレタリ。上古モ末代ニモ珍敷事ナルヘシ。其外神物多畧之。少シ南ノ方ニ三十番神ノ堂在、當山ノ主護神ト也。扨、當山ヲ馬頭山《ママ》ト云、余所ゟ《より》見ハ馬ノ臥タル形ナリ。古ゟ《より》今ニ至迄大冨貴ノ山ナリ。十月十日ハ祭礼ニテ當国ハ不申及、隣国遠國ゟ《より》参詣スル者、六日ゟ《より》十一日迄ハ幾千万ト云フ数ヲ不知。諸国ノ商人群衆シテ賣買ニ利潤ヲ得ル。其夜ハ法印ノ下知ニテ寺家ノ真光院ニ宿ス。

十三日、十四日逗留ス。

十五日寺ヲ出テ還テ善通寺ニ来ル、道具ヲ取テ東エ十八町、金蔵寺ニ至。

金蔵寺、本堂南向本尊薬師、鶏足山金蔵寺天台智證大師ノ開基也。昔ハ七堂伽藍ノ所也。四方筑《築》地ノ跡今ニ有。夫ゟ《より》丑寅ノ方エ一里往テ道隆寺ニ至ル。

道隆寺、本堂南向本尊薬師、道隆ノ親王建立ノ寺也。桒《桑》多山道隆寺明王院、是モ昔ハ七堂伽藍ノ所ナリ。明王院ニ一宿ス。本堂護广《摩》堂由々敷様也。寺主ハ高野山ノ学徒ニテ有、當寺ノ旦那ニ横井七左衛門ト云仁、一座ニテ物語シケルカ、光明真言ノ功能ナトヲ問テ是非𪜈《とも》ニ真言ノ受度由所望ニテ則令傳受也。皈《帰》宅シテ手巾幷ニ斎料ナト贈ラル。

十六日寺ヲ立テ丑刁《寅》ノ方行、円《丸》龜ニ至。爰ハ山﨑虎之助殿城下也、五万石ノ高也。祖父甲斐守殿死去ノ後、嫡子志广《摩》守殿續テ死去也、依テ孫ノ虎之助殿三歳ノ時五万石拝領也。當城下ノ町中ヲ通リテ行、爰ニ川口ノ入江在リ船賃壱銭也。此川ゟ《より》東ハ高松城主松平右京太夫殿領分也。爰ゟ《より》北ノ濱ニハ潮満テ道無レハ野へ廻リテ往ク。道隆寺ゟ《より》二里往道場寺ニ至。

道場寺、本尊阿弥陁《陀》、寺ハ時宗也。所ウタスト云、是ゟ《より》猶野道ヲ往テ坂瀬ト云塩屋ノ濱ヲ通テ大道ゟ《より》右ノ山キワヘ道在リ、此道ヲ上リ往ニ野沢ノ井ト云水有リ岩間ヲ流レ行細谷川也。

此水ハ金山薬師トテ此ゟ《より》十町斗東ノ山ニ石像ノ薬師在リ此胸ゟ《より》流ル水ナレハ無双ノ薬師ナリ。昔當国ノ中ニ廣大ノ悪魚出来テ往還ノ舟トモヲ損害ス、依之内裏ゟ《より》佐留礼親王ヲ悪魚退治ノ為ニ指下シ玉フ。親王八十余人ノ軍兵ヲ引卒《率》シテ下向ノ所ニ、當國ノ沖ニ件ノ悪魚浮ヒ出テ親王幷軍兵𪜈《ども》ヲ舩《船》𪜈《とも》ニ服用ス。去トモ親王ノ軍兵𪜈《ども》普通ノ人間ニテ非サレハ腹中ゟ《より》魚ヲ損害ス。殊ニ親王ハ薬師ノ像ヲ黄金ニテ一寸八歩ニ造テ守ニ掛玉フ、此本尊光明ヲ放テ守護シ玉フ、依テ悪魚苦痛ニ難堪シテ伊与《予》ノ海ヲスキテ室戸ノ﨑迄負テ往ク。猶腹中痛ケレハオヨキ還テ當国坂瀬ノ濱ニ馳上テ終ニ死タリ。其時親王腹中ヲ破テ出テ玉フ、去𪜈《ども》数日ツカレテ御気ヨワリ玉フ、漸爰ニ至玉テ此水ヲ結テ服用シ玉ヘハ則御気強成セ玉フ、八十余ノ軍兵𪜈《ども》ハ情《精》魂親王ニヲトリ壱人モ不残腹中ニテ死タリ。其尸《屍》腕ヲ取出シテ此水ヲ親王御手ニ汲セ玉死人ノ口ニ灑玉ヘハ皆蘓《蘇》生シタリ。其時此文字ヲ改、八十蘓《ママ》ノ水ト号玉フ。此親王ハ當國ニ留玉テ國ヲ領シ玉ト也。其後此本尊ヲ大像ノ御首ニ作リ籠、堂ヲ立テ安置シ玉フ。大魚𦬇《菩提》ノ為ト也。今ニ魚ノ御堂ト云。

其ゟ《より》二町斗往テ崇徳天皇ニ至。是迄二里ナリ。

崇徳天皇、世間流布ノ日記ニハ如此ナレトモ大師御定ノ札所ハ彼金山ノ薬師也。實モ天皇ハ人皇七十五代ニテ渡セ玉ヘハ大師ニハ三百余年後也。天皇崩御ノ後、子細在テ王《玉》躰ヲ此八十蘓《ママ》ノ水ニ三七日ヒタシ奉ケル也。其跡ナレハ此所ニ宮殿ヲ立テ神ト奉崇、門客人ニハ源為義同為朝カ影像ヲ造シテ守護神トス。御本堂ニハ十一面観音ヲ安置ス。其外七堂伽藍ノ数ケ寺立、三千貫ノ領地ヲ奇《寄》。此寺繫《繁》昌シテ金山薬師ハ在テ無カ如ニ成シ時、子細由緒ヲモ不知邉《辺》路修行ノ者トモカ此寺ヲ札所ト思ヒ巡礼シタルカ初ト成、今アヤマリテ来ト也。當寺ハ金花山悉地成就寺广《摩》尼珠院ト云、今寺ハ退轉シテ俗家ノ屋鋪《敷》ト成リ。夫ゟ《より》東エ往テ綾川ト云河ヲ渡リ坂ヲ越テ國分寺ニ至。是迄五十町ナリ。

国分寺、白牛山千手院、本堂九間四面本尊千手観音也。丈六ノ像也。傍ニ薬師在リ、鐘楼在、寺領百石ニテ美々鋪躰也。其夜ハ此寺ニ一宿ス。

十七日寺ヲ立テ白峯ニ掛ル、屛風ヲ立タル様成山坂ノ九折ヲ五六町上ル也、上リ〻テ渓水在、此水由緒在水也。水上ニ地蔵堂有リ、夫ゟ《より》松原ヲ往テ白峯ニ至。是迄五十町也。

白峯寺、當山ハ智證弘法両大師ノ開基五岳ノ随一也。鷲峯府中ニ在、是中央也。青峯山根香寺也、赤峯吉水寺、黒峯馬頭院、當寺ヲ加テ五岳也。讃岐ノ松山ト云ハ當山也。山号ハ後《綾》松山、院号ハ千手院、智證大師一木ヲ以テ千手ノ像ヲ五躰彫刻シテ五所ニ安置シ玉フト也。山ノ主ハ相模坊トテ天狗ノ首領也。鎮主《守》ハ蔵王権現也。當山ハ崇徳天皇ノ遺骨ヲ奉納セシ地也。此天皇ハ保元元年ニ帝位ヲ争玉テ源為義子息七人ヲ大将トシテ合戦、利ヲ失テ天皇ハ仁和寺ニ行幸成。委、保元軍記ニ見タリ。仁和寺寛遍法務カ住坊ニテ御法躰也。御當座ノ御製

言語道断身ヲ浮雲ニナシ果テ嵐ノ風ニ任スヘシトハ

憂事ノマトロム程ハワスラレテ覺ハ夢ノ心地コソスレ

七月廿三日ニ御出京、同八月三日ニ讃刕《州》松カ浦ニ着御、爰ハ野太夫高遠カ領地也。此高遠ハ彼佐留礼親王ノ末孫也。高遠カ持佛堂御座ヲカマエ此所ニ三年住玉フ。其後當国ノ侍中談合シテ府中ニ鞁《鼓》カ岳ト云所ニ宮造シテ移奉ル、其後松カ浦ノ御所ノ柱ニ遊ハシ玉フ

爰モ又アラヌ雲井ト成ニケリ空行月ノ影ニ任セテ

扨、鞁《鼓》カ岳ノ御所ニ六年住玉フ其間五部ノ大乗經ヲ自筆ニ書写

シ、安元三年七月ニ都エ上セ玉テ御子重仁親王ノ御所ニ遺サル、セメテ御經ヲ王城ノ霊地ニ納玉ヘト也。其時ノ御製

濱千鳥跡ハ都ニ通ヘ𪜈《ども》身ハ松山ニ音ヲノミソ啼

然ニ少納言入道信西、此御經入洛ハ定テ帝都呪咀《詛》ノ為ニテ可有ト奏聞被申ケレハ、去ハ其經ヲ早讃刕《州》エ奉反《返》ト勅定在。則御經ヲ反《返》サル、此時天皇嗔意ヲ起サセ玉テ此身コソ邉《辺》國ニ朽果𪜈《とも》手跡ハナトカ可被入、去ハ此經ヲ海ニ沈メ魔界ニ廻向シテ、大魔王ト成テ天下ヲクツ反《返》サント被仰テ、則頭襟篠懸ヲ御着在、供御止サセ玉テ偏ニ當山ノ相模坊ヲ御頼在テ、鞁《鼓》カ岳ノ御所ゟ《より》六十町ヲ歩行在テ丑ノ刻ニ當山ニ百日詣サセ玉フ。其後此經ヲ當國ノ海ツキノ戸ト云所ノ海上ニ浮メ《ママ》サセ玉ヘハ、火焰上リ童子出テ舞ヲ舞テ納經シト也。而テ長寛二年八月廿六日ニ四十六歳ニテ崩御成。御遺言ニハ玉躰ヲハ白峯ニ奉移ト在ケレ𪜈《ども》、國ノ侍共、私ニハ難成トテ都ヘ此由ヲ奏聞ス。其間彼八十蘊《ママ》ノ水ニ玉躰ヲ奉漫《浸》、各衛護シ奉。然テ勅宣ニハ百廿丈高キ山ノ頂ニテ荼昆《毘》奉ト也。則此嶽ニ御骨ヲ奉納、其上ニ石ヲタ、ミ壇ヲ筑《築》キ左右ニ為義為朝カ石塔ヲ立ラル、今ニ有。其傍ニ九間四面ノ堂ヲ立テ中ニハ天皇ノ御影、是ハ御法躰ノ時仁和寺ニテ御震《宸》筆ニ遊シ繪像ナリ。前ニハ御母義御持尊ノ阿弥陁《陀》ノ三尊在リ、大壇ノ中央ニハ使者ノ鳶ヲ木像ニ造テ在、右ハ相模坊自作ノ像在、是ハ頭襟結袈裟スリ袴ニテ右ニハ剣ヲ持、左ニ念誦ヲトリ玉フ中々恐キ躰也。其前ニ天皇御守本尊在、中ハ釈迦左右ニ大師ト太子ノ像在リ。前ニ相模坊左右ニ不動昆《毘》沙門也。此堂焰上有テ後嵯峨院再興シ玉フ、今ノ堂是也。小屋山頓證寺崇徳院ト号、門ニ後嵯峨院勅筆ノ額在、庭ニ西行ノ腰掛ケ石在リ、天皇崩御ノ後西行法師四國巡礼シテ、仁安元年神無月ニ當山ニ登テ御廟所ノ前ノ橋ノ木ニ笈ヲ奇《寄》掛ケ、波石ニ腰ヲ掛テ續《読》經念佛シテ在ケル時、俄ニ風吹出テ御堂ノ扉自ラ開キ高御音在テ御製有リ

松山ヤ波ニ流テコシ舟ノ頓テ空ク成ニケル哉

ト在ケレ時西行頓首合掌シテ

ヨシヤ君昔ノ玉ノ床トテモカ、ラン後ハ何ニカワセン

ト申上ケレハ神慮納受シ玉ケルカ、御殿久鋪鳴動シ玉フトナリ。此歌一首ニ静玉テ其後御怨霊ノ沙汰ナシトカヤ。當國主右京太夫頼重朝臣入国ノ後、當山ニ参詣在テ御廟ヲ拝、此由緒ヲ聞テ信心不浅思テ種々神物𪜈《ども》ヲ寄附セラレタリ、其當座ニ

古ヘノ名ヲ聞跡ノ石ナレハ朽セン後ノ形見トソ思フ

ト詠シテ自筆ニ奉納セラレシト也。又金昆《毘》羅ノ哥《歌》仙ト同様ニ調テ當山ニモ奉納也。其外宝物共不記之。扨、寺ハ天皇御在世ノ時、御所持在シ笙、御自筆ノ六字ノ名号七尺余ノ曲筆ナリ、勅筆ノ法華經後嵯峨院ゟ《より》贈ラセ玉フ。紺紙銀泥ノ法花《華》經王義子《義之》ノ筆跡也、同當麻寺ノ中将姫ノ筆ノ法花《華》、同勅製ヲ世尊寺殿清書在シ當寺ノ縁起在リ。此院ハ崇徳天王御夢想ノ告ニ依テ御位ニツカセ玉フ故殊ニ當寺ヲ崇敬シ玉フト也。又天皇御在世ノ時、禁裏幷公家門跡衆ゟ《より》贈進ラレシ短冊書札其筆𪜈《とも》不能記。

扨、寺ノ向ニ山在、此ヲ西ト云、鎌倉ノ右大将頼朝卿終焉ノ後十三年ノ吊《弔》ニ當山ニ石塔伽藍ヲ立ラレタリ。先年焰上シテ今ハ石塔

ト加藍《伽藍》之砥《礎》ノミ残リ。夫ゟ《より》根香寺ニ往、吉水ト云薬水在リ、是五岳之一也。白峯ゟ《より》五拾町往テ根香寺ニ至ル。當寺ニ一宿ス。

根香寺、青峯本尊千手観音五岳ノ一ツナリ。此寺ニ大師常住ノ大衣布ニテ縫タル袈裟在、又中将姫ノ筆跡紺紙銀泥ノ法華經一部在リ。又上品ノ鏡トテ見ハ影ノ横竪无邉《無辺》ニ替リウツル在リ、筒ノ上ニハ一円相ノ中ニ可生ニ在リ。此等當寺ノ灵宝《霊》ナリ。

十八日當寺ゟ《より》東ノ濱ニ下テカウザイト云所ゟ《より》南エ向テ往、大道ヲ横切テ南ノ端迄三里往テ一ノ宮ニ至ル。

一ノ宮、社壇モ鳥居モ南向本地正観音也。夫ゟ《より》北エ二里斗往テ、高松ニ至。

爰ハ松平右京太夫殿十二万石ノ城下也。此京兆ハ水戸中納言頼房郷《卿》ノ長子也。家康公ノ為ニハ孫也。黄門舎兄ノ亜相ゟ《より》早誕生在リシ故、此京兆ヲ幼少ゟ《より》洛西ノ天龍寺ニ預ケ置テ世ニ披露シ玉ハス、尒《而》ルヲ家光公聞及玉テ召出テ當國ヲ拝領也京兆ハ戊ノ年ニテ當年ハ卅一歳成カ中々利根発明ニテ政道ニ無私、万民ヲ撫育シテ下賤ノ苦楽ヲ能知リ玉フト也。當國白峯寺以下ノ札所ニ旧記ニ倍シテ皆新地ヲ寄附セラル。當間ハ在府也、家老ハ彦坂織部ノ正、其外谷平右衛門、石井仁右衛門、増間半右衛門、大森八左衛門、大窪主斗《計》、松平半左衛門以上六人老中評定衆也。祈願所ハ天台宗㐂《喜》楽院ト云、水戸ゟ《より》同道ニテ入國也。城下ニ寺ヲ立テ置ル也。此高松ノ城ハ昔シハムレ高松トテ八嶌《屋》ノ辰巳ノ方ニ在ヲ先年、生駒殿国主ノ時今ノ所ニ引テ城ヲ構テ亦高松ノ城ト名付ラルト也。此城ハ平城ナレトモ三方ハ海ニテ南一方地續也。随分堅固成城也。

是ゟ《より》八嶌《屋》寺ハ東ニ當テ在リ干潮ニハ汀ヲ往テ一里半斗也。潮満シ時ハ南ノ野ヘ廻ル程ニ三里ニ遠シ。其夜ハ高松ノ寺町實相坊ニ一宿ス。

十九日寺ヲ立テ東ノ濱ニ出ツ、辰巳ノ刻ニハ干潮ナレハ汀ヲ直ニ往テ屋嶋寺ノ麓ニ至。爰ゟ《より》寺迄十八町之石有。松原ノ坂ヲ上テ山上ニ至ル。

屋嶋寺、先ツ當寺ノ開基鑑真和尚《ママ》也。和尚《ママ》来朝ノ時此沖ヲ通リ玉フカ、此南ニ異気在トテ此島ニ舩《船》ヲ着ケ見玉テ、何様寺院ヲ可建立灵《霊》地トテ當嶌北ノ峯ニ寺ヲ立テ則南面山ト号玉フ。是本朝律寺ノ最初也。其後南都ニ赴玉テ参内也。扨、當寺ニ鑑真和尚《ママ》所持ノ衣鉢ヲ留玉フ、此鉢空ニ昇テ沖ヲ漕行舩《船》共ニ飛下テ斎料ヲ請、舟人驚テ米穀ヲ入時本山エ飛還。如此スル事度々ナル故ニ真俗此山ヲ崇敬スル間、次第ニ繁昌シテ四十二坊迄在ケルニ、或時此鉢猟《漁》師ノ舟ニ飛下ル、舟人周章シテ魚類ヲ此鉢ニ入ル、其時此鉢微塵ニ破テ舟トモニ海底ニ沈ム、今ニ此海ヲ舞崎ト云。此山衰微シテ退轉シタリ。其時ノ本堂ノ本尊釈迦ノ像今ニ在リ。其後大師當山ヲ再興シ玉フ時、北ノ峯ハ余リ人里遠シテ還テ化益難成トテ、南ノ峯ニ引玉テ嵯峨ノ天皇ノ勅願寺トシ玉フ。山号ハ如元南面山屋嶌寺千光院ト号。千手観音ヲ造本堂ニ安置シ玉フ、大門ノ額ヲハ遍照金剛三密行所當都率天内院管門ト書玉フ。然ニ此額ヲ毎夜龍神上テ窺故ニ、此額ヲ掛置タラハ末代ニ寺ノ為ニ悪カルヘシトテ、當山智《血》ノ池ノ中島ニ埋セ玉フトナリ。尒《而》来無退轉佛法相續シテ在。

扨、東ノ方エ行テ屛風ヲ立タル様成坂在。爰ゟ《より》下ハ平家ノ城郭也。五町斗下テ壇ノ浦ニ至。爰ニ安徳天皇ノ大裏《内》ノ旧跡在リ、大《内》裏ノ傍ニ一村《群》ノ松ノ中ニ奥州佐藤次信ノ石塔在、此大裏《内》ハ阿波民部重能カ力ニテ假リニ造シ所也。波打キワニ洌《州》崎ノ堂ノ跡在、佐藤カ石塔ハ當国主石壇ヲ筑《築》石碑ヲ立レタリ、銘細字ニテ不分明。

是ゟ《より》八栗エハ海ノ面六七町斗也。

爰ゟ《より》浦傳ニ南ノ方エ行ハ相引ト云所ニ至ル。屋嶌ヲ中ニシテ両方ゟ《より》潮一度ニサシ又引時モ一度ニ引故ニ相引ト云也。源平ノ合戦ノ時分迄ハ干潮ノ時モ人馬ノ歩渡リハ不成シカ、近年浅ク成テ潮タニ引ケレハ跡ハ白砂ニテ歩行自由也。是ヲ渡リテムレ高松ニ至ル。此濱ハ源氏ノ陳《陣》場ナリ、義經ノ下知ニテ濱面ニ向陳《陣》ヲ取、鹿垣ヲ結テ惣門ヲ構ヘ其中ゟ《より》走出〳〵合戦タルト也。惣門ノ跡トテ柱一本立テ有、其アタリニ射落ト云所在、是ハ次信カ能登守度經ニ矢ニ当テ落シ所ナリ。又波打キワニ駒立石トテ二間方斗ノ石在、是ハ那須与一宗高扇ヲ射シ時海中ニ馬ヲヲヨカセ此石ノ上ニ駒ヲ立テ扇ヲ封シ所ナリ。昔ハ水ノ底也シカ今ハ浅成テ干潮ノ時ハアラワニ見也。是ゟ《より》未申十町斗ニ次信カ墓所在。此ハ火送ヲシタル所也。此濱ゟ《より》廿余町上テ八栗寺ニ至ル。

八栗寺、本堂ハ南向本尊千手観音、大師入唐ノ時唐ゟ《より》栗子ヲ八ツ海上ニ投玉フ、佛法槃《繁》昌ノ灵《霊》地ト可成所ニ至テ生成セヨト約束シ玉フ。此栗数万ノ波濤ヲ凌テ此島ニ流留ルト也。八本ノ栗木生成テ大師皈《帰》朝ノ後當國ニ至テ尋付玉テ御讚《覧》スルニ此島ニ栗八本生ナリ。峯ハ大磐石金輪際ゟ《より》出生テ形如五鈷杵。爰ニ寺ヲ立五鈷山八栗寺千手院ト号玉フ。絶頂ハ彼磐石ノ五鈷形エ上ル間中々恐キ所ナリ、上ニハ當山権現天照太神愛岩《宕》権現弁財天女ノ社壇在リ、是ヲ拝シテ又元ノ本堂ノ前ニ下ル。其夜ハ當寺ニ一宿ス。

昔義經ムレ高松ニ押掛玉シ日ハ二月十八日、當所ノ僧俗集テ此寺ニ観音講ヲ執行シタルニ、彼時ノ声間近ク聞エケレハ寺中ノ僧俗万事ヲ取捨テ後ノ山エニケ隠ル、時ニ源氏ノ雑兵共寺ノ中ニ打入、食物ヤ在ルト尋所ニ観音講ニ用意ニ釜二ツニ焼ケルヲモ捨置タルヲ判官見付玉テ、爰ニ究竟ノ糧コソ在ト宣テ自軍兵トモ配分玉フ。弁慶承テ是ハ定テ観音講ノ支度成ヘシトテ佛前ヲ見ハ、如案荘厳テイ子《ね》イ也。弁慶鎧ヲ着ナカラ壇ニ登テ観音ノ式ヲ指上テ読之タワムレケレハ、軍勢一度ニ笑テ退散ス。如此當寺ニ云伝タリト住持ノ物語ナリ。

廿日雨天ニテ逗留ス。

廿一日寺主トモニ御影供ヲ執行シテ則發足ス。寺ゟ《より》辰巳ノ方廿町斗往テ六万寺ト云寺ノ跡在リ、此寺ハ大師幼少ノ時六万躰ノ土佛ノ像ヲ造玉テ安置シ玉フ也。判官次信カ為ニ太夫黒ト云馬ヲ引セ冑甲ヲ施入シテ佛事ヲ頼ミ玉フ寺也。平家當国ニ住玉イケル折々此寺エ参詣セラレケルカ本堂ノ柱ニ

右大臣宗盛

世ノ中ハ昔語リニ成ヌレト紅葉ノ色ハ見シ世成ケリ

新三位中将兼丹波守有盛

嬉シクモ遠山寺ニ尋来テ後ノウキナヲモラシケル哉

伊賀阿闍梨

イサ、ラバ此山寺ニスミ染ノ衣ノ色ヲ深クソメナント朱漆ヲ以テ書付タリ。然ニ先年焰上シテ今旧跡ノミ残リ、是モ八栗ノ住持ノ物語ナリ。夫ゟ《より》細道ヲ行テ高松ゟ《より》東へ通大道ニ出テ濱ヲ往テ志度ノ浦ニ出ツ。是迄五十町。

志度寺、本尊十一面観音本堂南向、行基芹《菩薩》ノ開基ノ地ナリ。補陁《陀》落山熾盛光院志度寺也。其後當寺天台宗ニ成。太《大》織冠此浦ニ下リ玉テ面向不背ノ玉ヲ取反《返》シ玉テ、此浦ニテ御誕生在シ房﨑《前》ノ大臣ヲ世續ニ成玉テ、當寺ニテ彼人ノ吊《弔》ヲナサレシ時、八講ヲ執行セシハ法華八講トテ法花《華》經ヲ書寫シ供養セシト也。今ニ無退轉シテ法花《華》八講執行セラル、。大織冠壽像在リ、脇ニハ行基ト房前ノ大臣ノ影ヲ圖シタリ。又談《ママ》海公ノ姫君大唐エ妃ニ立玉フ躰、扨、唐舟ト龍神ト玉ヲ争フテ合戦シタル躰、玉取ニ海士人海底ニ入シ躰ゟ《より》初テ、悉ク二幅ニ圖シテ寺ニ有。又観音ノ像ヲ造シ良材、近江ノ國ゟ《より》流出テ宇治淀川ヲ流テ難波ノ浦ゟ《より》當国ニ流レ来リテ、薗ノ尼ト云比丘尼此木ヲ得テ像ヲ造シ堂ヲ建立セシ躰ヲ一幅ニ圖シテ、是モ寺ノ什物也。扨、房﨑《前》ト云ハ當所ノ惣名也。又新珠嶋トテ取上テ初テ見シ所在リ、廻二町斗。又海士野ノ里トテ海士人ノ住シ所有。寺ゟ《より》卯寅ノ方也。扨、大師ゟ《より》以来當寺真言衆《ママ》ニ成タリ。今ハ院号清浄光院ト改タリ。初ノ号ニハ度々焰上セシ故ニ如此ト。夫ゟ《より》南エ二里行テ長尾寺ニ至ル。

長尾寺、本堂南向本尊正観音也、寺ハ観音寺ト云當國ニ七観音トテ諸人崇敬ス。國分寺白峯寺屋嶌寺八栗寺根香寺志度寺當寺ヲ加テ七ケ所ナリ、扨、當寒川古市ト云所ニ一宿ス。

廿二日宿ヲ出、山路ヲ越行、元暦ノ昔九郎義經ノ矢《屋》嶌エ押奇《寄》セ玉フ時、夜中ニ通セ玉フ山路ハ是ナリ。長尾ゟ《より》三里行テ大窪寺ニ至ル。

大窪寺、本堂南向本尊薬師如来、堂ノ西ニ塔在、半ハ破損シタリ。是モ昔ハ七堂伽藍ニテ十二坊在シカ今ハ無縁所ニテ本坊斗在。大師御所持トテ六尺斗ノ鉄錫枝《杖》在リ、同法螺在リ同大師五筆ノ旧譯ノ仁王經在リ、紺紙金泥也。扨、此寺ニ一宿ス。申ノ刻ゟ《より》雨降ル。

廿三日寺ヲ立テ谷河ニ付テ下ル、山中ノ細道ニテ殊ニ谷底ナレハ闇夜ニ迷フ様也。タトリ、、テ一里斗往テ長野ト云所ニ至ル、爰迄讃岐ノ分也。次ニ尾隠ト云所ゟ《より》阿刕《州》ノ分ナリ。是ゟ《より》一里行関所在、又一里往テ山中ヲ離テ廣キ所ニ出ツ。切畑迄五里也。以上讃刕《州》一國廿三ケ所ノ札成就畢。

几《凡》讃岐一國ノ風儀万与《予》州ニ似タリ、サスカ大師以下名匠ノ降誕在シ國ナル故ニ密徒ノ形義《ママ》厳重也。當國ニ六院家トテ法燈ヲ取寺六ケ所在、東ゟ《より》初テ夜《与》田ノ虚空蔵院大師再誕増雲僧正ノ旧跡ナリ。長尾ノ法蔵院、鴨ノ明王院、善通寺誕生院、勝間ノ威徳院、萩原ノ地蔵院以上六ケ寺也。其外所々寺院何モ堂塔伽藍結講《構》ニテ例時勤行丁重ナリ。

阿波切畑寺、本堂南向本尊三如来、二王門鐘楼在、寺ハ妻帯ノ山伏住持セリ。夫ゟ《より》廿五町往テ法輪寺ニ至ル。近所ノ民屋ニ一宿ス。

廿四日雨天故爰ニ逗留ス。

廿五日宿ヲ出ツ。

法輪寺、本尊三如来、堂舎寺院悉退轉シテ少《小》キ草堂ノミ在リ。夫ゟ《より》十八町往テ熊谷寺ニ到ル。

熊谷寺、普明山本堂南向本尊千手観音、春日大明神ノ御作ト云。像形四十二臂ノ上ニ又千手有リ、普通ノ像ニ相違セリ。昔ハ當寺槃《繁》昌ノ時ハ佛前ニテ法花《華》ノ千部ヲ讀誦シテ其上ニテ開帳シケルト也。近年ハ衰微シテ毎年開帳スル也ト住持ノ僧開帳セラル拝之。内陳《陣》ニ大師御筆草字ノ額在リ、熊谷寺ト在リ、誠ニ裏ハ朽タリ。二王門在リ、二王ハ是モ大師御作ナリ。夫ゟ《より》一里往テ十楽寺ニ至ル。

十樂寺、是モ悉ク退轉ス。堂モ形斗、本尊阿弥陁《陀》如来御首シ斗在リ。夫ゟ《より》廿一町往テ安樂寺ニ到ス。

安樂寺、驛路山浄土院本尊薬師如来、寺主有リ。夫ゟ《より》一里行テ地蔵寺ニ至ル。

地蔵寺无《無》尽山荘厳院、本堂南向本尊地蔵井《菩薩》、寺ハ二町斗東ニ有リ。當寺ハ阿刕《州》半國ノ法燈ナリ。昔ハ門中ニ三千坊在リ、今モ七十余ケ寺在ル也。本堂護广《摩》堂各殿庭前ノ掛リ高大廣博ナル様也。當住持慈悲深重ニテ善根興隆ノ志尤モ深シ。寺領ハ少分ナレトモ天性ノ福力ニテ自由ノ躰也。住持ノ教ニ依テ黒谷エハ十八町往還一里也。道具ヲ當寺ニ置テ黒谷エ参詣シテ一宿セヨト也。夫故笠枝《杖》ヲ置テ黒谷ヘ往ク。

黒谷寺、本尊大日如来、堂舎悉零落シタルヲ當所ニ大冨貴ノ俗有リ杢兵衛ト云、此仁ハ無二ノ信心者ニテ近年再興シテ堂ヲ結講《構》ニシタルト也。夫ゟ《より》還テ地蔵寺ニ一宿ス。

廿六日寺ヲ立テ東エ一里往テ金泉寺ニ至ル。黒谷ゟ《より》モ一里ナリ。

金泉寺、本堂南向本尊寺三如来ト云トモ釈迦ノ像斗在リ、寺ハ住持在リ。夫ゟ《より》猶東エ廿五町往テ極楽寺ニ到ル。

極楽寺、本堂東向本尊阿弥陁《陀》、寺ハ退轉シテ小庵ニ堂守ノ禅門在リ。夫ゟ《より》十八町往テ灵《霊》山寺ニ至ル。

霊山寺、本堂南向本尊釈迦如来、寺ニハ僧在。

以上阿州十里十ケ所札成就畢。前後合テ廿三ケ所也。七月廿五日ゟ《より》初テ十月廿六日到テ九十一日ニ巡行畢。

灵《霊》山寺ゟ《より》南エ行テ大河在リ、此河ハ雲邉《辺》寺ノ麓ゟ《より》流出テ渭津迄廿里也。淀川ノ様ナル川ナリ。嶋瀬ト云ヲ舟ニテ渡ル。夫ゟ《より》井圡《土》寺ノ近所ニ出テ大道ヲ往テ渭津ニ至ル、船場ノ源左衛門ト云舟頭ノ舟ニ乗テ廿八日ニ和哥《歌》山ニ着。

世間流布ノ日記
札所八十八ケ所　道四百八十八里　河四百八十八瀬　坂四
百八十八坂
私ニ云
阿波六十里半一町　圡《土》佐八十六里　伊与《予》百廿里五町　讃岐
三十七里九丁　合テ二百九十五里四十町也
阿波十日　土佐廿日難所故也　伊与《予》廿日難所少キ故ナリ　讃岐八
日小國ナレ𪜈《ども》札所多故也
右ハ洛東智積院ノ中雪ノ寮、知等菴《庵》主悔焉房證《澄》禅大徳ノ日記也

正徳四歳甲午十一月十三日
写之
本主　徳田氏

註

「国」「國」や「嶋」「嶌」、「州」「刕」は両字体併記されているので原文を尊重した。

原文に句読点はないが、読み易さを考え著者が施した。また内容に応じ改行した。

【参考文献】

［遍路総記］

近藤喜博『四国遍路研究』（三弥井書店、一九八二）
近藤喜博『四国遍路』（桜楓社、一九七一）
近藤喜博『四国霊場記集』（勉誠社、一九七三）
宮崎忍勝『澄禅四国遍路日記』（大東出版社、一九七七）
伊予史談会『四国遍路記集』（愛媛県教育図書、一九九七）
小松勝記『四國邊路日記幷四國順拝大繪圖』（岩本寺、二〇一〇）
森瀬左衛門『四国中遍路旧跡并宿附帳』（鷲敷町古文書研究会、二〇〇六翻刻）
中務茂兵衛『四国霊場略縁起道中記大成』（松山郷土史文学研究会、一九七九復刻）
和田性海『聖跡を慕ふて』（高野山出版社、一九五一）
安達忠一『同行二人四国遍路たより』（四国遍路旧蹟顕彰会、一九八〇）
高群逸枝『娘巡礼記』（朝日新聞社、一九八一）
西端さかえ『四国八十八札所遍路記』（大法輪閣、一九九二）
平幡良雄『四国八十八ヵ所』上・下（満願寺教化部、一九七五）
宮崎建樹『四国遍路ひとり歩き同行二人』（へんろみち保存協力会、一九九七）、第九版（二〇一〇）
村上護『四国徧礼霊場記』（教育社、一九八七）
前田卓『巡礼の社会学』（ミネルヴァ書房、一九七一）
新城常三『社寺参詣の社会経済史的研究』（塙書房、一九八二）
星野英紀『四国遍路の宗教学的研究』（法藏館、二〇〇一）
頼富本宏・白木利幸『四国遍路の研究』（国際日本文化センター、二〇〇一）
喜代吉榮徳『四国遍路道しるべ―付・茂兵衛日記』（海王舍、一九八四）
五来重『四国遍路の寺』上・下（角川書店、一九九六）
真野俊和『講座日本の巡礼』第二巻聖蹟巡礼（雄山閣、一九九六）
山本和加子『四国遍路の民衆史』（新人物往来社、一九九五）
長田攻一・坂田正顕・関三雄『現代の四国遍路』（学文社、二〇〇三）
佐藤久光『遍路と巡礼の社会学』（人文書院、二〇〇四）
四国遍路と世界の巡礼研究会『四国遍路と世界の巡礼』（法藏館、二〇〇七）
浅川泰宏『巡礼の文化人類学的研究』（古今書院、二〇〇八）
柴谷宗叔『公認先達が綴った遍路と巡礼の実践学』（高野山出版社、二〇〇七）
武田和昭『四国辺路の形成過程』（岩田書院、二〇一二）
宮崎忍勝・原田是宏『四国八十八所遍路徳島・高知編』（朱鷺書房、一九九一）
宮崎忍勝・原田是宏『四国八十八所遍路愛媛・香川編』（朱鷺書房、一九九一）
『先達必携』（四国八十八ヶ所霊場会、一九九六）
『先達教典』（四国八十八ヶ所霊場会、二〇〇六）
冨永航平『四国別格二十霊場巡礼』（朱鷺書房、一九九一）
冨永航平『新四国曼荼羅霊場を歩く』（新人物往来社、一九九〇）
川東和夫『四国霊場奥の院まいり』（えびす企画、一九九九）
荒井浩忍『お大師さまと衛門三郎』（文殊院
『日本紀行文集成』（日本図書センター、一九七九）
『南海通記四国軍記』（歴史図書社、一九七六）
内田九州男『資料紹介・「奉納四国中辺路之日記」』（「四国遍路と世界の巡礼研究」プロジェクト、二〇一二）

[徳島]
『徳島県歴史の道調査報告書』第五集遍路道（徳島県教育委員会、二〇〇一）
『徳島県史』第一巻（一九六四）、第二巻（一九六六）、第四巻（一九六五）
『徳島市史』第一巻（一九七三）、第三巻（一九八三）、第四巻（一九九三）
『鳴門市史』上（一九七六）、下（一九八八）
『小松島市史風土記』（一九七七）
『阿南市史』第一巻（一九八七）、第二巻（一九九五）、第三巻（二〇〇一）
『日和佐町史』（一九八四）
『海南町史』上・下（一九九五）
『池田町史』上・下（一九九三）
『勝浦町前史』（一九七七）
『勝浦町誌』（二〇〇五）
『板野町史』（一九七二）
『上板町史』上（一九八三）、下（一九八五）
『市場町史』（一九九六）
『土成町史』（一九七五）
『鴨島町誌』（一九六四）
『神山町史』上巻（二〇〇五）
『石井町史』（一九九一）
『鬼籠野村誌』（一九九五）
『ふるさと佐那河内』（一九九二）
『國府町史資料』（國府尋常高等小学校、一九一七）
石躍胤央『徳島・淡路と鳴門海峡』（吉川弘文館、二〇〇六）
河野幸夫『徳島・城と町まちの歴史』（聚海書林、一九八二）
『吉野川の渡し』（国土交通省徳島河川国道事務所、二〇〇六）
『阿波の峠歩き』（阿波の峠を歩く会、二〇〇一）
『阿波の交通』上（徳島市立図書館、一九九〇）

[高知]
『高知県歴史の道調査報告書』第二集ヘンロ道（高知県教育委員会、二〇一〇）
『高知県史』古代・中世編（一九七一）、近世編（一九六八）、近代編（一九七〇）
『高知縣史』下巻（一九五一）
『高知市史』上巻（一九五八）
『高知市史』復刻版（一九七三）
『室戸市史』上巻（一九八九）
『南国市史』上巻（一九七九）、下巻（一九八二）
『土佐市史』（一九七八）
『中村市史』続編（一九八四）
『土佐清水市史』上巻・下巻（一九八〇）
『宿毛市史』（一九七七）
『宇佐町誌』（一九三七）
『春野町史』（一九七六）
『室戸町誌』（一九六二）
『室戸岬町史』（一九五三）
『長岡村史』（一九五五）
『佐喜浜郷土史』（一九七七）
『野市町史』下巻（一九九二）
『中土佐町史』（一九八六）

『佐賀町郷土史』（一九六五）
『大方町史』（一九九四）
『大月町史』（一九九五）
『本川村史』第二巻（一九八九）
『下川口村誌』復刻版（一九八五）
『高知県幡多郡誌』（一九七三）
『新安田文化史』（一九七五）
安岡大六『安田文化史』（高知県安田町役場、一九五二）
大野康雄『五台山誌』（土佐史談会、一九八七復刻）
岡田明治『仁淀川誌』（仁淀川漁業協同組合、一九七九）
『土佐国史料集成南路志』第八巻（高知県立図書館、一九九五）
橋田庫欣『宿毛の地名』（宿毛市文化財愛護会、一九九六）
小松勝記『土佐西国観音巡り』（毎日新聞高知支局、二〇〇一）
平尾道雄『土佐藩』（吉川弘文館、一九九五）
秋澤繁・荻慎一郎『土佐と南海道』（吉川弘文館、二〇〇六）

［愛媛］
『伊予の遍路道』（愛媛県生涯学習センター、二〇〇二）
『愛媛県史』近世下（一九八七）、学問・宗教（一九八五）、芸術・文化財（一九八六）
『松山市史』第一巻（一九九二）、第二巻（一九九三）、第三巻（一九九五）
『松山市誌』（一九六二）
『新今治市誌』（一九七四）
『今治郷土史　現代の今治』（一九九〇）
『川之江市誌』（一九八四）
『宇和島市誌』下巻（二〇〇五）
『大洲市誌』（一九七二）
『増補改訂大洲市誌』上巻（一九九五）
『八幡浜市誌』（一九七五）
『北条市誌』（一九八一）
『東予市誌』（一九八七）
『西條市史』（一九六六）
『新居浜市史』（一九八〇）
『伊予三島市史』上巻（一九八〇）
『土居町誌』（一九八四）
『小松町誌』（一九九二）
『一本松町史』（一九七九）
『御荘町史』（一九七〇）
『内海村史』（二〇〇四）
『津島町誌』（二〇〇五）
『宇和町誌』（一九七六）
『三間町誌』（一九九四）
『新編内子町誌』（一九九五）
『小田町誌』（一九八五）
『久万町誌増補改訂版』（一九八九）
『重信町誌』（一九八八）
『菊間町誌』（一九七九）
『玉川町誌』（一九八四）
『美川村二十年誌』（一九七五）
『朝倉村誌』（一九八六）
『新宮村誌』（一九九八）
『久谷村史』（一九六七）
『久米村誌』（一九六五）

矢野益治『注釈西條誌』（新居浜郷土史談会、一九八二）
『宇和舊記』（愛媛青年処女協会、一九二八）
川岡勉・内田九州男『伊予松山と宇和島道』（吉川弘文館、二〇〇五）

［香川］
『四国遍路道学術調査研究会調査研究報告』第一巻特集「香川県下の遍路道の実態」（同研究会、二〇〇二）
『香川県史』第一巻（一九八八）、第二、三、四巻（一九八九）、第十四巻（一九八五）
『高松市史』（一九三三）
『新修高松市史』Ⅰ（一九六四）、Ⅱ（一九六六）
『観音寺市誌』（一九八五）
『善通寺市史』第一巻（一九七七）、第二巻（一九八八）
『坂出市史』（一九五二）、資料（一九八八）
『三野町誌』（一九八〇）
『豊中町誌』（一九七九）、続編（二〇〇五）
『多度津町誌』本誌（一九九〇）、資料編（一九九一）
『新修大野原町誌』（二〇〇五）
『新修山本町誌』（二〇〇五）
『満濃町史』（一九七五）
『琴平町史』第一集（一九七〇）
『町史ことひら』（一九九八）
『新宇多津町誌』（一九八二）
『さぬき国分寺町誌』（二〇〇五）
『牟礼町史』（一九九三）
『牟礼町誌』（二〇〇五）
『改訂長尾町史』上・下（一九八六）
『新編志度町史』（一九八六）
『下笠井村史』（一九五六）
『一宮村史』（一九六五）
『綾・松山史』（一九八六）
総本山善通寺『善通寺史』（五岳、二〇〇七）
『国譯全讃史』（藤田書店、一九七二復刻）
『香川叢書』第三（香川県、一九四三）
『松平頼重伝』（松平公益会、二〇〇二改訂）
『崇徳上皇御遺跡案内』（鎌田共済会郷土博物館、一九七八）
『金毘羅参詣名所図会』（臨川書店、一九九八復刻）
木原溥幸・和田仁『讃岐と金毘羅道』（吉川弘文館、二〇〇一）

［その他］
宮坂宥勝『改訂新版日本仏教のあゆみ』（大法輪閣、二〇一四）
圭室文雄『日本仏教史近世』（吉川弘文館、一九八七）
『大日本佛教全書』第一〇四冊（佛書刊行会、一九一七）
『智山全書解題』（智山全書刊行会、一九七一）
『智山全書』第十一巻（智山全書刊行会、一九六七）
熊倉功夫『御水尾天皇』（中央公論新社、二〇一〇）
村上弘子『高野山信仰の成立と展開』（雄山閣、二〇一三）
日野西眞定『新校高野春秋編年輯録』増訂第二版（岩田書院、一九九八）
武久堅『保元物語六本対観表』（和泉書院、二〇〇四）
大野晋編『本居宣長全集』第十一巻（筑摩書房、一九六九）
『保元物語』（岩波書店、一九三四）
『梁塵秘抄』（岩波書店、一九三三）
『今昔物語集』本朝部下（岩波書店、二〇〇一）

『説教正本集』第二（角川書店、一九六八）
静慈圓『梵字悉曇』（朱鷺書房、一九九七）

［**辞典類**］
『徳島県の地名』（平凡社、二〇〇〇）
『高知県の地名』（平凡社、一九八三）
『愛媛県の地名』（平凡社、一九八〇）
『香川県の地名』（平凡社、一九八九）
『角川日本地名大辞典 36 徳島県』（角川書店、一九八六）
『角川日本地名大辞典 37 香川県』（角川書店、一九八五）
『角川日本地名大辞典 38 愛媛県』（角川書店、一九八一）
『角川日本地名大辞典 39 高知県』（角川書店、一九八六）
『全国寺院名鑑―中国・四国・九州・沖縄・海外篇―』第三版（全日本仏教会寺院名鑑刊行会、一九七三）
『角川新版日本史辞典』（角川書店、一九九七）
『日本史人物辞典』（山川出版社、二〇〇〇）
『密教辞典』（法藏館、一九七五）
『密教大辞典』縮刷版（法藏館、一九八三）
『日本宗教史年表』（河出書房新社、二〇〇四）

［**地図**］
『県別マップル三六　徳島県道路地図』（昭文社、二〇〇三）
『県別マップル三七　香川県道路地図』（昭文社、二〇〇四）
『県別マップル三八　愛媛県道路地図』（昭文社、二〇〇三）
『県別マップル三九　高知県道路地図』（昭文社、二〇〇三）
国土地理院五万分の一地形図
徳島、川島、石井、阿波寄井、阿波三渓、立江、馬場、阿波由岐、日和佐、山河内、牟岐、奥浦、甲浦、入木、佐喜浜、室戸岬、羽根、奈半利、安芸、土佐土居、手結、後免、土佐山田、土佐山、高知、土佐長浜、伊野、土佐高岡、佐川、須崎、萩中、久礼、窪川、興津浦、伊与喜、土佐佐賀、土佐中村、下ノ加江、土佐清水、足摺岬、下川口、柏島、小筑紫、宿毛、来栖野、楠山、有岡、城辺、柏、魚神山、伊予岩松、宇和島、伊予吉田、卯之町、東多田、大洲、内子、町村、総津、久万、石墨山、砥部、松山南部、松山北部、三津浜、伊予北条、菊間、今治西部、今治東部、壬生川、伊予小松、石鎚山、西条、西条北部、新居浜、東予土居、伊予三島、伊予新宮、讃岐豊浜、観音寺、仁尾、讃岐粟島、善通寺、丸亀、白峰山、五色台、高松南部、高松北部、五剣山、志度、鹿庭、三本松、市場、大寺、板東

※県史・市町村史誌については、当該自治体・教育委員会・編集委員会等の編になるものは著者名・発行所名を省略した。雑誌等からの引用は本文中の註参照。

あとがき

初めて四国遍路をしたのが新聞社勤務をしていた平成三年。観光のスタンプラリーでした。七年の阪神淡路大震災で被災、自宅は全壊しましたが、この身は無事でした。お大師様に助けていただいたと直感、御礼参りをしたのが、現在八十周を超す重ね遍路につながりました。

遍路を続けた二十余年の間に、ご縁をいただき高野山で出家得度、高野山大学大学院で学び、博士（密教学）の学位をいただきました。新聞社を辞め、四国霊場会公認大先達としてお遍路さんを案内する傍ら、高野山の僧侶として布教活動に励み、さらに研究者として遍路と巡礼の研究を重ねました。高野山大学大学院の恩師である山陰加春夫名誉教授は僧侶・先達・研究者のすべてを兼ね備えた「カリスマ先達」は他にいない、とおだててくださいましたが、それに恥じぬ研究書をと、まとめたのが本書です。

本書は博士論文「江戸時代前期の四国遍路の実態―澄禅『四国辺路日記』の検証を通して―」をもとに大幅に加筆修正したものです。論文では現代語訳は抄訳でしたが完訳に改め註を充実させました。澄禅の日記の現代語訳の刊行は初めてです。

本稿作成にあたっては、高野山大学大学院でご指導いただいた山陰加春夫名誉教授、中村本然教授、下西忠教授、日野西眞定名誉教授ら諸先生方、四国六番安楽寺畠田秀峰師、二十八番大日寺川﨑一洸師、三十五番清滝寺伊東聖隆師、五十二番太山寺吉川俊宏師ら四国札所各寺院の方々、師僧である高野山無量光院土生川正道前官、さぬき市おへんろ交流サロン前館長の木村照一氏、公認先達の上村秀之氏、四国各県・市町村関係者、四国各地の図書館・博物館・資料館、地元郷土史家の皆様をはじめ、多くの方々のご協力をあおぎました。ここに感謝の意を表し、今後の研究の糧とする次第です。

柴谷　宗叔

柴谷　宗叔（しばたに　そうしゅく）

1954年、大阪市生まれ。早稲田大学第一文学部卒業。高野山大学大学院博士課程修了。博士（密教学）。読売新聞大阪本社編成部次長などを経て、現在高野山大学密教文化研究所研究員、園田学園女子大学公開講座講師、四国八十八ヶ所霊場会公認大先達など。高野山真言宗大僧都、司教。高野山布教師。四国、西国など全国四十数か所の霊場を巡拝、四国遍路は徒歩を含め八十周を超す。四国ヘンロ小屋プロジェクトを支援する会役員、西国三十三所札所会公認特任先達など多方面に活躍。著書に『公認先達が綴った遍路と巡礼の実践学』（高野山出版社）など。論文、新聞記事多数。和歌山県高野町在住。

江戸初期の四国遍路
——澄禅『四国辺路日記』の道再現——

二〇一四年 四月二一日　初版第一刷発行
二〇一四年一一月 五 日　初版第二刷発行

著　者　柴谷宗叔
発行者　西村明高
発行所　株式会社　法藏館
京都市下京区正面通烏丸東入
郵便番号　六〇〇－八一五三
電話　〇七五－三四三－〇〇三〇（編集）
〇七五－三四三－五六五六（営業）

装幀者　山崎　登
印刷・製本　亜細亜印刷株式会社

IBSN 978-4-8318-5694-4 C 3021